3판

교육심리학의
이론과 실제

| 권대훈 저 |

EDUCATIONAL PSYCHOLOGY
Theory and Practice (3rd ed.)

학지사

3판 머리말

『교육심리학의 이론과 실제』2판이 출간된 지 벌써 5년이 지났다. 세월이 무상함을 새삼 느끼게 된다. 출간 직후 책을 펼치자마자 미흡한 점이 적지 않게 눈에 띄었는데, 미루고 미루다가 이제서야 개정을 하게 되었다.

이번 개정에서도 교육심리학의 핵심 주제를 포괄하고자 했던 초판 및 2판의 원칙을 충실하게 견지했다. 초판 및 2판과 마찬가지로 이번에도 교육심리학을 구성하고 있는 내용 중에서 핵심분야인 '발달', '개인차', '학습'은 상당히 자세하게 다루었지만, '연구방법', '생활지도 및 상담', '교육평가'는 지면 관계로 비교적 가볍게 소개하였다. 또 교육심리학의 주제 중 교사에 관한 내용이나 학급관리에 관한 내용은 지면 관계로 별도로 다루지 않고 관련되는 영역에서 부분적으로 다루었다는 점을 밝혀 둔다. 폭과 깊이의 조화(혹은 갈등)는 책을 쓰는 입장에서 피할 수 없는 난제임이 분명하다.

이 책에서는 교육심리학을 구성하고 있는 내용을 13개 장으로 묶은 다음 크게 (1) 교육심리학의 연구방법, (2) 발달, (3) 개인차, (4) 학습, (5) 학습동기, (6) 생활지도 및 상담, (7) 교육평가의 순으로 배열하였다. 2판과 다른 점은 개인차에 관련된 내용(지능, 창의력, 인지양식, 특수학습자 등)을 앞부분으로 옮겨 배치했다는 점이다. 또 2판의 분량이 너무 많다는 지적을 받아들여 2판 내용 중 일부를 삭제한다는 방침을 갖고 개정을 했으나, 일부 독자들은 3판의 내용도 과다하다고 생각할지 모르겠다.

제1장에서는 '교육심리학의 성격과 연구방법'을 개괄적인 수준에서 소개했다. 발달에 관한 내용은 두 장으로 나누어 제2장에서 '발달의 성격과 인지발달'을, 제3장에서 '도덕발달과 성격발달'을 다루었다. 개인차에 관한 내용은 두 장으로 나누어 제4장에서는 지능과 특

수학습자를 다루었고, 제5장에서는 창의력, 인지양식, 선행지식을 다루었다. 교육심리학을 구성하는 핵심영역인 학습에 관한 내용은 꽤 자세하게 서술했다. 제6장에서는 '학습의 개념'과 '행동주의와 사회인지이론', 제7장에서는 '인지심리학의 출현과 정보처리이론'을 서술했다. 그리고 제8장에서는 '인지학습이론과 구성주의', 제9장에서는 '전이와 문제해결'을 각각 다루었다. 제10장에서는 '인본주의 심리학의 학습이론'에 관해 서술했고, 제11장에서는 '학습동기'에 관해 다루었다. 제12장에서는 '생활지도와 상담'을, 제13장에서는 '교육평가'에 관해 서술했다.

이번 개정에서는 2판의 모든 내용을 하나하나 검토하면서 미흡하다고 생각되는 부분은 새로 썼다. 그리고 교육심리학의 주제를 충분히 다루되, 읽고 이해하기 쉬운 글이 되도록 하는 데 가장 역점을 두었다. 먼저, 교육심리학의 주제를 충분히 다루기 위해 가능하면 자세히 설명하고, 되도록 많은 예시를 삽입했다. 또 읽고 이해하기 쉬운 글이 되도록 하기 위해 나름대로 최선을 다했다. 이를 위해 학부 학생들이 모호하다고 지적한 부분은 좀 더 명료하게 바꾸었고, 어렵다고 지적한 부분은 좀 더 쉽게 고쳤다. 또 글 속에 현학적인 표현이나 비문(非文)이 섞이지 않도록 각별히 신경을 썼다. 그리고 주요 내용을 일목요연하게 파악할 수 있도록 도표로 정리했으며, 이해를 돕기 위한 방편으로 주요 개념에 한자와 영문을 병기했고, 핵심개념은 고딕체로 강조했다. 또 교육심리학의 내용을 단순히 소개하는 데 그치지 않고 독자들이 교육심리학적 지식을 교육현장에서 활용할 수 있는 능력을 기르는 데 도움을 주기 위한 방안으로 주요 내용마다 교육적 시사점이나 적용사례를 제시했다.

이제 개정작업을 마무리해야 할 시점이다. 나름대로 노력을 했으나 이 시점에서 보니 여전히 부족한 부분이 적지 않은 것 같다. 한 권의 책을 쓰는 일은 해도 해도 끝이 없는 일인 것 같다. 아는 것이 적고, 아는 것을 글로 옮길 수 있는 능력이 부족함을 새삼 절감한다.

이 책을 쓰고 개정하는 과정에서 많은 분들의 도움을 받았다. 우선 그동안 음양으로 많은 도움을 주신 안동대학교 교육공학과 교수님들께 감사를 드린다. 특히, 이 책의 초판과 2판으로 공부하면서 부족한 점을 지적해 준 학생들과 이번 개정작업에 힘을 보태 준 대학원의 오다영과 김보미, 심주은에게 고마운 마음을 전한다. 마지막으로 좋은 책을 만들기 위해 힘써 주신 학지사 김진환 사장님과 관계자 여러분, 특히 세심하게 편집 작업을 해 주신 이현구 차장님께 깊은 감사를 드린다.

2015년 6월
저자 권대훈

● ● ● ●
차례

제1장

교육심리학의 성격과 연구방법 ············· 13

제2장

발달의 성격과 인지발달 ············· 35

제3장

도덕발달과 성격발달 ············ 79

제9장
전이와 문제해결 ············ 299

제10장
인본주의 심리학 ············ 321

교육심리학의 성격과 연구방법

1. 교육심리학의 성격
2. 교육심리학의 연구방법

1. 교육심리학을 정의하고, 교육심리학의 역할을 기술하시오.
2. 독립변수, 종속변수, 조절변수, 외재변수, 통제변수, 매개변수를 각각 정의하고, 각 변수에 해당
   되는 예를 드시오.
3. 실험연구, 준실험연구, 사후연구, 상관연구, 기술연구의 목적을 각각 기술하시오.
4. 무작위표집과 무작위배치를 정의하고, 그것이 연구에서 어떤 역할을 하는지 설명하시오.
5. 내적 타당성과 외적 타당성을 비교하시오.
6. 상관계수를 해석할 때 유의해야 할 사항을 설명하시오.
7. 질적 연구의 특징을 요약하고, 구체적인 질적 연구방법을 열거 · 설명하시오.
8. 양적 연구와 질적 연구의 특징을 비교하시오.
9. 혼합방법연구를 정의하고, 혼합방법연구의 설계유형을 열거하시오.
10. 실행연구의 특징을 기술하시오.

교육은 인간을 대상으로 하는 활동이다. 그러므로 교육이 소기의 목적을 달성하려면 무엇보다도 먼저 교육의 대상인 인간을 객관적으로 이해해야 한다. 교육학의 기초학문인 교육심리학은 교육장면에서 교육의 대상인 인간을 과학적으로 탐구하여 교육의 효과를 높이는 데 기여한다.

교육심리학의 토대를 구축하는 데 영향을 미친 대표적인 심리학자는 William James(1842~1910), Stanley Hall(1844~1924), John Dewey(1859~1952) 등이다. James는 의식의 흐름과 기능을 중시하는 기능주의 심리학의 창시자로, "슬프기 때문에 우는 것이 아니라 울기 때문에 슬프다."라는 정서에 관한 James-Lange 이론을 정립한 인물이다. 그는 1890년 『심리학의 원리(The Principle of Psychology)』를 저술했으며, 교육자들에게 당대의 심리학적 지식을 소개했다. Hall은 아동과 청소년에 관한 과학적 연구를 선도한 선구자였다. 철학자로 명성이 높은 Dewey는 심리학의 과학적 연구에 기여한 바가 거의 없지만 심리학 원리를 교육에 적용하는 데 기여했다. 이 세 학자들은 교육심리학이 출현하는 데 상당한 기여를 한 핵심인물이자 교육심리학의 개척자로 간주되고 있다. 단, 이 학자들은 교육심리학을 일반심리학과 동일시했다는 한계가 있다.

교육심리학을 독자적인 학문으로 확립한 학자는 교육심리학의 아버지로 불리는 Edward Lee Thorndike(1874~1949)다. 그는 학습에 관한 실험연구를 토대로 대학교재 『교육심리학(Education Psychology)』을 최초로 저술했다. 이 학자들의 영향을 받아 교육심리학은 교육에 내재된 심리적 현상을 과학적으로 탐구하는 경험과학으로 확립된 후 교육학에서 가장 중요한 기초학문의 위상을 차지하고 있다.

이 장에서는 먼저 교육심리학의 성격에 관해 간략하게 살펴본 다음 교육심리학의 주요 연구방법을 소개한다.

1. 교육심리학의 성격

1) 교육심리학의 의미

교육심리학(教育心理學, educational psychology)은 교육에 내재되어 있는 심리적 현상을 체계적으로 탐구하여 교육에 도움을 주기 위한 학문이다. 교육심리학은 20세기 초 독자적인 학문으로 확립된 후 오늘에 이르고 있다.

James-Lange 이론: 웃으면 행복해진다.

사람들은 일반적으로 정서나 감정에 생리반응과 신체반응이 뒤따른다고 생각한다. 즉, 무서워서 달아나고, 즐거워서 웃는다고 생각한다. James-Lange 이론은 이러한 상식에 반(反)하는 이론이다. 이 이론은 생리반응과 신체반응에 정서나 감정이 뒤따른다고 주장한다. 즉, 이이론에 따르면 무서워서 달아나는 것이 아니라 달아나기 때문에 무섭고, 즐겁기 때문에 웃는 것이 아니라 웃기 때문에 즐겁고 행복하다.

James-Lange 이론을 적용한 사례는 매우 흥미롭다. 일본의 한 심리학자는 학생들에게 우울증을 잘 가르치기 위해 우울증을 직접 체험하기로 했다. 그가 우울증을 체험하기 위해 사용한 방법은 3개월 동안 하루에 1,000회씩 한숨을 쉬는 것이었다. 그러자 자신도 모르는 사이에 정말로 우울증에 걸려 수업도 빠지고 대인관계도 극도로 기피하는 우울증 환자가 되어 버렸다. 이를 지켜보던 제자들은 상태가 더 심각해지기 전에 이 심리학자의 우울증을 치료하기 위한 대책을 마련했다. 그것은 다름 아니라 교수가 웃게 만드는 것이었다. 놀랍게도 그 교수는 웃는 사이에 우울증이 말끔하게 치유되었다. 웃음이 바로 우울증을 치료하는 특효약이었던 것이다.

James-Lange 이론은 현대인에게 매우 중요한 시사점을 던져 준다. 이 이론에 따르면 즐거움과 행복감을 경험하기 위해서는 웃을 이유가 없더라도 무조건 웃으면 된다. 웃으면 두뇌도 착각을 한다고 한다.

교육심리학은 심리학의 분과학문에 속한다. 심리학(心理學, psychology)은 인간(및 동물)의 행동을 과학적으로 탐구하는 학문이다. 여기서 행동은 관찰할 수 있는 외현적 행동(overt behavior)과 사고나 태도와 같이 관찰할 수 없는 내재적 행동(covert behavior)을 포함한다.

교육심리학은 심리학의 분과학문이므로 심리학과 공통점이 적지 않다. 교육심리학과 심리학은 모두 인간의 외현적 행동 및 내재적 행동을 탐구대상으로 하며, 동일한 연구방법(예, 실험)을 사용하고 있다. 그래서 교육심리학의 교재에는 심리학의 이론이나 원리들이 상당수 포함되어 있다.

이러한 연유로 일각에서는 교육심리학을 '심리학이 밝힌 원리를 교육문제를 해결하는 데 응용하는 학문' 혹은 '교육문제를 탐구하기 위해 심리학의 원리와 방법을 적용하는 학문'으로 정의하기도 한다. 교육심리학을 심리학과 사실상 동일시하는 이러한 정의에 따르면 교육심리학은 독자적인 학문이 아니라 심리학의 응용분야에 불과하다.

그러나 교육심리학과 심리학은 탐구대상 및 연구방법에서 공통점이 많다고 하나, 지향하는 목적이 본질적으로 다르다. 심리학의 일차적인 목적은 가치중립적인 관점에서 광범한 상황의 인간 행동을 기술 · 설명 · 예언 · 통제하는 데 있다. 설사 심리학이 밝힌 내용들이 교육에 적용될 수 있다고 하더라도 심리학의 일차적인 관심사는 교육이 아니라 인간 행동의 보편적인 원리를 규명하는 데 있다. 이에 반해 교육심리학의 본질적인 관심사는 철저하게 교육과 관련되어 있다. 교육심리학은 가치지향적인 관점에서 교육에 내재되어 있는 심리적 현상을 과학적으로 탐구함으로써 교육을 개선하는 데 주안점을 둔다. 그렇다고 해서 교육심리학이 심리학의 내용들을 무조건 배척하는 것은 아니다. 교육심리학은 교육에 도움을 줄 경우 심리학에서 밝힌 내용들을 교육에 융통성 있게 적용한다.

Wittrock(1992)이 지적한 것처럼 교육심리학은 기존의 심리학적 지식을 교육의 이론과 실제에 적용함은 물론 새로운 지식과 방법을 개발하기도 한다. 따라서 교육심리학은 심리학과 연구대상 및 연구방법이 상당 부분 중첩되지만 심리학의 단순한 응용분야가 아니라, 고유한 목적을 갖고 있는 독자적인 학문이다. 한국교육심리학회(1999)가 교육심리학을 "교육에 내재되어 있는 심리적인 현상을 과학적으로 연구하여 교육방법의 이론적 근거를 제공하고, 이를 토대로 하여 교육실천의 과정을 지원하려는 학문"이라고 정의한 것도 같은 맥락이라고 생각된다.

2) 교육심리학의 역할

교육심리학은 일차적으로 교육에 내재된 심리적인 현상을 체계적으로 탐구하여 교육이론을 정립하는 데 기여하려는 목적을 갖고 있다. 이러한 목적을 달성하기 위해 교육심리학은 발달, 학습, 동기, 개인차, 생활지도 및 상담, 교육측정 및 평가 등과 같이 실로 다양한 주제들을 탐구한다.

그러나 교육이론을 정립하는 것보다 더 중요한 교육심리학의 역할은 교육을 개선하는 데 필요한 실천적인 정보를 제공하는 것이다. 교육심리학의 실천적인 역할을 간략히 살펴본다.

(1) 학생특성의 이해
교육은 학생들을 대상으로 하는 활동이므로 교육활동을 제대로 하려면 우선 학생들을 과학적으로 이해해야 한다. 교육심리학은 학생들의 다양한 특성들을 과학적으로 탐구하여 교육활동에 필요한 정보를 제공한다.

체계적인 교육활동을 하기 위해 이해해야 할 학생들의 가장 중요한 특성은 지능, 언어능력, 수리력, 창의력, 인지양식, 선행지식과 같은 인지적 특성이다. 학생들의 태도, 홍미, 동기, 성격과 같은 정의적 특성을 이해하는 것도 중요하다. 교육심리학은 과학적인 연구를 통해 학생들의 인지적 특성과 정의적 특성의 실체적 성질을 규명한다. 아울러 인지적 특성과 정의적 특성이 연령이 증가함에 따라 어떻게 발달하는가를 파악하여 교육에 필요한 정보를 제공하는 것도 교육심리학의 중요한 역할이다.

학생특성에 관한 객관적인 지식은 교육목표를 설정하고, 교육과정을 개발하며, 교수–학습 방법을 결정하는 데 직간접으로 영향을 미친다. 교육심리학은 학생특성과 그 특성의 발달양상을 파악하여 교육활동을 계획하고 실천하는 데 필요한 실천적인 정보를 제공한다.

(2) 학습의 이해

교육의 가장 중요한 목적은 학생들의 학습을 극대화하는 데 있다. 이러한 목적을 달성하려면 학습의 성질, 학습이 일어나는 과정, 그리고 학습을 촉진하거나 방해하는 요인들에 관한 체계적인 지식이 필요하다. 교육심리학은 학습에 관한 과학적인 연구를 통해 학생들의 학습을 촉진하는 데 활용할 수 있는 실천적 지식을 제공한다.

(3) 수업과정의 이해

수업이란 학습을 극대화할 수 있도록 도움을 주는 활동이다. 학교에서 이루어지는 수많은 교육활동 중에서 수업은 가장 중요한 활동이다. 수업은 학습을 전제로 하여 이루어지므로 수업과 학습은 불가분의 관계에 있다. 수업을 제대로 하자면 어떤 절차에 따라 어떤 방법으로 수업을 해야 하는가에 관한 체계적인 지식을 갖추어야 한다. 교육심리학은 수업에 관한 연구를 통해 수업의 효과를 높이는 데 도움을 줄 수 있는 지식을 제공한다.

(4) 생활지도와 적응의 이해

교육의 중요한 책무는 학생들이 학교생활, 더 나아가 삶에 효과적으로 적응할 수 있도록 조력하는 것이다. 학생들이 제대로 적응하도록 도움을 주려면 우선 적응(반대로 부적응)에 영향을 미치는 요인들과 적응전략 및 생활지도에 관한 체계적인 지식을 갖추어야 한다. 교육심리학은 과학적인 연구를 통해 학생들의 적응을 조력하고 부적응을 예방할 수 있는 방안을 개발하는 데 도움을 준다.

(5) 교육측정 및 평가의 이해

학업성취도를 비롯한 학생들의 제반 특성들을 객관적으로 측정하고 평가하는 것은 교육활동의 중요한 부분이다. 측정 및 평가활동은 교육활동이 종료된 후에만 이루어지는 것은 아니다. 측정 및 평가활동은 수업이 시작되기 전에 학생들의 출발점행동을 파악하기 위해 실시될 수도 있고, 수업이 진행되는 동안 교수-학습을 개선하기 위한 정보를 수집하기 위해 실시될 수도 있다. 교육심리학은 교육에 영향을 미치는 학생들의 제 특성은 물론 학업성취도를 객관적으로 측정, 평가하는 데 도움을 준다.

2. 교육심리학의 연구방법

일반적으로 연구(研究, research)는 현상을 기술하거나 변수 간의 관계를 검증하여 일반화할 수 있는 지식을 산출하기 위한 활동을 가리킨다. 연구의 기능은 현상을 기술 · 설명 · 예언 · 통제하는 데 있다. 기술(記述, description)은 현상을 있는 그대로 요약하고 서술하는 것을, 설명(說明, explanation)은 어떤 현상을 유발한 원인을 규명하는 것을 의미한다. 예언(豫言, prediction)은 특정 현상에 관한 정보에 근거하여 다른 현상을 추론하는 것을 말한다. 통제(統制, control)는 어떤 현상을 유발하는 요인을 인위적으로 조작하여 그 현상이 나타나도록 하거나 반대로 어떤 현상을 유발하는 요인을 제거하여 그 현상이 나타나지 않도록 하는 것을 뜻한다. 어떤 측면에서 보면 교육심리학 연구의 궁극적 관심은 통제에 있다 해도 과언이 아니다.

연구의 형태는 연구목적을 기준으로 기초연구와 응용연구로 분류된다. 기초연구(基礎研究, basic research)는 이론을 개발하고 발전시키는 데 주안점을 둔 연구를 지칭한다. 그러므로 기초연구는 연구결과의 사회적 유용성에는 그다지 관심을 갖지 않는다. 이에 반해 응용연구(應用研究, applied research)는 실제 문제를 해결하기 위해 이론을 적용하거나 이론의 유용성을 검증하려는 연구를 말한다.

최근에는 교육연구의 형태를 접근방식을 기준으로 양적 연구, 질적 연구, 혼합방법연구로 분류하고 있다. 이 절에서는 연구형태를 양적 연구, 질적 연구, 혼합방법연구로 나누어 살펴보고, 마지막으로 실행연구를 간단히 소개한다.

변수(變數, variable)

변수 혹은 **변인**(變因)이란 사람이나 사물에 따라 달라지는 특성을 말한다. 지능, 동기, 성적, 사회경제적 지위(SES), 성별 등은 사람에 따라 달라지는 특성이므로 변수에 해당된다. 인과관계를 분석하려는 연구에서 다루어지는 변수는 다음과 같다.

(1) **독립변수**(獨立變數, independent variable): 종속변수에 영향을 미치는 변수를 말한다.

(2) **종속변수**(從屬變數, dependent variable): 독립변수의 영향을 받는 변수를 뜻한다. 독립변수에 의존한다는 의미에서 의존변수라고 부르기도 한다.

(3) **조절변수**(調節變數, moderator variable): 독립변수와 종속변수의 관계에 영향을 주는 제2의 독립변수로, 중재변수라고 하기도 한다. 독립변수 X가 종속변수 Y에 미치는 효과가 변수 Z의 수준에 따라 달라진다면 Z가 조절변수다. 예를 들어, 수업방법이 성적에 미치는 효과가 '성별'에 따라 달라진다면, '성별'이 조절변수다. 조절변수는 일반적으로 제2의 독립변수로 연구에 포함된다.

(4) **외재변수**(外在變數, extraneous variable): 종속변수에 영향을 미치는 통제되지 않은 변수를 말한다. 외재변수는 가외변수, 혼동변수, 잡음변수와 같은 다양한 명칭으로 불리고 있다. 외재변수가 작용하면 독립변수가 종속변수에 영향을 미쳤는가를 확신하기가 어려우므로 외재변수가 작용하지 않도록 통제해야 한다.

(5) **통제변수**(統制變數, control variable): 종속변수에 영향을 주지 않도록 의도적으로 제거했거나 중립화시킨 외재변수를 의미한다.

(6) **매개변수**(媒介變數, intervening variable): 독립변수의 효과를 종속변수에 전달한다고 가정되는 가설적 개념을 말한다. X → □ →Y에서 독립변수 X의 효과는 매개변수 □를 거쳐 종속변수 Y에 전달되고 있다. 매개변수는 직접 관찰하거나 측정할 수 없는 가설적인 개념으로, 독립변수와 종속변수 사이에 일어나는 과정을 이론적으로 설명한다. 즉, 독립변수가 종속변수에 직접 영향을 미친 것이 아니라, '개념적이고 가설적인 과정'을 통해 영향을 준다는 의미에서 매개변수라고 부른다. 예를 들어, 수업방법이 성적에 영향을 주었다고 하자. 이 진술에는 수업방법이 어떤 과정을 통해 성적에 영향을 주었는지 전혀 언급되어 있지 않다. 이 경우 수업방법이 '동기'에 영향을 주고 '동기'가 높아진 결과 성적이 향상되었다고 한다면 수업방법이 성적에 영향을 미치는 과정을 이론적으로 설명할 수 있다. 이때 '동기'가 매개변수다. 매개변수를 외재변수와 혼동하는 경우도 있으나, 두 변수는 개념적으로 분명하게 구분된다.

1) 양적 연구

양적 연구(量的 研究, quantitative research)는 수량화할 수 있는 자료를 수집, 분석하는 데 주안점을 두는 연구접근을 말한다. 양적 연구는 실증주의에 근거하고 있다. 객관적인 실재가 존재한다고 가정하는 실증주의(實證主義, positivism)에 따르면 세계와 세계를 지배하는 법칙은 안정성이 있고, 예측할 수 있으며, 따라서 과학적인 방법으로 발견할 수 있다. 양적 연구의 일반적인 특징은 다음과 같다.

- 연구를 수행하기 전에 가설과 연구절차를 체계적으로 계획한다(연역적 접근).
- 외재변수가 작용하지 않도록 연구상황을 엄밀하게 통제한다.
- 대표본을 대상으로 연구를 수행한다.
- 대부분의 자료는 지필검사나 설문지를 통해 수집한다.
- 통계적으로 자료를 분석한다.

양적 연구에 속하는 (1) 실험연구, (2) 준실험연구, (3) 사후연구, (4) 상관연구, (5) 기술연구를 살펴본다.

(1) 실험연구

실험연구(實驗研究, experimental research)는 외재변수를 통제한 상황에서 독립변수가 종속변수에 미치는 영향(즉, 인과관계)을 규명하기 위한 연구방법이다. 실험연구의 기본절차는 다음과 같다(괄호 안의 내용은 수업방법이 학업성취도에 미치는 효과를 검증하기 위한 실험연구를 예시한 것임).

① 모집단에서 연구대상을 무작위표집한 다음, 실험집단과 통제집단에 무작위배치한다(고등학생 집단에서 40명을 무작위표집한 다음, 실험집단과 통제집단에 각각 20명씩 무작위배치한다.).

② 실험집단에는 실험처치를 하고, 통제집단에는 실험처치를 하지 않거나 대안적인 실험처치를 한다(실험집단에는 토론식 수업을 하고, 통제집단에는 강의식 수업을 한다.).

③ 실험이 끝난 후 실험집단과 통제집단의 종속변수를 비교하여 실험처치의 효과가 있는지 분석한다(수업이 끝난 후 실험집단과 통제집단에 각각 학업성취도 검사를 실시한 다음, 두 집단의 검사점수 차이를 비교한다.).

실험연구의 전형적인 특징은 (1) 모집단에서 무작위로 표집한 연구대상을 실험집단과 통제집단에 무작위로 배치하고, (2) 독립변수를 조작하며, (3) 외재변수를 통제하고, (4) 실험집단과 통제집단의 종속변수 차이를 비교하는 것이다. 실험연구의 특징은 다른 형태의 연구를 이해하는 데 토대가 되므로 비교적 상세하게 설명한다.

① 무작위표집과 무작위배치

무작위표집(無作爲標集, 무선표집, random sampling)이란 모집단을 구성하는 구성원 각자가 표본에 선정될 확률이 같도록 표집하는 방법이다. 따라서 무작위표집에서는 특정 구성원의 표집 여부가 다른 구성원들의 표집 여부에 전혀 영향을 미치지 않는다. 무작위표집을 하는 것은 표본의 대표성을 높이기 위함이다. 대표성(代表性, representativeness)은 표본이 모집단의 특성을 반영하는 정도를 말한다. 모집단의 특성을 적절하게 반영하는 표본은 대표성이 높고, 표본의 대표성이 높을수록 연구의 외적 타당성(外的 妥當性, external validity: 연구결과의 일반화 가능성)이 높다. 표본의 대표성이 높으면 표본에서 얻은 결과를 모집단으로 일반화해도 별로 무리가 없다. 그러나 표본이 모집단을 대표하지 못하면 표본에서 얻은 결과를 모집단으로 일반화할 때 오류를 범하게 된다.

구체적인 예를 들어 보자. 흔히 여론조사는 전체 국민 중에서 1,000명 정도 표집하여 의견을 조사한 다음, 그 결과를 전체 국민의 의견이라고 해석(일반화)한다. 이때 전체 국민은 모집단이고, 1,000명은 표본이다. 이 조사에서 1,000명으로 구성된 표본이 전체 국민에서 골고루 표집되어 대표성이 높으면 조사결과를 전체 국민의 의견으로 해석해도 무리가 없다. 반면 1,000명이 전체 국민을 대표하지 못하고 편향되었을 경우 조사결과를 전체 국민의 의견이라고 해석하면 무리가 따른다. 이 경우 이 연구는 외적 타당성이 낮다. 외적 타당성은 연구의 양호도를 판단하기 위한 매우 중요한 기준이다. 양호한 연구는 표본의 대표성이 높고, 그 결과 외적 타당성이 높다.

무작위배치(無作爲配置, 무선할당, random assignment)는 표집된 구성원 각자가 실험집단이나 통제집단에 배치될 확률이 같도록 배치하는 방식을 말한다. 실험집단(實驗集團, experimental group)은 실험처치를 가한 집단을 말한다. 통제집단(統制集團, control group)은 실험집단과 비교하기 위해 실험처치를 하지 않거나 대안적인 실험처치를 한 집단으로, 대조군(對照群)이라고 부르기도 한다. 통제집단은 실험집단과 비교하여 독립변수가 종속변수에 영향을 미쳤는가를 판단하기 위한 기저선을 제공한다. 그러므로 실험집단과 통제집단 간에 종속변수 차이가 있으면 독립변수가 종속변수에 영향을 미쳤다고 해석한다.

무작위배치는 외재변수(종속변수에 영향을 미치는 통제되지 않은 변수)를 통제하여 실험 전

실험집단과 통제집단의 동등성을 확보함으로써 연구의 내적 타당성을 높이기 위한 방안이다. 내적 타당성(內的 妥當性, internal validity)이란 독립변수가 종속변수에 영향을 미쳤다고 확신할 수 있는 정도(즉, 외재변수를 통제한 정도)를 의미한다. 외재변수가 작용하지 않으면 독립변수가 종속변수에 영향을 미쳤다고 확신할 수 있으므로 내적 타당성이 높다. 반면 외재변수가 종속변수에 영향을 미치면 독립변수와 종속변수의 관계를 확신하기 어려우므로 내적 타당성이 낮다. 그러므로 다른 모든 조건이 완벽하더라도 외재변수가 통제되지 않아 내적 타당성이 낮으면 제대로 된 연구라고 할 수 없다. 이러한 점에서 내적 타당성은 연구의 양호도를 판정하기 위한 가장 중요한 기준이다.

요컨대, 무작위표집은 표본의 대표성을 높여 외적 타당성을 높이기 위한 방안이고, 무작위배치는 외재변수를 통제하여 내적 타당성을 높이기 위한 방안이다.

② 독립변수 조작

독립변수를 조작(操作, manipulation)한다는 것은 독립변수의 종류 혹은 강도를 실험자가 인위적으로 변화시키는 것을 의미한다. 독립변수를 조작하는 것을 실험처치(實驗處置, experimental treatment)라고 한다. 칭찬이 학습태도에 어떤 영향을 주는가를 분석하려는 연구에서 실험집단에는 칭찬을 하고 통제집단에는 꾸중을 하는 것이 독립변수 조작이다. 그러므로 독립변수를 조작하지 않는 연구는 실험연구가 아니다. 성별이 학업성적에 미치는 영향을 연구한다고 할 때 성별은 조작할 수 없는 변수이므로 이 연구는 실험연구가 될 수 없다.

③ 외재변수 통제

외재변수를 통제(統制, control)한다는 것은 외재변수가 종속변수에 영향을 미치지 않도록 하는 것을 의미한다. 외재변수는 종속변수에 영향을 미치는 통제되지 않은 변수를 가리킨다. 실험연구의 목적은 독립변수가 종속변수에 미치는 영향, 즉 인과관계를 밝히는 데 있으므로 외재변수가 종속변수에 영향을 준다면 인과관계를 분명하게 밝힐 수 없다. 수업방법이 학업성적에 어떤 영향을 미치는가를 분석하기 위해 실험집단에는 토론식 수업을 하고 통제집단에는 강의식 수업을 한 다음 성적을 비교한 결과 실험집단이 통제집단보다 성적이 더 높았다고 하자. 그런데 수업을 하기 전 실험집단이 통제집단보다 지능지수가 더 높았다고 한다. 이 경우 지능지수가 외재변수다. 이 상황에서는 (1) 수업방법이 성적에 영향을 주었을 개연성도 있고, (2) 지능지수 차이가 성적에 영향을 주었을 개연성도 있으며, (3) 양자가 복합적으로 성적에 영향을 주었을 개연성도 있다. 결과적으로 이 상황에서는 수업방법이 성적에 어떤 영향을 미쳤는지 분명하게 밝힐 수 없다. 그러므로 독립변수와 종속변수 간의 인과관계를 분명하게 밝히려면 실험집단과 통제집단이 독립변수를 제외한 모든 측면에서 동등하도록 외재변수를 엄밀하게 통제해야 한다. 앞에서 설명한 것처럼 외재변수 통제는 연구의 내적 타당성을 높이기 위한 방안이다. 그러므로 외재변수가 잘 통제되면 연구의 내적 타당성이 높지만, 그렇지 못할 경우 내적 타당성이 낮다.

④ 집단비교

집단비교(集團比較, group comparison)는 독립변수가 종속변수에 미치는 효과를 밝히기 위해 실험집단과 통제집단의 종속변수를 비교하는 것을 말한다. 실험연구는 무작위배치를 통해 실험 전 실험집단과 통제집단의 동등성을 확보하기 때문에 두 집단은 독립변수에서만 차이가 있다. 실험결과 실험집단과 통제집단이 종속변수에서 차이가 있다고 하자. 두 집단의 차이는 어디에서 기인하는가? 당연히 그 차이는 독립변수에서 기인한다. 독립변수가 종속변수에 미치는 영향, 즉 인과관계가 입증된 셈이다.

(2) 준실험연구(유사실험연구)

준실험연구(準實驗硏究, quasi-experimental research) 혹은 유사실험연구는 연구대상을 실험집단과 통제집단에 무작위로 배치할 수 없는 상황에서 독립변수가 종속변수에 미치는 영향을 분석하기 위한 방법이다. 어떤 고등학교에서 수업방법이 성적에 미치는 영향을 분석하기 위해 2학년 1반에는 토론식 수업을 하고 2학년 2반에는 강의식 수업을 한 다음, 두 학급의 성적을 비교했다면 준실험연구를 한 것이다.

준실험연구는 연구대상을 무작위로 배치할 수 없는 상황에서 인과관계를 규명하기 위한 방법으로 활용된다. 교육연구가 실제로 이루어지는 상황에서는 연구대상을 실험집단과 통제집단에 무작위로 배치할 수 없는 경우가 많다는 점을 고려하면 준실험연구는 매우 유용한 방법이다.

그러나 준실험연구는 연구대상을 실험집단과 통제집단에 무작위로 배치하지 않으므로 실험 전 두 집단이 동등하다고 할 수 없다. 그로 인해 준실험연구에는 외재변수가 종속변수에 영향을 미칠 소지가 많다. 위에서 언급한 예의 경우 무작위배치를 하지 않고 이미 편성되어 있는 학급을 각각 실험집단과 통제집단으로 사용했으므로 두 학급은 수업방법 이외에도 여러 요인들(즉, 외재변수)이 다를 수 있고, 그 요인들이 성적에 영향을 주었을 개연성이 있다. 예컨대, 수업을 하기 전에 두 반의 지능지수가 달랐다면 실험집단이 통제집단보다 성적이 더 높더라도 성적차이가 (1) 수업방법 차이에서 기인했을 수도 있고, (2) 지능지수 차이에서 기인했을 수도 있으며, (3) 수업방법과 지능지수의 영향을 모두 받았을 수도 있다. 결과적으로 준실험연구는 실험연구에 비해 독립변수가 종속변수에 미친 영향을 분명하게 밝히기 어려우므로 내적 타당성이 낮다.

(3) 사후연구(인과 – 비교연구)

사후연구(事後研究, ex post facto research)는 어떤 현상(종속변수)이 발생한 후(after the fact) 그 원인을 소급해서 규명하기 위한 연구방법으로, 인과–비교연구(causal-comparative research)라고 부르기도 한다. 이 연구는 독립변수를 조작하지 않고 종속변수에 영향을 미쳤을 것이라고 '추정되는' 과거의 원인(독립변수)을 소급적으로 규명한다. 그래서 이 연구방법을 사후연구라고 부른다. 사후연구와 실험연구는 모두 인과관계를 규명하는 데 목적이 있다는 공통점이 있지만, 독립변수 조작 여부가 근본적으로 다르다. 즉, 실험연구에서는 독립변수(처치)를 조작하지만, 사후연구에서는 과거에 발생한 독립변수를 조작할 수 없다.

사후연구는 실험연구를 통해 인과관계를 규명하기가 불가능한 상황이나 독립변수 조작이 윤리적으로 문제가 될 경우 적합하다. 사후연구의 독립변수는 성별이나 사회계층과 같이 조작할 수 없거나 마약이나 에이즈와 같이 윤리적인 측면에서 조작하기 어려운 것이다.

일반적으로 사후연구는 독립변수를 기준으로 연구대상을 몇 개 집단으로 구분한 다음, 집단 간의 종속변수 차이를 비교한다. 흡연자 집단과 비흡연자 집단의 폐암유병률 차이를 비교한 연구는 사후연구에 속한다.

사후연구는 종속변수에 영향을 미쳤을 것이라고 '추정되는' 독립변수를 확인할 수 있으나, 독립변수를 조작하지 못하므로 수많은 외재변수들이 작용할 소지가 있다. 가령, 독립변수 X의 수준에 따라 종속변수 Y가 차이가 있더라도 X가 Y의 원인으로 작용했을 수도 있고, 외재변수 Z가 Y에 영향을 미쳤을 개연성도 있다. 위의 사례에서 흡연 유무에 따라 폐암유병률 차이가 있더라도 생활습관, 체질, 스트레스 정도 등 수많은 외재변수들이 폐암에 영향을 주었을 개연성이 존재한다. 그러므로 사후연구는 내적 타당성이 낮아 인과관계를 확신하기 어렵다는 내재적 제한점이 있다.

(4) 상관연구

상관연구(相關研究, correlation research)는 두 개 혹은 두 개 이상의 변수 간에 어느 정도 관계가 있는가를 규명하려는 연구를 말한다. 흔히 상관연구는 변수를 조작하거나 통제할 수 없는 상황에서 변수 간의 관계를 분석하기 위해 사용된다. 상관(相關, correlation)이란 두 변수가 서로 관련된 정도, 더 정확하게 말하면 변수 X의 값이 변화함에 따라 변수 Y의 값이 변화하는 정도를 뜻한다. 상관의 정도는 상관계수(相關係數, correlation coefficient)로 표시된다.

상관계수의 종류는 여러 가지가 있으나 여기에서는 Pearson의 적률상관계수(積率相關係數, product-moment correlation coefficient)만 다룬다. 적률상관계수는 두 변수가 (1) 연속변수이고, (2) 정규분포를 이루며, (3) 선형관계에 있을 때 적용된다.

상관계수	선형관계	산포도
+1.00	완전, 정적 상관관계	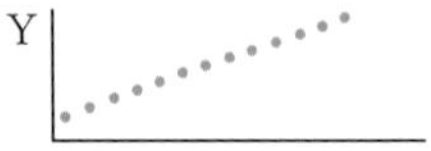 Y
+.50	보통, 정적 상관관계	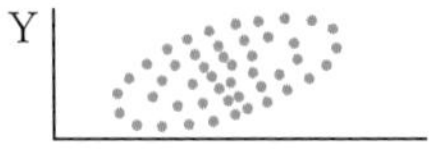 Y
.00	상관관계 없음	 Y
-.50	보통, 부적 상관관계	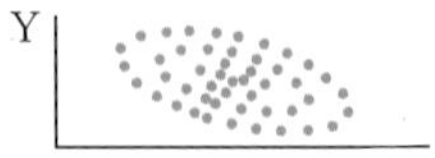 Y
-1.00	완전, 부적 상관관계	 Y X

[그림 1-1] **상관의 정도와 방향**

상관의 방향은 정적 상관과 부적 상관으로 구분된다. 정적 상관(正的 相關, positive correlation)은 두 변수가 비례—즉, 변수 X의 값이 증가함에 따라 변수 Y의 값도 증가하는—관계에 있음을 뜻하며, 양(陽)의 상관이라고 부르기도 한다. 지능지수가 높을수록 성적도 높은 경향이 있으므로 지능지수와 성적은 정적 상관이 있다. 부적 상관(負的 相關, negative correlation)은 두 변수가 역비례—즉, 변수 X의 값이 증가함에 따라 변수 Y의 값은 감소하는—관계에 있음을 뜻하며, 음(陰)의 상관이라고 하기도 한다. 결석횟수가 증가할수록 성적이 낮은 경향이 있으므로 결석횟수와 성적은 부적 상관이 있다.

상관계수는 r로 표시하며, 범위는 -1.0에서 +1.0이다. 단, 상관계수의 크기는 부호가 아니라 절댓값으로 결정된다는 점에 유의해야 한다. 따라서 r=-.90이 r=+.80보다 상관이 더 높다.

상관계수는 변수 X가 변수 Y를 정확하게 예측할 수 있는 정도를 나타낸다. 상관계수는 절댓값이 클수록 변수 X가 변수 Y를 더 정확하게 예측한다. [그림 1-1]에 제시되어 있는 것처럼 상관계수는 절댓값이 클수록 산포도가 직선에 근접하는데, 산포도가 직선에 근접할수록 변수 X가 변수 Y를 더 정확하게 예측한다.

상관계수는 인과관계를 나타내지 않는다는 점에 유의해야 한다. 변수 X와 변수 Y가 높은 상관이 있다고 할 경우 (1) 변수 X가 변수 Y의 원인으로 작용했을 수도 있고, (2) 반대로 변수 Y가 변수 X의 원인으로 작용했을 수도 있으며, (3) 제3의 변수 Z가 작용했을 수도 있다. 따라서 두 변수 사이에 상관이 있다고 해서 그것을 인과관계가 있는 것으로 해석하지 말아야 한다.

한편, 변수 X가 변수 Y의 변량(變量, variance) 혹은 분산을 설명하는 정도는 결정계수(決定係數, coefficient of determination)라고 한다. 결정계수는 상관계수 r을 제곱한 값이다. 상관계수가 r = .70이라고 하면 결정계수는 .49이므로, 변수 X가 변수 Y를 49% 설명한다. 상관계수가 r = -.70일 경우에도 결정계수는 .49이므로 변수 X가 변수 Y를 49% 설명한다.

(5) 기술연구

기술연구(記述研究, descriptive research)는 어떤 현상이나 특성을 있는 그대로 수리적으로 요약하려는 연구를 말한다. 일반적으로 기술연구는 조사대상의 태도, 흥미, 선호도 등에 관한 정보를 수집하기 위한 목적으로 실시된다.

기술연구의 대표적인 유형은 조사연구다. 조사연구(survey)는 설문지, 면접, 검사 등을 이용하여 조사대상의 신념, 태도, 흥미, 행동에 관한 정보를 수집하려는 연구를 말한다. 국민을 대상으로 하는 여론조사나 학생을 대상으로 실시하는 수업만족도 조사는 조사연구의 전형적인 사례에 해당된다.

엄밀한 의미에서 볼 때 기술연구는 현상이나 특성을 있는 그대로 기술하는 데만 관심이 있을 뿐 가설을 검증하거나 다른 변수를 예측하는 데는 관심이 없다. 기술연구는 뒤에서 다룰 질적 연구와 공통점이 있으나, 기술연구는 조사결과를 수치로 표시하고 질적 연구는 연구결과를 언어적으로 서술한다는 차이가 있다.

2) 질적 연구

질적 연구(質的 研究, qualitative research)는 자연스러운 상황에서 관찰, 면접, 문헌분석과 같은 방법으로 서술적 자료를 수집하는 데 주안점을 두는 연구접근이다. 세계가 안정성이 있고 예측할 수 있다고 가정하는 양적 연구의 실증주의 관점과 달리, 질적 연구는 관점이나 맥락에 따라 의미가 다르다는 상대주의 관점에 근거하고 있다. 질적 연구의 특징과 접근방법을 소개한 다음, 질적 연구와 양적 연구의 관계를 살펴본다.

(1) 질적 연구의 특징

질적 연구의 특징은 다음과 같이 요약할 수 있다.

- 질적 연구는 귀납적인 접근을 한다. 그러므로 질적 연구는 자료를 수집하기 전에 가설을 미리 설정하거나 연구절차를 사전에 계획하지 않고, 연구를 진행하는 과정에서 연구문제와 방법을 고안한다.
- 질적 연구는 자연주의 탐구방법을 사용한다. 이는 질적 연구가 자연스러운 상황에서 연구를 수행하고 연구상황을 통제하지 않는다는 것을 의미한다. 그러므로 질적 연구는 독립변수를 조작하지도 않고, 연구대상을 실험집단과 통제집단에 무작위배치하지도 않는다.
- 질적 연구는 전체적인 관점에서 소수의 연구대상을 장기간 심층 탐구한다.
- 질적 연구에서는 연구자가 직접 관찰이나 면접과 같은 방법으로 자료를 수집한다. 또 연구자는 연구대상을 심층적으로 이해하기 위해 연구대상과 긴밀한 관계를 유지한다.
- 질적 연구는 현상학적 관점에서 연구대상의 관점, 동기, 목표, 가치 등을 이해하는 데 주안점을 둔다.
- 질적 연구는 자료를 범주로 조직하고 패턴을 확인하며 서술적으로 종합하는 과정을 통해 자료를 해석적으로 분석한다. 질적 연구는 연구결과를 생동감 있게 기술하고 설명한다. 그러므로 질적 연구를 수행하려면 해석기능은 물론 작문 및 표현 능력이 요청된다.

(2) 질적 연구의 형태

질적 연구의 구체적인 형태는 매우 다양하다. 여기에서는 질적 연구의 형태로 (1) 전기적연구, (2) 현상학적 연구, (3) 근거이론, (4) 사례연구, (5) 문화기술적 연구, (6) 역사적 연구를 간단하게 소개한다.

① 전기적 연구(biographical study): 특정 개인이 경험했던 특별한 사건이 일어난 상황과 내용을 자세하게 기술하는 방법이다. 전기적 연구를 수행하자면 연구대상에 관한 광범한 자료를 수집하고, 연구대상이 살았던 역사적 시점을 이해해야 한다.

② 현상학적 연구(phenomenological study): 특정 사건을 경험한 사람들을 대상으로 그 사건을 어떻게 지각하는가를 규명하기 위한 연구를 말한다. 현상학적 연구는 일반적으로 심층면접을 통해 특정 사건에 대한 연구대상의 지각 및 반응 자료를 수집한 다음 자

세하게 서술한다.

③ 근거이론(grounded theory): 체계적으로 수집하고 분석한 자료에 '근거하여(grounded)' 이론을 구성하려는 연구를 말한다. 근거이론은 연구를 하기 전에 이론을 구성하는 것이 아니라, 연구과정에서 수집한 자료를 바탕으로 이론을 귀납적으로 구성한다. 다시 말하면 이론에서 시작해서 이론을 입증하려는 양적 연구와 달리, 근거이론은 탐구영역에서 시작해서 그 영역에 적합한 이론이 출현하도록 한다.

④ 사례연구(case study): 특정 사례를 집중적으로 조사, 분석하는 연구형태를 말한다. 여기서 사례란 연구의 대상이 되는 특정 개인, 조직, 프로그램 등을 말한다. 따라서 학습장애아, 수학수업, 사립초등학교 등이 사례가 될 수 있다. 경우에 따라 대학축제와 같은 사건이나 인터넷을 활용한 학습과 같은 활동도 사례가 될 수 있다.

⑤ 문화기술적 연구(ethnographic study): 특정 집단의 문화를 포괄적으로 기술, 분석하기 위한 방법으로, 문화기술지라고도 한다. 문화는 특정 집단을 규정짓는 전통, 상징, 의식, 인공물(人工物) 등을 망라한다. 문화기술적 연구는 특정 조직, 사회, 기관, 상황을 총체적으로 이해하기 위해 다양한 접근방법을 활용하며, 핵심적인 자료수집방법은 심층면접과 참여관찰이다.

⑥ 역사적 연구(historical study): 과거에 발생했던 사건이나 행위를 기술, 이해하기 위해 자료를 체계적으로 수집, 평가하는 연구를 말한다. 역사적 연구의 목적은 특정 사건이나 행위의 발생원인을 규명하기 위해 당시의 사건이나 행위를 가능하면 완전하고 정확하게 재구성하는 데 있다. 역사적 연구는 문헌분석, 유물조사, 생존자 면접을 통해 자료를 수집한다.

(3) 양적 연구와 질적 연구의 관계

양적 연구와 질적 연구는 본질적인 차이가 있다. 양적 연구는 연역적인 접근을, 질적 연구는 귀납적인 접근을 한다. 따라서 양적 연구는 사전에 설정한 가설을 검증하지만, 질적 연구는 연구과정에서 가설을 귀납적으로 도출한다. 연구의 초점 측면에서 양적 연구는 분석적이고 결과중심적이며 대표본을 대상으로 하지만, 질적 연구는 전체적이고 과정중심적이며 소수를 연구대상으로 한다. 변수의 측면에서 보면 양적 연구가 소수의 변수에 주안점을 두고 외재변수를 통제하지만, 질적 연구는 연구상황과 참여대상의 관점을 이해하기 위해 수많은 변수들을 장기간 탐구하고 외재변수를 통제하지 않는다. 자료분석의 측면에서 보면 양적 연구가 통계적으로 자료를 분석하는 데 비해, 질적 연구는 해석적이고 기술적으로 자료를 분석한다. 양적 연구와 질적 연구의 차이점을 비교하면 〈표 1-1〉과 같다.

|표 1-1| **양적 연구와 질적 연구의 비교**

양적 연구	구분	질적 연구
연역적 접근	접근	귀납적 접근
사전에 설정한 가설검증	목적	연구과정에서 가설도출
분석적, 결과중심적, 대표본, 연구대상과 접촉하지 않음, 검사를 이용한 자료수집	연구초점	전체적, 과정중심적, 소수의 연구대상, 연구대상과 상호작용, 면접이나 관찰을 통한 자료수집
소수의 변수, 외재변수 통제	변수	다수의 변수, 외재변수 통제하지 않음
통계적인 자료분석	자료분석	해석적이고 기술적인 자료분석

단, 양적 연구와 질적 연구가 상호배타적인 접근은 아니라는 점에 유의해야 한다. 양적 연구와 질적 연구는 연구접근을 구분하기 위한 편의상의 명칭에 불과하다. 양적 연구가 적합한 연구상황과 질적 연구가 적합한 연구상황은 엄연히 다르다. 따라서 양적 연구와 질적 연구 중 어느 접근이 더 나은가를 따지는 것은 우문(愚問)에 지나지 않는다.

양적 연구와 질적 연구 중에서 어느 한 접근을 택할 경우에는 연구문제의 성질을 최우선적으로 감안해야 한다. 그러므로 연구문제의 성질에 따라 양적 연구가 적합할 수도 있고, 질적 연구가 적합할 수도 있다. 또 양적 연구를 근간으로 하면서 질적 연구로 보완할 수 있고, 그 역 또한 가능하다. 결국 양적 연구와 질적 연구는 상호보완적인 접근이라고 할 수 있다.

3) 혼합방법연구

앞에서 소개한 양적 연구와 질적 연구는 각기 내재적인 제한점을 갖고 있다. 양적 연구와 질적 연구는 각기 다른 눈으로 세계를 보는 것과 같다. 왼 눈으로 보는 세계와 오른 눈으로 보는 세계는 엄연히 다르다. 당연히 양적 연구와 질적 연구가 보는 세계는 상당한 차이가 있다.

세계를 제대로 이해하려면 두 눈으로 보아야 한다. 두 눈으로 보면 한 눈으로는 볼 수 없는 것을 볼 수 있다. 이러한 논리를 연구접근에 적용하여 양적 연구와 질적 연구를 절충하면 각각의 장점을 살리는 동시에 단점을 보완할 수 있다.

혼합방법연구(混合方法硏究, mixed method research)는 특정 연구에서 양적 자료와 질적 자료를 모두 수집, 분석, '혼합하는' 연구접근을 말한다. 혼합방법연구에서 양적 연구와 질적 연구를 절충하는 이유는 각각의 장점을 살리는 동시에 제한점을 보완함으로써 연구의 전반적인 성과와 질을 높이기 위함이다.

양적 자료와 질적 자료는 교육현상에 관해 각기 다른 정보를 제공한다. 그러므로 혼합방법연구는 양적 연구의 장점과 질적 연구의 장점을 모두 취하고자 할 경우 적합하다. 혼합방법연구의 몇 가지 설계유형은 다음과 같다(Creswell, 2005).

① 양적 자료와 질적 자료를 동시에 수집하는 설계: 이 설계의 목적은 다음과 같다. 첫째, 양적 자료와 질적 자료의 장단점을 보완한다. 둘째, 과정 및 결과를 공히 기술한다. 양적 연구는 결과를 기술하는 데 적합하고, 질적 연구는 과정을 기술하는 데 적합하다. 셋째, 연구결과를 타당화한다. 즉, 연구결과가 양적 연구나 질적 연구 중 어느 하나에 한정되지 않는다는 것을 밝힌다.

② 양적 자료를 수집한 후 질적 자료를 수집하는 설계: 이 설계는 양적 연구에서 수집된 자료가 어떤 의미를 갖고 있는가를 질적 자료로 생생하게 기술하는 데 목적이 있다.

③ 질적 자료를 수집한 후 양적 자료를 수집하는 설계: 이 설계는 현상을 탐색하기 위해 질적 자료를 먼저 수집한 다음, 질적 자료에서 밝혀진 관계를 설명하기 위해 양적 자료를 수집하는 데 목적이 있다.

단, 혼합방법연구를 수행하려면 광범한 자료를 수집, 분석해야 하므로 비용과 시간이 많이 소요된다는 단점이 있다. 또 혼합방법연구를 하자면 양적 연구와 질적 연구를 수행할 수 있는 소양을 모두 갖추어야 한다는 점도 부담이 될 수 있다.

4) 실행연구(현장연구)

실행연구(實行硏究, action research)는 교육현장에 직접 관련된 문제를 해결하거나 교육실제에 관한 정보를 수집하기 위한 일종의 응용연구를 지칭한다. 국내에서는 실행연구를 현장연구라고 부르는 경우가 많다. 일반적으로 실행연구는 교육현장에서 당면하는 문제—학습동기를 증진할 수 있는 방안, 수학수업에서 인터넷을 활용하는 방안, 문제행동을 감소시키기 위한 방안 등—를 해결하기 위한 방안을 모색하기 위해 수행된다.

일반적으로 실행연구를 수행하는 주체는 교사, 교육행정가, 교육전문가 등이다. 연구접근의 측면에서 실행연구는 양적 연구로 수행할 수도 있고, 질적 연구로 수행할 수도 있으며, 혼합방법연구로 수행할 수도 있다. 실행연구를 양적 연구 형태로 할 경우에도 실험연구로 할 수도 있고, 상관연구로 할 수도 있으며, 기술연구로 할 수도 있다.

실행연구는 주로 교육현장에서 관련당사자들이 수행하므로 고도의 연구수행능력이 필수적으로 요구되지는 않는다. 그 결과 일반적으로 실행연구는 내적 타당성과 외적 타당성이 낮다. 앞에서 설명한 것처럼 내적 타당성은 독립변수가 종속변수에 영향을 주었다고 확신할 수 있는 정도를 말한다. 실험연구와 달리 실행연구는 외재변수를 엄밀하게 통제할 수 없으므로 전반적으로 내적 타당성이 낮다. 또 외적 타당성이 높으려면 연구대상(표본)이 모집단을 대표해야 한다. 그런데 주로 학교현장에서 수행되는 실행연구의 경우 연구대상이 모집단을 대표하기 어렵기 때문에 외적 타당성이 상당히 제약된다. 실행연구와 전문가가 수행하는 연구를 비교하면 〈표 1-2〉와 같다.

| 표 1-2 | **실행연구와 전문연구의 비교**

실행연구	구분	전문연구
교육현장의 실제적인 문제해결	목적	이론 개발 및 검증, 일반화할 수 있는 지식 산출
교사, 상담자, 교육행정가 등	주체	학자
연구수행능력이 상대적으로 낮음	소양	연구수행능력이 상대적으로 높음
교사가 개발한 도구	도구	전문가가 개발한 도구
낮음	정밀성	높음
가치지향	가치	가치중립
목적표집(purposive sampling)* 선호	표집	무작위표집 선호
내적 타당성이 낮음	타당성	내적 타당성이 높음

주: *연구에 적합하다고 판단되는 대상을 의도적으로 표집하는 방법

학교 혹은 학급에서 당면하는 문제를 해결함으로써 교육현장을 개선하는 데 최우선의 목적을 두고 있는 실행연구의 장점은 다음과 같다.

- 모든 학교와 학년 수준에서 교사, 상담자, 교육행정가 등이 각종 교육문제를 해결하기 위해 신축성 있게 적용할 수 있다.
- 교육실제를 개선하는 데 필요한 이론과 지식을 축적할 수 있다.
- 교사를 비롯한 교육실천가의 연구수행능력과 연구결과 활용능력을 높인다.
- 교육현장의 문제를 확인, 해결할 수 있는 방안을 마련하는 데 도움을 준다.
- 교사, 상담자, 교육행정가, 장학사들의 연구협의체를 구축하는 데 도움을 준다.

① 교육심리학은 교육에 내재된 심리적 현상을 체계적으로 탐구하여 교육에 도움을 주려는 학문이다. 그러므로 교육심리학은 단순히 심리학에서 밝혀진 원리를 교육문제를 해결하는 데 응용하거나 교육 문제를 탐구하기 위해 심리학의 방법을 적용하는 학문이 아니다.

② 교육심리학은 (1) 학생특성을 객관적으로 이해하고, (2) 학습의 원리와 법칙을 규명하며, (3) 수업원리 를 밝히고, (4) 학생들의 적응을 조력할 수 있는 방안을 마련하며, (5) 학업성취도를 비롯한 학생들의 제반 특성들을 측정, 평가하는 데 도움을 준다.

③ 교육연구의 기능은 교육현상을 기술, 설명, 예언, 통제하는 데 있다. 기초연구는 이론을 개발하고 발 전시키는 데 관심을 두고, 응용연구는 교육문제를 해결하기 위해 이론을 적용하는 데 관심을 갖고 있다.

④ 양적 연구는 수량화할 수 있는 자료를 수집하고 분석하는 데 주안점을 둔다. 실험연구, 준실험연구, 사후연구, 상관연구, 기술연구가 양적 연구에 속한다.

⑤ 실험연구는 외재변수를 통제한 상황에서 독립변수가 종속변수에 미치는 영향을 규명하기 위한 연구 방법이고, 준실험연구는 연구대상을 무작위로 배치할 수 없는 상황에서 인과관계를 규명하기 위한 방법이다. 사후연구는 어떤 현상의 원인을 소급적으로 규명하기 위한 연구방법이고, 상관연구는 변 수를 조작하거나 통제하기 어려운 상황에서 변수 간의 관계를 파악하기 위한 연구방법이다. 기술연 구는 어떤 현상을 있는 그대로 수리적으로 서술하고 요약하려는 연구를 말한다.

⑥ 질적 연구는 자연스러운 상황에서 관찰이나 면접을 통해 서술적 자료를 수집하려는 연구접근이다. 전기적 연구, 현상학적 연구, 근거이론, 사례연구, 문화기술적 연구, 역사적 연구가 질적 연구의 접근 을 취한다.

⑦ 혼합방법연구는 한 연구에서 양적 자료와 질적 자료를 모두 수집, 분석, 혼합하는 연구접근을 말한 다. 혼합방법연구는 양적 연구와 질적 연구의 장점을 살리는 동시에 단점을 보완함으로써 연구의 질 을 높이는 데 목적이 있다.

⑧ 실행연구는 교육현장에서 당면하고 있는 문제를 해결하거나 교육실제에 관한 정보를 수집하기 위해 수행되는 응용연구를 말한다.

발달의 성격과 인지발달

1. 발달의 개념을 정의하고, 학습 및 성숙의 개념과 구분하시오.

2. 발달원리를 기술하시오.

3. 발달연구의 접근(종단설계, 횡단설계, 계열적 설계, 발생과정설계)을 비교하시오.

4. 유전-환경 논쟁을 요약하고, 그에 관한 자신의 견해를 제시하시오.

5. 발달의 연속성 대 비연속성 논쟁과 보편성 대 다양성 논쟁을 요약하시오.

6. 자연성숙론과 환경경험론의 견해를 비교하시오.

7. 발달과업을 정의하고, 교육적 시사점을 제시하시오.

8. Piaget 인지발달이론의 기본견해를 요약하시오.

9. Piaget 인지발달이론의 발달기제(조직, 적응, 동화, 조절)를 설명하시오.

10. Piaget 인지발달이론에서 도식 및 인지구조를 정의하시오.

11. Piaget 인지발달이론에서 평형화의 역할을 설명하시오.

12. Piaget 인지발달이론에서 인지발달단계의 특징을 비교하시오.

13. Piaget 인지발달이론의 교육적 시사점을 논하시오.

14. Piaget 인지발달이론을 비판하시오.

15. Vygotsky 발달이론의 기본견해를 요약하시오.

16. 근접발달영역을 정의하고, 교육적 의의를 논하시오.

17. 발판화(비계설정)를 정의하고, 발판화의 구체적인 방법을 열거하시오.

18. 역동적 평가와 고정적 평가를 비교하시오.

19. Piaget 이론과 Vygotsky 이론을 비교하시오.

인간은 수정되는 순간부터 죽음에 이르는 순간까지 잠시도 멈추지 않고 끊임없이 변화한다. 삶이란 변화의 연속이다. 그러므로 변화하지 않는다는 것은 죽은 상태와 다를 바 없다.

인간은 지구상에 존재하는 그 어떤 동물과도 비교할 수 없을 정도로 극히 무력한 존재로 출생한다. 그러나 이처럼 무능한 신생아는 다른 동물과 비교할 수 없는 엄청난 성장과 발달의 잠재력을 갖고 있다. 인간은 이러한 잠재력을 기반으로 눈부신 성장과 발달을 거듭하여 만물의 영장이란 지존의 지위에 등극하게 되었다.

교육은 학생들이 성장과 발달 잠재력을 실현하도록 도와주는 활동이다. 이러한 점에서 발달은 교육과 불가분의 관련을 맺고 있다. 인간이 성장하고 발달할 수 있는 잠재력은 교육의 존립근거가 된다. 인간이 성장하고 발달할 수 있는 잠재력이 없다면 교육의 존립근거는 사라진다.

모든 교육활동은 특정 시점에서 학생들의 발달수준을 기반으로 하여 시작되므로 발달은 교육의 원재료를 제공한다. 이것은 학생들의 발달수준에 따라 교육목표, 교육내용, 교육방법이 크게 달라진다는 것을 의미한다. 나아가 발달은 교육이 달성하고자 하는 궁극적인 목적이다. 이러한 의미에서 보면 교육이란 학생들이 더 높은 수준의 발달을 하도록 도와주는 활동이다. 요컨대, 모든 교육은 특정 시점에서 학생들의 발달수준을 기반으로 하여 더 높은 수준의 발달을 지향한다. 그러므로 교육이 소기의 목적을 달성하자면 학생들의 발달양상과 발달원리를 정확하게 이해해야 한다.

이 장에서는 먼저 발달의 성격을 살펴본 다음 대표적인 인지발달이론인 Piaget의 이론과 Vygotsky의 이론을 소개한다.

1. 발달의 성격

1) 발달의 개념

발달(發達, development)이란 수정되는 순간부터 죽음에 이르는 순간까지 일생에 걸쳐 일어나는 모든 구조 및 기능의 변화를 의미한다. 여기서 구조란 신경계, 근육, 순환계와 같은 신체조직은 물론 가설적인 정신조직, 지식, 능력, 태도, 성격 등을 말한다. 또 기능은 구조에 관련된 행위로, 호르몬 분비, 근육활동, 인지활동을 지칭한다. 그러므로 발달은 신체특성, 운동기능, 인지적 특성, 정의적 특성 등 모든 특성의 변화를 망라한다.

발달은 어떤 특성이 양적으로 증대되고 질적으로 정교화되는 긍정적인 변화는 물론, 어떤 특성이 양적으로 감소하거나 질적으로 저하되는 부정적인 변화를 포함한다. 변화의 원인 측면에서 발달은 선천적인 요인에 의해 행동이 변화되는 성숙(成熟, maturation)과 경험이나 연습에 의해 행동이 변화되는 학습(學習, learning)을 포괄하는 개념이다. 성장(成長, growth)이란 용어는 신체적 특성의 긍정적인 변화를 지칭하는 의미로 사용되어 왔으나 최근에는 발달과 거의 유사한 의미로 사용되고 있다.

2) 발달의 원리

일반적인 발달원리는 다음과 같다.

첫째, 발달은 성숙과 학습의 상호작용으로 일어난다. 여기서 성숙은 유전적으로 결정된 발달적 변화를, 학습은 후천적인 경험과 연습으로 인해 나타나는 변화를 말한다. 대부분의 발달은 성숙과 학습 중 어느 한 요인에 의해 완전히 결정되는 것이 아니라, 두 요인이 상호작용한 결과로 나타난다.

둘째, 발달은 연속적이고 누적적인 과정(continual and cumulative process)이다. 발달이 연속적인 과정이라는 것은 특정 시기에만 발달하는 것이 아니라 일생 동안 한순간도 멈추지 않고 끊임없이 발달한다는 것을 의미한다. 단, 특성에 따라 발달속도가 다르므로 어떤 특성은 일찍 발달하고, 어떤 특성은 비교적 늦게 발달한다. 발달이 누적적인 과정이라는 것은 선행발달이 후속발달에 중요한 영향을 미친다는 것을 뜻한다. 연구에 따르면 출생 후 12세까지의 발달은 청소년기(12~20세)의 발달과 성인기(20~40세) 발달의 토대를 마련한다. 이는 12세까지 발달이 제대로 이루어지면 청소년기나 성인기에도 원만하게 발달할 수 있으나, 그렇지 않으면 청소년기나 성인기의 발달이 상당 부분 제약된다는 것을 의미한다.

셋째, 발달은 여러 특성들이 상호 관련을 맺으면서 발달하는 전체적 과정(holistic process)이다. 이는 신체적 특성, 심리적 특성, 사회적 특성, 정서적 특성이 다른 특성과 관련 없이 별개로 발달하는 것이 아니라, 서로 영향을 주고받으며 발달한다는 것을 의미한다. 그 결과 신체발달은 사회성 발달에 영향을 주고, 사회성 발달은 인지발달이나 정서발달에 영향을 준다. 여러 특성들의 발달이 상호 관련된다는 사실은 사회적인 통념인 보상원리에 반(反)하는 것이다. 보상원리(補償原理, compensation principle)에 따르면 특정 영역의 재능이 우수하면 다른 영역의 재능이 낮다. '미인박명'이니 '천재요절'이니 하는 말은 보상원리를 반영한다. 그러나 보상원리와 달리 모든 특성들의 발달은 상호 관련되므로 어떤 특성이 우수하면 다른 특성들도 우수하고, 반대로 어떤 특성이 열등하면 다른 특성들도 열등하다.

넷째, 발달에는 가소성이 있다. 가소성(可塑性, plasticity)이란 경험을 통해 발달할 수 있는 잠재력을 말한다. 쉽게 말하면 가소성은 변화가능성이다. 가소성은 반죽한 점토의 성질에 비유할 수 있다. 반죽한 점토는 무한한 가소성을 갖고 있으므로 마음대로 변형시킬 수 있다. 발달은 누적적인 측면도 있지만, 경험을 통해 변화될 수 있는 여지, 즉 가소성도 상당하다. 또래들로부터 배척당한 공격적인 아이가 사회적인 기술을 학습한 후 또래들이 좋아하는 아이로 바뀔 수 있는 것은 가소성이 있기 때문이다. 발달에 가소성이 있다는 것은 매우 다행이고, 축복이다. 왜냐하면 가소성은 초기의 결손을 보완, 극복할 수 있는 가능성을 나타내기 때문이다. 가소성의 범위는 어릴수록 큰 것으로 알려져 있다.

다섯째, 발달에는 일정한 순서와 방향이 있다. 시간경과에 따른 발달적 변화는 무질서하게 일어나는 것이 아니다. 운동발달의 경우 앉고, 서고, 걷고, 마지막으로 달린다. 신체는 상부에서 하부로(cephalo-caudal), 중심에서 주변으로(proximal-distal), 전체적 활동에서 특수한 활동(mass-specific)으로 발달한다. 언어는 울음, 옹알이, 일어문(一語文), 이어문(二語文), 복문(複文)의 순서로 발달한다. 사고발달이나 성격발달에도 일정한 순서와 방향이 있다. 발달에 일정한 순서와 방향이 있다는 것은 선행단계가 후속단계의 토대가 되며, 하위단계에서 상위단계로 이행할 때 더 높은 차원의 발달이 이루어진다는 것을 보여 주고 있다.

여섯째, 발달에는 개인차(個人差, individual difference)가 있다. 발달속도와 발달시기는 개인차가 있다. 엄밀한 의미에서 보면 개인차는 크게 개체들의 차이를 의미하는 개인간차(inter-individual difference)와 특정 개체가 갖고 있는 여러 특성의 차이를 의미하는 개인내차(intra-individual difference)로 구분할 수 있다. 그러나 일반적으로 개인차라고 하면 개인간차를 의미한다.

일곱째, 발달에는 초기 경험이 중요한 영향을 미친다. 초기 경험이 중요한 영향을 미치는 이유는 발달에 결정기가 존재하기 때문이다. 결정기(決定期, critical period)는 발달이나 학습이 급속도로 일어나는 극히 짧은 시기를 말한다. 결정기의 경험은 발달에 절대적인 영향을 미친다. "세 살 버릇 여든까지 간다."는 속담이나 "될성부른 나무는 떡잎부터 알아본다."는 속담은 초기 경험의 중요성을 잘 나타내 준다.

3) 발달연구의 접근

발달—즉, 시간경과에 따른 구조와 기능의 변화—을 탐구하려는 접근으로는 종단설계, 횡단설계, 계열적 설계, 발생과정설계를 들 수 있다.

(1) 종단설계

종단설계(縱斷設計, longitudinal design)는 동일한 대상을 장기간 반복 관찰하여 발달양상을 추적하려는 접근이다. 현재 3세 아동 20명을 표집한 후 30년 동안 지능이 어떻게 변화되는지를 연구했다면 종단설계를 적용한 것이다.

종단설계는 발달적 변화를 정확하게 추적할 수 있다는 장점이 있다. 그러나 종단설계는 연구기간이 길고, 시간과 비용이 많이 소요되며, 연구대상을 장기간 추적하기 어렵다는 문제점이 있다. 심지어 장기간 발달경향을 추적하는 도중에 연구자가 사망하는 극단적인 경우도 발생할 수 있다. 또한 종단설계는 특정 연구대상에서 얻은 결과를 일반화하는 데 한계가 있으며, 장기간 연구를 수행하는 과정에서 연구대상이 탈락할 소지가 있고, 새로운 이론이나 연구방법을 적용하기 어렵다는 제한점이 있다.

(2) 횡단설계

횡단설계(橫斷設計, cross-sectional design)는 여러 연령집단들을 동시에 조사하여 발달적 변화를 파악하려는 접근이다. 2015년 3월 현재 3세, 6세, 9세, 12세 집단에서 각각 30명씩 표집하여 지능의 연령별 차이를 조사했다면 횡단설계를 적용한 것이다. 횡단설계는 종단설계에 비해 시간 및 비용 측면에서 경제적이므로 널리 활용되고 있다.

횡단설계에서는 연구대상이 각 연령집단을 대표할 수 있도록 표집해야 한다. 연구대상이 각 연령집단을 대표하지 못할 경우 횡단설계는 발달적 변화를 제대로 파악할 수 없다.

횡단설계는 발달적 변화를 정확하게 파악하기 어렵다는 문제점이 있다. 횡단설계에서 확인된 연령집단 간의 차이를 발달적 변화로 간주하기 어려운 이유는 동연령 집단효과가 작용하기 때문이다. 동연령 집단(cohort)은 같은(비슷한) 시기에 출생한 사람들의 집단을 말한다. 그러므로 동연령 집단효과(cohort effect)는 나이가 같은 사람들이 비슷한 문화환경과 역사적 사건을 경험함으로써 나타나는 현상을 지칭한다. 동연령 집단은 사회문화적으로 비슷한 경험을 했으므로 심리적 특성들도 유사하다. 결과적으로 횡단설계에서 얻은 결과에는 연령에 따른 발달적 변화와 동연령 집단효과가 혼합되어 있어, 동연령 집단효과를 발달적 변화로 오해할 소지가 있다.

동연령 집단효과가 작용하는 구체적인 예를 보자. 청소년과 성인을 대상으로 한 연구에서 청소년이 성인보다 지능이 더 높았다고 하자. 이 결과에 근거하여 지능이 나이가 들수록 감소한다고 해석할 수 있을까? 그렇지 않다. 위의 연구에서 성인이 청소년보다 지능이 낮은 것은 성인이 청소년보다 학력(學歷)이 낮은 데서 기인할 수 있다. 그러므로 이 결과는 진정한 발달적 변화가 아니라 동연령 집단효과를 반영하고 있다. 이와 같이 횡단설계는 동연령

집단효과를 발달적 변화로 오해할 소지가 있으므로 연구결과를 해석할 때 이러한 점을 감안해야 한다.

(3) 계열적 설계

계열적 설계(系列的 設計, sequential design)는 종단설계와 횡단설계를 결합한 설계로 여러 연령집단들을 반복 관찰하여 발달적 변화를 파악하려는 접근이다. 지능발달을 파악하기 위해 2006년 출생한 아동 20명, 2008년 출생한 아동 20명, 2010년 출생한 아동 20명을 각각 표집한 다음, 각 연령집단에 3년 간격으로 3회에 걸쳐 지능검사를 실시했다면 계열적 설계를 적용한 것이 된다.

계열적 설계는 앞에서 살펴본 종단설계와 횡단설계를 절충·보완한 접근으로 동연령 집단효과의 작용 여부를 밝힐 수 있다. 동연령 집단효과가 작용하는지 밝히려면 다른 시기에 출생한 아동들이 나이가 같을 때 관찰한 결과를 비교하면 된다. 위의 예시에서 2006년 출생한 아동집단과 2008년 출생한 아동집단이 각각 6세가 되었을 때 실시한 지능검사 점수를 비교하면 동연령 집단효과의 작용 여부를 밝힐 수 있다. 또 이 설계는 하나의 연구에서 종단적 비교와 횡단적 비교가 가능하다는 장점이 있다.

(4) 발생과정설계

발생과정설계(發生過程設計, micro-genetic design)는 발달적 변화가 일어나는 비교적 짧은 기간 동안 연구대상을 집중 관찰하여 발달적 변화가 왜 그리고 어떻게 일어나는가를 규명하기 위한 접근을 말한다. 앞에서 다룬 종단설계, 횡단설계, 계열적 설계는 발달적 변화를 전반적으로 파악하는 데 주안점을 두고, 발달적 변화가 일어나는 과정에는 비교적 관심이 적다.

발생과정설계는 중요한 발달적 변화가 일어날 것이라고 예상되는 아동에게 발달적 변화에 필요한 경험을 반복 제공한 다음 변화가 일어나는 행동을 추적한다. 이 설계는 발달의 과정과 발달을 촉진하는 경험을 규명할 수 있다는 장점이 있으나, 어렵고 시간 및 비용이 많이 든다는 단점이 있다.

글상자
2-1

발달과업

Havighurst(1952)가 제안한 **발달과업**(發達課業, developmental task)은 특정 발달단계에서 반드시 성취해야 할 과제를 말한다. 인생의 특정 시기에는 반드시 해야 할 일이 있는데, 그것이 바로 발달과업이다. 발달과업이 사회적 시계에 비유되는 것은 바로 이 때문이다.

발달과업은 (1) 생물학적 성숙과 관련되는 것도 있고, (2) 사회의 요구에 의한 것도 있고, (3) 개인의 목표, 가치, 포부와 같은 심리적 요인에 관련되는 것도 있다. 그러므로 구체적인 발달과업은 개인, 연령집단, 문화권에 따라 상당한 차이가 있을 수 있다. 발달단계별로 대표적인 발달과업을 제시하면 다음과 같다.

- 영유아기(0~6세) : 걷는 법을 배운다. 말을 배운다.
- 아동기(6~12세): 독서산(讀書算, 3R)을 배운다. 일상생활의 기초기능을 배운다.
- 청년기(12~18세): 부모로부터 정서적으로 독립한다. 직업 선택을 준비한다.
- 성년 초기: 직업을 선택한다. 자녀를 양육한다.
- 중년기: 성인의 책무를 다한다. 중년기의 생리적 변화에 적응한다.
- 노년기: 체력 감퇴와 수입 감소에 적응한다. 배우자의 사망에 적응한다.

발달과업은 계열성을 갖고 있다. 이것은 발달이 누적적인 과정이라는 것을 의미한다. 따라서 특정 발달단계의 발달과업 성취는 후속단계의 발달과업 성취에 영향을 준다. 이를 Havighurst(1952)는 "발달과업을 성취하면 행복하게 되고 후속과업에서도 성공할 수 있지만, 실패하면 불행하게 되고 후속과업을 성취하는 데 장애를 겪게 된다."라고 했다.

발달과업은 적절한 시기에 기본기능과 태도를 습득하는 것이 중요하다는 점을 강조한다. 개인적인 측면에서 발달과업 성취는 성장과 발달에 큰 영향을 미친다. 아동기에 독서산(讀書算)을 습득하면 학교에서 제대로 적응할 수 있다. 교육적인 측면에서 발달과업은 교육의 적정시점(適正時點)―특정 기능이나 태도를 가르쳐야 할 최적의 시기― 을 결정하고, 교육목표를 설정하는 데도 커다란 시사점을 주고 있다.

4) 발달의 쟁점

인간발달 분야에는 논란을 거듭하고 있는 세 가지 핵심 쟁점이 있다. 첫 번째는 유전과 환경 중 어느 요인이 발달에 결정적인 영향을 미치는가에 관한 유전 대 환경 논쟁이고, 두 번째는 발달이 연속적인 과정인가 아니면 비연속적 과정인가에 관한 논쟁이다. 세 번째는 발달적 변화가 모든 사람들에게 동일하게 일어나는가 아니면 사람에 따라 다르게 일어나는가에 관한 쟁점이다. 세 가지 쟁점을 간단하게 소개한다.

(1) 유전 대 환경(자연 대 양육)

유전-환경 논쟁(遺傳環境 論爭, heredity-environment controversy)은 생물학적으로 타고난 선천적 요인(즉, 유전자)이 발달을 결정하는가 아니면 후천적인 환경이 발달을 결정하는가에 관한 논쟁을 말한다. 오랜 세월 동안 계속되고 있는 이 논쟁은 자연-양육 논쟁(自然養育 論爭, nature-nurture controversy)이라고 불리기도 한다. 이 논쟁은 결국 발달의 결정요인이 개체 내부(유전자)에 존재하는가 아니면 개체 외부(환경)에 존재하는가에 관한 논쟁이다.

유전론(遺傳論)은 발달이 개인 내부의 유전요인에 의해 결정된다고 주장하는 관점이다. 인간 특성이 유전요인에 의해 결정된다는 증거는 일일이 열거할 수 없을 정도로 많다. 우선 유전요인은 모든 사람들에게 공통적인 특성의 발달을 결정한다. 모든 아동들이 성장환경에 관계없이 같은 방식으로 걷고, 말을 배우는 것은 유전요인에서 기인한다. 또 유전요인은 사람에 따라 다른 개별적인 특성의 발달에도 영향을 미친다. 즉, 유전요인은 아동에 따라 다른 자세, 외모, 기질(temperament: 정서적 사건, 새로운 자극, 자신의 충동에 대해 특징적으로 반응하는 방식), 학습능력을 결정한다.

유전론에 근거한 선천설(先天說, nativism)은 특정 행동경향성이 선천적으로 뇌에 새겨져 있다고 주장한다. 거미가 배우지 않고서도 거미줄을 칠 수 있는 것은 선천적인 행동경향성을 반영한다. 언어습득장치를 선천적으로 타고난다고 주장하는 Noam Chomsky도 선천설의 견해를 갖고 있다. 그에 따르면 신생아의 뇌에는 언어습득장치가 내장되어 있다.

이에 반해 환경론(環境論)은 개인 외부의 사회 및 문화 조건이 발달을 결정한다고 주장하는 관점이다. 환경(environment)이란 개체에 영향을 미치는 외적 조건, 자극, 힘을 총체적으로 가리킨다. 맹모삼천지교(孟母三遷之敎)의 고사와 늑대소년의 사례는 환경의 중요성을 단적으로 나타낸다.

발달에서 환경의 중요성을 강조하는 학자들은 발달에 결정기가 존재한다는 사실에 주목한다. 결정기(決定期, critical period)는 특정 환경자극에 가장 민감한 시기 또는 특정 행동이나 기술을 익히는 데 가장 적절한 시기를 말한다. 결정기 가설에 따르면 가장 중요한 발달은 결정기에 일어난다. 그러므로 결정기에 발달이 되지 않으면 제대로 발달되지 않는다. 결정기 가설은 결정기에 적절한 경험을 제공하면 행동이나 기술을 제대로 습득할 수 있지만, 그렇지 않으면 발달이 지체되거나 왜곡되어 행동이나 기능이 정상적으로 발달하지 않는다는 것을 시사한다. 결정기 가설은 초기 경험의 중요성을 강조하고, 경험효과의 비가역성(非可逆性, irreversibility)을 전제한다. 예를 들어, 새끼 오리가 부화 직후(결정기에 해당된다.) 각인(刻印, imprinting)을 하지 않으면 그 오리는 결코 각인을 하지 못한다. 각인이란 결정기 동안에 개체와 환경대상 간에 애착(愛着, attachment)이 급속히 형성되는 것을 말한다.

　인간 행동은 유전요인에 의해 결정되는 측면도 있고 환경요인에 의해 결정되는 측면도 있으므로 유전론과 환경론은 나름대로 일리를 갖고 있다. 그러나 유전과 환경 중 한 요인만 배타적으로 강조하는 유전론이나 환경론은 극단적인 관점이다. 왜냐하면 대부분의 발달은 유전이나 환경 중 어느 한 요인에 의해서 완전히 결정되는 것이 아니라, 유전과 환경이 상호작용한 결과로 일어나기 때문이다.

　엄밀한 의미에서 모든 발달에는 유전과 환경이 공히 영향을 미치므로 유전론이나 환경론보다 상호작용론이 더 타당한 관점이라고 할 수 있다. 행동유전학도 상호작용론을 지지한다. 유전과 환경이 특성(지능, 성격, 정신병리 등)에 미치는 상대적 영향력을 규명하는 행동유전학(行動遺傳學, behavioral genetics)은 발달을 유전형(genotype, 유전자)이 표현형(phenotype: 관찰할 수 있는 특성과 행동)으로 표출되는 과정이라고 정의하고 있지만, 엄격한 유전론이 아니라 상호작용론의 견해를 취하고 있다. 행동유전학에 따르면 유전자와 환경은, 특성에 따라 차이가 있지만, 대체로 심리적 특성에 각각 50% 정도 영향을 미친다. 행동유전학은 강력한 유전 가능성을 갖고 있는 특성도 환경의 영향으로 상당 부분 수정될 수 있다는 점을 인정한다.

　유전 및 환경의 상호작용이 발달에 미친다고 주장하는 상호작용론(相互作用論, interactionism)에 따르면 유전은 발달의 생물학적 한계를 결정하고, 환경은 그 한계 내에서 영향을 준다. 따라서 아무리 유전자가 우수하더라도 적절한 환경이 제공되지 않으면 발달이 지체된다. 또한 환경이 같더라도 유전자에 따라 다르게 발달할 수 있다.

(2) 연속성 대 비연속성
발달의 연속성 대 비연속성 논쟁은 두 가지 측면에 비추어 논의할 수 있다.

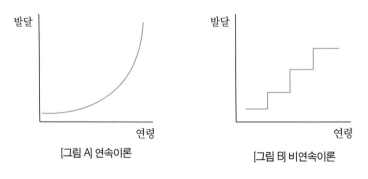

[그림 A] 연속이론　　　　　　[그림 B] 비연속이론

[그림 2-1] **발달의 연속이론과 비연속이론**

첫 번째 측면은 시간경과에 따른 발달이 점진적이고 연속적인 과정인가 아니면 급격한 변화의 과정인가에 관한 논쟁이다. [그림 2-1]의 A는 발달이 점진적이고 연속적으로 일어난 다고 주장하는 연속이론의 관점을, [그림 2-1]의 B는 발달이 급격한 비연속과정으로 일어난 다고 주장하는 비연속이론의 관점을 나타내고 있다. 연속이론(連續理論, continuity theory)은 (1) 발달이 점진적으로 일어나고, (2) 선행발달과 후속발달이 질적 측면에서 같으며, (3) 모 든 발달현상을 동일한 법칙으로 설명할 수 있다고 가정한다. 행동주의 이론은 연속이론이 다. 반면에 발달이 비연속적으로 일어난다고 보는 비연속이론(非連續理論, discontinuity theory)은 (1) 시간경과에 따라 발달적 변화가 급격하게 일어나고, (2) 선행발달과 후속발달 이 질적으로 다르며, (3) 발달적 현상에 따라 상이한 법칙이 적용된다고 가정한다. Piaget 이 론이나 Bruner의 이론은 비연속이론이다.

두 번째 측면은 발달적 변화의 본질이 양적인 성질을 갖는가 아니면 질적인 성질을 갖는 가에 관한 논쟁이다. 양적 변화(quantitative change)는 발달적 변화의 양 혹은 정도의 변화를 말한다. 나이가 들수록 키가 자라고, 몸무게가 늘고, 달리는 속도가 빨라지고, 어휘 수가 증 가하는 것은 양적 변화에 해당된다. 이에 반해 질적 변화(qualitative change)는 발달적 변화 의 본질, 구조, 종류, 형태의 급격한 변화를 말한다. 걷기와 달리기, 말을 하는 것과 말을 못 하는 것, 사춘기 전후의 신체적 특징이나 사고는 질적으로 다르다.

일반적으로 연속이론은 발달적 변화가 본질적으로 양적이라는 견해를 갖고 있고, 비연속 이론은 발달적 변화가 질적이라는 견해를 갖고 있다. 발달을 질적 변화로 간주하는 비연속 이론은 단계라는 용어를 사용한다. 단계(段階, stage)는 특유의 행위 혹은 사고방식을 특징으 로 하는 발달시기를 말한다. 그러므로 단계에 따라 행위방식이나 사고방식이 질적으로 다 르다. 단계이론에 따르면 발달이란 질적으로 차이가 있는 발달단계를 순서대로 통과하는 과정이다. 뒤에서 다룰 Piaget의 인지발달이론은 대표적인 단계이론이다.

(3) 보편성 대 다양성

발달의 보편성 대 다양성 쟁점은 발달적 변화가 모든 사람들에게 공통성이 있는가 아니 면 사람에 따라 차이가 있는가에 관한 논쟁이다.

발달의 보편성(普遍性, universality)은 모든 사람들에게 공통적으로 나타나는 전형적인 발 달적 변화를 말하며, 이를 규범적 발달(normative development)이라고도 한다. 특별한 이유 가 없는 한, 기능발달은 반드시 앉고, 걷고, 달리는 순서로 발달한다. 보편적인 발달순서는 불변이므로 예외가 없다.

반면 발달의 다양성(多樣性, diversity)은 개인에 따라 다르게 나타나는 발달적 변화를 말하는데, 이를 개체차원발달(idiographic development)이라고도 한다. 예를 들어, 말을 일찍 하는 아이가 있는가 하면 말을 늦게 시작하는 아이도 있고, 학습속도가 빠른 아이도 있는가 하면 학습속도가 느린 아이도 있다.

발달이 유전요인에 의해 결정된다고 보는 이론은 발달의 보편성을 강조한다. 이에 따르면 발달의 보편성은 선천적인 유전요인에 의해 결정된다. 환경 차이에도 불구하고, 전 세계의 모든 아동들이 기본적 운동기능, 언어기능, 충동금지능력을 공통적으로 갖고 있는 것은 발달의 보편성을 지지하는 증거가 된다.

반면 발달에서 환경의 중요성을 강조하는 이론은 발달의 다양성에 주안점을 둔다. 이에 따르면 가정환경, 문화, 역사적 사건 등이 발달의 다양성을 초래하는 원천이다. 성장환경에 따라 사고와 행동이 다른 것은 발달의 다양성을 지지하는 증거로 간주된다.

5) 자연성숙론 대 환경경험론

인간발달에 유전과 환경이 어느 정도 영향을 미치는가라는 문제는 결국 교육의 적정시점(適正時點)을 결정하는 일과 긴밀하게 관련된다. 교육의 적정시점이란 어떤 지식과 기능을 가르칠 수 있는 최적의 시기를 말하는데, 준비도(準備度, readiness)와 불가분의 관계를 맺고 있다. 유전-환경 논쟁을 준비도와 관련지을 경우 아동이 스스로 준비를 갖출 때까지 기다려야 하는가 아니면 준비도를 적극적으로 갖추도록 해야 하는가라는 문제에 직면하게 된다. 이 문제에 대해 자연성숙론과 환경경험론은 상반된 견해를 보이고 있다(Clarizio, Craig, & Mehrens, 1981: 43-50).

(1) 자연성숙론

자연성숙론(自然成熟論)은 아동이 스스로 학교학습에 대한 준비를 갖춘다는 관점(natural readiness)으로 유전론에 근거한 소극적이고 방임적인 교육론이다. 자연성숙론은 아동심리학자 Hymes(1958)의 표현대로 '발달이 나타나도록 내버려 두는(letting development appear)' 접근이다. Hymes는 "준비도는 건강한 아동이 성장하고 성숙함에 따라 나타난다. 특별한 훈련이나 연습이 아니라 시간이 해답이다."라는 말로 자연성숙론의 입장을 웅변했다. 소위 "시간이 모든 것을 해결한다(Time is answer.)."는 말은 자연성숙론의 주장을 집약한다. 발달에서 유전의 역할을 강조하는 학자들은 자연성숙론을 견지한다. 대표적인 성숙론자 Gesell(1934)은 발달이 대부분 성숙의 영향을 받으며 환경은 거의 영향을 미치지 못한다고 주장한다.

자연성숙론에 따르면 아동이 나름대로 성숙하도록 내버려 두면 대부분 자연스럽게 학교학습에 대한 준비를 갖추게 된다. 아동이 충분히 성숙하면 특별한 교육을 받지 않아도 더 효과적으로 학습하고, 학교학습에 자신감을 갖게 되며, 실패확률이 낮다는 것이다. 반대로 제대로 준비가 되지 않은 아동에게 억지로 무엇을 가르치면 오히려 부작용만 나타난다고 본다. 자연성숙론을 지지하는 논거는 다음과 같다.

- **나이가 들어야 유의미학습이 가능하다.** 나이가 어리면 제대로 학습할 수 없다.
- **조기학습보다 후기학습이 더 효과적이다.** 충분히 준비가 되었을 때 가르치는 것이 더 효과적이다. 설령 어린 아동이 무엇을 학습할 수 있다 하더라도 나이가 들면 곧 따라잡을 수 있기 때문에 조기학습의 실질적 효과는 없다.
- **언어발달에는 성숙이 뒷받침되어야 한다.** 언어발달은 환경 차이에도 불구하고 동일한 계열을 따른다. 문화권에 관계없이 아동은 걸음마를 시작하는 시기에 단어를 말하기 시작하며, 3세 무렵 수천 개의 어휘를 획득하여 성인의 일상언어와 비슷한 문법특성을 나타낸다. 요컨대, 언어는 성숙과 더불어 자연적으로 발달한다.
- **조기교육은 위험하다.** 조기교육으로 인해 학습흥미를 잃고 학습에 대해 부정적인 태도를 형성할 위험성이 있다. 조기교육에서 제대로 학습하지 못할 경우 좌절감과 무력감을 형성하고, 학교에서 도피하는 행동을 보일 위험성도 있다.
- **조기교육은 비용이 과다하다.** 환경경험론의 관점에서 준비도를 가르칠 수 있다는 것을 입증한 연구들은 주로 개인교수법이나 소집단교수법을 채택하였기 때문에 아동 1인당 엄청난 교육비가 투자되었다.
- **조기교육을 지지하는 연구는 우수아를 대상으로 수행되었다.** 준비도를 가르칠 수 있다는 사실을 입증한 연구들은 대부분 우수한 아동을 대상으로 수행된 것이다. 따라서 "어떤 내용이라도 나이에 관계없이 모든 아동에게 효과적으로 가르칠 수 있다."라는 Bruner(1960)의 주장은 평균 이하의 아동에게는 통용되기 어렵다.
- **인간발달에는 결정기가 존재하지 않는다.** 조기교육을 해야 한다는 주장은 결정기 가설에 근거하고 있다. 그런데 결정기가 존재한다는 연구결과는 동물연구에서 도출된 것으로, 그 결과를 인간의 지적 발달에도 결정기가 있다고 일반화하는 것은 위험하다.
- **환경의 영향이 구체적으로 밝혀지지 않았다.** 환경특성이 지적 발달에 영향을 준다는 사실은 부인할 수 없지만, 구체적으로 환경의 어떤 측면이 인지발달에 영향을 주는지 명백하게 밝혀진 바 없다.
- **보상교육은 실패했다.** 정신지체아의 학습결손을 보충해 주기 위해 시도된 보상교육(補償敎育, compensatory education)은 총체적으로 실패했다. 결론적으로 조기교육은 준비도

가 낮은 아동의 준비도를 촉진하는 효과가 없다.
- 조기교육은 부모의 욕심을 반영한다. 조기교육은 아동의 요구에서 비롯된 것이 아니라 자녀의 대학입학을 열망하는 부모의 과욕을 반영하고 있다.

(2) 환경경험론

환경경험론(環境經驗論)은 적절한 환경의 영향을 통해 준비도를 형성할 수 있다는 관점 (produced readiness)으로 환경론에 근거한 적극적 교육론이다. 환경경험론에 따르면 아동이 스스로 학습에 대한 준비를 갖출 때까지 기다린다는 것은 시간낭비이고 비능률적이므로 조기교육을 통해 준비도를 형성하도록 체계적으로 가르쳐야 한다.

환경경험론은 준비도를 가르칠 수 있으므로 마땅히 가르쳐야 한다고 주장한다. Hunt (1961)는 초기경험을 적절히 제공하면 IQ를 상당한 정도(IQ 30)로 상승시킬 수 있다고 주장했다. Bruner(1960) 또한 아동이 이해할 수 있도록 가르치면 어떤 내용이라도 나이에 관계없이 효과적으로 가르칠 수 있다는 과감한 주장을 피력했다. 준비도를 가르칠 수 있다는 환경 경험론을 지지하는 논거는 다음과 같다.

- 인간발달에 결정기가 존재한다. 환경경험론의 논리는 출생 직후의 경험이 발달에 결정적인 영향을 미친다는 연구결과에 근거하고 있다. 출생 직후의 경험이 발달에 중요하다는 연구는 결정기—지적 기능을 획득하는 데 최적의 준비도를 갖춘 시기—에 관한 동물행동학의 연구에서 비롯된다.
- 조기학습이 효과적이다. 지적 기능은 일찍 습득할수록 도움이 된다. 읽기 및 계산기능과 같이 중요한 기초기능을 일찍 습득한 아동은 그러한 기능을 늦게 습득한 아동보다 더 많은 것을 학습한다.
- 조기교육은 후속학습을 촉진한다. 조기에 학습된 기본기능은 추상적이고 복잡한 내용을 동화할 수 있는 토대를 제공한다.
- 조기교육은 오개념 획득을 방지한다. 아동은 주관적이고 물활론(物活論, 움직이는 것은 생명이 있다고 생각하는 것)적 개념을 획득하는 경향이 있다. 오개념(誤概念, misconception)은 일찍 교정하지 않으면 지속될 뿐만 아니라 정확한 개념의 습득을 방해한다. 일찍 가르치면 오개념 획득을 방지할 수 있다.
- 조기교육은 학습흥미를 높인다. 만족스러운 조기교육은 학교학습에 대한 긍정적 태도를 증가시키는 한편 부정적 태도 형성을 방지한다. 나이가 든 아동이 지루해하는 단조로운 활동이라도 어린 아동은 흥미를 가질 수 있다.

- 조기교육은 자신감을 높여 준다. 적절한 조기교육은 학습에 대한 자신감을 높여 성숙한 성격형성을 조력한다.
- 아동의 준비도 수준이 높다. 풍요로운 환경에서 성장한 오늘날의 아동은 과거에 비해 어휘가 풍부하고 전반적 준비도 수준이 더 높다.
- 학습할 수 있으면 가르쳐야 한다. 나이가 많을수록 더 효과적으로 가르칠 수 있는 것은 분명하지만 아동이 준비도를 갖추었을 때는 지체 없이 가르쳐야 한다.

2. Piaget의 인지발달이론

Jean Piaget(1896~1980)는 생물학, 철학, 아동심리학 등 다양한 분야를 섭렵한 학자로, 개체가 어떻게 세상에 관한 지식을 형성하는가를 주로 탐구했다. 그는 자신의 접근이 지식(인식론, epistemology)의 기원(발생, genesis)을 탐구하는 이론이라는 의미에서 발생적 인식론(發生的 認識論, genetic epistemology)이라고 불렀다. Piaget가 전통적인 인식론으로는 인식문제를 해결할 수 없다고 보고 주창한 발생적 인식론에 따르면 지식은 외부 세계를 모사(模寫)한 것이 아니라, 능동적으로 구성한 것이다.

Piaget는 어린 시절부터 과학자 자질을 유감없이 드러냈다. 그는 10세에 공원에서 관찰한 알비노(albino: 선천적으로 피부나 모발 등의 멜라닌 색소가 결핍된 개체) 참새에 관한 논문을 잡지에 발표했고, 고등학생 시절에 발표한 연체동물에 관한 논문은 학계의 호평을 받아 자연사 박물관 관장을 맡아 달라는 제의를 받기도 했다. 21세에 연체동물에 관한 논문으로 박사학위를 취득한 Piaget는 생물학과 철학에 대한 지식을 바탕으로 하여 본격적으로 지식의 발달을 탐구하기 시작했다.

Piaget는 파리에 있는 비네(Binet) 연구소에서 지능검사를 표준화하는 작업에 참여하면서 인지발달이론을 정립하는 데 결정적인 영향을 미친 경험을 하게 된다. 그는 지능검사 문항의 정답보다 오답이 아동의 사고에 관해 더 많은 정보를 제공한다는 사실에 주목했다. 그는 연령이 비슷한 아동들이 거의 동일한 실수를 하며, 오류가 연령에 따라 질적으로 다르다는 사실에 주목했다. 그는 이러한 오류의 본질을 확인하자면 표준화검사의 점수를 분석하는 것보다 임상적 방법이 더 적절하다는 것을 깨닫게 된다.

이러한 경험을 토대로 Piaget는 왜 어떤 아동은 정답을 하고 어떤 아동은 오답을 하는가라는 의문을 품고 그 원인을 규명하기 위한 연구에 본격 착수했다. 제네바의 루소 연구소에서 Piaget는 평소의 의문을 특유한 방법으로 탐구한 결과 인지발달분야의 새로운 지평을 열었다. 세 자녀를 연구대상으로 하여 세심한 관찰을 한 것으로도 유명한 Piaget는 활발한 저술활동으로 30여 권의 저서와 200여 편에 달하는 논문을 집필했다.

　Piaget는 인지발달심리학에 심대한 영향을 미친 인물이다. 하지만 Piaget 이론은 1960년대 후반에야 미국에 본격적으로 소개되었다. Piaget의 이론이 뒤늦게 소개된 첫 번째 이유는 Piaget가 스위스 출신인데다 프랑스어로 저작을 했기 때문이다. 주지하다시피 미국인은 다른 민족이 우수하다는 사실을 인정하는 데 인색하다. 두 번째 이유는 Piaget가 임상적 방법을 사용했기 때문이다. 임상적 방법(臨床的 方法, clinical method)은 관찰과 면접을 통해 정보를 수집하는 방법인데, 임상적 방법은 당시 전형적인 연구방법이었던 '과학적인' 실험연구방법과 '코드'가 맞지 않았다. Piaget의 이론이 뒤늦게 소개된 가장 큰 이유는 행동주의가 미국 심리학을 지배하고 있었기 때문이다. 정신과정과 구조를 탐구하는 Piaget의 이론은 구체적인 행동을 탐구대상으로 하는 행동주의 기본철학에 위배된다.

1) Piaget 이론의 기본견해

　'아동의 사고'를 이해할 수 있는 새로운 지평을 연 Piaget의 인지발달이론의 기본견해를 요약하면 다음과 같다.

　첫째, 지능은 환경에 적응하는 능력으로, 정적(靜的)인 특성이 아니라 가변적인 특성이다. 지능과 개체는 환경과 끊임없이 상호작용하며, 환경에 적응하기 위해 구조를 구성한다는 점에서 유사하다.

　둘째, 아동의 사고는 성인의 사고와 질적으로 다르다('4) 인지발달단계' 참조). Piaget는 아동을 성인의 축소판으로 간주하던 전통적인 아동관(兒童觀)을 혁신적으로 변화시켰다. 그에 따르면 아동의 사고는 세계를 해석하는 독특한 사고방식을 반영한다.

　셋째, 개체는 외부 지식을 수동적으로 모사(模寫)하는 것이 아니라 인지구조(지식)를 능동적으로 구성한다. Piaget는 개체를 발달의 주요 동인(動因)으로 간주하여 개체의 역할을 특별히 강조했다. Piaget에 따르면 인지구조는 외부에 객관적으로 존재하는 것이 아니라, 개체가 환경과의 능동적인 상호작용을 통해 구성한 것이다. 그의 이러한 견해는 경험을 지식의 원천이라고 보는 경험론이나 지식의 토대가 되는 본유관념(本有觀念)을 갖고 태어난다고 보는 선천론과 다르다. 따라서 교사는 지식을 전수하는 역할이 아니라 지식을 발견하도록 해야 한다.

　넷째, 개체와 물리적 및 사회적 환경의 상호작용은 인지발달에 큰 영향을 미친다. 물리적 환경과의 상호작용을 통해 아동은 무게, 길이, 양과 같은 물리적 개념과 인과관계를 이해한다. 또 아동은 또래와 상호작용을 하는 과정에서 서로 견해가 다르며, 자신의 견해가 틀릴 수도 있다는 사실을 인식한다. Piaget는 발달이란 발견의 과정이고 발견이란 권위적 인물이 가르칠 수 있는 것이 아니므로 아동이 성인과 상호작용을 하는 과정에서는 중요한 것을 학습할 수 없다고 보고(이러한 점에서 Vygotsky의 이론과 견해를 달리한다.), 발달에서 또래의 중요성을 특히 강조한다. 또래는 대등한 위치에 있으므로 또래와의 상호작용에서 필연적으로 나타나는 갈등은 인지발달의 촉매가 된다.

다섯째, 인지발달에는 유전적으로 결정된 신경계 성숙이 선행되어야 한다. Piaget에 따르면 뇌의 성숙은 인지발달에 상당한 영향을 준다. 예를 들어, 초등학생은 신경계의 미성숙으로 인해 결코 성인과 같은 방식으로 사고할 수 없다.

2) 도식/인지구조

도식(圖式, scheme or schema 복수형은 schemata) 혹은 인지구조(認知構造, cognitive structure)는 행위 혹은 사고의 조직을 의미한다. 도식은 감각운동도식, 상징도식, 조작도식으로 나뉜다.

감각운동도식(sensory-motor scheme)은 조직화된 행동패턴, 즉 행동도식을 말한다. 신생아는 빨기, 보기, 잡기와 같은 반사를 갖고 태어나는데, 이러한 반사를 가능하게 하는 일반적인 잠재능력을 도식이라고 한다. 그러므로 빨기도식은 물건을 입으로 가져가 빨려는 일반적 능력이고, 파악도식은 물건을 움켜쥐려는 잠재능력이다. 2세까지의 지식은 대부분 감각운동도식으로 표상된다. 상징도식(symbolic scheme)은 사물이나 사람을 정신적 상징으로 표상하는 것을 말한다. 지연모방(deferred imitation: 과거의 특정 시점에서 관찰한 행동을 재현할 수 있는 능력)에서는 상징도식을 사용한다. 조작도식(operative scheme)은 사고를 대상으로 하는 정신활동으로, 인지구조라고도 한다.

Piaget에 따르면 도식은 개체가 환경과 상호작용을 하는 과정에서 능동적으로 구성한 것이다. 그러므로 도식은 성숙론의 주장처럼 생득적인 것도 아니고 환경론의 주장처럼 외부 환경에 존재하는 것을 단순히 모사한 것도 아니다.

이러한 도식 혹은 인지구조가 질적으로 변화되는 과정이 곧 인지발달(認知發達, cognitive development)이다. 즉, 인지발달을 통해 도식 혹은 인지구조는 급격히 증가하고, 질적으로 감각운동도식은 상징도식으로, 상징도식은 조작도식으로 정교화된다.

3) 인지발달의 기제

인지발달의 기제(機制, mechanism)란 수업, 성숙, 평형화 등과 같이 인지발달을 유도하는 요인 혹은 과정을 의미한다. 생물학적 배경을 가진 Piaget에 따르면 유기체는 두 가지 기본적 경향성을 타고난다. 첫 번째는 행동과 사고를 일관성 있는 체제로 결합·조정·재배열·재결합하는 조직이고, 두 번째는 환경에 대한 적응이다. Piaget는 조직과 적응을 불변기능(不變機能, invariant functions)이라고 불렀다. 이것은 조직과 적응이 모든 유기체에서 일생 동안 같은 방식으로 기능하는 과정이라는 것을 의미한다. 그러나 도식이나 인지구조는 계속 변화되므로 불변기능이 아니다.

(1) 조직

조직(組織, organization)은 도식을 더 복잡한 도식으로 체제화하고 결합하는 과정을 말한다. Piaget에 따르면 유기체는 개별 요소들을 전체로 통합하려는 경향성을 타고난다. 유아는 처음에는 물건을 눈으로 보거나 잡을 수 있지만, 두 가지 행동을 동시에 할 수 없다. 그렇지만 점차 두 가지 행동을 더 정교한 행동으로 조직하여 물건을 눈으로 보면서 잡을 수 있다. 시각과 손의 동작이 통합된 것이다.

조직을 통해 단순한 도식은 더 복잡하고 정교한 상위도식으로 발달한다. 빨기도식과 손가락 운동도식을 갖고 있는 생후 일주일 된 영아는 곧 두 도식을 손가락 빨기도식으로 통합한다. 손가락 빨기도식은 선천적인 것이 아니라 두 독립적인 도식이 상위도식으로 통합된 것이다.

사고에도 조직이 작용한다. ‘사과’와 ‘귤’을 통합하여 더 큰 범주인 ‘과일’ 도식을 구성하고, ‘과일’과 ‘채소’를 통합하여 ‘식물’ 도식을 만드는 것이 조직이다. 조직은 사고의 효율성을 증대시켜 환경에 적응하는 데 도움을 준다.

(2) 적응

적응(適應, adaptation)은 욕구를 충족하기 위해 자기 자신이나 환경을 수정하는 경향성을 말한다. Piaget는 신체구조가 환경에 적응하는 것처럼 정신구조도 환경에 적응한다고 보고, 지능을 환경에 적응하는 능력으로 간주했다. 적응은 동화와 조절을 통해 달성된다. 동화와 조절은 상호보완적인 과정으로, 환경의 요구나 개인의 발달수준에 따라 어느 하나가 선행할 수도 있다.

① 동화

동화(同化, assimilation)는 새로운 경험을 기존 도식에 비추어 해석하는 과정이다. ‘개’ 도식을 가진 유아가 ‘염소’나 ‘송아지’를 ‘개’라고 하는 것이 동화의 사례가 된다.

동화는 도식과 일치하는 방식으로 문제를 해결하도록 한다. 놀이에서는 동화가 우세하

다. 전쟁놀이를 하면서 막대기를 총이라고 생각하는 아이는 동화를 하고 있다. 동화는 외부
정보를 기존 도식에 통합하기 위해 수정하거나 왜곡하는 과정이므로 외부 정보를 단순히 수
용하는 수동적인 과정이 아니라, 기존 도식에 통합하는 능동적인 구성과정이다. 그러나 기
존 도식으로 문제를 해결할 수 없으면 인지불균형이 유발된다.

② 조절

조절(調節, accommodation)은 새로운 경험을 통합하기 위해 기존 도식을 수정하는 과정이
다. 그러므로 조절은 기존 도식으로 해결(동화)할 수 없는 정보에 직면할 때 나타난다. '개'
도식을 가진 아동이 '염소'를 보고 '개'가 아니라는 사실을 깨닫고 '염소' 도식을 구성했다
면 조절을 한 것이다.

조절은 능동적 과정으로 조절의 결과 기존 도식은 수정된다. 놀이에서는 동화가 우세하
지만, 다른 사람의 행동을 모방하는 과정에서는 동화보다 조절이 우세하다.

③ 평형화

Piaget에 따르면 모든 인지활동의 목적은 인지적 평형을 달성하는 것이다. 인지적 평형(認
知的 平衡, cognitive equilibrium)이란 사고(도식)와 외부 환경이 조화로운 관계를 이룬 상태를
말한다. 반면 인지적 불평형(cognitive disequilibrium)이란 인지적 평형이 파괴된 인지갈등 상
태를 가리킨다. 그러므로 평형화(平衡化, equilibration)는 인지적 불평형을 해소하여 인지적
평형을 달성하기 위한 과정을 뜻한다. Piaget에 따르면 발달에는 (1) 성숙, (2) 물리적 환경,
(3) 사회적 전수, (4) 평형화가 작용하는데, 이 중에서 평형화가 가장 중요하다.

평형화 과정은 (1) 낮은 수준에서 인지적 평형이 유지되는 단계, (2) 기존 도식(인지구조)
으로 동화할 수 없는 상황에서 인지적 불평형이 유발되는 단계, (3) 도식을 재구성하여 더
높은 수준의 인지적 평형을 달성하는 단계로 구분된다.

평형화는 인지발달의 원동력으로 작용한다. 특정 시점에서 개체는 인지적 평형을 유지한
다. 이 상태에서는 새로운 경험을 기존 도식으로 충분히 설명(동화)할 수 있다. 그러나 기존
도식으로 이해할 수 없는 정보에 직면하면 인지적 불평형이 유발된다. 인지적 불평형은 일
종의 인지갈등상태로 정신적으로 불쾌하므로 인지적 평형을 회복하려는 동기를 유발한다.
인지적 평형은 도식을 수정하는 과정을 통해서 달성된다. 즉, 기존 도식에 일치하지 않는 정
보에 직면하면 도식을 수정하여 더 안정된 새로운 도식이 발달하는데, 이를 통해 인지적 평
형이 회복된다. 그러나 정보와 도식이 지나치게 큰 차이가 있을 경우 그 정보는 무시되고 도
식은 원래대로 존속하게 된다. 평형화 과정은 [그림 2-2]와 같이 나타낼 수 있다.

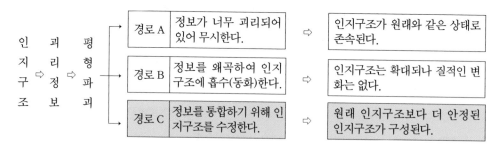

[그림 2-2] **평형화 과정(Bjorklund, 2000: 78)**

[그림 2-2]에 제시된 것처럼 새로운 정보와 기존 인지구조 사이에 적정 수준의 괴리가 있을 때 더 안정된 인지구조가 발달한다. 그러나 새로운 정보가 기존 인지구조와 완전히 일치하거나 양자가 지나치게 큰 괴리가 있을 경우에는 인지적 불평형이 유발되지 않으므로 발달이 일어나지 않는다. 그러므로 인지발달을 유도하려면 인지적 불평형을 유발해야 한다. 인지적 불평형은 인지적 평형을 회복하려는 동기를 유발한다.

4) 인지발달단계

기존의 도식이나 인지구조가 부적절하다는 것을 인식하면 인지갈등(인지적 불평형)이 유발되는데, 인지갈등을 극복하기 위한 과정에서 더 정교한 도식이나 인지구조가 형성된다. 이것이 바로 인지발달이다.

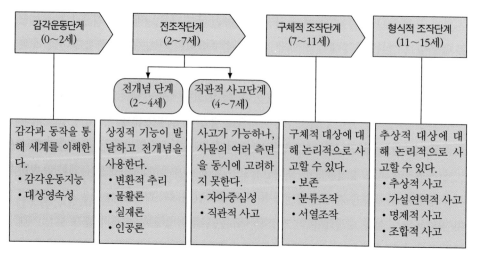

[그림 2-3] **Piaget 이론의 인지발달단계**

Piaget에 따르면 인지발달은 단계적으로 이루어진다. 즉, 인지발달은 사고가 점진적으로 변화되는 과정이 아니라, 질적으로 급격하게 변용되는 과정이다. 이는 단계에 따라 사고가 질적으로 다르다는 것을 의미한다. Flavell(1970)에 따르면 인지발달단계의 특징은 다음과 같다.

- 단계는 사고의 양적인 차이가 아니라 질적인 차이를 나타낸다. 그러므로 단계에 따라 세계와 자신에 관한 사고의 수준과 방식이 완전히 다르다.
- 선행단계에서 더 높은 단계로의 발달은 점진적으로 이루어지는 것이 아니라 급격하게 이루어진다. 다시 말하면 인지발달은 비연속적인 과정이다.
- 특정 단계 내에서 사고는 비교적 동질적이다.
- 모든 사람들은 발달단계를 동일한 순서로 통과한다.

Piaget는 발달단계를 통과하는 순서가 불변이므로 문화적 보편성이 있다고 가정한다. 즉, 문화권에 관계없이 모든 아동들은 인지발달단계를 동일한 순서로 통과한다는 것이다. 발달단계의 불변순서에 관한 가정은 발달이 계열적으로 진행되고 후속발달은 초기발달에 기반을 두고 있다는 믿음에서 기인한다. Piaget에 따르면 새로운 인지구조는 처음부터 완전한 형태로 출현하는 것이 아니라 초기의 인지구조를 정교화한 것이다. 인지구조가 질적으로 변화되는 인지발달단계는 크게 (1) 감각운동단계, (2) 전조작단계, (3) 구체적 조작단계, (4) 형식적 조작단계로 구분된다.

(1) 감각운동단계

감각운동단계(感覺運動段階, sensory motor stage)는 진정한 의미의 사고능력이 없으며 감각과 동작을 통해 세계를 이해하고 환경에 적응하는 단계를 말한다. 그래서 이 단계의 지능을 감각운동지능(感覺運動知能, sensory-motor intelligence)이라고 한다.

감각운동단계는 여섯 개의 하위단계로 구분되는데, 이 단계의 후기에 대상영속성을 획득한다. 대상영속성(對象永續性, object permanence)이란 사물이 보이지 않더라도 존재한다는 것을 인식하는 능력이다. 그러므로 대상영속성이 획득되지 않은 아동에게 보이지 않는다는 것은 곧 존재하지 않는다는 것을 의미한다("Out of sight, out of existence."). 대상영속성 획득 여부는 간단하게 확인할 수 있다. 4개월 미만의 유아가 유심히 보고 있는 장난감을 천으로 가리면 유아는 즉시 더 이상 관심을 보이지 않는다. 아직 대상영속성을 획득하지 못했기 때문이다. 장난감이 눈에 보이지 않으므로 존재하지 않게 된 것이다.

대상영속성은 사물이 개체와 관계없이 독립적으로 존재한다는 것을 인식하는 능력이므로 대상영속성을 획득했다는 것은 표상능력(表象能力, representational ability)을 갖게 되었음을 의미한다. 대상영속성은 모든 지적 기능에 토대가 되는 필수적인 인지기능이다. 그래서 대상영속성의 획득은 인지발달의 '코페르니쿠스적 전환'에 비유되기도 한다.

(2) 전조작단계

전조작단계(前操作段階, pre-operational stage)는 사고가 가능하지만, 사고가 논리성과 체계성을 갖추지 못한 단계를 가리킨다. 전조작(preoperation)이란 사고가 조작❶의 요건을 충족시키지 못해 내재적인 한계가 있음을 뜻한다. 전조작단계는 전개념적 단계와 직관적 사고단계로 구분된다.

① 전개념적 단계

전개념적 단계(pre-conceptual stage: 2~4세)는 내적 표상을 상징이나 기호로 표현하는 상징적 기능이 주로 발달하고, 전개념(前槪念, preconcept)을 사용하는 시기를 말한다. 이 단계의 주요 특징은 상징적 기능과 전개념적 특성이다.

상징적 기능(象徵的 機能, symbolic function)은 이미지나 단어와 같은 상징으로 대상이나 경험을 표현하는 능력을 말한다. 가상놀이, 그림, 언어는 이 단계의 대표적인 상징활동이다. 가상놀이는 가상적인 상황이나 사물로 실제 상황이나 사물을 상징화하는 놀이를 가리킨다. 소꿉장난이나 병원놀이와 같이 대부분의 놀이는 가상놀이로 이루어진다. 그림은 내적 표상을 표현하는 중요한 수단이다. 해를 그릴 때 입과 코를 그리거나 버스에 타고 있는 사람의 다리를 그리는 것은 실제 모습이 아니라 심상을 그리는 것이다. 또 아동은 1.6세를 전후해서 내적 표상을 언어로 표현하기 시작한다.

전개념적 특성은 (개념을 사용하지 않는다는 것이 아니라) 불완전하고 비논리적인 개념을 사용한다는 것을 의미한다. 전개념적 특성은 변환적 추리, 물활론, 실재론, 인공론 등으로 나타난다.

① 변환적 추리(變換的 推理, transductive reasoning)는 특수사례에서 특수사례로 진행하는

---

❶ 조작(操作, operation)은 논리적인 규칙을 따르는 사고활동(즉, 내면화된 행위)을 의미한다. 조작은 (1) 내면화되어야 하고(즉, 행위가 마음속에서 수행되어야 한다.), (2) 논리적 규칙을 따라야 하며(즉, 가역성이 있어야 한다. 가역성이란 특정 조작을 상반된 조작으로 철회할 수 있음을 의미한다.), (3) 전체 체제로 통합되어야 한다.

비논리적인 추리형태를 말한다. "암소는 우유를 생산한다. 염소도 우유를 생산한다. 따라서 염소는 암소다."라는 논리가 변환적 추리에 해당된다. 특수사례에서 일반원리로 진행하는 귀납적 추리나 일반원리에서 특수사례로 진행하는 연역적 추리와 달리, 변환적 추리는 논리적 오류를 포함한다.

② 물활론(物活論, animism)은 생명이 없는 대상에 생명과 감정을 부여하는 비논리적인 사고를 말한다. 태양은 빛을 발하므로 살아 있고, 산은 움직이지 않으므로 죽었다고 생각하는 것이 물활론적 사고다. 이 시기의 아동은 움직이는 것은 생명이 있다고 생각한다. 구름이나 자전거는 움직이므로 살아 있고, 꽃이나 책상은 움직이지 않으므로 죽은 것이라고 답한다. 아동은 8세가 넘어야 비로소 스스로 움직이는 것이 살아 있다고 생각한다.

③ 실재론(實在論, realism)은 정신현상을 물리적인 현상으로 가정하는 사고를 말한다. 실재론적 사고가 가장 잘 나타나는 사례는 꿈에 대한 생각이다. 4세 무렵에는 꿈이 실재한다고 믿는다. 구체적 조작단계가 되면 실재론적 사고에서 벗어나 정신적 현상과 물리적 현상을 구분할 수 있게 된다.

④ 인공론(人工論, artificialism)은 존재하는 모든 것을 인간이 창조했다고 생각하는 경향성을 말한다. 해와 달은 사람이 만들었다고 생각하는 것이 인공론이다.

② 직관적 사고단계

직관적 사고단계(直觀的 思考段階, intuitive thinking stage: 4~7세)는 사고가 사물의 여러 측면들을 동시에 고려하지 못하고 한 가지 측면에 지배되는 내재적인 한계를 나타낸다. 사물을 지각적인 속성을 기준으로 파악하는 직관적 사고는 가역성(reversibility)이 결여되어 있어 사고의 체계성과 논리성이 부족하다. 사물의 한 가지 측면에 지배되는 직관적 사고의 이러한 한계를 중심화(中心化, centration)라고 한다. 중심화는 자아중심성과 직관적 사고에서 전형적으로 나타난다.

자아중심성(自我中心性, egocentrism)은 다른 사람의 관점을 고려하지 못하는 인지적 한계를 말한다. 자아중심성은 자아중심적 조망과 자아중심적 언어로 나타난다.

① 자아중심적 조망(egocentric perspective)은 다른 사람의 감정이나 관점이 자신과 같다고 생각하는 인지적 한계를 말한다. 즉, 다른 사람도 자기와 같은 방식으로 보고 들을 것이라고 생각하는 경향성이다. 자아중심적 조망은 세 산 모형 실험에서 잘 드러난다. [그림 2-4]와 같이 세 개의 산을 본떠 만든 모형을 앞에 두고 A의 위치에 4세 아동이 앉아 있다고 가정하자. 그 자리에서 산이 어떤 모습으로 보이는가 물어보면 조망 A를 정

확하게 선택한다. 그러나 위치 C에서 산이 어떤 모습으로 보일 것인가 물어보면 조망 C가 아니라 조망 A를 선택한다. 이와 같이 직관적 사고단계에서는 자기 위치에서만 사물을 이해할 뿐 다른 사람의 위치에서 사물의 모습을 추론하지 못하는 조망수용의 한계를 나타낸다. 이 단계에서는 천으로 눈을 가리면 다른 사람도 볼 수 없을 것이라고 생각한다. 막내인 6세 소년은 1학년 학생은 모두 형이 있다고 말했다고 한다(자기는 형이 있으므로). 연령이 증가함에 따라 아동은 위치에 따라 산의 모습이 다르다는 것을 이해하게 된다. 이를 탈중심화라고 한다. 타인의 시각에서 보는 조망을 정확하게 추론할 수 있는 조망수용능력(perspective-taking ability)은 7~8세 이후 획득된다.

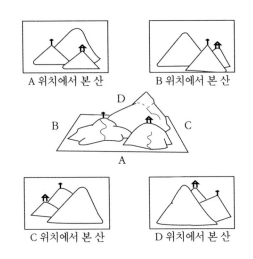

[그림 2-4] **세 산 모형**

② 자아중심적 언어(egocentric speech)는 다른 사람이 이해하는가를 고려하지 않고 자기 생각만 일방적으로 전달하는 의사소통방식을 일컫는다. 자아중심적 언어는 조망수용능력의 부재에서 기인하는 의사소통능력의 한계를 나타낸다. Piaget는 자아중심성으로 인해서 의사소통이 제대로 이루어지지 않는 전조작기 아동 상호 간의 대화형태를 집단독백(集團獨白, collective monologue)이라고 부른다. 7세 이후 자아중심적 언어가 급격하게 감소하면서 아동은 사회적 언어(socialized speech)를 사용할 수 있게 된다.

직관적 사고(直觀的 思考, intuitive thinking)는 대상이나 현상의 가장 두드러진 한 가지 지각적 속성에 구속된 중심화된 사고방식을 지칭한다. 이 단계에서는 현상이나 사물의 두드러진 지각적 속성에 정신이 팔린 나머지 여러 측면들을 전체로 통합하지 못하는 지각적 중심화

(知覺的 中心化, perceptual centration)를 나타낸다. 전조작단계에서는 [그림 2-5]에 제시된 보존과제에서 컵의 높이에만 관심을 두므로 높이와 너비를 동시에 고려할 수 없다. 구체적 조작단계가 되면 탈중심화가 되어 지각장의 전체적인 측면을 고려하여 논리적인 판단을 할 수 있다. 지각적 중심화는 일상적 사고에서도 흔히 발견된다. Piaget는 전조작단계의 아동이 키를 기준으로 나이를 추정한다는 사실을 발견했다. 어떤 5세 여아는 자기 엄마를 마을에서 가장 젊은 엄마라고 불렀는데, 실제 그 여아의 엄마는 마을에서 키는 가장 작았지만 나이는 가장 많았다고 한다. 이와 같은 사고능력의 한계로 인해서 전조작단계에서는 보존개념을 획득하지 못한다. 보존개념은 구체적 조작단계에서 획득된다.

(3) 구체적 조작단계

구체적 조작(具體的 操作, concrete operation)은 직접 경험할 수 있는 사상(事象)에 한해서 논리적으로 사고할 수 있는 능력을 말한다. 여기서 '구체적'이란 말은 사고조작이 구체적인 대상에 한정된다는 것을 의미한다. 구체적 조작단계가 되면 전조작의 내재적인 한계를 극복하고 논리적이고 체계적으로 사고할 수 있다.

구체적 조작이 가능한 것은 탈중심화(脫中心化, decentration: 사물의 여러 측면들을 동시에 고려하는 것)가 가능하기 때문이다. 그러므로 구체적 조작을 획득하면 자아중심성에서 벗어나 다른 사람의 관점을 고려할 수 있고, 직관적 사고에서 벗어나 사물의 여러 측면들을 체계적으로 고려하는 논리적 사고를 할 수 있다.

구체적 조작의 가장 큰 특징은 가역성이다. 가역성(可逆性, reversibility)[2]이란 행위 혹은 조작을 정신적으로 철회 혹은 무효화(reverse or undo)할 수 있는 능력, 즉 특정 조작과 역조작

---

[2] 가역성은 반환성 조작과 상보성 조작으로 나타난다. 반환성(返還性, inversion or negation)은 특정 조작이 역조작(逆操作)에 의해 부정되거나 반전될 수 있음을 인식하는 능력이다. 반환성 조작을 할 수 있으면 조작을 철회할 경우 항상 원래 상태로 돌아간다는 것을 인식할 수 있다. 수학에서 뺄셈은 덧셈의 반환성이다(5에 2를 더할 때 7이 된다면 7에서 2를 빼면 5가 되어야 한다.). 상보성(相補性, compensation or reciprocity)은 특정 조작의 효과를 보정(補正)하는 또 다른 조작이 존재한다는 규칙이다. 즉, 상보성은 특정 측면의 변화가 다른 측면의 변화에 의해 보상(상쇄)된다는 규칙이다. 구슬 100개를 4개의 주머니에 각각 25개씩 나누어 담을 경우 주머니 수는 늘어나지만(1개에서 4개로) 각 주머니에 담긴 구슬 수는 줄어든다(100개에서 25개로). 또 길쭉한 컵에 담긴 물을 폭이 넓은 컵에 부으면 두 번째 컵에 담긴 물의 너비 증가는 물의 높이 감소로 보정된다. 이와 같이 컵의 너비와 높이라는 두 개의 특성을 상호 비교하고 그 관계를 통합하는 조작이 상보성이다. [그림 2-5]의 실험을 예로 들면, 가했던 조작을 철회하면 원래 상태로 되돌아간다고 생각하는 조작이 반환성(C의 물을 B에 도로 부으면 물의 양이 같아질 것이다.)이며, 두 특성 간의 상호관계를 비교 통합하는 조작이 상보성(C는 높이가 높아도 너비가 좁지만 B는 높이가 낮아도 너비는 넓다.)이다.

(逆操作)을 동시에 통합할 수 있는 능력을 말한다. 가역적 사고가 가능하면 길이, 무게, 부피와 같은 여러 형태의 보존개념을 획득하고, 분류능력과 서열화 능력도 발달한다. 구체적 조작단계의 주요한 특징은 다음과 같다.

첫째, 보존능력을 획득한다. 보존(保存, conservation)은 사물의 겉모습이 바뀌어도 양적 속성이나 실체가 동일하다는 것을 인식하는 능력이다. 보존의 논리는 다음과 같다.

$$A = B \qquad B \rightarrow C \qquad A \ ? \ C$$

먼저 아동에게 A와 B가 동일하다는 것을 확인시킨 후 아동이 보는 앞에서 B의 모양을 C로 변형시킨다. 그리고 A와 C가 같은지 물어본다. 보존개념이 획득되었으면 겉모습이 바뀌어도 양이 동일하다는 것을 인식할 수 있다. [그림 2-5]에 제시되어 있는 것처럼 같은 크기의 컵 A와 B에 담긴 물을 보여 준 다음 B에 담긴 물을 폭은 좁지만 길이가 더 긴 컵 C에 옮겨 붓고 나서 "A와 C 중에서 어느 컵의 물이 더 많은가?"라고 질문하면, 전조작단계에서는 A가 더 많다고 답하거나 C가 더 많다고 답하지만, 구체적 조작단계에서는 A와 C가 같다는 것을 정확하게 인식한다.

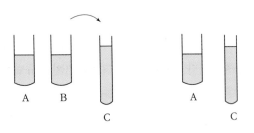

[그림 2-5] **보존실험**

보존능력은 논리적 사고(가역적 사고)가 가능하다는 것을 나타낸다. 구체적 조작단계에서는 가역적 사고를 이용해서 보존과제를 정확하게 해결할 수 있다. 앞에서 설명한 바와 같이 전조작단계에서 직관적 사고에 지배되는 것은 가역성이라고 부르는 논리적 조작을 획득하지 못했기 때문이다.

둘째, 체계적인 분류조작을 할 수 있다. 전조작단계에서는 색깔과 유목이 다른 사물들을 분류하도록 하면 같은 색깔의 사물들을 함께 분류한다. 그렇지만 구체적 조작단계에서는 유목포함 조작이 가능하기에 사물들을 속성에 따라 다양하게 분류·통합하여 유목의 위계망을 형성한다. 유목포함(class inclusion)이란 상위유목과 하위유목 간의 관계를 이해함으로써 상위유목이 하위유목보다 항상 크다는 것을 이해하는 능력이다. 유목포함 실험에서 두 마리의 개 사진과 세 마리의 고양이 사진을 보여 준 다음 개가 많은지 아니면 동물이 많은지 비교하도록 한 결과, 전조작단계에서는 하위유목 간의 관계(즉, 개와 고양이의 비교)는 정확하게 판단했으나 하위유목과 상위유목 간의 관계는 정확하게 해결하지 못했다. 물론 구체적 조작단계에서는 이 문제를 정확하게 해결했다. 또 2개 이상의 기준에 근거하여 사물들을 분류하는 중다분류(重多分類, multiplicative classification)도 가능하다.

셋째, 사물들을 크기나 길이와 같은 기준에 따라 순서대로 배열하는 서열조작능력을 획득한다. 또 서열조작능력의 하나인 추이성 추론(transitive inference: 여러 대상들의 서열관계를 추론하는 능력)을 획득한다. 막대 A는 B보다 길고 B는 C보다 길다는 사실에 근거하여 A가 C보다 더 길다는 것을 추론하는 능력이 추이성 추론이다. 또 여러 기준을 동시에 고려하여 사물들을 순서대로 배열할 수 있는 중다서열(重多序列, multiple seriation) 조작이 가능하다. 예를 들어, 7~8세 아동은 크기와 색깔을 동시에 고려하여 나뭇잎들을 순서대로 배열할 수 있다.

그러나 구체적 조작단계의 논리적인 사고는 구체적인 대상이나 상황에 한정되어 있어, 추상적이고 가설적인 아이디어를 이해하고 추리하는 데 어려움을 겪는다. 그 결과 사회교과의 '인권', '민주주의'와 같은 추상적 개념이나 수학교과의 '무한', '음수'와 같은 개념을 이해하는 데 한계를 보인다. 또 국어교과에서 "구르는 돌은 이끼가 끼지 않는다."와 같은 속담이 함축하는 의미를 제대로 파악하지 못한다. 형식적 조작단계에 도달하면 구체적 조작의 이러한 한계가 극복된다.

(4) 형식적 조작단계

형식적 조작(形式的 操作, formal operation)은 가설적이고 추상적인 사상(事象)과 개념을 논리적으로 다루고, 형식논리에 근거해 사고할 수 있는 능력이다. '형식적'이란 문제의 내용이 아니라 형식(form)에 반응하고 가설을 형성할 수 있는 능력을 의미한다. 형식적 조작을 하는 사람은 "5와 15의 관계는 1과 3의 관계와 같다."는 문장과 "1원과 100원의 관계는 1년과 1세기의 관계와 같다."는 유추문제가 내용은 달라도 형식이 같다는 것을 인식할 수 있다. 또 은유, 풍자, 비유, 대동사와 같은 복잡한 언어형식을 이해할 수 있다. 형식적 조작단계의 특징은 다음과 같다.

첫째, 추상적 사고(抽象的 思考, abstract thinking)가 가능하다. 추상적 사고는 말 그대로 추상적인 개념을 사용해서 논리적으로 사고하는 능력이다. 추상적 사고는 수학에서 매우 중요하다. "$2X+5=7$에서 X의 값을 구하라."라는 문제에서 X는 구체적 대상이 아니라 상징이다. 이 문제는 가설적 문제이므로 추상적으로 접근해야 해결할 수 있다.

추상적 사고를 할 수 있는 형식적 조작단계에서는 '사고에 관한 사고'가 가능하고, 자신의 사고내용을 성찰할 수 있다. 사고에 관한 사고, 즉 내적 성찰(internal reflection)의 과정을 반성적 추상화(反省的 抽象化, reflective abstraction)라고 한다. 형식적 조작단계에서는 반성적 사고를 통해 지식을 새로운 장면에 쉽게 적용할 수 있고, 문제를 해결하기 위한 대안적인 전략을 강구할 수 있다. 구체적 조작단계에서도 외부에서 지식을 획득할 수 있지만 반성적 추상화가 불가능하므로 자신의 사고를 검토할 수 없고, 그 결과 기존 지식을 성찰하는 과정을 통해 새로운 지식을 획득할 수 없다.

둘째, 가설연역적 사고(假說演繹的 思考, hypothetico-deductive thinking)가 가능하다. 가설연역적 사고는 가설을 설정·검증함으로써 결론을 도출하는 사고를 말한다. 구체적 조작단계에서도 논리적 사고를 통해 정확한 결론을 도출할 수 있지만, 사고는 친숙한 대상이나 사물에 한정된다. 반면 형식적 조작단계에서는 구체적 대상이 아니라도 문제를 해결하기 위해 가설을 설정하고 검증할 수 있는 방안을 강구할 수 있다. 형식적 조작을 획득한 청년은 가설을 설정할 수 있으므로 가능성에 관해 사고할 수 있다. 청년기의 가설설정능력은 과학적 사고에 한정되지 않고 사회, 정치, 종교, 철학 등 전 영역에 걸친 이상주의(理想主義, idealism)로 확대된다. 이상주의로 말미암아 청년은 자기 관념에 집착하고, 그 관념을 달성하기 위해 심혈을 기울이며, 자기의 관념과 일치하지 않는 것을 비판 내지 배척하는 성향을 나타내기도 한다. 더 나은 사회를 건설하기 위해 기존의 사회를 개혁 내지 파괴하려는 청년의 성향은 이상주의에서 기인한다.

셋째, 명제적 사고(命題的 思考, propositional thinking)를 할 수 있다. 즉, 명제를 구성하고 명제 간의 관계에 대해 논리적으로 추론할 수 있다. 명제적 사고란 'A인 동시에 B', 'A이지만 B는 아님', 'A도 아니고 B도 아님'과 같은 3개의 명제를 바탕으로 가설을 설정하고 논리적으로 추론하는 능력을 말한다.

넷째, 융통성 있는 사고가 가능하다. 구체적 조작단계에서는 "만약 계백 장군이 황산벌 전투에서 승리했다면 오늘날 우리는 어떻게 살고 있을까?"라는 질문에 제대로 대처하지 못한다. 또 "강물이 산으로 흘러간다고 하자."고 하면 구체적 조작단계에서는 문제를 풀 수 없다고 주장하지만, 형식적 조작단계에서는 이 조건을 수용해서 문제를 푼다. 이는 구체적 조작단계에서는 실제의 한계를 벗어나지 못하지만, 형식적 조작단계에서는 융통성 있게 반응한다는 것을 나타낸다.

다섯째, 조합적 사고(組合的 思考, combinational thinking)가 가능하다. 조합적 사고는 문제를 해결할 수 있는 모든 경우의 수를 논리적이고 체계적으로 숙고하는 사고를 말한다. 무색·무취의 액체를 담은 7개의 비커를 보여 준 다음 비커에 담긴 액체를 섞어서 노란색 액체를 만들라고 하면 구체적 조작단계에서는 대부분 무작정 2개의 비커에 담긴 액체를 섞어 보다가 그만두고 만다. 그렇지만 형식적 조작단계에서는 노란색 액체를 만들 수 있는 모든 경우의 수를 체계적으로 검토하여 문제를 해결한다. 이 문제를 풀어 보기 바란다. 이 문제를 풀지 못하면 아직 완전한 수준의 형식적 조작을 획득하지 못한 것이 된다.

성인기의 인지발달

Piaget에 따르면 인지발달은 출생 이후 청소년기까지 진행되며, 그 이후에는 거의 변화되지 않는 소위 고원(高原) 현상을 보이다가 노년기에 점차 감소한다. Piaget의 이론에서 형식적 조작은 인지발달의 최종단계로 그 이후의 단계는 제시되어 있지 않다. 그렇다면 성인기에는 인지발달이 전혀 이루어지지 않는가?

당연히 성인기에도 인지발달이 이루어진다. 형식적 조작을 획득하지 못한 성인도 있고, 평생 동안 구체적 조작이나 심지어 전조작만 가능한 사람도 있지만, 진정한 성인은 형식적 조작에 머무르지 않고 계속 발달한다.

Arlin(1975)은 인지발달의 제5단계를 **문제발견단계**(problem finding stage)라고 명명했다. 문제발견단계에서는 당면문제를 정확하게 이해하고, 어떤 문제가 가장 중요하며, 그것을 해결하기 위해 노력할 만한 가치가 있는지를 결정하는 능력을 획득한다. Basseches(1984)에 따르면 청년기 이후 정치적·윤리적·사회적 현실에 더 큰 관심을 갖는 **변증법적 사고**(辨證法的 思考, dialectical thinking)가 발달한다. 변증법적 사고란 갈등을 해결하는 과정을 통해 의미와 질서를 추구하는 사고를 말한다. 변증법적으로 사고하는 사람은 다양한 가능성을 고려하며 절대적이고 최종적인 해법은 존재하지 않는다고 생각한다. 한 극단과 다른 극단을 고려한 후 두 극단에서 최선의 것을 선택하여 통합하는 성인의 사고는 변증법적 사고의 사례가 된다. Labouvie-Vief(1980)도 논리적 사고는 청소년들이 학교에서 당면하는 문제를 해결하는 데는 적절하지만 성인의 일상적인 문제를 해결하는 데는 부적절하다고 주장한다.

요컨대, 성인기에는 Piaget의 이론이 상정하는 것보다 더 높은 수준의 인지발달이 일어난다.

5) Piaget 이론의 교육적 적용

인지발달 분야에서 Piaget는 명실상부한 거장이다. 그가 발달심리학에 끼친 영향은 셰익스피어가 영문학에 끼친 영향이나 아리스토텔레스가 철학에 끼친 영향에 비견되기도 한다. Piaget의 공헌은 다음과 같이 요약할 수 있다.

- 인지발달 분야를 개척했다. 그의 공헌으로 인지발달 분야는 독자적인 위상을 정립하게 되었다.
- 아동이 발달과정에서 주체적이고 능동적인 역할을 한다는 사실을 강조하는 새로운 아동관을 정립했다.
- 평형화 모형을 통해 발달과정을 심층적으로 설명했다.
- 도식, 대상영속성, 자아중심성, 중심화, 탈중심화, 보존과 같이 인지발달에 관한 수많은 개념들을 소개하여 이 분야의 후속연구를 촉진했다.
- 발달단계에 따른 사고의 특징을 심층적이고 독특하게 기술했다.
- 인지발달 분야를 넘어 사회 및 정서발달 분야와 교육에 큰 영향을 미쳤다.

Piaget 이론의 교육적 시사점은 다음과 같다.

(1) 교육목표: 논리적 사고능력 신장

교육목표는 논리적 사고능력을 신장시키는 데 있다. 이 교육목표가 달성되면 각종 문제를 해결하는 데 논리적 사고를 적용할 것이라고 기대한다. 그러므로 교육이란 교과의 사실이나 개념을 가르치는 것도 아니고, 개인적 문제나 사회적 문제를 해결할 수 있는 방법을 가르치는 것도 아니다. 구체적 사실이나 개념을 가르칠 수도 있으나 그것이 내재적인 가치가 있기 때문이 아니라, 논리적 사고능력의 발달을 촉진하기 때문이다.

(2) 교육과정 계열화

교육과정은 교수목표와 학습활동을 적절하게 계열화(系列化)해야 한다. 과학적 현상이나 수학적 현상에 관해 사고할 때 전조작단계에서는 사물의 높이나 너비와 같이 한 가지 차원만 고려할 수 있고, 구체적 조작단계에서는 두 가지 차원의 상호관계를 동시에 이해할 수 있으며, 형식적 조작단계에서는 여러 차원들의 상호관계를 동시에 추리할 수 있다. 물리적 대상의 보존개념도 양(量)·수·무게·넓이·부피의 순서로 획득된다. 이러한 사실은 교육과정을 계열화해야 함을 시사한다.

교육과정 구성에 관한 Piaget 이론의 또 다른 시사점은 구체적인 개념이나 대상에서 시작해서 점진적으로 추상적이고 일반적인 수준의 개념이나 대상을 제시해야 한다는 것이다.

(3) 학습자의 활동 강조

학습자는 환경과의 상호작용 활동을 통해 세계에 대한 지식을 구성하므로 학습자 활동을 촉진해야 한다. Piaget가 활동을 강조하는 이유는 그것이 피드백을 제공하기 때문이다. 활동은 물리적 지식은 물론 논리수학적 지식에 관한 피드백을 제공한다. 그러므로 가급적이면 활동을 촉진할 수 있는 환경을 조성하여 조작·탐색·토론의 기회를 충분히 부여해야 한다. 활동을 촉진하는 환경이란 다양한 것을 시도하고, 상징을 조작하며, 문제를 제기한 후 해결책을 찾고, 자신의 발견을 또래와 비교할 수 있도록 하는 환경이다. 요컨대, 능동적이고 발견지향적인 학습환경을 조성해야 한다. Piaget 이론에 기반을 둔 학습환경은 Bruner가 말하는 발견학습(discovery learning)과 다르다. Bruner의 발견학습은 구체적인 사례를 제시하여 법칙이나 원리를 스스로 발견하도록 하는 학습이다(8장 참조). 반면 Piaget의 발견학습은 학습자로 하여금 교사가 제시한 개념이나 교재에 있는 개념이 아니라 스스로의 개념을 구성하도록 하는 학습이다.

(4) 인지갈등 유발

인지발달을 촉진하려면 인지갈등(인지적 불평형)을 유발해야 한다. 인지발달은 인지적 불평형을 해소하는 과정에서 이루어진다. 소크라테스식 대화법도 제자들의 인지적 불평형을 유발하여 사고발달을 촉진하기 위한 전략이다.

인지갈등을 유발하려면 인지발달 수준을 정확하게 진단한 다음, 수업내용과 활동을 그 수준에 맞추어야 한다. 그리고 인지구조는 기존 인지구조를 기반으로 하여 발달하므로 새로운 개념을 이미 알고 있는 개념과 관련지어 정확하게 이해하도록 해야 한다.

(5) 사회적 상호작용 촉진

사회적 상호작용은 인지발달의 중요한 원천이므로 사회적 상호작용을 촉진해야 한다. 아동은 사회적 상호작용을 통해 또래나 성인의 의견이 자신과 다르다는 사실을 알게 되어 자아중심성을 극복한다. Piaget는 언어적 상호작용이 도덕적 규칙의 발달, 사회화, 심지어 논리적 사고의 발달에 큰 영향을 미친다고 주장한다. 따라서 아동 상호 간의 상호작용은 물론 아동-교사 간의 상호작용을 촉진해야 한다. Piaget에 따르면 또래 간의 상호작용이 성인과의 상호작용보다 인지발달을 더 효과적으로 촉진한다. 왜냐하면 아동과 성인의 상호작용에서는 인지적 불평형이 거의 유발되지 않지만, 또래 간의 상호작용에서는 인지적 불평형이 쉽게 유발될 수 있기 때문이다.

6) Piaget 이론에 대한 비판

Piaget의 이론이 인지발달분야에 혁혁한 공헌을 했다는 사실을 부인할 사람은 아무도 없지만 다음과 같은 점에서 비판을 받고 있다.

첫째, Piaget의 주장과 달리 인지발달이 연속적인 과정이고 발달단계에 따라 사고가 질적인 차이가 없다는 비판이다. 앞에서 설명한 것처럼 발달이 연속적인 과정인가 아니면 비연속적인 과정인가는 발달 분야의 핵심쟁점이다. Siegler(1986)는 이 문제를 다리 붕괴현상에 비유한다. 다리는 어느 순간 갑자기 붕괴되었으나, 다리를 붕괴시킨 힘은 장기간 누적된 것이다. 이와 마찬가지로 사고의 급격한 변화도 따지고 보면 점진적인 변화가 누적되어 나타난 결과일 수 있다.

둘째, 사회 및 문화가 인지발달에 미치는 영향력을 과소평가했다는 비판이다. 또 전 세계의 모든 아동들이 성장환경과 관계없이 발달단계를 동일한 순서로 통과한다는 Piaget의 주장과 달리, 인지발달의 보편성이 없다는 비판도 있다.

셋째, 아동의 인지능력을 과소평가했다는 비판이다. Piaget에 따르면 감각운동단계에서는 행위나 감각을 통해서 세계를 이해할 수 있을 뿐 사고가 불가능하다. 그러나 후속연구들은 감각운동단계의 사고가 Piaget 이론이 상정했던 것보다 더 우수하다는 연구결과를 보고하고 있다.

넷째, 성인의 인지능력을 과대평가했다는 지적이다. Piaget에 따르면 성인은 대부분 형식적 조작 능력을 획득하므로 합리적이고, 체계적이며, 논리적으로 사고한다. 그러나 Piaget의 주장과는 달리 대부분의 성인들은 일상생활에서 모든 가능성을 체계적으로 고려하여 논리적으로 사고하지 않는다(Bjorklund, 2000). 이는 형식적 조작이 이상적인 성인의 사고를 나타낼 뿐 일상적인 문제를 다루는 보통 성인의 전형적인 특징이 아니라는 것을 시사한다.

다섯째, 인지발달의 기제에 관한 설명이 모호하다는 지적이다. Piaget의 이론은 인지발달이 인지적 평형을 회복하기 위한 평형화를 통해 일어난다고 설명하고 있다. 하지만 그의 이론은 인지발달을 유발하는 요인들을 구체적으로 설명하지 못했다는 비판을 받고 있다. 즉, 단계이행에 대한 설명이 미흡하다는 지적이다.

여섯째, 논리적 사고의 발달을 설명하는 데 치중한 나머지 교과지식의 발달에 관한 설명이 미흡하다는 지적이다. 또 Piaget가 강조하는 인지구조, 즉 구체적 조작과 형식적 조작이 일부 교과에서는 가치가 있을지 모르나, 어학교과나 사회교과에서는 별 가치가 없다는 지적도 있다.

3. Vygotsky의 사회문화적 발달이론

일반적으로 서구의 인지발달이론은 학습자가 발달의 주체라는 사실을 강조하는 경향이 있다. 그러한 이론에 따르면 발달은 학습자의 능동적이고 자율적인 활동을 통해 이루어지므로 환경은 부차적인 요인으로 간주된다. 특히 Piaget의 발달이론은 인지적 보편성을 강조한다. 인지적 보편성(認知的 普遍性, cognitive universals)이란 전 세계 모든 아동들의 인지발달이 동일하다는 것을 뜻한다. 인지적 보편성에 따르면 사회나 문화의 차이는 인지발달에 큰 영향을 미치지 않는다. 그래서 정보화사회에서 살고 있는 아동과 수렵사회나 농경사회에서 성장한 아동은 환경이 완전히 다름에도 인지발달양상이 거의 비슷하다는 것이다.

Lev S. Vygotsky(1896~1934)의 이론은 이러한 서구 발달이론의 견해와 극명하게 대비된다. Vygotsky의 사회문화적 발달이론의 핵심은 사회 및 문화가 인지발달에 결정적인 영향을 미친다는 것이다. 그에 따르면 인지발달은 사회 및 문화가 개인에게 전수하는 신념 · 가치 · 도구의 영향을 받는데 사회나 문화에 따라 개인에게 전수하는 신념과 가치가 다르므로 인지발달은 사회나 문화에 따라 큰 차이가 있다는 것이다.

Vygotsky는 심리학의 모차르트로 불릴 정도로 천재의 자질을 유감없이 발휘한 인물이다. 그는 불과 28세라는 약관의 나이에 당대의 모든 심리학 이론을 통달한 후 획기적인 이론을 구상한 것으로 전해지고 있다. 다양한 분야에 관심을 가졌던 Vygotsky는 1917년 모스크바대학교에서 법학을 전공한 후 철학, 심리학, 문학과 같은 다양한 학문분야를 섭렵했다. 불행히도 그는 38세라는 젊은 나이에 폐결핵으로 요절했다.

생몰(生沒) 연대를 감안하면 Vygotsky는 구시대 인물이다. 그의 이론은 서방에 비교적 최근에 소개되었다. 그가 1934년 사망했으므로 매우 늦게 소개된 셈이다. 그 이유는 Vygotsky가 죽은 후 소련당국이 아동발달에 관한 그의 연구를 '부르조아의 사이비과학'으로 규정하여 출판은 물론 연구와 논의를 철저히 금지했기 때문이다.

Vygotsky의 이론은 Piaget의 이론보다 훨씬 늦은 1970년대와 1980년대 후반에 비로소 부활했지만 오늘날 시간이 흐를수록 더 많은 관심을 끌고 있다. 만약 그가 Piaget처럼 장수하면서(두 사람은 같은 해인 1896년 출생했지만, Piaget는 1980년에 사망했다.) 소련당국의 탄압을 받지 않고 자유롭게 연구활동을 수행했다면 아마도 현대 심리학이나 교육학의 판도가 달라졌을 것이다. 구성주의에 가장 큰 영향을 미친 학자로 평가받고 있는 Vygotsky는 인지발달 분야에서 Piaget에 이어 제2인자의 위상을 차지하고 있다.

1) Vygotsky 이론의 기본견해

최근 교육에서 부각된 구성주의의 이론적 토대를 제공한 Vygotsky 이론의 기본견해를 요약하면 다음과 같다.

첫째, 사회 및 문화가 발달에 미치는 영향을 중시한다. Vygotsky는 사회 및 문화의 구조가 정신의 구조를 결정한다고 단언한다. 그래서 그의 이론을 사회문화적 이론(社會文化的 理論, socio-cultural theory)이라고 부른다. 사회 및 문화가 발달에 큰 영향을 미친다는 사실은 '고등정신기능의 사회적 기원'이라는 표현에 잘 함축되어 있다.

둘째, 유능한 사람과의 사회적 상호작용은 학습 및 발달에 큰 영향을 준다. 문화적인 형태로 존재하는 지식은 사회적 상호작용을 통해 아동에게 전달되고(이를 중재[mediation]라고 한다.), 아동은 그것을 내면화한다. 이 과정을 Vygotsky(1962)는 "모든 발달은 처음에는 사회적인 국면에서 나타나고 그다음에는 심리적인 국면에서 나타난다."고 했다. 사회적 상호작용에서 아동은 유능한 사람의 도움을 얻어 지식을 획득하는 도제로 간주된다. 사회적 상호작용을 중시하는 Vygotsky의 견해는 개인의 인지활동을 통해 지식을 구성한다고 보는 Piaget의 견해와 대비된다.

셋째, 개인은 사회 및 문화가 전달한 지식을 내면화하여 습득한다. 내면화(內面化, internalization)는 사회적 현상을 심리적 현상으로 변환하고, 외적 활동을 내적 수준에서 실행하며, 사회적 상호작용에서 지식을 흡수하는 과정이다. 그러므로 내면화가 되었다는 것은 사회 및 문화 환경에 존재하는 고등정신기능이 진정한 내적 정신기능으로 전환되었다는 것을 뜻한다. Vygotsky에 따르면 발달은 대부분 외부에서 내부로 진행되므로 내면화가 중요한 역할을 한다. 아동은 사회적 상호작용을 통해 성인이나 유능한 구성원의 사고나 행위 방식을 내면화하므로 사회적 상호작용이 어떻게 이루어지는가에 따라 아동이 내면화하는 지식은 크게 달라진다.

넷째, 언어는 학습 및 발달에서 핵심역할을 한다. 사회적인 기원을 가진 고등정신기능을 내면화하는 과정에는 언어가 중추역할을 한다. 왜냐하면 언어능력이 높을수록 성인과의 상호작용에서 더 많은 것을 학습할 수 있기 때문이다. 또 언어는 사고의 도구로, 사고에 필요한 개념과 범주를 제공하여 사고를 가능하게 하고, 자기 행동을 조절하며, 사회적 상호작용을 가능하게 한다. 만약 인간이 언어를 소유하고 있지 않다면 동물 수준의 초보적인 정신활동만 가능할 것이다.

다섯째, 언어와 사고는 처음에는 독자적으로 발달하지만 성인이 되면 긴밀하게 관련된다. 유아기에는 언어와 사고가 별개 기능을 갖고 있다. 이 시기의 언어는 사고와 관계없이 나타나며, 언어는 사고의 도구가 아니라 의사전달의 수단으로 활용된다. 2세 무렵 사고와 언어가 상호 의존적으로 발달하며, 성인이 되면 언어와 사고가 통합된다. 성인은 일반적으로 구체적인 단어에 비추어 사고한다. 예를 들어, 애완동물을 생각할 때는 개나 고양이와 같은 단어를 떠올린다. 또 다른 사람과 대화할 때는 상대방에게 자기의 생각을 전달한다. 그래서 다른 사람에게 말하는 것을 '마음을 말한다.'고도 한다.

Vygotsky(1962)에 따르면 언어기능은 사회적 언어(혹은 외적 언어), 자아중심적 언어, 내적 언어의 순으로 발달한다. 사회적 언어(social speech)는 3세 이전에 우세한 초보적 언어기능으로, 다른 사람의 행동을 통제하기 위해 감정이나 사고를 전달하는 기능을 한다. "엄마, 밥 줘."라는 말은 엄마의 행동을 통제하기 위한 것이다. 자아중심적 언어(egocentric speech)는 3~7세 사이에 주로 나타나는 언어기능으로, 자신의 행동을 조정하기 위해 자기 자신에게 하는 말을 가리킨다. 성인은 자아중심적 언어를 소리 내지 않고 속으로 하지만, 아동은 소리 내어 말한다는 차이가 있다. 내적 언어(內的 言語, inner speech) 혹은 사적 언어(私的 言語, private speech)는 나이가 많은 아동이나 성인이 주로 사용하는 내적 자기대화를 의미한다. 내적 언어는 소위 William James(1890)가 말하는 의식의 흐름(stream of consciousness)과 유사한 개념이다. 내적 언어는 사고와 행동을 조정하며 고등정신기능을 가능하게 하는 토대가 된다.

여섯째, 학습은 발달에 선행하며 발달을 촉진한다. 학습과 발달의 관계에 관한 관점은 크게 세 가지로 요약할 수 있다. 첫 번째 관점은 발달이 학습에 선행한다는 Piaget의 관점이다. 이에 따르면 발달은 학습의 선행요건이므로 일정 수준의 발달이 이루어져야 학습이 가능하다. 이는 특정 내용을 학습할 정도로 발달이 되지 않으면 학습이 전혀 효과가 없으므로 발달 수준을 고려하여 교육을 해야 함을 의미한다. 두 번째 관점은 학습과 발달을 동일시하는 행동주의 관점이다. 소수의 선천적인 특성을 제외한 모든 행동이 학습되며 모든 발달을 학습의 산물로 가정하는 행동주의는 환경이 발달 및 학습을 결정한다고 보고 교사중심수업을 중시한다. 세 번째 관점은 학습이 발달보다 선행하므로 적절한 학습이 발달을 유도한다는 Vygotsky의 관점이다. 이에 따르면 교사 혹은 유능한 동료의 도움을 받을 경우 학습은 발달을 주도한다. 학습이 발달을 유도한다는 것은 교사를 비롯한 유능한 사람이 인지발달에 큰 역할을 한다는 것을 의미한다. 따라서 학습자가 학습을 통해 발달을 주도할 수 있도록 적극적으로 환경을 조성해야 하며, 교사-학생 간의 상호작용이나 학생-학생 간의 상호작용을 촉진하는 수업을 해야 한다.

2) 근접발달영역

근접발달영역(近接發達領域, zone of near or proximal development, ZPD)은 실제적 발달수준 (X)과 잠재적 발달수준(Y) 간의 격차를 뜻한다. 실제적 발달수준은 혼자 문제를 해결할 수 있는 수준이고, 잠재적 발달수준은 성인이나 또래의 도움을 얻어 문제를 해결할 수 있는 수준이다. 그러므로 실제적 발달수준은 완성된 발달수준이지만, 근접발달영역은 미래지향적인 발달수준이다. 실제적 발달수준을 완성된 발달의 '열매'에, 잠재적 발달수준을 발달의 '꽃' 또는 '꽃봉오리'에 비유한 Vygotsky(1978)에 따르면 실제적 발달수준보다 근접발달영역이 인지발달수준을 더 적절하게 나타낸다.

발달의 모든 시점에서는 (1) 혼자 문제를 해결할 수 있는 영역, (2) 혼자 문제를 해결할 수 없지만 다른 사람의 도움을 받으면 문제를 해결할 수 있는 영역, (3) 다른 사람의 도움을 받더라도 결코 해결할 수 없는 영역이 존재한다. 근접발달영역은 혼자 해결할 수 없는 문제를 다른 사람의 도움을 받아 해결할 수 있는 영역이므로 학습 및 발달이 가장 왕성하게 일어나는 잠재력의 영역이다. 그래서 근접발달영역을 마법의 중간지대(magic middle)라고 부르기도 한다. 근접발달영역의 시사점은 다음과 같다.

첫째, 교수-학습 활동은 학습 및 발달이 활발하게 일어나는 근접발달영역에 주안점을 두어야 한다. 실제적 발달수준에 해당하는 영역이나 근접발달영역을 초월하는 영역에서는 학습 및 발달이 일어날 수 없으므로 교수-학습의 대상이 될 수 없다. 반면 근접발달영역에 부합되는 교수-학습 활동은 학습 및 발달을 촉진하므로 교수-학습 활동에서는 근접발달영역에 부합되는 학습과제(즉, 혼자 해결할 수 없지만 도움을 받으면 해결할 수 있는 과제)를 제시해야 한다. 근접발달영역을 고려하여 지도하면 잠재적 발달수준이 실제적 발달수준으로 바뀌고, 결과적으로 근접발달영역이 끊임없이 상향적으로 확장된다(그림 2-6] 참조). 이러한 의미에서 보면 교수-학습이란 잠재적 발달수준을 실제적 발달수준으로 전환시키는 작업이라고 할 수 있다.

둘째, 사회적 상호작용을 촉진해야 한다. 사회적 상호작용은 근접발달영역의 상한계를 확장시키는 기능을 한다. 근접발달영역의 하한계는 실제적 발달수준에 의해 고정되어 있지만, 상한계인 잠재적 발달수준은 아동과 성인의 상호작용을 통해서 확장될 수 있다. 그러므로 교사는 발달잠재력을 활성화시킬 수 있도록 사회적 상호작용을 해야 한다. 근접발달영역에 근거하여 아동과 교사 혹은 유능한 동료와의 상호작용을 강조하고 있는 교수-학습 이론으로는 인지적 도제(cognitive apprenticeship), 상호적 교수(reciprocal teaching), 발판화(scaffolding) 등을 들 수 있다(8장 참조).

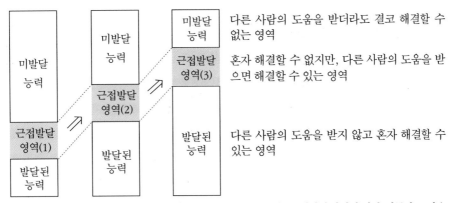

적절한 교수-학습을 통해 근접발달영역은 점차 상향 이동한다. 근접발달영역이 상향 이동하고 있음은 발달이 이루어지고 있다는 증거다. 따라서 근접발달영역은 교수-학습 및 평가활동이 집중되어야 할 영역이다.

[그림 2-6] **근접발달영역의 개념**

셋째, 지능검사는 근접발달영역, 즉 발달잠재력을 측정해야 한다. Vygotsky에 따르면 실제적 발달수준보다 잠재적 발달수준이 지능을 더 정확하게 나타낸다. 현재 두 아동의 지능지수가 같더라도 성인의 도움을 얻어 문제를 해결할 수 있는 수준이 다르다면 지능수준은 결코 같지 않다. 그런데 전통적 지능검사는 실제적 발달수준을 측정하고 있으므로 지적 잠재력을 측정할 수 없다. 지적 잠재력을 측정하려면 역동적 평가를 실시해야 한다.

요컨대, 교수-학습 활동을 비롯한 모든 교육활동은 학습 및 발달이 가장 활발하게 일어나고 유능한 사람의 능력이 학습자 내부로 잘 전이될 수 있는 근접발달영역에 집중되어야 한다. 근접발달영역에서 이루어지는 학습은 인지발달을 촉진하기 때문이다.

3) 발판화(비계설정)

발판화(scaffolding) 혹은 비계설정(飛階設定)은 혼자 해결하기 어려운 과제를 해결하도록 근접발달영역에서 교사를 비롯한 유능한 사람이 도와주는 과정을 말한다. 발판화의 목적은 혼자 학습하기 어려운 지식이나 기능을 획득하도록 도움을 주는 데 있다. 학습 초기에는 혼자 문제를 해결하기 어려우므로 교사나 성인이 적절한 도움을 주어야 한다. 중요한 것은 지식과 자신감이 향상됨에 따라 도움을 줄여 나가야 한다는 것이다. 학습이 진전될수록 발판화의 필요성이 줄어들기 때문이다.

발판은 건축용어로, 콘크리트 구조물을 만들 때 약한 구조물을 지탱하기 위해 설치하는 거푸집이나 지지대를 말한다. 건축에서 발판의 용도를 생각하면 이 개념을 쉽게 이해할 수 있다. 공사 초기에는 구조물의 강도가 약하므로 발판을 굳게 설치해야 한다. 공정이 진행됨에 따라 발판은 점차 높아진다. 건물이 완성되면 발판이 필요하지 않으므로 제거해야 한다.

발판화는 본질적으로 교사와 학습자의 상호작용을 강조한다. 발판화는 상호작용을 통해 학습이 점진적으로 향상된다는 것을 비유한 것이다. 교사나 부모가 학습을 조력할 수 있는 구체적인 발판화의 방법은 다음과 같다.

- 시범보이기
- 모델 제공하기
- 틀린 개념 발견하고 수정하기
- 구체적이고 현실적인 목표 제시하기
- 절차 설명하기

- 기초기능 개발하기
- 오류 교정하기
- 동기유발하기
- 피드백 제공하기
- 질문하기

발판화에서 중요한 것은 근접발달영역을 감안하여 실제적 발달수준보다 약간 높은 수준의 과제를 제시한 다음 도움을 주어야 한다는 것이다. 이것은 과제의 수준이 매우 중요하다는 것을 뜻한다. 과제가 너무 어려우면 아무리 많이 도와주더라도 절대로 문제를 해결할 수 없다. 그다음으로 중요한 것은 능력이 높아짐에 따라 도움을 점진적으로 줄이되, 마지막에는 도움을 받지 않고 혼자 문제를 해결할 수 있도록 하는 것이다. 비유컨대, 건축물의 강도가 높아지면 거푸집을 철거해서 건축물이 홀로 설 수 있도록 해야 한다.

4) 역동적 평가

역동적 평가(力動的 評價, dynamic assessment)는 새로운 상황에서 학습할 수 있는 잠재력을 평가하려는 접근이다. 역동적 평가는 전형적으로 (1) 혼자 해결하기 어려운 과제를 제시하고, (2) 과제와 관련된 행동과 인지과정을 심층지도한 다음, (3) 수업을 받기 전에 비해 능력이 향상된 정도를 판단한다. 이러한 점에서 역동적 평가는 학습잠재력 평가로 불린다.

근접발달영역의 개념에 근거하여 잠재력을 확인하기 위한 역동적 평가는 전통적인 고정적 평가와 대비된다. 고정적 평가(固定的 評價, static assessment)는 실제적 발달수준을 확인하기 위한 평가를 말한다. 고정적 평가에서는 다른 사람의 도움을 받지 않고 혼자 문제를 해결해야 하며, 다른 사람의 도움을 받으면 부정행위로 간주된다. 학교에서 실시되는 대부분의 평가는 특정 시점에서 성취도를 파악하기 위한 고정적 평가에 해당된다. 전통적인 지능검

| 표 2-1 | 고정적 평가와 역동적 평가의 특성 비교

고정적 평가	구분	역동적 평가
교육목표 달성 정도 평가	평가목적	향상도 평가
학습결과 중시	평가내용	학습결과 및 학습과정 중시
정답한 반응 수 중시 일회적 · 부분적 평가	평가방법	응답의 과정이나 이유도 중시 지속적 · 종합적 평가
획일적이고 표준화된 상황 탈맥락적인 상황	평가상황	다양하고 융통성 있는 상황 맥락적인 상황
특정 시점(주로 도착점)	평가시기	출발점 및 도착점을 포함한 교수-학습 의 전 과정
선발 · 분류 · 배치	평가결과 활용	지도 · 배치 · 조언
교수-학습과 평가활동 분리	교수-학습 활동	교수-학습과 평가활동 통합

자료: 백순근(1999), p. 206에서 발췌 수정.

사와 대학수학능력시험도 혼자 문제를 해결할 수 있는 실제적 발달수준을 평가하는 고정적 평가에 속하므로 학습잠재력을 평가하는 데는 한계가 있다.

역동적 평가는 학습잠재력을 평가하기 위해 검사를 실시하는 상황에서 의도적인 교수활동을 실시하고, 평가상황을 수정하기도 한다. 예컨대, 평가과제를 바꾸고, 피드백을 제공하며, 자기점검기능 활용을 권장하고, 영역특정전략 혹은 일반적인 문제해결전략을 가르친다. 문제를 해결하지 못하면 힌트를 준다. 역동적 평가는 힌트를 활용하여 문제를 해결할 수 있는 능력을 중시한다. 힌트를 활용해서 문제를 해결할 수 있는 학생은 힌트를 활용해도 문제를 해결할 수 없는 학생보다 잠재력이 더 높다. 힌트를 활용하는 능력은 잠재력의 정도를 나타낸다. 반면 고정적 평가는 피드백이나 힌트가 평가의 공정성을 해친다고 보고 피드백이나 힌트를 전혀 제공하지 않는다. 역동적 평가의 특징은 다음과 같다(백순근, 1999).

• 교육목표의 달성도는 물론 향상도를 평가한다. 도달점행동만 측정하는 고정적 평가와 달리, 역동적 평가는 출발점행동과 도달점행동을 모두 측정하므로 향상도를 평가할 수 있다.
• 학습결과뿐만 아니라 학습과정도 평가한다.
• 준거지향평가(즉, 절대평가)로 실시되며, 지속적이고 종합적인 평가를 중시한다.
• 학생 개인의 학습활동을 개선하고 교육적인 지도 및 조언을 제공하는 것을 중시한다. 이에 비해 고정적 평가는 학생을 선발하고 분류하기 위한 목적으로 실시된다.

요컨대, 고정적 평가가 실제적 발달수준을 측정하는 데 주안점을 둔 과거지향적인 평가라면, 역동적 평가는 근접발달영역에 주안점을 두고 잠재력을 측정하려는 미래지향적인 평가라고 할 수 있다. 단, 역동적 평가를 하려면 평가자가 상당한 수준의 소양을 갖추어야 하며, 시간이 많이 소요된다는 단점이 있다.

5) Piaget와 Vygotsky의 공통점과 차이점

Piaget 이론과 Vygotsky 이론은 (1) 발달에서 개체와 환경(사회)의 상호작용을 중시하고, (2) 학습자를 능동적인 존재로 간주하며, (3) 발달을 급격한 변화가 일어나는 역동적인 과정으로 간주한다는 공통점이 있다. Piaget 이론과 Vygotsky 이론의 차이점은 다음과 같다.

첫째, 발달의 원동력에 관한 견해가 다르다. Piaget에 따르면 발달은 학습자가 주체적으로 인지구조를 조직 · 재조직 · 변형하는 과정을 통해 일어난다. 따라서 사회 및 문화 환경은 발달에 거의 영향을 미치지 않는다. 반면 Vygotsky에 따르면 사회 및 문화 환경이 발달에 결정적인 영향을 미친다. 그에 따르면 학습자는 사회적 상호작용을 통해 문화적으로 결정된 지식을 내면화하므로 환경에 따라 인지발달이 크게 달라진다. 이러한 점에서 Piaget는 인지적 구성주의의 모태가 되었고, Vygotsky는 사회적 구성주의의 모태가 되었다.

둘째, Piaget는 평형화를 중시하고, Vygotsky는 내면화를 중시한다. Piaget는 인지갈등을 해소하려는 평형화를 통해 인지발달이 이루어진다고 본다. 반면 Vygotsky는 사회적 상호작용을 통한 내면화가 인지발달에 큰 영향을 준다고 주장한다.

셋째, 언어의 역할에 관한 견해가 다르다. Piaget에 따르면 인지발달은 언어와 관계가 없으며 언어는 사고의 지표에 불과하다. 반면 Vygotsky는 언어가 사고발달에서 핵심역할을 한다고 주장한다. 이와 관련하여 사적 언어(private speech)에 관한 견해도 다르다. Piaget는 사적 언어를 인지적 미성숙(즉, 자아중심성)의 지표로 간주한다. 즉, 사적 언어는 다른 사람의 관점을 고려하지 못하는 인지적 한계를 반영하며, 나이가 들수록 감소한다. 이에 비해 Vygotsky는 사적 언어가 인지발달에 긍정적인 영향을 미치며, 사회적 상호작용과 더불어 발달한다고 본다. 그에 따르면 사적 언어는 인지적 노력이 많이 요구되는 과제에서 자기조절에 도움을 줌으로써 인지발달을 촉진한다.

넷째, 학습과 발달의 관계에 관한 설명이 다르다. Piaget는 발달이 학습에 선행한다고 하지만, Vygotsky는 학습이 발달에 선행한다고 주장한다.

다섯째, 인지발달에서 상호작용을 공히 강조하고 있으나 상호작용에 관한 견해가 다르다. Piaget에 따르면 성인과의 상호작용보다는 또래 간의 상호작용이 인지발달에 더 큰 영

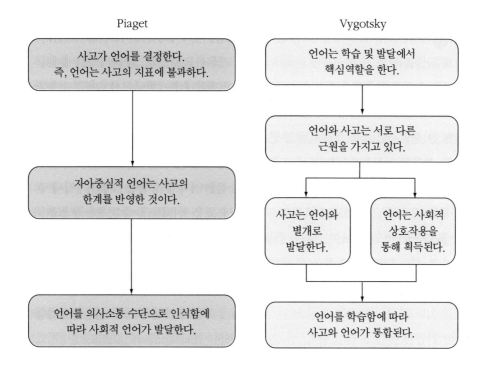

Piaget

사고가 언어를 결정한다.
즉, 언어는 사고의 지표에 불과하다.

자아중심적 언어는 사고의
한계를 반영한 것이다.

언어를 의사소통 수단으로 인식함에
따라 사회적 언어가 발달한다.

Vygotsky

언어는 학습 및 발달에서
핵심역할을 한다.

언어와 사고는 서로 다른
근원을 가지고 있다.

사고는 언어와
별개로
발달한다.

언어는 사회적
상호작용을
통해 획득된다.

언어를 학습함에 따라
사고와 언어가 통합된다.

[그림 2-7] 언어와 사고의 관계

향을 준다. 왜냐하면 또래 간의 상호작용에서 인지갈등이 쉽게 유발되기 때문이다. 반면 Vygotsky는 지적으로 더 유능한 사람(또래이건 나이가 많은 아동이건 아니면 성인이건 간에)과 의 상호작용이 학습 및 발달에 큰 영향을 준다고 주장한다.

여섯째, 학습 및 인지발달을 촉진하는 경험형태에 관한 견해가 다르다. Piaget는 개체가 물리적인 세계를 스스로 탐색하는 과정을 통해 발달하므로 다른 사람의 도움이 없어도 발달 이 일어난다고 주장한다. 반면 Vygotsky는 성인과 유능한 또래가 학습 및 발달에 중요한 역 할을 한다는 점을 강조한다.

6) Vygotsky 이론의 문제점

Vygotsky의 이론은 그가 38세에 사망하기 전 10년간에 걸쳐 완성된 것으로 알려져 있다. 만약 그가 장수했더라면 다음에 제시된 이론의 약점은 상당 부분 보완되었을 것이라는 아쉬 움을 남기고 있다.

첫째, 사회 및 문화의 중요성을 과장하고 있다는 비판이다. 인지발달에는 사회 및 문화

환경이 영향을 주지만 다른 요인들도 영향을 미친다. 또 사회 및 문화가 인지발달에 미치는 영향을 정확하게 규명하기 어렵다는 문제점도 있다.

둘째, 인지발달에 관한 설명이 피상적이라는 지적이 있다. 즉, 인지발달에 가장 효과적인 사회적 상호작용의 유형에 관한 정확한 설명이나 언어가 인지발달에서 수행하는 역할에 관한 설명도 피상적이라는 지적이 있다.

셋째, 사회적 상호작용이 발달에 부정적인 영향을 미칠 수도 있다는 점을 간과하고 있다. 예컨대, 부모와 아동 간의 상호작용이 경우에 따라 발달에 부정적인 영향을 미칠 수도 있다.

넷째, 성인이나 유능한 또래의 적절한 도움을 받으면 학습이 촉진된다는 주장과 달리, 어린 아동의 경우 부모나 학교가 많이 도와주더라도 복잡한 기능을 학습하는 데 시간이 많이 걸린다는 사실은 Vygotsky가 간과한 학습의 제약요인이 있음을 시사한다.

다섯째, 근접발달영역에 관한 설명이 모호하다. 우선, 근접발달영역을 측정하는 데 문제가 있다. 예를 들어, 읽기를 하지 못하는 세 명의 아동들에게 읽기를 가르치기 위해 A에게는 단어를 읽어 주고, B에게는 문장을 연결하도록 도와주고, C에게는 동기를 높여 주었을 때 모두 읽기를 할 수 있었다고 하자. 이 경우 세 아동의 근접발달영역은 같다고 할 수 없다. 또 근접발달영역을 안다고 하더라도 학습능력이나 학습방법, 다른 아동과 비교한 상대적 수준을 정확하게 알 수 없다는 문제가 있다.

① 발달이란 일생 동안 일어나는 모든 구조와 기능의 변화를 뜻한다. 따라서 발달은 선천적인 요인에 의한 행동의 변화(성숙)와 후천적인 요인에 의한 행동의 변화(학습)를 포함하는 개념이다.

② 발달은 일정한 원리를 갖고 있다. 발달은 ⑴ 유전과 환경의 상호작용으로 일어나고, ⑵ 연속적이고 누적적인 과정이며, ⑶ 여러 측면들이 상호 관련되어 발달하는 전체적 과정이고, ⑷ 가소성이 있으며, ⑸ 일정한 순서가 있고, ⑹ 개인차가 있으며, ⑺ 초기 경험이 큰 영향을 미친다.

③ 발달을 연구하는 접근으로는 ⑴ 같은 대상을 장기간 추적하여 발달양상을 파악하려는 종단설계, ⑵ 여러 연령집단들을 동시에 조사하여 발달적 변화를 파악하려는 횡단설계, ⑶ 종단설계와 횡단설계를 결합하여 여러 연령집단들을 반복 관찰하는 계열적 설계, ⑷ 발달적 변화가 일어나는 비교적 짧은 기간 동안 연구대상을 집중 관찰하여 발달적 변화의 원인과 양상을 파악하려는 발생과정설계가 있다.

④ 발달 분야에서는 (1) 유전 대 환경(자연 대 양육), (2) 발달의 연속성 대 비연속성, (3) 발달의 보편성 대 다양성에 관한 논쟁이 있다. 유전–환경 논쟁은 발달의 결정요인이 개인 내부(유전자)에 존재하는 가 아니면 개인 외부(환경)에 존재하는가에 관한 논쟁이다. 발달의 연속성 대 비연속성 논쟁은 시간 경과에 따른 발달적 변화가 점진적이고 연속적인 과정인가 아니면 급격하고 비연속적인 과정인가에 관한 논쟁이다. 마지막으로 발달의 보편성 대 다양성 논쟁은 발달적 변화가 모든 사람들에게 공통성 이 있는가 아니면 사람에 따라 차이가 있는가에 관한 논쟁이다.

⑤ 발달과업은 특정 발달단계에서 반드시 성취해야 할 과업을 말한다. 발달과업은 교육의 적정시점을 결정하고, 교육목표를 설정하는 데 도움을 준다.

⑥ 자연성숙론은 유전론에 입각하여 아동이 스스로 준비도를 갖출 때까지 내버려 두어야 한다는 소극 적 교육론이다. 이에 반해 환경경험론은 환경론에 근거하여 적절한 교육을 통해 준비도를 형성시켜 야 한다는 적극적 교육론이다.

⑦ Piaget의 발생적 인식론은 지식의 발달을 탐구하는 이론이다. Piaget는 지능을 환경에 적응하는 능 력으로 보고, 아동이 지식을 능동적으로 구성하는 존재라는 사실을 강조한다. 또 아동의 사고는 성 인의 사고와 질적으로 다르다고 본다.

⑧ 도식 혹은 인지구조는 행동 혹은 사고의 조직을 의미한다. 인지발달은 도식이나 인지구조가 질적으 로 정교화하는 과정이다.

⑨ Piaget에 따르면 유기체는 조직과 적응이란 두 가지 경향성을 선천적으로 타고난다(불변기능). 조직 은 행동과 사고를 일관성 있는 체제로 결합하는 과정이고, 적응은 자신이나 환경을 수정하고 조정하 는 경향성이다. 적응은 외부 요소를 기존 구조로 통합하거나(동화) 기존 구조를 수정하는 과정(조절) 을 통해 달성된다.

⑩ Piaget는 평형화를 발달의 원동력으로 가정한다. 평형화는 인지적 평형을 회복하려는 과정이다. 인 지적 불평형은 인지적 평형을 회복하기 위한 동력을 제공한다. 인지적 불평형을 해소하는 과정에서 더 정교한 인지구조가 출현하게 되는데, 그것이 곧 인지발달이다.

⑪ Piaget의 이론에 따르면 인지발달은 단계별로 이루어지며 단계는 사고의 질적인 차이를 나타낸다. 인지발달단계는 감각운동단계, 전조작단계, 구체적 조작단계, 형식적 조작단계로 구분된다.

⑫ 감각운동단계는 감각이나 동작을 통해 세계를 이해하므로 진정한 의미의 사고능력이 없다. 이 단계의 말기에 사물이 눈에 보이지 않더라도 존재한다는 것을 인식할 수 있는 대상영속성 개념을 획득한다.

⑬ 전조작단계는 사고가 가능하나, 사고의 체계성과 논리성이 부족하다. 전조작단계는 전개념적 단계와 직관적 사고단계로 구분된다. 전개념적 단계에서는 언어와 상징이 급속도로 발달하지만 비논리적인 개념을 주로 사용한다. 변환적 추리(특수사례에서 특수사례로 진행되는 추리형태), 물활론(생명이 없 는 대상에 생명의 속성을 부여하는 비논리적 사고), 실재론(정신현상을 물리적인 현상으로 가정하는

사고), 인공론(모든 것을 사람이 만들었다고 생각하는 경향)이 전개념적 사고의 주된 특징이다. 직관적 사고단계는 사물의 지각적 속성에 구속되어 있어(중심화), 사고의 논리성과 체계성이 부족하다. 그래서 다른 사람의 견해를 고려하지 못하고(자아중심성), 언어적으로 자아중심적 언어를 사용하며 집단독백을 한다. 이러한 사고능력의 한계로 인해 이 단계에서는 보존개념(사물의 외형적인 변화에도 불구하고 사물이 동일하다는 인식)을 획득하지 못한다.

⑭ 구체적 조작단계는 논리적이고 체계적인 사고를 할 수 있으나, 사고가 구체적인 대상에 한정된다. 이 단계는 탈중심화(사물의 여러 측면들을 동시에 고려할 수 있는 능력)되어 가역적 사고를 할 수 있으며, 그 결과 여러 형태의 보존개념들을 획득한다. 또 사물을 여러 기준에 따라 분류할 수 있고(중다분류), 서열을 매길 수 있다(중다서열).

⑮ 형식적 조작단계는 추상적인 사상(事象)을 논리적으로 다룰 수 있다. 그 결과 추상적 사고, 가설연역적 사고(문제를 해결하기 위해 가설을 설정하고 그 가설을 검증하는 과정을 통해 결론을 도출하는 사고), 조합적 사고(문제를 해결할 수 있는 모든 가능성을 체계적으로 고려하는 사고)가 가능하다.

⑯ Piaget 이론을 교육에 적용하자면 (1) 교육목표를 논리적 사고능력 개발에 두고, (2) 교육과정을 적절하게 계열화하고 학습과제를 인지구조에 관련지어야 하며, (3) 지식을 구성할 수 있도록 능동적인 활동기회를 충분히 부여하고, (4) 인지갈등을 유발하여 발달에 대한 동기를 제공하며, (5) 또래와 상호작용을 통해 인지갈등을 경험하고 자아중심성을 극복하도록 해야 한다.

⑰ Piaget 이론은 (1) 인지발달이 비연속적 과정이 아니고, (2) 인지발달의 보편성이 없으며, (3) 아동의 인지능력을 과소평가하고 성인의 인지능력을 과대평가했고, (4) 인지발달에 관한 설명이 모호하며, (5) 교과지식의 발달과 개인차를 고려하지 못했다는 비판을 받고 있다.

⑱ Vygotsky는 문화 및 사회가 큰 영향을 준다는 점을 강조하고, 유능한 사람과의 상호작용을 발달의 결정요인으로 간주한다. 그는 내면화와 언어가 발달 및 학습에서 핵심역할을 하며, 학습을 통해 발달을 촉진할 수 있다는 견해를 갖고 있다.

⑲ 근접발달영역은 실제적 발달수준과 잠재적 발달수준 간의 격차를 말한다. 근접발달영역은 발달이 가장 활발하게 일어나는 잠재력의 영역이므로 교수-학습은 이 영역에 집중되어야 한다.

⑳ 발판화(비계설정)는 근접발달영역을 감안해서 혼자 학습하기 어려운 지식이나 기능을 학습하도록 도와주기 위한 방법을 뜻한다.

㉑ 역동적 평가는 Vygotsky 이론에 근거하여 학습잠재력을 확인하기 위한 평가를 말한다. 역동적 평가는 실제적 발달수준을 평가하는 고정적 평가와 대비된다.

도덕발달과 성격발달

┌ 탐구문제 ┐

1. Piaget의 도덕발달이론의 발달단계를 요약하시오.

2. Kohlberg 도덕발달이론의 기본견해를 요약하시오.

3. Kohlberg의 이론에서 발달단계별 도덕적 판단의 특징을 기술하시오.

4. Kohlberg 이론의 교육적 시사점을 제시하시오.

5. Gilligan의 도덕발달이론을 요약하시오.

6. Freud 정신분석이론의 기본견해를 요약하시오.

7. Freud 정신분석이론에서 원욕, 자아, 초자아의 역할을 비교하시오.

8. Freud의 심리성적 발달단계를 요약하시오.

9. Freud의 이론과 Erikson 이론의 공통점과 차이점을 지적하시오.

10. Erikson 심리사회 발달이론의 기본견해를 요약하고, 교육적 시사점을 제시하시오.

11. Erikson의 심리사회 발달단계를 약술하시오.

12. 정체성을 정의하고, 정체성 위기를 극복하기 위한 방안에 관해 논하시오.

13. Marcia의 정체성 지위 이론에서 네 가지 정체성 지위를 구분하시오.

14. Bronfenbrenner의 생물생태학 모형을 요약하시오.

2장에서는 대표적인 인지발달이론인 Piaget의 이론과 Vygotsky의 이론을 살펴보았다. 이상에서는 발달의 또 다른 영역인 도덕발달과 성격발달에 관한 이론을 살펴본 다음, 생태학적 접근을 소개한다.

1. Kohlberg의 도덕발달이론

도덕성(道德性, morality)의 세 측면은 도덕적 행동, 도덕적 행동의 동기, 도덕적 판단이다. 도덕성을 탐구한 이론은 각기 도덕성의 상이한 측면에 주안점을 두고 있다. Bandura의 사회인지이론(6장 참조)은 도덕적 행동에 주안점을 두고 도덕적 행동을 학습하는 과정을 모델링(modeling: 모델의 관찰을 통해 행동, 인지, 정의가 변화되는 과정)에 비추어 설명한다. Freud의 정신분석이론('2. Freud의 심리성적 발달이론' 참조)은 도덕적 행동의 동기를 분석하는 데 주안점을 둔다. 정신분석이론에 따르면 도덕적 행동과 판단은 초자아(superego)에 의해 결정된다. 이 절에서 다루는 인지발달이론은 도덕적 판단에 주안점을 두는 관점이다.

인지발달이론은 도덕발달에 관한 대표적인 이론이다. 인지발달이론은 도덕발달을 인지발달의 한 양상으로 파악한다. 따라서 이 이론은 도덕을 도덕적인 상황에서 옳고 그름을 판단할 수 있는 능력으로 정의한다.

도덕에 관한 인지발달이론은 Piaget가 처음 제안했다. 도덕적 규칙에 관한 인식과 해석이 연령에 따라 다르다는 사실에 착안한 Piaget는 면접과 관찰 결과를 토대로 도덕발달단계를 다음과 같이 3단계로 구분했다.

① 전도덕적 혹은 전인습적 단계(pre-moral stage: 2~4세경): 규칙을 인식하지 못하고, 규칙을 지켜야 한다는 의식이 전혀 없는 단계.

② 타율적 도덕성(heteronomous morality: 4~8세경): 규칙이나 질서가 있다는 것을 인식하고 지키려고 하지만, 규칙이나 질서를 절대적인 것으로 간주하는 도덕적 실재론(道德的 實在論, moral realism)의 단계. 이 단계는 행위의 결과를 중심으로 선악을 판단한다.

③ 자율적 도덕성(autonomous morality: 8~12세경): 규칙이나 질서는 임의로 정한 약속이므로 사회적으로 합의하면 바꿀 수 있다는 것을 인식하는 도덕적 상대주의(道德的 相對主義, moral relativism)의 단계. 이 단계에서는 행위의 결과보다는 상황이나 의도와 동기를 기준으로 하여 선악을 판단한다.

Lawrence Kohlberg(1927~1987)는 Piaget의 도덕발달이론을 확대·발전시킨 도덕발달이론을 제시했다. 뉴욕에서 출생하고 성장한 Kohlberg는 명문 사립고등학교 졸업 후 대학에 진학하지 않고, 이스라엘 건국을 돕기 위해 난민을 유럽에서 이스라엘로 수송하는 항공기 부조종사로 봉사한 특이한 이력을 갖고 있는 인물이다. 이러한 경험이 그의 도덕발달이론의 토대가 되었다고 한다. 시카고 대학교 대학원 재학 당시 Piaget의 도덕발달이론의 영향을 받은 Kohlberg는 도덕발달 연구에 몰두했으며 그 결과를 박사학위논문에서 발표했다. Kohlberg는 열대병과 도덕적 이상과 현실 사이의 괴리로 인한 우울증에 시달렸으며 59세에 자살로 생을 마감한 것으로 알려져 있다.

Kohlberg는 아동에 주안점을 둔 Piaget의 도덕발달이론을 성인에 이르기까지 확대하여 3수준 6단계의 이론으로 심화·발전시켰다. 그는 10~16세 사이의 소년들을 대상으로 가상적인 도덕적 갈등상황(道德的 葛藤狀況, moral dilemma)을 제시한 다음 갈등상황에 대한 도덕적 판단을 근거로 하여 도덕발달단계를 설정했다.

딜레마란 말 그대로 이러지도 못하고 저러지도 못하는 진퇴양난의 상황을 말한다. 〈글상자 3-1〉은 Kohlberg가 사용한 가상적인 도덕적 딜레마 중 하나를 예시한 것이다. 도덕적 갈등상황에서는 정답이 없다. 그러므로 어떤 사람이 어느 도덕발달단계에 속하는가를 판단하려면 도덕적 갈등상황에서 '예' 또는 '아니요'와 같이 단순한 대답이 아니라, 어떤 선택을 하도록 한 다음 자신의 선택을 어떤 근거에 따라 정당화하고 있는가를 분석해야 한다. 이 딜레마에서 하인츠가 약을 훔쳐야 한다고 대답하는 경우에도 도덕수준에 따라 약을 훔쳐야 한다고 주장하는 근거는 매우 다를 수 있다. 예컨대, 남편을 보살펴 주는 아내의 생명을 구하기 위해 약을 훔쳐야 한다고 할 수도 있고, 아내의 생명을 구하는 것은 남편의 의무이므로 약을 훔쳐야 한다고 할 수도 있으며, 지고(至高)의 가치를 갖고 있는 생명을 구하기 위해 약을 훔쳐

글상자 3-1

하인츠(Heinz) 딜레마

유럽의 한 마을에 살고 있는 하인츠라는 남성의 부인이 암으로 죽어 가고 있었다. 의사들은 같은 마을에 살고 있는 약사가 조제한 약을 먹으면 부인은 살 수 있다고 하였다. 그런데 그 약은 원가(200달러)도 비쌌지만 약사는 약값으로 2,000달러를 요구했다. 가난한 남편 하인츠는 백방으로 노력했으나 1,000달러밖에 구하지 못했다. 하는 수 없이 그는 약사를 찾아가 약을 싸게 팔든가 아니면 외상으로 달라고 사정했지만 약사는 일언지하에 거절했다. 그날 밤 하인츠는 약국에 침입하여 그 약을 훔쳤다.

야 한다고 할 수도 있다. 이 세 경우는 자신의 선택을 정당화하기 위한 도덕적 사고의 구조가 크게 다르다. Kohlberg는 도덕적 딜레마 상황에서 사람들이 어떤 선택을 한 다음 그 선택을 어떤 논리에 근거하여 정당화하는가를 분석하여 다음에 제시된 도덕발달단계를 구성했다.

1) Kohlberg 이론의 기본견해

세계 각국의 도덕교육에 지대한 영향을 미친 Kohlberg 도덕발달이론의 기본견해를 요약하면 다음과 같다.

첫째, 도덕이란 도덕적 판단(혹은 도덕적 추리)의 구조를 의미한다. 도덕적 판단은 도덕적 행동과 확연히 구분된다는 점에 유의해야 한다. 즉, 도덕적 판단이란 딜레마 상황에서 자신이 선택한 행동에 관한 추리와 사고를 말하지만, 도덕적 행동은 자신이 선택한 구체적인 행동(약을 훔치거나 훔치지 않는 행동)을 말한다. 도덕적 판단은 (1) 도덕적 상황에서 무엇이 가치가 있고(즉, 가치를 어떻게 정의하고), (2) 그것이 왜 가치가 있는가를 규정한다.

둘째, 도덕적 판단은 도덕적 행위를 결정하는 가장 중요한 요인이다. 이는 도덕적 판단수준이 높을수록 더 높은 수준에서 도덕적 행위를 할 개연성이 높다는 것을 뜻한다.

셋째, 도덕발달의 주요 기제는 인지갈등이다. 이 점에서 Kohlberg의 이론은 도덕발달의 기제를 모델링(modeling)으로 가정하는 Bandura의 사회인지이론이나 동일시(identification)를 통해 도덕발달이 이루어진다고 보는 Freud의 이론과 견해를 달리한다.

넷째, 도덕발달에는 인지발달이 필수적이다. 인지발달수준은 도달할 수 있는 도덕적 발달수준을 한정한다. 구체적 조작단계에서 가능한 도덕발달은 전인습수준에 한정되고, 부분적인 형식적 조작단계에서 가능한 도덕발달은 인습수준에 한정된다. 그러나 인지발달은 도덕발달의 필요요건이지 충분조건은 아니다. 따라서 대부분의 사람들은 도덕발달수준보다 인지발달수준이 더 높다. 그래서 성인의 50% 정도가 형식적 조작을 할 수 있지만, 후인습적 수준에 도달한 성인은 10% 정도에 불과하다.

2) Kohlberg 이론의 도덕발달단계

Kohlberg에 따르면 도덕은 단계별로 발달하며, 모든 사람들은 동일한 순서로 도덕발달단계를 통과한다. 또 도덕발달은 연속적이고 점진적인 과정이 아니라 비연속적이고 도약적인 과정이다. 그러므로 일단 어떤 발달단계에 도달하면 그 단계의 사고를 지속하며 좀처럼 하위단계로 퇴행(退行, regression)하지 않는다.

도덕발달단계는 질적으로 상이한 3수준 6단계로 구분된다. 도덕발달단계에 따라 도덕적 판단과 사고가 질적으로 다르고, 상위단계는 하위단계보다 더 높은 수준에서 도덕적 판단을 한다는 점에 유의하기 바란다. 도덕발달단계를 구체적으로 살펴보면 다음과 같다.

| 표 3-1 | **도덕판단의 수준 및 특징**

수준	단계	도덕판단의 특징
전인습수준	단계 1: 처벌회피 및 복종지향	행위에 수반되는 결과를 기준으로 도덕판단을 한다. 권위적인 인물이 결정한 규칙에 복종하지만, 처벌하지 않으면 복종하지 않는다. 나쁜 행동은 처벌받는 행동이다.
	단계 2: 상대적 쾌락주의	자신 및 다른 사람의 욕구충족 여부를 기준으로 도덕판단을 한다. 자기 욕구가 충족되면 다른 사람의 욕구를 충족시키려고 한다.
인습수준	단계 3: 대인관계 조화를 위한 도덕성	다른 사람을 기쁘게 하거나 다른 사람의 인정을 받는 행위를 도덕적이라고 판단한다. 공유, 신뢰, 충성을 통해 대인관계를 유지하는 데 관심을 갖는다.
	단계 4: 사회질서 및 권위 유지	법이나 규칙의 준수 여부를 기준으로 옳고 그름을 판단한다. 규칙이나 법은 고칠 수 없으며, 그것을 지키는 것이 의무라고 생각한다.
후인습수준	단계 5: 사회계약으로서의 도덕성	개인의 권리를 존중하고 사회가 합의한 규칙을 지키는 행동이 도덕적이라고 생각한다. 법은 고정된 것이 아니라 사람들이 합의해서 만든 것이므로 법이 사회의 요구를 충족시키지 못할 경우 고칠 수 있다는 사실을 인식한다.
	단계 6: 보편적 원리에 의한 도덕성	추상적이고 보편적인 원리에 근거하여 옳고 그름을 판단한다.

(1) 전인습수준

전인습수준(前因習水準, preconventional level)은 도덕적 행위가 자신에게 미치는 결과(보상 또는 처벌)를 기준으로 도덕판단을 하는 자아중심적인 특징을 지닌다. 전인습수준이라고 하는 것은 사회의 인습이나 규칙을 정확하게 이해하지 못하기 때문이다. 10대 청소년의 약 15~20%가 전인습수준에 해당된다. 전인습수준의 하위단계는 다음과 같다.

• 제1단계-처벌회피 및 복종지향: 행위에 수반되는 결과를 기준으로 옳고 그름을 판단한

다. 그러므로 이 단계에서는 처벌을 피할 수 있거나 힘을 가진 사람에게 무조건 복종하는 것이 도덕적이라고 판단한다. 즉, 처벌받지 않으면 옳고, 처벌을 받으면 나쁘다고 생각한다. 들키지 않고 부정행위를 하는 것은 정당하다고 생각하는 학생은 이 단계에서 도덕적 판단을 하고 있다.

- 제2단계-상대적 쾌락주의: 자신이나 타인의 욕구충족 여부를 기준으로 도덕판단을 한다. 즉, 자신이나 타인의 욕구를 충족시켜 주는 행위를 도덕적이라고 생각한다. 이 단계에서는 상대주의 관점에 따라 옳고 그름을 판단하므로 도구적-상대주의 단계(instrumental-relativist stage)라고 한다. 하인츠 딜레마에서 이 단계에 해당하는 사람은 하인츠 입장에서는 약을 훔치는 것이 정당하나, 약제사 입장에서는 약을 훔치는 것이 그르다고 답을 한다. 이 단계에서는 다른 사람에게 부분적으로 관심을 갖는데, 그 이유는 자신에게 유리한 결과를 되돌려 받기 위함이다. 즉, 이 단계는 '네가 나에게 무엇을 주면, 나도 너에게 무엇을 준다.'는 시장원리를 갖고 있다.

(2) 인습수준

인습수준(因習水準, conventional level)에서는 자아중심성이 감소하고 타인의 관점에서 세상을 조망하는 능력이 발달함에 따라 다른 사람의 판단과 의견을 고려하는 도덕적 판단이 가능하다. 그 결과 충성, 다른 사람의 인정, 가족의 기대, 법률 준수, 사회질서 유지 등에 가치를 부여한다. 인습수준이라고 하는 것은 사회의 인습이나 규칙에 동조하기 때문이다. 대부분의 사람들은 이 수준에서 도덕판단을 하는 것으로 알려져 있다. 인습수준의 하위단계는 다음과 같다.

- 제3단계-대인관계 조화를 위한 도덕성: 다른 사람을 도와주고 기쁘게 하는 행위나 다른 사람의 인정을 받는 행위를 옳은 행위라고 생각한다. 이 단계에서는 충성심과 다른 사람의 기대에 부응하는 것을 중시한다는 점에서 착한 소년-소녀지향(good boy-nice girl orientation)이라고 부르기도 한다. 부모를 걱정시키지 않기 위해 귀가시간을 지키는 자녀는 이 단계에서 추리한다.
- 제4단계-사회질서 및 권위 유지: 법이나 질서와 일치 여부를 기준으로 도덕판단을 한다. 따라서 의무를 다하고 권위를 존중하며 사회질서를 유지하는 행동을 도덕적이라고 생각한다. 이 단계에서 법을 지키는 것은 처벌을 피하기 위한 것이 아니라, 법이 사회질서를 유지하는 데 기여하기 때문이다.

(3) 후인습수준

후인습수준(後因習水準, post-conventional level)은 추상적이고 일반적인 원리에 비추어 도덕판단을 하는 수준이다. 후인습수준은 사회인습의 기저를 이루고 있는 도덕적 원리를 이해한다는 것을 뜻한다. 그러므로 이 수준의 도덕판단에는 형식적 조작능력이 필요하다. 후인습수준의 하위단계는 다음과 같다.

- 제5단계-사회계약으로서의 도덕성: 개인의 권리를 존중하고 사회 전체가 인정하는 기준을 지키는 행동이 도덕적이라고 생각한다. 이 단계에서는 사회적 합의를 기준으로 도덕판단을 하고, 공리주의적이고 융통성 있는 법의 개념을 갖고 있다. 따라서 이 단계에서는 법을 고정불변의 것이 아니라 유동적인 것으로 생각하고, 법이란 개인의 자유를 규제하기 위한 것이 아니라 자유를 극대화하기 위해 공동체가 합의한 것이므로 법이 사람들의 요구를 충족시키지 못할 경우 상호합의와 민주적인 절차를 통해 변경할 수 있다고 생각한다.

- 제6단계-보편적 원리에 의한 도덕성: 스스로 선택한 도덕적 원리에 기반한 양심에 따라 선악을 판단한다. 여기서 도덕적 원리란 십계(Ten Commandments)와 같은 구체적인 도덕적 규범이나 덕목(德目)이 아니라, 추상적이고 보편적인 원리(정의, 평등, 인간의 존엄성 등)를 의미한다. 보편적인 원리는 황금률(黃金律, the Golden Rule: '무엇이든지 남에게 대접을 받고자 하는 대로 너희도 남을 대접하라.')이나 Kant의 정언명령(定言命令, the categorical imperative: 무조건적이고 절대적인 도덕적 명령, '네 의지의 준칙이 항상 보편적 입법의 원리로 타당하도록 행위하라.')과 같은 것이다. 단, 이 단계의 도덕적 판단은 극히 개인적이어서 구성원 대부분이 수용하고 있는 사회적 질서와 상치될 수도 있다.

3) Kohlberg 이론의 교육적 적용

Kohlberg의 도덕발달이론은 세계 각국의 도덕교육의 방향과 내용을 결정하는 이론적 근거를 제공했으며, 특히 소집단 토론수업은 도덕교육을 획기적으로 변모시켰다는 평가를 받고 있다. Kohlberg 도덕발달이론의 교육적 시사점은 다음과 같다.

① 교육목표: 도덕교육의 목표는 추상적인 도덕판단 및 추리 능력을 발달시키는 데 있다. 이러한 목표는 구체적인 덕목(德目)을 교화(敎化, indoctrination) 혹은 주입(注入)하는 교육과 전혀 다르다.

② 교육내용: 도덕발달을 유도하려면 현재의 도덕적 판단수준으로는 해결할 수 없는 도덕적 갈등상황을 제시하여 인지갈등을 유발해야 한다. 도덕적 갈등상황을 예시하면 다음과 같다.

- 베트남 전쟁 당시 미국에서는 참전을 피하기 위해 캐나다로 도망친 청년들이 많았다고 한다. 그것이 정당한가?
- 암 치료제 개발과정에서 실험용 쥐로 임상실험을 하는 것은 정당한가?
- 민주주의를 수호하기 위한 시위과정에서 폭력을 행사하는 행위는 정당한가?

③ 교육방법: 도덕교육의 방법으로는 도덕적 갈등상황에 대한 토론이 효과적이다. 토론과정에서는 자신의 도덕적 판단을 점검하고 친구들의 도덕적 판단과 비교할 수 있다. 토론과정에서 상위수준의 도덕적 판단에 노출되면, 다른 학생들의 판단을 비교하여 자신의 도덕적 판단을 재평가하게 된다. 도덕적 딜레마에 대한 효과적인 토론을 촉진하는 지침은 다음과 같다.

- 구체적인 도덕적 갈등을 제시하고 그 갈등을 해결하는 다양한 방식을 강조한다.
- 다른 사람의 역할과 관점을 포함하여 딜레마의 모든 측면을 고려하도록 한다.
- 도덕적 딜레마 상황에서 어떤 선택을 한 후, 그 선택을 정당화하도록 요구한다.
- 각 선택에 관한 찬성입장과 반대입장을 허심탄회하게 토론하여 다양한 사고(행동)방식을 분석하도록 한다.
- 각자의 의견을 허심탄회하게 개진할 수 있는 분위기를 형성한다.

4) Kohlberg 이론에 대한 비판

첫째, 도덕적 판단수준이 높으면 도덕적으로 행동할 개연성이 높다고 가정하고 있으나, 도덕적 판단수준이 높다고 해서 반드시 도덕적으로 행동하는 것은 아니다. 도덕적 행동은 상황요인이나 성격요인의 영향도 받는다. 실제 도덕적 판단과 도덕적 행동이 일치하지 않는 경우는 어렵지 않게 목도할 수 있다. 도덕적 판단수준이 높은 사람은 비도덕적인 행동을 한 후 합리화를 하는 데 능하다고 한다.

둘째, 후인습수준의 도덕발달단계는 개인의 존엄성을 중시하는 서구의 가치를 반영하고 있어 문화적으로 편향되어 있다. 충효(忠孝)를 가장 중요한 가치로 간주하는 중국 성인남성 대부분이 도덕적 딜레마에서 1단계 반응(처벌회피 및 복종지향)을 했다는 연구결과(Walker et al., 1995)는 Kohlberg의 도덕발달단계가 모든 문화권에 적용되지 않는다는 것을 시사한다.

셋째, 도덕발달단계가 질적으로 다르다는 주장과 달리, 도덕발달단계가 질적인 측면에서 뚜렷하게 구분되지 않는다는 지적이 있다.

넷째, 도덕발달의 퇴행(退行, regression: 선행발달단계로 후퇴하는 현상)은 도덕발달이론의 타당성에 관해 근본적인 의문을 제기한다. 대학생 시기에 4단계에서 5단계로 진보하기는 커녕 2단계로 퇴행하는 현상은 도덕발달이론의 타당성을 의심케 한다.

다섯째, 연구대상 중 10%만이 5단계에 도달했고 6단계에 도달한 사람들은 거의 없었다는 연구결과는 후인습적 도덕성이 도덕발달의 이상적인 방향을 제시하고 있을 뿐 실제적인 지침으로는 적합하지 않다는 것을 시사한다.

여섯째, 남성의 도덕발달은 적절하게 설명할 수 있으나 여성의 도덕발달은 제대로 설명하지 못한다는 비판이다('5) Gilligan의 도덕발달이론' 참조).

5) Gilligan의 도덕발달이론

Kohlberg의 도덕발달이론은 여성의 도덕성을 제대로 설명하지 못하고, 심지어 여성의 도덕성을 왜곡했다는 비판을 받고 있다. 연구에 따르면 여학생들은 남학생들보다 3단계(대인관계 조화를 위한 도덕성)에 늦게 도달하며, 남학생들이 4단계(사회질서 및 권위 유지)에 도달한 후에도 3단계에 머물러 있다고 한다. 이러한 도덕발달의 성차는 주로 남학생들이 법, 질서, 정의와 같이 추상적인 것에 큰 관심을 갖고 있는 반면, 여학생들은 사회관계에 민감하고 공감에 관심이 많으며 현실지향적이고 추상적 원리에 관심이 적은 데서 기인하는 것으로 해석되고 있다.

Gilligan(1982)은 공정성과 정의와 같은 추상적인 원리를 강조한 Kohlberg 이론이 도덕의 또 다른 측면인 동정(compassion)과 배려(caring)를 간과했다고 지적했다. 그녀에 따르면 동정과 배려는 여성의 도덕성을 규정짓는 핵심특징이다. 그녀는 여성이 대인관계와 다른 사람의 복지를 중시하도록 사회화된다고 주장한다. 일반적으로 여성은 남성보다 다른 사람의 감정을 이해하는 공감능력(共感能力, empathy)이 더 높다. 또 남성은 경쟁지향적이지만, 여성은 협력지향적이다.

Gilligan은 실제 도덕적 딜레마 상황인 낙태 여부에 관해 갈등하고 있는 29명의 임신여성들을 면접한 결과를 토대로 여성의 도덕발달단계를 3단계로 구분했다(Kohlberg는 가상적인 도덕적 딜레마 상황을 이용했다.). 그녀에 따르면 여성의 도덕은 (1) 이기적 단계, (2) 다른 사람에 대한 책임을 인식하는 단계, (3) 자기와 다른 사람을 평등하게 다루는 단계로 발달한다.

　요컨대, 남성의 도덕발달은 Kohlberg에 따르면 보편적인 도덕원리를 지향하지만, 여성의 도덕발달은 Gilligan에 따르면 자기와 다른 사람에 관한 공정성과 평등을 지향한다. 이러한 점에서 Gilligan의 도덕이론은 추상적 정의의 도덕이론이 아니라 배려(配慮, caring)의 도덕이론이라고 불린다.

2. Freud의 심리성적 발달이론

　정신분석학(精神分析學, psychoanalysis)은 1900년대 오스트리아와 스위스를 중심으로 Freud와 그의 제자들이 제창한 학파를 가리킨다. 정신분석학은 인간 행동이 대부분 무의식의 지배를 받는다고 가정하고 무의식의 본질과 영향을 규명하는 데 주안점을 둔다.

　정신분석학은 심리적 결정론(心理的 決定論, psychological determinism: 모든 행동·사고·감정에는 반드시 원인이 존재한다는 견해)을 견지한다. 그 원인은 바로 무의식이다. 심지어 무심코 범하는 사소한 실수도 우연적인 것이 아니라 무의식이 표출된 것이다.

　정신분석학은 교육과 직접적인 관련성이 적지만, 인간 본성을 이해하는 데 큰 도움을 주었다. 이 절에서는 정신분석학의 기본개념과 심리성적 발달단계를 소개한다.

1) 정신의 구조

　Freud에 따르면 인간의 정신은 의식, 전의식, 무의식으로 구성된다. 의식(意識, conscious)은 현재 알고 있는 사고, 감정, 지각으로 구성된다. 컴퓨터에 비유하면 화면에 떠오른 내용이 의식이다. 그런데 의식은 정신의 일부분에 불과하다. 전의식(前意識, preconscious)은 현재 알 수 없으나 원할 때 쉽게 의식화할 수 있는 기억, 사고, 꿈으로 구성된다. 대한민국의 현직 대통령 이름이나 고등학교 친구 이름은 현재 알 수 없지만 쉽게 인출하여 알 수 있으므로 전의식에 해당된다. 컴퓨터에 비유하면 전의식은 필요할 때 불러올 수 있는 파일이다. 무의식(無意識, unconscious)은 특별한 상황(예컨대, 꿈)에서만 알 수 있으나 의식적으로 노력해도 전혀 알 수 없는 부분이다. 무의식은 사용자가 전혀 알 수 없으나 컴퓨터를 작동시키는 기능을 하는 숨겨진 파일에 비유할 수 있다. 무의식을 알 수 없는 것은 무의식이 불안을 유발하기 때문이다. 정신분석학에 따르면 사람들은 불안으로부터 자신을 보호하기 위해 불안을

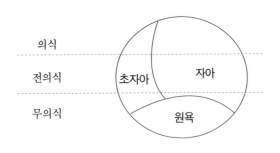

[그림 3-1] 성격의 구조와 의식수준의 관계

유발하는 무의식을 억압한다.

무의식은 정신의 가장 큰 부분을 차지한다. 빙산에 비유하면 물 위에 보이는 작은 부분은 의식이고, 물속에 감추어져 있는 거대한 부분이 무의식이다. 그래서 의식을 빙산의 일각이라고 한다. 수면 바로 아래 보이는 부분은 전의식이다.

[그림 3-1]은 성격의 구조와 의식수준의 관계를 나타내고 있다. 인식의 최상위 수준은 의식, 중간 수준은 전의식, 최하위 수준은 무의식이다. 무의식은 전혀 알 수 없지만 모든 행동과 사고를 지배한다. 따라서 정신분석학에 따르면 자유의지에 따라 의식적으로 어떤 행동을 했다고 생각하는 것은 착각이다. 모든 의식과 행동이 무의식에 의해 결정된다고 주장하는 정신분석학은 자유의지 자체를 인정하지 않는다.

2) 성격의 구조

Freud에 따르면 성격은 원욕, 자아, 초자아로 구성된다.

(1) 원욕: 본능적 충동

원욕(原欲, id) 혹은 원초아(原初我)는 성욕 및 공격성과 같은 본능적 충동을 말한다. 원욕은 선천적으로 존재하며, 완전히 무의식에서 작동한다. 정신에너지의 원천인 원욕은 자아와 초자아가 작동하는 데 필요한 에너지를 제공한다. 쾌락원리(快樂原理, pleasure principle)에 따라 작동하는 원욕은 무조건 욕구를 즉각 충족시키려고 하며, 욕구충족을 유보할 줄 모른다. 원욕은 이성이나 논리를 따르지 않으며, 도덕적 관념이 전혀 없다.

(2) 자아: 성격의 현실적이고 합리적인 부분

자아(自我, ego)는 성격의 현실적이고 합리적인 부분이다. 자아는 현실적인 방법으로 원욕의 충동을 충족시킨다. 2~3세경 발달하는 자아는 현실원리에 따라 작동한다. 현실원리(現實原理, reality principle)는 본능을 충족시킬 수 있는 대상이 나타날 때까지 욕구충족을 유보하여 개체의 안전을 보전하려는 원리를 가리킨다. 자아는 원욕의 충동이 현실과 갈등을 일으킬 수도 있다는 것을 이해한다. 자아가 발달한 아동은 원하는 것을 무조건 충족시키려고 하지 않는다. 아동은 그러한 행동이 문제를 일으킬 수 있다는 것을 알고 적절한 상황이 될 때까지 원욕의 충동을 유보하거나 다른 방식으로 표출한다.

(3) 초자아: 성격의 도덕적인 수호자

초자아(超自我, superego)는 성격의 도덕적인 부분으로 사회의 가치·도덕·이상을 내면화시킨 소위 도덕적 수호자요, 도덕적 검열관이다. 초자아는 5세 무렵 부모의 가치를 내면화(동일시)하는 과정을 통해 발달한다.

초자아는 '나쁜 짓'을 할 때 죄책감, 수치심, 당혹감을 경험하도록 하는 양심(良心, conscience)과 '옳은 일'을 할 때 자부심과 긍지를 경험하도록 하는 자아이상(自我理想, ego-ideal)으로 구성된다. 도덕적 표준과 이상을 대표하는 초자아는 옳고 그름을 판단하는 기준이므로 자아로 하여금 원욕의 충동을 사회적으로 바람직한 방식으로 충족시키도록 요구한다.

원욕과 마찬가지로 초자아도 현실에 구속되지 않는다. 초자아는 완벽하고 비현실적인 도덕적 표준을 대표한다. 초자아의 도덕적 표준은 사람에 따라 차이가 있다. 도덕적 표준이 낮은 사람은 나쁜 짓을 해도 죄책감을 전혀 경험하지 않는다. 반면 완벽을 추구하는 초자아로 인해 높은 도덕적 표준을 갖고 있는 사람은 사소한 잘못에도 심한 죄책감을 경험한다. 도덕적 표준이 높으면 충족시키기가 쉽지 않기 때문이다.

(4) 원욕, 자아, 초자아의 상호작용

원욕은 출생 시부터 존재한다. 자아는 환경과 상호작용을 통해 원욕의 욕구를 충족시키려고 노력하는 과정에서 발달한다. 마지막으로 사회의 가치와 규범을 내면화시킨 초자아가 발달한다.

원욕, 자아, 초자아는 끊임없는 상호작용을 한다. 그런데 이 세 부분은 추구하는 목표가 다르므로 내적 갈등을 유발한다. 원욕은 본능적인 충동을 무조건 충족시키도록 요구한다. 자아는 원욕의 충동을 현실적으로 충족시킬 수 있을 때까지 충동을 제약한다. 초자아는 원욕의 충동을 도덕적으로 충족시키도록 요구한다.

자아는 외부 현실과 원욕과 초자아의 상반된 요구를 고려하여 균형을 유지해야 한다. 즉, 자아는 원욕과 초자아의 틈바구니에서 외부 현실을 감안해서 원욕의 충동과 초자아의 도덕적 표준을 충족시켜야 한다. Freud에 따르면 건강한 성격이란 자아가 초자아의 도덕적 표준을 위반하지 않은 상태에서 원욕의 충동을 충족시키는 것이다. 자아가 이 역할을 제대로 수행하지 못하면 불안을 경험하게 되고, 심리적 문제가 발생한다. 불안이란 마음이 불편한 상태로, 자아가 외부 현실, 원욕의 충동, 초자아의 통제로부터 위협을 받고 있다는 신호가 된다. 균형 잡힌 마음은 불안이 없는 상태로, 강력한 자아에 의해 달성된다. 반면 원욕과 초자아의 상반된 힘이 자아를 압도하면 불안이 유발된다.

3) 심리성적 발달단계

Freud에 따르면 모든 사람들은 동일한 성격발달단계를 같은 순서로 통과한다. 성격발달의 각 단계는 갈등을 포함하는데, 각 발달단계에서 갈등을 해결하는 방식에 따라 성격이 결정된다. 특히, 성격발달은 아동기에 결정되므로 '아이는 어른의 아버지(the child is father of the man)'라고 하기도 한다.

성격발달의 처음 세 단계(구강기, 항문기, 남근기)에서는 특수한 갈등을 해결해야 한다. 이 갈등은 성적 욕구를 충족하는 방식과 관련이 있으므로 Freud의 발달이론은 심리성적 단계이론(心理性的 段階理論, psycho-sexual stage theory)이라고 불린다. 이에 따르면 각 발달단계에서는 특정 신체부위에 리비도(libido: 성적 에너지)를 집중시켜 성욕을 충족시키려고 한다. 각 발달단계의 명칭은 리비도가 집중된 신체부위에서 따온 것이다. 특정 발달단계에서 갈등을 완전히 해결하지 못하면 그 단계에 고착(固着, fixation)된다. 심리성적 발달단계를 간단히 살펴본다.

(1) 구강기(0~18개월)

구강기(口腔期, oral stage)는 입, 입술, 혀 등이 쾌락과 긴장감소의 중요한 원천이다. 이유(離乳)는 구강기의 중요한 갈등이다. 생물학적 관점에서 원욕은 입과 입술을 통해 욕구를 즉시 충족시키려고 한다. 심리적인 관점에서 이 단계의 갈등은 과잉쾌락 대 의존성 갈등이다. 과식, 흡연, 다변(多辯) 등 주로 입을 통해 쾌락을 얻으려고 하는 사람은 구강기에 고착되어 있다. 구강기에 고착되면 과잉의존성을 나타낼 수 있다.

구강기의 또 다른 갈등은 물어뜯기(biting)와 관련된다. 이 갈등은 치아가 난 후 물어뜯기를 통해 쾌락을 얻을 수 있다는 사실을 인식할 때 나타난다. 부모는 물어뜯기를 금지하고 있으므로 영아는 물어뜯으려는 충동과 부모의 금지 사이에서 갈등을 경험한다. 이 단계에 고착되면 적대적이고 호전적인 성격을 나타낼 수 있다. 이 단계에 고착된 사람들은 다른 사람을 심리적으로 물어뜯거나 언어적인 공격을 통해 쾌락을 얻으려고 한다.

(2) 항문기(18개월~3세)

항문기(肛門期, anal stage)에는 항문이 쾌락의 원천이다. 이 시기의 유아는 변을 보유, 배설하는 과정에서 욕구를 충족시키려고 한다. Freud는 배변훈련이 성격발달에 중요한 영향을 미친다고 주장한다. 배변훈련을 통해 유아는 즉각적으로 배설하려는 원욕의 충동과 사회적 금지를 분간하고, 자기통제력을 길러야 한다. 부모의 배변훈련이 엄격하고 강압적이면 항문보유적 성격(고집이 세고, 인색하며, 엄격하고, 지나치게 청결하거나 불결한 것 등)이 형성된다. 항문기에 고착되면 잔인하고 파괴적이며 공격적인 성격을 갖게 된다.

(3) 남근기(3~5세)

남근기(男根期, phallic stage)는 남아가 남근을 가졌다는 사실(여아의 경우 남근이 없다는 사실)을 인식하고 남근에서 성욕을 충족시키려고 한다. 이 단계에서는 성기를 갖고 있고, 성기에서 쾌락을 얻을 수 있다는 사실과 이성 부모를 지향한 성적 욕구를 인식한다. 그 결과 Freud에 따르면 남아는 어머니와 사랑에 빠지고, 여아는 아버지와 사랑에 빠진다.

남아는 어머니를 유혹하여 성적으로 소유하려고 한다. 그러나 강력한 라이벌인 아버지는 남아가 어머니를 소유하는 것을 금지하고 있으며 그녀의 사랑을 독차지하고 있다. Freud에 따르면 남아가 겪는 오이디푸스 콤플렉스(Oedipus complex: Oedipus는 아버지를 죽이고 어머니와 결혼을 한 신화 속의 인물)는 아버지를 제거한 후 어머니를 완전히 소유하려는 무의식적 욕망이다. 그러나 아버지를 죽이는 것은 나쁘다. 오이디푸스 콤플렉스는 남아가 한편으로는 아버지를 사랑하면서 다른 한편으로는 아버지와 경쟁하기 때문에 나타난다. 이 상황에서 남아는 강력한 아버지에 대한 공포심을 경험한다. Freud에 따르면 남아는 아버지가 갈등의 원천인 남근을 제거할 것이라고 상상한다. 남근을 잃어버릴지도 모른다는 거세불안(去勢不安, castration anxiety)으로 인해 남아는 어머니를 향한 성적 충동을 억압(repression: 충동이 의식화되지 않도록 무의식으로 차단하는 과정)하고, 어머니를 실질적으로 소유하고 있는 아버지를 동일시한다. 동일시(同一視, identification: 다른 사람의 행동특성을 무의식적으로 내면화하는 과정)를 통해 남아의 남근기 갈등은 극복된다. Freud에 따르면 오이디푸스 콤플렉스의 해결은 남성적 역할은 물론 초자아와 도덕발달의 계기가 된다.

여아의 경우는 남아와 유사한 측면도 있고, 다른 측면도 있다. 여아가 남아와 유사한 점은 갈등이 남근을 중심으로 일어난다는 점이다. Freud에 따르면 남근이 없다는 사실을 안 여아는 어머니를 비난하고, 아버지를 원하는 동시에 아버지의 남근을 선망한다. 이것이 남근선망(男根羨望, penis envy)이다. 남근선망은 남아가 경험하는 거세불안과 상반된다. 그러나 남근선망을 하는 여아는 어머니에 대한 공포를 갖고 있지 않다는 점에서 거세불안을 경험하는 남아와 다르다. 그래서 여아의 경우 아버지를 향한 성적 욕망을 억압하도록 하는 강력한 동기가 존재하지 않는다고 한다. Carl Jung(1875~1961)은 이 단계에서 여아가 경험하는 갈등을 엘렉트라 콤플렉스(Electra complex: Electra는 어머니가 아버지를 살해했다는 사실을 알고 남동생을 설득하여 어머니를 살해한 신화 속의 인물)라고 명명했다. Freud는 여아의 경우 갈등이 일생 동안 지속되며 결코 완전히 해결되지 않는다고 했다. 이 갈등을 성공적으로 해결해야 초자아가 발달된다는 점에서 Freud은 여성이 남성보다 도덕적으로 열등하다고 주장했다. 이러한 연유에서 Freud는 여성을 차별했다는 비난을 받고 있다.

(4) 잠재기(6세~사춘기)

잠재기(潛在期, latent stage)에는 성격발달이 거의 일어나지 않는다. 학교에 입학하여 성인이 갖추어야 할 기능과 능력을 학습하는 이 단계에는 특별한 성적 갈등이 없으므로 Freud는 이 시기를 잠재기 혹은 심리적인 휴식기라고 불렀다.

(5) 생식기

잠재기는 사춘기의 성적 각성으로 끝이 난다. 오이디푸스 콤플렉스 혹은 엘렉트라 콤플렉스를 성공적으로 해결하면 심리성적 발달의 최종단계인 생식기(生殖期, genital stage)에 진입한다. 선행단계의 갈등이 잘 해결되면 생식기에 도달할 수 있다. 이러한 의미에서 Freud에 따르면 성격발달은 5~6세경에 완성된다. 즉, 성인의 성격은 유아기와 아동기의 갈등을 어떻게 해소했는가에 따라 좌우된다.

4) 정신분석이론에 대한 평가

정신분석이론의 가치와 중요성에 대한 평가는 극명한 대조를 보이고 있다. 정신분석이론에 매료된 학자들은 정신분석이론이 인간 본성에 관한 최초의 유일한 종합이론이라고 극찬한다. Freud의 방대한 저작은 인간의 본성과 정신의 작동원리에 관해 실로 대담한 관점을 제시했다.

정신분석이론은 서구 사상에 심대한 영향을 미쳤다. 그 영향을 받아 오늘날 원욕, 자아, 초자아, 무의식, 방어기제, 오이디푸스 콤플렉스 등 수많은 정신분석학 용어들이 일상적으로 사용되고 있다. 정신분석학은 심리학은 물론 사회학, 문학, 예술, 의학 등에 영향을 미쳤다. 심리학에 국한하여 보면 정신분석이론은 현대 심리학의 토대를 제공했으며, 성격심리학과 발달심리학을 구축하는 데 큰 역할을 했다.

반면 정신분석이론의 가치를 부정적으로 평가하는 학자들은 정신분석이론은 죽어 버린 이론으로 역사적 가치만 있을 뿐 현대의 성격심리학에 아무 정보를 제공할 수 없다고 주장한다. 정신분석학에 관한 비판을 요약하면 다음과 같다.

- 정신분석학의 주요 개념은 실험과 같은 과학적 방법으로 타당성을 검증할 수 없으므로 과학적 사실이 아니라 신념에 가깝다는 비판이다.
- 정신적으로 문제가 있는 일부 환자 사례를 관찰한 결과에 근거하여 인간 본성에 관한 보편적인 이론을 구축했다는 지적을 받고 있다.
- 성적 욕구를 지나치게 강조하고 있다는 지적이다. 성욕을 강조하는 Freud의 이론은 범성설(汎性說, pansexualism: 모든 정신활동을 성욕에 비추어 설명하는 이론)이라고 불리기도 한다.
- 성격발달이 5세경에 완성된다는 주장에 대한 비판이다. 성격발달은 청소년기와 성인기에도 일어난다.
- 인간 본성을 부정적으로 기술하고 있다는 비판이다. Freud에 따르면 인간의 본성은 자기중심적이고 충동적이고 격렬하다. 그는 초자아가 그러한 본성을 금지하지 않으면 인간은 궁극적으로 자기와 타인을 파괴한다고 본다.
- Freud가 여성에 대해 편견을 갖고 있다는 비판이다. Freud는 여성을 남성보다 열등한 존재로 본다.

3. Erikson의 심리사회 발달이론

정신분석학자인 동시에 자아심리학자로 명성이 높은 Erik Homburger Erikson(1902~1994)은 Freud의 제자로 정신분석이론을 발전적으로 확장시킨 독특한 이론을 제시한 인물이다. Freud의 이론과 Erikson의 이론은 몇 가지 공통점을 갖고 있다. 두 사람은 성격발달단계가 미리 예정되어 있고, 발달단계를 통과하는 순서가 불변이며, 생물학적 및 성적 충동이 동기와 성격형성의 토대가 된다는 점에 동의하고 있다. 그러나 Erikson의 이론은 Freud의 이론과 몇 가지 점에서 근본적인 차이가 있다.

- Freud는 원욕(id)을 중시했으나, Erikson은 자아(ego)를 강조했다. 그래서 Freud의 심리학을 원욕심리학, Erikson의 심리학은 자아심리학이라고 한다.
- 성격발달에서 Freud는 부모의 영향을 중시했고, Erikson은 심리사회환경의 영향을 강조했다.
- Freud의 이론은 남근기 이후의 성격발달에는 거의 관심을 가지지 않았으나, Erikson의 이론은 유아기에서 노년기에 이르는 전생애 발달이론이다.

- Freud는 청소년기를 무시했으나, Erikson은 청소년기를 중시하여 청소년기가 성격형성에 중추역할을 하는 것으로 간주했다.
- 무의식과 초기의 외상적 경험이 정신병리를 유발하는 과정을 중점적으로 설명한 Freud와 달리, Erikson은 심리사회적 위기를 극복하는 과정을 통해 건강한 성격이 어떻게 발달하는가를 설명하는 데 주안점을 두었다.

Erikson은 정체성 형성을 특히 중시했는데, 그 이유는 성장배경을 살펴보면 쉽게 납득이된다. Erikson의 어머니는 유태인이었는데, 그를 출산하기 전에 덴마크 출신의 남편에게서 버림받은 후 유태인 의사와 재혼했다. 그는 유태인이었지만 외모가 유태인과 다르다는 이유로 유태인 아이들로부터 따돌림을 받았다. 어느 정도 성장했을 때 그는 아버지가 친아버지가 아니라는 사실에 큰 충격을 받았다. 이러한 연유로 해서 Erikson은 어릴 때부터 심각한 정체성 혼란을 겪었으며, 의사가 되라는 가족의 권유를 뿌리치고 25세까지 유럽지역을 떠돌아다녔다. 그는 대학교육을 받지 않았지만 Anna Freud를 만나 정신분석에 관심을 갖고 정신분석훈련을 받았다. 미국으로 이주한 그는 양부의 성(姓) Homburger를 버리고 Erikson으로 개명했다. Erikson은 성인이 된 후에도 끊임없이 '나는 누구인가?'라는 의문에 관해 해답을 찾으려고 노력하였다. 이러한 성장배경으로 미루어 볼 때 그가 정체성을 중시한 이유를 짐작할 수 있을 것이다. Erikson 이론의 기본견해와 발달단계를 약술한다.

1) Erikson 이론의 기본견해

첫째, 발달에는 자아가 핵심역할을 한다. Erikson은 자아를 강조하고 원욕이나 초자아에는 큰 관심을 기울이지 않았다. 그의 자아심리학(自我心理學, ego psychology)은 자아를 성격의 자율적 구조로 간주하고 합리적이고 논리적인 측면을 강조한다. Erikson에 따르면 자아는 위기를 경험하고 극복하는 과정에서 핵심역할을 한다.

둘째, 발달에는 심리사회환경이 중요하다. 문화적 목표, 기대, 사회제도와 같은 사회환경을 중시한 Erikson은 심리발달원리와 사회발달원리를 관련지었으므로 그의 이론은 심리사회 발달이론(心理社會 發達理論, psycho-social developmental theory)이라고 불리고 있다.

셋째, 발달은 일생 동안 이루어진다. Erikson 이론은 일생 동안 이루어지는 성격발달을 포괄한다. 그는 최초의 진정한 전생애(全生涯) 발달심리학자로 간주되고 있다.

넷째, 발달은 단계별로 이루어진다. Erikson에 따르면 각 발달단계는 특유한 목적, 관심사, 성취, 위험을 동시에 갖고 있다. 각 발달단계에서는 위기 혹은 심리적인 문제에 직면하는데, 특정 단계에서 당면문제를 제대로 해결하지 못하면 일생 동안 부정적 영향을 주게 된다. 또 발달단계들은 상호 의존적이다. 따라서 후속단계의 발달은 선행단계에서 심리적 위기를 어떻게 극복했는가에 따라 좌우된다.

다섯째, 발달은 점성적으로 이루어진다. 점성원리(漸成原理, epigenetic principle)❶란 태아가 발달하는 과정에서 특정 시점에 특정 신체기관이 나타나고 점진적으로 태아로 '통합' 되는 원리를 말한다. Erikson은 신체의 각 부분이 상호 관련된 방식으로 발달하는 것처럼, 성격도 상호 관련된 단계를 통해 발달한다고 주장한다.

여섯째, 발달에서 심리사회적 위기의 극복을 중시한다. Erikson에 따르면 발달과정에서 심리사회적 위기(心理社會的 危機, psycho-social crisis)를 성공적으로 해결하면 긍정적인 성격이 발달한다. 일반적으로 위기는 개인의 안녕을 위협하는 특별한 사건을 일컫는 의미로 사용되고 있지만, Erikson은 위기를 각 단계에서 출현하는 발달과업, 즉 특정 시기에서 해결해야 할 사회발달과제를 뜻하는 개념으로 사용하고 있다. 생물학적 성숙과 사회적 요구에서 비롯되는 위기는 특정 심리적인 도전에 특히 민감한 시기인데, 이러한 도전은 사회관계와 긴밀하게 관련된다. 심리적 위기는 긍정적인 요소와 부정적인 요소를 공히 포함한다. Erikson은 욕구를 충족시키기 위해 환경과 접촉하는 과정에서 자아가 경험하는 위기의 극복과정을 성격발달의 주요 요인으로 간주한다. 각 발달단계에서 당면하는 위기를 잘 해결하면 건전한 성격이 발달하지만, 그렇지 못할 경우 발달지체나 성격손상이 초래된다. 즉, 갈등을 만족스럽게 해결하면 긍정적 요소(기본적 신뢰성, 자율성 등)가 자아에 통합되고 건전한 발달이 보장된다. 반면 갈등이 지속되거나 위기를 제대로 해결하지 못하면 자아발달이 손상되고, 부정적 요소(불신감, 수치, 회의 등)가 자아에 통합된다. 중요한 사실은 다음 발달단계에서 잘 적응하고 건전하게 발달하려면 각 단계에서 나타나는 위기를 제대로 해결해야 한다는 것이다.

2) Erikson의 심리사회 발달단계

Erikson에 따르면 성격은 단계별로 발달하고, 모든 사람들은 보편적인 발달단계를 따라 발달한다. 저명한 저서 『아동기와 사회(Childhood and Society)』(1963)에서 Erikson은 심리사

❶ 생물학에서는 점성설을 후성설(後成說)이라 한다. 후성설은 생물의 발생이 점진적인 분화에 의한다는 학설로, 전성설(前成說, preformationism)과 대비되는 관점이다.

| 표 3-2 | **Erikson의 심리사회 발달단계**

발달단계	연령	주요 발달과업	영향 요인
신뢰성 대 불신감	0~1세	자신과 주변 세계에 대한 신뢰감 형성	어머니, 따뜻하고 우호적 상호작용
자율성 대 수치 및 회의	2~3세	행동에 대한 통제감 발달, 의도를 행동으로 실행할 수 있다는 인식	부모, 모방
주도성 대 죄책감	4~5세	부모에 대한 동일시를 통한 자기감과 자기 행동에 대한 책임감 발달	부모, 동일시
근면성 대 열등감	6~11세	또래와 상호작용을 통한 자기가치감 발달	학교, 교사, 학습 및 교육 격려
자아정체성 대 정체혼미	청년기	확고한 자아정체성 발달, 다양한 잠재적 자기 중에서 선택	또래 및 역할모형, 사회적 압력
친밀성 대 고립감	성인기	타인과 친밀한 관계, 결혼에 필요한 친밀감 획득	배우자, 동료, 사회
생산성 대 침체감	장년기	사회에서 성인역할 수행, 공헌하기, 보람	배우자, 자녀, 친구, 동료, 지역사회
통합성 대 절망감	노년기	죽음의 준비, 절망감 극복, 삶의 의미 통찰	가족, 친구, 친척, 지역사회, 종교

회 발달을 8단계로 제시했는데, 이 단계들은 선천적으로 부여된 성격의 설계도가 전개된 결과라고 주장한다. 심리사회 발달단계를 간단하게 소개한다.

(1) 제1단계: 기본적 신뢰성 대 불신감(basic trust vs. distrust, 출생~1세)

심리성적 발달단계에서 구강기에 해당되는 이 단계에서는 신뢰성 대 불신감 위기를 경험한다. 신생아는 어머니와의 관계에 따라 신뢰성을 발달시킨다. 어머니의 보호가 일관되고 예측할 수 있으면 자신과 주변 세계에 대한 신뢰성을 형성한다. 반면 기본적인 욕구를 충족하지 못하는 부정적인 경험이 많으면 불신감을 형성한다. 이 불신감은 다른 사람이나 세상 전반에 대한 두려움과 의심으로 발전하며, 비가역적인 특징을 지닌다. 신뢰성을 형성하는 데는 모자관계의 양보다 질이 더 중요하다. 즉, 음식이나 애정의 양보다는 상호작용 및 보호의 일관성, 계속성, 동일성이 더 중요하다. Erikson은 외부 세계뿐만 아니라 내부 세계를 신뢰하는 것도 매우 중요하다는 사실을 강조한다.

Erikson에 따르면 건전한 성격발달은 신뢰성에만 의존하는 것이 아니라 신뢰성과 불신감의 적절한 비율에 따라 좌우된다고 주장한다. 즉, 신뢰하는 것도 중요하지만 신뢰하지 않는 것도 중요하다는 것이다. 건전한 인간관계와 애착을 형성하려면 신뢰성이 필수적이긴 하나, 지나친 신뢰성은 문제가 될 수도 있기 때문이다. 신뢰성 대 불신감 위기의 극복은 후속단계에서 당면하는 위기해결에 긍정적인 영향을 준다. 반대로 신뢰성 대 불신감 위기를 제대로 해결하지 못하면 후속단계의 위기를 해결할 수 있는 토대가 취약해진다.

(2) 제2단계: 자율성 대 수치 및 회의(autonomy vs. shame and doubt, 2~3세)

심리성적 발달단계에서 항문기에 해당되는 이 단계에서는 신체 및 생리적인 성숙에 따라 대소변 가리기와 같은 자기통제가 가능하고, 외부 세계를 독자적으로 탐색하려고 한다. 그 결과 이 단계에서는 무엇이든 스스로 하려는 강력한 의지를 표명한다.

이 단계에서 당면하는 심리사회적 위기의 극복 여부는 부모가 자율적인 활동을 어느 정도로 허용하는가에 따라 좌우된다. 부모가 독자적인 행동을 격려하면 충동을 통제하고 자율성을 형성한다. 그러나 부모가 과보호하고 지나치게 통제하거나 독자적인 행동을 비난할 경우 자신의 능력을 의심하고 수치심을 발달시킨다. 아동이 스스로 할 수 있는 것을 부모가 대신해 주거나 반대로 할 수 없는 것을 강요하면 수치심을 느끼게 되고 자신과 외부 세계를 통제할 수 있는 능력을 의심하게 된다.

(3) 제3단계: 주도성 대 죄책감(initiativeness vs. guilt, 4~5세)

심리성적 발달단계에서 남근기에 해당되는 이 단계에서는 스스로 활동을 계획하고, 목표를 세우며, 이를 달성하기 위해 노력한다. 이 단계의 아동은 주도성 대 죄책감의 위기를 경험한다. 아동은 또래와 함께 놀이에 참여하면서 자기주장을 하기 시작하고, 경쟁에 몰입한다. 이때 자녀에게 활동의 자유를 허용하면 주도성(솔선성), 자발성, 목표지향성이 발달한다. 반면 아동이 주도적으로 활동할 수 있는 기회를 부모가 제한하면 주도성이 위축되고 죄책감이 발달한다. 이러한 아동은 자기를 내세우기를 두려워하고, 성인에 대한 의존성이 높으며, 목표를 설정하고 달성하려는 목적의식과 용기가 부족하다.

(4) 제4단계: 근면성 대 열등감(industry vs. inferiority, 6~11세)

이 단계는 인지적 기술과 사회적 기술을 습득해야 할 중요한 시기로, 심리성적 발달단계상으로는 잠재기에 해당된다. 아동이 학교공부를 비롯한 일을 성실하게 수행하면 근면성(성실성)이 발달한다. 근면성은 일생 동안 매우 중요한 과업성실성의 토대가 된다. 그러나 학교공부나 가정에서 주어지는 과제에 대해 성취감을 느끼지 못하면 열등감에 빠져들게 된다.

(5) 제5단계: 자아정체성 대 역할혼미(ego identity vs. identity confusion, 청년기)

청소년기의 핵심 발달과업은 정체성을 확립하는 것이다. 정체성(正體性, identity, 정체감)이란 자기 자신이 누구이고, 삶에서 무엇이 중요한가에 관해 스스로 구성한 정의(self-constructed definition)를 말한다. 따라서 정체성이 확립되었다는 것은 자기 자신이 어떤 존재인지를 확고하게 인식하고, 직업 혹은 삶의 역할을 선택한 후 그에 몰입하는 것을 말한다. 다양한 상황에서의 역할들을 제대로 통합하면 정체성이 발달한다. 반대로 다양한 역할들을 통합하지 못하면 성 및 직업 정체성 혼미가 나타나며 정체성 위기를 겪게 된다.

정체성 위기(正體性 危機, identity crisis)는 '나는 누구인가?'라는 의문에 관한 답을 추구하는 과정에서 강력한 정체성을 확립하지 못했을 때 경험하는 절망과 혼돈을 뜻한다. 청년기에 정체성 위기가 부각되는 것은 생물학적 성숙으로 인해 원욕이 강화되고 더불어 초자아도 강화되면, 자아가 내면세계를 새롭게 정립하여 균형을 달성하려고 하기 때문이다. 정체성 위기는 성인으로서 수행해야 할 사회적 역할에 대한 두려움과 회의에서 기인하기도 한다. 정체성 위기는 일종의 자아붕괴에 직면했을 때 이를 극복하려는 과정으로 볼 수 있다.

정체성 위기를 극복하고 정체성을 확립하는 과정에서는 절망하고 방황하게 되는데, 이를 심리적 유예(心理的 猶豫, psychological moratorium)라고 한다. 심리적 유예의 개념은 고등학교 졸업 후 특별한 직업을 가지지 않은 채 유럽을 전전하면서 방황을 거듭했던 Erikson의 경험을 반영하고 있다.

청년기 정체성 위기는 (1) 자아탐색의 시간조망을 과거와 미래로 확장시켜 일관되고 연속성 있는 자아상을 확립하고, (2) 자아의 여러 국면들을 일관된 자아체계로 통합하며, (3) 자신의 독특성과 특수성을 확립하면 극복할 수 있다. 정체성 위기는 청년기의 보편적 현상이지만 일부 청년의 경우 오래 지속되기도 한다. 중년기 위기(mid-life crisis)도 정체성 위기에서 비롯되는 것으로 알려져 있다.

정체성을 확립하지 못하면 부정적 정체성(否定的 正體性, negative identity: 바람직하지 못한 사회적 모델에 근거하여 형성된 정체성)을 통해 내적 갈등을 해소하려고 시도할 수도 있다. 주변에는 바람직하지 못한 역할모델들이 무수히 많다. 부정적 정체성은 가족이나 지역사회가 바람직하다고 생각하는 역할에 대한 적대감이나 경멸로 표출되기도 한다. 공부가 중요하다고 부모가 계속 잔소리할 경우 청소년은 아예 학교를 그만둘 수도 있다.

Erikson은 정체성 확립을 발달의 가장 중요한 목표로 간주한다. 그에 따르면 청년기에는 자아의 여러 측면들을 통합하여 정체성을 확립해야 한다. 이 과업이 청년기의 가장 중요한 발달과업으로 부각되는 것은 급격한 신체적 변화와 더불어 형식적 조작능력이 획득됨에 따라 자기존재에 관해 근본적으로 성찰하게 됨은 물론 진로를 다각적으로 탐색하기 때문이다.

단, Erikson은 정체성 형성이 반드시 청년기에 시작해서 청년기에 종결되는 과정이 아니며 때로는 청년기 이전에 시작되어 성인기까지 계속될 수 있음을 인정하고 있다.

(6) 제6단계: 친밀성 대 고립감(intimacy vs. isolation, 성인기)

초기 성인기(대략 40세)에 해당되는 이 단계에서는 부모 또는 학교로부터 독립하여, 성숙되고 책임 있는 성인의 역할을 수행하고, 다른 사람들과 친밀하고 신뢰할 수 있는 관계를 형성해야 한다.

Erikson은 성인기의 성격발달을 친밀성 대 고립감 위기에 비추어 설명한다. 그에 따르면 친밀성은 타인의 단점을 수용하고 상호 간의 차이를 인정하며 차이와 갈등을 극복하는 과정을 통해서 획득된다. 친밀성이 획득되면 상호 간에 삶을 공유하고 인간관계에서 삶의 만족을 얻을 수 있다. 성인 초기의 친밀성은 주로 배우자 관계를 통해 형성되지만 희생과 양보를 바탕으로 하는 친구관계를 통해서도 획득된다. 반대로 타인과 친밀한 인간관계를 확립하지 못하면 사회관계를 회피하는 고립감에 매몰되고 자신에게 위협이 되는 사람에 대한 거부감이나 적대감을 형성하게 된다. Erikson에 따르면 정체성 확립은 친밀성을 획득하는 데 필요한 토대를 제공한다.

(7) 제7단계: 생산성 대 침체감(generativity vs. stagnation, 장년기)

인생의 장년기(40~60세)에 해당되는 이 단계에서는 생산성 대 침체감 위기를 경험한다. 생산성은 다음 세대를 양육하고 지도하는 과정을 통해 자기의 존재가치를 확립하고자 하는 특성이다. 장년기는 자녀 양육과 지도를 통해 다음 세대로 문화를 전달하고 발전시켜야 하는 인생의 성숙기다. 이 단계에서는 자녀를 양육하는 역할이나 지식과 기술을 다음 세대로 전수하는 직업활동을 통해 생산성을 경험할 수 있다. 그러나 생산성을 확립하지 못하면 침체감에 빠지게 된다. 침체감에 빠지면 부모 역할이나 지도자 역할을 제대로 수행하지 못한다.

(8) 제8단계: 통합성 대 절망감(integrity vs. despair, 노년기)

노년기에는 인생을 되돌아보고 정리해야 한다. 이 시기에는 신체기능은 물론 정신기능이 급격하게 쇠퇴하고, 대인관계와 경제적 능력 등 거의 모든 것이 상실된다. 따라서 이 시기에는 내적 및 외적 변화를 현명하게 수용하고 생을 재음미하는 것이 핵심과제로 부각된다. 전체적인 측면에서 자기가 살아온 삶에 긍정적인 가치를 부여하고 수용하면 통합성이 발달된다. 그렇지 못할 경우 절망, 허무, 비통감에 빠지게 된다.

3) Erikson 이론의 교육적 적용

학교교육의 측면에서 보면 Erikson이 제시한 심리사회 발달단계 중에서 근면성 대 열등감, 자아정체성 대 역할혼미가 특히 중요하다. 왜냐하면 이 단계들은 초등학교와 중등학교에 재학하는 학생들이 해결해야 할 심리적 문제를 다루고 있기 때문이다. Erikson의 심리사회 발달이론이 교육현장에 시사하는 바는 다음과 같다(Snowman & Biehler, 2000).

- 심리사회 발달단계에 따라 특정한 유형의 행동과 대인관계가 특별한 중요성을 지닌다는 점에 유념해야 한다.
- 취학 전 아동의 경우 자율성을 발달시킬 수 있도록 충분한 기회(놀이, 실험 등)를 주고 회의를 경험하지 않도록 세심하게 배려해야 한다. 또 수용할 수 없는 행동을 했다고 해서 수치심을 느끼지 않도록 해야 한다.
- 취학 전 아동에게는 연령이 증가함에 따라 주도성을 발휘하고 성취감을 느낄 수 있는 활동을 격려해야 한다. 또 죄책감을 경험하지 않도록 해야 한다.
- 초등학생과 중학생의 경우에는 성공적으로 완수할 수 있는 과제를 제시하여 근면성을 느낄 수 있도록 해야 한다.
- 고등학생의 경우 자아정체성을 탐색하는 것이 중요하다는 점에 유념해야 한다.
- 일부 학생의 방황이 심리사회적 유예를 나타낼 수도 있음에 유의하고, 가능하면 장기적인 목표를 계속 추구하는 과정에서 단기적인 목표에 주안점을 두도록 격려하는 것이 좋다.
- 부적응행동이 부정적 정체성에서 기인했다는 의심이 들 경우에는 인내심을 가져야 한다.
- 개인에 따라 정체성 지위가 다르다는 사실을 유념해야 한다.

4) Erikson 이론에 대한 비판

Freud의 심리성적 발달단계를 발전적으로 확대시킨 독특한 성격발달이론을 제시한 Erikson의 이론은 다음과 같은 비판을 받고 있다.

첫째, 이론이 모호하고, 경험적으로 검증하기 어렵다는 비판이다. 가령 주도성이나 통합성을 어떻게 측정하고, 심리사회적인 갈등을 극복하기 위해 어떤 경험을 제공할 것인가에 관해 뚜렷한 지침을 제공하지 못하고 있다.

둘째, 이론이 Erikson의 개인적이고 주관적인 해석에 근거하고 있을 뿐, 엄밀한 실험을 통해서 검증되지 못했다는 비판이다.

셋째, Erikson의 발달단계가 여성보다는 남성의 성격발달을 더 정확하게 기술하고 있다는 비판이다.

넷째, 심리사회 발달의 초기단계는 동일한 특성을 강조하고 있어 분명하게 구분하기 어렵다는 비판이다. 즉, 자율성, 주도성, 근면성은 모두 아동이 능동적으로 행위를 하도록 허용하고 격려하는 것을 강조하고 있다. 회의, 죄책감, 열등감은 부모나 교사가 동정적인 지지를 해야 할 필요성을 강조하고 있다.

5) Marcia의 정체성 지위이론

Marcia(1980, 1988)는 정체성에 관한 Erikson의 이론을 발전시킨 정체성 지위이론을 제시했다. 그는 정체성 지위(正體性 地位, identity status)를 정체성 위기의 경험 여부와 과업에 몰입(commitment) 여부를 기준으로 네 가지 상태로 구분했다. 여기서 위기란 현재 상태와 역할에 관해 의문을 제기하고 대안적 가능성(직업, 이념, 가치 등)을 탐색하는 과정을 말하고, 몰입 혹은 관여란 주어진 역할과 과업에 몰두하는 정도를 의미한다. 정체성 지위는 다음과 같이 구분된다.

(1) 정체성 혼미

정체성 혼미(正體性 昏迷, identity diffusion)는 정체성 위기를 겪지도 않고 역할과 과업에 몰입하지도 못한 상태를 말한다. 이 상태에서는 자신은 물론 직업, 종교, 가치에 관해 심각하게 숙고하지 않아 자신이 누구이고 삶을 어떻게 살아갈 것인가에 관해 확고한 인식이 없으며, 삶의 확실한 방향이 없다. 이 상태에 있는 청소년들은 냉담하고, 위축되어 있으며, 장래 희망이 없고, 드러내 놓고 반항하며, 자존감이 낮고, 혼돈과 공허감에 빠져 있는 경우가 많

		위기경험 여부	
		아니요	예
몰입 여부	아니요	정체성 혼미	정체성 유예
	예	정체성 폐쇄	정체성 성취

[그림 3-2] **정체성 지위**

다. 정체성 혼미는 정체성을 탐색하는 과정에서 가장 위험한 상태로, 이 상태가 지속되면 부정적 정체성에 빠질 위험이 있다. 정체성이 혼미한 성인은 늘 재미만 추구하거나, 불안이 높고, 자신감이 낮으며, 미성숙하고 혼란스럽다.

(2) 정체성 폐쇄

정체성 폐쇄(正體性 閉鎖, identity foreclosure)란 정체성 위기를 경험하지 않고서도 정체성이 확립된 것처럼 행동하는 상태를 말한다. 이 상태에서는 자신의 다양한 정체성은 물론 이념이나 직업에 관한 다양한 대안들을 전혀 탐색하지 않은 채 타인(부모, 역할모델, 경우에 따라 극단주의 집단 등)의 신념, 가치, 직업, 생활방식을 답습한다. 이 상태에 해당되는 청소년들은 경직되어 있고, 방어적이며, 참을성이 부족하고, 독단적인 특징을 갖고 있다. 이들은 청년기를 안정적으로 보내는 것처럼 보이나, 성인기에 들어 뒤늦게 정체성 위기를 경험하는 경우가 많다.

(3) 정체성 유예

정체성 유예(正體性 猶豫, identity moratorium)는 정체성 위기를 경험하지만 역할과 과업에 몰두하지 못하는 상태를 말한다. 유예란 개인적 및 직업적 대안을 탐색하면서도 선택을 유보한 상태를 뜻한다. 따라서 이 상태에서는 자신의 가치, 태도, 가능성은 물론 직업, 종교, 이념 등에 관한 대안들을 진지하게 검토하지만 특정 과업에 몰입하지는 못한다. 이러한 유보상태는 오늘날 청소년들에게 공통적이며, 건강한 측면이 있다. 정체성 유예는 과도기 단계이므로 정체성 성취와 함께 건강한 상태로 간주된다.

(4) 정체성 성취

정체성 성취(正體性 成就, identity achievement)란 정체성 위기를 경험한 다음 확고한 개인적 정체성을 확립하여 특정 목적, 신념, 가치, 직업에 몰입하는 상태를 지칭한다. 즉, 자기 자신에 관한 다양한 가능성을 검토한 다음 자기를 확고하게 인식하고, 직업이나 이념에 관한 다양한 대안들을 숙고한 후 삶의 목적과 방향을 분명하게 확립한 상태, 즉 정체성 위기를 극복한 상태를 말한다. 정체성을 성취한 사람은 정서적으로 안정되어 있고, 성실하며, 대인관계가 원만하며, 자존감이 높고, 스트레스에 대한 저항력이 높다. 정체성 성취는 심리적 건강의 초석이다. 고등학생들 중에서 확고한 정체성을 성취하는 학생들은 거의 없다고 한다.

4. 생태학적 접근

생태학적 접근(生態學的 接近, ecological approach)은 개인이 생활하고 있는 삶의 맥락 내에서 발달을 연구하는 접근이다. 지각발달과 사회성발달에서 중시되고 있는 생태학적 접근으로는 동물행동학과 생물생태학 모형을 들 수 있다. 동물행동학은 모든 문화권에 공통적인 행동양상을 파악하는 데 주안점을 두지만, 생물생태학 모형은 각 문화권에 특유한 행동양상을 확인하는 데 주력한다.

1) 동물행동학

동물행동학(動物行動學, ethology)은 행동의 진화론적 토대와 진화과정에서 형성된 반응이 종의 생존과 발달에 미치는 영향을 과학적으로 탐구하는 학문이다. Charles Darwin(1809~1882)이 제창한 진화론의 영향을 받아 나타난 동물행동학은 Konrad Lorenz(1903~1989)와 Nikolaas Tinbergen(1907~1988)의 동물연구에서 비롯된 것이다.

동물행동학의 기본가정은 모든 종의 개체는 생물학적으로 결정된 행동을 타고나며, 이러한 행동은 진화(즉, 자연선택)의 산물로 종의 생존에 기여한다는 것이다. 예컨대, 새는 어미를 따르고, 둥지를 틀려는 생물학적 준비를 갖추고 태어난다.

동물행동학은 종래 본능이라고 생각했던 오리의 어미추종행동이나 가시고시의 구애행동 등이 실제로는 환경에 존재하는 유발자극(eliciting stimuli)에 대한 반응이라는 것을 밝혀냈다. Lorenz에 따르면 알에서 부화된 새끼 오리가 어미를 따르는 것은 부화 직후 일정 기간(즉, 결정기) 내에 움직이는 물체를 볼 때 각인되는 종특유행동(species-specific behavior)이다. 여기서 움직이는 물체가 유발자극이다. 동물행동학에 따르면 아기의 미소나 울음도 어머니의 모성행동을 유발하기 위한 자극이다.

각인(刻印, imprinting)은 결정기 동안에 일어나는 비가역적인 학습을 일컫는다. 각인은 인간의 여러 행동의 발달을 적절하게 설명한다. 예컨대, 애착(愛着, attachment)은 생득적인 것이 아니라 출생 후 일정 시간 내에 각인을 통해 형성된 학습이다. 각인이 출생 후 일정 시간 내에서만 이루어지며, 그 시간이 지난 후에는 종특유행동의 획득이 불가능하다는 것을 밝힌 동물행동학의 연구결과는 결정기 개념의 타당성을 지지한다.

2) 생물생태학 모형

Bronfenbrenner(1995)의 생물생태학 모형(生物生態學 模型, bioecological model)은 초기 환경론의 제한점을 상당 부분 보완하여 발달에 관한 새로운 관점을 제시했다. 환경의 영향을 강조한 행동주의(6장 참조)는 환경을 개인에게 영향을 미치는 모든 외적 힘으로 정의했으나, 환경을 모호하게 기술했다는 제한점이 있다. Bronfenbrenner는 발달에서 사회 및 문화 맥락이 중요하다는 Erikson의 견해를 확대시켜 가족, 친구, 지역사회, 문화 등 생태환경을 구조화하고 이 환경체제가 발달에 미치는 영향을 자세하게 분석했다. 이 모형을 생물생태학 모형이라고 하는 것은 생물학적으로 결정된 개인의 특성과 환경맥락의 상호작용이 발달에 영향을 미친다고 가정하기 때문이다.

생물생태학 모형에 따르면 개인을 둘러싸고 있는 생태환경은 [그림 3-3]과 같이 개인을 중심으로 가까운 것에서 먼 것에 이르는 순서에 따라 5개 층으로 구성된다. 이 모형은 환경을 흡사 러시아 인형과 같이 특정 환경체제 안에 또 다른 환경체제가 내재된 구조로 간주한다(러시아 인형은 인형 안에 작은 인형이 있고, 작은 인형 안에는 더 작은 인형이 있다고 한다.). 이 모형에서 개체는 가족과 같은 직접적인 환경에서부터 문화와 같은 거시적 환경에 이르는 일련의 환경체제의 중심에 위치한다. 이 모형에 따르면 환경체제 상호 간의 상호작용과 환경체제와 개인과의 상호작용은 발달에 큰 영향을 미친다. 생태환경은 다음과 같다.

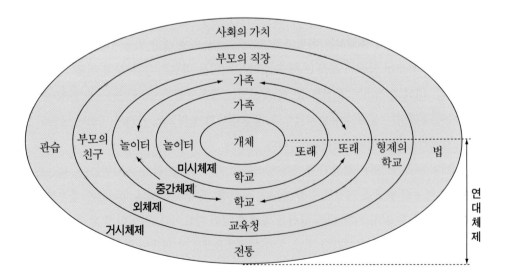

[그림 3-3] **생태환경의 구조**

① 미시체제(微視體制, microsystem)는 가족, 또래, 학교, 놀이터 등 아동에게 직접 영향을 미치는 환경이다. 미시체제에서 아동은 가족, 또래, 교사와 직접 상호작용을 한다. 미시체제에서의 관계는 양방향적이라는 점에 유의해야 한다. 그러므로 아동은 부모에게 영향을 주고, 부모는 아동에게 영향을 준다. 미시체제는 유아기와 아동기에 큰 영향을 주지만, 청년기가 되면 그 영향이 줄어든다.

② 중간체제(中間體制, mesosystem)는 미시체제를 구성하는 요소 간의 상호작용 및 관계를 말한다. 부모와 친구의 관계, 부모와 학교의 관계 등이 중간체제를 구성한다. 중간체제에서의 관계도 양방향적이다. 예를 들어, 교사는 부모에게 영향을 주고, 부모는 교사에게 영향을 주는데, 이러한 상호작용이 아동에게 영향을 준다.

③ 외체제(外體制, exosystem)는 부모의 직장, 형제가 다니는 학교, 부모의 친구관계, 교육청과 같이 아동이 직접 참여하지는 않지만 영향을 주는 체제를 말한다. 아동은 외체제의 구성원이 아니므로 외체제는 아동에게 직접 영향을 미치지 않지만 간접적으로 영향을 준다.

④ 거시체제(巨視體制, macrosystem)는 사회의 가치, 관습, 법, 전통과 같이 발달에 영향을 주는 광범한 맥락을 말한다. 거시체제의 영향으로 인해 한국에서 성장한 아동과 미국에서 성장한 아동의 심리적 특성은 매우 다르다.

⑤ 연대체제(年代體制, chronosystem)는 시간경과에 따른 개인 내부 혹은 생태맥락의 변화를 말한다. 즉, 연대체제는 시간경과에 따른 개인의 변화와 환경의 변화(가족구조, 사회경제적 지위, 거주지역 등의 변화)를 의미한다. 예컨대, 사춘기의 급격한 인지적 및 생물학적 변화는 발달에 영향을 미친다. 또 현대의 아동은 과거에 비해 완전히 다른 환경에서 생활하고 있는데, 이러한 환경의 시대적인 변화는 발달에 영향을 준다.

생물생태학 모형은 다른 어떤 이론보다 환경을 더 자세하게 기술했고, 다양한 환경맥락이 발달에 영향을 준다는 사실을 환기시켰다는 점에서 크게 기여했다. 이 모형은 실험실과 같은 인위적인 환경이 아니라 자연적 환경이 발달에 영향을 미치는 주요 원천이라고 가정한다. 환경이 발달에 미치는 영향을 미시적 및 거시적 수준에서 체계적으로 검토할 수 있는 체계를 제시한 생물생태학 모형은 미시적 맥락에 주안점을 두는 행동주의 심리학과 거시적인 맥락을 강조하는 인류학 간의 간극을 메꾸었다는 평가를 받고 있다. 그러나 생물생태학 모형은 명칭과는 달리 발달에 영향을 미치는 생물학적 요인을 거의 다루지 않았고, 발달단계를 제시하지 않았다는 비판을 받고 있다.

요 약

① 도덕발달에 관한 인지발달이론은 도덕을 도덕적 상황에서 옳고 그름을 판단하는 능력이라고 정의한다.

② Piaget는 도덕발달단계를 (1) 전도덕적 단계(규칙에 복종해야 한다는 의식이 전혀 없는 단계), (2) 타율적 도덕성(규칙을 절대시하고 결과를 중심으로 도덕판단을 하는 단계), (3) 자율적 도덕성(규칙의 임의성을 이해하고 의도를 중심으로 도덕판단을 하는 단계)으로 구분했다.

③ Kohlberg는 도덕을 도덕적 판단으로 정의하고, 도덕발달이 단계별로 이루어지며, 인지갈등이 도덕발달의 동기원이라고 주장한다. 또 도덕발달수준은 인지발달과 긴밀하게 관련된다는 견해를 갖고 있다.

④ Kohlberg는 도덕적 딜레마에 대한 반응을 토대로 도덕발달단계를 3수준 6단계로 구분했다. 전인습수준은 도덕적 행위가 자신에게 미치는 결과를 중심으로 도덕판단을 하는 자아중심적인 특징을 갖고 있고, 인습수준은 다른 사람의 판단이나 의견, 사회의 인습이나 규칙을 고려하여 도덕판단을 하며, 후인습수준에서는 추상적이고 일반적인 원리를 기준으로 도덕판단을 한다.

⑤ Kohlberg의 이론은 도덕적 갈등상황에서 토론을 통해 도덕적 판단능력을 향상시켜야 함을 시사한다.

⑥ Kohlberg의 이론은 (1) 도덕발달수준이 높다고 해서 반드시 도덕적으로 행동하는 것은 아니고, (2) 서구의 가치를 반영하고 있고, (3) 도덕발달단계가 타당하지 않으며, (4) 여성의 도덕성을 왜곡하고 있다는 비판을 받고 있다.

⑦ Gilligan은 여성의 도덕발달이 추상적 원리가 아니라 공정성과 평등을 지향하고 있다고 주장한다.

⑧ Freud의 정신분석이론에 따르면 정신은 의식, 전의식, 무의식으로 구성되며, 모든 행동은 무의식의 지배를 받는다. 성격은 원욕(id: 본능적 충동), 자아(ego: 성격의 현실적이고 합리적 부분), 초자아(superego: 성격의 도덕적 수호자)로 구성된다.

⑨ Freud의 심리성적 발달단계는 (1) 구강기, (2) 항문기, (3) 남근기, (4) 잠재기, (5) 생식기로 구분된다. 그에 따르면 성격발달은 남근기 이전에 완성된다.

⑩ 정신분석이론은 인간의 본성을 부정적으로 기술하고, 성욕을 지나치게 강조했다는 비판을 받고 있다. 성격발달이 5세 이전에 거의 완성된다는 주장도 비판의 대상이 되고 있다.

⑪ Erikson 심리사회 발달이론은 자아와 심리사회환경의 역할을 강조하고, 발달이 일생에 걸쳐 이루어진다고 주장한다. 이 이론에 따르면 성격발달은 단계별로 점성적으로 이루어지며, 심리사회적 위기극복이 발달에 매우 중요하다.

⑫ Erikson의 발달이론은 8단계, 즉 (1) 기본적 신뢰성 대 불신감, (2) 자율성 대 수치 및 회의, (3) 주도성 대 죄책감, (4) 근면성 대 열등감, (5) 자아정체성 대 정체혼미, (6) 친밀성 대 고립감, (7) 생산성

대 침체감, (8) 통합성 대 절망감으로 구분된다. 각 단계는 특유의 심리사회적 위기를 수반하는데, 위기를 잘 극복하면 건전한 성격이 발달한다.

⑬ Erikson 이론의 핵심은 정체성이다. 정체성이란 자기 자신이 어떤 존재인가에 관한 확고한 인식을 말한다. 청년기는 정체성 위기를 경험하고 정체성을 확립하기 위해 노력하는 과정에서 절망하고 방황하게 된다(심리적 유예). 정체성을 확립하지 못하면 부정적 정체성을 형성할 위험성이 있다.

⑭ Erikson의 이론은 경험적으로 검증하기가 어렵고, 개인적 경험을 반영하고 있으며, 여성의 성격발달을 제대로 기술하지 못하고 있다는 비판을 받고 있다.

⑮ Marcia는 정체성 지위를 정체성 위기의 경험 여부와 과업 혹은 역할에 대한 몰입 여부를 기준으로 (1) 정체성 혼미(위기를 경험하지 않고 과업이나 역할에 몰입하지 못하는 상태), (2) 정체성 폐쇄(위기를 경험하지 않고서도 정체성이 확립된 것처럼 행동하는 상태), (3) 정체성 유예(위기를 경험하고 있지만 과업이나 역할에 몰입하지 못하는 상태), (4) 정체성 성취(정체성 위기를 경험한 후 확고한 정체성을 확립한 상태)로 구분했다.

⑯ 생태학 접근은 개인이 생활하고 있는 삶의 맥락 내에서 발달을 연구하는 접근으로, 동물행동학과 생물생태학 모형을 들 수 있다. 동물행동학은 자연적인 환경에서 인간 및 동물의 행동을 탐구한다. 생물생태학 모형은 생태환경을 5개의 층(미시체제, 중간체제, 외체제, 거시체제, 연대체제)으로 개념화한 다음, 생태환경이 발달에 미치는 영향을 분석한다.

개인차(I): 지능과 특수학습자

1. 개인차의 유형을 들고, 교육적 의의를 설명하시오.

2. 주요 지능이론(이요인설, 기초정신능력, 지능구조모형 외)의 견해를 요약하시오.

3. 다중지능이론을 요약하고, 교육적 시사점을 논하시오.

4. 성공지능이론을 요약하고, 교육적 시사점을 논하시오.

5. 정서지능이론을 요약하고, 교육적 시사점을 논하시오.

6. 지능검사의 종류를 열거 · 설명하시오.

7. 정신연령, 비율지능지수, 편차지능지수를 각각 정의하시오.

8. 지능검사의 문제점과 지능지수를 해석할 때 유의해야 할 사항을 지적하시오.

9. 특수학습자(영재, 정신지체, 학습장애, 주의력결핍 과잉행동장애, 말하기 및 소통장애, 정서 및 행동 장애, 자폐증)의 특징을 기술하시오.

　사람들은 그야말로 각양각색이다. 엄밀한 의미에서 보면 이 세상에 똑같은 사람은 존재하지 않는다. 외모도 다르고, 생리적 특성도 다르다. 생각도 다르고, 취향도 다르다. 키가 큰 아이가 있는가 하면, 키가 작은 아이도 있다. 공부를 잘하는 학생이 있는 반면, 공부를 제대로 하지 못하는 학생도 있다. 공부에 재미를 느끼는 학생도 있고, 공부에는 아예 관심이 없는 학생도 있다. 시험을 칠 때 문제를 빨리 푸는 학생이 있는가 하면, 천천히 푸는 학생도 있다. 사람 사이의 이러한 차이를 개인차(個人差, individual difference)라고 한다.

　개인차는 학습 및 교수에 영향을 미치는 가장 중요한 요인이므로 교육심리학의 가장 중요한 탐구영역을 차지하고 있다. 교육목표분류학에서는 학생들의 개인차를 인지적 특성, 정의적 특성, 운동기능적 특성으로 분류하고 있다. 여기서 인지적 특성(認知的 特性, cognitive characteristics)은 지식, 이해, 종합과 같이 전형적인 사고방식과 관련된 특성을, 정의적 특성(情意的 特性, affective characteristics)은 정서, 가치관, 태도와 같이 전형적인 감정을 나타내는 특성을 지칭한다. 운동기능적 특성(運動技能的 特性, psycho-motor characteristics)은 신체기능이나 동작에 관련된 특성을 의미한다.

　개인차는 교육에 커다란 영향을 준다. 학생들은 인지적 특성은 물론 정의적 특성과 운동기능적 특성에서 큰 차이가 있고, 이러한 차이는 학습에 영향을 준다. 따라서 교육에서는 학생들의 공통적이고 전형적인 특징은 물론 개인차 특성도 고려해야 한다.

　학교교육과 가장 긴밀하게 관련을 맺고 있는 개인차 특성은 인지적 특성이다. 이 장에서는 학교교육과 긴밀한 관련을 맺고 있는 인지적 특성인 지능을 중점적으로 살펴보고 특수학습자에 관해 약술한다. 다음 장에서는 창의력과 인지양식, 그리고 선행지식에 관해서 설명한다.

1. 지능이론

　지능(知能, intelligence)이 인간의 가장 중요한 지적 특성이라는 주장에 이견을 보이는 사람은 아무도 없다. 지능은 인류의 생존에 영향을 미친 가장 강력한 생존의 도구이므로 인류의 지능이 낮았다면 아마 인류는 생존하지 못하고 화석 속에 겨우 그 잔재만 남아 있을지도 모른다. 지능이 있어 인간은 수많은 것을 학습할 수 있다. 인류가 쌓아 올린 찬란한 문화도 따지고 보면 지능의 소산이다.

　지능은 교육과 긴밀한 관련을 맺고 있다. 어떤 의미에서 교육은 학생들의 지능을 활용해서 지능발달을 지향하는 활동이다. 그래서 Snow와 Yalow(1982)는 "지능은 교육의 가장 중요한 원재료인 동시에 교육의 가장 중요한 성과다."라고 했다.

그렇지만 지능은 매우 복잡한 개념이어서 한마디로 정의하기가 쉽지 않다. 지능에 관한 정의들이 지능을 연구하는 학자들보다 더 많다는 말(Sternberg & Detterman, 1986)은 지능이 복잡한 개념이라는 것을 잘 나타내 준다. 지능에 관한 대표적인 정의로는 "지능검사가 측정하는 것"(Boring, 1923), "합리적으로 사고하고 유목적적으로 행위하며 환경을 효과적으로 다루는 총체적인 능력"(Wechsler, 1958), "추상적 사상(事象)을 다루는 능력"(Terman, 1916), "목표지향적이고 적응적인 방식으로 행위하고 사고하는 능력"(Sternberg & Slatter, 1982), "지적 발달의 선천적 잠재력(지능 A)과 현재의 지적 능력(지능 B)"(Hebb, 1964) 등을 들 수 있다.

지능에 관한 수많은 정의들은 Sternberg(2000)가 지적한 바와 같이, 모든 사람들이 지능을 '어느 정도' 알고 있음을 나타낸다. 일반인들도 나름대로 지능이 무엇인지 알고 있다. 이러한 현상은 역설적으로 그 누구도 지능이 무엇인지 정확하게 알지 못하고 있음을 나타낸다. 즉, 누구나 지능이 무엇인가에 관해 나름대로의 개념을 갖고 있지만 지능의 실체적 성질을 정확하게 알고 있는 사람은 아무도 없다는 말도 된다.

지능의 본질에 관한 견해는 지능에 대한 접근에 따라 매우 다르다. 지능에 관한 이론적 접근은 인지발달론적 접근, 심리측정론적 접근, 정보처리론적 접근으로 대별할 수 있다(Wagner & Sternberg, 1984). Piaget의 이론으로 대표되는 인지발달론적 접근은 이미 2장에서 살펴본 바 있다.

심리측정론적 접근(心理測定論的 接近, psychometric approach)은 지능의 개인차를 확인하고 지능을 측정하는 데 주안점을 두는 접근이다. 이 접근은 지능이 여러 요인들로 구성되며, 지능검사로 이러한 요인들의 개인차를 측정할 수 있다는 입장을 취한다. 심리측정론적 접근은 지능을 개인차를 야기하는 원인으로 간주하고, 지능을 측정하여 지능지수(IQ)로 나타내며, 이를 비교하여 개인차를 진단하는 데 주력한다. 이요인설, 기초정신능력, 지능구조모형, 위계적 모형(유동성-결정성 지능이론)이 심리측정론적 접근에 속한다. 정보처리론적 접근(情報處理論的 接近, information processing approach)은 지능을 일련의 정보처리기능으로 간주한다. 이에 따르면 지능은 정신적으로 정보를 표상하고 처리하는 방식과 관련된다. PASS 이론은 정보처리론적 관점에서 지능을 설명한다. 대표적인 지능이론을 간략하게 소개한다.

1) 이요인설

이요인설(二要因說, two-factor theory)을 주창한 Spearman(1927)에 따르면 지능은 하나의

일반요인(一般要因, general factor, g요인)으로 구성되는 단일 능력이다. 그는 일반요인을 모든 인지과제들을 해결하는 데 필수적으로 관여하는 기본 정신에너지(즉, 약방의 감초)로 간주했다. 결국 일반요인은 바로 일반적 정신능력(general mental ability)을 뜻한다. 이요인설에 따르면 사람들은 일반요인의 수준에 따라 다양한 인지과제에서 한결같은 지적 기능을 발휘한다. 즉, 일반적 정신능력이 높으면 대부분의 과제에서 우수한 성취를 보이지만, 그 능력이 낮으면 정반대의 성취를 보인다.

또 Spearman은 특정 과제(예, 수학문제나 어휘문제 등)의 해결에만 적용되는 다수의 특수요인(特殊要因, specific factors, s 요인)을 제시했는데, 특수요인은 특정 과제를 해결하는 데만 적용되는 일반성이 낮은 능력이므로 지능이론에서 중시되지 않는다.

2) 기초정신능력

Thurstone(1938)은 Spearman의 주장처럼 지능이 하나의 일반요인이 아니라, 상호독립적인 7개의 기초정신능력(基礎精神能力, primary mental abilities, PMA)으로 구성되어 있다는 견해를 피력했다. 기초정신능력은 다음과 같다.

① 언어이해력(verbal comprehension): 단어와 문장의 의미를 이해하는 능력
② 언어유창성(verbal fluency): 단어를 신속하게 생각해 내는 능력
③ 수리력(number): 계산 및 수학문제해결 능력
④ 기억력(memory): 단어, 수, 그림 등을 기명(記銘)하는 능력
⑤ 공간지각능력(spatial visualization): 상징이나 도형을 마음속으로 조작하는 능력
⑥ 지각속도(perceptual speed): 자극의 속성을 신속하게 인식하는 능력
⑦ 추리력(reasoning): 유추문제를 해결하고 법칙이나 원리를 발견하는 능력

기초정신능력은 Spearman의 이요인설과 Guilford의 지능구조모형을 양극단으로 하는 연속선상에서 중간에 위치하는 이론이다.

3) 지능구조모형

Guilford(1988)의 지능구조모형(知能構造模型, structure of intellect model)에 따르면 지능은 5개의 내용 차원(contents), 6개의 조작 차원(operations), 6개의 산출 차원(products)을 조합하

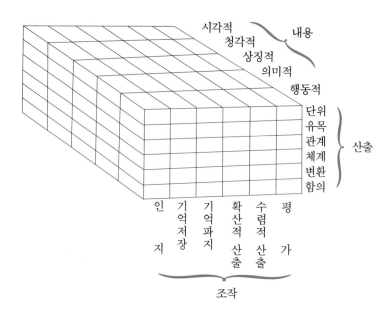

[그림 4-1] Guilford의 지능구조모형

여 만들어지는 180개의 기본능력으로 구성된다. 내용은 지적 활동에 사용되는 정보의 종류, 조작은 정신과정, 산출은 내용(정보)에 조작을 가하여 생성된 결과를 의미한다. 지능이 180 개의 요인으로 구성되어 있다고 보는 지능구조모형은 지능이 하나의 일반요인으로 구성되어 있다는 Spearman의 이요인설과 극단적으로 대비되는 관점이다.

정신활동에 투입되는 정보의 성질을 의미하는 내용 차원은 시각적 정보, 청각적 정보, 상 징적 정보(수, 기호 등), 의미적 정보, 행동적 정보(다른 사람의 감정과 행동에 관한 정보)로 구분 된다. 정신과정을 의미하는 조작 차원의 하위요소는 다음과 같다.

① 인지(cognition): 정보를 인식하고 발견하며 이해하는 과정
② 기억저장(memory recording): 정보를 기억에 저장하는 활동
③ 기억파지(memory retention): 정보를 기억에 보존하고 인출하는 활동
④ 확산적 산출(divergent production): 다양하고 창의적인 반응을 생성하는 활동
⑤ 수렴적 산출(convergent production): 유일하고 수용가능한 정답을 찾아내는 활동
⑥ 평가(evaluation): 정보나 결정의 적합성을 판단하는 활동

이 중에서 수렴적 사고(收斂的 思考)는 문제에 관해 '유일한' 정답을 찾아내는 논리적인 사고로, 지능검사에서 측정되는 주요 능력이다. 확산적 사고(擴散的 思考) 혹은 발산적 사고

(發散的 思考)는 다양하고 창의적인 문제해결책을 모색하는 사고로, 창의력의 핵심을 차지한다.

내용에 조작을 가하여 생성된 산출 차원은 (1) 개별적인 정보항목(단위, unit), (2) 공통속성에 의해 분류된 일련의 정보(유목, class), (3) 정보 간의 연합(관계, relation), (4) 정보의 조직(체계, system), (5) 정보의 변환(transformation), (6) 정보에 근거한 추론 혹은 예측(함의, implication)으로 구성된다.

지능구조모형에 근거하여 학교교육을 분석해 보면 내용 차원에서는 의미적 내용에 치중한 나머지 다른 내용들은 상대적으로 등한시하고 있으며, 조작 차원에서는 기억과 수렴적 사고를 강조하지만 다른 조작들은 무시하고 있고, 산출 차원에서는 단위와 유목을 지나치게 강조하고 있다는 비판이 가능하다.

4) 위계적 모형

위계적 모형(位階的 模型, hierarchical model)은 지능을 구성하는 요인들이 위계를 이루고 있다고 가정한다. 이 모형에 따르면 위계의 상층부에는 일반요인이, 하층부에는 특수요인이 자리한다. 그러므로 위계적 모형에 따르면 1차 요인(first-order factors)이 하층부에 자리하고, 1차 요인에 영향을 미치는 2차 요인(second-order factors)이 그다음 수준에 위치하며, 2차 요인에 영향을 주는 3차 요인(third-order factors)이 위계의 최상위에 위치한다. 이 모형에서는 요인의 위계적 수준이 높을수록 일반성이 높다.

Vernon(1971)의 위계적 모형에 따르면 최상위수준에는 일반요인, 제2수준에는 주군집요인(major group factors: 언어-교육적 능력과 수리-기계적 능력), 제3수준에는 하위군집요인(minor group factors), 맨 하위수준에는 특수능력이 자리한다. 유동성-결정성 지능이론과 Carroll(1993)의 3층 이론(three-stratum theory)도 위계적 모형에 해당된다.

Cattell(1943, 1963)의 유동성-결정성 지능이론(gf-gc theory)은 일반지능을 결정성 지능과 유동성 지능으로 구분한다. 결정성 지능(結晶性 知能, crystallized intelligence, gc)은 경험이나 교육의 영향을 받아 획득한 능력으로 어휘이해력, 수리력, 일반지식을 포함한다. 즉, 결정성 지능은 개인이 소유하고 있는 정보량을 의미하며, 어휘력검사와 일반지식검사로 측정된다. 유동성 지능(流動性 知能, fluid intelligence, gf)은 생물학적으로 결정되는 생리적 및 신경적 요인으로 모든 문화권에 보편적인 능력으로 언어유추능력, 기억능력, 추상적 관계이해능력을 포함한다. 즉, 유동성 지능은 새로운 상황에서 정보를 획득하고 활용하는 능력을 말하며, 추리력검사로 측정된다. 이 이론은 2층 이론(two-stratum theory)이다. 이에 따르면 1층에는

40여 개의 특수요인(특수요인은 Thurstone의 기초정신능력을 포함한다.), 2층에는 2차 요인(즉, 유동성 지능과 결정성 지능)이 위치한다. Thurstone의 이론과 마찬가지로 유동성-결정성 지능이론은 Spearman의 이론과 Guilford의 이론을 양극단으로 하는 연속선상에서 중간에 위치하는 이론이다.

5) PASS 이론

PASS(planning, attention, simultaneous processing, successive processing) 이론은 지능을 정보처리이론에 비추어 설명한다(Das, Naglieri, & Kirby, 1994; Das, Kar, & Parrila, 1996). PASS는 지능을 구성하는 3개의 기본정신과정을 두문자(頭文字)로 표시한 것이다. 첫 번째 요소는 주의(attention)와 각성(arousal)이다. 적정 수준의 주의와 각성은 모든 정신활동에 기본적인 인지과정이다. 두 번째 요소는 동시적 처리(同時的 處理, simultaneous processing: 다양한 정보들을 한꺼번에 처리하는 방식)와 연속적 처리(連續的 處理, successive processing: 정보들을 순서대로 처리하는 방식)다. 사람 얼굴을 인식할 때는 모든 정보들을 동시에 처리해야 한다. 반면에 수학문제를 해결할 때와 같이 일련의 단계를 순서대로 수행해야 하는 과제는 연속적으로 처리된다. 세 번째 요소인 계획(planning)은 행위계획을 수립·실천하고, 그 효과를 평가하는 과정이다. 계획은 메타인지전략의 주요 구성요소다.

2. 지능에 관한 최근 이론

전통적인 지능이론은 지능이 다양한 측면 혹은 차원으로 구성되어 있다는 사실을 고려하지 못하고, 대부분의 지능검사들은 극히 한정된 인지적 능력만 측정하고 있다는 지적을 받고 있다. 전통적 지능이론이 적절하지 못하다는 주장이 지속적으로 제기되면서 지능을 새로운 관점에서 설명하기 위한 접근이 활발하게 나타났다. 이 절에서는 지능에 관한 최근 이론으로 다중지능이론, 성공지능이론, 정서지능이론을 살펴본다.

1) 다중지능이론

Howard Gardner(1993, 1995)의 다중지능이론(多重知能理論, theory of multiple intelligences)은 상호독립적인 지능들이 존재한다고 보는 이론이다. 다중지능이란 용어는 말 그대로 여러

| 표 4-1 | **다중지능이론**

지능의 유형	설명	사례
언어지능	단어의 의미와 소리에 대한 민감성, 문장구성의 숙련, 언어사용방법의 통달	시인, 연설가, 교사
논리수학지능	대상과 상징, 그것의 용법 및 용법 간의 관계 이해, 추상적 사고능력, 문제이해능력	수학자, 과학자
공간지능	시각적 정보의 정확한 지각, 지각내용의 변형능력, 시각경험의 재생능력, 균형과 구성에 대한 민감성, 유사한 양식을 감지하는 능력	예술가, 항해사, 기술자, 건축가, 외과의사
신체운동지능	감정이나 의도를 표현하기 위해 신체를 숙련되게 사용하고 사물을 능숙하게 다루는 능력	무용가, 운동선수, 공예인, 배우
음악지능	음과 음절에 대한 민감성, 음과 음절을 리듬이나 구조로 결합하는 방법과 음악의 정서적 측면을 이해하는 능력	음악가, 작곡가
대인관계지능	타인의 기분, 기질, 동기, 의도를 파악하고 변별하는 능력, 타인에 대한 지식에 따라 행동할 수 있는 잠재능력	정치가, 종교인, 사업가, 행정가, 부모, 교사
개인내적 지능*	자신에 대한 이해, 통찰, 통제 능력	소설가, 임상가
자연관찰지능	동식물이나 주변 사물을 관찰하여 공통점과 차이점을 분석하는 능력	동물행동학자, 지리학자, 탐험가
실존지능	인간의 존재, 삶과 죽음, 희로애락, 인간의 본성 및 가치에 대해 철학적·종교적 사고를 할 수 있는 능력	종교인, 철학자

주: *국내문헌에서 개인내적 지능(intrapersonal intelligence)은 내적 성찰지능 혹은 자기이해지능으로 번역되기도 한다.

가지 유형의 지능들이 존재한다는 것을 뜻한다. 다중지능이론과 뒤에서 다룰 성공지능이론은 지능이 단일 능력이라는 견해를 부정한다는 공통점이 있다. 단, 다중지능이론은 지능의 영역에 주안점을 둔 반면, 성공지능이론은 인지과정에 주안점을 두었다는 점에서 차이가 있다.

Gardner는 인간이 영역(언어, 수리, 음악, 운동 등)에 따라 독립적인 정보처리체계를 갖고 있다고 보고 지적 활동을 여러 영역으로 구분한 다음, 각 영역에 대응되는 지능을 〈표 4-1〉과 같이 구분했다. 다중지능이론의 기본견해는 대체로 다음과 같다.

첫째, 지능들은 상호독립적이다. 즉, 아홉 가지 지능들의 관계는 상호독립적이므로 특정 지능이 높다고 해서 다른 지능들이 높은 것은 아니다. 광범한 연구자료를 분석한 결과 그는 아홉 가지 지능들이 모두 우수한 '전지전능'한 사람은 존재하지 않는다고 주장한다. 마찬가지로 정신지체아도 모든 지능들이 열등한 것이 아니라 특정 지능이 우수할 수 있다.

둘째, 모든 지능들의 중요성은 같다. 그러므로 언어지능이나 논리수학지능이 음악지능이나 신체운동지능보다 더 중요한 것은 아니다.

셋째, 특정 영역에서는 여러 지능들이 복합적으로 작용할 수도 있다. 예컨대, 수학문장제(數學文章題)를 해결할 때는 논리수학지능과 언어지능이 모두 작용하며, 음악연주를 하는 데는 음악지능뿐만 아니라 신체운동지능과 대인관계지능도 관여한다.

넷째, 지능은 문화의존적이고 상황의존적이다. 다중지능이론은 문화나 상황에 따라 중시되는 능력이 상이하므로 지능도 문화나 상황에 따라 다르다고 본다. Gardner는 지능을 자신이 처한 문화나 상황에서 문제를 해결하거나 가치 있는 산물을 만들어 내는 능력으로 간주한다.

다섯째, 지능은 교육 및 훈련을 통해 상당 부분 촉진할 수 있다. 그러므로 교육에서는 가능하면 일찍 아동의 지능을 진단하여 촉진해야 한다. 단, 교육이 특정 지능에 집중되면 다른 지능들의 발달이 늦어지는 부작용이 초래될 수 있으므로 유의해야 한다. 아울러 지능에 따라 발달속도가 다르다는 점도 고려해야 한다. 논리수학지능이나 음악지능은 비교적 일찍 발달하고, 대인관계지능은 비교적 늦게 발달한다.

여섯째, 학교교육은 사회가 중시하는 다양한 지능들을 기르는 데 주력해야 한다. Gardner는 종래의 학교교육이나 지능이론이 언어지능과 논리수학지능만 지나치게 강조하고 다른 영역의 지능들을 등한시했다고 비판한다. 사회에서 성공하려면 언어지능이나 논리수학지능은 물론 다양한 지능들이 필요하다. 그러므로 학교에서는 언어지능이나 논리수학지능만 강조할 것이 아니라, 다양한 지능들을 개발하여 학생들이 학교와 사회에서 성공할 수 있도록 도와주어야 한다.

일곱째, 지능을 개발하려면 교과를 다양한 방식으로 가르쳐야 한다. 교과를 다양한 방식으로 가르치면 유의미학습을 할 수 있고, 학습한 것을 실생활에서 쉽게 활용할 수 있다. 단, 이것이 모든 지능들을 발달시키기 위해 모든 교과들을 아홉 가지 방식으로 가르쳐야 한다는 뜻은 아니다. 현실적인 측면에서 모든 교과들을 아홉 가지 방식으로 가르치는 것은 불가능하다. 현실여건을 감안할 때 수업에는 두세 가지 지능들을 포함하는 것이 바람직하다. 예를 들어, 수학교사가 함수를 가르칠 때 논리수학적 지능과 신체운동지능을 결합할 수도 있고, 국어교사가 소설을 가르칠 때 언어지능과 대인관계지능을 결합할 수 있다.

한편, 다중지능이론은 (1) 경험적으로 타당성이 검증되지 못했고, (2) 신체운동지능이나 음악지능은 지능이 아니라 재능(talent)에 불과하고 나머지 지능들은 전혀 새로운 것이 아니며, (3) 언어지능, 논리수학지능, 공간지능은 독립적인 지능이 아니라 지능을 구성하는 요소에 불과하고, (4) 지능들이 상호독립적이지 않으며(논리수학지능과 공간지능은 상관이 높다.), (5) 지적 행동에서 작업기억(7장 참조)이 수행하는 역할을 고려하지 못하고 있다(인지심리학에 따르면 작업기억은 문제해결에 필수적이다.)는 비판을 받고 있다.

　이러한 비판에도 불구하고 다중지능이론은 성공지능, 정서지능, 도덕지능, 관계지능(network intelligence) 등 지능에 관한 활발한 논의를 촉발시켰고, 획일적인 학교교육을 학생 개개인의 잠재력이나 장점을 극대화시킬 수 있는 교육으로 개선하기 위한 교육개혁운동의 이론적 토대를 제공했다는 평가를 받고 있다.

2) 성공지능이론

　Sternberg(1996a, 1998, 2003)는 전통적인 심리측정론적 지능(즉, IQ)에 대비되는 성공지능의 개념을 제안했다. Sternberg(2003)가 제안한 성공지능의 개념은 다음과 같다.

① 성공지능(成功知能, successful intelligence)은 자신이 처한 사회문화적 상황에서 자신이 설정한 표준에 비추어 삶에서 성공할 수 있는 능력이다. 성공은 추구하는 목적에 비추어 정의되므로 성공의 구체적인 내용은 사람마다 다르다. 학생의 경우 성공의 지표는 학업성적이지만, 회사원의 경우 성공의 지표는 승진이다.
② 성공하는 능력은 자신의 강점을 활용하고 단점을 보완하는 능력에 좌우된다. 성공지능이 높은 사람은 자신의 강점을 잘 활용하는 동시에 단점을 잘 극복한다.
③ 성공지능은 목적을 달성하기 위해 적합한 환경을 의도적으로 선택하거나, 환경을 변형하고, 환경에 적응하는 능력이다. 즉, 성공지능은 환경의 선택, 환경의 변형, 환경에 대한 적응 사이의 균형을 유지하는 능력이다.
④ 성공은 분석적 능력, 창의적 능력, 실용적 능력의 균형을 통해 달성된다.

　성공지능이론은 그의 삼원이론(三元理論, triarchic theory: tri-는 'three', -archic는 'governed'를 뜻한다.)을 토대로 발전된 이론이다. 삼원이론은 (1) 지적 행동의 기저를 이루는 기본인지과정을 다루는 요소이론, (2) 지능을 경험과 관련지어 창의적 행동의 기반이 되는 행동을 분석하는 경험이론, (3) 지능을 상황과 관련지어 여러 문화권에서 지적인 행동을 분석하는 맥락이론으로 구성된다.

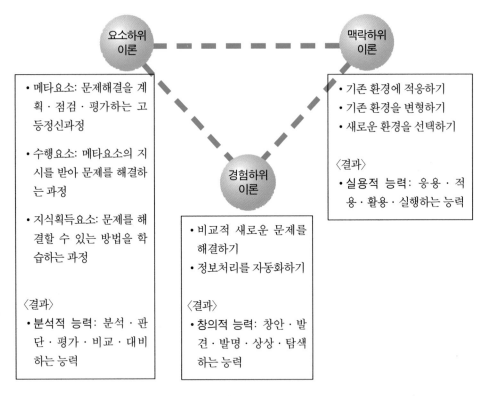

[그림 4-2] **성공지능의 삼원이론(Sternberg & Williams, 2002: 130)**

(1) 분석적 능력

분석적 능력(分析的 能力, analytical ability)은 새로운 지식을 획득하고 그 지식을 논리적인 문제를 해결하는 데 적용하는 능력으로, 지적 행동의 기반이 되는 기본인지과정이다. 학교학습의 성패는 분석적 능력에 좌우되므로 분석적 능력이 높을수록 학교시험이나 기존 지능검사에서 높은 점수를 얻을 확률이 높다. 분석적 능력은 요소이론으로 체계화되었는데, 요소이론(要素理論, componential theory)은 지적 행동의 기반이 되는 기본인지과정을 다루는 인지에 관한 정보처리모형이다. 지적 행동의 기저를 이루는 기본인지과정은 메타요소, 수행요소, 지식획득요소로 구분된다.

① 메타요소(meta-components): 지적 행동을 계획·관리·조직하는 고등정신과정으로, 수행요소와 지식획득요소를 언제 어떻게 적용해야 할 것인가를 결정하는 과정이다. 메타요소는 (1) 문제를 인식하는 기능, (2) 문제의 요건, 목표, 장애요인을 정의하는 능력, (3) 문제해결에 필요한 하위과정을 선택하는 능력, (4) 문제해결전략을 선택하는

능력, (5) 문제의 요건, 요건 사이의 관계, 목표를 정신적으로 표상하는 능력, (6) 문제를 해결하기 위해 주의를 비롯한 정신적 자원을 할당하는 능력, (7) 문제해결과정을 점검하는 능력, (8) 문제해결 후 결과를 평가하는 능력으로 구성된다. 프로젝트를 할 때 주제를 결정하고, 전략을 선택하며, 진행 여부를 점검하고, 완성되었을 때 평가하는 인지과정이 메타요소다.

② 수행요소(performance components): 메타요소의 지시를 받아 문제를 해결하는 하등정신과정이다. 수행요소는 문제의 성격에 따라 영향을 받는다. 문제의 요소를 부호화하고, 가능한 해결책들을 비교하며, 정보를 인출하고, 반응을 하는 것 등이 수행요소를 구성한다. 프로젝트를 수행하기 위해 참고문헌을 조사하고, 자료를 수집하며, 보고서를 작성하는 과정이 수행요소다.

③ 지식획득요소(knowledge acquisition components): 문제해결에 필요한 새로운 정보를 학습하는 하등정신과정이다. 지적인 행동에는 선택적 부호화, 선택적 결합, 선택적 비교 등 세 가지 지식획득요소가 특히 중요하다. 선택적 부호화는 다양한 정보 중에서 적절한 정보를 결정하는 과정이고, 선택적 결합은 정보들을 통합된 전체로 구성하는 과정이며, 선택적 비교는 새로운 정보와 기억에 저장된 정보를 비교하는 과정이다. 프로젝트를 수행하기 위해 자료를 탐색하고, 자료를 조직하고, 보고서를 작성하는 방법을 학습하는 과정이 지식획득요소다.

메타요소는 경영자, 수행요소는 실무자, 지식획득요소는 학습자에 각각 비유할 수 있다. 이 세 가지 요소는 서로 영향을 미치고 어느 한 요소가 결손되면 다른 요소도 결손되므로 문제해결과정에서 상호작용을 한다. 예를 들어, 어떤 주제에 관한 보고서 작성을 계획한 다음(메타요소), 보고서 작성에 필요한 자료를 학습하고(지식획득요소), 보고서 작성을 시도했지만(수행요소), 보고서 작성에 문제가 있다고 판단되면(메타요소), 주제를 바꿀 수도 있다(메타요소). 이 요소들의 개인차는 정보처리의 개인차, 즉 지능의 개인차를 의미한다.

(2) 창의적 능력

창의적 능력(創意的 能力, creative ability)은 (1) 비교적 새로운 문제를 해결하는 능력과 (2) 신속하고 자동적으로 정보를 처리하는 능력으로 구성된다. 이 두 가지 능력은 경험과 깊은 관련이 있으므로 Sternberg는 이 능력을 경험이론(經驗理論, experiential theory)으로 체계화했다.

새로운 문제를 해결하는 능력과 정보처리과정을 자동화시키는 능력은 지능의 보편적인 측면이다. 새로운 문제를 잘 해결하는 사람은 그렇지 못한 사람보다 지능이 더 높다. 지적인 사람은 새로운 장면에서 적절한 정보를 추출해서 적용하기 위해 앞에서 언급한 지식획득요소(즉, 선택적 부호화, 선택적 결합, 선택적 비교)를 능란하게 활용한다. 과학자, 예술가, 학자 등 탁월한 업적을 나타내는 사람은 새로운 장면에서 적절한 정보에 주의를 기울이고(선택적 부호화), 아무 관련이 없는 것들을 연관시켜 새로운 것을 만들어 내며(선택적 결합), 기존의 것을 완전히 다른 관점에서 파악하여 새로운 것을 유추하는 능력(선택적 비교)이 탁월한 것으로 알려져 있다(Trotter, 1990).

아울러 지능이 높은 사람은 문제해결과정에서 신속하고 자동적으로 정보를 처리한다. 정보처리의 자동화는 문제를 신속하게 해결하는 데 도움을 주는 것은 물론 주의와 작업기억 등 한정된 인지적 자원을 새로운 정보처리에 활용하도록 해 준다.

(3) 실용적 능력

실용적 능력(實用的 能力, practical ability)은 현실 상황에 적응하거나 상황을 선택하고 변형하는 능력이다. 실용적 능력은 학위취득, 취업, 결혼과 같은 개인적 목적을 달성하는 데 필요한 능력이므로 실용적 지능(實用的 知能, practical intelligence)이라 불리고 있다. 메타요소, 수행요소, 지식획득요소를 실생활에 적용하는 실용적 능력은 학교교육이 아니라 일상생활을 통해 획득되며, 학업성적과 무관하다. Sternberg는 실용적 능력을 맥락이론(脈絡理論, contextual theory)으로 체계화했다.

맥락이론에 따르면 실용적 능력은 적응, 변형, 선택으로 구성된다. 적응(適應, adaptation)은 환경과 조화로운 관계를 유지하는 것을 말한다. 지적인 사람은 환경에 잘 적응한다. 변형(變形, shaping)은 환경을 수정하는 과정이다. 환경에 적응하지 못할 경우 요구나 능력에 맞게 환경을 변형시켜야 한다. 선택(選擇, selection)은 자신에게 맞는 환경을 선택하는 것을 뜻한다. 환경에 적응할 수 없거나 환경을 변형시킬 수 없을 경우에는 새로운 환경을 선택해야 한다. 일상생활에서는 적응, 변형, 선택 사이의 균형이 중요한데, 지적인 사람은 세 요소의 균형을 잘 유지한다.

근본적으로 문화상대주의(cultural relativism)의 입장을 견지하는 맥락이론에 따르면 지능은 맥락(상황)과 불가분의 관련을 맺고 있다. 이는 실용적 능력을 구성하는 세 요소는 보편성이 있지만, 적응하고 변형하며 선택하는 구체적인 행동은 상황에 따라 다르고, 그 결과 지적 행동도 상황에 따라 다르다는 것을 뜻한다. 가령, 우리나라 중산층 아동에게 지적인 행동이라도 아프리카의 아동에게는 어리석은 행동이 될 수도 있다. 더군다나 상황(문화)이 같다고 하더라도 지적 행동은 시대에 따라 상당히 다르다. 그래서 지금 지적인 행동이라도 시간이 지나면 어리석은 행동이 될 수도 있다.

(4) 교육적 시사점

삼원이론은 지능이 교육을 통해 증진될 수 있으며 분석적 능력, 창의적 능력, 실용적 능력이 모두 동원될 때 학습이 극대화된다고 주장한다. Sternberg는 모든 교과에는 정신활동의 내용(문자, 수, 그림 등)과 표현방식만 다를 뿐 동일한 정신과정이 포함되어 있으므로 모든 교과의 수업에서는 세 가지 능력을 모두 다루어야 한다고 주장한다. 예컨대, 수학에서는 수학공식을 이용해서 문제를 풀거나(분석적 능력), 수학문제를 출제하거나(창의적 능력), 공식을 이용해서 서울에서 부산에 도달하는 데 걸리는 주행시간을 추정할 수 있다(실용적 능력). 미술에서는 작가의 작품스타일을 비교하거나(분석적 능력), 작품을 만들거나(창의적 능력), 미술이 광고에 어떻게 활용되고 있는가를 고찰할 수 있다(실용적 능력). 또 세 가지 능력을 모두 평가해야 한다. 삼원이론의 관점에서 보면 기존 지능검사는 분석적 능력 중에서 지식획득요소나 수행요소는 어느 정도 측정하고 있으나 분석적 능력의 메타요소, 창의적 능력, 실용적 능력을 제대로 측정하지 못한다는 제한점이 있다.

삼원이론에 따르면 수업과 평가를 학생들의 능력에 부합시키고, 상대적으로 취약한 능력을 보완할 수 있는 노력을 해야 한다. 또 개개인의 강점과 약점을 확인한 다음 강점을 극대화하고 단점을 보완할 수 있는 교육을 해야 하며, 지능훈련은 개인이 처한 환경이나 상황을 감안해야 한다.

3) 정서지능이론

전통적으로 교육에서는 인지적 능력을 중시하고 정서적인 특성을 상대적으로 경시해 왔다. 이러한 견해는 인지적 능력이 정서적 특성보다 우월하다는 편견에서 기인한다. 심지어 정서적 특성을 부정적이고 바람직하지 않은 것으로 생각하는 경향마저 없지 않다. 그러나 정서적인 특성은 인간의 주요한 부분을 차지하고 있으므로 인지적 능력 못지않게 중요하다. 그러므로 정서적인 특성을 무시하거나 부정적으로 간주하는 것은 근시안적인 견해라고 하지 않을 수 없다.

정서적 특성이 인간 본성의 한 부분이라면 교육에서는 마땅히 그에 관심을 기울여야 한다. 다중지능이론은 정서지능이론이 태동할 수 있는 계기를 제공했다. 앞에서 살펴본 것처럼 다중지능이론은 대인관계지능과 개인내적 지능을 지능의 주요 영역으로 포함하고 있는데, 그것이 정서지능의 모체가 되었다.

글상자
4-1

마시멜로 이야기: 참는 것도 능력이다.

월터 미셸(Walter Mischell)이라는 심리학자는 4세 아동들에게 맛있는 마시멜로를 하나씩 주고 "잠깐 볼일을 보고 올 테니 마시멜로를 먹고 싶으면 먹어도 되지만, 내가 돌아올 때까지 기다리면 마시멜로를 하나 더 주겠다."라고 말한 다음 실험실 밖에서 아동들을 관찰해 보았다. 물론 연구자가 나가자마자 마시멜로를 먹어 치운 아동들도 있었고, 연구자가 돌아올 때까지 기다린 후 2개를 먹은 아동들도 있었다. 후에 그는 그 아동들이 대학에 진학할 무렵 어떻게 성장했는지 조사해 보았다. 그 결과 마시멜로를 2개 먹은 아동들은 사회적으로 잘 적응하고 자기주장성이 높고 스트레스 상황에서도 쉽게 좌절하지 않으며 적극적으로 문제해결책을 모색하려고 노력하고 자신감과 독립성이 높았다. 반면 마시멜로를 하나만 먹은 아동들은 정서적으로 불안정하고 자신감이 낮으며 문제상황에서 쉽게 좌절하고 열등감이 높으며 대학입학시험(SAT) 성적도 더 낮았다. 이 연구결과는 충동을 통제할 수 있는 정서지능이 성공의 중요한 요인임을 시사한다.

정서지능(情緒知能, emotional intelligence)은 자신 및 타인의 정서를 이해하고 활용하는 능력을 말한다. 다중지능이론의 영향을 받은 Salovey와 Mayer(1990)는 정서지능을 "자신과 타인에 관한 정서적 정보를 정확하고 효과적으로 처리할 수 있는 능력"이라고 정의했다. 시사주간지 타임(1995년 10월 9일자)은 Daniel Goleman(1995)의 저서 『정서지능(Emotional Intelligence)』을 커버스토리로 다루어 정서지능에 관한 대중의 관심을 유도했다. Goleman(1995)에 따르면 정서지능의 구성요소는 다음과 같다.

① 자신의 정서를 인식하는 능력: 자신이 경험하는 정서를 정확하게 인식하는 능력이다. 이 능력은 자신을 통찰하고 이해하는 데 필수적인 능력이다. 자신의 정서를 정확하게 인식하지 못하면 정서의 노예로 전락할 소지가 있다.

② 정서통제능력: 정서의 정확한 인식을 토대로 정서를 적절하게 관리하는 능력이다. 일상에서는 이를 자제력이라고 한다. 정서통제능력이 높은 사람은 분노, 흥분, 우울, 불안과 같은 부정적인 정서를 쉽게 통제할 수 있지만, 이 능력이 부족한 사람은 늘 괴로운 느낌에 시달리거나 엄청난 사건을 저지를 수 있다. 예컨대, 분노조절장애가 있는 사람은 순간적인 분노를 제어하지 못해 돌이킬 수 없는 일을 저지른다. 최근 조사에 따르면 우리나라 성인의 55%가 분노조절에 문제가 있으며, 10% 정도의 성인은 위험 수준

이라고 한다.

③ 동기부여능력: 자신의 정서를 활용하여 목적을 달성하기 위한 동기를 부여하는 능력이
　다. 정서지능이 높은 사람들은 자신이 추구하는 목적에 열정과 자신감을 부여하고, 목
　적을 달성하기 위해 충동을 억제하고 즉시적 만족을 지연할 수 있다.

④ 다른 사람의 정서를 인식하는 능력: 다른 사람이 경험하는 정서를 정확하게 추리하고 이해
　하는 능력이다. 다른 사람이 느끼는 정서를 이해하는 능력은 공감(共感, empathy) 혹은
　감정이입능력(感情移入能力)이라 한다. 공감능력은 긴밀한 대인관계를 형성하는 토대가
　된다.

⑤ 대인관계 관리능력: 원만한 대인관계를 형성하는 능력으로, 넓은 의미에서는 다른 사람
　의 감정을 적절하게 관리하는 능력이다.

　정서지능과 학업지능의 관계는 상호독립적이다. 그러므로 학업지능이 높더라도 정서지
능은 낮을 수 있고, 그 역도 가능하다. 이것은 학업지능이 우수하면 다른 모든 능력들도 당
연히 우수할 것이라는 전통적인 견해가 그릇되었음을 의미한다. 정서지능과 학업지능이 독
립적인 관계에 있다는 사실을 고려할 때 학업지능과 정서지능이 모두 높은 경우가 가장 바
람직하다.

　정서지능은 학업지능 못지않게 중요하다. 충동통제력이 높은 아동은 충동통제력이 낮은
아동에 비해 학교에서 잘 적응하고 학업성적이 더 높다. 당연히 정서지능이 높을수록 사회
생활에서 잘 적응하고, 성공확률이 높다. 반면에 정서지능이 낮을수록 학교에 제대로 적응
하지 못하고, 학업성적이 낮으며, 사회생활에 문제가 있다. 이러한 측면에서 보면 정서지능
이 학업지능보다 더 중요하다고 할 수 있다. 즉, 학교에서 공부는 잘하지만 사회생활에 제대
로 적응하지 못하는 경우보다 비록 성적은 낮지만 사회생활을 잘하는 경우가 더 바람직하다
고 할 수 있다.

　최근 우리 사회에서는 정서지능에 대한 관심이 급격하게 높아졌다. 소위 ‘EQ(감성지능지
수)’로 통용되고 있는 정서지능이 일반인들의 큰 관심을 끌게 된 것은 현대사회의 상황과 무
관하지 않다. 현대사회는 청소년 비행, 정신장애, 사회적 부적응과 같이 심각한 문제를 안고
있다. 그런데 기존의 학업지능으로는 현대사회의 당면문제들을 해결할 수 없다는 인식이 점
차 확산되었다. 기업들도 첨단산업이 발전하고 팀워크가 강조되면서 구태의연한 조직관리
방식의 한계를 절감하게 되었다. 이러한 시대·사회적 상황과 맞물려 정서지능은 가히 폭발
적인 주목을 끌고 있다. 앞으로도 정서지능은 날이 갈수록 더 중시될 것이라고 예상된다.

3. 지능검사

현대적인 의미의 지능검사는 20세기 초 프랑스의 Alfred Binet와 Theodore Simon이 처음 개발했다. 프랑스 정부로부터 정상적인 학교교육을 받기 어려운 저능아 선발도구 개발을 의뢰받은 Binet는 지능을 기억·판단·이해·주의집중·추리하는 능력으로 정의하고, 그것을 재기 위한 측정도구로 1905년 Simon과 함께 Binet-Simon 검사를 제작했다. 이 검사는 지능이론에 근거하여 제작된 것이 아니라 학교수업을 정상적으로 받을 수 있는 아동과 특수교육이 필요한 아동을 변별하기 위한 실용적인 목적으로 제작되었다. 즉, 이 검사는 학업성적을 예측하고 학습문제를 교정하기 위한 목적으로 개발되었다. Binet-Simon 검사는 지능검사 발전을 선도했으며, 그 영향을 받아 수많은 지능검사들이 개발되었다. 여기에서는 지능검사의 종류를 살펴본 다음 지능을 측정하여 지능지수로 표시하는 방법을 소개한다. 그리고 지능지수 해석 시의 유의사항과 지능과 성취의 관계를 간략하게 논의한다.

1) 지능검사의 종류

지능검사는 지능을 재기 위한 측정도구를 의미한다. 지능검사는 실시방식에 따라 (1) 개인용 검사와 (2) 집단 검사로 구분되고, 문항의 표현양식에 따라 (1) 언어성 검사, (2) 비언어성 검사, (3) 동작성 검사로 구분된다.

(1) 실시방식을 기준으로 한 분류
① 개인용 검사
개인용 검사(individual test)는 한 명의 검사자가 한 명의 피검사자를 대상으로 실시하는 검사를 말한다. 비네-시몽 검사(1905), 스탠퍼드-비네 검사(Terman, 1916), 웩슬러 성인용 지능검사(Wechsler Adult Intelligence Scale, WAIS), 웩슬러 아동용 지능검사(Wechsler Intelligence Scale for Children, WISC), 웩슬러 유아용 지능검사(Wechsler Preschool and Primary Scale of Intelligence, WPPSI) 등이 개인용 검사에 해당된다.

② 집단 검사
지능검사 발전에 커다란 영향을 미친 개인용 지능검사는 시간과 비용이 많이 소요된다. 이러한 문제점을 극복하기 위해 집단 지능검사가 제작되었다. 집단 검사(group test)는 한 명의 검사자가 여러 명의 피검사자들을 대상으로 동시에 검사를 실시하는 효율적인 방법이다.

　집단 지능검사의 효시는 제1차 세계대전 당시 입대자들을 신속하게 선별, 분류하기 위해 개발된 육군알파검사(Army alpha test)다. 육군알파검사는 언어성 검사로 개발되었다. 그 후 입대자 중 문맹자들의 지능을 측정하기 위해 비언어성 검사인 육군베타검사(Army beta test) 가 개발되었다. 우리나라 최초의 집단 지능검사는 정범모(1954)가 제작한 간편지능검사로 알려져 있다.

(2) 문항의 표현양식에 따른 분류

　지능검사는 문항의 표현양식에 따라 언어성 검사와 비언어성 검사로 나눌 수 있다. 언어성 검사(verbal test)는 문항을 문자로 표현한 검사를 의미한다. 비언어성 검사(nonverbal test)는 문맹자나 어린 아동들의 지능을 측정하기 위해 그림이나 도형으로 문항을 구성한 검사를 말한다. 동작성 검사(performance test)는 물체를 조립하도록 하는 검사와 같이 동작이나 기능을 수행하도록 하는 검사를 말한다.

2) 지능지수

　지능과 지능지수(知能指數, intelligence quotient, IQ)는 다르다. 지능은 지적 능력을 의미하지만, 지능지수는 지능검사에 포함된 문항 중에서 몇 개의 문항에 정답을 했는가를 기준으로 하여 부여한 수치를 뜻한다. 지능을 측정하여 지능지수로 표시하는 방법은 다음과 같다.

(1) 정신연령

　정신연령(精神年齡, mental age)은 개인이 지능검사에서 얻은 점수를 특정 연령집단의 평균과 비교하여 표시한 것으로, Binet가 처음 사용했다. 그러므로 정신연령이 5세라는 것은 지적 수준이 5세 아동집단의 평균과 같다는 것을 나타낸다. 정신연령은 절대적인 의미가 아니라 상대적인 의미를 갖고 있다는 사실에 유의해야 한다. 정신연령은 문제점을 가지고 있다. 예컨대, 정신연령이 10세인 7세 아동과 정신연령이 10세인 10세 아동은 정신연령이 같지만 지능이 동일하다고 할 수 없다.

(2) 비율지능지수

　비율지능지수(比率知能指數, ratio intelligence quotient, RIQ)는 다음과 같이 정신연령을 생활연령(실제 나이, chronological age, CA)의 비로 나타낸 지능지수를 말한다.

$$RIQ = \frac{MA(정신연령)}{CA(생활연령)} \times 100$$

비율지능지수는 정신연령이 생활연령과 같으면 100이고, 정신연령이 생활연령보다 높으면 100보다 크며, 정신연령 발달이 생활연령보다 늦으면 100보다 작다. 그러므로 생활연령이 5세인 아동의 정신연령이 6세이면 비율지능지수는 120이다.

비율지능지수는 정신적 성장의 속도를 나타낸다. 비율지능지수가 100이라는 것은 지능이 평균속도로 성장하고 있음을 나타낸다. 그러나 생활연령은 계속 증가하지만 정신연령은 15세 이후 거의 증가하지 않기 때문에, 15세 이후 비율지능지수를 구하면 정신연령이 같더라도 지능지수가 낮아진다는 문제점이 있다. 이러한 문제점 때문에 비율지능지수는 어린 아동들의 지능지수를 표시할 때만 사용될 수 있다.

(3) 편차지능지수

비율지능지수의 문제점을 해결하기 위해 고안된 편차지능지수(偏差知能指數, deviation intelligence quotient, DIQ)는 지능검사 점수를 동년배의 점수와 상대적으로 비교하여 나타낸 지능지수를 말한다. DIQ는 표준점수(13장 참조)의 일종이다. 구체적으로 DIQ는 특정 연령집단의 점수분포를 평균이 100, 표준편차가 15~16이 되도록 변환시킨 분포에서 개인의 점수가 어느 위치에 있는가를 나타낸다. 따라서 DIQ가 100이라는 것은 평균과 같다는 것을, DIQ가 115라는 것은 평균보다 +1 표준편차 높다는 것을 나타낸다. 현재 대부분의 지능검사들은 지능지수를 DIQ로 표시하고 있다. 정규분포곡선에서는 평균을 중심으로 ±1 표준편차의 범위에 전체 사례의 약 68%가 분포하고, ±2 표준편차의 범위에 약 95%의 사례들이

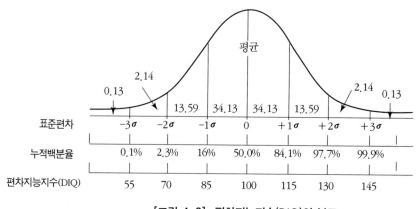

[그림 4-3] 편차지능지수(DIQ)의 분포

분포하며, ±3 표준편차의 범위에 99% 이상의 사례들이 분포한다. 따라서 대다수 사람들의 DIQ는 70에서 130 사이에 분포한다. 일반적으로 DIQ 70 이하는 정신지체의 지표가 되며, DIQ 145는 영재의 지표가 된다([그림 4-3] 참조).

3) 지능 및 지능지수에 관한 오해

지능 및 지능지수는 의미가 불확실하기 때문에 논란이 되고 있다. 지능 및 지능지수에 관한 몇 가지 오해를 소개한다.

- 지능지수가 지능과 동일하다는 오해: IQ(지능지수)는 지능과 동일한 것이 아니라, 지능을 표시하는 하나의 지표에 불과하다. 즉, IQ는 지능을 측정한 결과를 수치로 표현한 것으로, 특정 지능검사에서 몇 점을 받았는가를 나타낼 뿐이다. 따라서 IQ와 지능은 동일한 것이 아니다. 그리고 현재까지 지능을 완벽하게 측정할 수 있는 검사는 개발되지 않았다. 지능검사의 점수는 지능 이외의 다른 여러 요인들—과거 경험, 동기, 피로 등—의 영향을 받는다. 또 지능검사가 완전히 신뢰할 수 있는 것은 아니므로 같은 사람이라도 검사시점에 따라 IQ가 상당히 달라진다.
- 지능지수가 변하지 않는다는 오해: 지능지수는 일생 동안 상당한 정도로 변화된다. 지능을 포함한 인간의 모든 특성들은 연령이 증가함에 따라 변화된다. 지능이 변화되면 지능지수도 당연히 변화된다. 앞에서 설명한 것처럼 편차지능지수는 정규분포에서 개인의 점수가 차지하는 상대적 위치로 표시한 것이다. 따라서 모든 사람들의 편차지능지수가 장기간 동안 전혀 변화되지 않으려면 모든 사람들의 점수에 대응되는 상대적 위치가 완전히 동일해야 한다. 그렇지만 몇 년에서 몇 십 년의 시간간격을 두고 지능검사를 실시할 때 모든 사람들의 점수에 대응되는 상대적 위치가 완전히 같을 확률은 전혀 없다. 지능검사를 실시하는 시간간격이 길거나 지능검사 종류가 달라지면 지능지수가 달라질 개연성은 더 커진다. 따라서 초등학교에 다닐 때 받은 지능검사에서 얻은 지능지수가 낮더라도 실망할 필요가 없다.
- 지능검사가 중요한 능력을 모두 측정한다는 오해: 대부분의 지능검사들은 언어능력, 수리력, 공간관계능력, 유추능력과 같이 비교적 한정된 능력을 측정하고 있을 뿐, 인간관계기술, 심미적 능력, 창의력과 같이 중요한 능력을 측정하지 못한다.
- 지능검사가 공정하다는 오해: 대부분의 지능검사들은 문화적으로 공정하지 않다는 지적을 받고 있다. 지능검사는 특정 계층이나 인종에 유리하도록 제작되어 있다는 비판을

받고 있다. 미국의 경우 대부분의 지능검사들은 중류층 백인에게 유리한 것으로 알려져 있다. 문화공정검사(文化公正檢査, culture-fair test)는 이와 같은 편향성(bias)을 제거한 검사를 말한다. 문화공정검사는 문화적인 차이가 검사결과에 미치는 영향을 배제하기 위해 보통 그림이나 도형을 이용한 비언어성 검사로 제작된다.

지능지수의 인종 차이는 상당히 민감한 문제다. 미국의 경우 백인은 흑인보다 평균 지능지수가 15점 정도 더 높은 것으로 보고되고 있다. 지능지수의 인종 차이는 두 가지 관점에서 설명되고 있다. 첫 번째 설명은 지능지수가 선천적인 유전적 차이를 반영한다는 것이다. 이에 따르면 흑인은 백인보다 유전적으로 열등한 종족이므로 지능이 낮다. 두 번째 설명은 흑인은 백인에 비해 환경조건이 미비해서 지능지수가 낮다는 설명이다.

4) 지능지수 해석 시 유의사항

글상자 4-2

지능검사의 문제점

1. 지능의 의미가 분명하지 않으므로 지능검사 점수의 의미를 분명하게 해석하기가 곤란하다.
2. 지능검사는 지능을 직접 측정하지 못하고, 관찰가능한 행동(즉, 문항에 대한 반응)을 통해 간접적으로 측정한다는 제한점이 있다.
3. 지능검사가 지능이 아닌 학업적성이나 학업능력을 측정하고 있다는 지적이다. 그래서 어떤 학자는 지능검사를 학업적성검사나 학업능력검사라고 부르기도 한다.
4. 지능검사는 개인의 절대적인 지적 수준을 측정하지 못한다. 지능지수는 개인의 절대적인 측면의 지적 수준이 아니라, 동년배와 상대적으로 비교한 상대적인 지적 수준을 나타낸다.
5. 지능검사는 중요한 지적 특성을 모두 측정하지 못하고 일부 특성만 측정한다.
6. 지능검사 결과는 학습동기, 불안, 태도, 사회경제적 지위 등과 같은 변수의 영향을 받는다.
7. 지능검사가 지적 잠재력을 측정하지 못하고, 현재 지적 행동의 수준을 측정하는 데 그치고 있다(2장의 '역동적 평가' 참조).

전통적인 지능검사는 〈글상자 4-2〉에 제시된 바와 같은 문제점을 갖고 있다. 따라서 지능지수를 해석할 때는 다음과 같은 몇 가지 사항에 유의해야 한다.

- 지능지수는 절대적인 지적 수준이 아니라 상대적인 지적 수준을 나타낸다.
- 지능을 나타내는 지표는 매우 다양하다. 따라서 IQ를 지능을 나타내는 하나의 지표로 생각하는 것이 합리적이다.
- IQ가 같아도 하위요인은 다를 수 있다. 학생 A와 학생 B의 IQ가 모두 120이더라도 학생 A는 언어능력이 높고 수리력이 낮지만, 학생 B는 수리력이 높고 언어능력이 낮을 수 있다.
- 신뢰도가 완전한 지능검사는 없으므로 IQ를 단일점수가 아니라 점수범위로 생각하는 것이 합리적이다. 예컨대, IQ가 120이라고 하는 것보다 IQ의 범위가 115~125라고 하는 것이 더 정확하다.
- 지능지수는 학업성적과 높은 상관이 있지만 지능지수가 높다고 해서 학업성적이 반드시 높은 것은 아니다. 따라서 학업성적을 예측할 때는 다른 요인도 고려하는 것이 좋다.
- IQ만을 기준으로 하여 중요한 의사결정을 내리는 것은 바람직하지 않다. 특히 IQ만을 기준으로 특정 학생을 천재아(또는 지진아)로 분류하는 것은 매우 위험하다. 따라서 중요한 의사결정을 내릴 때는 지능을 포함한 다양한 정보들을 종합적으로 감안해야 한다.

5) 지능과 성취의 관계

(1) 지능지수와 학업성적의 관계

지능지수와 학업성적은 연구에 따라 다르지만 대략 r = .50 정도의 상관이 있고, 지능지수와 재학기간은 r = .50의 상관이 있다(Brody, 1997). 이에 따르면 지능지수는 학업성적을 대략 25% 정도 설명한다.

학업성적은 지능을 포함한 수많은 요인들의 영향을 받기 때문에 지능지수만으로는 학업성적을 완전히 예언할 수는 없다. 학업성적은 지능지수보다 과거 성적과 더 높은 상관이 있다고 한다(Cohen, 1972; Thorndike & Hagen, 1977). 이것은 지능지수가 학업성적을 가장 잘 예측할 수 있는 요인이 아니라는 것을 의미한다.

(2) 지능지수와 직무수행의 관계

지능지수는 직무수행과 r = .30에서 r = .50 정도의 상관이 있다(Neisserr et al., 1996). 이것은 지능지수가 직무수행을 9%에서 25% 정도 예언할 수 있지만, 직무수행을 완전히 예측하지 못한다는 것을 뜻한다.

직무수행에는 지능검사에서 측정되는 인지능력뿐만 아니라 전통적인 지능검사에서는 측정되지 않는 실용적 지능도 영향을 준다(Sternberg & Wagner, 1993). 따라서 지능지수는 직무수행보다는 학업성적을 더 정확하게 예측한다고 할 수 있다.

4. 특수학습자

특수학습자(特殊學習者, exceptional learner)는 능력이 특별히 높거나 반대로 능력이 특별히 낮은 학습자, 정서 및 행동의 측면에서 정상범위(정규분포곡선에서 상위 약 2~3% 및 하위 약 2~3%)에서 이탈된 학습자를 일컫는다. 미국의 경우 6~17세에 이르는 학생들의 대략 11% 정도가 특수교육을 받는 것으로 알려져 있다. 이 중 학습장애가 대략 절반을 차지하고, 그다음으로는 말하기 및 소통 장애 19.4%, 정신지체 11%, 정서 및 행동 장애 8.4% 등이다(Santrock, 2007).

특수학습자는 일반적인 교육내용이나 수업방법만으로 지도하는 데 한계가 있으므로 특별한 방법으로 교육해야 한다. 특수교육(特殊敎育, special education)이란 특수학습자의 독특한 요구를 충족시키기 위한 교육을 말한다. 특수교육을 제대로 하려면 특수학습자의 특성을 객관적으로 이해해야 한다. 특수학습자로 (1) 영재, (2) 정신지체, (3) 학습장애, (4) 주의력결핍 과잉행동장애, (5) 말하기 및 소통 장애, (6) 정서 및 행동 장애, (7) 자폐증에 관해 간략하게 살펴본다.

| 표 4-2 | **특수학습자의 유형**

범주	설명
영재	지능이 평균 이상이고, 특정 분야에서 탁월한 재능을 보이는 학습자
정신지체	지능이 평균보다 유의하게 낮고(IQ 70 이하), 적응행동(즉, 실용적 및 사회적 지능)이 결손된 장애
학습장애	지능이 평균보다 높지만, 특정 교과의 학습이나 인지과정(예, 지각, 언어, 기억, 메타인지)에 문제가 있는 장애
ADHD	주의력결핍, 과잉활동, 충동성 등의 특징을 갖고 있는 장애
말하기 및 소통 장애	학업수행을 심각하게 방해하는 말 혹은 언어이해의 손상
정서 및 행동 장애	장기간 지속되고 학업을 심각하게 방해하는 정서 혹은 행동 장애
자폐증	사회적 상호작용 및 소통의 손상, 반복적인 행동, 한정된 흥미, 예측가능한 환경에 대한 강박적인 요구를 특징으로 하는 장애

1) 영재

영재(英才, giftedness)는 지능이 평균 이상이고, 특정 분야(미술, 음악, 수학 등)에서 탁월한 재능을 보이는 학생을 말한다. Renzulli(1986)의 영재의 3고리 모형에 따르면 영재는 (1) 지능이 평균 이상이고(일반적으로 IQ 130 이상), (2) 창의력이 높아야 하며, (3) 과제몰입 혹은 성취동기가 높아야 한다.

영재는 재능이란 개념과 혼용되기도 하지만 엄밀한 의미에서 두 개념은 다르다. 영재는 일반능력이 예외적으로 높은 학생을 지칭한다. 반면 재능(talent)은 수학이나 음악과 같은 특정 영역에서의 탁월한 능력을 뜻하는 좁은 의미의 개념이다. 재능이 매우 높은 조숙형을 신동(prodigy)이라고 한다. 신동은 모차르트와 같이 음악, 예술, 문학 영역에서 탁월한 재능을 나타내는 아이를 말한다. 그러나 영재는 재능이 높기 때문에 교육에서는 영재와 재능을 비슷한 의미로 사용하기도 한다.

영재는 다음 영역에서 탁월한 성취나 잠재력을 나타낸다.

- 일반지능
- 특정 교과의 학업적성
- 창의력
- 시각 및 공연 예술(visual or performing arts)
- 지도성
- 신체운동능력

영재를 선발할 때는 여러 준거를 사용해야 한다. 단, 영재라고 해서 모든 분야에서 뛰어날 필요는 없고, 특정 분야에서 두드러진 능력을 보이면 된다. 영재는 강점과 재능이 제각기 다르고, 특정 영역에서 탁월한 재능을 나타내는 영재도 다른 영역에서는 보통 수준의 능력을 나타낼 수 있다. 영재의 일반적인 특징은 다음과 같다.

- 언어능력이 우수하다.
- 동년배보다 빠르고, 쉽고, 독자적으로 학습할 수 있다.
- 인지과정 및 메타인지가 우수하고 효과적이다.
- 아이디어와 과제에 관한 접근에 융통성이 있다.
- 형식적 조작능력(추상적 사고)을 일찍 획득한다.

- 성취표준이 높다(비정상적인 완벽주의를 나타내기도 한다.).
- 도전적인 과제를 성취하려는 욕구가 높고, 쉬운 과제에 지루함을 느낀다.
- 긍정적 자기개념(특히, 학업분야에서)을 갖고 있다.
- 평균 이상의 사회적 발달과 정서적 적응을 나타낸다.

2) 정신지체

정신지체(精神遲滯, mental retardation)는 지능이 평균보다 현저하게 낮고 사회적인 적응행동에 심각한 문제가 있는 장애를 말한다. 그러므로 정신지체로 분류되려면 IQ가 70 이하이면서 적응행동, 일상적인 자립행동, 사회기능에 문제가 있어야 한다. 또 정신지체는 장애가 18세 이전에 나타나야 한다. 그러므로 사고나 뇌손상 등으로 인해 나타나는 장애는 정신지체로 간주되지 않는다. 최근에는 정신지체를 지적 장애(intellectual disabilities)라고 부르기도 한다. 정신지체의 일반적인 특징은 다음과 같다.

- 학교에 '소속되고', '적응하려는' 욕구가 낮다.
- 세상에 관한 일반지식이 부족하다.
- 언어능력이 낮다.
- 메타인지기능이 부족하고, 학습 및 기억 전략에 문제가 있다.
- 추상적 아이디어를 잘 처리하지 못한다.
- 특정 장면의 학습을 새로운 장면으로 일반화하지 못한다.
- 지시사항이 모호하거나 불완전할 때 세부사항을 채워 넣는 데 어려움이 있다.
- 운동기능이 부족하다.
- 놀이 행동과 대인관계기능이 미숙하다.
- 의사결정을 할 때 다른 사람에게 과잉 의존한다.

3) 학습장애

학습장애(學習障碍, learning disabilities)[1]는 특정 교과(읽기, 쓰기, 듣기, 수학 등)의 학습이나

---

[1] 과거에는 장애(disability)와 핸디캡(handicap)을 비슷한 의미로 사용했으나 최근에는 두 용어를 엄격하게 구분해서 사용하고 있다. 장애는 개인의 기능을 제한하는 개체의 한계를 말한다. 반면 핸디캡은 장애를 가진

인지과정(지각, 언어, 기억, 메타인지 등)에 문제가 있는 장애를 말한다. 단, 학습장애는 장애
의 원인을 정신지체, 정서 및 행동 장애, 감각손상 등으로 귀속시킬 수 없어야 한다. 그러므
로 학습장애는 (1) 지능이 평균 이상이고, (2) 적어도 하나 이상의 교과학습에서 곤란이 있
으며, (3) 정신지체와 같은 특별한 장애를 갖고 있지 않아야 한다. 일반적으로 학습장애는
듣기, 말하기, 읽기, 쓰기, 철자법, 주의집중, 사고, 기억, 사회기능 등의 문제를 포함한다.
정신지체나 신체장애, 행동장애를 갖고 있지 않으면서도 특정 학습에서만 장애를 나타내는
학습장애는 겉으로 보기에는 정상적이다. 한편 학습부진(學習不振, under-achievement)은 능
력에 비해 성적이 낮은 상태를 말한다. 학습장애는 특수학습자 중에서도 가장 높은 비율을
차지하는데, 학습장애의 준거는 다음과 같다.

- 인지과정(지각, 언어, 기억, 메타인지과정)에 심각한 장애가 있다. 전형적으로 이러한 장
  애는 일생 동안 존재하며, 중추신경계의 손상에서 기인하는 것으로 간주되고 있다.
- 학습장애는 정신지체, 환경장애, 행동장애, 청각상실, 시각손상 등이 아닌 원인에서 기
  인한다. 대부분의 학습장애아들은 평균 혹은 평균 이상의 지능을 갖고 있다.
- 특정 교과 영역에서 성적이 낮다. 그렇지만 다른 교과 영역에서는 평균 혹은 그 이상의
  성적을 나타내므로 교과별 성적이 고르지 않다. 또 성적이 지능지수에 의해 기대되는
  수준보다 현저하게 낮다.

학습장애의 주요 유형은 다음과 같다.

① 지각장애(perceptual difficulty): 특정 감각기관이 수용한 정보를 지각하는 데 어려움이
   있다.
② 기억장애(memory difficulty): 작업기억이나 장기기억에 문제가 있다.
③ 메타인지장애(metacognitive difficulty): 비효과적인 학습전략을 사용하고, 학습진전도를
   제대로 점검하지 못하며, 학습방향을 정하는 데 어려움이 있다.
④ 언어장애(difficulty in processing oral language): 말을 잘 이해하지 못하고 들은 것을 제대
   로 기억하지 못한다.

사람에게 가해진 조건을 말한다. 이러한 조건은 사회, 환경, 개인 자신의 태도 등에 의해 부과된다. 교육자들
은 장애가 아니라 개인을 강조하기 위해 장애아동(disabled children)이 아니라 장애를 가진 아동(children
with disabilities)이라는 표현을 쓴다.

⑤ 읽기장애(reading difficulty): 활자를 인식하거나 읽은 내용을 이해하는 데 어려움이 있다. 극단적인 상태는 난독증(難讀症, dyslexia)이라 한다.

⑥ 쓰기장애(written language difficulty): 글쓰기, 철자쓰기, 글로 표현하는 데 어려움이 있다. 극단적인 상태는 난서증(難書症, dysgraphia)이라 한다.

⑦ 수리장애(mathematical difficulty): 숫자를 포함하는 정보에 관해 사고하거나 그것을 기억하는 데 어려움이 있다. 예컨대, 시간과 방향을 인식하지 못하거나 기초적인 수개념을 학습하는 데 어려움이 있다. 극단적인 형태를 난산증(難算症, dyscalculia)이라고 한다.

⑧ 사회적 지각장애(difficulty with social perception): 다른 사람이 전달하는 사회적 단서와 신호를 해석하는 데 어려움이 있다(따라서 다른 사람의 감정이나 반응을 인식하는 데 어려움이 있다.). 그 결과 사회적 상황에 부적절하게 반응한다.

학습장애의 공통적인 특징은 다음과 같다.

- 주의를 지속하지 못한다.
- 읽기기능이 부족하다.
- 기억 및 학습전략이 비효과적이다.
- 추상적 추리를 요하는 과제를 제대로 해결하지 못한다.
- 자기개념이 부정적이고, 학습동기가 낮다.
- 운동기능이 낮다.
- 사회적 기능이 부족하다.

4) 주의력결핍 과잉행동장애(ADHD)

주의력결핍 과잉행동장애(注意力缺乏 過剩行動障碍, attention deficit hyperactivity disorder, ADHD)는 전형적으로 주의력결핍, 과잉활동, 충동성을 특징으로 하는 장애를 말한다.

① 주의력결핍(inattention): 주의를 집중하고 지속하는 데 어려움이 있다. 그로 인해 지시사항에 귀를 기울이거나 지시를 따르는 데 어려움이 있고, 부주의로 자주 실수하며, 주의가 쉽게 산만해지고, 정신집중을 요하는 활동을 지속하지 못한다.

② 과잉활동(hyperactivity): 과도한 에너지를 갖고 있는 것처럼 보인다. 쉽게 조바심을 내고, 부적절한 시간에 교실을 돌아다니며, 과도하게 이야기하고, 조용히 공부하거나 놀

이를 하지 못하고, 마치 '모터에 의해 작동되는 것처럼' 행동한다.

③ 충동성(impulsivity): 부적절한 행동을 제어하지 못하고, 행동을 하기 전에 생각을 하지 못한다. 즉흥적이며, 불쑥 대답을 하고, 다른 사람을 방해하며, 지시를 기다리지 않고 과제를 시작하며, 차례를 기다리지 못하고, 잠재적인 결과를 고려하지 않고 위험하거나 파괴적인 행동을 한다.

ADHD는 주의력결핍, 과잉행동, 충동성 이외에 다음과 같은 특징도 갖고 있다.

- 인지적 처리에 문제가 있다.
- 학업성적이 낮다.
- 상상력과 창의력이 과도하다.
- 문제행동(소란, 학급규칙 무시)을 한다.
- 사회적 상황을 제대로 해석, 추리하지 못한다.
- 또래와 상호작용을 할 때 정서적 반응성(흥분, 적대감 등)이 높다.
- 친구가 거의 없고, 또래로부터 철저히 노골적으로 거부된다.

5) 말하기 및 소통 장애

말하기 및 소통 장애(표현장애, speech and communication disorders)는 학업을 심각하게 방해하는 구어(spoken language) 혹은 언어이해의 손상을 말한다. 그 사례로는 지속적인 조음 문제(특정 음과 단어를 잘못 발음하는 것), 말더듬, 비정상적 구문 사용, 다른 사람의 말을 이해하지 못하는 것을 들 수 있다. 나이에 걸맞은 언어를 사용하지 못하는 것(예, 유치원생이 손으로 가리키고 제스처만으로 의사를 전달하는 것)도 이 장애가 있는 것으로 의심된다. 말하기 및 소통 장애의 공통적인 특징은 다음과 같다.

- 말하기를 꺼린다.
- 말을 할 때 당황하고 수줍음을 많이 탄다.
- 읽기와 쓰기를 제대로 하지 못한다.

6) 정서 및 행동 장애

정서 및 행동 장애(情緖行動障碍, emotional and behavioral disorders)는 장기간 지속되고 학업수행을 심각하게 방해하는 정서 혹은 행동 장애를 말한다. 정서 및 행동 장애와 관련된 증상은 외재화 행동과 내재화 행동으로 구분되기도 한다. 외재화 행동(externalizing behaviors)은 공격성, 도전, 불복종, 거짓말, 훔치기, 자기통제 결여와 같이 다른 사람에게 직간접으로 영향을 미치는 행동을 말한다. 반면 내재화 행동(internalizing behaviors)이란 불안, 우울, 사회적 상호작용 위축, 섭식장애, 자살경향과 같이 본인에게 영향을 주는 행동을 가리킨다. 정서 및 행동장애의 특징은 다음과 같다.

- 다른 사람과 사회적으로 적절한 방식으로 상호작용을 하지 못한다.
- 만족스러운 대인관계를 확립·유지하지 못한다.
- 자기개념이 부정적이다.
- 결석 빈도가 높다.
- 나이가 들수록 학업문제가 악화된다.
- 문제의 심각성을 제대로 인식하지 못한다.

7) 자폐증

자폐증(自閉症, autism)은 사회적 상호작용 및 소통의 손상, 반복적인 행동, 한정된 흥미, 예측가능한 환경에 대한 강박적인 요구를 특징으로 하는 장애를 말한다. 자폐증의 주요 특징은 다음과 같다.

- 기초적인 사회기능(눈 맞춤, 기분이 상했을 때 타인의 위안을 구하는 것)이 부족하다.
- 사회적 인지(사회적 상황을 해석하고, 다른 사람의 생각과 의도를 추리하는 과정)에 문제가 있다.
- 반향언어(反響言語, echolalia: 남의 말의 일부를 끊임없이 반복하는 현상)를 사용한다.
- 특정 사물에 과도하게 집착한다.
- 비정상적인 움직임(서투르고 어색한 걸음걸이, 반복동작)을 보인다.
- 시공간적인 사고기능이 높다.

요 약

① 개인차는 교육에 큰 영향을 주므로 교육에서는 학생들의 공통적이고 전형적인 특징은 물론 개인차도 고려해야 한다.

② 지능은 대표적인 개인차 특성이다. 지능에 관한 접근은 심리측정론적 접근, 인지발달론적 접근, 정보처리론적 접근으로 구분할 수 있다. 심리측정론적 접근은 지능의 개인차를 확인하고 지능을 측정하는 데 주안점을 둔다. 인지발달론적 접근은 지능이 어떻게 발달하는가를 분석하고, 정보처리론적 접근은 지적 행동의 기저를 이루고 있는 기본정신과정을 분석한다.

③ 이요인설은 지능을 일반능력(일반요인)으로 간주하고, Thurstone은 지능이 7개의 상호독립적인 기초정신능력으로 구성되어 있다고 본다. 지능구조모형은 지능이 내용, 조작, 산출 차원을 조합한 180개의 기본능력으로 구성되어 있다고 주장한다. 위계모형은 지능을 구성하는 요인들이 위계를 이룬다고 간주한다. 유동성-결정성 지능이론은 지능을 경험이나 교육의 영향을 받는 결정성 지능과 생물학적으로 결정되는 유동성 지능으로 구분한다.

④ PASS 이론에 따르면 지능은 주의 및 각성, 동시적 처리, 연속적 처리, 계획으로 구성된다.

⑤ 다중지능이론에 따르면 상호독립적인 9가지 지능들의 상대적 중요성은 같고, 상황의존적이며, 가변적인 성질을 갖고 있다.

⑥ 성공지능이론에 따르면 지능은 분석적 능력, 창의적 능력, 실용적 능력으로 구성된다. 분석적 능력은 새로운 지식을 획득하고 논리적 문제를 해결하는 능력이고, 창의적 능력은 새로운 문제를 창의적으로 해결하고 정보처리를 자동화시키는 능력이다. 실용적 능력은 현실 상황에 적응하고, 상황을 선택하며, 상황을 변형하는 능력이다.

⑦ 정서지능은 자신 및 타인의 정서적 정보를 적절하게 처리하고 조절하며, 다른 사람과 원만한 관계를 맺는 능력이다.

⑧ 본격적인 의미의 지능검사는 Binet가 처음으로 개발했다. 지능검사는 실시방식에 따라 개인용 검사와 집단 검사로, 문항의 표현방식에 따라 언어성 검사, 비언어성 검사, 동작성 검사로 구분된다.

⑨ 지능지수(IQ)는 지능을 측정한 결과를 수치로 표시한 것이다. 정신연령은 개인이 지능검사에서 얻은 점수를 특정 연령집단의 평균과 비교하여 표시한 것이고, 비율지능지수는 정신연령을 생활연령의 비로 표시한 것이다. 편차지능지수는 개인의 점수를 동년배와 상대적으로 비교하여 표시한 것이다.

⑩ 기존의 지능검사는 중요한 능력을 모두 측정하지 못하고 있다. 지능지수는 (1) 지능을 수치로 표시한 것이므로 지능을 나타내는 하나의 지표에 불과하고, (2) 상대적인 지적 수준을 나타내며, (3) 개인의 일생에 걸쳐 상당한 정도로 변화되며, (4) 학업성적이나 직무수행과 어느 정도 상관이 있지만 필요충

분조건은 아니다.

⑪ 특수학습자는 능력이 특별히 높거나 특별히 낮은 학습자, 정서 및 행동의 측면에서 정상범위에서 이탈된 학습자를 일컫는다.

⑫ 영재는 지능이 평균보다 높고, 특정 분야에서 탁월한 재능을 나타내는 학습자를 말한다.

⑬ 정신지체는 지능이 평균보다 현저히 낮고, 사회적인 적응행동에 심각한 문제가 있는 장애를 가리킨다.

⑭ 학습장애는 특정 교과의 학습 혹은 인지과정에 문제가 있는 장애로, 장애의 원인을 정신지체, 정서 및 행동 장애, 감각손상 등의 원인으로 귀속시킬 수 없는 장애를 말한다.

⑮ 주의력결핍 과잉행동장애는 주의력결핍, 과잉활동, 충동성 등을 특징으로 하는 장애를 말한다.

⑯ 말하기 및 소통 장애는 학업수행을 심각하게 방해하는 구어 혹은 언어이해의 손상을 말한다.

⑰ 정서 및 행동 장애는 장기간 지속되고 학업을 심각하게 방해하는 정서상태 혹은 행동을 말한다.

⑱ 자폐증은 사회적 상호작용 및 소통의 손상, 반복적인 행동, 한정된 흥미, 예측가능한 환경에 대한 강박적인 요구를 특징으로 하는 장애를 말한다.

제5장

개인차(II): 창의력 · 인지양식 · 선행지식

1. 창의력을 정의하고, 창의력이 중시되는 이유를 논하시오.
2. 창의력의 구성요인을 설명하시오.
3. 창의력과 지능의 관계에 관한 다섯 가지 견해를 요약하시오.
4. 창의력을 개발하기 위한 방법을 기술하시오.
5. 창의력을 촉진하기 위한 방안을 제시하시오.
6. 인지양식을 정의하고, 인지능력과의 차이점을 기술하시오.
7. 장의존성과 장독립성의 특징을 비교하시오.
8. 숙고형과 충동형의 특징을 비교하시오.
9. 선행지식이 중요한 이유를 설명하시오.

1. 창의력

"자원은 유한하나, 창의는 무한하다." 우리나라 산업의 주역인 글로벌 철강기업 포스코의 정문에 걸려 있는 글귀다. 국내 어느 일간신문은 "21세기 생존의 키워드는 '창의력과 속도'"라고 선언했다. 현 대한민국 정부는 '창조경제'를 국정의 핵심과제로 설정했다. 이 사례들은 모두 창의력이 핵심능력이라는 것을 웅변하고 있다.

창의력이 현대를 살아가는 사람이 갖추어야 할 가장 중요한 고등정신능력이라는 사실에 이의를 제기할 사람은 아무도 없을 것이다. 사회가 날로 복잡해지고 국가 간 경쟁이 가열되면서 창의력에 관한 사회적 관심과 요구도 갈수록 증대되고 있다. 미래 사회에서 창의력은 더 중시될 것이다.

이러한 시대정신에 따라 창의력 개발은 교육의 핵심과제로 대두되고 있다. 각급 학교에서는 '창의적인 인재양성'을 교육목적으로 설정하고 그 목표를 달성하기 위해 매진하고 있다. 창의력을 개발하려면 무엇보다도 먼저 창의력의 실체적 성질을 객관적으로 이해해야 한다. 그러나 다양한 학문분야에서 창의력을 이해하려는 다각적인 노력을 하고 있음에도 창의력의 실체적인 성질은 제대로 밝혀지지 않고 있다.

창의력의 원천에 대한 접근도 매우 창의적이다. 신비주의자는 창의력을 신(神)의 선물로 간주하는 반면 혹자는 창의력을 신의 저주로 여긴다. 정신분석이론에 따르면 창의력은 무의식적 충동과 현실 사이의 긴장과 갈등에서 비롯된다. Freud에 따르면 문학이나 예술작품은 무의식적 충동을 사회가 용인할 수 있는 방식으로 승화시킨 것이다. 인지심리학에 따르면 창의력은 인지능력과 지식에서 비롯된다. 사회심리이론은 창의력에 관련된 성격특성, 동기요인, 환경요인을 밝히는 데 주력한다.

창의력에 관한 다양한 접근은 크게 (1) 창의적인 산물을 산출하는 데 영향을 주는 환경조건(press)을 분석하는 접근, (2) 창의적인 산물(product)을 연구하는 데 주안점을 두는 접근, (3) 창의적인 문제해결과정(process)을 규명하려는 접근, (4) 창의적인 사람의 심리적인 특성(personality)을 확인하려는 접근으로 분류된다. 이를 창의력 연구의 4P라고 한다. 지면 관계로 이에 관한 논의는 생략한다.

이 절에서는 창의력의 개념을 정의한 다음, 창의력을 구성하는 요인들을 살펴본다. 그리고 창의력과 지능의 관계를 논의한 후 창의력을 훈련하기 위한 방법과 창의력을 촉진하기 위한 방안에 관해 기술한다.

1) 창의력의 개념

창의력(創意力, creativity)은 독창적이고 적합하면서도 유용한 것을 만들어 내는 능력이다. 창의력의 두 가지 기준은 신기성(新奇性, novelty) 혹은 독창성(originality)과 적합성(appropriateness) 혹은 유용성(有用性, usefulness)이다. 따라서 어떤 아이디어나 산물이 창의적인 것으로 간주되려면 기발하고 독창적이어야 할 뿐만 아니라 유용하고 적절하며 가치가 있어야 한다.

우선 창의력은 새롭고 독창적인 아이디어나 산물을 만들어 내는 능력이다. 새로움과 독창성은 창의력의 핵심요건이다. 기존의 작품을 모방한 작품을 창의적인 작품이라고 하지 않는 것은 새로운 것이 아니기 때문이다. 신기성과 독창성을 기준으로 한 창의력의 대표적인 정의를 몇 가지 소개한다. Guilford(1959)는 지능구조모형에서 창의력을 확산적 사고와 동일시하여 "새롭고 신기한 것을 창출해 내는 능력" 이라고 정의했다. 또 Gallagher(1985)는 창의력을 "새로운 아이디어나 산물을 창출하거나 기존 아이디어나 산물을 독창적으로 재생산하는 정신과정" 이라고 했다. De Bono(1990)는 사고유형을 수직적 사고(垂直的 思考, vertical thinking: 아이디어의 진위를 따지기 위한 논리적 사고)와 측면적 사고(側面的 思考, lateral thinking: 새로운 아이디어, 방법, 관점 등을 모색하는 사고)로 구분하고, 창의력을 측면적 사고와 동일시했다. 결국 좁은 의미에서 볼 때 창의력은 새로운 관계를 지각하고 기발한 아이디어를 생성하며 새로운 관점에서 사고하는 능력이다.

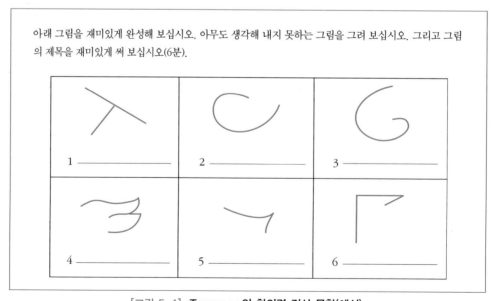

[그림 5-1] **Torrance의 창의력 검사 문항(예시)**

그러나 '신기성과 독창성'이 창의력의 필요조건은 될 수 있지만, 충분조건은 아니다. 아이디어나 산물이 새롭고(기발하고) 독창적이라고 해서 반드시 창의적인 것은 아니다. 정신분열증 환자의 사고는 매우 기발하고 독창적이지만, 어느 누구도 정신분열증 환자의 사고가 창의적이라고 하지는 않는다. 이는 창의적인 것이 되려면 또 다른 요건을 갖추어야 한다는 것을 시사한다. 창의성의 또 다른 요건은 적합성과 유용성이다. 이것은 창의적인 아이디어나 산물이 특정 상황에서 적합하거나 유용해야 함을 뜻한다.

2) 창의력의 요인

Sternberg와 Lubart(1995)의 창의력에 관한 투자이론에 따르면 창의력의 구성요인은 (1) 지능, (2) 지식, (3) 사고양식, (4) 성격, (5) 동기, (6) 환경이다. 이에 따르면 창의력은 이 여섯 가지 요소들의 조합으로 결정된다.

(1) 지능

지능은 창의력의 가장 중요한 요인이다. 투자이론에 따르면 종합적 능력(창의적 능력), 분석적 능력, 실용적 능력 등 지능의 세 측면이 창의력에 중요하다. 이 세 측면은 성공지능이론에서 도출된 것이다(4장 참조). 종합적 능력은 새롭고 적절한 아이디어를 생성하는 능력이고, 분석적 능력은 생성한 아이디어의 가치를 판단하고 어떤 아이디어가 가치 있는가를 결정하는 능력이다. 실용적 능력은 지적 기능을 일상적인 상황에서 적용하는 능력이다.

한편, 창의력에는 확산적 사고도 중요하다. 확산적 사고(擴散的 思考, divergent thinking)는 사물을 새로운 관점에서 파악하고, 사물의 새로운 용도를 생각하는 능력이다(문항 예시: 옷걸이의 용도를 있는 대로 열거하라.). 확산적 사고는 창의적 문제해결에 영향을 주는 기본능력이다. 반면 수렴적 사고(收斂的 思考, convergent thinking)는 문제에 관해 하나의 정답을 찾는 사고를 말한다(문항 예시: 명량해전을 승리로 이끈 장군은 누구인가?). Guilford의 지능구조모형은 조작 차원의 확산적 사고를 창의력으로 간주하고 있는데, 확산적 사고는 다음과 같은 요인들을 포함한다.

① 유창성(fluency): 많은 아이디어들을 생성할 수 있는 능력
② 융통성(flexibility): 문제를 완전히 다른 관점에서 파악하는 능력
③ 독창성(originality): 새롭고 특이한 반응을 생성하는 능력
④ 정교성(elaboration): 기존의 것을 개선하기 위해 아이디어를 추가하는 능력

기억은 '공공의 적' 인가?

정보통신기술의 급속한 발달에 힘입어 현대인들은 기억부담에서 점점 해방되고 있다. 이제 정보는 첨단 디지털 매체가 기억하고 있다. 웬만한 것은 컴퓨터나 스마트폰에 저장되어 있다. 전화번호를 외우는 사람도 노래 가사를 외우는 사람도 좀처럼 보기가 어렵다. 자동차 운전자들도 네비게이션이 지시하는 대로 운전하고 있다. 그래서 'knowing what'이나 'knowing how'보다 'knowing where'가 더 중요하다고 서슴없이 말하는 사람도 흔하다.

우리 사회에서는 창의력을 워낙 강조하다 보니 기억은 경시되고 있다. 심지어 기억을 '공공의 적'으로 매도하는 분위기까지 조성되고 있다. 학생들도 이러한 분위기에 감염되어 있다. 무엇을 외우라고 하면 대뜸 '외울 필요가 없다.'고 말한다. 요즈음 젊은 세대는 노래방에서 모니터를 보지 않으면 노래 한 곡도 끝까지 부르지 못하고 전화번호도 외우지 못한다. '디지털 치매환자'가 도처에 널려 있다. 그렇다면 기억은 정녕 '공공의 적'으로 지탄받아 마땅한가?

단연코 그렇지 않다. 기억만 강조하면 문제가 되지만, 기억 자체가 문제는 아니다. 기억은 인간의 가장 중요한 능력이므로 오히려 강조해야 한다. 우리의 경험은 모두 기억에 저장된다. 따라서 기억이 없으면 나의 전부가 사라진다. 심리학적 의미에서 나라는 존재는 나의 몸이 아니라, 내가 갖고 있는 기억이다. 기억은 또한 고등정신기능의 토대가 된다. 건축에 비유하면 기억은 기초에 해당된다. 기초가 튼튼해야 좋은 건물을 지을 수 있듯이, 많은 것을 기억해야 고등정신기능을 제대로 발휘할 수 있다. 기억의 진공상태에서는 아무것도 이루어지지 않는다. 정확하게 기억하지 않으면 창의적인 것을 결코 만들 수 없다. 어휘력이 풍부하지 않으면 좋은 글을 절대로 쓸 수 없는 것과 같은 이치다. '사전'을 수백 권 갖고 있다고 해서 좋은 글을 쓸 수 있는 것은 아니다. 사전을 갖고 있다고 해서 좋은 글을 쓸 수 있다면 도서관 직원이나 서점 주인이 가장 유명한 작가가 되어야 한다.

요컨대, 창의력과 기억을 상호 모순된 것으로 생각하는 것은 단견(短見)이고 관견(管見, tunnel vision)이다. 창의적인 아이디어나 산물은 기존의 것을 새로운 각도에서 조합하고 재조직한 것에 지나지 않는다. 인류 역사상 뛰어난 업적을 쌓은 인물들은 하나같이 비범한 기억력의 소유자였다. 또 기억력은 보존할 가치가 충분히 있는 훌륭한 지적 자산이다. 라마르크의 용불용설(用不用說)에 따르면 사용하지 않는 기관이나 능력은 퇴화된다. 우리의 기억력도 예외는 아니다.

(2) 지식

창의적인 아이디어나 산물은 진공상태에서 어느 순간 갑자기 출현하는 것이 아니라, 지식이라는 토대 위에서 발현된다. 지식은 창의력이 성장할 수 있는 토양이다.

창의력은 새로운 것을 만들어 내는 능력이지만 엄밀한 의미에서 보면 "하늘 아래 새로운 것은 존재하지 않는다". 창의력은 여태까지 존재하지 않았던 것을 만들어 내는 능력, 즉 '무에서 유를 창조하는 능력'이 아니다. 오히려 창의력은 이미 존재하고 있는 것을 새로운 관점에서 파악하거나 새로운 방식으로 조합하여 새로운 것을 만들어 내는 능력이다. 새로운 인식과 새로운 조합을 통해 새로운 것을 만들어 내려면 풍부한 지식을 갖추어야 한다.

지식이 모든 분야의 창의적인 문제해결에 영향을 준다는 사실은 익히 알려져 있는 사실이다. Hayes(1989)에 따르면 위대한 작곡가 76인이 작곡한 500여 곡 중에서 경력 10년 이내에 작곡한 곡은 3곡에 불과했다고 한다. 어떤 분야에서 창의적인 업적을 이룩하려면 적어도 10년 정도 풍부한 지식을 축적해야 한다는 소위 10년 법칙(the 10 year rule)도 지식이 창의력을 발휘하는 데 중요하다는 것을 웅변한다. 인지심리학에 따르면 전문가가 초보자보다 문제를 잘 해결하는 것은 전문지식이 풍부하고, 지식이 체계적으로 조직화되어 있기 때문이다.

창의적인 문제해결에 지식이 중요하다는 사실은 창의적 사고 자체의 가치는 상당히 제한적이라는 것을 시사한다. 이는 창의적 사고능력이 높아도 지식이라는 기반이 없으면 창의력이 제대로 발휘되지 않는다는 것을 뜻한다. 그러나 창의적 사고능력과 풍부한 지식이 결합되면 창의적인 아이디어나 산물을 산출할 확률이 급격하게 높아진다. 그렇다면 지식은 창의력에 어떻게 영향을 주는가?

첫째, 지식은 문제를 인식하고 문제의 본질을 파악하는 데 도움을 준다. 문제를 정확하게 이해하는 것은 창의적인 문제해결의 출발점이다. 둘째, 지식을 갖고 있으면 잘 알려져 있는 법칙이나 아이디어를 다시 발견해야 하는 시간과 노력을 절감할 수 있다. 셋째, 지식은 새로운 아이디어를 생성하는 데 도움을 준다. 넷째, 지식은 아이디어를 효과적으로 전달할 수 있는 양질의 산물을 산출하는 데 도움을 준다. 다섯째, 지식은 우연히 떠오른 아이디어를 인식, 활용하도록 해 준다. 여섯째, 지식은 한정된 인지적 자원을 새로운 아이디어를 처리하는 데 활용할 수 있도록 해 준다.

지식은 경우에 따라 창의적 사고나 창의적 문제해결을 방해할 수도 있다. 예컨대, 과거 성공한 방식으로만 문제를 해결하려고 할 경우 부적 전이(선행학습이 문제해결을 방해하는 현상)가 일어날 수 있다. 이 경우 지식은 문제해결을 방해한다. 또 기능적 고착(機能的 固着, functional fixedness: 어떤 사물이 특정 용도로만 사용되어야 하고 다른 용도로 사용될 수 있다는 것을 인식하지 못하는 정신태세)도 창의적인 문제해결을 방해할 수도 있다. 브리지 게임의 규칙을 바꾸었을 때 초보자보다 고수가 더 큰 영향을 받았다는 연구결과(Frensch & Sternberg, 1989)는 지식이 융통성 있는 사고를 방해할 수도 있다는 것을 잘 나타내 준다.

(3) 사고양식

사고양식(思考樣式, thinking style)이란 문제를 해결할 때 능력이나 지식을 특정 방식으로 적용하는 경향성을 말한다. 사고양식은 인지적 특성과 성격특성을 양극단으로 할 때 중간에 위치하는 개념이다. 두 사람의 지능수준이 같더라도 사고양식이 다르다면 문제해결방식이 다르다.

사고양식을 감각적 양식과 직관적 양식으로 구분할 때 전자보다 후자가 창의력이 더 높다. 왜냐하면 감각적 양식(sensing style)은 오관을 통해 문제에 접근하고 외부 정보에 의존하지만, 직관적 양식(intuitive style)은 육감이나 감정과 같은 내적 원천에 의존하기 때문이다. 직관과 영감은 창의력의 모태 역할을 한다.

또 Kirton(1976)에 따르면 적응자보다 혁신자가 창의력이 더 높다. 적응자(adaptor)는 점진적인 문제해결을 도모하고, 원래 주어진 구조를 고수하며, 정해진 절차에 따른 문제해결을 선호한다. 이에 반해 혁신자(innovator)는 기존의 것에 대해 문제를 제기한 다음, 새로운 관점에서 문제를 재구조화하려고 한다. 당연히 적응자보다 혁신자가 창의력이 더 높을 것이라고 짐작할 수 있다.

(4) 성격

성격도 창의력과 긴밀하게 관련된다. 창의력과 관련된 성격특성은 다음과 같다.

- 모호성에 관한 내성(耐性, tolerance)이 높다.
- 문제해결이 장애에 봉착했을 때도 지속성이 높다.
- 새로운 경험에 관해 개방적이다.
- 위험부담경향(risk-taking tendency)이 높다.
- 자기확신과 신념이 강하다.

(5) 동기

동기는 개인이 창의적인 아이디어나 산물을 산출하기 위해 노력하도록 하는 원동력을 제공한다. 일반적으로 내재적 동기는 창의력을 촉진하지만, 외재적 동기는 창의력을 손상시킨다(11장 참조). 단, 특정 조건에서는 내재적 동기가 창의력을 저해할 수도 있고, 외재적 동기가 창의력을 촉진할 수도 있다.

(6) 환경

환경도 창의력에 영향을 주는 중요한 요인이다. 개방적 사고를 권장하는 환경, 실험정신을 중시하는 환경, 실수를 허용하는 환경은 창의적 사고를 촉진한다. 창의적인 인물은 지적인 측면에서 자극적인 가정환경에서 성장한 것으로 알려져 있다. 또 창의적인 인물의 존재는 창의력을 자극한다. Zuckerman(1977)에 따르면 노벨상 수상자들은 후학의 창의적 사고에 지대한 영향을 주었다고 한다.

반면 기계적 기억과 '유일'한 정답을 강조하는 풍토, 구조화된 과제, 성적 위주의 평가체제, 정숙한 학생을 모범생으로 간주하는 교사의 태도, 동조성을 중시하는 환경, 실수를 실패와 동일시하는 환경은 창의력을 저해할 수 있다.

3) 창의력과 지능의 관계

창의력과 지능의 관계는 논란이 되고 있다. 이 논란의 핵심은 지능과 창의력이 동일한 능력인가 아니면 상이한 능력인가에 관한 것이다. 창의력이 지능과 다른 능력이라면 창의력은 별도로 연구할 만한 가치가 있으나, 창의력이 지능과 같은 능력이라면 창의력은 별도로 탐구할 가치가 없다.

그러나 아직까지 지능이나 창의력의 실체적 성질은 물론 양자의 관계는 명쾌하게 밝혀지지 않고 있다. 지능과 창의력의 관계에 관한 견해는 다섯 가지로 요약된다(Sternberg, 2000). 이것은 지능과 창의력의 관계에 관해 단언하기가 어렵다는 것을 의미한다. 다섯 가지 견해를 요약하면 다음과 같다.

(1) 지능이 창의력을 포함한다는 견해

Guilford의 지능구조모형, Cattell의 결정성-유동성 지능이론, Gardner의 다중지능이론에 따르면 지능이 창의력을 포함한다. 이에 따르면 창의력은 지능을 구성하는 하나의 요인에 불과하다. Guilford의 지능구조모형에서 확산적 사고는 조작 차원의 하위과정인데, 이것은 지능이 창의력을 포함하고 있음을 의미한다. Cattell은 실생활의 창의적인 행동이 일반지능, 특히 새로운 장면에서 정보를 획득하고 활용하는 능력인 유동성 지능에 의해 결정된다고 본다. 다중지능이론도 창의적인 능력을 다중지능의 한 측면으로 간주하고 있다. 즉, 창의력은 새롭고 혁신적인 아이디어를 생성하기 위해 다중지능을 활용하는 능력이라는 것이다.

(2) 창의력이 지능을 포함한다는 견해

창의력이 지능을 포함한다는 견해에 따르면 창의력은 지능을 비롯한 여러 요인으로 구성된다. Sternberg와 Lubart(1995, 1996)의 투자이론(investment theory)에 따르면 창의력은 (1) 지능, (2) 지식, (3) 사고양식, (4) 성격, (5) 동기, (6) 환경으로 구성된다. 이에 따르면 지능은 창의력을 구성하는 하나의 요인에 불과하다.

Bloom의 교육목표분류학(taxonomy of educational objectives)도 지능을 창의력의 하위요인으로 간주하고 있다. 교육목표분류학은 6개의 능력(지식, 이해, 적용, 분석, 종합, 평가)이 누가적이고 위계적인 관계를 이룬다고 가정한다. 이 중에서 지식, 이해, 적용, 분석은 지능에 해당되고, 종합과 평가는 창의력에 해당된다. 교육목표분류학의 위계적인 성질을 감안할 때 종합과 평가를 획득하자면 필수적으로 지식, 이해, 적용, 분석을 구비해야 한다. 이것은 지능이 창의력의 하위요인임을 의미한다.

(3) 지능과 창의력은 중첩된다는 견해

지능과 창의력이 중첩된다는 견해에 따르면 지능과 창의력은 어떤 측면에서는 비슷하지만, 어떤 측면에서는 다른 능력이다. 이 견해에 따르면 창의력에는 어느 정도의 지능이 필요하지만, 지능이 높다고 해서 창의력이 반드시 높은 것은 아니다. 지능과 창의성의 상관은 지능과 창의성의 어떤 측면을 어떤 방법으로 측정하고 어느 분야의 창의력에 관한 것인가에 따라 약한 상관에서 중간 정도에 이르기까지 변동폭이 크다. 또 Renzulli(1986)에 따르면 영재성은 (1) 평균 이상의 지능, (2) 창의력, (3) 과제몰입의 교집합 부분에 위치한다. 이에 따르면 지능과 창의력은 중첩된다. 일반인도 지능과 창의력이 상당 부분 중첩되는 능력으로 생각하고 있다고 한다.

(4) 지능과 창의력은 같은 능력이라는 견해

지능과 창의력은 이름만 다를 뿐 실제 같은 능력이라는 견해도 있다. Haensly와 Reynolds(1989)는 지능과 창의력이 '같은 현상'이라고 주장한다. 즉, 창의력은 지능이 표출된 것에 불과하다는 것이다. 또 창의력의 기반이 되는 정신과정과 창의적인 사고를 요하지 않는 문제해결의 정신과정이 다르지 않다는 주장도 있다(Weisberg, 1993). 이 견해에 따르면 정상적인 문제해결과정을 탐구하면 창의력을 이해할 수 있다.

(5) 지능과 창의력은 관련이 없다는 견해

Getzels와 Jackson(1962), Wallach와 Kogan(1965), Torrance(1975) 등은 창의력과 지능이 완전히 별개의 능력이라는 견해를 피력하고 있다. 이 견해는 국내의 교육심리 문헌에 가장 널리 소개된 것이다. Getzels와 Jackson은 6학년에서 12학년에 이르는 449명의 학생들을 대상으로 창의력을 측정한 후 그 결과를 지능지수와 비교했다. 그들은 창의력을 다음과 같은 5개의 검사로 측정했다.

- 단어연상검사: 쉬운 단어의 정의를 가급적이면 많이 내리도록 하는 검사
- 용도검사: 일정한 용도를 갖고 있는 사물의 용도를 많이 찾도록 하는 검사
- 도형찾기검사: 복잡한 도형 속에 숨겨져 있는 도형을 찾도록 하는 검사
- 이야기완성검사: 미완성 우화를 도덕적이거나 익살스럽거나 슬프게 종결짓도록 하는 검사
- 문제작성검사: 수리적 진술이 포함된 문장을 제시한 다음 그 문장을 이용해서 가능하면 많은 수학문제를 작성하도록 하는 검사

연구결과에 따르면 창의력검사와 지능지수의 상관계수 평균은 $r = .26$에 불과했다. 또 창의력검사 점수가 상위 20% 이내 해당하는 고창의력 집단의 IQ는 전체 집단에서 20% 이내에 들지 못했으며, 지능지수가 상위 20%에 해당되는 고지능집단의 창의력검사 점수는 전체 집단에서 20% 이내에 들지 못하는 것으로 나타났다. 이러한 연구결과는 지능과 창의력이 아무 관련이 없는 능력이라는 것을 나타낸다.

4) 창의력의 개발

창의력은 비교적 안정된 특성으로 변화시키기가 상당히 어렵지만 적절한 교육과 훈련을 통해 상당 부분 개발할 수 있다. 창의적 사고를 개발하기 위한 방법을 소개한다.

(1) 브레인스토밍

브레인스토밍(brain-storming)은 여러 사람들의 아이디어를 결합해서 합리적인 해결책을 모색하는 방법이다(Osborn, 1963). 브레인스토밍의 주요 원리는 다음과 같다.

- 다다익선: 아이디어가 많으면 많을수록 쓸 만한 아이디어가 나올 확률이 높으므로 가능하면 많은 아이디어들을 질적 수준에 관계없이 내놓도록 격려한다.

- 자유분방: 어떤 아이디어라도 거리낌 없이 내놓을 수 있도록 자유분방한 분위기를 조성 해야 한다.
- 비판금지: 아이디어에 관한 비판은 아이디어의 산출을 억제할 수 있으므로 아이디어를 일절 비판하지 말아야 한다.
- 결합권장: 아이디어를 결합하고 수정하여 참신한 아이디어를 구성해야 한다.

브레인스토밍의 단계는 다음과 같다.

- 1단계: 문제를 정의한다.
- 2단계: 문제에 관해 가능하면 많은 해결책을 생성한다.
- 3단계: 잠재적인 해결책을 평가하기 위한 기준을 설정한다.
- 4단계: 가장 적절한 해결책을 선정한다.

브레인스토밍은 불가능한 것처럼 보이는 문제를 해결할 수 있고, 참여자들도 그 과정에서 창의적 아이디어에 관한 영감을 얻을 수 있다는 장점이 있다. 브레인스토밍에는 언어능력이 매우 중요한데, 참여자가 언어능력이 부족해서 생각을 자유롭게 표현하기 어려우면 브레인라이팅(brain-writing)을 적용할 수도 있다.

(2) 여섯 가지 사고모자(6색 모자)

De Bono(1985)에 따르면 창의적 사고를 하는 데 어려움을 겪는 주된 이유는 감정, 정보, 논리, 희망, 창의적 사고 등 한 번에 여러 가지를 동시에 생각하기 때문이다. De Bono가 개발한 이 방법은 여섯 가지 색깔의 모자가 각각 나타내는 사고자 역할을 통해 한 번에 한 가지의 사고만 하도록 함으로써 창의적 사고를 촉진하려는 방법이다. 모자 색깔에 따른 사고특징은 다음과 같다.

- 백색모자: 중립적이고 객관적인 사실, 자료, 정보
- 적색모자: 감정, 느낌, 직관
- 흑색모자: 부정적인 판단
- 황색모자: 낙관적이고 긍정적 측면
- 녹색모자: 창의적이고 다각적인 해결방안
- 청색모자: 요약, 결론

(3) PMI

어떤 상황에 관해 (1) 긍정적인 측면(Plus), (2) 부정적인 측면(Minus), (3) 주목할 만한 가치가 있지만 중립적인 측면(Interesting)을 차례로 생각하도록 하여 사고의 방향을 유도하는 방법이다.

(4) 속성열거법

속성열거법(attribute listing)은 어떤 대상이나 시스템의 중요한 속성을 나열한 다음, 그 속성을 수정하거나 개선하기 위한 방안을 제시하도록 하는 방법이다(Crawford, 1951). 이 방법을 이용할 경우 각 대상의 속성을 분석하면서 개선-수정-탐색의 과정을 거치게 된다. 속성열거법은 (1) 대상의 주요 속성 열거하기, (2) 속성을 변경시킬 수 있는 방법 열거하기, (3) 한 대상의 속성을 다른 대상의 속성을 변경하는 데 활용하기 등으로 이루어져 있다.

(5) 시네틱스

시네틱스(synectics: 서로 관련 없는 요소들의 결합)는 당연하게 생각하고 있던 대상이나 요소를 이상한 것으로 파악하거나 반대로 이상하게 여기던 것을 친숙한 것으로 받아들이는 경험을 통해 사고의 민감성을 높이는 방법이다(Gordon, 1961). 시네틱스를 발견적 문제해결법이라고 번역하기도 한다.

(6) SCAMPER

SCAMPER는 7개 질문의 첫 번째 철자를 따서 만든 합성어다.

- S(Substitute): 다른 것으로 바꾸기
- C(Combine): 다른 것과 결합하기
- A(Adapt): 맞도록 고치기
- M(Modify, Magnify, Minify): 새롭게 변화시키기
- P(Put to other use): 다른 용도를 찾기
- E(Eliminate): 축소하거나 제거하기
- R(Rearrange-reverse): 새로운 방식으로 배열하기

5) 창의력을 촉진하기 위한 방안

교육현장에서 창의력을 증진시키기 위한 방안을 소개한다.

첫째, 학생들이 창의력에 가치를 부여하도록 해야 한다. 학생들이 창의력에 가치를 부여하도록 하기 위한 한 가지 방안은 학생들의 기발한 아이디어와 행동에 보상을 하는 것이다. 교사가 창의적인 활동에 몸소 참여하는 것도 좋은 방안이다.

둘째, 학생들이 내재적 동기를 갖도록 해야 한다. 일반적으로 내재적 동기가 높으면 창의력이 높다. 따라서 학생들이 특별히 흥미를 갖고 있는 활동에 참여하도록 권장하면 창의력을 높일 수 있다.

셋째, 교과내용을 완전히 이해하도록 해야 한다. 교과영역에 관련된 창의력은 그 교과를 완전히 마스터해야 나타난다.

넷째, 창의적 사고를 유발하는 질문을 하는 것이 좋다. 새로운 관점에서 생각하도록 하는 질문을 받으면 창의적으로 사고할 확률이 높아진다.

다섯째, 학생들에게 자율성을 부여하고, 안전감을 느끼도록 실수를 허용해야 한다. 창의력은 실패 부담이 적은 상황에서 발현되므로 실패의 두려움과 실패의 대가가 크면 나타나기 어렵다. 실패 부담을 없애 주려면 평가를 하지 않는 상황에서 활동을 하도록 하는 것이다. 실패와 실수는 불가피하며 정상적인 학습의 한 부분이라는 것을 주지시키는 것도 좋은 방안이다.

여섯째, 창의력을 발휘할 수 있도록 충분한 기회와 시간을 주어야 한다. 창의적인 아이디어나 산물은 하루저녁에 완성되지 않는다. 새로운 아이디어를 산출하고, 그 아이디어를 실험하는 데는 상당한 시간이 소요된다.

일곱째, 창의적인 모델을 제공해야 한다. 각 분야에서 창의적인 인물을 모델로 제시하거나 교사 자신이 모델이 될 수 있다.

2. 인지양식

전통적으로 인지적 특성에 관한 연구는 지능, 창의력, 지식과 같은 능력의 관점에서 이루어져 왔다. 그러나 이러한 접근이 한계가 있다는 사실을 인식하게 되면서 인지양식에 관한 관심도 높아졌다.

인지양식(認知樣式, cognitive style)이란 사물이나 정보를 지각, 처리하는 독특한 방식을 말한다. 인지양식은 인지의 방식 혹은 형태에 관련된 개념이다. 즉, 인지양식은 "어떤 방식으로 정보를 처리하는가?"에 관련된 개념이다. 이러한 점에서 인지양식은 인지의 내용과 수준을 뜻하는 인지능력과 구분된다. 인지능력은 "무엇을 어느 정도 잘할 수 있는가?"를 뜻하는 개념이다. 또 인지양식은 양극적(兩極的)이고 가치중립적인 개념으로 양극단에 위치하는 인지양식 중 어느 양식이 더 좋거나 나쁘다고 할 수 없다. 가령, 장의존성과 장독립성 중 어느 것이 더 좋다고 할 수 없다. 반면 인지능력은 단극적(單極的, unipolar)이고 가치지향적인 개념이므로 능력이 높을수록 바람직한 것으로 간주된다. 대표적인 인지양식인 장독립성-장의존성과 숙고형-충동형을 소개한다.

1) 장독립성-장의존성

구름 속에서 비행기가 거꾸로 날고 있는데도 어떤 조종사들이 그 사실을 전혀 알지 못한다는 흥미로운 사실에 착안한 Witkin은 전체 장(場, field)에서 구성요소를 분리하는 과정을 밝히기 위한 연구에 착수했으며, 그 결과 사람에 따라 정보처리방식이 다르다는 사실을 발견했다. 그는 그 양식을 장독립성-장의존성이라고 명명했다(Witkin, Moore, Goodenough, & Cox, 1977).

장독립성(場獨立性, field independence)은 장(배경)의 영향을 별로 받지 않는 인지양식이고, 장의존성(場依存性, field dependence)은 장의 영향을 많이 받는 인지양식이다. 장독립성-장의존성은 장의 구조가 구성요소의 지각에 영향을 주는 정도, 장의 구성요소를 별개로 지각하는 정도, 정보를 분석적으로 지각하는 정도가 다르다. 장독립성은 분석적으로 정보를 처리하고, 모호한 장면에는 능동적으로 구조를 부여하거나 그 장면을 재조직하는 경향이 있다. 이에 반해 장의존성은 전체적으로 정보를 처리하고, 주어진 구조대로 정보를 처리한다. 비유컨대, 장의존성은 '숲은 보되, 나무는 보지 못하는' 양식이고, 장독립성은 '나무는 보되, 숲은 보지 못하는' 양식이다.

장독립성-장의존성은 복잡한 문제장면에서 부적절한 정보를 무시하고 적절한 정보를 선택하는 정보처리방식이므로 지각 및 학습에 영향을 미친다. 장독립성-장의존성은 문제해결 장면에서 다음과 같은 차이가 있는 것으로 알려져 있다.

- 장독립성은 장의존성에 비해 문제장면에서 적절한 정보를 추출하고 부적절한 정보를 무시하는 경향이 높다. 따라서 컴퓨터를 활용한 멀티미디어 학습에서는 전자가 후자보다 유리하다.

| 표 5-1 | **장독립성과 장의존성의 차이**

장독립성	구분	장의존성
분석적 처리	정보처리방식	전체적 처리
새로운 구조를 부여하여 재조직함 구조의 영향을 거의 받지 않음 비구조화된 과제 수행 용이	구조화 정도	장에 새로운 구조를 부여하지 않음 구조의 영향을 많이 받음 비구조화된 과제 수행 곤란
내부 단서 중시 개인내부 지향	지향성	외부 단서(사회적 정보) 중시 타인의 비판에 민감
대인관계에 무관심	대인관계	대인관계 중시
외부의 지도가 없이 스스로 문제를 해 결할 수 있는 수업선호 상호작용이나 토론 수업	교수방식	문제해결방식을 분명하게 가르치는 수업방 식 선호 강의
물리	선호 교과	사회
기술자, 외과의사	선호 직업	교사, 목사, 카운슬러

- 복잡한 상황에서 사격할 때 장독립적인 경찰이 장의존적인 경찰보다 사격을 더 잘하고, 복잡한 상황에서 발생한 사건을 더 정확하게 기억한다.
- 복잡한 표정의 인물사진을 보여 주었을 때 장독립적인 사람은 장의존적인 사람보다 인물의 안면표정을 더 정확하게 기억한다.
- 정보를 전체적으로 처리하는 장의존성은 정보들의 관련성을 파악하는 데 능하다.

　　장독립성-장의존성은 대인관계 및 전공과도 긴밀한 관련이 있다. 대인관계 측면에서는 장의존성이 높을수록 다른 사람의 감정에 민감하고, 대인관계가 원만하다. 반면 장독립성이 높을수록 혼자 행동하고, 다른 사람에게 별 관심이 없으며, 다른 사람과 거리를 두고, 비사회적 상황에 관심을 갖는 경향이 높다. 전공의 측면에서 보면 장독립적인 학생들은 자연과학, 수학, 공학에서 유리하고, 장의존적인 학생들은 사회과학에서 유리하다. 장독립적인 학생과 장의존적인 학생의 특징은 〈표 5-2〉에 제시되어 있다.

　　장독립성-장의존성은 Witkin 등(1954)의 신체조정검사(body adjustment test)나 잠입도형검사(潛入圖形檢査, Embedded Figure Test: 숨은 그림 찾기검사의 일종)를 통해 측정된다. 장독립성과 장의존성을 측정하기 위한 집단잠입도형검사의 문항은 [그림 5-2]에 제시되어 있다. 이 그림(I, II)에서 숨겨진 도형(A, B, C, D, E 중 하나)을 빨리 찾을수록 장독립성이 높다.

| 표 5-2 | 장독립적 학생과 장의존적 학생의 차이

장독립성	구분	장의존성
• 개별학습을 좋아한다. • 경쟁을 즐기고 개인적 인정을 추구한다. • 과제지향적이다. 따라서 사회환경에 별로 개의치 않는다.	교우관계	• 협동학습을 선호한다. • 동료를 도와주고 싶어 한다. • 친구의 감정과 의견에 민감하다.
• 교사를 가까이 하지 않는다. • 교사와 형식적 관계를 유지한다.	교사관계 (개인적)	• 교사에 대한 긍정적 감정을 공공연히 표현한다. • 교사의 취미와 경험에 대해 질문하고 교사를 닮고 싶어 한다.
• 독자적으로 과제를 해결한다. • 과제를 먼저 시도하고, 먼저 완성하려고 한다. • 비사회적 보상을 추구한다.	교사관계 (수업 중)	• 교사의 지도와 시범을 바란다. • 사회적 보상(인정)을 바란다. • 교사의 개별지도를 받을 때 동기가 높아진다.
• 구체적 사항을 강조하는 수업 • 수학, 과학개념을 다루는 수업 • 발견법	학습을 촉진하는 수업형태	• 수업목표와 전반적 내용을 체계적으로 설명하는 수업 • 개념을 학생의 개인적 흥미와 경험에 관련짓는 수업 • 강의법

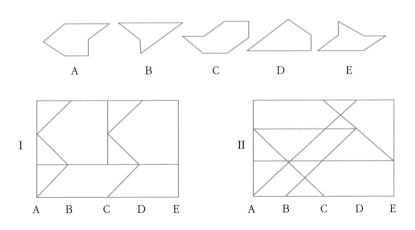

[그림 5-2] 인지양식을 측정하기 위한 문항

2) 숙고형-충동형

Kagan(1964)은 문제를 해결하기 위한 가설을 설정하고 타당성을 검증하는 과정에서 나타나는 반응의 정확성과 반응속도를 기준으로 인지양식을 숙고형과 충동형으로 구분했다. 숙고형(熟考型, reflectivity) 혹은 사려형 인지양식은 문제를 해결하기 위해 가설을 설정하고 그것의 타당성을 검토하는 과정에서 신중하게 생각하는 유형이다. 이에 반해 충동형(衝動型, impulsivity) 혹은 속응형(速應型) 인지양식은 가설을 설정하고 검증하는 과정에서 신중하게 생각하지 않고 행동하는 유형이다. 숙고형이 햄릿형이라면 충동형은 돈키호테형이라고 할 수 있다.

숙고형-충동형은 반응속도와 반응오류에서 차이가 있다. 충동형은 숙고형보다 반응속도가 빠르므로 반응오류가 많다. 반면 숙고형은 충동형보다 반응속도가 느리므로 반응오류를 적게 범한다. 일반적으로 반응오류를 적게 범하는 숙고형은 반응오류가 많은 충동형보다 성적이 더 높다.

숙고형-충동형은 다양한 해결책이 가능한 상황에서 대안적인 가설의 타당성에 관해 숙고하는 정도를 나타내므로 문제해결에 영향을 준다. 일반적으로 숙고형은 충동형에 비해 정보를 더 체계적으로 수집하고 더 철저하게 평가한다. 문제를 해결할 때 충동형은 속도에, 숙고형은 정확성에 주안점을 둔다. 그 결과 충동형은 반응속도가 빠르지만 실수가 많고, 숙고형은 반응속도가 느리지만 실수가 적다. 숙고형-충동형은 과제수준과도 긴밀하게 관련된다. 충동형은 쉬운 과제를 신속하게 수행해야 할 때 유리하고, 숙고형은 어려운 과제를 해결해야 할 때 유리하다.

학교에서는 주의집중과 신중한 사고를 요하므로 숙고형이 충동형보다 학업성적이 높은 경향이 있다. 또 일반적으로 연령이 증가함에 따라 숙고적인 경향이 높아져 신중하게 생각하고 천천히 반응하게 된다.

그러나 극단적인 충동형과 숙고형은 모두 문제가 될 수 있다. 극단적인 충동형은 너무 빨리 반응하므로 능력에 비해 성적이 낮은 경향이 있고, 극단적인 숙고형은 어려운 문제에 매달려 다른 문제를 풀지 못하는 경우가 많다. 따라서 충동적인 학생에게는 신중하게 사고하도록 훈련을 시켜야 하고, 숙고적인 학생에게는 과제를 주어진 시간 내에 완성할 수 있도록 어려운 문제는 건너뛰게 하는 전략을 가르쳐야 한다.

3) 인지양식의 활용

인지양식은 학습방법, 교수방법, 학생-교사 상호작용, 전공 및 직업선택에 영향을 주는 것으로 알려져 있다. 그렇지만 장독립성과 장의존성 중 어느 인지양식이 더 바람직하다고 할 수 없다. 왜냐하면 인지양식은 적응적 가치가 다르기 때문이다. 장독립성은 복잡한 상황을 분석하고 혼란스러운 상황에서 정보를 추출하는 데는 능하지만, 사회적 기술이 미숙하다. 반면 장의존성은 다른 사람과 관계를 형성하고 대인관계에 관심이 많지만, 분석능력은 상대적으로 낮다. 그러므로 장독립성이 적합한 상황과 장의존성이 적합한 상황은 서로 다르다.

한편, 교사의 인지양식과 학생의 인지양식을 일치시키는 것이 바람직한가 아니면 상치시키는 것이 바람직한가에 대한 문제는 상당한 논란의 여지가 있다.

(1) 교사의 인지양식과 학생의 인지양식을 일치시켜야 한다는 입장

교사와 학생의 인지양식이 일치하면 학업성적이 향상된다. 교사와 학생의 인지양식 일치 여부는 상호평가에도 영향을 준다. 교사와 학생의 인지양식이 일치하면 서로 긍정적으로 평가하고, 의사소통이 원활하다. 장독립적인 교사는 장독립적인 학생의 성적이 우수하다고 평가하고, 장의존적인 교사는 장의존적인 학생의 성적이 우수하다고 평가한다(James, 1973). 따라서 학업성취도를 높이려면 교사의 인지양식이나 수업방법을 학생의 인지양식과 일치시켜야 한다.

(2) 교사의 인지양식과 학생의 인지양식을 상치시켜야 한다는 입장

교사와 학생의 인지양식을 일치시켜야 한다는 주장과 달리, 학생의 인지양식과 상치되는 환경을 의도적으로 제시하여 균형 있게 성장할 수 있도록 자극해야 한다는 주장도 상당한 설득력을 갖고 있다. 장의존적인 학생의 경우 장독립적인 사고를 촉진할 수 있는 교육환경을 제공하는 것이 바람직하다는 것이다.

앞에서 언급한 바와 같이 인지양식의 각 차원은 상황에 따라 적응적인 가치가 다르므로 양극단의 긍정적인 특성을 모두 활용할 수 있는 소위 '만능 학습자(versatile learner)'(Pask, 1976), 수렴적 사고와 확산적 사고에 모두 능한 '올라운드 학습자(all-rounders)'(Hudson, 1966), 장의존성과 장독립성의 장점을 모두 갖춘 '양인지적 학습자(bi-cognitive learner)'(Ramirez, Castaneda, & Herold, 1974)가 특정 방식으로만 사고할 수 있는 학습자보다 더 바람직하다는 주장이다. 이러한 주장은 좌뇌(左腦)와 우뇌(右腦)의 기능이 균형 있게 발달할수록 바람직하다는 견해와 일맥상통한다.

3. 선행지식

같은 내용이라도 선행지식이 있으면 쉽게 이해할 수 있지만, 선행지식이 없으면 제대로 이해할 수 없다. 이는 모든 학습이 선행지식을 기반으로 이루어진다는 것을 뜻한다. Ausubel(1968)은 선행지식을 학습의 결정요인으로 간주한다. 그는 교육심리학의 모든 내용을 "선행지식을 확인한 다음 그에 근거해서 가르치라."라는 단 하나의 원리로 집약할 수 있다고 주장한다. 그의 가정은 다음과 같다.

- 선행지식은 교육심리학의 중요 요인이다.
- 최적의 학습을 촉진하려면 선행지식의 내용과 구조를 확인해야 한다.
- 학습장면은 선행지식에 부합될수록 바람직하다.

선행지식의 개념을 소개한 다음 선행지식의 개념 및 효과를 간략히 소개한다.

1) 선행지식의 개념

선행지식(先行知識, prior knowledge)이란 수업 전에 갖고 있는 지식기반(知識基盤, knowledge base)을 말한다. 선행지식은 개인이 갖고 있는 지식의 총체로 장기기억에 저장되어 있다.

수업의 측면에서 선행지식은 선수필수지식과 총체적 지식으로 구분해 볼 수 있다. 선수필수지식(prerequisite knowledge)은 수업내용을 이해하는 데 필요한 기초지식으로, Bloom (1982)이 말하는 인지적 출발점 행동(cognitive entry behavior)과 같은 개념이다. 그러므로 선수필수지식이 부족하면 수업내용을 제대로 이해할 수 없다. 총체적 지식(total knowledge)은 수업에 직간접으로 관련되는 모든 지식을 말한다.

2) 선행지식의 효과

학습은 지식의 진공 상태에서 이루어지는 것이 아니라 선행지식을 기반으로 해서 이루어진다. 교육이 이루어지는 모든 시점에서 학생들의 선행지식 수준은 큰 차이가 있는데, 선행지식 수준은 학업성취에 큰 영향을 준다. 결론은 단 하나, 선행지식이 풍부할수록 학습을 잘한다는 것이다. 선행지식이 학업성취에 미치는 영향을 직접적 효과와 간접적 효과로 나누어 살펴본다.

(1) 직접적 효과

선행지식은 학습에 가장 큰 영향을 미치는 요인이다. 학업성취에는 무수히 많은 요인들이 영향을 주지만 선행지식만큼 큰 영향을 미치는 요인은 없다. 선행지식은 학업성취에 약 30~60% 정도 영향을 미친다고 한다. 이는 선행지식이 미래의 성취도를 가장 잘 예측할 수 있는 요인임을 시사한다.

다양한 요인들이 학업성취에 미치는 영향력을 배제할 경우에도 선행지식은 학업성취에 큰 영향을 미친다. 그동안 지능은 학업성취에 가장 큰 영향을 미치는 요인으로 간주되어 왔다. 지능과 성적 사이의 상관은 연구마다 차이가 있지만, 대체로 $r = .50$ 전후에 분포한다. 이것은 지능이 성적에 대략 25%의 영향을 준다는 것을 뜻한다. 하지만 선행지식의 영향을 제거하면 지능과 성적 사이의 상관은 현저하게 감소한다($r = .00 \sim .30$). 이는 선행지식의 영향을 고려하면 지능이 학업성취에 실질적으로 영향을 미치지 못한다는 것을 뜻한다. 반면 지능이 성적에 미치는 영향을 제거하더라도 선행지식은 학업성취에 유의한 영향을 준다. 이러한 사실은 지능이 낮을 경우 선행지식으로 보상할 수 있으나, 선행지식이 낮을 경우에는 지능이 높더라도 보상할 수 없음을 의미한다. 더구나 선행지식이 학업성취에 미치는 영향은 학년이 증가할수록 누적되는 것으로 알려져 있다(〈글상자 5-2〉 참조).

글상자 5-2

마태효과(Mattew Effect)

선행지식이 풍부한 학생은 갈수록 학업성취가 높아지지만 선행지식이 결손된 학생은 갈수록 학업성적이 낮아지는 현상을 말한다. 이 효과는 마태복음에 "좋은 나무마다 아름다운 열매를 맺고 못된 나무가 나쁜 열매를 맺나니, 좋은 나무가 나쁜 열매를 맺을 수 없고 못된 나무가 아름다운 열매를 맺을 수 없다."라는 구절과 "무릇 있는 자는 받아 더욱 풍족하게 되고 없는 자는 그 있는 것까지 빼앗기리라."라는 구절에서 아이디어를 얻어 명명한 것이다.

경제학에서는 빈익빈 부익부 현상을 마태효과에 비추어 설명한다. 정보가 매우 중요한 주식시장에서는 정보의 비대칭성에서 기인하는 마태효과가 뚜렷하게 나타난다. 즉, '정보가 있는 자는 갈수록 돈을 따고, 정보가 없는 자는 갈수록 돈을 잃는다.' 고스톱 판에서도 밑천이 두둑한 사람은 돈을 따지만 밑천이 달랑거리는 사람은 결국에는 돈을 잃고 만다. 그렇게 해서 빈익빈 부익부 현상은 더욱 심화된다. 학교에서도 선행지식의 영향으로 인해 학생 간의 빈익빈 부익부 현상은 하루가 다르게 심화되고 있다.

(2) 간접적 효과

선행지식이 학업성취에 영향을 주는 것은 인지과정에 영향을 주기 때문이다. 요컨대, 선행지식은 인지과정에 영향을 주고, 인지과정은 학업성취를 촉진한다. 선행지식이 인지과정에 미치는 영향을 요약한다.

- 선행지식은 주의와 지각에 영향을 준다. 즉, 선행지식은 수많은 정보 중에서 적절한 정보에 선택적으로 주의를 집중시킨다. 요컨대, "아는 만큼 보인다."
- 선행지식은 문제표상에 영향을 미친다. 문제표상은 문제해결에 결정적인 영향을 미치는 요인인데(9장 참조), 선행지식이 많을수록 문제를 적절한 방식으로 표상한다. 반면 선행지식이 적으면 문제를 지각적인 속성을 중심으로 표상하기 때문에 문제를 제대로 해결하지 못한다.
- 선행지식은 작업기억의 부담을 경감시켜 한정된 인지능력을 중요한 정보를 처리하는 데 활용토록 해 준다. 그 결과 선행지식은 학습시간 활용을 극대화시킨다. 즉, 시간이 동일하다고 할 때 선행지식이 많을수록 더 많은 정보를 처리한다.
- 선행지식(인지구조)은 새로운 정보를 이해하고 저장할 수 있는 근거지를 제공하므로 학습을 촉진한다(7장에 소개된 Ausubel의 유의미수용학습 관련 내용 참조).
- 선행지식은 학습내용과 관련된 정보의 회상과 인출을 촉진하고, 학습내용을 효과적으로 처리할 수 있는 인지전략을 활용하도록 한다.
- 선행지식은 학습내용의 전이를 촉진한다. 즉, 선행지식이 풍부해야 그것을 새로운 장면에서 적극적으로 활용할 수 있다.

요 약

① 창의력은 새롭고 독창적이고 적합하면서도 유용한 아이디어나 산물을 만들어 내는 능력이다.

② 창의력을 구성하는 요인은 (1) 지능(확산적 사고), (2) 지식, (3) 사고양식, (4) 성격, (5) 동기, (6) 환경이다.

③ 지능과 창의력의 관계는 아직 명쾌하게 밝혀지지 않고 있다. 창의력을 훈련시키기 위한 방법으로는 브레인스토밍, 여섯 가지 사고모자, PMI, 속성열거법, 시네틱스, SCAMPER 등이 있다.

④ 인지양식은 정보를 지각하고 처리하는 독특한 방식을 말하며, 인지능력과 구분된다.

⑤ 장독립성–장의존성은 지각이나 정보처리과정에서 장(배경)의 영향을 받는 정도가 다르고, 숙고형–충동형은 문제를 해결하기 위한 가설을 설정하고 검증하기 위한 과정에서 반응의 정확성과 속도가 다르다.

⑥ 인지양식은 상당히 안정적인 특성으로 지각 및 인지과제는 물론 대인관계장면에 폭넓은 영향을 준다. 학교에서는 교사와 학생의 인지양식이 일치하면 학습효과도 높고 상호관계도 원만하다.

⑦ 선행지식은 수업을 받기 전에 갖고 있는 총체적인 지식기반을 말한다. 선행지식은 학업성취에 가장 큰 영향을 미치는 요인이다. 선행지식은 인지과정에 영향을 주고, 새로운 정보를 이해하고 저장할 수 있는 근거지를 제공한다.

행동주의와 사회인지이론

1. 학습을 정의하고, 학습의 개념적 성질을 설명하시오.

2. 행동주의의 기본견해를 요약하고, 기본가정을 기술하시오.

3. 고전적 조건형성의 절차를 설명하시오.

4. 소거, 역조건형성, 홍수법, 체계적 둔감법을 정의하고, 적용사례를 제시하시오.

5. 시행착오학습의 의미를 설명하시오.

6. 결합설의 학습법칙과 하위법칙에 관해 설명하시오.

7. 고전적 조건형성과 조작적 조건형성을 비교하시오.

8. 조작적 조건형성의 절차를 설명하시오.

9. 정적 강화와 부적 강화를 구분하시오.

10. 부적 강화와 처벌을 구분하시오.

11. 강화물의 종류를 열거, 설명하시오.

12. 바람직한 행동을 증가시키기 위한 행동수정방법을 열거·설명하시오.

13. 바람직하지 못한 행동을 감소시키기 위한 행동수정방법을 열거·설명하시오.

14. 조작적 조건형성이론의 교육적 적용사례를 기술하시오.

15. 조작적 조건형성을 비판하시오.

16. 사회인지이론의 기본견해를 요약하시오.

17. 모델링의 절차를 단계별로 설명하시오.

18. 인지적 행동수정을 정의하고, 단계를 설명하시오.

19. 자기조절을 정의하고, 자기조절의 하위요소를 열거하시오.

대부분의 인간 행동(지식, 기능, 태도 등)은 학습을 통해 습득되므로 학습이 어떤 과정을 통해 이루어지는가를 이해하는 것은 인간 행동을 이해하기 위한 관건이다. 학습은 후천적 경험을 통해 지식·기능·태도·행동을 습득하는 과정을 일컫는다. 따라서 학습을 학교공부와 동일시하는 사람들이 적지 않지만, 엄밀한 의미에서 학습은 학교공부보다 훨씬 넓은 개념이다.

우리가 갖고 있는 수많은 지식·기능·태도·행동은 거의 대부분 학습된 것이다. 학습을 통해 우리는 대한민국의 수도가 서울이라는 사실을 알고, 구구단을 외우며, 이순신 장군을 기억하고, 우리말로 대화를 하고, 걸그룹 소녀시대를 좋아하고, 자전거를 타고, 휴대폰으로 문자메시지를 보낼 수 있다. 우리나라 사람들이 김치와 된장을 좋아하는 것도 물론 학습된 것이다.

학습은 개개인에게 매우 중요한 의미를 갖는다. 신생아는 학습을 통해 한 사람의 인간으로 성장해 간다. 발달과정에서 우리는 수많은 지식·기능·태도·행동을 학습한다. 따라서 학습을 하지 않는다면 진정한 의미의 인간이라고 할 수 없다. 옛사람들도 "배우지 않으면 짐승과 다를 바 없다."고 하여 학습의 중요성을 강조했다.

사회문화적인 측면에서 보면 학습은 기성세대가 문화와 전통을 새로운 세대에 전수하는 매개 역할을 한다. 새로운 세대는 학습을 통해 기성세대의 가치, 관습, 사상을 습득함으로써 문화와 전통을 계승한다. 문화권에 따라 사고방식, 태도, 행동이 다른 것은 구성원들이 자신이 속한 문화권에 고유한 내용들을 학습했기 때문이다. 학습은 나아가 새로운 문화를 창출하는 기반을 제공한다.

학습은 교육과 불가분의 관련을 갖는다. 교육은 학생들의 학습을 조력하는 활동이고, 학생은 학습을 하는 주체며(그래서 학습자라고 한다.), 학교는 학습이 이루어지는 장(場)이고, 교육은 학습자의 학습을 촉진하는 활동이다. 그러므로 학습을 언급하지 않고 교육을 논하기란 사실상 불가능하다. 학습에 관한 내용이 교육심리학에서 가장 많은 것은 학습이 교육의 핵심을 차지하고 있기 때문이다. 이 책에서 다룬 모든 내용들도 학습과 직간접으로 관련을 맺고 있다.

교육이 학생들의 학습을 조력하려는 소기의 목적을 달성하려면 무엇보다도 먼저 학습의 실체적 성질과 학습에 영향을 미치는 요인들에 관한 체계적인 지식을 갖추어야 한다. 이 책에서는 학습의 중요성을 감안해서 학습에 관한 내용들을 여러 장에서 다루었다. 먼저 이 장에서는 (1) 학습의 개념, (2) 행동주의의 성격, (3) 고전적 조건형성, (4) 결합설, (5) 조작적 조건형성, (6) 사회인지이론을 소개한다.

1. 학습의 개념

학습(學習, learning)은 일반적으로 '경험이나 연습에 의해 일어나는 행동 혹은 행동잠재력의 비교적 지속적인 변화'를 의미한다. 학습의 의미를 부연 설명한다.

① 행동 혹은 행동잠재력의 변화: 학습의 본질은 행동이나 행동잠재력이 변화되는 과정이다. 행동주의에 따르면 학습은 행동이 변화되거나 자극과 반응 사이의 연합을 형성하는 과정이다. 그렇지만 행동의 변화가 학습의 전부는 아니다. 인지심리학에 따르면 학습은 지식, 사고방식, 신념이 변화되는 과정이다.

② 경험이나 연습: 행동이나 행동잠재력의 변화원인은 선천적인 요인과 후천적인 요인으로 대별할 수 있는데, 학습은 경험이나 연습을 통해 일어나는 행동이나 행동잠재력의 후천적인 변화를 지칭한다. 그러므로 유전적인 요인에 의해 일어나는 선천적인 행동의 변화는 성숙(maturation)이라고 하여 학습에 포함되지 않는다.

③ 의도적 학습과 우연적 학습: 학습은 의도적인 경험에서 기인하는 의도적 학습(意圖的 學習, intentional learning)과 의도하지 않은 경험에서 기인하는 우연적 학습(偶然的 學習, incidental learning)을 포함한다. 학교학습은 대부분 의도적 학습이다. 반면 일상에서 이루어지는 학습은 대부분 우연적 학습이다. 텔레비전을 보다가 자신도 모르게 행동이나 사고방식이 바뀌는 것은 우연적 학습이다.

④ 지속기간: 학습은 경험이나 연습을 통한 행동이나 행동잠재력의 변화가 상당 기간 지속된다는 것을 전제한다. 따라서 약물, 질병, 피로, 알코올과 같은 요인에 의해 유발되는 일시적인 행동의 변화는 학습의 범주에서 제외된다.

⑤ 변화의 방향: 원칙적으로 학습은 긍정적인 변화(바람직한 방향으로 행동이나 사고가 변화되는 것)와 부정적인 변화(바람직하지 않은 방향으로 행동이나 사고가 변화되는 것)를 모두 포함한다(단, 교육적인 의미에서 학습은 긍정적 변화를 의미한다.).

⑥ 학습과 수행: 학습과 수행은 개념적으로 구분된다(단, Skinner와 같은 극단적인 행동주의자들은 수행과 학습을 동일시한다.). 즉, 학습은 행동잠재력의 변화를, 수행(遂行, performance)은 행동잠재력을 직접 관찰할 수 있는 행동으로 나타내는 것을 뜻한다. 학습은 직접 관찰할 수 없으므로 수행에 근거해서 추론해야 한다. 학습과 수행이 구분된다는 것은 학습이 경험이나 연습과 행동을 매개하는 과정이라는 것을 뜻한다. 즉, 경험이나 연습을 통해 학습이 이루어지고(예컨대, 사고가 변화되고), 학습의 영향으로 행

동이 변화된다. 이는 행동이 변화되지 않아도 학습이 이루어진다는 것을 의미한다. 이 관계를 도식화하여 나타내면 다음과 같다.

경험/연습(독립변수) → 학습(매개변수) → 수행/행동변화(종속변수)

2. 행동주의의 성격

1) 행동주의의 태동(胎動)

행동주의(行動主義, behaviorism)는 관찰할 수 있는 외현적 행동(overt behavior)을 연구대상으로 하는 심리학파를 말한다. 행동주의라는 명칭도 여기에서 비롯된다. 행동주의는 20세기 초반까지 심리학계를 주도하던 구조주의와 기능주의를 배격하고 심리학의 주류로 부상했다.

구조주의와 기능주의는 의식을 연구대상으로 하는 고전적인 심리학파를 말한다. 구조주의(構造主義, structuralism)는 내성법(內省法, introspection)을 이용하여 의식의 구성요소(감각, 지각, 심상 등)를 분석하려는 심리학파를, 기능주의(機能主義, functionalism)는 일상생활에서 정신활동을 수행하는 목적, 의도, 기능을 분석하는 데 주안점을 둔 심리학파를 말한다. 행동주의가 구조주의와 기능주의를 배격한 것은 관찰할 수 없는 정신과정을 연구대상으로 했기 때문이다.

행동주의의 창시자 John B. Watson(1878~1958)은 심리학이 의식에 관한 연구를 포기하고 직접 관찰하고 측정할 수 있는 외현적 행동에 주안점을 두어야 한다고 선언했다. 그에 따르면 심리학은 '과학'이므로 객관적으로 관찰할 수 있는 행동을 탐구해야 한다. 그런데 정신과정이나 의식은 관찰, 측정할 수 없으므로 심리학의 탐구대상이 될 수 없다.

극단적인 환경결정론자인 Watson은 소수의 반사와 기본정서를 제외한 정신능력이나 성격은 모두 학습된다고 주장했다. Watson의 이러한 극단적인 주장은 "건강한 유아 12명과 이들을 양육할 수 있는 좋은 공간을 제공해 준다면 유아를 무작위로 선택해서 원하는 대로 전문가—의사, 판사, 화가, 상인, 거지, 도둑 등—를 만들 수 있음을 확신한다."라는 주장에 잘 나타나 있다.

행동주의는 심리학을 관찰할 수 있는 자극과 반응의 관계를 탐구하는 과학이라고 규정한다. 자극(刺戟, stimulus)이란 유기체가 탐지할 수 있는 외적 사상(事象)을 말한다(자극을 의미하는 stimulus는 라틴어로 로마인이 굼뜬 동물을 움직이도록 하기 위해 사용한 뾰족한 막대기를 의미한다.). 자극은 빛이나 소리와 같이 단순한 대상에서부터 단어나 광고와 같이 복잡한 대상에 이르기까지 매우 다양하다. 반응(反應, response)은 자극에 관련된 행동을 의미한다. 자극과 반응의 관계를 탐구하는 행동주의는 흔히 자극-반응 이론(刺戟-反應 理論, stimulus-response theory, S-R 이론)이라고 불리기도 한다.

행동주의는 자극과 반응의 중간에 'black box'가 존재한다고 가정한다.

$$S \rightarrow \blacksquare \rightarrow R$$

여기서 'black box'는 정신과정이다. 그런데 행동주의에 따르면 정신과정은 관찰할 수 없고 측정할 수 없으므로 과학적으로 탐구할 수 없다. 물론 행동주의가 정신과정의 존재 자체를 부정하는 것은 아니다. 행동주의는 정신과정이 주관적이어서 과학적으로 탐구할 수 없으며, 정신과정이 행동에 영향을 미치지 않는다는 견해를 갖고 있다.

행동주의는 조건형성이론으로 불리기도 한다. 조건형성(條件形成, conditioning) 혹은 조건화(條件化)는 특정 행동을 변화시키기 위한 조건을 부여한다는 의미로, 행동을 변화 내지 수정하기 위한 구체적인 절차를 말한다. 따라서 '조건형성을 시킨다.'는 말은 학습 조건을 부여한다는 의미로, '조건형성이 되었다.'는 말은 학습이 되었다는 말과 같은 의미로 사용되고 있다.

2) 행동주의의 기본가정

행동주의 심리학의 주요한 가정은 다음과 같다.

- 모든 행동(즉, 바람직한 행동은 물론 바람직하지 않은 행동까지도)은 학습된다. 따라서 모든 행동은 학습을 통해 변화시킬 수 있다.
- 학습은 경험이나 연습을 통해 행동이 변화되는 과정이다. 행동주의는 출생 시의 상태를 백지상태(tabula rasa)에 비유하고 선천적인 소인(素因)을 인정하지 않는다. 또 인간 행동이 환경과 과거에 의해 통제된다는 결정론적 관점을 취하고 있다.
- 학습자는 학습과정에서 능동적으로 반응하는 존재다. 많은 사람들은 행동주의가 학습자를 환경에 단순히 반응하는 수동적 존재로 가정하고 있다고 곡해한다(Burton, Moore, & Magliaro, 1996). 그렇지만 고전적 조건형성이 학습자를 수동적인 존재로 규정한다는

것을 예외로 하면 행동주의는 학습자를 능동적인 존재로 가정한다. 대표적인 행동주의자 Skinner(1968)는 학습과정에서 능동적 반응을 강조한다.

• 환원주의에 입각하여 복잡한 환경은 단순한 자극으로 나눌 수 있고, 복잡한 행동은 단순한 반응으로 나눌 수 있다고 가정한다. 환원주의(還元主義, reductionism)는 복잡한 현상을 단순한 요소들로 나눌 수 있다는 관점을 말한다. 예컨대, 물(H_2O)을 수소($2H$)와 산소(O)로 나눌 수 있다는 관점이 환원주의다. 또 연합주의(聯合主義, associationism)는 복잡한 행동은 단순한 반응들이 결합된 것과 같다고 가정한다. 따라서 행동주의에 따르면 전체는 부분들의 합과 같다.

• 인간은 동물과 질적인 차이가 없다. 인간과 동물의 차이는 양적인 것에 불과하다고 보는 행동주의는 동물실험의 결과를 인간에게 그대로 적용한다.

• 학습은 자극과 반응 사이의 연합을 형성하는 과정이다. 행동주의에 따르면 심리학은 자극과 반응 사이의 관계를 객관적으로 탐구해야 한다. 그래서 행동주의를 자극-반응 이론(S-R 이론)이라고 부르기도 한다.

3. 고전적 조건형성

고전적 조건형성(古典的 條件形成, classical conditioning)은 중립자극이 무조건자극과 연합된 결과로 무조건자극의 기능을 획득하는 학습을 가리킨다. 중립자극이란 조건형성 이전에는 특정 반응을 유발하는 기능을 갖고 있지 않은 자극을 말한다.

소화과정에 관한 연구로 노벨상을 수상한 러시아 생리학자 Ivan Pavlov(1849~1936)는 소화액 분비를 연구하기 위해 개를 대상으로 타액분비 자료를 수집하는 과정에서 개가 발자국 소리에 침을 흘리는 사실에 의문을 품고 그 과정을 규명하여 고전적 조건형성의 원리를 확립하였다.

개가 고기에 침을 흘리는 것은 지극히 당연하나, 발자국 소리에 침을 흘리는 것은 정상이 아니다. 이에 의문을 품은 Pavlov는 개가 발자국 소리에 침을 흘리게 되는 원리—무조건자극과 여러 차례 결합된 중립자극이 원래 무조건자극이 유발하는 반응을 유발하는—를 발견했다. 그 과정을 고전적 조건형성이라고 한다. 인류 역사상 위대한 발견이 대부분 그러하듯이 참으로 우연히 목도한 사실에 근거한 위대한 발견이었다. 고전적 조건형성이 어떤 과정을 통해 일어나는지 살펴보자.

1) 고전적 조건형성의 절차

고전적 조건형성의 절차는 매우 간단하다. 중립자극(中立刺戟, neutral stimulus: 특정 반응과 무관한 자극)을 무조건자극(無條件刺戟, unconditioned stimulus, UCS: 학습되지 않은 반응을 유발하는 자극)과 여러 차례 반복 결합하면 된다. 그렇게 하면 중립자극이 무조건자극과 동일한 반응을 유발하는 조건자극(條件刺戟, conditioned stimulus, CS: 어떤 조건에서 반응을 유발하는 기능을 갖게 된 자극)이 된다. 이때 무조건자극이 유발한 학습되지 않은 반응을 무조건반응(無條件反應, unconditioned response, UCR), 조건자극이 유발한 학습된 반응을 조건반응(條件反應, conditioned response, CR)이라고 한다. 고전적 조건형성의 전형적인 실험장면을 살펴보자.

완벽하게 방음장치가 된 실험실에서 개를 묶어 놓고 종소리를 들려준다. 개는 종소리가 나는 방향으로 쳐다본다. 2초 후 개에게 먹이를 준다. 10분이 경과한 다음 종소리를 다시 들려주고 2초가 지난 후 다시 먹이를 준다. 이 절차를 반복하면 개는 종소리에 침을 흘리게 된다. 이러한 절차를 나타내면 [그림 6-1]과 같다.

[그림 6-1] 고전적 조건형성의 절차

　원래 개는 무조건자극인 고기에 침을 흘린다. 무조건자극은 무조건반응을 유발하는 기능을 갖고 있다. 무조건반응은 무조건자극에 의해 유발된 학습되지 않은 반응이다. 개는 선천적으로 무조건자극인 고기에 무조건반응으로 침을 흘린다. 그러나 개는 종소리에 침을 흘리지 않는다. 종소리는 타액분비와 아무 관련이 없으므로 중립자극이다.

　개가 종소리에 침을 흘리도록 하려면 특별한 훈련(즉, 고전적 조건형성)을 거쳐야 한다. [그림 6-1]에 제시된 바와 같이 종소리를 고기와 짝지어 여러 차례 반복하면 개는 종소리에 침을 흘리게 된다. 경험을 통해 마침내 종소리가 침을 유발하는 기능을 획득한 것이다. 중립자극 종소리는 무조건자극과 연합된 조건에서 침을 유발하는 기능을 획득했다. 그래서 종소리를 조건자극이라고 하고, 조건자극이 유발한 반응을 조건반응이라 한다. 조건반응은 무조건반응과는 달리, 학습된 반응이다.

　Pavlov의 이 실험은 과학사에서 가장 유명한 실험 중 하나로 평가받고 있다. 이 실험 후 Pavlov는 일약 저명인사로 부상했다. 고전적 조건형성의 무조건자극은 조작적 조건형성의 강화에 대응되는 개념이다. 단, 조작적 조건형성과 달리, 고전적 조건형성에서는 유기체가 수의적 반응을 통해 강화를 통제할 수 없고, 강화가 수의적 반응에 수반되지 않는다는 사실에 유의하기 바란다('5. 조작적 조건형성' 참조).

2) 고전적 조건형성의 주요 개념

① 소거

　소거(消去, extinction)는 무조건자극을 주지 않고 조건자극만 반복해서 제시할 때 조건반응이 점차 감소하는 현상을 가리킨다. 앞의 실험 사례에서 소거는 개가 종소리에 침을 흘리지 않는 원래 상태로 되돌아가는 현상이다. 소거절차는 임상장면에서 공포증을 감소시키기 위한 방법으로 활용되고 있다.

② 일반화

　일반화(一般化, generalization)는 조건자극과 유사한 자극에 조건반응을 나타내는 현상을 말한다. 자극일반화(stimulus generalization)라고도 한다. "자라 보고 놀란 가슴 솥뚜껑 보고 놀란다."는 속담은 자극일반화를 나타낸다. 일반화 정도는 새로운 자극이 원래 조건자극과 유사한 정도에 비례한다.

　일반화는 일종의 혼동현상이지만 환경에 적응하는 데 큰 도움을 준다. 자연상태에서 우리는 완전히 동일한 자극을 거의 경험할 수 없다. 엄밀한 의미에서 친구 얼굴은 매순간 다르다. 그런데도 우리는 친구를 같은 사람으로 여긴다. 일반화가 가능하지 않으면 어떤 일이 벌어질지 상상해 보기 바란다.

③ 변별

변별(辨別, discrimination)은 원래 조건자극에만 조건반응을 나타내고 다른 자극에는 조건반응을 나타내지 않는 현상을 일컫는다. 변별은 자극일반화와 상반되는 현상이다. 변별을 하도록 하려면 조건자극(CS)과 비슷한 자극에는 무조건자극(UCS)을 제시하지 않으면 된다. 변별도 매우 중요하다. 왜냐하면 도움을 주는 자극과 해로운 자극을 정확하게 변별해야 환경에 제대로 적응할 수 있기 때문이다.

④ 자발적 회복

자발적 회복(自發的 回復, spontaneous recovery)은 소거된 조건반응이 일정 시간 경과 후 우연히 다시 나타나는 현상이다. 자발적으로 회복된 조건반응은 오래 지속되지 않으며, 원래의 조건반응에 비해 강도가 낮다. 단, 조건자극을 무조건자극과 다시 결합시키면 조건반응이 완전히 회복된다.

⑤ 고차적 조건형성

고전적 조건형성에서는 중립자극이 무조건자극과 여러 차례 결합되면 조건자극이 되어 무조건자극이 갖고 있는 기능을 획득한다. 일단 조건형성이 된 후 조건자극에 제2의 중립자극을 반복해서 결합하면 제2의 중립자극도 조건자극의 기능을 획득하여 조건반응을 유발하게 된다. 이때 제1의 조건자극(CS₁)과 연합된 제2의 중립자극이 조건자극(CS₂)이 되어 조건반응을 유발하게 되는 현상을 2차적 조건형성이라고 한다. 예를 들어, 조건자극 종소리를 중립자극 불빛과 반복 결합하면 불빛은 조건자극의 기능을 획득하여 조건반응을 유발하는데, 이 현상이 2차적 조건형성이다. 일단 제2의 조건자극이 조건반응을 유발하는 기능을 획득하면 그 자극은 제3의 중립자극과 연합된 결과 조건반응을 유발한다(3차적 조건형성). 이러한 현상들을 일컬어 고차적 조건형성(高次的 條件形成, higher-order conditioning)이라고 한다.

고차적 조건형성은 시험실패와 같은 현상이 불안이나 스트레스를 유발하는 이유를 잘 설명해 준다. 원래 시험실패는 중립적 사건이지만 부모나 교사의 처벌이나 꾸중과 연합되어 불안을 유발한다(이 경우 처벌이나 꾸중은 불안을 유발하는 무조건자극이다.). 그 결과 학생들은 시험장에 들어서기만 해도 불안을 경험하게 된다.

3) 고전적 조건형성의 영향요인

고전적 조건형성의 과정에 영향을 미치는 요인은 다음과 같다.

① 조건자극과 무조건자극의 결합횟수: 조건반응의 강도는 무조건자극과 조건자극의 결합 횟수에 비례한다(반복의 원리). 단, 1회 결합만으로 강력한 조건반응이 형성되는 예외 적인 경우도 있다. 비행기 승객은 한 번만 자유낙하를 경험하면 강력하고 지속적인 비 행공포증을 갖게 된다.

② 조건자극과 무조건자극의 제시순서: 조건자극이 무조건자극보다 앞에 제시되어야 조건반 응이 쉽게 형성된다(순서의 원리). 반대로 조건자극보다 무조건자극이 앞에 제시되면 조 건형성이 거의 일어나지 않는데, 이를 역행조건형성(逆行條件形成, backward conditioning) 이라고 한다.

③ 조건자극과 무조건자극의 시간간격: 고전적 조건형성은 조건자극을 제시한 후 무조건자극 을 제시하는 데 걸린 시간이 짧을수록 쉽게 형성된다(시간의 원리). 조건자극을 제시한 다 음 거의 동시에 무조건자극을 제시하는 절차를 동시조건형성(simultaneous conditioning) 이라 한다. 조건자극을 제시하고 일정 시간이 지난 후 무조건자극을 제시하는 절차를 지연조건형성(遲延條件形成, delayed conditioning)이라고 하는데, 동시조건형성에 비해 조건형성이 쉽게 이루어지지 않는다.

④ 조건자극의 일관성: 고전적 조건형성에서는 동일한 조건자극을 일관성 있게 사용해야 한다(일관성의 원리).

⑤ 무조건자극의 강도: 무조건자극의 강도가 높을수록 조건형성이 빨리 이루어진다(강도의 원리).

4) 조건화된 정서반응

목장에서 풀을 뜯고 있는 양떼는 주인이 먹이를 주기 위해 종을 치면 우리로 돌아온다. 종 소리가 먹이와 연합되어 조건형성이 되었기 때문이다. 고전적 조건형성의 실험은 주로 타 액분비, 눈 깜빡임, 무릎반사와 같은 단순반응을 대상으로 수행되었으므로 고전적 조건형 성의 원리가 간단한 반응에만 적용된다고 생각하기가 쉽다. 이러한 생각과 달리 실생활에 서는 상당히 복잡한 행동도 고전적으로 조건형성이 된다.

고전적 조건형성은 정서가 형성되는 과정을 잘 설명한다. 고전적 조건형성을 통해 형성된 정서를 조건화된 정서반응이라 한다. 조건화된 정서반응(conditioned emotional response)이란 쾌락 혹은 고통을 유발하는 무조건자극과 연합된 조건자극에 의해 유발되는 긍정적 정서 혹은 부정적 정서를 가리킨다.

긍정적 정서가 고전적으로 조건형성되는 과정을 예시해 보자. "마누라가 고우면 처갓집 말뚝 보고 절한다."는 속담이 있다. 이 속담은 정서가 고전적인 조건형성을 통해 습득된다는 것을 잘 나타낸다. 이 속담에서 '마누라'는 긍정적 정서(UCR)를 유발하는 무조건자극(UCS)이고, '처갓집 말뚝'은 원래 중립자극이었지만 무조건자극 '마누라'와 결합된 결과 긍정적 정서(CR)를 유발하는 기능을 획득한 조건자극(CS)이다. 어떤 사람을 좋아할 때 그 사람이 좋아하는 것을 자신도 모르게 좋아하게 되는 것도 고전적으로 조건형성되었기 때문이다.

부정적인 정서도 고전적으로 조건형성이 된다. 아이가 병원이라는 말만 들어도 우는 것은 고전적으로 조건형성이 되었기 때문이다. 이 경우 주사가 공포(무조건반응)를 유발하는 무조건자극이고, 병원은 주사와 연합된 조건자극이다. 병원은 원래 중립자극이었지만 주사를 맞고 난 후 조건자극이 되었다. 그래서 아이는 병원이라는 말에 울음을 터뜨린다. 우리가 경험하는 대부분의 불안은 고전적 조건형성절차에 따라 습득되므로 불안을 유발하는 자극과 연합된 중립자극은 조건자극이 되어 불안을 유발한다.

고전적 조건형성원리는 상업광고에서 거액을 들여 인기가 많은 연예인을 모델로 기용하는 이유를 잘 설명해 준다. 유명 연예인은 시청자의 호의적인 감정(UCR)을 유발하는 무조건자극(UCS)이므로 광고는 중립자극 제품(CS)을 유명 연예인과 결합시켜 제품에 대한 시청자의 호의적인 감정(CR)을 유발하려는 술책이다. 자동차 회사에서 자동차를 광고하기 위해 팔등신의 여성을 모델로 기용하고, 화장품 회사에서 미모의 여성을 모델로 기용하는 이유가 여기에 있다.

5) 고전적 조건형성의 응용

고전적 조건형성을 응용하여 행동장애나 나쁜 습관을 수정하려는 기법은 무조건자극과 조건자극 간의 연합을 파괴하여 바람직하지 못한 반응을 유발하는 조건자극을 중립자극으로 환원시키는 데 있다. 고전적 조건형성은 행동장애나 나쁜 습관이 학습되었으므로 마찬가지 방식으로 그것을 없애거나 바람직한 습관으로 대치할 수 있다고 가정한다. 고전적 조건형성의 원리를 응용한 기법으로 (1) 소거, (2) 역조건형성, (3) 홍수법, (4) 체계적 둔감법, (5) 혐오치료를 소개한다.

1 소거

소거(消去, extinction)는 무조건 자극을 주지 않고 조건자극만 반복 제시하여 바람직하지 않은 조건반응을 약화시키려는 절차를 말한다. 금연기법이나 금주기법에서 담배나 술은 조건자극이고, 흡연이나 음주가 유발하는 생리적인 만족감은 무조건자극이다. 애연가나 애주가는 담배를 피거나 술을 마실 때 생리적 만족감을 경험한다. 그러므로 흡연이나 음주를 소거시키려면 조건자극(예, 담배나 술)을 생리적 만족감이 수반되지 않는 상태에서 반복 제시하면 된다. 다시 말하면 담배를 피우거나 술을 마셔도 생리적 만족감이 수반되지 않도록 하면 된다. 금연초는 이러한 원리를 응용한 것이다.

2 역조건형성

역조건형성(逆條件形成, counter-conditioning)은 특정 조건자극에 대한 바람직하지 못한 조건반응을 바람직한 조건반응으로 대치하려는 방법이다. 바람직하지 못한 반응과 바람직한 반응을 동시에 할 수는 없으므로 결국 바람직한 반응이 바람직하지 못한 반응을 대치하게 된다. 이때 새로운 반응의 조건형성 강도가 강할수록 바람직하지 않은 반응이 나타날 확률이 줄어든다. 역조건형성의 절차는 다음과 같다.

① 바람직하지 못한 조건반응과 상반되는 바람직한 반응을 선택한다. 일반적으로 바람직하지 못한 조건반응은 정서반응이므로 바람직한 반응은 정반대의 정서반응이다. 가령 공포와 양립할 수 없는 반응은 즐거움이다.
② 바람직한 반응을 유발하는 자극을 확인한다. 즐거움을 유발할 수 있는 자극은 사탕이다.
③ 바람직한 반응을 유발하는 자극을 제시한 후 바람직하지 못한 반응을 유발하는 조건자극을 제시한다. 역조건형성의 핵심은 바람직한 반응을 유발하는 자극이 바람직하지 않은 반응을 유발하는 자극보다 강도가 더 높아야 한다는 것이다.

개를 두려워하는 아동이 개를 좋아하도록 역조건형성을 하는 절차는 다음과 같다.

- 1단계: 개(조건자극 1)   →   두려움(조건반응)
- 2단계: 사탕(조건자극 2)   →   즐거움(조건반응)
- 3단계: 사탕 + 개   →   즐거움(조건반응)
- 4단계: 개   →   즐거움

③ 홍수법

홍수법(洪水法, flood method)은 공포나 불안을 일으키는 조건자극을 장시간 충분히 경험시켜 공포나 불안을 소거시키려는 방법이다. 비행공포증이 소거될 때까지 비행기를 타도록 하는 방법은 홍수법을 활용한 예다.

홍수법은 매우 효과적인 방법이지만 극심한 공포를 일으키는 장면에 장기간 노출되면 스트레스를 유발할 수 있다는 문제점이 있다. 또 이러한 치료를 꺼리는 사람이 있을 수 있고, 심장이 약한 사람에게 적용하기 어렵다. 홍수법과 유사한 방법으로는 내파치료(內破治療, implosive therapy) 혹은 내폭요법이 있다. 이 방법은 극심한 불안이나 공포를 일으키는 대상이나 장면을 상상하도록 하여 불안이나 공포를 극복하도록 하는 방법이다.

④ 체계적 둔감법

Joseph Wolpe(1958)가 개발한 체계적 둔감법(體系的 鈍感法, systematic desensitization)은 역조건형성을 이용하여 공포를 일으키는 조건자극에 점진적으로 노출시켜 공포를 소거시키려는 방법이다. 공포에 상반되는 반응은 이완(relaxation)이다. 이 기법은 크게 3단계로 이루어져 있다.

① 제1단계-불안위계 작성: 불안을 일으키는 자극들을 불안을 일으키는 정도에 따라 순서대로 배열한다. 비행공포증 환자의 불안위계는 다음과 같다.
    ㉠ 비행기를 타고 여행을 한다.
    ㉡ 비행기 좌석에 앉아 있다.
    ㉢ 비행기 가까이 다가간다.
    ㉣ 멀리서 비행기를 바라본다.
    ㉤ 공항에 들어간다.
    ㉥ 비행기 소리를 듣는다.
    ㉦ 비행기 타는 것에 대해 다른 사람과 대화를 한다.
    ㉧ 비행기를 포함한 여행 계획을 세운다.
② 제2단계-이완훈련: 이완훈련을 통해 이완상태를 경험하도록 한다. 이 단계에서는 즐거운 장면을 상상하면서 이완하는 학습을 한다.
③ 제3단계-상상하면서 이완하기: 완전히 이완된 상태에서 불안위계의 가장 약한 불안을 일으키는 자극을 상상하도록 한다. 이 상태에서 불안을 경험하면 그 자극에 관한 상상을 중지하고 이완하도록 한다. 충분하게 이완되었다고 판단되면 불안을 유발하는 자

극을 상상하면서 이완하도록 훈련시킨다. 하위수준의 자극에 불안을 느끼지 않으면 점차 상위수준의 자극과 이완을 결합시킨다.

체계적 둔감법은 불안을 유발하는 자극을 역치(threshold, 감지할 수 있는 최저 수준의 자극)보다 낮은 수준에서 제시한 다음 그 자극이 불안을 유발하지 않으면 점차 자극의 강도를 높여 간다는 특징이 있다. 이러한 절차를 거치면 공포반응이 정반대의 이완반응으로 대치된다.

체계적 둔감법의 핵심은 공포나 불안을 일으키는 조건자극을 중립자극으로 환원시키는 데 있다. 이 방법은 불안이나 공포를 일으키는 조건자극과 이완을 결합시켜(이완은 불안이나 공포와 상반되므로 양립할 수 없다.) 불안이나 공포를 소거시키려고 한다는 점에서 역조건형성을 활용하고 있다. 체계적 둔감법의 특징은 일반적으로 불안이나 공포를 일으키는 자극을 직접 경험하지 않고 상상하도록 한다는 점이다. 이러한 점에서 체계적 둔감법은 효율적이지만, 상상 속에서는 공포나 불안이 극복되어도 실제 상황에서는 여전히 공포나 불안을 경험할 수 있다는 문제점이 있다.

⑤ 혐오치료

혐오치료(嫌惡治療, aversion therapy)는 바람직하지 않은 반응을 유발하는 조건자극과 혐오자극을 함께 제시하여 조건자극을 회피하도록 하는 방법이다. 혐오치료는 공포나 불안 자체를 소거시키려고 하는 것이 아니라, 혐오자극을 이용하여 해로운 상황을 회피하도록 하는 방법이라는 점에 유의해야 한다. 알코올 중독증을 치료하기 위해 구토제를 주사하여 술을 마실 때 구토와 혐오감을 경험하게 하여 술을 회피하도록 하는 방법은 혐오치료를 활용한 것이다. 젖을 뗄 때 젖꼭지에 빨간 약을 발라 아이가 젖꼭지를 회피하도록 한 어머니는 혐오치료를 사용하고 있다.

6) 고전적 조건형성의 교육적 시사점

고전적 조건형성의 교육적 시사점은 다음과 같다.

• 학습을 긍정적 정서와 관련지어야 한다. 정서가 고전적 조건형성을 통해 형성된다는 사실은 학습을 긍정적 정서와 연합시켜야 함을 시사한다. 학습이 긍정적인 정서와 연합되면 학습과 관련된 모든 것들이 긍정적인 정서와 연합된다.

- 학습이 부정적인 정서와 연합되지 않도록 유의해야 한다. 학습이 부정적 정서와 연합되면 학습과 관련된 거의 모든 것들이 부정적인 정서와 연합된다.
- 특정 학습과제가 불안을 유발할 경우 학생들이 이완되었을 때 점진적으로 천천히 제시해야 한다.
- 학생들이 적절하게 일반화하고 변별하도록 가르쳐야 한다.
- 학생들이 고전적으로 조건형성된 불안을 극복하도록 도움을 주어야 한다.

4. 결합설(도구적 조건형성)

Edward Thorndike(1874~1949)는 결합설(結合說, connectionism) 혹은 도구적 조건형성[1](道具的 條件形成, instrumental conditioning)으로 불리는 학습이론을 제창했다. 자극과 반응의 결합을 학습의 토대로 강조한 그에 따르면 가장 기본적인 학습은 감각경험(자극의 지각)과 신경충동(반응) 사이의 연합 또는 결합을 형성하는 것이다. 20세기 전반에 주도적인 학습이론의 위상을 점했던 결합설은 학습을 자극과 반응 간의 결합으로 설명하는 행동주의 심리학설이다.

1) 시행착오학습

시행착오학습(試行錯誤學習, trial and error learning)이란 문제상황에서 적절한 반응을 선택하고 결합하는 과정(selecting and connecting)을 통해서 일어나는 학습이다. 특정 목표(먹이 획득, 목적지 도달 등)를 달성하려고 노력하는 동물을 예로 들어 시행착오학습을 살펴보자. [그림 6-2]의 문제상자(S)에서 고양이는 다양한 반응(R_1, R_2, R_3, … R_n) 중 하나를 선택해서 반응을 한 후 어떤 결과(보상이나 처벌)를 경험한다. 가령 반응 R_3를 하면 만족스러운 결과(문제상자 탈출)를 경험하지만, 다른 반응을 한 후에는 불만족스러운 결과를 경험한다. 결국 그 장

[1] 도구적 조건형성과 조작적 조건형성은 모두 반응에 수반되는 결과에 의해 반응이나 반응확률이 변화되는 학습을 뜻한다. 두 용어를 약간 다른 의미로 사용하는 학자들도 있다. 이에 따르면 도구적 조건형성은 한 번 시행에 하나의 반응만 가능한 상황에서 일어나는 학습을, 조작적 조건형성은 자유롭게 계속 반응할 수 있는 상황에서 일어나는 학습을 뜻하는 용어로 사용하고 있다. 혹은 도구적 조건형성을 어떤 결과를 얻을 수 있는 도구적 행동을 학습한다는 의미로 쓰고 있다. 그러나 두 상황의 학습원리는 기본적으로 동일하므로 도구적 조건형성과 조작적 조건형성은 사실상 같은 의미를 갖고 있는 용어라고 할 수 있다(Lieberman, 2000).

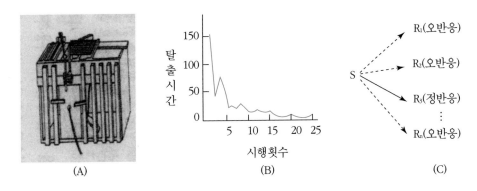

[그림 6-2] **문제상자(A)와 학습곡선(B) 및 결합현상(C)**

면에서는 반응 R₃가 선택되어 결합되고, 다른 반응들은 소거된다. 고양이가 그 장면에서 선택한 반응을 하는 빈도가 높을수록 반응은 그 장면에 더 견고하게 연결된다.

시행착오학습은 성공적인 반응이 결합되고, 바람직하지 못한 반응이 소거되는 점진적인 과정을 통해 일어난다. 시행착오학습에서 자극과 반응의 결합은 반복을 통해 기계적으로 형성되며, 의식적인 노력은 전혀 필요하지 않다. Thorndike는 인간의 복잡한 학습도 동물실험에서 밝혀진 기본학습원리로 설명할 수 있다고 본다. 결합설의 주요 학습법칙은 다음과 같다.

① 효과의 법칙

효과의 법칙(效果의 法則, law of effect)은 자극-반응 결합의 강도가 반응의 결과에 따라 결정된다는 법칙이다. 이에 따르면 만족스러운 결과(보상, reward)가 수반된 반응은 나타날 확률이 증가하고, 불만족스러운 결과(처벌, punishment)가 수반된 반응은 나타날 확률이 감소한다. 이 법칙을 현대적으로 표현하면 반응 후 강화가 뒤따르면 결합이 강해지고, 처벌이 뒤따르면 결합이 약해진다는 것이다. 과자, 칭찬, 미소, 특권이 뒤따르는 행동은 반복될 확률이 높고 체벌, 꾸중, 특권철회가 뒤따르는 행동은 억압될 확률이 높다. 요컨대, 효과의 법칙은 행동의 결과를 강조하는 법칙이다.

Thorndike는 1930년 이후 보상이 처벌보다 더 강력한 영향력을 미친다는 사실에 근거하여 효과의 법칙을 수정했다. 수정된 효과의 법칙에 따르면 보상은 행동의 확률을 증가시키지만, 처벌은 행동의 확률을 거의 감소시키지 않는다.

② 연습의 법칙

연습의 법칙(練習의 法則, law of exercise)은 연습횟수 혹은 사용빈도가 증가할수록 자극-반응 결합이 강해지고(사용의 법칙, law of use), 연습횟수 혹은 사용빈도가 감소할수록 자극-반응 결합이 약화된다(불사용의 법칙, law of disuse)는 법칙이다. 결합이 강해진다는 것은 그 자극상황에서 반응의 빈도 혹은 확률이 증가한다는 것을 의미한다. 요컨대, 연습의 법칙은 반복연습이 학습을 촉진한다는 법칙이다.

Thorndike(1932)는 후일 연습의 법칙을 수정했다. 수정된 법칙에 따르면 보상이 수반되지 않는 단순반복은 반응을 강화시키지 않으며, 단순히 연습하지 않는다고 해서 반응이 약화되는 것은 아니다.

③ 준비성의 법칙

준비성의 법칙(準備性의 法則, law of readiness)은 어떤 반응을 할 신경생리학적 준비가 되어 있을 때 반응을 하면 만족스럽지만, 준비가 되어 있지 않을 때 반응을 강요하거나 준비가 되었는데도 반응을 허용하지 않으면 불만족스러운 결과가 초래된다는 법칙이다. 이에 따르면 준비가 갖추어진 반응은 그렇지 않은 반응에 비해 쉽게 학습된다. 그러므로 준비성은 만족스러운 상태 혹은 불만족스러운 상태를 결정하는 요인이다. 단, 여기서 준비성은 신경생리학적 충동을 의미하므로 학습과제를 학습하기 위한 학습자의 성숙수준을 뜻하는 통상적인 의미의 준비성과 다르다는 점에 유의해야 한다.

④ 하위법칙

① 다양반응(多樣反應, multiple response): 문제를 해결하기 위해 다양한 반응들을 시도하는 과정에서 적절한 반응이 나타나서 선택된다는 시행착오법칙이다.

② 자세 또는 태도(姿勢·態度, set or attitude): 어떤 행동을 할 것인지 그리고 결과가 만족스러운지의 여부는 자세나 태도에 의해 부분적으로 결정된다는 법칙이다. 자세나 태도는 특정 방식으로 행동하려는 경향성으로, 일종의 동기에 해당된다.

③ 요소의 우월(要素의 優越, prepotency of component): 문제장면에서 중요하지 않은 요소를 무시하고, 중요하고 두드러진 요소에 선택적으로 반응한다는 법칙이다.

④ 유추반응(類推反應, response by analogy): 새로운 장면에서는 과거 비슷한 장면에서 했던 반응을 한다는 법칙이다. 가게에서 물건을 산 다음 거스름돈을 받는 것은 수학시간에 배운 뺄셈의 유추반응이다. 유추반응은 전이가 두 장면의 공통요소에 따라 결정된다는 전이의 동일요소설과 긴밀한 관련된다(9장의 '전이이론'에 관한 내용 참조).

⑤ 연합이환(聯合移換, associative shifting): 특정 자극에 대해서만 나타나던 반응이 완전히 다른 자극에 대해서도 나타나는 현상을 가리킨다. 이것은 고전적 조건형성에서 조건 자극이 무조건자극을 대치하는 것과 유사하다. 광고는 연합이환을 응용한 것이다. 즉, 긍정적 감정을 유발하는 모델과 상품을 짝지어 제시하면 결국 상품이 긍정적 감정을 유발하게 된다. 연합이환은 근접에 의해 좌우되므로 효과의 법칙에 의해 지배되는 시행착오학습과 다르다.

2) 결합설의 교육적 시사점

Thorndike는 연구결과를 교육에 적용하는 데 특별한 관심을 가졌던 인물이다. 행동주의는 일반적으로 교사중심의 직접 교수법(直接 敎授法, direct instruction)을 옹호한다. Thorndike 학습이론의 시사점은 다음과 같다.

① 보상: 정확한 반응을 할 때 보상을 주면 학습이 촉진된다. 이것은 다양한 반응을 할 기회를 준 다음 정확한 반응을 하면 보상을 하라는 것을 시사한다.
② 태도: 새로운 장면에서 반응을 하는 데는 자세 혹은 태도가 영향을 미친다. 이것은 자세나 태도가 학습에서 중요함을 시사한다.
③ 주의: 하위법칙 '요소의 우월'에 따르면 학습자는 학습장면의 모든 요소에 반응하는 것이 아니라 중요하고 특징적인 요소에 선택적으로 반응한다. 이는 학습자가 시각자극이나 청각자극에 똑같이 반응하지 않는다는 것을 의미한다. 따라서 교사는 중요한 요소를 특별히 강조해야 한다. 중요한 내용을 강조하려면 고딕체, 밑줄, 색상, 음성이나 제스처를 이용해서 강조하거나 반복하면 된다.
④ 일반화: 일반화(전이)는 학습한 반응을 새로운 장면에 적용하는 것이므로 중요한 교육의 목적이다. 사칙연산을 물건을 살 때 활용하는 것은 일반화하는 것이다. Thorndike에 따르면 전이는 두 장면의 유사성에 따라 좌우되므로 전이를 촉진하려면 학습장면 사이의 유사성을 극대화해야 한다.

5. 조작적 조건형성

Burrhus Frederic Skinner(1904~1990)의 조작적 조건형성[2](操作的 條件形成, operant

| 표 6-1 | 고전적 조건형성과 조작적 조건형성의 비교

고전적 조건형성	구분	조작적 조건형성
중립자극에 대한 새로운 반응형성	목적	반응확률의 증가 또는 감소
불수의적 반응(대응적 행동) 유도된 반응(elicited response)	반응의 성질	수의적 반응(조작적 행동) 방출된 반응(emitted response)
강화(무조건자극)가 반응에 선행한다.	반응-강화 관계	강화가 반응 뒤에 수반된다.
조건자극과 무조건자극의 결합	절차	반응과 강화의 결합
Type S 조건형성(S: 자극)	형태	Type R 조건형성(R: 강화)

conditioning) 혹은 작동조건형성(作動條件形成)은 조작적 반응을 학습시키기 위한 절차를 말한다. 조작적 반응(operant response)이란 어떤 결과를 산출하기 위해 환경을 능동적으로 조작하는 수의적 반응을 일컫는다. 휘파람 불기, 걷기, 팔 흔들기, 글쓰기, 노래 부르기 등 대부분의 일상행동은 조작적 행동이다.

정신분석학이 번성하면서 일부 행동주의자는 일시적이나마 내적인 정신현상(신념, 태도, 사고 등)을 수용해야 한다는 유연한 입장을 취하기 시작했다. 예컨대, Hull이 주도한 행동주의 접근은 관찰할 수 있는 행동을 연구대상으로 하면서도 동기나 요구와 같은 내적 정신현상을 수용했다. 이러한 흐름에 강력한 제동을 건 인물이 바로 Skinner였다. 그는 정신현상을 인정하는 행동주의를 강력하게 비판하고 Watson이 선언한 대로 엄격한 행동주의로 되돌아갈 것을 촉구했다. Skinner가 정신현상의 존재 자체를 부정한 것은 아니었다. 다만, 정신현상은 과학적으로 연구할 수 없으며, 아예 연구할 가치조차 없다고 생각했던 것이다.

Skinner는 정신현상을 'black box'에 비유한다. 이것은 정신 내부에서 무엇이 일어나는지 전혀 알 수 없다는 것을 의미한다. 나아가 정신 내부에서 일어나는 일을 안다고 해도 그것이 학습원리를 규명하는 데 전혀 도움이 되지 않는다고 본다. 그는 자극-반응 관계를 이해하면 모든 행동을 이해하고 예언할 수 있다는 극단적인 견해를 피력했다. 이러한 점에서

> ⓔ 고전적 조건형성과 조작적 조건형성은 본질적인 차이가 있다. 고전적 조건형성은 중립자극에 대한 대응적 반응 형성을 목적으로 하며, 중립자극과 무조건자극의 연합을 통해 학습이 이루어진다. 반면 조작적 조건형성은 조작적 반응의 확률 증가(혹은 감소)를 목적으로 하며, 반응과 반응의 결과(강화 혹은 처벌)의 연합을 통해 학습이 일어난다. 조작적 반응은 고전적 조건형성의 대상인 대응적 반응(對應的 反應, respondent response: 특정 자극에 의해 유발되는 불수의적 반응)과 대비된다. 무조건반응은 무조건자극에 의해 유발되는 대응적 반응이다. 대응적 반응은 선행하는 자극에 의해 통제되고, 조작적 반응은 반응에 수반되는 결과(강화와 처벌)에 의해 통제된다.

그의 이론은 급진적 행동주의(急進的 行動主義, radical behaviorism)로 불리고 있다.

Skinner는 청년 시절 작가가 되려는 열망을 품었으나 뜻을 이루지 못했다. Skinner의 이론으로 설명하면 작가가 되려는 행동이 '강화를 받지 못해' 소거가 된 셈이다. 그러다 Pavlov와 Watson의 저작에 매료된 Skinner는 심리학 연구에 매진하였고, 그 결과 크나큰 업적을 쌓았다. Skinner는 저서 『자유와 존엄성을 넘어서(Beyond freedom and dignity)』(1972)에서 날아가는 화살이 물리법칙을 따르는 것처럼 인간의 모든 행동은 외적 환경에 의해 통제되는 것이지 자신이 통제하는 것은 아니라고 주장했다. 그는 인간이 자유의지를 갖고 있다는 생각은 환상에 불과하다고 단언했다.

Skinner는 비둘기나 쥐를 대상으로 한 수많은 실험에서 반응에 수반되는 결과(강화와 처벌)를 이용해서 행동을 통제할 수 있다는 결론에 도달했으며, 이러한 원리가 인간에 그대로 적용될 수 있다는 사실을 입증했다. 그는 이상향을 그린 소설 『월든 투(Walden Two)』(1948)에서 정적 강화를 이용해서 이상사회를 건설하기 위한 청사진을 제시했다.

Skinner의 이론은 간단명료하므로 1950년대 이후 심리학을 주도했다. 1971년 시사주간지 타임은 그를 현존하는 가장 유명한 심리학자로 지목했고, 1975년 실시된 어느 여론조사에서 그는 미국의 가장 저명한 과학자로 선정되었다. 그의 이론은 인간을 지나치게 단순화시켰다는 신랄한 비판에도 불구하고 여전히 큰 영향을 미치고 있다. 그는 자신의 업적에 관해 절대적인 확신을 갖고 있었던 인물이다. 유명인이 된 후 어느 TV 프로그램에 처음 출연했을 때 "박사님의 저서와 자녀 중 어느 하나를 불태워야 한다면, 어떤 선택을 하시겠습니까?"라는 진행자의 짓궂은 질문에 그는 추호의 망설임도 없이 자녀들을 불태우겠노라고 대답하여 진행자를 경악케 했다고 한다. 자신의 유전자보다 저서가 인류에 더 큰 공헌을 할 것이라고 확신한다는 것이 그 이유란다.

1) 조작적 조건형성의 핵심원리: 강화의 원리

행동에 수반되는 결과를 중시하는 조작적 조건형성의 기본원리는 극히 간단하다.

• 유기체는 긍정적인 결과(강화)를 얻을 수 있는 행동은 반복하고, 부정적인 결과(처벌)나 중립적인 결과가 수반되는 행동은 반복하지 않는다.

자극-반응 관계를 학습한다고 주장하는 Thorndike의 시행착오학습과 달리, Skinner는 반응-강화 관계를 학습한다고 주장한다. Skinner는 반응에 선행하는 자극보다 반응에 수반

| 표 6-2 | 강화, 처벌, 소거의 개념적 구분

절차	목표	목표행동	자극의 성질	자극제시 방법
정적 강화	행동의 증가	바람직한 행동	유쾌자극	행동 후 제시
부적 강화	행동의 증가	바람직한 행동	불쾌자극	행동 후 제거
정적 처벌	행동의 감소	바람직하지 않은 행동	불쾌자극	행동 후 제시
부적 처벌	행동의 감소	바람직하지 않은 행동	유쾌자극	행동 후 제거
소거	행동의 감소	바람직하지 않은 행동	유쾌자극	행동 후 유보

되는 결과(강화 또는 처벌)를 더 중시한다. 그에 따르면 행동은 결과에 의해 통제되므로 행동을 이해하자면 행동에 수반되는 결과를 분석해야 한다.

조작적 조건형성의 핵심은 행동에 수반되는 결과를 통제하여 행동을 변화시키는 데 있다. 행동에 수반되는 결과는 크게 강화와 처벌로 구분될 수 있으나 Skinner는 처벌보다 강화를 더 중시한다(처벌은 뒤에서 설명된다.). 그는 강화라는 개념을 너무나 좋아한 나머지 아내와 대화할 때도 '사랑'이라는 말 대신 '정적 강화'라는 말을 사용했다고 한다. 강화, 처벌, 소거의 개념 차이는 〈표 6-2〉와 같다.

강화(强化, reinforcement)는 반응의 확률 혹은 강도를 증가시키기 위해 반응 후 강화물을 사용하는 절차를 말한다. 한편, 강화물(强化物, reinforcer)은 반응 후 제시(혹은 제거)했을 때 반응확률을 증가시키는 자극을 의미하며, 강화인(强化因) 혹은 강화자(强化子)라고 부르기도 한다. 따라서 강화와 강화물은 분명하게 구분되는 개념이다.

예를 들어, [그림 6-3]에 제시된 Skinner 상자 속에서 쥐가 레버를 누르는 반응을 할 때 먹이를 준다고 하자. 쥐는 먹이를 얻기 위해 레버를 자주 누르게 된다. 이 사례에서 먹이는 레버를 누르는 반응확률을 증가시키는 기능을 하는 자극이므로 강화물이고(강화가 아니다.),

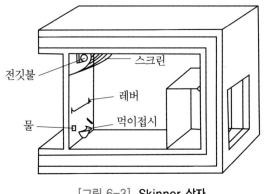

[그림 6-3] Skinner 상자

쥐가 레버를 누른 후 먹이를 주는 절차는 강화다. 쥐는 먹이를 얻기 위해 반응하고, 먹이는 쥐의 레버 누르는 반응에 수반된다(의존한다, contingent).

Skinner는 강화를 통제하면 행동을 얼마든지 통제할 수 있다고 주장한다. 그에 따르면 의식하건 의식하지 않건 간에 우리의 모든 행동은 강화의 통제를 받고 있다.

강화를 이용한 조작적 조건형성의 원리는 폭넓게 적용될 수 있다. 이 원리를 이용해서 바람직한 행동의 확률을 높이려면 먼저 효과적인 강화물을 확인한 다음, 바람직한 행동이 나타날 때 강화물을 주면 된다. 이 원리는 언어발달에도 그대로 적용된다. Skinner에 따르면 우리가 한국어를 말할 수 있는 이유는 지극히 간단하다. 성장과정에서 한국어를 말할 때 강화를 받았기 때문이다. 만약 우리가 러시아에서 성장했다면 러시아어를 말할 때 강화를 받았을 것이고, 그 결과 러시아어를 구사할 것이다. Skinner는 문화를 강화수반관계(强化隨伴關係, reinforcement contingencies) 혹은 강화유관(强化類關)으로 정의한다. 문화권에 따라 상이한 행동패턴을 강화한다는 것이 그 이유다.

조작적 조건형성의 강화원리는 다음과 같다.

① 강화는 자주 주어야 한다. Skinner는 교육현장에서 강화의 빈도가 너무 낮다는 사실에 개탄했다. 우리 학교 현장에서는 강화가 너무 희박해서 대부분의 학생들은 교사의 강화를 전혀 받지 못하고 있다. 가끔씩 주어지는 강화도 교사의 총애를 받는 일부 학생이 독점하고 있다.

② 강화는 반드시 반응을 한 후에 주어야 한다. 반응을 하기 전에 제시되는 강화는 역효과가 있다. 실제로 평소 학생들이 학점에 지나치게 신경을 쓰는 것을 못마땅하게 생각하던 미국의 어느 대학교수가 수업 첫 시간에 모든 학생들에게 A학점을 주겠으니 학점에 연연하지 말라고 선언했다. 과연 학생들이 공부에 더 매진했을까? 교수의 예상과 달리 대부분의 학생들은 다음 시간부터 그 수업에 결석했다고 한다. 그 교수가 다음 학기 초에도 같은 선언을 했을까?

③ 강화는 반응 후 즉시 제시해야 한다. 강화는 반응확률을 높이는 기능을 한다. 따라서 강화를 지연시키는 것은 효과가 작거나, 효과가 없다.

④ 강화는 반응에 수반되어야(contingent on) 한다. 강화가 반응에 수반된다는 것은 바람직한 반응에만 강화를 준다는 것을 뜻한다. 바람직하지 않은 반응에 강화를 주면 바람직하지 않은 반응을 학습하게 되므로 유의해야 한다. 그러므로 강화를 하기 전에는 강화를 할 바람직한 행동을 구체적으로 결정해야 한다. 만약 특정 행동을 의도하지 않게 강화하면(즉, 강화가 행동에 수반되지 않으면) 그 행동을 증가시킬 수 있다. 이를 우연적

강화라고 하고, 이러한 방식으로 형성된 행동을 미신행동(superstitious behavior)이라고 한다.

⑤ 효과적인 강화물을 사용해야 한다. 특정 강화물이 모든 학생들에게 같은 효과가 있는 것은 아니다. 효과가 없는 강화물은 행동을 변화시킬 수 없다. 이것은 강화를 개별화하는 것이 바람직하다는 것을 의미한다.

⑥ 모든 학생들에게 강화를 받을 수 있는 기회를 부여해야 한다. 학교에서는 성적을 기준으로 강화를 주는 경우가 많다. 이 경우 상당수 학생들은 강화를 받을 수 있는 기회가 원천적으로 차단되어 있어, 성적이 강화의 기능을 갖지 못한다. 그리고 강화는 일관성이 있게 주어야 한다.

글상자
6-1

어떤 행동을 강화할 것인가?

조작적 조건형성의 원리에 따르면 거의 모든 행동—학습행동, 습관, 사회적 행동, 운동기능행동—은 강화를 통해 학습되고 수정된다. 그런데 교사나 부모는 자신도 모르는 사이에 바람직하지 못한 행동을 강화하는 경우가 있다. 학교에서 학생들이 문제행동을 하는 주된 이유는 교사나 친구의 관심을 끌 수 있기 때문이다. 교사나 친구의 관심이 강화의 역할을 하는 것이다. 문제행동에 관심을 보이면 문제행동을 강화하고 있다는 사실을 명심해야 한다.

대학에서는 학기 말만 되면 평소에는 시험이나 과제에 대해 넌더리를 내면서도 더 좋은 학점을 받기 위해 자발적으로 재시험(再試驗)을 치거나 '특별과제'를 제출하겠다고 간청하는 학생이 있다. 이러한 간청을 받아들이는 것은 결국 부적절한 행동을 강화하는 것이 된다.

2) 강화의 유형

조작적 조건형성의 핵심개념인 강화는 정적 강화와 부적 강화로 구분된다.

(1) 정적 강화

정적 강화(正的 强化, positive reinforcement)는 반응 후 반응확률을 증가시키는 정적 강화물을 제시하는 절차를 말한다('정적'이란 말은 자극의 성질이 아니라 행동 후 자극을 '제시'한다는 것을 뜻한다.). 아이의 착한 행동을 칭찬하고, 열심히 일한 직원에게 보너스를 주며, 열심히 공부할 때 높은 성적을 주는 것이 정적 강화에 해당된다.

(2) 부적 강화

부적 강화(負的 强化, negative reinforcement)는 반응확률을 높이기 위해 반응 후 부적 강화물을 제거하는 절차를 말한다('부적'이란 말은 자극의 성질이 아니라 행동 후 자극을 '제거'한다는 것을 뜻한다.). 부적 강화물은 싫어하는 자극이나 대상이다. 그러므로 부적 강화는 행동 후에 싫어하는 혐오자극(꾸중, 잔소리, 벌 청소, 질책, 전기충격 등)을 제거해 줌으로써 행동의 확률을 증가시키려는 절차를 말한다. 공부를 열심히 할 때 잔소리를 하지 않는 것은 부적 강화다. 실격을 피하기 위해 열심히 공부하는 학생이나 교수의 비난을 피하기 위해 과제를 작성하는 학생은 부적 강화의 영향을 받고 있다. 자동차에 탔을 때 안전벨트를 맬 때까지 귀에 거슬리는 소리가 계속 울리도록 한 것이나 일어날 때까지 울리는 알람시계도 부적 강화를 응용한 것이다.

부적 강화는 제대로 사용해야 한다. 아이가 짜증을 부릴 때 청소나 심부름을 면제해 주면 의도와 달리 아이는 짜증을 통해 청소나 심부름을 면할 수 있다는 것을 학습하게 되어 더 자주 짜증을 부리게 된다. 부적 강화를 제대로 사용하지 못한 것이다.

부적 강화는 처벌과 혼동하는 경우가 흔히 있는데, 두 개념은 분명하게 구분된다. 부적 강화는 정적 강화와 마찬가지로 행동을 증가시키기 위한 절차이지만, 처벌은 행동을 감소시키거나 제거하기 위한 절차를 의미한다. 〈표 6-3〉에 제시되어 있는 것처럼 강화와 처벌은 목적과 자극제시방식이 상반된다는 사실에 유의해야 한다.

| 표 6-3 | **강화와 처벌 예시**

구분		자극의 성질	
		유쾌자극	불쾌자극
자극 제시 방식	반응 후 자극 제시	정적 강화(목적: 반응확률 증가) 예) 공부를 열심히 할 때 칭찬한다.	정적 처벌(목적: 반응확률 감소) 예) 지각할 때 꾸중한다.
	반응 후 자극 제거	부적 처벌(목적: 반응확률 감소) 예) 지각할 때 자유시간을 박탈한 다.	부적 강화(목적: 반응확률 증가) 예) 공부를 열심히 할 때 잔소리를 하 지 않는다.

3) 강화물의 종류

앞에서 설명한 것처럼 강화물과 강화는 다르다. 다시 말하면 강화는 반응의 확률 혹은 강도를 증가시키기 위해 강화물을 사용하는 절차를, 강화물은 반응의 확률을 증가시키기 위해 반응 후 제시되는(혹은 제거되는) 자극을 말한다. 강화물은 사람에 따라 효과가 다르다는 점에 유의해야 한다. 그러므로 어떤 사람에게 효과가 있는 강화물이 다른 사람에게는 전혀 효과가 없을 수 있다. 음식은 배고픈 사람에게 강화물이 될 수 있지만 배부른 사람에게는 강화물이 될 수 없다. 이것은 강화물이 효과에 의해 정의된다는 것을 의미한다. 강화물의 종류에 대해 살펴본다.

(1) 정적 강화물과 부적 강화물

강화물은 정적 강화물과 부적 강화물로 구분할 수 있다. 앞에서 다룬 정적 강화는 정적 강화물을 제시하여 반응확률을 증가시키는 절차를, 부적 강화는 부적 강화물을 제거하여 반응확률을 증가시키는 절차를 말한다.

① 정적 강화물(正的 强化物, positive reinforcer): 반응 후 제시했을 때 반응확률을 증가시키는 자극을 말한다. 과자나 칭찬은 정적 강화물이다. 정적 강화물은 흔히 보상(報償, reward)이라고 하지만, 두 개념은 엄밀한 의미에서 구분된다. 왜냐하면 보상과 달리 강화물은 효과에 의해 정의되기 때문이다. 그러므로 보상이 효과가 있어야 강화물이 될 수 있다.

② 부적 강화물(負的 强化物, negative reinforcer): 반응 후 제거했을 때 반응확률을 증가시키는 자극을 말한다. 전기충격이나 잔소리는 부적 강화물에 속한다.

(2) 일차적 강화물과 이차적 강화물

강화물은 선천적으로 강화기능을 갖고 있는가 아니면 학습을 통해 강화기능을 획득했는가에 따라 일차적 강화물, 이차적 강화물, 일반화된 강화물로 구분된다.

① 일차적 강화물(一次的 强化物, primary reinforcer): 선천적으로 반응확률을 증가시키는 자극이다. 일차적 강화물은 기본적 요구(물, 성, 수면, 온도 등)를 충족시켜 주므로 학습되지 않은 강화물 혹은 무조건적 강화물이라고도 한다. 음식, 성, 수면, 전기충격이 일차적 강화물이다(전기충격도 행동 후 제거해 주면 행동 확률을 증가시키므로 강화물이 될 수 있다.). 교육현장에서는 과자나 음식이 가장 보편적으로 사용되고 있는 일차적 강화물이다.

② 이차적 강화물(二次的 强化物, secondary reinforcer): 중립자극이 일차적 강화물과 연합되어 반응 확률을 증가시키는 기능을 획득한 강화물이다. 학습된 강화물(learned reinforcer)이라고도 한다. 칭찬, 승인, 성적, 지위, 휴식, 자격증, 비난, 질책, 실격은 인간에게 효과적인 이차적 강화물이다. 이차적 강화물은 다음과 같은 성질을 갖고 있다.

- 일차적 강화물과 연합된 자극은 강화기능을 획득하여 이차적 강화물이 된다.
- 반응 후 일차적 강화물이 계속해서 제시되지 않으면 이차적 강화물은 강화물의 기능을 상실한다.
- 이차적 강화물의 성질은 일차적 강화물에 따라 좌우된다. 즉, 일차적 강화물이 정적 강화물이면 이차적 강화물도 정적 성질을 갖고, 일차적 강화물이 부적 강화물이면 이차적 강화물도 부적 성질을 갖는다.
- 이차적 강화물은 원래의 강화물을 획득하기 위한 반응은 물론 완전히 다른 반응의 확률을 증가시키는 기능도 갖는다.
- 이차적 강화물과 연합된 수많은 자극은 일반화 과정을 통해 강화물 기능을 획득한다.

③ 일반화된 강화물(一般化된 强化物, generalized reinforcer): 이차적 강화물 중에서 여러 개의 일차적 강화물과 결합된 강화물을 말한다. 인간의 경우 돈, 지위, 권력, 명성이 일반화된 강화물이다. '돈'은 무수한 일차적 강화물과 결합된 대표적인 일반화된 강화물이다. 일반화된 강화물은 박탈조건이 아니라도 효과를 발휘한다. 음식은 박탈상태에서만 강화기능을 하지만 돈은 박탈 여부에 관계없이 강화기능을 발휘한다. 그래서 억만장자도 계속 돈을 벌려고 노심초사한다.

(3) 자극의 성질에 따른 강화물

강화물의 종류는 자극의 종류에 따라 물질강화물, 교환강화물, 활동강화물, 사회적 강화물, 긍정적 피드백, 내재적 강화물로 구분할 수 있다.

① 물질강화물(material or tangible reinforcer): 과자, 음식, 장난감과 같은 구체적인 강화물을 말한다. 물질강화물은 다른 강화물이 없을 때 사용하는 것이 좋다. 과자나 장난감은 주의를 분산시키는 역효과를 나타낼 수도 있다.

② 교환강화물(exchangeable reinforcer): 다른 강화물과 교환할 수 있는 강화물이다. 토큰, 포인트, 쿠폰, 별표, 스티커, 스탬프, 칩이 교환강화물로 사용된다. 교환강화물은 사용하기가 쉽고, 만족을 지연시킬 수 있다는 장점이 있다. 교환강화물을 이용하는 프로그램을 토큰경제(token economy)라고 한다.

③ 활동강화물(activity reinforcer): 좋아하는 활동을 강화물로 사용하는 것을 말한다. Premack 원리는 선호하는 활동을 강화물로 사용하는 방법이다.

④ 사회적 강화물(social reinforcer): 다른 사람과의 관계를 통해 제시되는 사회적 사상(事象)으로 칭찬, 인정, 미소, 표정, 신체접촉, 언어표현 등이 그 예가 된다. 사회적 강화물은 적용하기가 쉽고, 강력한 효과를 갖고 있어 널리 사용되고 있다. 그래서 "칭찬은 고래도 춤추게 한다".

⑤ 긍정적 피드백(positive feedback): 행동이 적절한지 아니면 부적절한가를 알려 주는 정보를 말한다. 긍정적 피드백은 행동이 적절했다는 정보를 말한다.

⑥ 내적 강화물(intrinsic reinforcer): 문제를 해결했을 때 경험하는 성취감, 만족감, 유능감, 자부심이 내적 강화물이다. 흔히 내적 보상이라 한다. 내적 강화물을 추구하는 사람은 외적 강화물이 없어도 행동을 지속하는 경향이 있다.

4) 강화계획

강화계획(强化計劃, reinforcement schedule)은 반응에 대해 언제 어떻게 강화를 줄 것인가를 정해 놓은 규칙 또는 프로그램을 말한다. 강화계획은 연속강화와 간헐강화로 대별할 수 있다.

(1) 연속강화

연속강화(連續强化, continuous reinforcement)는 정확한 반응을 할 때마다 강화물을 주는 강화계획이다. 쥐가 레버를 정확하게 누를 때마다 먹이를 주거나 학생이 공부를 할 때마다 칭찬을 하는 것이 연속강화다. 연속강화는 새로운 반응을 학습하는 초기에 효과적이나, 강화가 주어지지 않을 경우 학습된 행동이 매우 빨리 소거된다. 초등학교 입학 후 줄곧 전교 수석을 차지한 소규모학교 출신의 학생이 고등학교에 진학한 후 경쟁에서 뒤로 밀리면 공부를 그만두는 것은 연속강화를 받은 후 소거가 급격하게 일어났다는 것을 나타낸다. 일상생활에서 연속강화가 작동하는 경우는 거의 없다.

(2) 간헐강화

간헐강화(間歇强化, intermittent reinforcement)는 정확한 반응 중에서 일부 반응에만 강화를 주는 방식으로, 부분강화(部分强化, partial reinforcement)라고도 부른다. 일상생활에서는 모든 행동이 강화를 받을 수 없으므로 강화는 대부분 간헐강화로 제시된다.

간헐강화는 연속강화에 비해 행동을 장기간 일관성 있게 지속시키는 효과가 있다. 부분강화가 소거에 대한 저항을 증가시키는 이러한 효과를 부분강화효과(partial reinforcement effect, PRE)라고 한다. 아이가 장난칠 때마다 관심을 보이지 않고 어쩌다 관심을 보이는 부모가 있다고 하자. 이 부모는 아이가 장난칠 때마다 관심을 보이지 않았기에 장난이 감소할 것이라고 생각하기 쉽지만, 예상과 반대로 장난이 증가한다. 아이가 부분강화(관심)를 받았기 때문이다. 부분강화효과는 이따금 전화를 거는 못생긴 남자의 전화를 기다리는 아가씨의 이해하기 어려운 행동도 잘 설명한다. 이러한 예는 복권구입, 노름, 낚시에서도 발견된다.

간헐강화는 강화를 주는 기준의 종류(시간간격, 반응횟수)와 기준의 변동 여부(고정, 변동)을 조합하면 다음과 같은 네 가지의 강화계획으로 나뉜다.

| 표 6-4 | **간헐강화 계획 예시**

구분	비율(반응횟수)	간격(시간)
고정	**고정비율강화** 다섯 번째 정반응마다 강화를 준다.	**고정간격강화** 15초가 지난 후 첫 번째 정반응에 강화를 준다.
변동	**변동비율강화** 평균 다섯 번째 정반응을 강화하되, 무작위로 강화를 준다.	**변동간격강화** 평균 15초 간격으로 정반응을 강화하되, 무작위로 강화를 준다.

① 고정간격강화(固定間隔強化, fixed-interval reinforcement, FI): 강화를 주는 시간간격을 고정시켜 일정한 시간(예, 30분, 1시간 등)이 경과한 다음 나타나는 첫 번째 반응에 강화를 주는 강화계획이다. 전형적인 고정간격강화는 월급이다. 학교에서 정기고사를 이용하여 성적을 평가하는 것도 고정간격강화를 활용한 것이다. 이 경우 성적이 강화물이다. 고정간격강화를 하는 상황에서는 강화물을 받을 수 있는 시점을 예측할 수 있다. 그 결과 강화를 받을 수 있는 시점이 가까울수록 반응확률이 높아지지만, 강화물을 받은 직후 반응확률이 급격하게 떨어지는 경향을 보인다. 정기적으로 시험을 친다고 할 경우 시험이 가까워질수록 열심히 공부하지만 시험이 끝나면 거의 공부를 하지 않게 되는 것은 바로 이 때문이다.

② 변동간격강화(變動間隔強化, variable-interval reinforcement, VI): 강화를 주는 시간간격을 불규칙적으로 변화시키는 강화계획이다. 비둘기에게 평균 7분 간격(처음에는 12분, 2회째는 6분, 3회째는 8분, 4회째는 2분)으로 강화를 주는 계획이 변동간격강화다. 변동강화계획에서는 강화를 받을 수 있는 시간간격이 바뀐다. 따라서 변동강화를 주는 조건에서는 강화물을 받을 수 있는 시점을 예측할 수 없으므로 고정간격강화보다 반응확률을 더 일정하게 유지할 수 있다.

③ 고정비율강화(固定比率強化, fixed-ratio reinforcement, FR): 강화를 하는 반응횟수를 고정

시켜 일정한 횟수의 반응을 할 때마다 강화를 주는 계획이다. 예컨대, 쥐가 레버를 5회 누를 때마다 먹이를 주거나 근로자가 컴퓨터 5대를 조립할 때마다 보수를 지급하는 것은 고정비율강화다. 고정비율강화는 공장에서 근로자들의 작업능률을 향상시키기 위해 많이 채택되고 있다.

④ 변동비율강화(變動比率强化, variable-ratio reinforcement, VR): 강화를 하는 반응횟수를 수시로 바꾸는 강화계획이다. 변동비율강화는 평균적으로 일정 횟수의 반응을 해야 강화를 준다. 비둘기에게 평균 7번째 반응(처음에는 6번째, 2회째는 12번째, 3회째에는 8번째, 4회째에는 2번째 반응)에 먹이를 주거나 노름판에서 평균 10번째 판에 돈을 따는 경우가 변동비율강화다. 노름판에서는 평균 10회마다 돈을 딸 수 있더라도 실제로는 첫째 판에 돈을 딸 수도 있고, 20회 만에 돈을 딸 수도 있다. 변동비율강화에서는 어떤 반응이 강화를 받을지 알 수 없으므로 지속적으로 반응해야 한다.

(3) 강화계획의 효과

강화계획은 학습속도(정확한 반응을 학습하는 데 걸리는 시간 혹은 시행횟수), 소거속도(강화가 중단된 시점에서 반응이 중단된 시점까지 걸린 시간), 반응속도(일정한 시간에 방출한 반응횟수)에 영향을 준다.

- 학습속도: 학습 초기에는 연속강화가 간헐강화보다 더 효과적이다. 학습 초기에 간헐강화를 하면 어떤 반응이 적절한지 정확하게 인식하지 못할 수 있다. 이것은 학습자가 어릴 경우 초기학습에서 강화를 더 많이 주어야 함을 시사한다.
- 소거속도: 연속강화를 하면 학습속도는 빨라지지만 학습된 행동의 소거가 빨리 일어난다. 소거는 강화가 없을 때 반응을 중단하는 현상이다. 따라서 가장 이상적인 강화계획은 초기에는 연속강화로 시작해서 점차 간헐강화로 바꾸는 것이다. 간헐강화 중에서도 변동비율강화에서 소거가 가장 늦게 일어난다.
- 반응속도: 강화계획은 반응속도(단위시간당 반응횟수)에 영향을 준다. 고정간격강화를 하면 강화를 받은 직후 반응이 중단되고, 강화를 받을 수 있는 시점이 다가오면 다시 반응한다. 변동강화를 주면 반응횟수를 일정하게 높은 수준에서 유지할 수 있다.

5) 처벌

처벌(處罰, punishment)은 행동의 강도나 빈도를 약화시키기 위해 행동 후 불쾌한 자극을 제시하거나 좋아하는 자극을 박탈하는 절차를 가리킨다. 처벌을 부적 강화와 혼동하지 말아야 한다. 앞서 설명한 바와 같이 부적 강화와 처벌은 목적과 기법에서 차이가 있다. 우선, 부적 강화는 행동의 확률이나 빈도를 증가시키는 데 목적이 있지만, 처벌은 행동의 확률이나 빈도를 감소, 약화시키는 데 목적이 있다. 또 부적 강화는 행동 후 혐오자극을 제거하는 기법이지만, 처벌은 행동 후 혐오자극을 제시하는 기법이다.

(1) 처벌의 유형

처벌의 유형은 제시형 처벌과 제거형 처벌로 구분할 수 있다. 제시형 처벌(提示型 處罰, presentation punishment: 정적 처벌 혹은 수여성 처벌)은 행동 후 혐오자극을 제시하여 행동을 감소시키기 위한 방법이다. 지각할 때 꾸중하거나 체벌을 하는 것은 제시형 처벌이다. 체벌을 하거나 꾸중하는 것은 지각을 하지 않도록 하기 위함이다. 제시형 처벌은 자극의 성질에 따라 체벌(體罰, physical punishment)과 상징적 처벌(예, 꾸중)로 구분할 수 있다. 나다니엘 호손의 대표작 『주홍글씨(The Scarlet letter)』는 상징적 처벌을 주제로 한 작품이다.

제거형 처벌(除去型 處罰, removal punishment: 부적 처벌)은 바람직하지 않은 행동을 할 때 좋아하는 것을 제거하거나 특권을 박탈하는 방법이다. 떠드는 학생을 교실에서 다른 장소로 고립시키는 격리(隔離, time-out: 학급에서의 고립은 정적 강화를 받을 기회를 박탈한다.)나 방과 후 남아 있도록 하는 것은 제거형 처벌이다(이 경우 친구들과 놀 수 있는 기회가 박탈된다.).

(2) 처벌의 효과

처벌의 효과에 관해 교육현장에서는 물론 학자 사이에 논란이 되고 있다. 교사는 학생들을 처벌해야 하는가 아니면 처벌하지 말아야 하는가? 처벌해야 한다면 어떤 조건에서 처벌해야 하며, 어떤 종류의 처벌을 해야 하는가? 처벌하지 말아야 한다면 처벌의 대안은 무엇인가? 처벌효과에 대해 밝혀진 사실은 대체로 다음과 같다.

- 처벌은 지속적인 효과가 없다. 처벌은 바람직하지 않은 행동을 일시적으로 억압하지만, 처벌의 위협이 없으면 바람직하지 않은 행동이 또다시 나타난다.
- 처벌은 의도하지 않았던 다음과 같은 부작용을 유발할 수 있다.
  - 분노, 불안, 공포와 같은 정서적 부작용과 회피반응을 유발한다.
  - 다른 사람에게 고통을 주는 행위를 정당화시킨다.
  - 처벌자나 다른 사람에 대한 적대감과 공격성을 유발한다.
  - 바람직하지 못한 행동을 또 다른 바람직하지 못한 행동으로 대치시킨다.

‒ 처벌하는 사람이 바람직하지 못한 모델이 될 개연성이 있다.

단, 처벌은 특정 상황에서는 효과적인 것으로 알려져 있다. 우선 처벌은 바람직하지 못한 행동을 신속하게 중단시켜야 할 상황에서 효과적이다. 아이가 다리미를 만지려고 할 때는 즉시 처벌하여 그 행동을 중지시켜야 한다. 또 처벌은 지체아의 자해행동(自害行動)을 중단시키는 효과가 있다. 마지막으로 관대한 처벌은 특정 장면에서 어떤 행동이 바람직하고 어떤 행동이 바람직하지 않은가에 관한 정보를 제공할 수도 있다.

(3) 처벌의 대안

처벌은 부작용을 나타낼 수 있으므로 가급적이면 처벌하지 말고 대안적인 방법을 이용하는 것이 바람직하다. 처벌의 대안으로는 다음과 같은 방법이 있다.

- 바람직하지 않은 행동을 유발할 수 있는 변별자극을 바꾼다. 교실 뒷자리에 앉아 있는 학생은 문제행동을 할 소지가 높으므로 앞자리로 옮기도록 하여 변별자극을 바꾸어야 한다.
- 포만법을 이용하여 원하지 않는 행동을 지칠 때까지 반복하도록 한다. 인터넷 게임을 중단시키고자 할 경우 신물이 날 때까지 인터넷 게임을 하도록 하면 된다.
- 바람직하지 않은 행동에 강화를 주지 않는다. 바람직하지 않은 행동은 철저히 무시해야 한다. 비행청소년의 경우 교사나 친구의 관심 자체가 강화기능을 갖는다.
- 바람직하지 않은 행동과 정반대가 되는 행동을 할 때 정적 강화를 준다.

(4) 처벌지침

앞에서 설명한 사실을 고려할 때 원칙적으로 처벌을 하지 않는 것이 바람직하다. 그러나 불가피하게 처벌을 해야 할 경우에는 다음과 같은 사항에 유의해야 한다.

- 처벌은 처벌적이어야 한다. 즉, 처벌은 반응을 약화시키는 기능이 있어야 한다.
- 행동 후 즉시 처벌해야 한다.
- 처벌을 하기 전에 미리 경고를 하는 것이 좋다.
- 처벌하는 행동을 분명하고 구체적으로 정의해야 한다.
- 처벌을 하는 이유를 분명하게 설명해야 한다.
- 처벌강도를 너무 강하거나 너무 약하게 하지 말고 적당하게 해야 한다.

- 처벌 후 보상을 주지 말아야 한다.
- 대안적인 행동(즉, 바람직한 행동)을 분명하게 제시해야 한다.
- 일관성 있게 처벌해야 한다.
- 사람이 아니라 잘못된 행동을 처벌해야 한다.
- 처벌할 때 개인적 감정을 개입시키지 말아야 한다.

6) 행동수정

행동수정(行動修正, behavior modification) 혹은 응용행동분석(applied behavior analysis)은 조작적 조건형성의 원리를 이용해서 행동을 변화시키려는 절차를 말한다. 행동수정의 기본전제는 다음과 같다.

- 모든 행동은 학습된다. 따라서 특정 행동을 다른 행동으로 대치시킬 수 있다.
- 강화 또는 처벌을 효과적으로 활용하면 모든 행동을 수정할 수 있다.

행동수정의 방법은 크게 바람직한 행동을 증가시키는 방법과 바람직하지 않은 행동을 감소시키는 방법으로 대별할 수 있다.

(1) 바람직한 행동을 증가시키는 방법

행동수정의 일차적 목표는 바람직한 행동을 증가시키는 것이다. 이러한 목표를 달성하기 위한 방법은 다음과 같다.

① 행동조성(조형)

행동조성(行動造成, shaping) 혹은 조형(造形)은 강화를 이용해서 목표행동을 점진적으로 형성하는 기법이다. 행동조성은 정적 강화를 포함하지만 목표행동에 점진적으로 접근하는 행동만 강화한다는 점에서 단순한 정적 강화와 다르다.

행동조성은 차별강화와 점진적 접근으로 구성된다. 차별강화(差別强化, differential reinforcement)란 어떤 반응에는 강화를 주고 어떤 반응에는 강화를 주지 않는다는 것을, 점진적 접근(漸進的 接近, successive approximation)이란 목표행동에 근접하는 행동에만 강화를 준다는 것을 의미한다. 그래서 행동조성을 '점진적 접근의 원리'라고 부르기도 한다. 행동조성은 복잡한 행동의 학습과정을 적절하게 설명해 준다.

행동조성을 하자면 형성하고자 의도하는 목표행동을 작은 단위의 하위행동들로 세분한 다음, 목표행동에 접근하는 행동만 강화하여 목표행동을 점진적으로 형성시켜야 한다. 행동조성의 절차는 다음과 같다.

① 바람직한 목표행동을 선정한다.
② 일상적인 조건에서 목표행동이 나타나는 빈도(기저선, baseline)를 확인한다.
③ 강화물을 선택한다.
④ 목표행동을 소단위의 행동들로 구분한 다음, 순서대로 배열한다.
⑤ 연속강화계획에 따라 목표행동에 접근하는 행동을 할 때마다 강화를 한다.
⑥ 목표행동을 할 때마다 강화를 한다.
⑦ 변동강화계획에 따라 목표행동에 강화를 한다.

행동조성은 복잡한 행동을 단계적으로 형성시키고자 할 경우 적합하다. 비둘기에게 표적을 쪼는 반응을 하도록 조성하려면 비둘기가 (1) 처음에는 표적을 쳐다볼 때 강화물을 주고, (2) 다음에는 표적에 다가갈 때 강화물을 주며, (3) 마침내 비둘기가 부리로 표적을 쫄 때 강화물을 주는 식으로 단계별로 강화를 하면 된다.

인간도 행동조성을 통해서 수많은 행동들을 학습한다. 아이가 말을 배울 때 부모는 처음에는 '어' 또는 '아'와 같은 발성을 할 때 강화를 한다. 그다음에는 '엄'이나 '음'과 같은 단어를 발음할 때 강화를 하며, 점차 '엄마'라는 단어를 정확하게 발음할 경우에만 강화를 한다. 이와 같은 과정을 통해 아이는 언어를 학습하게 된다.

행동조성이 성공하려면 몇 가지 사항에 유념해야 한다. 우선, 기초단계의 행동을 충분히 획득한 후 다음 단계의 행동을 강화해야 한다. 또 바람직한 반응이 나타나는 즉시 강화를 해야 한다. 강화를 지연시키면 무작위 행동이 강화를 받아 그 행동이 조건형성될 소지가 있다.

② 행동연쇄

행동연쇄(行動連鎖, behavior chaining)는 일련의 반응들을 순서대로 연결하는 것을 말한다. 대부분의 인간 행동은 매우 복잡해서 수많은 자극-반응 단위들이 계열적으로 결합된 연쇄를 이루고 있다. 예컨대, 스마트폰으로 전화거는 행동은 (1) 화면을 보고, (2) 전화번호를 선택 혹은 입력한 다음, (3) 폰을 귀에 대는 일련의 행동으로 구성되어 있다. 식당에서 하는 행동은 (1) 의자에 앉은 다음, (2) 차림표를 보고, (3) 음식을 주문하고, (4) 음식을 먹고, (5) 계산을 하고, (6) 식당을 나서는 행동으로 이루어져 있다. 행동연쇄에서는 일련의 반응들이 단계별로 연결되어 있으므로 선행반응이 후속반응의 단서가 된다.

행동연쇄의 전형적인 사례로 댄스 동작을 학습하는 경우를 들 수 있다. 댄스 동작 하나하나는 행동조성을 통해 습득할 수 있다. 일단 동작 하나하나를 습득하면 여러 동작들을 전향적 연쇄(前向的 連鎖, forward chaining)나 역행적 연쇄(逆行的 連鎖, backward chaining)를 이용하여 순서대로 결합해야 한다. 이때 마지막 댄스 동작에서 시작해서 바로 앞 단계의 동작을 하나씩 추가하면서 댄스 동작을 할 수도 있고(역행적 연쇄), 첫 동작에서 시작해서 바로 다음 단계의 동작을 하나씩 추가할 수도 있다(전향적 연쇄). 애국가를 배우거나 장문의 시를 기억하는 방법도 전향적 연쇄를 활용한 사례가 된다.

③ 단서철회(용암법)

단서철회(端緒撤回, fading)는 반응에 도움을 주는 단서나 강화물을 점진적으로 줄여 가는 절차를 가리킨다. 원래 F.O(fade out)는 연극용어로, 화면이나 음향을 점차 희미하게 한다는 의미를 갖고 있어 이를 용암법(溶暗法)이라고 한다(화면이나 음향을 점차 뚜렷하게 하는 것을 F.I[fade in] 혹은 용명[溶明]이라 한다.).

따라서 단서철회는 단서나 강화물의 속성을 점진적으로 약화시켜 처음에는 가능하지 않던 변별을 하도록 하는 조건형성방법이다. 단서철회는 정신지체아를 교육할 때 흔히 사용된다. 특수학교 교사가 정신지체아에게 어떤 행동을 가르칠 때 처음에는 과자와 칭찬을 보상으로 사용하다가 학습이 진행됨에 따라 과자를 제외한 칭찬만 보상으로 사용하는 경우가 이에 해당된다.

④ Premack 원리

Premack 원리(발견자인 David Premack의 이름을 따서 붙인 명칭임)는 빈도가 높거나 선호도가 높은 활동을 강화물로 이용해서 빈도나 선호도가 낮은 활동을 증가시키려는 원리를 말한다. Premack 원리를 적용하자면 가장 좋아하는 활동을 강화물로 사용하면 된다. 컴퓨터 게임을 가장 좋아하고 공부하기를 싫어한다면 컴퓨터 게임을 강화물로 이용해서 공부시간을 증가시킬 수 있다.

⑤ 자극통제

자극통제(刺戟統制, stimulus control)는 변별자극을 이용해서 행동을 통제하는 방법이다. 자극통제의 핵심은 변별자극을 제시하여 바람직한 행동을 증가시키거나 변별자극을 제거하여 바람직하지 못한 행동을 감소시키는 데 있다.

변별자극(辨別刺戟, discrimination stimulus)이란 특정 행동이 강화받을 것인지의 여부를 알려 주는 기능을 하는 자극을 말한다. 쥐가 빨간 불이 켜졌을 때 레버를 누르면 강화를 주고 파란 불이 켜졌을 때는 레버를 눌러도 강화를 주지 않는다면, 쥐는 빨간 불이 켜진 상태에서만 레버를 누르고 파란 불이 켜진 상태에서는 레버를 누르지 않는다. 이때 불빛이 변별자극이다. 동물훈련에서는 손짓이나 호루라기 등이 변별자극으로 흔히 사용된다. 바람직한 행동을 증가시키자면 바람직한 반응과 연합된 변별자극을 제시하면 된다. 반대로 바람직하지 않은 행동을 감소시키자면 그 행동의 단서가 되는 변별자극을 없애면 된다. 냉장고를 보이지 않도록 하여 비만아동의 섭식(攝食) 행동을 수정하는 것이 그 예가 될 수 있다.

변별자극을 학습하는 것을 변별학습(辨別學習, discrimination learning)이라고 한다. 변별학습은 환경에 적응하는 데 중요한 역할을 한다. 새는 어느 곳에서 벌레를 쉽게 잡을 수 있다는 것을 알아야 생존할 수 있다. 아이는 부모의 기분이 좋을 때 용돈을 얻을 수 있다는 것을 알아야 돈을 많이 챙길 수 있다.

6 토큰경제

토큰경제(token economy)는 토큰을 이용해서 바람직한 반응의 확률을 증가시키려는 방법이다. 토큰 그 자체는 아무 가치가 없지만 다른 물품을 구입하거나 교환하는 데 사용될 수 있다. 포인트, 쿠폰, 별표, 스티커, 스탬프, 칩 등이 흔히 토큰으로 사용된다. 자본주의 사회에서는 돈이 가장 보편적인 토큰이다. 토큰은 관리하기 쉽고, 적립할 수 있으며, 편리하기 때문에 흔히 활용된다. 토큰은 적절한 시점에 제공해야 한다. 토큰은 사회적 강화물과 결합해서 활용할 수도 있다.

7 수행계약

수행계약(遂行契約, performance contract) 혹은 수반관계계약(contingency contract)은 특정 행동을 하면 다른 사람(교사, 부모, 상담자 등)이 강화를 제공해야 한다는 것을 명시한 계약을 이용해서 행동을 수정하는 방법이다. 가령 교사와 아동은 수업시간에 30분 동안 조용히 공부하면 강화를 준다는 계약을 체결할 수 있다. 수행계약을 체결할 때는 (1) 목표행동, (2) 목표행동을 수행해야 하는 조건, (3) 목표행동을 완수 혹은 완수하지 못했을 때 얻을 수 있는 결과를 명시해야 한다. 계약은 교사와 학생이 합의해서 체결해야 한다. 목표행동은 구체적이어야 하고, 시간적으로 근접해야 하며, 다소 어렵지만 달성할 수 있어야 한다. 따라서 목표행동을 '공부를 열심히 한다.'나 '적절하게 행동한다.'와 같은 막연하고 일반적인 수준이 아니라 '수학교과서를 10쪽까지 정확하게 이해한다.'나 '수업시간에 지각하지 않는다.'와 같이 구체적으로 진술해야 한다.

(2) 바람직하지 못한 행동을 감소시키는 방법

바람직하지 못한 행동을 수정하기 위한 방법은 강화를 이용한 방법과 처벌을 이용한 방법이 있다. 다음에 소개된 방법 중에서 소거, 차별강화, 상반반응 강화는 강화를 이용해서 바람직하지 못한 행동을 수정하기 위한 기법이고, 나머지는 처벌을 이용한 방법이다.

① 소거

소거(消去, extinction)는 강화를 주지 않을 때 반응의 확률이나 강도가 감소하는 현상이다. 따라서 바람직하지 못한 행동을 소거시키자면 강화를 하지 않으면 된다. 수업시간에 발표를 하려고 열심히 손을 들어도 교사가 계속 지명하지 않으면 손을 들지 않게 되는 것은 소거되었기 때문이다. 보채는 아이를 무시하는 부모나 교실에서 떠드는 학생을 무시하는 교사는 소거절차를 활용하고 있다.

② 차별강화

차별강화(差別强化, differential reinforcement)는 일정 시간 동안 바람직하지 않은 반응을 하지 않을 때 강화를 하는 방법이다. 친구들과 다투는 행동을 차별강화로 소거시키려면 쉬는 시간에 친구들과 다투지 않을 때 강화를 하면 된다. 차별강화는 소거보다 더 장기적인 효과가 있는 것으로 알려져 있다.

③ 상반반응 강화

상반반응 강화는 바람직하지 않은 반응과 정반대가 되는 반응을 강화하는 방법이다. 책상에 조용히 앉아 공부하는 행동을 강화하면 수업시간에 돌아다니는 행동을 감소시킬 수 있다. 상반반응을 강화하는 방법은 차별강화와 비슷하다. 단, 차별강화는 바람직하지 않은 반응을 하지 않을 때 강화를 하지만, 상반반응 강화는 정반대의 반응을 할 때 강화를 한다는 점이 다르다.

④ 꾸중

비난이나 질책과 같은 꾸중은 처벌의 일종이다. 꾸중은 바람직하지 못한 행동을 억압한다. 꾸중은 즉시, 그리고 짧게 해야 한다. 또 눈을 바라보면서 꾸중하는 것이 좋다. 또 조용한 목소리로 다른 학생이 모르도록 꾸중하되, 더 잘할 수 있다는 메시지를 전달하는 것이 좋다.

⑤ 포만

포만(飽滿, satiation)은 문제행동을 지칠 때까지 반복하도록 하여 문제행동을 감소시키려는 방법이다. 일반적으로 문제행동은 강화를 받기 때문에 반복하는 경향이 있다. 포만은 문제행동이 강화기능을 상실할 때까지 반복하도록 하여 그 행동을 감소시키려는 것이다. 수업시간에 껌을 씹는 학생이 있다면 그만두라는 지시를 할 때까지 껌을 계속 씹도록 하여 껌 씹는 행동을 소거시킬 수 있다.

⑥ 격리

격리(隔離, time-out)는 바람직하지 못한 행동을 감소 내지 제거하기 위해 정적 강화를 받을 수 있는 기회를 박탈하거나 강화를 받을 수 있는 장면에서 일시적으로 추방하는 방법이다. 소란스러운 행동을 하는 아동을 10분 동안 빈방에 홀로 있게 하거나 경기 중에 난폭한 행동을 하는 선수를 출장 정지시키는 것이 격리에 해당된다. 격리는 친구나 주변 사람의 관심을 끌기 위해 공격적으로 행동하는 아동에게 효과적이다.

⑦ 반응대가

반응대가(反應代價, response cost)는 바람직하지 않은 행동을 할 때 정적 강화물을 회수하는 절차를 의미한다. 과제를 제출하지 않을 때 감점하거나 수업시간에 소란행위를 할 때 자유시간을 박탈하는 것, 귀가시간이 늦은 자녀에게 외출을 금지하는 것이 해당된다.

⑧ 과잉교정

과잉교정(過剩矯正, overcorrection)은 바람직하지 못한 행동을 할 때 싫어하는 행동을 하도록 하는 처벌방법이다. 이 경우 싫어하는 행동은 바람직하지 않은 행동과 유사해야 한다.

배상적 과잉교정(restitutional overcorrection)은 바람직하지 않은 행동을 하기 전보다 환경을 더 좋은 상태로 개선하도록 하는 방법이다. 책상에 낙서를 했을 때 원래보다 더 깨끗하게 지우도록 하는 것이 예가 될 수 있다. 긍정적 과잉교정(positive practice overcorrection)은 적절한 반응을 반복하도록 하는 방법이다. 철자를 틀린 학생에게 정확한 철자를 반복해서 쓰도록 하는 것이 그 예가 될 수 있다.

7) 조작적 조건형성의 교육적 적용

Skinner는 교육문제를 해결하기 위해 자신의 이론을 적용하는 데 지대한 관심을 가졌다.

그는 자신의 이론을 적용하면 교육의 당면문제를 상당수 해결할 수 있다고 확신했다. 조작적 조건형성의 원리는 다음과 같이 교육에서 활발하게 적용되었다.

① 행동목표(行動目標, behavioral objectives): 행동목표는 수업을 통해 달성하고자 하는 학습성과를 관찰 및 측정이 가능하도록 구체적으로 진술한 목표를 말한다. 행동목표는 무엇을 어느 정도 학습해야 하는가를 학습자에게 구체적으로 전달하므로 학습동기를 높여 결국 학업성취에 긍정적인 영향을 미친다. 또 행동목표는 교사에게 수업의 지침과 평가의 준거를 제공한다.

② 프로그램 수업(Programmed Instruction, PI): 행동조성의 원리를 교육에 적용하여 개발한 수업자료를 지칭한다. 즉, 프로그램 수업은 학습과제를 여러 개의 작은 단위들로 세분한 다음 순서대로 배열하여, 학습자가 자신의 속도에 맞추어 단계별로 학습하도록 만든 일종의 자기학습자료를 말한다. 프로그램 수업의 특징은 다음과 같다. 첫째, 성취해야 할 도달점행동을 행동목표로 진술한다. 둘째, 학습과제를 일련의 소단위 프레임(frame)으로 분할한다. 프레임은 매우 적은 양의 정보와 문항으로 구성된다. 셋째, 학습자는 개별적인 속도로 학습한다. 넷째, 학습자는 자료를 학습하면서 제시된 문항에 능동적으로 반응한다. 다섯째, 학습자의 반응에 피드백을 즉시 제공한다. 정답을 하면 다음 문항을 제시하고, 오답을 하면 보충정보를 제시한다. 프로그램 수업은 행동조성의 원리를 응용한 것이므로 모든 학습자들이 항상 정반응을 하고, 점진적으로 성취도가 향상되도록 구성되어 있다. 프로그램 수업의 형태는 직선형 프로그램(linear program)과 분지형 프로그램(branching program)으로 구분된다. 상세한 내용은 전문서를 참조하기 바란다.

③ 컴퓨터보조수업(Computer-Assisted Instruction, CAI): 프로그램 수업자료를 컴퓨터를 활용하여 제시하는 수업을 말한다. CAI는 컴퓨터를 활용하므로 시청각자료를 제공할 수 있고, 다양한 반응자료(반응속도, 정답률, 오답률 등)를 기록하고 관리할 수 있으며, 분지형 프로그램을 쉽게 구성할 수 있다는 장점이 있다.

④ 완전학습(完全學習, mastery learning): 조작적 조건형성은 환경조건이 적절하면 아무리 복잡한 행동이라도 학습할 수 있다고 낙관한다. 이와 같은 행동주의의 낙관론은 완전학습에 잘 반영되어 있다. 완전학습은 충분한 시간과 적절한 수업을 하면 대부분의 학생들이 교과를 완전히 학습할 수 있다고 가정한다. 완전학습은 부분적으로 행동조성 원리에 기반을 두고 있다. 그래서 처음에는 매우 간단한 반응에 강화를 주다가 강화를 받을 수 있는 반응수준을 점진적으로 높이고, 마지막으로 최종적인 도달점행동을 강화한다. 완전학습은 1960년대 매우 유행했다. 미국의 대학에서 광범하게 활용된 개별

화수업체제는 완전학습의 한 형태다.

⑤ 개별화수업체제(Personalized Systems of Instruction, PSI): 조작적 조건형성의 원리를 이용하여 개발한 프로그램으로, Keller Plan이라고 부르기도 한다(Keller, 1977). 이 체제의 핵심특징은 (1) 학습자가 개별적인 속도로 학습하고, (2) 완전학습을 지향하며, (3) 학습자료를 스스로 학습한다는 것이다. 개별화수업체제에서 교과는 단원으로 나누어져 있어 각 단원에 대한 시험에 합격해야 다음 단원으로 진행할 수 있다. 학습자는 학습자료를 주로 개별적으로 학습하거나 소집단 단위로 학습한다. 성적은 통과한 단원의 수와 최종시험의 점수를 고려하여 부여한다. 개별화수업체제는 미국 대학에서 학부과정의 여러 과목에서 널리 적용되었다. 개별화수업체제를 적용하자면 교과의 성격을 감안해야 한다. 즉, 이 체제는 단원으로 쉽게 분할할 수 있고, 학습자 스스로 충분히 학습할 수 있는 과목의 경우에는 매우 효과적이다. 반면, 집중적인 토론 및 상호작용이 필요하거나 총체적인 접근방식이 필요한 과목에는 이 체제가 다소 적절하지 않을 수도 있다.

8) 조작적 조건형성에 대한 비판

조작적 조건형성에 대해 제기되고 있는 비판은 다음과 같다.

첫째, 조작적 조건형성은 관찰할 수 있는 행동만 강조하고 인지과정을 무시했다는 비판을 받고 있다. 즉, 인간의 행동은 환경에 의해 결정되므로 사고과정을 고려하지 않아도 인간행동을 적절하게 설명할 수 있다는 Skinner의 주장이 극단적이라는 비판이다. 비유컨대, Skinner는 심리학의 과학화에 몰두한 나머지 "목욕물과 함께 아기도 내버렸다(Throw the baby out with the bath water.)."는 것이다. 물론 여기서 '아기'는 인지과정을 말한다.

둘째, 급진적인 환경결정론자인 Skinner는 인간의 행동이 자기 자신이 전혀 통제할 수 없는 외부 환경에 의해 결정된다는 입장을 취하고 있다. 그는 외적 통제를 지나치게 강조한 나머지 인간이 자유의지에 따라 행동을 선택하고 그 결과에 대해서 책임을 지는 존재라는 사실을 전혀 인정하지 않고 있다. 이러한 점에서 조작적 조건형성은 인간을 외부의 통제자에 의해 조종되는 로봇으로 격하시키고 있다.

셋째, 조작적 조건형성이 중시하는 외적 강화가 내재적 동기를 약화시킬 수 있다는 지적이다(11장 참조). Deci(1975)는 아동이 게임 자체를 즐기고 있는 상황에서 게임결과에 대해 칭찬을 하거나 상을 주면 칭찬이나 상을 줄 때만 게임을 한다는 사실을 보고했다. 이 결과는 내재적 동기에 의해 수행되는 행동에 외적 보상을 주는 것이 바람직하지 않다는 것을 시사하고 있다. 따라서 조작적 조건형성 절차는 행동을 하려는 동기가 전혀 없는 상태에서만 적용하는 것이 바람직하다.

넷째, 조작적 조건형성이 복잡한 행동을 적절하게 설명하지 못하고 있다는 비판이다. 앞에서 설명한 바와 같이 Skinner는 행동조성을 통해 복잡한 행동을 조성할 수 있다고 주장했다. 그러나 비판론자들은 행동조성으로는 문제해결이나 창의적 행동과 같은 복잡한 행동은 적절하게 설명할 수 없다고 주장한다.

6. 사회인지이론

인간이 인지과정을 갖고 있다는 사실은 부인할 수 없다. 그럼에도 심리학의 과학화를 표방한 행동주의는 관찰할 수 있는 외현적 행동만 연구대상으로 하고 인지과정을 무시하는 오류를 범했다. 이러한 행동주의의 내재적 한계를 인식한 Albert Bandura(1977)는 관찰할 수 있는 행동을 강조하는 행동주의의 기본관점을 충실히 견지하면서도 인지과정을 포함하는 이론을 제안했다. Bandura의 이론은 사회학습이론(social learning theory)으로, 최근에는 사회인지이론(社會認知理論, social cognitive theory)으로 불리고 있다. 사회인지이론은 조작적 조건형성의 원리를 이용해서 사회학습을 설명하면서도 인지과정의 중요성을 인정한다.

Bandura의 이론과 가장 유사한 학습이론은 Tolman의 이론이다(7장 참조). 두 이론은 (1) 인지적 개념으로 학습을 설명하고, (2) 강화를 학습의 필수요건으로 간주하지 않으며, (3) 학습과 수행을 구분한다는 공통점이 있다. 또 사회인지이론은 Piaget의 인지발달이론과도 공통점이 있다. Piaget와 마찬가지로 Bandura는 학습자가 환경과 상호작용을 하는 과정에서 능동적인 역할을 한다고 주장한다. Bandura는 환경(environment, E: 타인, 물리적 환경, 행위결과, 자원 등), 개체(person, P: 신념, 기대, 태도, 지식 등), 행동(behavior, B: 행위, 선택, 언어 등)이 서로 영향을 주고받는 상호작용 관계를 상호결정론(相互決定論, reciprocal determinism)이라고 불렀다. 이러한 관계를 [그림 6-4]와 같이 나타낼 수 있다.

상호결정론에 따르면 환경, 개체, 행동은 서로 영향을 주고받는다. 우선 환경은 행동에 영향을 미치고(예, 부모가 칭찬을 하면 공부를 열심히 한다.), 개체에 영향을 준다(예, 부모의 칭찬은 성취기대를 높인다.). 또 행동은 환경에 영향을 미치고(예, 공부를 열심히 하면 부모 행동이 바뀐다.), 개체에 영향을 준다(예, 공부를 열심히 하면 성취기대가 높아진다.). 마지막으로 개체도 환경에 영향을 주고(예, 성취기대가 높으면 부모의 행동을 변화시킨다.), 행동에 영향을 준다(예, 성취기대가 높으면 공부를 더 열심히 한다.). 상호결정론은 외부 환경이 행동에 일방적으로

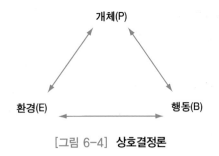

[그림 6-4] **상호결정론**

영향을 준다고 가정하는 행동주의 견해는 물론 정신 내부의 갈등에 의해 행동이 결정된다는 정신분석학의 견해, 그리고 내부의 자기실현요구에 의해 행동이 좌우된다는 인본주의 심리학의 견해와 다르다.

1) 모델링(관찰학습)의 기본견해

조작적 조건형성에 따르면 (1) 직접 행동을 하고, (2) 행동 후 강화를 받아야 학습이 이루어진다. 그러므로 조작적 조건형성에서는 직접 행동을 하지 않거나 행동 후 강화를 받지 못하면 학습이 일어나지 않는다.

그러나 인간의 모든 학습이 직접적인 행동을 통해서 이루어지는 것은 아니다. 모든 학습이 직접적인 행동을 통해 이루어진다면 학습을 하는 데 시간과 노력이 많이 소요되고, 경우에 따라 커다란 위험에 직면할 수도 있다. 불이 위험하다는 사실을 직접 행동을 통해서 학습하자면 불을 실제로 만져 보아야 할 것이다.

인간은 직접 행동을 하지 않고서도 많은 것을 학습한다. 우리는 불을 직접 만져 보지 않아도 불이 위험하다는 사실을 잘 알고 있고, 뱀에 물리지 않아도 뱀이 위험하다는 것을 잘 알고 있다. 이것은 직접 행동을 하지 않아도 학습이 이루어진다는 것을 뜻한다.

인간은 모델을 관찰하는 과정을 통해 새로운 지식, 기능, 전략, 신념, 태도 등을 학습한다. 사회인지이론의 핵심은 대부분의 학습이 관찰을 통해 이루어지므로 강화가 학습의 필수요건이 아니라는 것이다.

사회인지이론은 모델 관찰을 통해 학습하는 과정, 즉 모델링을 체계적으로 분석한다. 모델링(modeling) 혹은 관찰학습(觀察學習, observational learning)은 모델 관찰을 통해 행동, 인지, 정의가 변화되는 과정을 말한다. 모델링은 사회인지이론의 핵심이다. 과거 모델링은 모방과 동일시되기도 했으나 모델링은 모방보다 훨씬 포괄적인 과정이다. 모델링의 기본관점은 다음과 같이 요약할 수 있다.

- 대부분의 인간 학습은 실제 모델이나 상징적 모델(소설 속의 가상적 인물이나 텔레비전 프로그램의 주인공 등)의 관찰과 모방을 통해 이루어진다.
- 긍정적 결과를 받을 것이라고 기대되는 행동은 나타날 확률이 높다. 즉, 직접 강화를 받지 않아도 학습이 이루어진다.
- 행동이 변화되지 않아도 학습은 이루어진다(즉, 수행과 학습은 구분된다.).
- 인지과정은 학습에 중요한 역할을 한다. 즉, 행동 후 강화(혹은 처벌)를 받을 것이라는 기대(expectation), 주의, 파지와 같은 인지과정은 학습에 영향을 미친다.

모델링에서는 직접 강화보다 대리 강화를 더 중시한다. 직접 강화(直接強化, direct reinforcement)는 행동의 결과로 자신이 직접 경험하는 강화를 말한다. 공부를 열심히 할 때 부모로부터 받은 칭찬이 직접 강화에 해당된다. 대리 강화(代理強化, vicarious reinforcement)는 모델 관찰을 통해 경험하는 일종의 이차적인 간접 강화를 말한다. 대리 강화가 작용하는 것은 모델이 행동 후 강화를 받았으므로 관찰자도 같은 행동을 하면 역시 강화를 받을 것이라고 기대하기 때문이다. 모델링에서 관찰자는 실제 자신이 강화를 받지 않았음에도 강화를 받은 것처럼 행동한다. 심지어 관찰자는 모델링을 통해 획득한 행동이 직접 강화를 받을 수 없는 경우에도 그 행동을 장기간 지속하는 경우가 있다. 이러한 사실은 모델링 과정에 일종의 대리 강화가 포함되어 있음을 나타낸다. 또 모델링에 작용하는 처벌도 직접 처벌과 대리 처벌로 구분할 수 있다.

2) 관찰학습의 효과

(1) 관찰학습효과
관찰학습효과(觀察學習 效果, observational learning effect) 혹은 모델링 효과는 관찰자가 모델을 관찰하여 새로운 행동이나 기능을 학습하는 것을 말한다. 모델이 특정 행동을 한 후 강화를 받는 것을 본 관찰자는 모델 행동을 학습한다. 사회인지이론은 인간의 다양한 학습을 모델링으로 설명한다.

관찰학습을 통해 바람직하지 않은 행동도 학습할 수 있다는 사실을 명심해야 한다. 관찰학습을 통해 바람직하지 않은 행동을 학습한 사례는 보육원 아동을 대상으로 하여 공격적 행동의 습득과정을 밝힌 연구에서 잘 나타나 있다(Bandura et al., 1961). 이 연구에 따르면 인형에 대해 공격적 행동(발로 차고, 때리고, 집어 던지는 행동 등)을 하는 성인의 행동을 녹화한 필름을 관찰한 아동은 공격적 행동을 학습했다. 이 연구는 폭력장면을 담은 텔레비전 프로그램이 공격적 행동의 모델이 될 수 있음을 시사한다. 이러한 점에서 텔레비전이나 영화의 폭력장면은 아동에게 공격성을 학습할 수 있는 기회를 제공할 수 있으므로 유의해야 한다. 관찰학습의 하위과정은 주의-파지-재생-동기화로 구분된다([그림 6-5] 참조).

(2) 금지효과

금지효과(禁止效果, inhibitory effect) 혹은 제지효과(制止效果)는 특정 행동을 한 모델이 처벌받는 것을 관찰한 학습자가 그 행동을 금지하거나 억제하는 것을 말한다. 금지효과에는 대리 처벌이 작동한다. 친구가 지각 후 꾸중을 받는 장면을 보고 지각을 하지 않게 되는 것은 대리 처벌이 작용하고 있기 때문이다. 일벌백계(一罰百戒)는 대리 처벌을 활용한 방법이다.

(3) 탈제지효과

탈제지효과(脫制止效果, disinhibitory effect)는 금지된 행동을 한 모델이 보상을 받거나 부정적 결과(즉, 처벌)를 받지 않는 것을 관찰한 후 평소 억제하고 있던 그 행동을 하는 현상을 가리킨다. 탈제지효과는 금지효과의 반대현상이다. 지각을 하고도 별다른 처벌을 받지 않는 친구를 관찰한 학생이 평소와 달리 지각을 하는 것은 탈제지효과에서 기인한다. 교사의 행동은 학생의 비행을 금지시킬 수도 있고, 탈제지시킬 수도 있다는 점에 유의해야 한다. 가령 어떤 학생이 비행을 했을 때 그 학생을 처벌하면 다른 학생들의 비행을 금지할 수 있다. 그러나 비행을 처벌하지 않으면 탈제지효과가 나타나 다른 학생들이 비행을 따라 할 개연성이 있다.

(4) 기존 행동 촉진

모델 행동은 관찰자가 이미 학습한 행동을 촉진하는 기능을 하기도 한다. 음악회에서 청중이 박수칠 때 같이 박수치고, 텔레비전 주인공이 담배를 피울 때 시청자가 담배를 피우며, 모든 사람들이 같은 방향으로 보고 있을 때 그 방향을 보고, 청바지를 입고 있는 친구를 보고 청바지를 입는 것이 그 사례가 된다.

3) 모델링의 과정

관찰학습은 주의-파지-재생-동기화단계를 거쳐 이루어진다. 주의단계(注意段階, attention phase)는 모델의 행동에 주의를 기울이는 단계, 파지단계(把持段階, retention phase)는 모델의 행동을 기억하는 단계다. 재생단계(再生段階, reproduction phase)는 모델의 행동에 관한 상징적 표상을 행동으로 전환함으로써 능숙하게 수행할 수 있도록 연습하는 단계, 동기화단계(動機化段階: motivation phase)는 연습한 행동을 표출하기 위한 동기를 형성하는 단계, 즉 동기나 유인이 주어지는 모델 행동을 수행하는 단계를 지칭한다.

모 델 행 동	⇨	주의단계	⇨	파지단계	⇨	재생단계	⇨	동기화단계	⇨	동 작 수 행
		모델 특성 관찰자 특성		상징적 부호화 인지적 조직 인지적 연습		신체능력 세부동작 수행능력 자기관찰 피드백		직접 강화 대리 강화 자기 강화		

[그림 6-5] **모델링(관찰학습)의 과정**

인라인 스케이팅을 배우려는 학생을 예로 들어 모델링 과정을 설명해 보면, 첫째, 인라인 스케이팅을 잘 타는 사람의 동작에 세심한 주의를 기울이고(주의단계), 둘째, 관찰한 동작을 기억하며(파지단계), 셋째, 나중에 인라인 스케이팅을 직접 할 수 있도록 동작을 충분히 익히고(재생단계), 넷째, 인라인 스케이팅을 행동으로 나타내려는 동기를 갖추어야 한다(동기화단계). 모델링 과정을 더 자세하게 설명하면 다음과 같다.

(1) 주의단계

모델의 행동을 학습하려면 행동, 특히 행동의 중요한 특성에 주의를 집중하여 세심하게 관찰해야 한다. 주의는 수많은 정보 중에서 특정 정보를 선택하는 인지과정이므로 관찰학습에서 매우 중요하다. 주의를 기울이지 않으면 아무것도 학습되지 않으므로 주의집중은 관찰학습의 첫 단계가 된다.

주의는 다양한 요인들의 영향을 받는다. 관찰자는 모델의 중요한 행동에 더 많이 주의를 기울인다. 축구를 배우는 학생은 코치의 말투보다 슈팅 요령에 더 관심을 기울인다. 또 관찰자는 자신이 좋아하는 모델의 행동을 더 잘 모방한다. 한편, 모델링에는 관찰자의 동기상태, 각성수준, 선행경험, 감각능력도 영향을 준다.

(2) 파지단계

모델의 행동을 주의집중하여 관찰한 다음에는 그 행동을 기억에 저장해야 한다. 모델의 행동을 저장하지 않으면 모델이 존재하지 않는 상황에서는 그 행동을 할 수 없으므로 파지는 관찰학습에서 매우 중요하다. Bandura(1977)에 따르면 관찰학습에서는 언어적 표상을 저장하거나(동작 수행 순서를 언어적으로 기억하는 것) 시각적 심상을 저장하는데(동작 수행 모습을 기억하는 것), 언어적 표상과 시각적 심상은 동작을 수행하는 지침이 된다. 파지단계에서는 시연(rehearsal: 행동을 속으로 반복하는 것)이 중요하다. 시연을 하면 모델 행동에 관한 기억이 증진된다.

(3) 재생단계

모델의 행동을 기억한 다음에는 그 행동을 동작으로 실행해 보아야 한다. 즉, 기억에 저장되어 있는 행위를 신체동작으로 나타내야 한다. 모방한 행동을 제대로 실행하자면 그 동작을 할 수 있는 신체능력을 갖추고 있어야 한다. 신체능력이 없으면 모방한 동작을 실행할 수 없다. 프로농구선수가 덩크슛하는 모습을 관찰했다고 해서 모두 덩크슛을 할 수 있는 것은 아니다. 복잡한 행동의 경우 처음부터 모델의 동작을 완벽하게 실행할 수 없으므로 동작을 정확하게 재생하려면 연습과 피드백을 통해 동작을 익히고 수정해야 한다.

(4) 동기화단계

마지막으로 모델의 행동을 수행하려는 동기를 갖추어야 한다. 모델 관찰을 통해 어떤 행동을 학습했더라도 그 행동을 동작으로 나타낼 수도 있고, 동작으로 나타내지 않을 수도 있다. 동기는 획득된 행동의 실제 수행 여부를 결정하는 요인이다. 모델링을 통해 학습한 행동의 수행 여부는 강화, 더 정확하게 표현하면 강화기대에 달려 있다. 그래서 긍정적인 결과(강화)를 얻을 것이라고 기대되는 행동은 수행으로 나타나지만, 부정적인 결과(처벌)를 얻을 것이라고 기대되는 행동은 수행되지 않는다.

Bandura에 따르면 강화는 행동을 학습하는 과정보다 수행하는 과정에 더 큰 영향을 미친다. 사람들은 강화를 받을 수 있다고 기대되는 행동을 한다. 강화는 직접 강화, 대리 강화, 자기강화로 구분된다. 직접 강화(direct reinforcement)는 자기 행동의 결과로 획득하는 강화를, 대리 강화(vicarious reinforcement)는 모델이 강화를 받는 사실을 관찰할 때 관찰자가 경험하는 일종의 간접 강화를 말한다. 자기강화(self-reinforcement)는 바람직한 행동을 스스로 강화하는 것을 일컫는다.

4) 인지적 행동수정

교사가 열심히 가르치고 학습환경을 잘 조성하더라도 학습자가 인지적으로 학습에 적극적으로 참여하지 않으면 학습이 이루어지지 않는다. 학습이란 학습자가 무엇을 하고 학습자의 내면에서 어떤 대화가 이루어지는가에 따라 촉진될 수도 있고, 반대로 저해될 수도 있다. 이러한 점에서 보면 행동주의와 인지심리학을 구분하는 것은 상당히 인위적이다. 인간의 인지, 정의, 행동은 서로 밀접하게 관련되기 때문에 별개로 취급할 수 없다.

인지적 행동수정(認知的 行動修正, cognitive behavior modification)은 학습자의 내재적 인지과정을 조작하여 외현적 행동을 수정하려는 기법으로, 자신의 행동을 점검·관리·조절하도록 하는 데 주안점을 둔다. 이 방법은 외현적 행동의 변화를 목적으로 하고 강화원리를 활용한다는 점에서 Skinner의 조작적 조건형성과 유사하지만, 행동을 변화시키기 위해 인지과정을 조작한다는 점에서 사회인지이론을 응용한 것이다. 인지적 행동수정은 순수하게 행동주의 원리만 응용한 프로그램보다 더 효과적이라고 한다.

인지적 행동수정은 인지론과 행동주의 원리를 통합적으로 적용하여 자기조절능력을 향상시키는 데 주력한다. 학습에 대한 학습자의 통제력을 높이도록 조력하기 위해 인지적 행동수정은 학습자가 (1) 학습목표를 설정하고, (2) 자신의 행동을 점검하며, (3) 자신의 행동을 평가하고, (4) 스스로의 행동을 강화하는 등 행동에 관해 상당한 책임을 지도록 요구하고 있다.

인지적 행동수정은 Meichenbaum(1977)이 개발한 언어적 자기교수 프로그램(verbal self-instruction program)에 잘 구현되어 있다. 이 프로그램은 모델링 과정을 사용하고, 교사가 내용 및 자기교수단계를 결정하며, 외적 단서를 통해 내적 자기통제를 유도한다는 점에서 조작적 조건형성의 원리와 관찰학습의 원리를 모두 활용하고 있는데, 특히 자기강화를 강조한다. 언어적 자기교수 프로그램의 단계는 〈표 6-5〉와 같다.

| 표 6-5 | **Meichenbaum의 언어적 자기교수 프로그램**

단계	과정
인지적 모델링	교사는 과제를 수행하면서 해야 할 행동을 큰 소리로 학생에게 말해 준다(예, 교사는 덧셈문제를 풀면서 풀이과정을 큰 소리로 말한다.).
외현적 외적 지도	학생은 교사의 지도를 받는 상태에서 큰 소리로 말하면서 과제를 수행한다(예, 큰 소리로 말하면서 덧셈을 한다.).
외현적 자기지도	학생은 자신에게 큰 소리로 말하면서 과제를 수행한다(예, 자신에게 큰 소리를 말하면서 덧셈을 한다.).
외현적 자기지도의 축소	학생은 속삭이면서 과제를 수행한다(예, 속삭이면서 덧셈을 한다.).
내재적 자기지도	학생은 내적 언어를 사용하면서 과제를 수행한다(예, 속으로 말하면서 덧셈을 한다.).

자기교수 프로그램은 어린 아동이나 행동장애가 있는 학습자에게 매우 효과적인 것으로 밝혀지고 있다. 이 프로그램은 충동적인 아동의 반성적 능력을 높이고, 학습부진아의 읽기이해력을 증진시키며, 정신지체아의 문제해결능력을 향상시키는 데 효과적이라고 한다.

5) 자기조절

모델링의 궁극적 목적은 학습자가 자기조절을 하도록 하는 데 있다. 자기조절(自己調節, self-regulation)이란 목표를 달성하기 위해 자신의 사고, 감정, 행동을 체계적으로 관리하고 통제하는 것을 말한다(Zimmerman & Kitsantas, 1996). 목표가 학습에 있을 경우에는 자기조절학습이라고 한다.

자기조절은 크게 메타인지조절, 인지조절, 동기조절로 구성된다. 메타인지조절은 인지과정을 인식하고 통제하는 것을 지칭한다. 인지조절은 학습정보를 부호화·저장·인출하기 위한 인지전략을 통제하는 것을 말한다. 동기조절은 감정과 동기를 적절하게 관리하는 것을 말한다. 자기조절학습은 구체적으로 다음과 같은 요소를 포함한다.

① 목표설정(goal setting): 학습활동의 최종목표 설정
② 계획수립(planning): 목표를 달성하기 위한 최적의 시간활용 계획수립
③ 동기부여(self-motivation): 학습목표를 달성하기 위한 최적의 동기상태 유지
④ 주의통제(attention control): 학습과제에 대한 주의집중
⑤ 전략활용(application of learning strategies): 적절한 학습전략의 선택 및 활용
⑥ 자기점검(self-monitoring): 목표달성 진전도의 주기적 점검
⑦ 자기강화(self-reinforcement): 자신의 적절한 행동 강화
⑧ 자기평가(self-evaluation): 자신이 설정한 표준에 근거한 학습결과 판단 및 평가
⑨ 자기성찰(self-reflection): 학습전략의 적정성 평가, 대안적 학습전략 확인

6) 사회인지이론의 교육적 시사점

모델링을 통한 관찰학습의 중요성을 강조하고 있는 사회인지이론의 교육적 시사점은 다음과 같다.

- 바람직한 행동모델을 제공해야 한다. 사회인지이론의 핵심은 모델의 행동을 모방하는 과정을 통해서 학습을 한다는 것이다. 따라서 교사나 부모는 바람직한 행동을 하는 모델이 되어야 한다.
- 바람직하지 않은 행동의 모델이 되지 않도록 유의해야 한다. 바람직하지 못한 행동의 모델을 반면교사(反面教師)라고 한다.
- 바람직한 행동을 하면 강화를 받고, 바람직하지 못한 행동을 하면 처벌을 받는다는 점을 주지시켜야 한다.
- 학습자들의 동기를 높일 수 있는 다양한 모델을 제시해야 한다.
- 자기효능을 높여야 한다(11장 참조). 자기효능은 사회인지이론의 핵심 동기원이다.
- 학업성취에 관해 현실적인 기대를 하도록 해야 한다.
- 자기조절능력을 증진시켜야 한다.

요 약

① 학습은 경험이나 연습에 의해 행동 혹은 행동잠재력이 변화되는 과정이다. 그러므로 선천적인 요인에 의해 일어나는 변화나 일시적인 행동의 변화는 학습에 포함되지 않는다. 학습은 수행(외현적인 행동)과 구분된다.

② 행동주의는 객관적으로 관찰할 수 있는 외현적 행동을 연구대상으로 하며 정신과정에는 관심을 기울이지 않는다. 행동주의에 따르면 학습은 조건형성(행동을 변화시키고 수정하기 위한 구체적 절차)을 통해 이루어진다.

③ 행동주의는 모든 행동이 후천적 경험을 통해 학습되며, 인간과 동물은 질적 차이가 없으므로 보편적인 학습법칙을 따른다고 가정한다. 또 환원주의에 입각하여 복잡한 행동은 단순한 행동으로 분석될 수 있다고 전제한다.

④ 고전적 조건형성은 중립자극과 무조건자극을 반복 결합하여 중립자극이 무조건자극에 의해 유발되던 반응을 유발하도록 하는 절차를 의미한다. 고전적 조건형성에서 나타나는 주요한 현상은 (1) 일반화, (2) 변별, (3) 자발적 회복, (4) 고차적 조건형성이다. 고전적 조건형성은 정서가 어떤 과정을 통해 조건형성되는가를 잘 설명한다. 고전적 조건형성을 이용해서 부적절한 반응을 수정하기 위한 기법으로는 (1) 소거, (2) 역조건형성, (3) 체계적 둔감법, (4) 홍수법, (5) 혐오치료가 있다.

⑤ 결합설(도구적 조건형성)은 시행착오를 통해 자극-반응 결합이 형성된다고 주장한다. 학습에 영향을

미치는 가장 중요한 요인은 반응에 수반되는 결과(보상)이며(효과의 법칙), 반복연습과 준비성도 영향을 준다(각각 연습의 법칙과 준비성의 법칙). 또 학습은 태세, 우월한 요소(요소의 우월), 동일요소(유추반응), 고전적 조건형성(연합이환)과 같은 요인의 영향을 받는다.

⑥ 조작적 조건형성이란 조작적 반응(환경에 영향을 미치기 위해 스스로 방출한 반응)을 조건형성시키기 위한 절차를 말한다. 조작적 조건형성의 핵심은 반응이 그 반응에 수반되는 결과(강화와 처벌)에 의해 통제된다는 것이다. 따라서 반응에 강화를 주면 반응확률이 높아지고, 처벌을 하면 반응확률이 낮아진다. Skinner는 행동에 수반되는 결과를 통제하면 행동을 얼마든지 통제할 수 있으므로 인간이 자유의지를 갖고 있다는 주장은 환상에 불과하다고 주장한다.

⑦ 강화는 반응확률을 증가시키는 절차 혹은 결과를 말한다. 정적 강화는 반응확률을 증가시키기 위해 반응 후 좋아하는 자극을 제시하는 절차를, 부적 강화는 반응확률을 높이기 위해 반응 후 싫어하는 자극을 제거해 주는 절차를 각각 뜻한다.

⑧ 강화물은 반응확률을 증가시키는 기능을 하는 자극을 뜻한다. 정적 강화물은 반응 후 제시했을 때 반응확률을 증가시키는 자극을, 부적 강화물은 반응 후 제거했을 때 반응확률을 증가시키는 자극을 뜻한다. 일차적 강화물은 선천적으로 반응확률을 증가시키는 자극이고, 이차적 강화물은 학습을 통해 반응확률을 증가시키는 기능을 획득한 강화물이다. 일반화된 강화물은 여러 개의 일차적 강화물들과 결합된 강화물이다. 강화물로 사용되는 자극은 물질, 토큰, 활동, 사회적 자극(인정, 칭찬), 긍정적 피드백, 내적 강화물이 있다.

⑨ 강화계획은 정반응을 할 때마다 강화를 주는 연속강화와 일부 반응에만 강화를 주는 간헐강화(부분강화)로 구분된다. 일반적으로 간헐강화가 연속강화보다 소거에 대한 저항이 더 높다. 간헐강화는 시간을 기준으로 강화를 주는 방식(간격강화)과 반응횟수를 기준으로 강화를 주는 방식(비율강화)으로 구분된다. 이때 시간과 반응횟수는 고정시킬 수도 있고(고정강화), 변화시킬 수도 있다(변동강화).

⑩ 처벌은 바람직하지 못한 반응을 소거시키기 위해 바람직하지 않은 반응을 했을 때 불쾌한 자극을 제시하는 절차(제시형 처벌)와 좋아하는 자극을 박탈하는 절차(제거형 처벌)를 말한다. 일반적으로 처벌은 바람직하지 못한 행동을 지속적으로 감소시키는 효과가 없으며 부작용을 유발하는 것으로 알려져 있다.

⑪ 행동수정이란 조작적 조건형성 원리를 이용해서 행동을 변화시키려는 절차를 말한다. 바람직한 행동을 증가시키기 위한 방법으로는 (1) 행동조성(차별강화를 이용해서 복잡한 행동을 점진적으로 형성시키는 방법), (2) 행동연쇄(작은 행동들을 순서대로 결합하여 복잡한 행동을 하도록 하는 방법), (3) 단서철회 혹은 용암법(행동을 하는 데 필요한 단서를 점진적으로 제거하는 방법), (4) Premack 원리(좋아하는 활동을 강화물로 사용해서 싫어하는 행동의 확률을 증가시키는 방법), (5) 자극통제(변별자극을 변화시켜 행동을 변화시키는 방법), (6) 토큰경제(토큰을 강화물로 이용해서 행동확률을 높이는 방법), (7) 수행계약(특정 행동에 대해 강화를 주어야 한다는 사실을 명시한 계약을 통해 행동확률을 높이는 방법)이 사용된다.

⑫ 바람직하지 못한 행동을 감소 내지 소거시키기 위한 행동수정방법으로는 (1) 소거(강화를 주지 않음으로써 행동을 감소시키는 방법), (2) 차별강화(바람직하지 않은 반응을 하지 않을 때 강화를 주는 방법), (3) 상반반응 강화(바람직하지 않은 반응과 상반되는 반응을 강화하는 방법), (4) 꾸중, (5) 포만(문제행동을 지칠 때까지 반복하도록 하는 방법), (6) 격리(정적 강화를 받을 수 있는 기회를 박탈하는 방법), (7) 반응대가(바람직하지 않는 반응을 할 때 좋아하는 것을 박탈하는 방법), (8) 과잉교정(바람직하지 못한 반응을 했을 때 싫어하는 행동을 하도록 하는 방법)이 사용된다.

⑬ 조작적 조건형성은 (1) 인지과정을 무시했고, (2) 인간의 자유의지를 부정했으며, (3) 외적 강화가 내재적 동기를 약화시킬 수 있고, (4) 복잡한 행동을 적절하게 설명할 수 없다는 비판을 받고 있다.

⑭ 사회인지이론은 상호결정론에 입각하여 개체, 환경, 행동이 서로 영향을 주고받는다는 점을 강조한다. 사회인지이론은 대부분의 행동이 관찰을 통해 학습된다고 주장한다. 관찰학습 또는 모델링은 관찰자가 모델 관찰을 통해 행동, 정의, 인지가 변화되는 과정을 뜻한다. 모델링에는 직접 강화와 대리강화가 작용한다.

⑮ 관찰학습은 (1) 새로운 행동을 학습하도록 하고(관찰학습효과), (2) 기존 행동을 억제하며(금지효과), (3) 평소 억제하던 행동을 수행하도록 하고(탈제지효과), (4) 기존 행동을 촉진하는 효과가 있다. 관찰학습의 과정은 (1) 주의단계, (2) 파지단계, (3) 재생단계, (4) 동기화단계로 이루어진다.

⑯ 인지적 행동수정은 내재적 사고과정을 조작하여 외현적 행동을 수정하려는 기법이다. 이 방법은 조작적 조건형성과 사회인지이론의 원리를 통합한 것이다.

⑰ 자기조절은 목표를 달성하기 위해 자신의 사고, 감정, 행동을 통제하고 관리하는 것을 의미한다.

제7장

정보처리이론

1. 인지 및 인지심리학을 정의하시오.

2. 인지심리학의 출현배경을 서술하시오.

3. 목적적 행동주의의 학습원리를 요약하시오.

4. 형태심리학의 지각법칙(간결과 의미의 법칙, 도형-배경 원리, 하위법칙)을 기술하시오.

5. 통찰이론의 학습원리를 요약하시오.

6. 생산적 사고를 정의하고, 교육적 의의를 논하시오.

7. 행동주의와 인지심리학의 차이점을 비교하시오.

8. 정보처리모형의 기본가정을 기술하시오.

9. 정보처리모형의 기억단계와 인지과정을 약술하시오.

10. 감각기억, 단기기억, 장기기억의 특징을 비교하시오.

11. 장기기억의 유형을 기술하시오.

12. 도식을 정의하고, 기능을 기술하시오.

13. 정보처리이론의 인지과정—주의, 시연, 부호화, 인출—을 각각 설명하시오.

14. 처리수준이론과 이중부호모형의 기본견해와 교육적 시사점을 각각 요약하시오.

15. 메타인지를 정의하고, 구성요소를 기술하시오.

16. 메타인지와 인지과정을 비교하시오.

17. 신경망 모형(연결망 모형)과 정보처리모형을 비교하시오.

18. 학습전략의 범주를 열거하시오.

19. 망각을 유발하는 원인을 기준으로 망각이론을 비교하시오.

20. 망각이론별로 망각을 방지하기 위한 방안을 제시하시오.

"인간은 생각하는 갈대다."(파스칼) "나는 생각한다. 고로 존재한다."(데카르트) 인구에 회자되고 있는 이 명언들은 인간의 본질이 사고(인지)에 있음을 깨우친다. 그럼에도 심리학의 과학화를 지향한 행동주의는 인간의 인지를 철저하게 무시하는 우를 범했다. 인지는 인간의 본질이므로 인지를 이해하지 않으면 인간을 제대로 이해할 수 없다.

인지(認知, cognition)는 정보를 획득 · 이해 · 변형하는 모든 형태의 정신활동을 일컫는다. 인지는 감각기관에 수용된 정보를 부호화 · 저장 · 인출 · 변형 · 조작하는 과정을 포함한다.

인지를 무시 내지 경시한 행동주의에 반발하여 태동한 인지심리학(認知心理學, cognitive psychology)은 인간 행동을 이해하기 위해 정신과정과 정신구조를 과학적으로 분석하려는 접근이다. 넓은 의미의 인지심리학은 인간의 마음이 어떻게 작동하는가를 탐구하는 학문이다. 이 정의는 심리학의 전체 분야를 망라할 만큼 너무 포괄적이다. 좁은 의미의 인지심리학은 인간이 어떤 과정을 통해서 지식을 획득하고 그 지식을 활용해서 각종 문제를 어떻게 해결하는가를 탐구하는 학문이다.

유기체를 'black box'로 가정하는 행동주의와 달리, 인지심리학은 유기체를 'white box'로 가정한다. white box란 자극과 반응 사이에 존재하는 인지과정을 이해할 수 있고, 인지과정을 이해하는 것이 중요하다는 것을 의미한다. 인지심리학에 따르면 인간을 제대로 이해하자면 유기체 내부에 존재하고 있는 매개변수(intervening variable)인 인지과정을 반드시 고려해야 한다.

이 장에서는 인지심리학의 출현에 영향을 미친 요인을 소개한 다음 정보처리이론을 중점적으로 설명한다. 그리고 메타인지(초인지), 신경망 모형, 학습전략, 망각에 관해 살펴본다.

1. 인지심리학의 출현

20세기 중반에 접어들면서 행동주의의 영향력은 급속하게 퇴조했다. 그 이유는 행동주의가 인지를 전적으로 무시했기 때문이다. 행동주의에 불만을 품은 학자들은 소위 인지혁명을 일으켜 심리학을 장악하고 있던 행동주의의 대안세력으로 부상했다. 인지혁명(認知革命, cognitive revolution)이란 정신현상이 아예 존재하지 않거나 존재하더라도 과학적 탐구의 대상이 될 수 없다고 주장하는 행동주의를 배격하고, 정신현상을 이해할 수 있고 정신현상을 이해하는 것이 인간을 이해하는 데 중요하다는 신념에 따라 촉발된 심리학 운동이다.

언어학과 컴퓨터 과학은 인지심리학의 태동에 적지 않은 영향을 미쳤다. 언어의 무궁무진한 잠재력에 주목한 언어학자 Noam Chomsky(1959)는 인간이 강화를 통해 언어를 학습한다고 설명하는 Skinner의 견해를 정면으로 반박했다. 그는 어린 아동이 과거에 강화를 받은 경험이 전혀 없는 새로운 문장을 자유자재로 구사한다는 사실에 근거하여 언어습득이 외적 강화가 아니라 선천적으로 소유하고 있는 언어획득장치(言語獲得裝置, language acquisition device, LAD)의 영향을 받는다고 주장했다. 그에 따르면 언어획득을 결정하는 것은 강화가 아니라 정신의 구조다.

컴퓨터 과학도 인지혁명에 원군을 지원했다. 컴퓨터가 정보를 처리하는 단계는 입력(input)-처리(processing)-출력(output)으로 구분된다. 인지심리학은 인간의 인지가 컴퓨터와 비슷한 방식으로 작동한다고 간주하고 컴퓨터의 정보처리과정에 비추어 인지를 이해하려고 시도했다. 이 영향을 받아 정보를 지각·저장·인출·활용하는 방식에 관한 연구가 인지심리학의 핵심분야로 자리를 잡았으며, 컴퓨터의 정보처리과정은 인간 정신의 작동원리를 나타내는 모형으로 채택되었다.

이 절에서는 인지심리학 출현에 영향을 미친 행동주의와 형태심리학을 소개한다.

1) 목적적 행동주의

행동주의에 실망한 Edward Chace Tolman(1886~1959)이 제창한 목적적 행동주의(目的的 行動主義, purposive behaviorism)는 행동주의와 인지론을 통합하려는 입장이다. 이 이론은 객관적인 행동을 연구대상으로 한다는 점에서 행동주의의 측면을, 행동의 목적지향성을 강조한다는 점에서 인지론의 측면을 갖고 있다.

Tolman에 따르면 행동은 목적을 지향한다. 그에 따르면 학습이란 단순히 자극-반응 관계를 형성하는 것이 아니라, 행동으로 어떤 결과(강화)를 얻을 것이라는 기대를 학습하는 과정이다. 그래서 그의 이론을 목적적 행동주의라고 부른다. 그는 학습이란 학습장면에서 기대(즉, 가설)를 형성하는 것이라고 주장한다. 그에 따르면 고전적 조건형성에서 개가 종소리에 침을 흘리는 것은 먹이를 줄 것이라는 기대를 학습했기 때문이다. 목적적 행동주의의 견해는 잠재적 학습과 인지적 학습에 잘 나타나 있다.

(1) 잠재적 학습

잠재적 학습(潛在的 學習, latent learning)은 학습이 이루어졌지만 직접 관찰할 수 있는 행동(즉, 수행)으로 나타나지 않은 학습을 말한다. 잠재적 학습은 반응을 하지 않아도 학습이 이루어진다는 것을 뜻한다. 행동주의에 따르면 반응은 학습의 필수요건이므로 행동주의는 반응을 하지 않는 상태에서 일어나는 학습을 설명할 수 없다.

McNamara, Long과 Wike(1956)가 수행한 흥미로운 실험은 잠재적 학습을 잘 나타낸다. 그들은 쥐들을 두 집단으로 나눈 다음 한 집단은 T형 미로를 달린 후 먹이(강화)를 먹도록 하고, 다른 집단 쥐들을 조그만 수레에 태워 T형 미로를 경험한 후 먹이를 먹도록 했다. 이 실험에서 수레를 탄 집단의 쥐들은 미로를 달리지 않고서도 학습을 했다. 행동주의는 미로를 달린 쥐들의 학습은 설명할 수 있지만, 수레를 탄 쥐들의 학습은 설명할 수 없다. 잠재적 학습을 설명하자면 기대와 같은 인지적 개념을 사용해야 한다.

잠재적 학습은 강화가 없이도 학습이 이루어진다는 것을 뜻한다. Skinner에 따르면 강화는 학습의 필수요건이므로 강화를 주지 않으면 학습이 이루어지지 않는다. 반면 Tolman은 강화가 학습에는 영향을 주지 않고 수행에만 영향을 준다고 주장한다. Tolman은 배고픈 쥐들로 하여금 미로를 달리도록 한 실험에서 한 집단에는 목표에 도달할 때마다 먹이(강화)를 주었지만, 다른 집단에는 목표에 도달해도 먹이를 주지 않았다. 10일 동안 훈련을 한 결과 강화를 받은 집단은 강화를 받지 못한 집단보다 목표에 도달한 시간이 빨랐고 오류도 적었다. 여기서 강화를 주지 않은 집단에서 몇 마리의 쥐들을 골라 미로를 달리게 한 후 목표에 도달했을 때 먹이를 주었다. 그런데 이 쥐들의 목표도달시간과 오류는 처음부터 강화를 받은 집단과 차이가 없었다. 이것은 처음부터 강화를 받지 않는 쥐들도 학습을 했지만, 강화를 받지 못해 수행으로 나타내지 않았음을 뜻한다. 이 실험결과는 강화가 학습의 필수요건이 아니라는 것을 시사한다. 위의 실험에 드러나 있듯이 잠재적 학습은 학습이 강화를 통해 자극-반응을 결합하는 것이 아니라 기대(期待, expectancies)를 획득하는 것임을 말해 준다.

(2) 인지적 학습

Tolman에 따르면 학습자들은 행동주의의 주장처럼 구체적인 행동을 학습하는 것이 아니라, 인지(기대/신념), 혹은 인지도(認知圖, cognitive map)—환경에 관한 정신적 표상—를 학습한다.

Macfarlane(1930)은 자극-반응 연합이 학습되는가 아니면 인지도가 학습되는가를 규명하기 위한 실험에서 미로에 물을 채운 다음 쥐들이 헤엄쳐서 먹이를 찾도록 훈련시킨 후 물이 없는 미로를 달리도록 했을 때 쥐들이 미로를 정확하게 달릴 수 있음을 발견했다. 헤엄치는 것과 달리는 것은 전혀 다른데도 헤엄치도록 훈련받은 쥐들이 미로를 정확하게 달린 것은 행동주의가 주장하는 것처럼 자극-반응 관계를 학습하는 것이 아니라 인지도를 학습한다는 사실을 잘 나타내 준다. 요컨대, 쥐들은 미로의 배치에 관한 인지도를 학습한 것이다.

2) 형태심리학

형태심리학(形態心理學, Gestalt psychology)은 정신의 내재적인 조직화 경향과 전체적인 성질을 강조하는 인지심리학의 초기 접근이다. 형태심리학에 따르면 인간의 의식이나 인지는 단순한 요소들의 합으로 환원될 수 없다. 행동을 자극-반응의 연합으로 환원시키려는 행동주의와 의식을 구성요소로 분석하려는 구조주의에 반발하여 독일에서 출현한 형태심리학은 Max Wertheimer(1880~1943)의 가현운동(apparent movement)에 연원을 둔다. Wolfgang Köhler(1887~1967)와 Kurt Koffka(1886~1941)도 형태심리학의 공동창시자로 간주되고 있다. 지각, 학습, 문제해결에서 조직화 과정을 강조한 형태심리학은 생명력이 비교적 짧았지만 인본주의 심리학과 인지심리학의 출현에 기여했다. 형태심리학에 관해 간단히 소개한다.

(1) 형태심리학의 기본견해
인지심리학의 출현에 모태역할을 한 형태심리학의 기본견해는 다음과 같다.

- 지각(perception)은 실재(현실)와 다르다. 유기체는 대상을 있는 그대로 지각하는 것이 아니라 나름대로 해석한다. 착시현상은 지각이 실재와 다르다는 것을 잘 나타낸다.
- 전체는 부분들의 합보다 더 크다. 파이현상은 전체가 부분들의 합보다 더 크다는 사실을 잘 나타낸다.
- 유기체는 경험을 능동적으로 구조화하고 조직한다. 즉, 유기체는 형태(Gestalt: 조직화된 전체)를 구성한다. 형태는 외부에 존재하는 것이 아니라, 유기체가 능동적으로 구성한 것이다.
- 유기체는 경험을 특정 방식으로 조직화하는 경향성을 갖고 있다. 지각의 법칙은 이러한 경향성을 입증한다.
- 학습은 간결과 의미의 법칙을 따른다. 형태심리학에 따르면 학습은 기억흔적을 형성하는 것인데, 기억흔적은 간결과 의미의 법칙에 따라 단순하고, 유의미하며, 완전한 형태를 취하려는 경향이 있다.
- 문제해결은 시행착오의 과정이 아니라 문제장면의 재구조화와 통찰을 통해 이루어진다.

(2) 파이현상

파이현상(phi phenomenon)은 정지해 있는 물체를 움직이는 것으로 지각하는 일종의 운동착시현상이다(가현운동이라고도 한다.). Wertheimer(1912)는 기차 여행을 하면서 창 밖의 정지해 있는 사물들이 움직이는 것으로 지각되는 현상에 영감을 얻어 이 현상을 파이현상이라고 명명했다. 파이현상은 주위에서 쉽게 관찰할 수 있다. 전구들을 일렬로 배열해 놓고 일정한 시간간격을 두고 차례대로 불을 켜고 끄기를 반복하면 불빛의 움직임을 지각할 수 있는데, 그것이 바로 가현운동, 즉 파이현상이다. 도시의 야경을 찬란하게 장식하는 광고간판도 파이현상을 응용한 것이다. 파이현상은 인간의 지각이 외부 자극과 전혀 다르며, 자극 하나하나는 전체에 관한 정보를 제공할 수 없음을 나타낸다.

파이현상에 근거하여 형태심리학은 "전체는 부분들의 합보다 더 크다."는 명제를 정립했다. 형태심리학의 핵심명제는 지각이나 이해는 부분이 아니라 전체에 의해 결정된다는 것이다. "전체는 부분들의 합과 다르다."는 말이나 "전체를 부분으로 나누면 왜곡된다."는 말은 형태심리학의 기본견해를 집약하고 있다.

형태심리학은 유기체가 지각장에서 능동적으로 유의미한 전체, 즉 형태(形態, Gestalt)를 구성한다고 전제한다(형태를 의미하는 독일어 'Gestalt'는 형태, 조직 등의 의미를 갖고 있다.). 형태심리학에 따르면 구조는 외부에 존재하는 것이 아니라 유기체가 능동적으로 구성한 것이

| 표 7-1 | 행동주의와 형태심리학의 학습에 대한 관점비교

행동주의	구분	형태심리학
수동적 존재*: 환경자극에 의존	학습자	능동적 존재: 환경을 해석하기 위한 선천적 지각능력 소유
자극-반응 간의 연합 형성	학습내용	지각적 재조직화를 통한 유의미한 전체 형성
연습을 통해 새로운 연합을 점진적으로 획득하는 과정	학습과정	인지구조의 재조직을 통해 통찰을 획득하는 과정
학습과제와 유사한 정도에 따라 전이의 토대 제공	선행학습의 역할	새로운 장면을 이해할 수 있는 구조 제공
새로운 연합의 강화	외적 보상의 역할	주의 집중 및 문제해결책 확증
정확한 연합을 형성할 수 있도록 새로운 자극 조정: 연습	교육적 시사점	유의미한 발견이 가능하도록 내용 제시: 발견 조장

필자 주: * 모든 행동주의 이론이 학습자를 수동적 존재로 가정하는 것은 아니다. Skinner의 조작적 조건형성이론에서는 학습자를 능동적인 존재로 규정한다.
자료: Hohn(1995), p. 27.

다. 형태심리학은 인간이 자극을 별개로 지각하는 것이 아니라 유의미한 전체로 지각한다는 사실을 강조한다. 예를 들어, 나무를 지각할 때는 잎이나 줄기를 별도로 지각하지 않고 나무라는 전체로 지각한다.

　형태심리학은 구조주의와 행동주의가 모두 환원주의 오류(어떤 현상을 단순한 요소로 분할하는 오류)를 범했다고 비판한다. 구조주의에 따르면 복잡한 사고는 단순한 사고요소로 분리할 수 있고, 요소들을 다시 결합하면 복잡한 사고를 구성할 수 있다. 행동주의는 '전체는 부분들의 합과 같다.'는 환원주의에 근거하여 복잡한 행동을 조건반응 혹은 자극-반응 관계에 비추어 이해하려고 했다. 이와 달리 형태심리학은 전체주의 관점을 취하고 있다. 또 객관적으로 관찰하고 측정할 수 있는 행동을 연구대상으로 하는 행동주의와 달리, 형태심리학은 의식이나 지각과 같은 정신현상을 연구대상으로 한다.

(3) 간결과 의미의 법칙(조직의 법칙)

　간결과 의미의 법칙(簡潔과 意味의 法則, law of Pragnanz: Pragnanz는 '간결하고', '유의미한' 등의 의미를 지닌 독일어로 좋은 형태를 뜻함)은 심리적인 조직이 가능하면 '좋은' 형태(good Gestalt)를 취하려는 경향이 있다는 법칙이다. 형태심리학에 따르면 간결과 의미의 법칙은 모든 정신현상에 적용되는 핵심법칙이다. 여기서 '좋은'이란 말은 단순하고, 간결하고, 조화롭고, 유의미하다는 뜻을 갖고 있다. 이 법칙에 따르면 모든 정신현상은 단순하고, 간결하며, 조화롭고, 유의미해지려는 경향이 있다. '좋은 형태', '좋은 지각', '좋은 기억'이란 더이상 단순화하거나 조화롭게 할 수 없다는 것을 함축한다. Koffka는 간결과 의미의 법칙을 물리학의 평형법칙(물리적 현상은 가능하면 가장 단순하고 규칙적인 패턴을 취하려는 경향이 있다는 법칙)에 비유하고 있다.

　간결과 의미의 법칙에 따르면 인간은 사물을 분석적 혹은 원자론적으로 지각하는 것이 아니라 조직화된 전체, 즉 좋은 형태로 지각하므로, 학습이란 아무 관련이 없는 사실을 기계적으로 학습하는 것이 아니라 유의미한 전체를 형성하는 것이다. 원래 형태심리학은 간결과 의미의 법칙을 지각, 학습, 기억에 적용되는 기본법칙으로 간주했으나, 후에 이 법칙을 성격과 심리치료분야로 확대 · 적용했다.

① 도형-배경 원리

　도형-배경 원리(圖形-背景 原理, figure-ground principle)는 지각장(知覺場)에서 사물을 지각할 때 자동적으로 도형(혹은 전경)과 배경을 구분한다는 원리다(전경-배경 원리라고 부르기도 한다.). 도형은 지각장에서 주의를 기울이는 두드러진 대상이고, 배경은 도형을 둘러싸고 있

  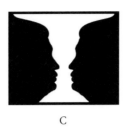 

A　　　　　　　B　　　　　　　C　　　　　　　D

[그림 7-1] **역전성 도형**

는 주위 환경이다. 도형과 배경은 모양, 크기, 고저, 색상과 같은 지각장의 특징에 따라 분리된다. 뇌가 자극을 지각적으로 조직화하기 위해 사용하는 경향을 잘 설명하는 도형-배경 원리는 [그림 7-1]에 제시된 역전성(逆轉性, reversible) 도형(혹은 반전도형)에 잘 나타나 있다.

[그림 7-1]은 모두 도형과 배경을 어떻게 구분하는가에 따라 2개의 도형이 번갈아 지각되는 역전성 도형이다. 그림 A의 경우 검은 모양을 도형으로 보면 트럼펫 부는 남자가 지각되고, 흰 모양을 도형으로 보면 여자 얼굴이 지각된다. 그림 D에서는 귀부인이 지각되기도 하고, 마녀가 지각되기도 한다. 동일한 자극이 보기에 따라 상이한 모습으로 지각되는 역전성 도형은 형태원리를 잘 설명해 준다.

도형-배경 원리는 중요한 학습내용을 배경(중요하지 않은 내용)과 뚜렷하게 구분될 수 있도록 제시해야 함을 시사한다. 화이트보드 위의 흰 글씨가 잘 인식되지 않듯이, 중요한 학습내용과 지엽적인 내용이 뒤섞여 있으면 혼란을 겪게 된다. 지각장에서 두드러진 학습자료는 오래 파지되지만 동질성이 높은 학습자료는 파지가 잘되지 않는다는 Restorff 효과도 도형-배경 원리와 긴밀하게 관련된다(Restorff, 1933). 다음에 제시된 바와 같이 무의미철자들은 기억하기가 어렵지만, 무의미철자들과 분리되어 있는 유의미철자는 잘 기억된다.

noi erd fub loj　　korea　　qui cic leh pte

따라서 학습자료는 유의미해야 하고, 잘 지각되고 파지될 수 있도록 형태, 크기, 색상이 다른 부분(즉, 배경)과 뚜렷하게 구별되어야 한다.

② 지각의 하위법칙

가능하면 세계를 유의미한 형태로 지각하는 경향이 있다는 간결과 의미의 법칙에 종속되는 지각의 하위법칙은 다음과 같다.

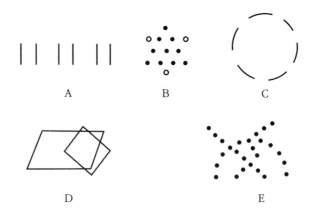

[그림 7-2] **지각의 하위법칙**

① 근접의 법칙(近接法則, law of proximity): 시공간적으로 가까이 있는 정보들을 군집화하여 유의미한 형태로 지각하는 경향성을 말한다([그림 7-2]의 A). 근접의 법칙은 문자나 말소리 지각에도 적용된다. 책을 읽을 때 의미를 이해할 수 있는 것은 띄어쓰기가 되어 있어 가까이 있는 철자들을 '단어'로 지각하기 때문이다. 띄어쓰기가 되어 있지 않으면 내용을 정확히 이해할 수도 없을뿐더러 읽기도 어렵다. 외국어 청취가 잘되지 않는 것도 따지고 보면 휴지(休止) 부분이 제대로 인식되지 않아 형태를 지각하지 못하기 때문이다. '아기다리고기다리던데이트'가 무슨 말인지 잘 인식되지 않는 것은 단어들을 조직화하지 못했기 때문이다.

② 유사의 법칙(類似法則, law of similarity): 크기, 모양, 색상 등 비슷한 정보들을 조직화하여 유의미한 형태로 지각하는 경향성을 말한다([그림 7-2]의 B). 단, 근접의 법칙이 유사성의 법칙보다 우위를 점한다. 그래서 상이한 정보들이 비슷한 정보들보다 가까이 있을 경우 우선 가까이 있는 정보들로 형태를 구성하게 된다.

③ 폐쇄의 법칙(閉鎖法則, law of closure): 불완전한 형태나 경험을 보충하여 완전한 형태나 경험으로 지각하는 경향성으로([그림 7-2]의 C), 완결의 법칙이라고도 한다. 불완전한 멜로디를 들을 때나 p-ych-l-gy와 같이 불완전한 단어를 지각할 때 폐쇄의 법칙이 작용한다.

④ 단순의 법칙(單純法則, law of simplicity): 정보들을 가장 단순하고 규칙적인 형태로 조직화하는 경향을 말한다. 즉, 정보들을 대칭적이고 규칙적이며 부드러운 형태로 지각하려는 경향이다([그림 7-2]의 D).

⑤ 연속의 법칙(連續法則, law of continuity): 같은 방향으로 패턴이나 흐름을 형성하는 정보

들을 연속적인 직선이나 도형으로 지각하는 법칙이다([그림 7-2]의 E). 공통방향의 법칙이라고도 한다. 이 법칙은 일정 규칙에 따라 배열된 문자열이나 수열에도 적용된다. 문자열 'abdeghjk' 다음의 철자는 m이다. 규칙을 찾아보기 바란다.

(4) 통찰

통찰(洞察, insight)이란 문제해결책(혹은 문제해결에 필요한 핵심 아이디어)을 갑자기 이해하는 것을 말한다. 형태심리학에 따르면 학습은 통찰을 통해 이루어진다. 통찰이 일어나면 흔히 '아하' 현상(유레카, aha phenomenon)을 경험한다.

해결되지 않은 상태로 존재하던 문제는 통찰을 하면 갑자기 해결된다. 이는 통찰이 비연속적인 성질을 갖고 있음을 뜻한다. 통찰학습은 학습이 점진적으로 이루어진다고 주장하는 행동주의와 견해를 달리한다.

통찰을 하려면 해결책을 찾기 위해 문제장면의 요소들을 재구조화해야 한다. 재구조화에 성공하면 통찰이 일어난다. 통찰은 다음과 같은 특징을 갖고 있다.

- 문제를 갑자기 그리고 완전히 해결한다.
- 통찰에 근거한 행동은 유연하고 오류를 범하지 않는다.
- 통찰에 근거한 해결책은 장기간 파지된다.
- 통찰을 통해 획득된 원리는 다른 문제장면에 쉽게 적용(전이)된다.

형태심리학의 대표적인 학습이론인 통찰이론(洞察理論, insight theory)은 Köhler가 1913~1920년에 걸쳐 아프리카의 테네리페(Tenerife) 섬에서 유인원연구소 소장으로 근무하면서 수행한 실험결과에 근거하여 발표한 이론이다. Köhler는 여러 실험을 통해 학습이 통찰을 통해 이루어진다는 사실을 증명했다.

첫 번째 실험장면은 목표물에 직접 닿을 수 없도록 한 우회문제를 사용한 것이다. 동물이 이 장면에서 목표물을 획득하려면 목표물을 우회해야 한다. 전형적인 우회문제는 [그림 7-3]에 제시되어 있다. 두 번째 실험장면은 동물이 도구를 사용하여 목표물을 획득하도록 한 장면이다. 예컨대, 천장에 바나나를 매달아 놓고 침팬지가 막대기를 이용하거나 여러 개의 막대기들을 결합하여 바나나를 따 먹도록 해 놓은 장면이다.

이러한 실험장면에서 수행한 실험을 통해 통찰이론은 학습자가 단순한 시행착오행동을 통해서 문제를 해결하는 것이 아니라 문제해결책에 관한 '가설'을 설정한 다음 그 가설에 근거하여 문제를 해결한다는 사실을 입증했다.

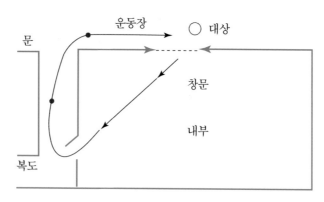

[그림 7-3] **대표적인 우회문제**

(5) 생산적 사고

생산적 사고(生産的 思考, productive thinking)는 문제의 성질과 구조를 이해하는 유의미학습을 일컫는다. 학습자 내부에서 자발적으로 일어나고, 장기간 파지되며, 다양한 상황으로 쉽게 전이될 수 있는 생산적 사고는 기계적 기억과 극명하게 대비된다. 기계적 기억(機械的記憶, rote memorization)은 학습내용을 맹목적으로 암기하는 이른바 무의미학습이다. 기계적 기억은 맹목적이고, 쉽게 망각되며, 극히 일부 상황에만 적용될 수 있다.

Wertheimer는 평소의 교육관을 담은 저서 『생산적 사고(Productive Thinking)』(1945)에서 생산적 사고의 중요성을 강조했다. 그에 따르면 진정한 학습이란 문제의 성질과 구조를 스스로 이해하는 학습이다. 이러한 학습에서는 학습자가 주도적이고 능동적인 역할을 해야 한다. 이해(통찰)는 본질적으로 학습자 내부에서 일어나므로 교사나 부모는 기껏 이해하는 데 도움을 줄 수 있을 뿐이다.

기계적 기억과 이해에 근거한 학습의 차이를 잘 보여 주는 사례로 Katona(1940)가 수행한 실험사례를 보자. 이 실험에서는 학생들에게 다음과 같은 15개의 숫자들을 15초 동안 보여 준 다음 순서대로 기억하도록 했다.

$$1\ 4\ 9\ 1\ 6\ 2\ 5\ 3\ 6\ 4\ 9\ 6\ 4\ 8\ 1$$

이 숫자들을 순서대로 기억한 학생들은 대부분 몇 개만 기억했고 일주일이 지나자 전혀 기억하지 못했다. 반면 숫자들의 배열규칙을 찾은 학생들은 1개월 후에도 완벽하게 기억할 수 있었다. 위의 숫자들은 1에서 9까지 제곱한 값을 순서대로 배열한 것이다. 이 사례는 문제장면에 내재되어 있는 원리를 이해하는 학습이 기억에 큰 도움이 된다는 것을 나타낸다.

3) 행동주의와 인지심리학의 차이

행동주의와 인지심리학의 학습에 관한 관점은 다음과 같은 측면에서 구분된다.

① 탐구목적: 행동주의는 직접 관찰할 수 있는 외현적 행동을 탐구하지만, 인지심리학은 정보를 획득·처리·저장·인출하는 정신과정을 분석한다.

② 연구대상: 행동주의는 주로 쥐, 비둘기, 개와 같은 동물을 대상으로 하지만, 인지심리학은 인간을 대상으로 한다.

③ 학습의 성질: 학습을 외현적 행동의 변화로 간주하는 행동주의와 달리, 인지심리학은 학습을 내적 정신구조의 변화로 간주한다.

④ 강화의 기능: 근접이론을 제외한 대부분의 행동주의 이론은 강화를 학습의 필수조건으로 간주한다. 이에 반해 인지심리학은 강화가 정보를 제공하는 역할만 하므로 강화가 없어도 학습이 일어난다고 주장한다.

⑤ 문제해결방식: 행동주의에 따르면 학습자는 과거의 문제해결방식을 이용해서 새로운 문제를 해결한다. 과거 방식으로 문제가 해결되지 않거나 완전히 새로운 장면에서는 시행착오행동을 한다. 이에 반해 인지심리학은 학습자가 '사고'를 통한 통찰로 문제를 해결한다고 주장한다.

⑥ 학습자에 대한 가정: 행동주의는 출생 시점의 정신상태를 백지상태(tabula rasa)로 간주하는 Locke의 견해를 수용하고 있다. 이에 반해 인지심리학에 따르면 출생 시의 정신상태는 백지와 같은 수동적인 상태가 아니라 능동적인 상태로, 대안에 관해 사고하고 모호성을 감소시키려는 선천적 욕구와 가능하면 모든 것을 단순화시키려는 경향성을 갖고 있다.

⑦ 교사의 역할: 행동주의에 따르면 교사의 가장 중요한 역할은 바람직한 행동을 유발하는 환경을 조성하는 것이다. 그러므로 교사는 교육목표를 구체화한 다음 목표에 부합되는 행동을 강화해야 한다. 반면에 인지심리학에 따르면 교사는 학습환경을 단순히 조성하는 역할이 아니라 학생들이 사실과 개념을 정확하게 이해하고 조직하도록 조력해야 한다.

| 표 7-2 | 행동주의와 인지심리학의 차이

행동주의	구분	인지심리학
자극-반응 관계 분석	탐구목적	인지과정(사고, 문제해결, 기억 등) 분석
동물	연구대상	인간
외현적 행동의 변화	학습	내적 정신구조의 변화
학습의 필수요건	강화	학습의 필수요건이 아님
시행착오 중시	문제해결	통찰, 인지과정 중시
수동적 상태(백지)	출생 시 상태	능동적 상태
바람직한 환경의 조성	교사 역할	이해 및 조직화 조력
Watson, Pavlov, Guthrie Thorndike, Skinner	대표학자	형태심리학자, Piaget, Bruner, 정보처리이론 등

2. 정보처리이론

정보처리이론(情報處理理論, information processing theory)은 외부 정보에 주의를 기울이고, 그 정보를 저장하며, 필요할 때 인출하는 인지과정을 분석하는 접근이다. [그림 7-4]는 Atkinson과 Shiffrin(1968)이 제안한 정보처리구조와 과정을 모형으로 나타낸 것이다. 기억구조모형 혹은 기억단계모형이라고 부르는 이 모형은 기억을 단기기억과 장기기억을 구분하고 있어 이중저장고 모형(二重貯藏庫 模型, dual-store model)으로 부르기도 한다. 정보가 여러 단계를 거쳐 순서대로 처리된다고 가정하는 정보처리모형은 세 부분으로 구성된다.

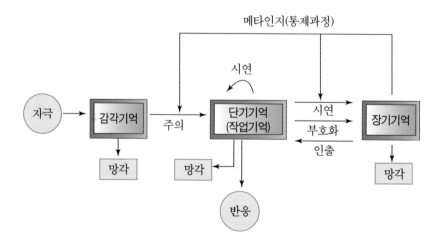

[그림 7-4] 정보처리모형

- 기억단계: 정보를 저장하는 기억단계는 컴퓨터의 기억저장장치에 해당된다. 기억단계는 감각기억, 단기기억(작업기억), 장기기억으로 구성된다.
- 인지과정: 정보를 변환하고 전이하며 저장하는 정신과정으로, 컴퓨터의 소프트웨어에 비유된다. 인지과정에는 (1) 주의, (2) 시연, (3) 부호화, (4) 인출이 있다.
- 메타인지(통제과정): 자신의 인지과정을 인식, 통제하는 과정을 말한다. 통제과정 혹은 집행과정(executive process)이라고 하기도 한다.

이 요소들의 관계와 정보처리의 순서를 간단히 설명하면 다음과 같다.

① 외부 정보는 처음 감각기억에 순간적으로 파지되지만, 그 정보에 주의를 기울이지 않으면 곧 망각된다.
② 감각기억에 파지된 정보에 주의를 기울이면 그 정보는 단기기억으로 전이된다.
③ 단기기억에 전이된 정보는 짧은 시간 동안 파지된 후 망각된다.
④ 시연은 단기기억에 정보를 파지하는 기능을 한다.
⑤ 단기기억에 파지된 정보를 시연하거나 부호화하면 그 정보는 장기기억으로 전이되어 저장된다. 장기기억에 저장된 정보도 망각된다.
⑥ 장기기억에 저장된 정보는 인출을 통해 단기기억으로 전이된다.
⑦ 메타인지는 주의, 시연, 부호화, 인출과 같은 인지과정을 인식, 통제한다.

정보처리모형은 중요한 정보는 적극적으로 처리하되, 사소한 정보나 불쾌한 정보는 처리하지 말아야 함을 시사한다. 중요한 것은 기억하되, 사소하거나 불쾌한 것을 기억하지 않는 것이야말로 학습은 물론 행복한 삶의 요체라고 할 수 있다.

1) 정보처리이론의 기본가정

정보처리이론은 인간의 인지를 컴퓨터의 정보처리과정에 비유한다. 인간의 인지와 컴퓨터의 정보처리과정은 몇 가지 측면에서 비슷하다. 첫째, 인간의 인지와 컴퓨터는 기억방식이 비슷하다. 인간의 기억은 단기기억과 장기기억으로 나뉜다. 마찬가지로 컴퓨터의 기억은 RAM과 같은 일시적 기억과 하드에 저장된 영속적 기억으로 구분된다. 둘째, 인간과 컴퓨터는 비슷한 방식으로 정보를 수용, 저장, 인출한다. 셋째, 인간과 컴퓨터는 모두 한정된 정보처리능력을 갖고 있다. 이론적 관점에 따라 다소 차이가 있으나 정보처리이론은 일반적으로 다음과 같은 가정을 하고 있다.

- 인간은 정보를 처리하는 존재다. 정보를 처리한다는 것은 정보에 정신적인 행위를 한다는 것을 뜻한다. 정보처리는 조작(operation), 과정, 전략이라고 불리기도 한다.
- 모든 인지활동—지각, 시연, 사고, 문제해결, 망각, 심상형성 등—에는 정보처리가 포함되어 있다.
- 학습자는 외부에서 투입되는 정보를 스펀지와 같이 수동적으로 흡수하는 것이 아니라, 정보를 장기기억에 유의미하게 저장하기 위해 능동적으로 구조화하고 조직화한다.
- 정보는 일련의 단계를 거쳐 순서대로 처리된다. 또 정보가 처리되는 각 단계는 질적으로 다르며, 단계에 따라 정보의 형태와 표상방식이 다르다.
- 인간은 무한정한 정보를 획득할 수 있지만, 각 정보처리단계에서 처리할 수 있는 정보량은 한계가 있다.
- 인간의 정보처리체계는 상호작용적이다. 그 결과 주의나 지각과 같은 정보처리과정과 기억에 저장되어 있는 정보는 서로 영향을 주고받는다.

2) 정보처리단계(기억단계)

단순한 의미에서 기억(記憶, memory)이란 원래 정보가 물리적으로 존재하지 않는 상황에서 그 정보를 보존, 인출, 활용하는 능력이다. 애인이 현재 앞에 없는데도 애인의 얼굴을 떠올리고, 애인과 나눈 대화를 생각할 수 있는 것은 기억이 가능하기 때문이다. 사람들은 흔히 기억을 하나로 생각하고 있지만, 정보처리모형은 정보처리단계(기억단계)를 감각기억, 단기기억, 장기기억으로 구분한다. 정보처리단계를 간단히 살펴본다.

| 표 7-3 | 기억단계의 특징비교

구분	감각기억	단기기억	장기기억
지속기간	극히 짧은 순간	15초 이내	규정할 수 없음
용량	한정	한정(7±2 항목)	무한정
저장형태	원래의 물리적 형태	이중부호(언어적, 시각적)	지식(서술적/절차적) 혹은 도식
정보원	외부 환경	감각기억과 장기기억	단기기억에서 전이
일반적 특징	순간적, 무의식적	의식적, 능동적	연합적, 수동적
망각	소멸	치환 또는 소멸	간섭/인출실패/억압/왜곡

(1) 감각기억

감각기억(感覺記憶, sensory memory)은 극히 짧은 순간(시각적 정보는 약 1초, 청각적 정보는 약 4초) 동안 감각정보를 보존하는 기억형태를 가리킨다. 감각기억은 외부 정보가 감각기관에 남긴 인상을 원래 형태 그대로 순간적으로 파지하므로 감각기록기(sensory register)라고 부르기도 한다. 모든 감각에는 상응하는 감각기억이 있는 것으로 상정되고 있으나, 감각기억의 대표적인 형태는 시각적 정보를 파지하는 시각적 감각기억(영상기억, 映像記憶, iconic memory)과 청각적 감각기억(잔향기억, 殘響記憶, echoic memory)이다.

감각기억은 감각기관이 감지한 정보들을 순간적으로 파지하므로 용량이 상당히 크다. 즉, 감각기억은 한꺼번에 인식할 수 없을 만큼 많은 정보들을 파지한다. 단, 정보는 감각기억에 너무 짧은 순간 파지되므로 의식할 수 없다. 감각기억에 파지된 정보는 특별한 정신적 노력(즉, 주의)을 하지 않으면 소멸되거나, 다른 정보에 의해 밀려난다. 감각기억에 파지된 정보에 주의를 기울이면 그 정보는 단기기억으로 전이된다.

(2) 단기기억/작업기억

단기기억(短期記憶, short-term memory)은 제한된 정보를 짧은 시간 동안 파지하는 임시 기억저장고를 일컫는다. 단기기억의 내용은 (1) 감각기억에서 전이된 정보와 (2) 장기기억에서 인출된 정보로 구성된다. 감각기억과 장기기억에 파지된 정보는 특별한 인지활동이 없으면 알 수 없지만, 단기기억에 파지된 정보는 알 수 있다. 그래서 단기기억을 의식(意識, consciousness)이라고도 한다. 단기기억에서는 파지된 정보에 대한 인지활동이 이루어지므로 단기기억을 작업기억(作業記憶, working memory) 혹은 작동기억(作動記憶)이라고 부르기도 한다. 그래서 작업기억은 정신적인 작업대에 비유된다.

요컨대, 단기기억에서는 장기기억으로 전이되기 전에 정보를 일시적으로 파지하는 동시에 정보에 대한 인지활동이 수행된다. 장기기억이 정보를 저장하는 창고라면, 단기기억은 정보를 이해하고 의사결정을 하며 문제를 해결하고 지식을 창출하는 기능을 한다.

단기기억의 가장 큰 특징은 용량, 즉 기억범위가 상당히 제한되어 있다는 것이다. 기억범위(記憶範圍, memory span)란 단기기억에서 동시에 의식할 수 있는 정보의 수(혹은 한 번에 주의를 집중할 수 있는 정보의 수)를 말한다. 단기기억의 기억범위는 7±2 항목으로 알려져 있는데, Miller(1956)는 7이라는 숫자가 단기기억 용량의 한계를 나타낸다고 보고 마법의 수(magic number)라고 불렀다. 전화번호는 대체로 7자리 숫자로 되어 있는데, 이는 단기기억의 한정된 기억범위를 고려하여 만든 것이다. 전화번호가 13자리 숫자로 되어 있다면 상당한 혼란이 일어날 것이다. 또 단기기억에 파지된 정보의 지속기간은 상당히 짧다. 성인의 경우 특별한 정신적 노력(즉, 시연)을 하지 않으면 단기기억에서 정보를 15초 정도 파지할 수 있는 것으로 알려져 있다.

단기기억의 기억범위가 한정되어 있다는 사실을 간단하게 입증해 보자. 다음에 제시된 7개 숫자들을 대략 1초 속도로 읽은 다음 순서대로 기억해 보자.

7 4 9 3 6 8 2

정확하게 기억했을 것이다. 같은 방식으로 다음 숫자들을 순서대로 기억해 보자.

7 4 9 3 8 5 4 7 4 6 1 4 3 8 2 9

아마 대부분 정확하게 기억하지 못할 것이다. 그 이유는 단기기억의 기억범위를 넘어서기 때문이다.

단기기억의 한정된 기억범위는 수업시간에는 정보를 천천히 제시하고, 단기기억의 한계를 극복할 수 있도록 수업보조물(칠판, 프로젝트, 그림, 지도 등)을 적절하게 활용해야 함을 시사한다. 수업시간에 단기기억의 한계를 극복할 수 있는 방법은 학생-교사의 상호작용이다. 즉, 교사가 새로운 정보를 제시한 후 질문을 하면 기억부담을 줄일 수 있고 학습내용을 학생들이 이해하고 있는지의 여부를 점검할 수도 있다.

단기기억은 기억범위가 7개 내외의 항목으로 한정되어 있고 파지기간도 상당히 짧기 때문에 일상생활에서 어려움을 겪을 수도 있다. 왜냐하면 대부분의 정보들은 7개 이상의 항목들로 되어 있기 때문이다. 가령, 문장은 수많은 철자와 단어로 구성되어 있다. 인지부하이론 (cognitive load theory)(Sweller et al., 1998)에 따르면 단기기억의 한정된 기억범위는 군단위화나 자동성을 통해 상당 부분 극복할 수 있다.

① 군단위화(청킹)

군단위화(群單位化, chunking)는 정보들을 유의미한 단위, 즉 청크(chunk)로 결합하는 과정을 말한다. 3개의 철자 u, r, n을 run이라는 단어로 결합하는 과정이 군단위화다. 다음 철자들을 기억해 보자.

FBINGOFIFAKOTRANYAPA

　이 철자들을 그대로 기억할 경우 대략 9개 정도 기억할 수 있다. 그러나 철자들을 FBI NGO FIFA KOTRA NY APA와 같이 유의미한 단위로 묶으면 모두 정확하게 기억할 수 있다. 그것이 가능한 것은 군단위화를 통해 단기기억의 용량이 7±2 항목에서 7±2 청크로 확장되었기 때문이다. 군단위화는 단기기억의 기억범위를 확장시켜 파지할 수 있는 정보량을 증가시키는 기능을 한다. 일상생활에서도 군단위화는 많이 활용된다. 휴대폰 번호 010-9488-XXXX에서 010은 단기기억의 한정된 용량을 극복할 수 있도록 청크로 만들어 놓은 것이다. 군단위는 학습을 할 때 정보들을 큰 단위로 결합하는 것이 중요하다는 것을 시사한다.

② 자동성

　자동성(自動性, automaticity)은 주의나 정신적 노력을 기울이지 않고 무의식적으로 정보를 처리할 수 있는 상태를 말한다. 자동성은 집중연습을 통해 획득된다. 처음에는 상당한 주의집중과 노력이 필요한 활동이라도 집중연습하면 자동적으로 처리할 수 있다. 일단 자동화되면 걸으면서도 말하고 들을 수 있는 것처럼(걸음은 자동화되어 있다.), 무의식적으로 능수능란하게 수행할 수 있다. 자동화되면 (1) 신속하고, (2) 의식적 노력을 하지 않아도 되며, (3) 일관성이 있다.

　자동성은 단기기억의 한정된 인지적 자원을 중요한 문제를 해결하는 데 활용할 수 있도록 해 준다. 반대로 자동화되지 않으면 과중한 인지적 부담으로 인해 중요한 문제를 해결하는 데 인지적 자원을 활용할 수 없다. 이러한 점에서 기초기능의 자동화는 초등학교 저학년 수준에서 달성해야 할 중요한 교육목표로 간주된다. 학생들은 수학의 기본연산이나 국어의 단어 의미와 같이 각 교과의 기초기능을 무의식적으로 처리할 수 있을 정도로 자동화해야 한다. 그래야 단기기억의 한정된 용량을 더 중요한 과제에 활용할 수 있다. 국어시간에 단어 의미를 자동적으로 처리할 수 있어야 요지를 파악하는 데 인지적 자원을 활용할 수 있다. 반대로 단어 의미에 정신을 쏟는다면 요지를 파악하는 데 인지적 자원을 활용할 수 없다.

　자동성은 일상생활이나 작업장면에서도 매우 중요하다. 자동차 운전자는 운전기능을 자동화시켜 수많은 정보들을 무의식적으로 처리할 수 있어야 돌발상황에 대처할 수 있다. 전문가는 전문분야의 기초지식과 기능을 자동화시킨 사람이다. 작가는 문법이나 철자법을 자동적으로 처리할 수 있으므로 미려한 문장을 작성하는 데 전념할 수 있다.

(3) 장기기억

　장기기억(長期記憶, long-term memory)은 방대한 정보들을 장기간 저장하는 기억을 말한다. 흔히 말하는 기억은 바로 장기기억이다. 장기기억은 일생 동안 경험한 모든 사건에 관한 기억과 지식을 저장하고 있는 영구적인 기억저장고라고 할 수 있다. 시간 차원에서 장기기억의 내용은 대략 30초 이전에 경험한 사건에 관한 기억에서부터 생후 최초의 경험한 사건에 관한 기억까지 망라한다.

감각기억은 순간적으로 정보를 파지하고, 단기기억은 15초 정도 유지된 후 곧 사라진다. 기억이 모두 감각기억과 단기기억으로만 이루어졌다면 어떻게 될까? 영화 '첫 키스만 50번째(50 First Dates)'는 단기기억에 파지된 정보가 장기기억으로 전이되지 않는 병을 앓고 있는 주인공으로 인해 빚어지는 황당 연애사건을 그리고 있다.

장기기억은 컴퓨터의 저장장치에 해당된다. 저장장치가 없는 컴퓨터를 생각해 보면 장기기억의 중요성을 실감할 수 있다. 컴퓨터로 작업을 했더라도 저장장치가 없으면 같은 작업을 거듭해야 한다. 마찬가지로 장기기억이 없으면 똑같은 경험을 끝도 없이 되풀이해야 한다. 그것도 같은 것이라는 것을 전혀 인식하지도 못한 채 말이다.

다행히 인간은 과거 경험을 장기간 보존할 수 있는 능력을 갖고 있다. 우리가 경험하고 학습한 것은 모두 장기기억이라고 부르는 거대한 기억보관소에 저장된다. 일반적으로 장기기억의 유형은 정보를 정신적으로 표상하는 형식에 따라 서술적 지식과 절차적 지식으로 구분된다. 정신적 표상(精神的 表象, mental representation)이란 정보를 기억에 저장하는 방식을 의미한다. 혹은 이론적 관점에 따라 장기기억에 저장된 기억을 도식이라고 하기도 한다.

| 표 7-4 | **장기기억의 유형**

구분	서술적 지식 (knowing what)	절차적 지식 (knowing how)
정의	• 사실적 정보에 관한 기억 　– 의미적 기억: 사실, 개념에 관한 기억 　– 일화적 기억: 개인적 경험에 관한 기억	• 어떤 행위를 수행하는 방식에 관한 기억 • 고전적으로 조건형성된 반응
사례	• 단어의 의미를 아는 것(의미적 기억) • 어제 누구를 만났는지 기억하는 것(일화적 기억)	• 자전거를 타는 방법을 아는 것 • 슬픈 노래를 들을 때 저절로 슬픈 마음이 드는 것

① 서술적 지식

서술적 지식(敍述的 知識, declarative knowledge)은 사실적인 정보에 관한 지식(knowing what), 즉 내용지식을 말한다. 서술적 지식은 언어로 표현할 수 있으므로 선언적 지식이라고 하기도 하고, 회상하는 데 의식적 노력이 필요하므로 명시적 기억(明示的 記憶, explicit memory) 혹은 명시지(明示知)라고도 한다. 서술적 지식은 장기기억에 저장된 사실(대한민국의 수도는 서울이다.), 개인적인 사건(나는 어제 친구를 만났다.), 구체적 사상(어제 비가 내렸다.), 법칙(중력의 법칙에 관한 지식), 이론(상대성이론에 관한 지식), 태도(나는 수학을 싫어한다.)를 망라한다. 서술적 지식은 의미적 기억과 일화적 기억으로 나뉜다.

의미적 기억(意味的 記憶, semantic memory)은 사실, 개념, 법칙, 일반화, 이론 등에 관한 장기기억이다. 정보처리이론에 관한 기억이나 합창교향곡을 베토벤이 작곡했다는 기억은 의미적 기억이다. 학교에서 배우는 대부분의 내용은 의미적 기억에 저장된다. 일화적 기억(逸話的 記憶, episodic memory)은 특정 시간과 장소에서 개인적으로 경험한 사건에 관한 기억으로, 삽화적 기억 혹은 자서전적 기억(autobiographical memory)이라고 불리기도 한다. 지난 주말 저녁 애인과 공원에서 데이트를 했다는 기억이나 오늘 고등학교 선생님을 만났다는 기억이 일화적 기억이다.

② 절차적 지식

절차적 지식(節次的 知識, procedural knowledge)은 어떤 행위를 수행하는 방식에 관한 기억, 즉 과정지식(process knowledge)을 말한다. 자전거 타는 방법, 계단 오르는 방법, 악기 연주하는 방법과 같은 운동기능이나 고전적으로 조건형성된 반응이 절차적 지식이다. 서술적 지식과 달리 절차적 지식은 회상하는 데 의식적 노력이 필요하지 않고, 언어로 표현할 수 없거나 표현하기 어렵다는 점에서 묵시적 기억(默示的 記憶, implicit memory) 혹은 암묵지(暗默知)라고도 한다. 자전거를 탈 때 다리 근육들이 어떻게 움직이는지 설명해 보자. 설명하지 못할 것이다. 그런데도 별 어려움 없이 자전거를 탈 수 있는 것은 자전거 타는 방법에 관한 기억이 절차적 지식이기 때문이다. 또 나훈아 노래를 들을 때 저절로 그 노래에 관련된 감정이 떠오르는 것은 그 노래에 대해 조건형성된 감정이 절차적 지식이기 때문이다.

③ 도식

도식(圖式, schema or scheme, 복수형은 schemata)이란 수많은 정보들을 유의미한 범주로 조직하는 인지구조 혹은 지식구조를 말한다. 도식은 유사한 경험을 통해 형성된 공통속성이기도 하다. 개를 여러 차례 경험하면 개의 공통속성(다리가 4개이고, 털이 있고, 짖고 등)을 추상화하게 된다. 그것이 바로 '개' 도식이다.

사람에 따라 경험이 다르므로 도식은 개인차가 있다. 사람들은 도식에 비추어 세상을 이해하므로 도식이 다르면 서로 이해하는 데 어려움을 겪는다. 도식의 차이로 인해 물리학자와 경제학자는 동일한 현상을 매우 다르게 해석한다.

새로운 정보는 진공상태에서 처리되는 것이 아니라 기존 도식에 근거하여 처리된다. 도식은 (1) 특정 정보에 선택적으로 주의를 기울이도록 하고, (2) 정보의 지각에 영향을 주며, (3) 기억에 저장된 정보를 회상하는 데 영향을 주고, (4) 문제를 적절하게 표상하는 데 영향을 주어 문제해결을 촉진한다.

3) 인지과정/인지전략

정보처리모형에서 인지과정(認知過程, cognitive processes)은 특정 기억단계에 저장된 정보를 다른 기억단계로 전이시키는 기능을 하는 정신과정을 뜻한다. 이를테면, 감각기억에 파지된 정보를 단기기억으로 전이시키기 위한 정신과정과 단기기억에 파지된 정보를 장기기억으로 전이시키기 위한 정신과정이 인지과정이다.

인지과정은 인지전략이라고 부르기도 한다. 인지전략(認知戰略, cognitive strategies)은 정보를 부호화하고 저장하며 인출하기 위해 사용하는 인지활동을 의미한다. 인지전략은 특정 목표(즉, 이해나 기억)를 달성하기 위한 정신적 도구로, 의식적이고 통제할 수 있는 활동이다. 정보처리모형에 포함된 주요 인지과정인 (1) 주의, (2) 부호화, (3) 인출에 관해 살펴본다.

(1) 주의

주의(注意, attention)는 감각기억에 순간적으로 파지된 정보 중에서 특정 정보를 선택하여 집중하는 인지과정이다. 주의가 집중된 정보는 단기기억으로 전이되므로 의식할 수 있다. 따라서 주의를 집중한다는 것은 특정 정보에 단기기억이란 정신적 자원을 집중한다는 것을 뜻한다.

주의의 가장 독특한 특징은 선택성이다. 이는 주의가 특정 정보를 선택하여 집중하고 나머지 정보들을 무시한다는 것을 뜻한다. 수많은 정보 중에서 특정 정보를 선택하는 이러한 여과과정을 선택적 주의(選擇的 注意, selective attention)라고 한다. 선택적 주의는 수많은 정보로 인해 정보처리체계가 과부하되는 것을 방지한다.

정보처리이론의 핵심가정은 인간의 정보처리능력이 한정되어 있다는 것이다. 인간은 동시에 주의를 집중할 수 있는 능력이 극히 한정되어 있어 감각기억에 파지된 모든 정보들을 처리할 수 없다. 감각기억에 파지된 수많은 정보들을 모두 처리해야 한다면 정보처리체계는 과부하된 컴퓨터처럼 다운되고 말 것이다. 부득이 수많은 정보 중에서 특정 정보를 선택해야 하는데, 주의가 그 역할을 한다.

선택적 주의는 칵테일파티 효과(cocktail party effect)에서 극명하게 예시된다. 수많은 사람들이 놀고 있는 파티장에는 사람 사이에 오가는 말, 발자국 소리, 음악 소리, 음식 먹는 소리, 웃음소리 등 수많은 소리가 넘쳐 난다. 그런데 놀랍게도 소리의 홍수 속에서 옆 사람과 별 어려움 없이 대화를 나눌 수 있다. 그것이 가능한 이유는 단 하나, 서로 상대방의 말에 주의를 기울이기 때문이다.

이분청취법(二分聽取法, dichotic listening method)을 사용하면 선택적 주의를 매우 재미있게 입증할 수 있다. Cherry(1953)는 헤드폰을 통해 피험자의 양쪽 귀에 서로 다른 메시지를 들려주면서 왼쪽 귀에 들리는 메시지를 따라 읽도록 하였다. 그 결과 대부분 오른쪽 귀에 들려준 메시지 내용을 전혀 인식하지 못했다. 오른쪽 귀에 주의를 기울이지 않았기 때문이다. 심지어 오른쪽 귀의 메시지가 남자 목소리에서 여자 목소리로 바뀌어도 목소리가 바뀌었다는 사실조차 알지 못했다.

주의를 집중하지 않은 정보가 처리되지 않는다는 사실은 개인적으로도 잘 알고 있을 것이다. 공부할 때 텔레비전 소리가 전혀 들리지 않는 것은 주의를 집중하고 있기 때문이다. 반대로 공부할 때 주인공의 대화가 또렷하게 들리거나 잡념이 떠오르는 것은 주의를 제대로 집중하지 않았기 때문이다.

선택과 집중은 기억(학습)은 물론 성공의 시발점이다. 정보가 아무리 중요해도 주의를 기울이지 않으면 극히 짧은 순간 동안 감각기억에 머물다 사라지므로 아무것도 기억할 수 없다. 수업시간도 예외는 아니다. 교사가 중요한 내용이라고 목이 쉬도록 강조해도 주의를 기울이지 않으면 그 중요한 내용은 전혀 처리되지 않는다. 그래서 수업에 주의를 기울이지 않은 상태를 "몸은 출석했으나, 마음은 결석했다."고 한다. 주의를 기울이지 않으면 100% 학업실패가 보장된다. 주의력결핍 과잉행동장애(ADHD)를 가진 학생들은 주의를 집중하지 못하고 부적절한 정보와 자극을 제대로 차단하지 못하기 때문에 심각한 학업장애를 겪는다.

인간의 주의집중능력은 한정되어 있고 게다가 쉽게 피로해지는 성질을 갖고 있어 정보가 아무리 재미있고 중요하더라도 무한정 주의를 집중할 수 없다. 이러한 점을 감안하면 중요한 정보에 주의를 기울이되, 사소한 정보는 무시하는 것이 바로 학습의 성패를 가르는 관건이다.

학생들의 주의를 지속시키기 위한 방안을 제시하면 다음과 같다.

- 중요한 내용은 밑줄, 진한 글씨, 대문자, 색상, 화살표, 별표 등으로 강조한다.
- 고저, 강약, 세기를 달리하여 강조한다.
- 수업을 시작할 때나 활동을 바꿀 때 신호를 보낸다.

- 다양한 자료와 시청각매체를 이용하고 흥미로운 자료를 제공한다. 빤한 내용을 같은 방식으로 반복하면 주의가 분산된다.
- 수업내용을 제대로 이해하고 있는지 수시로 질문하고 요점을 이야기하게 한다.
- 학생의 관심을 끌 수 있는 특별한 자극을 사용한다(고흐 그림을 보여 주거나 베토벤 음악을 들려주면서 수업을 시작한다.).

(2) 부호화(약호화)

주의는 감각기억에 파지된 정보를 단기기억으로 전이시키는 중요한 인지과정이다. 그러나 주의는 정보를 장기기억에 저장하기 위한 출발점에 불과하다. 그러므로 주의를 집중하더라도 대부분의 정보들은 장기기억에 저장되지 않는다. 책을 주의집중해서 읽어도 책을 덮자마자 대부분 기억나지 않는 것은 정보들이 단기기억에 일시적으로 파지된 후 장기기억에 저장되지 않고 망각되었기 때문이다. 대부분의 정보들은 단기기억에 머물다 사라진다. 단기기억에 머물다 사라지는 정보들을 더 오래 기억하려면 또 다른 인지적 노력이 필요한데, 그것이 바로 부호화다.

부호화(符號化, encoding) 혹은 약호화(略號化)는 원래 정보를 컴퓨터가 다룰 수 있는 형태로 변환하여 입력하는 과정을 말한다. 마찬가지로 인간의 정보처리체계에서 부호화는 정보를 장기기억에 저장할 수 있는 형태(즉, 기억표상)로 변환하여 저장하는 것을 말한다. 정보를 장기기억에 저장하기 위해 사용하는 부호화 방식은 다음과 같다.

① 음운적 부호화(phonological encoding): 정보를 소리로 바꾸어 저장하는 방식. 전화번호, 노래, 애인의 목소리는 음운적 부호화를 통해 기억된다.
② 시각적 부호화(visual encoding): 정보를 시각적 그림으로 바꾸어 저장하는 방식. 애인의 얼굴이나 지도는 시각적 부호화를 통해 기억된다.
③ 의미적 부호화(semantic encoding): 정보를 의미로 변환하여 저장하는 방식. 상대성 이론이나 애인이 한 말의 의미는 의미적 부호화를 통해 기억된다.

정보처리체계에서 정보를 부호화를 하기 위한 인지전략은 (1) 시연, (2) 조직화, (3) 정교화, (4) 심상형성 등이 있다.

| 표 7-5 | **부호화 전략의 비교**

부호화 전략	정의	예시	효과	교육적 시사점
시연	정보를 그대로 마음속으로 혹은 소리 내어 반복하기	중력의 정의를 마음속으로 반복하기	비교적 효과가 적음. 저장 및 인출이 어려움	더 효과적인 전략이 없을 경우에만 사용할 것
조직화	정보를 더 큰 범주로 구조화하기	중력법칙과 다른 역학법칙의 위계관계 분석하기	조직구조가 적절하면 효과가 있음	자료를 조직적인 방식으로 제시하고, 조직구조와 상호관계를 제시할 것
정교화	정보의 의미를 분석하거나 정보를 선행지식에 관련 짓기	중력법칙이 적용되는 사례 들기	의미가 제대로 분석되면 매우 효과가 있음	제시된 정보를 넘어서 추론하고, 시사점을 도출하도록 할 것
심상형성	정보의 형태에 대한 정신적 그림을 떠올리기	중력의 법칙이 적용되는 구체적인 사례를 마음속으로 그려 보기	효과 면에서 개인차가 있음. 의미적 부호화의 보조수단으로 효과적임	언어적 정보와 시각자료(그림, 도표 등)를 결합할 것

① 시연

시연(試演, rehearsal)은 정보를 원래 형태 그대로 속으로 여러 차례 반복하는 전략(mental practice)이다. 그래서 이를 암송(暗誦)이라고 부르기도 한다. 시연은 많은 학생들이 공부할 때 흔히 사용하고 있는 대표적인 전략이다. 영어단어를 외우거나 중요한 개념을 외울 때 속으로 여러 차례 중얼거리는 학생은 암송을 하고 있다.

시연은 두 가지 중요한 기능을 한다. 시연의 첫 번째 기능은 단기기억에 정보를 파지하는 기능이다. 전화를 걸 때까지 전화번호를 속으로 반복하는 것이 시연의 전형적인 사례에 해당된다. 시연의 두 번째 기능은 단기기억의 정보를 장기기억으로 전이시키는 기능이다. 사실, 개념, 원리를 기억해야 하는 학교학습에서 시연이 중시되는 이유는 바로 이 때문이다. 영어단어를 외울 때 속으로 여러 차례 되뇌는 것은 장기기억에 저장하기 위함이다.

시연은 크게 유지형 시연과 정교형 시연으로 구분할 수 있다. 유지형 시연(維持型 試演, maintenance rehearsal)은 정보를 단순히 속으로 되뇌는 전략으로, 시연이라고 하면 일반적으로 유지형 시연을 일컫는다. 전화를 하면서 전화번호를 속으로 반복하는 과정이 유지형 시연이다. 유지형 시연의 효과는 일시적이다. 즉, 정보를 반복해도 기억이 향상되지만 쉽게 망각된다. 정교형 시연(精巧型 試演, elaborative rehearsal)은 정보의 의미를 분석하고, 그 정보를 기존 지식에 관련짓는 과정이다. 비밀번호 XXXX를 자신의 생일과 관련하여 기억하는 전략이 정교형 시연이다. 정교형 시연을 하면 (1) 정보가 선행지식에 관련되고, (2) 인출하는 데 도움을 주는 단서가 추가된다. 따라서 정교형 시연은 매우 효과적인 기억전략이다.

시연에 관한 자명한 사실은 시연을 할수록 기억이 향상된다는 것이다(연습의 제1법칙, the first law of practice). 또 집중적인 시연보다 나누어 시연하는 것이 효과적이다. 그러므로 소나기 식으로 공부하는 집중학습(전습법, 全褶法, whole learning)보다 규칙적으로 여러 차례 시연하는 분산학습(분습법, 分褶法, part learning)이 더 낫다. 학습내용을 여러 차례 학습할수록 더 잘 기억하는 이러한 현상을 간격효과(spacing effect)라고 한다. 분산학습이 집중학습보다 더 효과적인 이유는 분산학습을 할 때마다 시연이 이루어질 뿐만 아니라 정보가 선행지식에 연결될 확률이 높기 때문이다. 단, 커피를 끓이는 것과 같이 단순한 과제의 경우 분산학습과 집중학습은 별 차이가 없다.

시연과정에서는 학습자 역할도 중요하다. 그러므로 정보를 수동적으로 시연하는 것보다 적극적으로 시연하는 것이 기억을 촉진한다. 한용운의 '님의 침묵'을 외운다고 할 때 단순히 되뇌는 것보다 정확하게 외우고 있는지 확인해 가면서 암송하는 것이 훨씬 효과적이다. 어려운 부분일수록 더 많이 시연하는 것도 기억을 향상시킨다. 단, 시연은 어디까지나 정보를 피상적으로 처리하는 인지과정이라는 점에 유의해야 한다.

시연은 계열위치곡선에서 초두성 효과와 신근성 효과를 적절하게 설명한다. [그림 7-5]에 제시된 바와 같이 초두성 효과(初頭性 效果, primacy effect)는 첫 부분의 정보를 더 잘 회상하는 현상을, 신근성 효과(新近性 效果, recency effect)는 마지막 부분의 정보를 더 잘 회상하는 현상을 말한다. 독자들은 개인적 경험을 통해 초두성 효과와 신근성 효과를 잘 알고 있을 것이다.

정보량이 적으면 모든 정보들을 충분히 시연할 수 있으므로 계열위치효과(系列位置效果, serial position effect: 정보의 위치에 따라 회상률이 달라지는 현상)가 나타나지 않는다. 그러나 정보량이 많으면 모든 정보들을 충분히 시연하기가 어려우므로 중간에 위치한 정보들은 제대로 시연되지 않는다. 마지막 부분의 정보는 회상시점에서 단기기억의 기억범위에 해당되므로 더 잘 회상된다.

초두성 효과와 신근성 효과는 주로 단기기억과 관련된 현상이지만, 장기기억에 저장된 정보를 회상할 때도 나타난다. 수업 중간에 배운 내용보다 수업을 시작할 때 배운 내용이나 끝나기 직전 배운 내용을 더 잘 회상하는 것은 각각 초두성 효과와 신근성 효과가 작용하기 때문이다. 신문기자가 중요한 내용을 기사의 첫 부분과 마지막 부분에 배치하는 것도 초두성 효과와 신근성 효과를 감안해서 독자들이 중요한 내용을 잘 기억하도록 배려한 것이다.

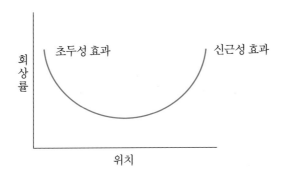

[그림 7-5] **자유회상검사의 계열위치효과**

② 조직화

조직화(組織化, organization)는 정보들을 유의미한 범주로 구조화하는 인지전략이다. 정보들을 유의미한 범주로 구조화하면 그대로 기억하는 것보다 더 잘 기억할 수 있다. 왜냐하면 조직화하면 정보들이 체계적으로 관련되므로 인출할 때 특정 정보가 다른 정보를 회상하는 데 도움을 주는 인출단서 역할을 하기 때문이다.

반대로 조직화되지 않으면 제대로 기억되지 않는다. 공부할 때 조직화하지 않으면 공부 내용을 제대로 기억하지 못한다는 사실을 잘 알고 있을 것이다. 조직화가 기억에 중요하다는 사실을 간단하게 입증해 보자. 다음의 12개의 단어들을 기억해 보자.

강아지　배추　사과　망치　말　귤　삽　고구마　괭이　양파　고양이　배

이 단어들을 그대로 기억하면 정확하게 기억하기 어렵다. 그러나 다음과 같이 4개 범주(동물, 채소, 과일, 도구)로 조직화하여 기억하면 대부분 정확하게 기억할 것이다.

강아지　말　고양이
배추　고구마　양파
사과　귤　배
망치　삽　괭이

위의 예시는 학습내용을 그대로 기억하는 것보다 구조를 부여하여 조직화하는 것이 기억에 도움이 된다는 것을 잘 나타낸다. 조직화할 때 사용되는 범주는 (1) 정보를 경제적으로

저장할 수 있도록 하고(위의 예시에서 보듯이 12개의 단어를 기억하는 것보다 4개의 범주를 기억하는 것이 훨씬 쉽다.), (2) 범주가 정보를 인출하는 단서 역할을 한다(위의 예시에서 '동물'이란 범주를 이용해서 '고양이'를 회상할 수 있다.).

학습내용을 조직화할 때는 도표, 위계도, 개념도가 흔히 사용된다. 도표(diagram)는 많은 정보들을 효과적으로 조직한다. 일련의 개념들을 위계적으로 재조직하는 전략도 학습 및 기억의 효율성을 증대시킨다. 개념 간의 관계를 시각적으로 나타내는 개념도(概念圖, concept map)도 기억을 촉진한다.

③ 정교화

정교화(精巧化, elaboration)는 정보에 의미를 추가하거나 정보를 기존 지식에 관련짓는 인지전략이다. 정보의 의미를 해석하고, 사례를 들며, 구체적 특성을 분석하고, 추론하며, 다른 정보와의 관계를 분석하는 것이 정교화 전략이다. 정교화는 정보를 심층적으로 처리하는 매우 효과적인 기억전략이다. 처리수준모형은 정교화가 기억을 촉진하는 이유를 잘 설명한다.

처리수준모형(處理水準模型, level or depth of processing theory)(Craik, 1979; Craik & Lockhart, 1972; Craik & Tulving, 1975)은 기억이 정보처리수준에 따라 달라진다는 이론이다. 이 모형에 따르면 정보는 (1) 물리적 속성(모양, 크기, 색깔 등)을 기준으로 처리될 수도 있고(물리적 처리), (2) 음운적 속성(발음 등)을 기준으로 처리될 수도 있으며(음운적 처리), (3) 의미적 속성을 분석하는 수준에서 처리될 수도 있다(의미적 처리). 세 가지 정보처리수준 중에서 물리적 처리가 가장 피상적인 수준이고, 의미적 처리가 가장 심층적인 수준이다. 'upanisade'라는 단어를 처리할 때 물리적 처리는 단어가 대문자인가 아니면 소문자인가에 초점을 두고, 음운적 처리는 발음을 어떻게 하는가에 주안점을 두며, 의미적 처리는 의미를 분석하는 데 주안점을 둔다.

처리수준모형에 따르면 정보를 심층적인 수준에서 처리할수록 기억이 오래 지속된다. 따라서 의미적 처리를 하면 기억의 지속성이 가장 높고, 음운적 처리를 하면 기억의 지속성이 중간 정도며, 물리적 처리를 하면 기억의 지속성이 가장 낮다. 이 모형은 정보를 오래 기억하려면 심층적인 수준에서 의미적으로 처리해야 함을 시사한다.

정교화는 정보를 단순히 반복하는 시연보다 훨씬 더 효과적인 전략이다. 앞서 설명한 것처럼 시연을 유지형 시연(정보를 단순히 반복하는 전략)과 정교형 시연(정보를 기존 지식과 관련 짓는 전략)으로 구분할 경우 정교화는 정교형 시연을 의미한다.

정교화가 기억을 촉진하는 이유는 (1) 정보와 장기기억에 저장된 정보 사이의 간섭(혼동)

| 표 7-6 | **처리수준과 부호화 형태**

처리수준	부호화 형태	예시
물리적 처리 (피상적 수준)	구조적 부호화(자극의 물리적 속성을 분석하는 데 주안점을 둔다.)	그 단어는 대문자인가?
음운적 처리 (중간 수준)	음운적 부호화(단어의 발음을 분석하는 데 주안점을 둔다.)	그 단어는 weight와 비슷하게 발음이 되는가?
의미적 처리 (심층적 수준)	의미적 부호화(정보의 의미를 분석하는 데 주안점을 둔다.)	그 단어는 다음 문장에 적합한가?

을 방지하고, (2) 저장된 정보를 인출할 수 있는 단서를 제공하기 때문이다. 그러므로 학습을 하면서 다음과 같은 질문을 해 보면 정교화에 도움이 된다.

- 이 개념의 사례는 무엇인가?
- 이 개념과 다른 개념은 어떤 차이가 있는가?
- 이 개념과 다른 개념은 어떤 공통점이 있는가?
- 이 자료에 대한 결론은 무엇인가?
- 이것을 어떻게 활용할 수 있는가?
- 어떤 조건이 제시되면 어떤 일이 일어날 것인가?

4 심상형성

심상(心象, imagery) 혹은 시각적 심상(視覺的 心象, visual imagery)은 정보를 시각적인 형태로 표상하는 전략을 말한다. 즉, 시각적 심상은 정보의 모습에 관한 정신적 그림(mental picture)이다. 눈을 감고 대한민국 지도를 떠올려 보자. 머리에 떠오른 것이 바로 시각적 심상이다.

시각적 심상은 매우 효과적인 인지전략이다. 그 이유는 시각적 심상이 정보 사이의 연합을 형성하는 데 도움을 주어 결과적으로 정보가 신속하게 저장되고, 오래 파지되기 때문이다. 이는 언어자료를 그림이나 도표와 같은 시각적 방식으로 보완하면 기억이 촉진된다는 것을 시사한다. 상당히 어려운 내용이라도 그림이나 이미지로 표현할 때 쉽게 기억되는 것은 시각적 심상의 효과에서 기인한다. 교재에서 중요 내용을 그림으로 나타내는 것은 시각적 정보를 활용하여 정보처리를 촉진하기 위한 것이다. 심상은 이러한 장점이 있어 기억술(記憶術)의 토대가 되고 있다. 단, 시각적 심상은 정보를 완전하고 정확하게 표상하기 어렵고, 일반적 지식의 영향을 받아 왜곡될 수 있다는 단점이 있다.

이중부호모형(二重符號模型, dual code model)(Paivio, 1971; Clark & Paivio, 1991)은 시각적 심상이 기억을 촉진하는 이유를 잘 설명한다. 이에 따르면 정보는 언어적 형태 혹은 시각적 형태(심상, image)로 장기기억에 저장(표상)된다. 그런데 정보에 따라 한 가지 방식으로 표상되기도 하고 두 가지 방식으로 표상되기도 한다. 예컨대, 성공, 영혼, 능력, 진리와 같은 추상적인 개념은 언어적 형태로 표상되지만, 집이나 호랑이와 같은 구체적인 대상은 언어적 형태와 시각적 형태로 표상된다.

이중부호모형에 따르면 두 가지 방식으로 저장되는 정보는 한 가지 형식으로 저장되는 정보보다 더 잘 기억된다. 그 이유는 두 가지 형식으로 저장되는 정보는 한 가지 형식으로 저장되는 정보보다 인출확률이 더 높기 때문이다. '집'이나 '호랑이'와 같은 구체적인 개념이 '성공'이나 '영혼'과 같은 추상적인 개념보다 더 잘 기억되는 것은 두 가지 방식으로 표상되기 때문이다. 구체적인 대상의 경우 언어적 명칭을 망각하면 심상을 이용해서 인출할 수 있고, 심상을 망각하면 언어적 명칭을 이용해서 인출할 수 있으므로 인출확률이 높다. 그러나 추상적 개념은 언어적 명칭을 망각하면 저장된 정보에 접근할 수 없으므로 잘 인출되지 않는다.

(3) 인출

인출(引出, retrieval)은 장기기억에 저장된 정보를 찾아 의식화하는 인지과정이다. 즉, 인출은 저장된 정보를 다시 활용하기 위해 기억하고 있는 정보를 '발견하는(찾는)' 과정이다. 인출은 컴퓨터에 저장된 파일을 불러오는 과정과 같다.

인출은 앞에서 다룬 부호화와 대비되는 인지과정이다. 즉, 부호화는 단기기억의 정보를 장기기억에 저장하는(전이시키는) 인지과정이지만, 인출은 장기기억에 저장된 정보를 단기기억으로 전이시키는 인지과정이다. 이렇게 보면 기억은 정보를 부호화하여 장기기억에 저장하고 그 정보를 다시 인출하는 과정으로 구성된다. 장기기억에 저장된 정보의 인출은 인출단서 및 부호화 과정과 긴밀하게 관련된다.

① 인출단서

인출단서(引出端緒, retrieval cue)는 장기기억에 저장된 정보에 접근할 수 있는 실마리나 힌트를 말한다. 인출단서는 장기기억에 저장된 정보를 활성화하여 인출을 촉진한다. 특정 장소에서 어떤 사람이나 사건이 떠오르는 것은 그 장소가 인출단서 역할을 하기 때문이다.

이것은 정보가 다양한 단서들과 함께 장기기억에 저장된다는 것을 뜻한다. 따라서 인출단서가 존재하면 정보를 쉽게 인출할 수 있다. 심수봉의 히트곡 '그때 그 사람'에는 '비가

오면 생각나는 그 사람'이라는 가사가 있는데, 이 노래에서 '비'는 '그 사람'에 관한 기억을 인출하는 단서역할을 한다. 반대로 정보가 장기기억에 저장되어 있어도 인출단서가 없으면 쉽게 접근할 수 없고, 그 결과 인출되지 않을 수도 있다. 그래서 '비'가 오지 않으면 '그 사람'도 생각나지 않는다.

장기기억에 저장된 정보를 인출하는 과정은 다양한 인출단서의 영향을 받는다. 정보를 인출할 때는 물리적 환경(장소, 온도, 형태, 빛, 색상, 냄새, 맛 등), 특별한 사건(축구, 야구, 등산 등), 느낌이나 감정(기분이 좋거나 나쁜 것 등) 등 수많은 정보들이 인출단서로 작용한다. 인출이 인출단서에 의해 영향을 받는다는 사실은 부호화 특수성 원리와 상태의존학습으로 잘 설명된다.

② 부호화 특수성 원리

부호화 특수성 원리(符號化 特殊性 原理, encoding specificity principle)는 부호화(학습) 시점과 인출(검사) 시점의 단서들이 일치할 때 정보가 가장 잘 인출된다는 원리다(Thomson & Tulving, 1970; Tulving & Thomson, 1973). 부호화 특정성 원리라고 부르기도 하는 이 원리에 따르면 장기기억에 저장된 정보는 부호화 시점과 동일한 조건(환경, 정서, 맥락 등)에서 잘 회상된다. 이 원리는 장기기억이 정보만 저장하는 것이 아니라, 정보와 단서를 함께 저장한다는 것을 나타낸다.

부호화 특수성 원리를 입증한 매우 흥미로운 실험을 살펴보자. Smith(1979)는 지하실에서 단어들을 기억한 학생들을 두 집단으로 나눈 다음, 한 집단은 같은 지하실에서 기억검사를 실시하고 나머지 집단은 다른 방에서 기억검사를 실시했다. 검사결과 지하실에서 검사를 받은 집단이 다른 방에서 검사를 받은 집단보다 50%나 더 많은 단어들을 기억했다. Godden과 Baddeley(1975)는 피험자들을 두 집단으로 나누어 한 집단은 물속에서 단어를 기억하도록 하고 다른 집단은 물 밖에서 단어를 기억하도록 한 다음 기억검사를 실시했다. 그 결과 물속에서 단어들을 기억한 집단은 물속에서 검사했을 때 점수가 더 높았고, 물 밖에서 단어들을 기억한 집단은 물 밖에서 검사했을 때 점수가 더 높았다. 이 두 실험의 연구결과는 학습조건과 검사조건이 일치할수록 인출이 촉진된다는 부호화 특수성 원리를 지지한다.

반대로 부호화 방식과 인출 방식이 일치하지 않으면 정보가 잘 인출되지 않는다. '애국가'를 불러 보자. '동해물과 백두산이 마르고 닳도록……'이라는 가사가 떠오를 것이다. 이제 '애국가'를 거꾸로 불러 보자. 말도 안 돼!! 다른 예를 들어 보자. 1월부터 12월에 해당하는 12개의 영어단어들을 순서대로 말해 보자. 그럭저럭 할 수 있을 것이다. 이제 그 단어들을 알파벳 순서대로 말해 보자. 미국인도 꽤 더듬거릴 것이다. 이러한 현상이 나타나는 것은 애국가나 1월에서 12월에 해당하는 영어단어들을 기억한 방식과 다른 방식으로 인출할 때 단서나 맥락이 완전히 바뀌기 때문이다.

부호화 특수성 원리는 학습조건과 시험조건을 일치시켜야 인출이 촉진된다는 것을 시사한다. '훈련은 실전처럼'이라는 말, 모의고사, 예행연습(dress rehearsal)은 모두 부호화 특수성 원리를 응용하여 인출을 촉진하기 위한 것이다.

부호화 특수성 원리를 적용할 경우 시험을 잘 치르려면 원래 공부한 장소에서 시험을 치면 된다. 그러나 원래 공부한 장소에서 시험을 치는 것은 현실적으로 불가능하다. 공부한 장소와 시험을 치는 장소가 다르면 인출단서가 바뀌고, 시험점수가 낮아진다. 이 상황에서 시험점수를 높이려면 어떻게 해야 할까? 정답은 한 장소에서만 공부하지 말고 여러 장소에서 공부하는 것이다. 여러 장소에서 공부하면 다양한 인출단서들이 함께 저장되므로 시험장소에 관계없이 공부한 내용을 인출할 수 있는 확률이 높아진다.

부호화 특수성 원리는 효과적인 인출단서를 저장할 수 있도록 다양한 상황에서 다양한 예시를 사용해서 가르쳐야 함을 시사한다. 그래야 학습내용이 효과적인 인출단서와 함께 저장되므로 잘 인출할 수 있다. 반대로 학습내용을 특정 상황에서만 가르치면 인출단서가 제대로 저장되지 않는다. 인출단서가 제대로 저장되지 않으면 학습내용을 인출할 수 있는 확률이 현저하게 낮아진다.

③ 상태의존학습

상태의존학습(狀態依存學習, state-dependent learning)은 특정 정서상태에서 학습한 내용을 같은 정서상태에서 더 잘 회상되는 현상을 일컫는다. 그러므로 학습시점과 회상시점의 정서상태가 일치할수록 학습내용이 잘 회상된다. [그림 7-6]에 제시되어 있는 것처럼 기분이

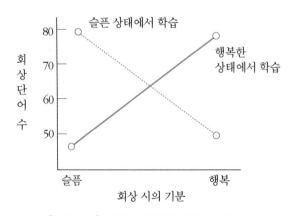

[그림 7-6] 정서가 회상에 미치는 효과

좋을 때 학습한 단어들은 즐거울 때 더 잘 회상되고, 슬픈 상태에서 학습한 단어들은 슬플 때 더 잘 회상된다(Bower, 1981).

　약물을 복용한 상태에서 학습한 내용은 정상적인 상태보다 약물을 복용한 상태에서 회상률이 높고(Neath, 1998), 격렬한 정서상태에서 학습한 내용은 같은 정서상태에서 회상률이 더 높다(Eich, 1980)는 연구결과도 상태의존학습을 지지한다. 상태의존학습은 학습을 할 때 학습내용과 정서상태를 함께 기억한다는 것을 의미한다. 이 경우 정서상태는 학습내용을 인출하는 단서 역할을 한다.

3. 메타인지(초인지)

　앞에서 인지과정(주의, 부호화, 인출)을 살펴보았다. 정보처리이론은 인지과정 이외에 고차적 인지과정인 메타인지도 중시한다. 메타인지의 개념과 요소를 소개한다.

1) 메타인지의 개념

　메타인지(meta-cognition)는 자신의 인지과정을 인식·성찰하고, 통제하는 정신과정 혹은 능력을 의미한다(초인지 또는 상위인지로 부르기도 한다.). 그래서 메타인지를 사고에 관한 사고(thinking about thinking), 인지에 관한 인지(cognition about cognition)라고 부르기도 한다.

　메타인지는 인지과정(인지전략)과 다르다. 앞에서 설명한 것처럼 인지과정은 정보를 처리하기 위한 인지전략—주의, 시연, 조직화, 정교화, 인출—을 뜻한다. 반면 메타인지는 인지과정에 관해 갖고 있는 지식과 그 인지과정을 어떻게 적용할 것인가에 관한 지식을 가리킨다. 그러므로 인지과정은 학습내용 혹은 정보에 적용되는 정신과정이지만, 메타인지는 자신의 인지과정에 적용되는 인지과정이다. 메타인지를 상위인지나 고차적 인지라고 하는 것은 이에서 연유한다.

　수학을 공부한다고 가정하고 인지전략과 메타인지전략의 관계를 예를 들어 보자. 먼저 학습목표를 설정하고(메타인지), 어떤 방법으로 공부하는 것이 가장 효과적인지 생각한다(메타인지). 공부를 하면서 중요한 공식에 주의를 기울인다(인지전략, 주의). 30분이 지난 후 주의가 제대로 집중되지 않고 있음을 알고(메타인지), 다시 주의를 집중한다(인지전략, 주의). 공부하다가 개념의 정의를 제대로 이해하지 못하고 있음을 깨닫고(메타인지), 그 개념의 정의를 속으로 반복한다(인지전략, 시연). 그 부분을 확실하게 이해했다고 판단되면(메타인지),

다음 개념에 주의를 집중한다(인지전략, 주의). 공부하면서 여러 개념들의 관계를 그림으로 그려 구조화하고(인지전략, 조직화), 중요한 개념을 앞에서 학습한 개념과 관련지어 차이점을 분석한다(인지전략, 정교화). 공부가 끝났을 때 공부한 내용을 제대로 이해했는지 평가한다(메타인지).

2) 메타인지의 요소

메타인지의 요소는 학자에 따라 다양하게 분류되고 있다. 메타인지 분야의 선구자 Flavell(1979, 1985)은 메타인지를 (1) 개인적 지식(자신의 인지능력에 관해 갖고 있는 신념이나 지식), (2) 과제지식(학습과제가 다를 경우 전략이 달라진다는 것을 이해하는 지식), (3) 전략지식(과제의 성질에 따라 적절한 전략을 선택하는 지식)으로 나누었다. 메타인지를 인지에 관한 지식과 인지를 조절하고 통제하는 능력으로 나누어 살펴본다.

(1) 인지에 관한 지식(메타인지지식)

인지에 관한 지식은 자신의 인지에 관한 지식과 전략에 관한 지식으로 나뉜다(Pressley & McCormick, 1995).

자신의 인지에 관한 지식은 자신의 능력과 약점에 관한 지식을 말한다. 그러므로 메타인지는 자신의 기억력, 주의집중능력, 학습능력, 문제해결능력 등에 관한 지식을 포함한다. 자신의 인지에 관한 지식을 예시하면 다음과 같다.

- 자신의 학습능력 및 기억능력과 그 한계를 인식한다.
- 어떤 학습과제를 할 수 있는가를 안다.

전략에 관한 지식은 특정 인지전략이 적합한 과제나 상황에 관한 지식을 말한다. 그러므로 메타인지는 목표를 달성하기 위해 전략을 통제하는 고차적인 전략을 포함한다. 전략에 관한 지식을 예시하면 다음과 같다.

- 효과적인 학습전략과 비효과적인 학습전략을 구분한다.
- 학습할 때 효과적인 전략을 선택한다.
- 효과적인 학습전략으로 공부한다.
- 정보를 효과적으로 인출하기 위한 전략을 활용한다.

메타인지지식은 학습에 큰 영향을 주므로 인지전략만으로는 학습에 성공할 수 없다. 학습에 성공하자면 자신의 강점과 약점을 정확하게 알고, 학습내용의 성질을 고려하여 적절한 전략으로 학습해야 한다. 가령, 어려운 책을 읽을 때는 쉬운 책을 읽을 때와 다른 방법으로 읽어야 한다는 것을 인식해야 한다. 메타인지지식이 부족한 학생들은 이러한 사실을 제대로 인식하지 못하므로 학습에 실패할 확률이 높다.

(2) 인지를 조절하고 통제하는 능력

자신의 인지를 조절·통제하는 능력은 (1) 계획, (2) 평가, (3) 점검으로 구분된다(Jacobs & Paris, 1987). 계획(計劃, planning)은 목표를 설정하고, 관련자원을 활성화하며(시간계획을 세우고), 적절한 인지전략을 선택하는 과정이다. 평가(評價, evaluation)는 학습 후 이해수준을 판단하는 과정이다. 점검(點檢, monitoring)은 학습 도중 진전상황을 확인하고 전략이 효과가 없을 경우 적절한 전략을 선택하는 과정으로, 독해의 경우 이해점검이라고 한다. 이해점검 (理解點檢, comprehension monitoring)은 학습 도중 학습내용을 제대로 이해하고 있는가를 주기적으로 확인하는 것을 말한다. 이해점검이 학습을 촉진함에도 상당수의 학생들은 공부할 때 학습내용을 이해하고 있는가를 주기적으로 확인하지 않는 경향이 있다.

글상자
7-1

인식의 착각

인식의 착각(illusion of knowing)은 모른다는 것을 모르는 현상, 즉 모르면서도 안다고 착각하는 현상으로, 제2의 무지(secondary ignorance)라고 불리기도 한다(Baker, 1989). 인식의 착각은 무엇을 안다는 것을 단순하게 생각하는 학생에게서 흔히 나타난다.

일반적으로 학생들은 잘 알고 있다고 생각하면 더 이상 학습하지 않는다. 인식의 착각에 빠진 학생들의 가장 큰 문제는 '실제 모르는 것을 안다고 착각하고' 학습을 조기에 종결한다는 데 있다. 이들은 시험점수가 극히 낮을 때 당혹감에 빠져, 학습내용을 완전히 이해한다고 생각하는데 시험점수가 낮은 이유를 도저히 이해할 수 없다는 불만을 토로하기도 한다.

인식의 착각에서 벗어나려면 학습 도중 수시로 이해점검을 하면 도움이 된다. 이해점검을 하는 첫 번째 방안은 학습내용을 그림이나 도표로 나타내 보는 것이다. 그림이나 도표는 공간관계나 인과관계를 다룬 학습내용의 경우 꽤 효과가 있다. 이해점검을 하는 두 번째 방안은 학습내용에 관해 질문을 해 보는 것이다. 학습 도중 제목과 소제목을 이용하여 질문을 하고 그 질문에 답해 보면 자신이 무엇을 알고 있고 무엇을 모르고 있는가를 확인할 수 있다. 특히, 다음과 같은 질문을 해 보면 이해 여부를 점검하는 데 도움이 된다.

- ~의 이유(방법)는 무엇인가?

- ~의 주제는 무엇인가?

- ~을 어떻게 활용할 것인가?

- 새로운 사례는 무엇인가?

- 어떤 일이 일어날 것이라고 생각하는가?

- 어떤 차이가 있는가?

- 유사점 혹은 공통점은 무엇인가?

- 어떤 결론을 도출할 수 있는가?

- 어떤 영향을 미칠 것인가?

- 강점과 약점은 무엇인가?

- 최선의 방안은 무엇인가? 왜 그렇게 생각하는가?

- 앞에서 학습한 것과 어떤 관련이 있는가?

4. 신경망 모형

정보처리모형의 대안모형으로는 처리수준모형, 신경망 모형, 이중부호모형을 들 수 있다. 처리수준모형과 이중부호모형은 앞에서 다루었으므로 신경망 모형을 간단하게 소개한다.

인지를 컴퓨터의 정보처리과정에 비유하는 정보처리모형은 뇌를 '하드웨어'에, 인지과정을 '소프트웨어'에 비유한다. 컴퓨터는 중앙처리장치(central processing unit)와 기억장치가 분리되어 있고, 계열적(즉, 단계별)으로 작동한다. 정보처리모형에 따르면 인지과정은 소프트웨어를 실행하는 것과 같다.

신경망 모형은 인지가 컴퓨터의 정보처리과정과 상당히 다르다고 가정한다. 뇌는 중앙처리장치와 기억장치가 분리되어 있지 않고, 대부분의 기능들을 병렬적으로 수행한다. 한 번에 하나의 조작만 수행하는 컴퓨터와 달리, 뇌는 정보들을 동시에 처리한다. 전기회로학의 용어를 빌면 뇌는 수많은 회로들이 동시에 작동하는 거대한 병렬체제다. 컴퓨터는 인간이 수행하기 어려운 작업(무오류 계산)을 능숙하게 수행할 수 있지만, 인간도 컴퓨터가 수행하기 어려운 작업을 수행할 수 있다. 컴퓨터와 달리 인간은 '가, 가, 가, 가, 가, 가'가 모두 같은 것을 나타낸다는 것을 안다. 요컨대, 인간과 컴퓨터의 정보처리방식은 다르므로 인지를 정보들을 계열적으로 처리하는 컴퓨터에 비유하는 것보다 병렬적으로 작동하는 뉴런의 집합으로 나타내는 것이 더 합리적이다(Martindale, 1991).

신경망 모형(神經網 模型, neural network model)은 인지를 노드(뉴런)들의 상호연결망이라고 가정한다(McClellend, 1988). 신경망 모형이라고 하는 것은 인지를 뇌에, 단순처리단위(노드)를 뇌에서 전기자극을 전달하는 뉴런에 비유했기 때문이다. 뇌에는 100억 개 이상의 뉴런들이 상호연결되어 복잡한 신경망을 형성하고 있으므로 뇌를 신경망이라고도 한다. 신경망에는 노드들이 복잡하게 상호연결되어 있으므로 이 모형을 연결주의 모형(連結主義 模型, connectionist model)이라고 하기도 하고, 인지적 조작이 동시에 병렬처리된다는 점에서 병렬분산 처리모형(竝列分散 處理模型, parallel distributed processing model, PDP)이라고 부르기도 한다. 뇌의 신경망은 지식과 인지의 근거지가 된다. 신경망 모형은 별개의 '소프트웨어'나 '실행'을 상정하지 않고, 순수한 '하드웨어'에 비추어 인지를 설명한다. 또 이 모형은 뇌의 구조와 기능에 비추어 인지를 설명하므로 간결하다는 장점이 있다.

신경망 모형과 정보처리모형의 주요한 차이는 다음과 같다. 첫째, 정보처리모형은 정보가 계열적(단계별)으로 처리된다고 보지만, 신경망 모형은 인지과정들이 동시에 병렬처리된다고 본다. 예컨대 신경망 모형에 따르면 교재를 읽을 때 철자 및 단어재인을 동시에 수행한다. 둘째, 정보처리모형은 지식이 여러 기억저장고에 저장된다고 주장하지만, 신경망 모형은 노드 간의 연결에 저장된다고 주장한다. 셋째, 정보처리모형은 정보처리단계에서 정보의 흐름을 규제하는 정보처리자의 존재를 가정하지만, 신경망 모형은 정보처리단계에서 정보의 흐름을 규제하는 중앙처리자의 존재를 가정하지 않는다. 신경망 모형의 기본견해는 다음과 같다.

- 인지(뇌에 해당되는)에는 무수히 많은 노드(뉴런에 해당)들이 복잡하게 상호연결되어 신경망을 형성한다. 신경망에서 기본정보단위(node)는 다른 단위와 선(link)으로 연결되어 있다.
- 기본정보단위(node)는 다양한 수준에서 활성화될 수 있다. 활성화 수준은 외부에서 투입되는 정보나 다른 노드에서 투입되는 정보에 따라 좌우된다. 기본정보단위가 높은 수준에서 활성화되면 그것을 의식할 수 있다. 신경망 모형은 활성화 패턴에 비추어 다양한 인지과정을 설명한다.
- 2개 노드가 동시에 활성화되면 노드 사이의 연결이 강화된다. 특정 노드가 자극에 의해 활성화되면 연결된 노드의 활성화를 자극하는데, 이를 활성화 확산(活性化 擴散,

spreading of activation)이라고 한다. 이때 연결된 노드를 활성화시킨 노드를 점화(点火, prime)라 하고, 그로 인해 발생하는 활성화를 점화효과(點火效果, priming effect)라고 한다 (Matlin, 1998). [그림 7-7]에 제시되어 있는 것처럼 국회의원이라는 말을 들으면 국회의 원에 대응되는 노드가 활성화된다. 일단 국회의원에 대응되는 노드가 활성화되면 연결 되어 있는 국회의장에 대응되는 노드와 여의도에 대응되는 노드로 확산된다. 이 모형은 활성화가 상호 관련된 노드로 동시에 확산된다고 전제한다. 예를 들어, 국회의원이 활 성화되면 국회의장과 여의도로 동시에 확산된다.

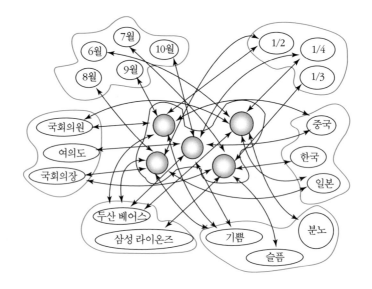

[그림 7-7] **신경망 모형**

- 지식은 노드 사이의 연결(connections)에 저장된다. 신경망 모형은 개별 노드가 상당량 의 정보를 갖고 있지 않다고 전제하고, 지식이 노드 사이의 연결에 저장된다고 가정한 다. 예를 들어, 개에 관한 지식—동물이고, 짖고, 유순하며, 다리가 4개 등—은 노드 사 이의 연결망에 저장된다. 따라서 연결이 존재하지 않으면 아무것도 알 수 없고, 심지어 개라는 개념도 생각할 수 없다. 신경망 모형은 [그림 7-7]에 예시되어 있다.
- 학습이란 연결을 형성하고 연결의 강도를 변화시키는 과정이다. 신경망 모형에 따르면 경험을 통해 연결을 강화하면 학습이 이루어진다. 개를 볼 때마다 개의 개념과 개의 공 통특성 간의 연결은 강화되고 잘못된 특성과의 연결은 약화된다. 또 영어동사의 과거 형을 배우고 있는 학생을 생각해 보자. 그가 동사 'go'의 과거형이 'went'라는 것을 정확하게 알고 있다고 하자. 그런데 다른 동사의 과거형 '-ed'를 자주 경험하면 '과거

=-ed'라는 연결이 'go의 과거=went'라는 연결보다 더 강화되어 'goed'라고 쓰게 된다. 그러나 점차 연결망이 확장되어 'goed'가 문법에 맞지 않는다는 것을 경험하면 2개의 연결(과거형=-ed, go의 과거=went)을 구분할 수 있게 된다. 요컨대, 경험을 통해 적절한 연결은 강화되고, 부적절한 연결은 약화된다. 신경망 모형은 경험을 통해 적절한 연결을 강화하는 것이 중요하다는 것을 시사한다.

5. 학습전략

학습전략(學習戰略, learning strategies) 혹은 공부전략(study strategies)은 학습목표를 달성하기 위해 의도적으로 인지전략, 메타인지전략, 정의적 및 동기적 전략을 활용하는 과정을 일컫는다. 일반적으로 학습전략(학습과제를 성취하기 위한 전반적인 계획)과 학습책략(learning tactics: 학습전략을 구성하는 구체적인 학습기법)을 구분하지만(예, Snowman, 1986), 여기에서는 구태여 두 개념을 구분하지 않는다.

Weinstein과 Mayer(1986)는 학습전략의 범주를 〈표 7-7〉과 같이 8개로 구분했다. 이 중에서 메타인지전략에 해당되는 이해점검전략과 정의적 및 동기적 전략을 제외한 전략들은 모두 인지전략이다. 정의적 및 동기적 전략은 정서를 관리하고, 학습동기를 극대화하기 위한 전략을 말한다. 인지전략과 메타인지전략은 이미 살펴보았다. 앞에서 소개하지 않은 몇 가지 학습전략과 학습전략 프로그램을 간단히 소개한다.

| 표 7-7 | **학습전략의 범주**

학습전략	설명
기본적 시연전략	학습내용의 단순반복
복합적 시연전략	교재의 요점을 확인하기
기본적 정교화 전략	정신적 심상형성, 연합형성
복잡한 정교화 전략	유추, 의역, 요약, 관련짓기
기본적 조직화 전략	군집화, 분류, 위계화
복잡한 조직화 전략	요지 확인, 개념을 요약하는 도표 작성
이해점검전략	스스로 질문하기, 요점반복, 목표설정, 목표를 향한 진전도 점검
정의적 및 동기적 전략	성공적 결과 기대, 심호흡 및 이완활동, 긍정적 사고

자료: Weinstein & Meyer(1986).

1) 기억술

기억술(記憶術, mnemonics)은 정보를 장기기억에 저장하기 위한 기억전략을 말하는데, 앞서 소개한 정교화 전략에 속한다. 기억술을 뜻하는 'mnemonic'은 그리스 신화에 등장하는 기억의 여신 Mnemosyne에서 유래한 단어다. 고대 그리스의 웅변가들은 연설문을 기억하기 위해 기억술을 즐겨 사용했다. 대표적인 기억전략은 다음과 같다.

① 장소법(method of loci): 정보를 잘 아는 장소에 연결시켜 기억하는 방법이다. 장소법으로 새로운 정보를 기억하자면, 먼저 잘 알고 있는 장소의 위치(식탁, 창문, 탁자, 텔레비전 등)를 순서대로 정확하게 외운 다음, 위치와 정보를 결합하면 된다. 조선시대 왕을 순서대로 외운다고 할 때 현재 살고 있는 집의 구조를 상상한 다음 왕의 이름을 집의 특정 위치와 하나씩 연합시키면 된다. 나중에 그 장소를 떠올리면 왕의 이름을 정확하게 기억할 수 있다.

② 핵심단어법(key-word method): 원래 제2외국어 어휘학습을 촉진하기 위해 고안된 방법으로, 구체적인 단어와 추상적인 단어를 연결한 다음 구체적인 단어의 심상을 형성하여 기억하는 방법이다. 이 방법은 정보를 핵심단어와 연결하여 기억한다. 핵심단어법으로 단어를 기억하려면 먼저 그 단어와 발음이 같은 단어를 결합해야 한다. 통장잔액 4,321,543원을 기억하자면 먼저 숫자마다 발음이 비슷한 단어(일-일꾼, 이-이빨, 삼-삼베, 사-사슴, 오-오물)를 기억한 다음 그 단어를 이용해서 심상을 형성하면 된다. 예컨대, '사슴이 삼베를 이빨로 물고 일꾼에게 달려가다가 오물을 뒤집어쓰니 다른 사슴이 달려와 물고 삼베를 빼앗아 갔다.'는 식으로 외우면 된다.

③ 두문자법: 첫 번째 철자로 두문자(頭文字, acronym)를 만들어 기억하는 방법이다. 두문자법의 관건은 두문자가 유의미하고 명료하며 간결해야 한다는 것이다. 조선시대의 왕 이름을 '태정태세문단세…'로 외우고, 생물의 분류체계는 '종속과목강문계'라고 외우는 전략은 두문자법을 활용한 것이다. 영어에서는 UN, USA, CIA 등과 같은 두문자법을 많이 활용한다.

④ 문장작성법: 정보의 첫 번째 단어나 철자를 이용해서 문장이나 이야기를 구성하는 방법이다. 태양을 공전하는 혹성의 영어명칭을 순서대로 기억하자면 혹성을 뜻하는 영어단어(Mercury, Venus, Earth, Mars, Jupiter, Saturn, Uranus, Neptune)의 첫 번째 철자를 이용해서 "My very educated mother just served us nacho pizzas."라는 문장을 만들어 기억하면 도움이 된다.

⑤ 연결법(link method): 정보 간의 시각적 심상을 형성하여 기억하는 방법이다. 잡지, 면
도용 크림, 연필과 같은 단어를 기억할 경우 연필과 면도용 크림을 손에 들고 있는 남
자가 모델로 실린 잡지의 표지를 연상하면 된다.

⑥ 운율법(metrical mnemonics): 정보를 운율로 만들어 기억하는 방법이다. 한글을 배울 때
익힌 '가나다라……'로 시작되는 가락이나 영어의 알파벳 송은 운율법을 활용한 것이
다. 운율법은 정보를 순서대로 외울 때 유용하다. 운율이 제대로 되었을 경우 특정 정
보를 잘못 외우면 가락 전체가 틀리기 때문이다. 운율법은 소거에 대한 저항이 매우 높
고, 대뇌피질의 좌반구(언어중추)와 우반구(음악중추)를 동시에 활성화시키는 것으로
알려져 있다.

2) 노트 필기

노트에 필기된 내용은 학생에 따라 크게 다르다. 학생마다 노트필기가 다른 것은 중요한 내
용, 즉 시험에 출제될 개연성이 높은 수업내용에 대한 가정이 학생마다 다른 데서 기인한다.

노트 필기(note taking)는 중요한 학습전략이다. 학생들에게 노트를 필기하거나 노트를 복
습할 기회를 주지 않으면 수업내용을 거의 기억하지 못한다. 노트 필기는 다음과 같은 두 가
지의 기능을 한다.

- 노트 필기는 학습내용에 주의를 집중하고, 학습내용을 부호화하는 데 도움을 준다. 특
히, 노트 필기는 정보의 언어적 부호화나 시각적 부호화를 촉진한다. 그러므로 노트 필
기를 하기만 해도 기억이 향상된다.
- 노트는 정보를 저장하는 기능을 한다. 일반적으로 기억은 신뢰성이 낮지만, 노트는 정보
를 원래 그대로 보존하므로 상당히 신뢰성이 높다. 노트를 복습하면 기억이 향상된다.

노트 필기의 효과는 노트 유형에 따라 다르다. 효과적인 노트는 (1) 학습내용을 거의 완전
한 수준에서 나타내야 하고, (2) 학습목표와 일치해야 하며, (3) 요지와 요지에 관련된 사실
을 요약해야 한다.

3) 요약

요약(summarizing)은 교재나 수업의 내용을 압축하는 동시에 요지를 파악하여 일관성 있

는 새로운 조직을 구성하는 과정이다. 책의 내용이나 수업내용을 모두 기억할 수는 없으므로 요지를 파악하는 것은 매우 중요한 학습전략이다. 요약은 학습내용의 부호화 및 파지를 촉진한다. 그런데 상당수의 고등학생들은 학습내용을 제대로 요약하지 못하는 것으로 알려져 있다. 요약전략을 가르치는 최선의 방안은 교과서나 수업내용을 요약하도록 하는 것이다. 효과적인 요약은 다음과 같은 과정을 포함한다.

- 중요한 정보와 중요하지 않은 정보를 구분한다.
- 중복되는 내용은 삭제한다.
- 요지를 파악한다.
- 세부사항들을 일반적인 아이디어로 압축한다.
- 일반적 아이디어 사이의 중요한 관계를 파악한다.
- 주제문장을 확인 · 작성한다(교재에 없을 경우).

4) 중요한 내용의 확인

중요한 내용을 확인한 후 그 내용에 집중하는 것은 학습효과를 높이는 관건이다. 교재나 수업에는 중요한 내용과 지엽적인 내용이 뒤섞여 있다. 그러므로 제대로 학습을 하자면 먼저 중요한 내용과 지엽적인 내용을 구분해야 한다. 중요한 내용을 확인한 다음에는 밑줄을 긋거나 형광펜으로 강조하는 것이 좋다. 단, 중요한 내용만 강조해야 한다. 중요하지 않은 내용을 강조하면 역효과가 발생한다. 그다음에는 중요한 내용을 집중 학습해야 한다. 소위 선택과 집중 전략으로 공부해야 한다.

교사는 학생들이 중요한 내용을 확인하도록 도와주어야 한다. 그러한 방안으로는 중요한 내용이라고 강조하거나, 학습목표를 제시하거나, 핵심개념과 요지를 칠판에 쓰거나, 중요한 내용에 관해 질문하는 방법이 있다.

5) 학습전략 훈련프로그램

학습전략을 제대로 사용하지 못하는 학생들을 대상으로 학습전략을 훈련시키기 위해 개발된 대표적인 프로그램을 간단히 소개한다.

| 표 7-8 | 학습전략 훈련프로그램

프로그램	학습전략	설명
SQ4R*	Survey(개관하기)	학습자료를 훑어보고 제목에 유의하기
	Question(질문하기)	학습자료에 대해 질문하기
	Read(읽기)	질문에 답을 하기 위해 자료를 읽기
	Reflect(숙고하기)	학습내용을 숙고하기, 아이디어를 기존 지식에 관련짓기
	Recite(암송하기)	학습내용을 기억하기 위해 반복해서 암송하기
	Review(복습하기)	정보를 조직하기, 이해되지 않은 부분을 다시 학습하기
MURDER**	Mood(분위기 조성)	학습계획 수립, 시간표 작성, 집중상태 점검하기
	Understand(이해하기)	중요한 내용이나 어려운 내용을 확인하기
	Recall(회상하기)	학습내용을 의역하기, 주요 개념을 구조화하기
	Digest(소화하기)	숙고하기, 요점과 이해되지 않은 부분 확인하기
	Expand(확장하기)	정보를 어떻게 적용할 것인지에 대해 생각하기
	Review(복습하기)	형성평가의 오류를 분석하기, 학습방법 수정하기
PQ4R*	Preview(훑어보기)	제목, 학습목표, 중요 용어, 기타 정보를 훑어보기
	Question(질문하기)	학습내용에 대해 스스로 질문하기
	Read(읽기)	주제, 요점을 확인하기 위해 비교적 빠른 속도로 읽기
	Reflect(숙고하기)	읽은 내용의 의미와 시사점에 대해 숙고하기
	Recite(암송하기)	학습내용을 기억하기 위해 반복해서 암송하기
	Review(복습하기)	학습내용을 복습하고, 어려운 부분을 중점 복습하기

자료: *Thomas & Robinson(1972); **Dansereau et al.(1979).

6. 망각

망각(忘却, forgetting)은 기억에 저장되어 있는 정보를 상실하거나 의식하지 못하는 현상이다. 수많은 내용들을 기억해야 하는 학교학습에서 망각은 매우 중요한 의미를 갖는다. 학생들은 망각이라는 적과 전투를 치르는 전사(戰士)라 해도 과언이 아니다. 그 전투에서 승리하면 영광이, 패배하면 좌절이 따른다.

단, 망각이 반드시 바람직하지 않은 것은 아니다. 어떤 면에서 보면 망각은 너무 소중한 능력(?)이다. 우리는 살아가면서 수없이 많은 불쾌한 경험을 한다. 불쾌한 경험을 잊어버리지 않는다면 우리의 정신세계는 극도로 피폐할 것이다. 어느 현자가 "이 세상의 모든 괴로움은 잊지 못하는 데서 비롯된다."고 설파한 것도 같은 맥락이다. 망각할 수 있기에 우리는 그런대로 버티며 살아가고 있는지도 모른다. 그런데 중요한 것은 기억해야 할 것은 기억하고, 잊어야 할 것은 잊어야 한다는 것이다. 이것이 제대로 되지 않으면 끝없는 괴로움에 시

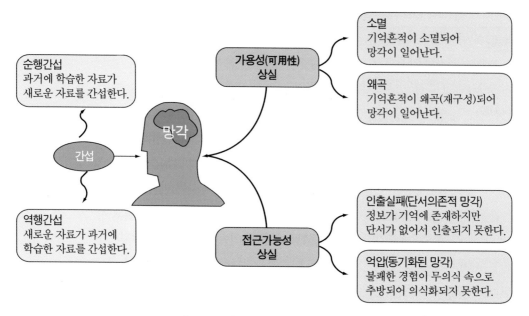

[그림 7-8] 망각을 유발하는 요인

달릴 것이다.

　망각은 감각기억, 단기기억, 장기기억에서 모두 일어나는데, 기억단계에 따라 망각의 원인은 다르다. 감각기억에서는 주의를 기울이지 않은 정보는 소멸되므로 망각이 일어난다. 즉, 감각기억에서는 기억흔적의 소멸로 인해 망각이 일어난다. 단기기억에서는 시연을 하지 않거나 장기기억에서 정보가 인출되지 않아 망각이 일어난다. 장기기억에서 망각이 일어나는 원인을 설명하는 관점은 다음과 같다.

1) 소멸이론(흔적쇠퇴설)

　소멸이론(消滅理論, decay or fading theory) 혹은 흔적쇠퇴설은 기억흔적이 시간경과에 따라 소실된 결과 망각이 일어난다고 설명한다. 비석의 글씨가 세월이 갈수록 희미해지는 것처럼, 뇌의 기억흔적이 시간이 흐를수록 소실되어 망각이 된다는 것이다. 시간경과를 망각의 원인으로 간주하는 소멸이론에 따르면 시간이 많이 경과할수록 많이 망각된다. 최근 경험보다 과거 경험을 더 잘 기억하지 못하는 것은 소멸이론을 지지하는 증거가 된다.

　독일 심리학자 Herman Ebbinghaus(1850~1909)의 고전적인 연구는 소멸이론을 지지한다. 그는 무의미철자(nonsense syllables: 아무런 의미가 없는 철자)를 완전히 기억한 후 시간경과에 따라 망각이 어떻게 일어나는지를 조사한 다음, 시간경과에 따른 파지량(역으로는 망각량)의 변화를 망각곡선(forgetting curve)으로 나타냈다. [그림 7-9]에 제시되어 있는 것처럼 망각은 학습 직후 가장 많이 일어난다.

또 Ebbinghaus는 무의미철자를 이용한 실험을 통해 절약점수를 계산했다. 절약점수(節約點數, savings score)는 정보를 다시 기억할 때 소요된 시행횟수나 시간이 처음 기억할 때보다 감소한 정도를 나타낸다. 처음에 10회 반복으로 완전히 기억한 내용을 두 번째에는 5회 반복으로 완전하게 기억했다면 50%가 절약된 셈이 된다. 절약이 된다는 것은 기억이 반복과 연습을 통해 향상된다는 것을 시사한다. 영어 속담을 빌려 표현하면 "Practice makes perfect."가 되겠다.

그러나 장기기억에 관한 연구에 따르면 망각의 주원인은 소멸이론의 주장처럼 시간의 흐름이 아니다. Jenkins와 Dallenbach(1924)는 무의미철자를 기억한 피험자들을 두 집단으로 나누어 한 집단에는 잠을 자도록 하고 다른 집단은 정상적인 활동을 하도록 한 다음, 4회 (1시간 후, 2시간 후, 4시간 후, 8시간 후)에 걸쳐 기억을 측정했다. 시간경과가 망각의 원인이라면 두 집단의 기억은 같아야 한다. 그런데 실험결과 잠을 잔 집단이 잠을 자지 않은 집단보다 기억이 높았다(즉, 망각이 더 적었다.). 이것은 망각이 시간경과가 아니라 간섭으로 인해 일어난다는 것을 의미한다(다음의 '4) 간섭이론' 참조).

오래전 경험을 생생하게 기억하면서도 방금 배운 것은 제대로 기억하지 못하는 것도 시간이 망각의 원인이 아님을 시사한다. 따지고 보면 비석의 글씨가 마모되는 근본적인 원인은 시간의 단순한 흐름이 아니라 풍화작용이다. 소멸이론의 시사점은 명쾌하다. 시간경과에 따라 망각이 일어나므로 망각을 방지하려면 충분히 반복학습하면 된다.

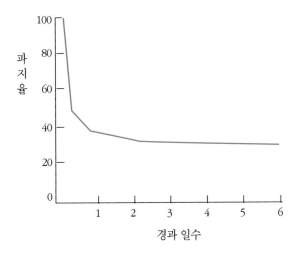

[그림 7-9] Ebbinghaus의 망각곡선

2) 소멸포섭

소멸포섭(消滅包攝, obliterate subsumption)이란 새로운 정보가 기존 인지구조에 융합되어 변별력을 상실한 결과 분리도(分離度, dissociability: 새로운 정보를 인지구조와 구분할 수 있는 정도)가 0이 되어 망각된 상태를 뜻한다. Ausubel에 따르면 유의미학습이란 장기기억에 저장된 일반적인 인지구조가 새로운 정보를 포섭하는 학습이다(8장 참조). 그에 따르면 새로운 정보가 인지구조에 완전히 포섭(융합)되어 변별력이 상실되면 망각이 일어난다. 그래서 이를 망각포섭이라고 한다.

소멸포섭은 시간경과에 따라 구체적인 정보가 상위수준의 정보에 흡수되는 현상이므로, 소멸이론의 변형이다. 수업시간에 개념과 개념의 사례를 가르치면 학생들은 사례를 개념에 포섭한다. 그런데 시간이 흐르면 일부 사례는 개념과 구분되는 특이성을 상실하게 되어 개념에 융합되므로 개념은 기억할 수 있지만, 사례는 망각된다.

소멸포섭이 타당하다는 것을 지지하는 증거로 Ausubel은 일반개념이 특수사실보다 더 잘 기억된다는 사실을 지적한다. 특이성이 높은 사실은 잘 기억되지만 특이성이 낮은 사례가 잘 기억되지 않는 현상도 소멸포섭을 지지한다. 소멸포섭은 망각을 방지하자면 학습자료의 특이성을 높여 차별화해야 함을 시사한다.

3) 억압

억압(抑壓, repression)은 고통스럽거나 불쾌한 경험을 무의식으로 추방하는 과정을 말한다. 억압하는 것은 고통스러운 경험이나 불쾌한 경험을 의식하지 않으려고 하기 때문이다. 그래서 억압으로 인해서 일어나는 망각을 동기화된 망각(motivated forgetting)이라고 한다.

정신분석학에 따르면 망각은 억압으로 인해 일어난다. 인지심리학은 불쾌한 기억이 불안을 유발하기 때문에 억압된다고 설명한다. 이에 따르면 불안은 불쾌하고 고통스럽기 때문에 불안을 유발하는 기억을 회피한다는 것이다. 결국 불쾌한 기억과 그 기억과 관련된 정보는 억압되어 망각된다. 억압된 기억은 잠재의식에 스며들어 의식할 수 없고 자발적으로 회상할 수도 없지만, 사고와 행동에 끊임없이 영향을 미친다.

억압은 지진, 홍수, 전쟁, 화재와 같은 외상(外傷: trauma)과 관련된 경험이 망각되는 과정을 잘 설명한다. 스릴러 영화 '한니발 라이징(Hannibal Rising)' 은 주인공 한니발의 억압된 기억을 충격적으로 묘사하고 있다. 억압이론은 학생들에게 외상(外傷)적인 경험이나 불쾌한 경험을 제공하지 말아야 함을 시사한다.

4) 간섭이론

간섭이론(干涉理論, interference theory)은 기억에 저장된 정보들의 혼동으로 인해 망각이 일어난다고 주장한다. 2014년 4월 8일 저녁 무슨 음식을 먹었는지 기억해 보자. 정확하게 기억하지 못할 것이다. 그 이유는 2014년 4월 8일 전후 수많은 식사를 한 기억이 서로 혼동을 일으키기 때문이다.

간섭이론은 망각에 관한 혼동이론이다. 금지이론 혹은 제지이론이라고 부르기도 하는 간섭이론에 따르면 망각은 수많은 책들이 제멋대로 꽂혀 있는 도서관에서 책을 찾는 과정에 비유할 수 있다. 책이 도서관에 있는 것은 분명한데 수많은 책들이 뒤섞여 있어 찾지 못하는 것처럼, 수많은 기억흔적들이 뒤죽박죽 섞여 있어 필요한 정보를 기억하지 못하는 것이다. 소멸이론에서 설명한 것처럼 학습 후 잠을 잔 학생이 잠을 자지 않은 학생보다 학습내용을 더 잘 기억한 것은 간섭이 적었기 때문이다. 간섭현상은 유의미하게 학습된 정보의 망각보다 기계적으로 학습한 정보의 망각을 적절하게 설명한다.

간섭은 순행간섭과 역행간섭으로 대별된다. 순행간섭(順行干涉, proactive interference)은 선행학습이 후속학습의 회상을 방해하는 현상이다. 선행학습과 후속학습이 유사할수록 순행간섭이 많이 일어난다. 심리학 내용이 사회학 내용의 기억을 방해하는 현상이나 학생 이름을 많이 기억하고 있는 교사가 비슷한 이름의 신입생을 잘 기억하지 못하는 것은 순행간섭에서 기인한다. 한편, 역행간섭(逆行干涉, retroactive interference)은 후속학습이 선행학습의 기억을 방해하는 현상이다. 신입생 이름을 기억한 후 과거에 가르친 학생의 이름을 잘 기억하지 못하는 것은 역행간섭이다.

〈표 7-9〉는 순행간섭과 역행간섭의 효과를 검증하기 위한 실험계획을 나타내고 있다. 이 표에 제시되어 있는 것처럼 과제 A의 학습이 과제 B의 기억을 방해하는 현상은 순행간섭이고, 과제 B의 학습이 과제 A의 기억을 소급적으로 방해하는 현상은 역행간섭이다.

간섭으로 인한 망각을 방지하자면 간섭의 원천을 제거하면 된다. 간섭의 원천을 제거하

| 표 7-9 | **순행간섭과 역행간섭을 검증하기 위한 실험계획**

간섭형태	집단	제1단계	제2단계	제3단계
순행간섭	실험집단	과제 A 학습	과제 B 학습	과제 B에 대한 기억검사
	통제집단	학습활동 없음	과제 B 학습	과제 B에 대한 기억검사
역행간섭	실험집단	과제 A 학습	과제 B 학습	과제 A에 대한 기억검사
	통제집단	과제 A 학습	학습활동 없음	과제 A에 대한 기억검사

는 확실한 방안은 특정 내용을 학습한 후 다른 학습을 전혀 하지 않으면 된다. 그러나 이 방안은 현실적으로 가능하지 않다. 간섭을 방지하는 합리적인 방안은 혼동으로 인한 간섭이 일어나지 않도록 학습과제를 차별화하는 것이다. 학습과제 A를 먼저 기억한 후 학습과제를 B를 기억한다고 하자. 학습과제 A와 학습과제 B가 비슷할수록 순행간섭이나 역행간섭이 나타날 확률이 높다. 반면 학습과제 A와 학습과제 B가 완전히 다르면 간섭이 거의 일어나지 않을 것이다. 그러므로 간섭을 최소화하려면 새로운 학습과제와 기존의 학습과제를 차별화해야 한다.

5) 인출실패이론

인출실패이론(引出失敗理論, retrieval failure theory)에 따르면 망각은 장기기억에 저장되어 있는 정보를 인출할 수 없어서 일어난다. 앞에서 설명한 것처럼 인출이란 장기기억에 저장된 정보를 찾아 의식화하는 과정이다. 장기기억에 수많은 정보들이 저장되어 있어도 인출되지 않으면 기억할 수 없다. 실제 기억에 저장된 정보보다 훨씬 적은 정보를 인출한다는 증거는 회상과 재인에 관한 연구에서도 나타난다. 회상(回想, recall) 혹은 재생(再生)은 저장된 내용을 아무런 단서나 도움을 받지 않고 스스로 상기하는 과정이고, 재인(再認, recognition)은 정보 중에서 기억하고 있는 정보를 선택하는 과정이다.

설단현상은 인출실패로 인한 망각을 잘 설명한다. 설단현상(舌端現象, tip of tongue phenomenon)은 확실하게 기억하고 있는 정보인데도 혀끝에서 맴돌면서 잘 회상되지 않는 현상을 가리킨다. 시험을 칠 때 설단현상을 익히 경험했을 것이다. 잘 아는 사람의 이름이 좀처럼 기억나지 않는 것도 설단현상이다. 설단현상은 저장되어 있는 정보에 접근할 수 없어서 나타난다. 장기기억에 저장된 정보를 인출하지 못하는 것은 인출단서가 상실되었기 때문이다. 인출단서 상실에서 비롯되는 망각을 단서의존적 망각(端緒依存的 忘却, cue-dependent forgetting)이라고 한다.

요컨대, 인출실패이론에 따르면 망각은 인출단서 상실에서 기인한다. 단서의존적 망각을 방지하자면 정보를 유의미하게 저장해야 한다. 정보를 유의미하게 저장하면 인출단서들이 많아지므로 인출확률이 높아진다. 정보를 유의미하게 저장하는 가장 좋은 방안은 가능하면 다양한 맥락에서 정보를 부호화하는 것이다.

6) 왜곡이론

왜곡이론(歪曲理論, distortion theory)은 망각이 기억의 왜곡에서 비롯된다고 주장한다. 기억이 왜곡되는 것은 경험의 모든 측면들을 완전히 기억할 수 없기 때문이다. 잠시 눈을 감고 어제 무슨 일을 했는지 생각해 보자. 불과 하루가 지났는데도 상당 부분 기억하지 못할 것이다. 인간의 기억은 경험의 모든 측면들을 정확하게 복사해서 저장한 것이 아니라, 경험의 얼개만 저장하고 나머지는 선행지식(도식)이나 신념에 근거하여 보충하고 재구성하고 추론한 것이다. 왜곡이론에 따르면 기억은 경험을 재구성한 것이므로 그 과정에서 기억흔적이 왜곡되어 망각이 일어난다.

특정 경험에 관한 회상내용이 시간에 따라 다르다는 사실은 기억이 구성적인 과정이라는 것을 잘 나타낸다. 심지어 실제 경험하지 않았던 사실(즉, 허위사실)을 기억하는 것도 기억이 재구성된다는 것을 나타낸다. 경험을 재구성하는 과정에서 기억흔적은 왜곡되고, 그 결과 망각이 일어난다.

기억이 구성적인 과정이라는 사실은 Bartlett(1932)의 고전적인 연구에서 입증된 바 있다. 그는 대학생들에게 아메리카 인디언 설화 '유령의 전쟁(The War of the Ghosts)'을 들려준 다음 회상하도록 했을 때 회상된 이야기가 원래의 이야기와 다른 경우가 많다는 것을 발견했다. 그가 발견한 기억의 왜곡현상은 다음과 같은 세 가지 재구성을 포함한다.

- 이야기를 단순화시키는 경향(평준화, leveling)
- 특정 사항을 부각시키거나 강조하는 경향(첨예화, sharpening)
- 선행지식이나 배경에 맞게 세부사항을 바꾸는 경향(동화, assimilation)

요컨대, 왜곡이론에 따르면 기억을 재구성하는 과정에서 기억흔적이 왜곡되어 망각이 일어난다. 기억의 왜곡을 방지하려면 중요하고 특징적인 사항을 구별할 수 있도록 강조해야 한다. 구별되는 특징은 정확하게 기억되므로 망각되지 않는다.

① 인지심리학은 정보를 획득, 처리, 저장, 인출하는 인지과정을 탐구한다.

② 인지심리학은 행동주의에 대한 반동으로 출현했다. 인지심리학이 출현하게 된 근본적인 원인은 행동주의가 인지과정을 무시했기 때문이다.

③ 언어학과 컴퓨터 과학의 발전은 인지심리학이 출현하는 데 기여했다.

④ 목적적 행동주의는 행동주의와 인지론을 통합하려는 입장으로, 행동을 이해하자면 인지과정을 고려해야 한다고 주장한다. 이에 따르면 학습이란 단순히 자극–반응 연합을 획득하는 것이 아니라 기대 또는 인지도를 학습하는 것이다. 또 직접 행동을 하지 않아도 학습이 이루어지고, 강화는 학습이 아니라 수행에 영향을 미친다.

⑤ 형태심리학에 따르면 (1) 지각은 실재와 다르고, (2) 전체는 부분들의 합보다 크며, (3) 유기체는 대상을 있는 그대로 지각하는 것이 아니라 능동적으로 구조를 부여한다. 형태심리학의 전체주의 관점은 정지된 자극을 움직이는 것으로 지각하는 파이현상에서 잘 나타난다.

⑥ 간결과 의미의 법칙에 따르면 심리적인 지각이나 조직은 좋은 형태를 취하려는 경향이 있다. 도형–배경 원리는 사물을 지각할 때 자동적으로 도형과 배경을 분리한다는 원리다. 지각의 하위법칙으로는 (1) 근접의 법칙, (2) 유사의 법칙, (3) 폐쇄의 법칙, (4) 단순의 법칙, (5) 연속의 법칙이 있다.

⑦ 형태심리학은 학습이 통찰(문제해결책을 갑자기 '이해'하는 과정)을 통해 일어난다고 주장한다. 또 문제의 본질을 이해하는 생산적 사고를 강조한다.

⑧ 정보처리이론은 정보에 주의를 기울이고, 정보를 저장하며, 인출하는 과정을 분석한다. 이 이론에 따르면 인간은 컴퓨터와 같은 방식으로 정보를 처리하며 각 단계에서 처리되는 정보량은 한계가 있다.

⑨ 정보처리모형은 정보처리단계를 감각기억, 단기기억, 장기기억으로 구분한다. 감각기억은 순간적으로 정보를 파지하는 기억을 말한다. 단기기억은 정보를 짧은 시간 동안 파지하며 의식적인 인지활동이 이루어지는 곳이다. 단기기억의 가장 큰 특징은 용량이 제한되어 있다는 것이다. 단기기억의 한정된 용량은 군단위화(정보들을 더 큰 단위로 결합하는 과정)나 자동성(정보를 무의식적으로 처리할 수 있는 상태)을 통해 상당 부분 극복할 수 있다. 장기기억은 영구적인 기억저장고로, 용량이 거의 무한하다.

⑩ 장기기억의 내용은 서술적 지식과 절차적 지식으로 구분된다. 서술적 지식(선언적 지식)은 사실적인 정보에 관한 기억으로, 의미적 기억과 일화적 기억으로 나뉜다. 절차적 지식은 어떤 행위를 수행할 수 있는 방식에 관한 지식을 말한다.

⑪ 도식은 장기기억에 존재하는 인지구조 혹은 지식구조를 말한다. 도식은 새로운 지식을 획득하는 데 필요한 구조와 맥락을 제공한다. 따라서 적절한 도식을 갖고 있으면 학습이 촉진된다.

⑫ 정보처리모형에서 인지과정(혹은 인지전략)은 특정 기억단계에 파지된 정보를 다른 기억단계로 전이시키는 정신과정을 의미한다. 주요한 인지과정은 주의, 시연, 부호화, 인출이다.

⑬ 주의는 감각기억에 파지된 정보 중에서 특정 정보를 선택하는 정신과정(선택적 주의)으로, 감각기억에 파지된 정보를 단기기억으로 전이시키는 기능을 한다. 인간의 주의집중능력은 상당히 한정되어 있다. 학습은 주의집중에서부터 시작된다.

⑭ 부호화는 새로운 정보를 장기기억에 저장할 수 있는 형태로 변환하여 저장하기 위한 인지과정이다. 부호화 전략에는 (1) 시연(정보를 속으로 반복하는 전략), (2) 조직화(정보들을 의미적으로 관련된 범주로 구조화하는 전략), (3) 정교화(정보에 새로운 정보를 추가하거나 선행지식에 관련짓는 전략), (4) 심상형성(정보를 시각적인 형태로 변형하는 전략)이 있다.

⑮ 처리수준모형은 정보가 여러 수준에서 처리될 수 있으며, 정보가 심층적인 수준에서 처리될수록 오래 기억된다고 주장한다. 이중부호모형은 장기기억 속에 정보가 언어적 형태와 시각적 형태로 저장되며, 두 가지 형태로 저장되면 더 잘 기억되고 인출된다고 주장한다.

⑯ 인출은 장기기억에 저장된 정보를 찾아 의식화하는 인지과정이다. 저장된 정보를 인출하는 데는 인출단서가 중요하다. 인출은 부호화단서와 인출단서가 일치할 때 촉진되고(부호화 특수성), 학습할 때와 동일한 정서상태에서 촉진된다(상태의존학습).

⑰ 메타인지는 자신의 인지과정을 성찰하고 통제하는 정신과정이다. 메타인지는 인지전략과 구분된다.

⑱ 인지를 뇌에 비유하는 신경망 모형(연결주의 모형 혹은 병렬적 분산처리모형)은 인지과정들이 동시에 병렬처리된다고 주장한다.

⑲ 학습전략은 학습목표를 달성하기 위해 의도적으로 인지전략, 메타인지전략, 정의적 및 동기적 전략을 활용하는 과정이다.

⑳ 소멸이론은 시간경과에 따른 기억흔적의 소멸로 인해 망각이 일어난다고 설명한다. 망각에 관해 선구적 연구를 수행한 Ebbinghaus는 시간경과에 따른 파지량(망각량)의 변화를 망각곡선으로 나타냈다.

㉑ 소멸포섭이론에 따르면 정보가 인지구조에 완전히 융합되어 변별력을 상실하면 망각이 일어난다.

㉒ 정신분석학은 불안이나 공포를 유발하는 경험이 무의식적으로 억압되어 망각이 일어난다고 설명한다.

㉓ 간섭이론은 기억된 정보 사이의 혼동으로 인해 망각이 일어난다고 설명한다. 간섭은 선행학습이 후속학습의 기억을 방해하는 순행간섭과 후속학습이 선행학습의 기억을 방해하는 역행간섭으로 구분된다.

㉔ 인출실패이론은 인출단서 상실로 인해 망각이 일어난다고 주장한다. 이러한 망각을 단서의존적 망각이라고 한다.

㉕ 왜곡이론은 기억을 재구성하는 과정에서 기억흔적의 왜곡으로 인해 망각이 일어난다고 주장한다. 기억이 왜곡되는 것은 경험을 완전하게 기억할 수 없기 때문이다.

인지학습이론과 구성주의

1. 유의미수용학습을 정의하고, 유의미수용학습의 조건을 기술하시오.

2. 선행조직자의 기능 및 종류를 설명하시오.

3. 발견학습을 정의하고, 발견학습의 형태와 목표에 관해 설명하시오.

4. Bruner가 말하는 지식의 표현양식의 종류를 서술하시오.

5. 유의미수용학습과 발견학습의 특징을 비교하시오.

6. 구성주의 교육과 교사중심교육의 견해를 비교하시오.

7. 인지적 구성주의와 사회적 구성주의의 견해를 비교하시오.

8. 구성주의의 기본견해를 요약하시오.

9. 구성주의 교육의 다섯 가지 특징을 기술하시오.

10. 인지적 도제, 상호적 교수, 문제중심학습, 상황학습, 정착수업, 협동학습의 기본견해를 요약하시오.

1. 인지학습이론

인지심리학에 기반을 두고 있는 대표적인 교수–학습이론은 Ausubel의 유의미수용학습과 Bruner의 발견학습이다. Ausubel과 Bruner는 모두 인지심리학에 기반을 두고 있지만 완전히 다른 교수–학습이론을 제시하고 있다. Ausubel은 교사가 학습과제를 최종적인 형태로 제시하는 수용학습을, Bruner는 발견학습의 형태로 이루어지는 구성주의적 접근을 옹호한다. Ausubel의 유의미수용학습과 Bruner의 발견학습을 간략히 소개한다.

1) 유의미수용학습

일반적으로 교육계에서는 학생중심의 자기주도학습(自己主導學習)을 강조하고 교사중심의 설명식 수업을 바람직하지 못한 수업방식으로 평가절하하는 경향이 상존하고 있다. 그렇지만 대부분의 학교학습이 교사들의 설명과 학생들의 기억에 의존하고 있다는 엄연한 현실을 감안하면 설명식 수업은 매우 효과적이고 효율적인 교수방법이다. Ausubel(1963, 1968)의 유의미수용학습은 설명식 수업의 가치를 정당화하는 이론이다. 유의미수용학습의 의미, 조건, 과정을 살펴본다.

(1) 유의미수용학습의 의미

유의미수용학습(有意味受容學習, meaningful reception learning)이란 학습과제를 장기기억에 저장된 선행지식(인지구조)에 관련짓는 학습이다. 즉, 유의미수용학습은 학습과제를 인지구조에 포섭하는 학습이다. 그래서 이를 포섭학습이라고 부르기도 한다.

Ausubel에 따르면 보통 학교에서는 학습과제를 거의 최종적인 형태로 제시하므로 학생들은 그것을 이해하여 인지구조에 통합하는 수용학습(receptive learning)을 한다. 이와 같은 경우 학습과제를 유의미한 형태로 제시하는 설명식 수업이 가장 적절하다. 따라서 교사는 학습과제를 학생들에게 효율적으로 전달할 수 있도록 조직화하고 계열화해야 한다. 귀납적 추리를 강조하는 발견학습과 달리, 수용학습은 일반개념을 먼저 제시하고 구체적 사실을 뒤에 제시하는 연역적 계열을 중시한다.

Ausubel에 따르면 유의미수용학습은 결코 수동적인 학습이 아니다. 왜냐하면 유의미수용학습에서도 학생들은 학습과제를 인지구조에 능동적으로 관련지어야 하기 때문이다.

(2) 유의미수용학습의 조건

Ausubel에 따르면 유의미수용학습을 하려면 다음 세 가지 조건이 충족되어야 한다.

첫째, 학습과제에 관련된 인지구조가 존재해야 한다. 인지구조(認知構造, cognitive structure)란 기억에 저장되어 있는 체계적으로 조직화된 아이디어나 개념을 뜻한다. 쉽게 말하면 인지구조는 선행지식이다. Ausubel은 인지구조가 다른 개념이나 아이디어를 흡수하고 접착시킨다는 의미에서 포섭자(包攝者, subsumer)라고 부르고, 유의미수용학습이론을 포섭이론이라고 불렀다. 특히 포섭자 중에서 학습내용이 포섭되고 정착될 수 있는 포섭자를 관련정착의미(關聯定着意味, relevant anchoring idea)라고 한다. 따라서 학습과제와 관련된 인지구조가 없으면 유의미수용학습이 일어나지 않는다.

둘째, 학습과제가 유의미해야 한다. 유의미한 학습과제는 실사성과 구속성을 갖고 있다. 실사성(實辭性, nonverbatimness)이란 특정 개념을 다양한 방식으로 표현해도 의미가 변하지 않는 속성을 말한다. '개'라는 개념은 그림이나 언어로 표현해도 '개'의 속성이 변하지 않으므로 실사성을 갖고 있다. 구속성(拘束性, nonrandomness)은 특정 개념의 의미를 임의로 변경할 수 없음을 뜻한다. '소'를 '개'로 부르고 싶어도 이제 그렇게 할 수 없다. 처음에는 대상과 의미의 관계가 자의적(恣意的)이지만 시간이 흐르면서 그 관계가 정착되어 마음대로 바꿀 수 없을 때 구속성이 있다고 할 수 있다.

셋째, 학생들이 유의미학습태세(有意味學習態勢, meaningful learning sets)를 갖고 있어야 한다. 유의미학습태세는 의미 있게 학습하려는 의욕을 말한다. 학습과제가 논리적 유의미성을 가지고 있고, 학생들이 인지구조와 유의미학습태세를 갖고 있을 때 심리적 유의미성(心理的 有意味性, psychological meaningfulness)을 갖는다고 한다.

학습과제를 인지구조에 관련짓는 유의미수용학습은 기계적 학습과 다르다. 기계적 학습

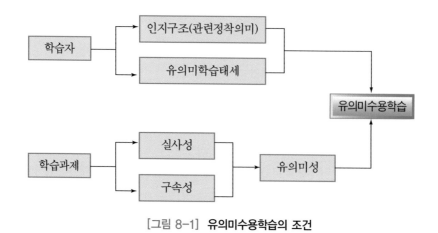

[그림 8-1] **유의미수용학습의 조건**

(機械的 學習, rote learning)이란 학습과제를 인지구조에 관련짓지 않고 맹목적으로 암기하는 학습이다. 기계적 학습은 학습과제가 유의미하지 않거나, 학습과제에 관련된 인지구조가 없거나, 유의미학습태세가 부족할 때 나타난다.

(3) 유의미수용학습의 과정

유의미수용학습의 과정은 새로운 학습과제와 인지구조의 관계에 따라 종속포섭, 상위포섭, 병렬포섭으로 구분된다.

1 종속포섭

종속포섭(從屬包攝, subordinate subsumption)은 포괄성이 낮은 학습과제가 포괄성이 높은 인지구조에 포섭되는 학습으로, 파생포섭과 상관포섭으로 나뉜다. 파생포섭(派生包攝, derivative subsumption)은 학습과제가 인지구조의 특수사례이거나 파생내용일 때 일어나는 포섭이다. 삼각형 내각의 합이 180도라는 것을 학습한 후 이등변삼각형 내각의 합도 180도라는 것을 학습하는 것이 파생포섭이다. 상관포섭(相關包攝, correlative subsumption)은 학습과제를 포섭하기 위해 기존 인지구조를 수정·확장·정교화하는 학습을 말한다. 무나 배추와 같이 뿌리나 줄기를 먹을 수 있는 식물을 채소라고 알고 있는 학생이 오이도 채소에 속한다는 것을 학습한 결과 채소는 뿌리, 줄기, 열매를 먹을 수 있는 식물이라는 것을 알게 되는 것은 상관포섭이다.

2 상위포섭

상위포섭(上位包攝, superordinate subsumption)은 학습과제가 인지구조보다 상위수준일 때 일어나는 학습이다. 어류, 양서류, 파충류, 조류, 포유류를 알고 있는 학생이 동물의 특징을 학습할 경우 다양한 동물에 공통되는 특징을 동물의 일반적인 특징으로 이해하게 되는 것은 상위포섭이다. 상위포섭을 통한 학습은 귀납적 추론과정이다.

3 병렬포섭

병렬포섭(並列包攝, combinational subsumption)은 학습과제와 인지구조가 동일한 수준의 포괄성과 일반성을 갖고 있을 때 일어나는 학습이다. 정신분석학과 행동주의를 알고 있는 학생이 인본주의 심리학을 학습할 때 병렬포섭이 일어난다.

(4) 선행조직자

앞서 지적한 것처럼 유의미수용학습은 학습과제를 인지구조에 관련짓는 학습이다. 포섭이론에 따르면 인지구조는 위계적으로 조직되어 있고, 그 위계에서 차원이 높은 개념은 차원이 낮은 하위개념을 쉽게 흡수한다. 따라서 유의미수용학습을 하려면 학습과제를 포섭할 수 있는 인지구조가 존재해야 한다. 인지구조가 존재하지 않을 경우에는 인지구조를 형성시켜야 한다.

선행조직자(先行組織者, advance organizer)는 학습과제를 선행지식에 관련지을 수 있는 인지구조를 형성하기 위해 학습 전에 제시하는 학습자료보다 포괄성과 일반성이 더 높은 도입자료를 말한다. '선행' 이란 말은 학습과제를 학습하기 전에 제시한다는 것을, '조직자' 라는 말은 학습과제가 정착될 수 있는(즉, 포섭될 수 있는) 인지구조를 제공한다는 것을 의미한다. 선행조직자는 일차적으로 새로운 학습과제를 기존 인지구조에 유의미하게 통합하고 관련짓는 기능을 한다. 또 선행 조직자는 새로운 학습과제와 과거의 학습과제를 변별하는 기능을 한다.

에너지 문제를 가르친다고 가정하고 선행조직자의 예를 들어 보자. 수업에서는 에너지원, 에너지 소비량, 경제성장과 기술, 에너지 정책, 대체 에너지 개발 등에 관한 학습과제(신문기사, 녹화자료, 논문 등)를 학생들에게 제시할 수 있다. 이 수업에서 학습목표가 에너지의 핵심개념을 기억하는 것이라고 하자. 이 경우 학습과제를 제시하기 전에 에너지 개념을 조직자로, 에너지 효율과 에너지 보존의 개념을 보조조직자로 제시할 수 있다. 그렇게 하면 학생들이 이 선행조직자를 이용해서 학습과제를 유의미하게 기억할 수 있다.

선행조직자는 새로운 학습과제를 포섭할 수 있는 인지구조를 갖고 있지 않거나 갖고 있더라도 그것을 인식하지 못할 경우 유용하다. 단, 요약이나 개괄은 학습과제와 같은 수준의 일관성, 포괄성, 추상성을 갖고 있으므로 조직자가 아니다. 조직자는 요약이나 개괄보다 더 추상적인 것으로 새로운 학습과제를 포섭할 수 있는 개념이나 아이디어를 포함한다. 선행조직자의 특징은 다음과 같다.

- 학습을 하기 전에 제시된다.
- 짧은 언어적 정보나 시각적 정보로 이루어진다.
- 학습과제에 관련된 선행지식(즉, 포섭자)을 활성화시킨다.
- 학습과제보다 일반성, 포괄성, 추상성 수준이 더 높다.
- 선행지식과 학습과제의 관련성을 명료화해 준다.
- 학습과제를 논리적으로 관련짓도록 해 준다.

• 부호화 과정을 촉진한다.

선행조직자로는 핵심문장, 중심개념, 비유, 영화, 도표나 지도와 같은 시각자료, 개념도 등이 사용된다. 선행조직자는 설명조직자와 비교조직자로 구분된다.

① 설명조직자(說明組織者, expository organizer): 학습과제에 관련된 일반성과 포괄성이 높은 기본개념이나 아이디어를 말한다. 설명조직자는 학습과제가 생소할 때 사용되며, 학습과제를 포섭할 수 있는 인지적 정착지를 제공한다. 학습과제가 옷이라면, 설명조직자는 옷걸이인 셈이다. 국가의 경제상황을 학습하기 전에 제시되는 경제학의 기본개념이나 금(gold)에 관한 수업 전에 제시되는 금속의 성질을 기술한 문장이 설명조직자의 사례가 된다.

② 비교조직자(比較組織者, comparative organizer): 새로운 학습과제와 과거의 학습과제가 매우 유사하여 혼동소지가 클 경우 혼동을 방지하고 두 과제를 변별하는 데 도움을 주기 위한 조직자를 말한다. 비교조직자는 전형적으로 새로운 학습과제가 친숙할 때 새로운 학습과제와 과거 학습과제의 유사성과 차이점을 인식시켜 변별력을 높이기 위한 목적으로 사용된다. 과거의 학습과제와 새로운 학습과제를 비교한 도입문장은 비교조직자의 사례가 된다. 비교조직자는 선행지식을 활성화시킨다(즉, 작업기억으로 불러온다.).

유의미수용학습이론은 학습과제를 인지구조에 효과적으로 정착시키기 위해 학습과제와 수업절차를 조직하는 원리로 점진적 분화 원리와 통합적 조정 원리를 제시하고 있다. 점진적 분화의 원리(principle of progressive differentiation)는 일반적인 학습과제를 먼저 제시한 다음 구체적인 학습과제를 뒤에 제시하는 원리로, 설명조직자를 많이 활용한다. 통합적 조정의 원리(principle of integrative reconciliation)는 비교조직자를 활용하여 과거의 학습과제와 새로운 학습과제를 의식적으로 관련짓는 조직방법이다.

한편, 유의미수용학습이론에 따른 교수단계는 (1) 선행조직자 제시, (2) 학습자료 제시, (3) 인지적 조직의 강화(strengthening)로 이루어진다.

2) 발견학습

"학생들에게 과학을 가르치지 말고, 과학을 발견하도록 하라(Let him not be taught

science, let him discover it.)."라는 루소의 말에서 알 수 있듯이 발견학습은 유구한 역사를 갖고 있다. 발견학습을 유행시키는 데 가장 큰 기여를 한 학자는 학문중심 교육과정의 개발을 선도한 Jerome Bruner였다. 발견학습에 관한 견해는 Bruner의 명저 『교육의 과정(The process of education)』(1960)에 요약되어 있다. 근본적으로 구성주의 관점을 견지하는 그에 따르면 학교는 학생들이 발견을 하도록 도움을 주어야 한다. 발견학습의 기본견해를 살펴본다.

(1) 발견학습의 의미

발견학습(發見學習, discovery learning)은 학생들이 원리나 법칙을 스스로 찾아내는 학습, 즉 정보 사이의 관계를 스스로 발견하는 학습이다. 중력의 법칙을 교사가 학생들에게 설명하는 것이 아니라 학생들이 다양한 사례들을 탐구하여 스스로 중력의 법칙을 찾도록 하는 교수법이 발견학습이다. 발견학습은 구체적 사례들을 탐구한 결과를 바탕으로 일반법칙, 개념, 원리를 형성하도록 하는 일종의 귀납적 추리(歸納的 推理, inductive reasoning)를 채택한다.

발견학습은 교사가 교과내용을 최종형태로 전달하는 Ausubel의 유의미수용학습이나 Skinner의 조작적 조건형성과 전혀 다르다. Bruner는 설명식 직접 교수법(直接 教授法, direct teaching: 교사가 교과내용을 조직해서 전달하는 방법)이 학생들의 수동성을 조장하고, 비활성 지식(inert knowledge: 실생활과 관련이 없는 지식)을 전달하는 문제점이 있다고 비판한다. 직접 교수법은 시간이 적게 소요되고 선행지식이 풍부할 때 적합하지만, 파지 및 전이가 잘되지 않는다는 문제점이 있다.

발견학습의 가장 중요한 특징은 교사의 개입과 지도를 최소화한다는 점이다. 단, 이것이 교사가 전혀 안내와 지도를 하지 말아야 함을 의미하지는 않는다. 발견학습은 학생들이 하고 싶은 것을 마음대로 하도록 내버려 두는 자유방임식 교수법이 아니라 일종의 '지도된 활동(directed activity)'이라는 것을 명심해야 한다.

발견학습의 구체적인 형태는 교사의 지도와 안내의 정도를 기준으로 비구조화된 발견과 안내된 발견으로 구분할 수 있다. 비구조화된 발견(unstructured discovery)은 아무것도 계획하지 않은 상태에서 학생들이 개념이나 원리를 스스로 발견하는 개방형 발견(open discovery)이다. 반면 안내된 발견(guided discovery)은 학생들이 교사의 단계별 지도를 받아 가면서 문제를 해결하는 학습이다. 안내된 발견에서는 교사가 목표를 설정하고, 자료와 사례를 준비하며, 질문을 통해 지도하는 상황에서 학생들이 개념이나 원리를 발견하도록 한다. 통상적으로 학교에서 이루어지는 발견학습은 안내된 발견이라고 보면 된다.

발견학습에서 교사와 학생의 역할은 전통적인 역할과 완전히 다르다. 발견학습에서 교사는 지식을 전수하는 역할이 아니라 발견을 도와주는 촉진자 역할을 해야 한다. 촉진자 역할을 하는 교사는 학생들의 발견능력을 믿고, 높은 표준을 설정하며, 학생들의 탐색·탐구·조작을 촉진할 수 있는 환경을 조성해야 한다. 학생들은 발견학습에서 지식을 구성하고 발견을 하는 데 능동적으로 참여해야 한다. 학교에서 흔한 발견학습의 형태는 역할학습, 프로젝트학습, 컴퓨터 시뮬레이션이다.

(2) 발견학습의 목적과 단계

발견학습은 몇 가지 목적을 갖고 있다. 첫째, 학생들의 독자적인 사고능력을 기르는 데 목적이 있다. 바꾸어 말하면 발견학습은 학생들의 의존성을 줄이는 데 목적이 있다. 둘째, 학생들이 지식(개념, 원리, 법칙 등)이 형성되는 과정을 이해하도록 하는 데 목적이 있다. 셋째, 분석·종합·평가와 같은 고차적인 사고기능을 습득하는 데 목적이 있다.

발견학습은 다음과 같은 논리적인 단계에 따라 이루어지기도 한다.

① 문제(혹은 질문)의 제기 및 명료화
② 사례수집, 적절한 관찰
③ 가설도출
④ 가설검증을 위한 검사, 실험, 절차의 고안 및 실행
⑤ 적용, 확장 및 일반화, 그리고 주어진 정보를 초월하기

(3) 발견학습을 촉진하는 조건

발견학습을 촉진하거나 저해하는 조건은 다음과 같다(Bruner, 1961).

① 태세(set): 태세는 특정 방식으로 반응하려는 경향성이다. 발견지향적인 태세를 갖고 있는 사람들은 정보 사이에 존재하는 관계를 찾으려고 노력한다. 발견학습에는 정보를 단순히 기억하려는 피상적인 접근보다 관계를 파악하고 이해하려는 심층적 접근이 유리하다.
② 요구상태(need state): 요구상태는 각성 혹은 민감성 수준을 의미한다. Bruner에 따르면 발견에는 중간 수준의 각성 혹은 민감성이 극단적으로 높거나 낮은 민감성보다 더 유리하다.
③ 구체적인 정보의 숙달(mastery of specifics): 구체적인 관련정보를 완전히 이해하고 다양

한 정보를 소유할수록 발견 확률은 높아진다. 발견은 무에서 유를 창조하는 것이 아니다. Bruner에 따르면 발견이란 우연한 현상이 아니어서 준비된 사람에게는 쉽지만, 준비되지 않은 사람에게는 극히 어렵거나 불가능하다.

④ 훈련의 다양성: 다양한 상황에서 훈련을 받을수록 발견의 확률이 높아진다. 그러므로 같은 주제를 여러 차례 가르치는 것이 좋다.

(4) 발견학습 조력방안

1960년대 전성기를 구가한 발견학습은 학생들이 문제해결에 능동적으로 참여하는 모든 교육장면에서 적용할 수 있는 교수법이다. 최근 구성주의가 대두되면서 발견학습에 관한 관심이 다시 높아지고 있는데, 구성주의 접근은 기본적으로 발견지향적 접근이다. 발견학습은 학생들이 스스로 지식을 구성한다는 가정에 근거한다. 구성주의적인 발견학습에 도움을 줄 수 있는 방안에 대한 Bruner의 견해는 다음과 같다.

첫째, 교육과정(教育課程)은 가장 기본적인 원리를 쉽게 발견할 수 있도록 조직해야 한다. 교육과정이 발견을 촉진하기 어려운 방식으로 조직되면 학생들이 원리나 법칙을 제대로 발견할 수 없고, 그 결과 전이에도 전혀 영향을 미치지 못한다.

둘째, 제대로 가르치기만 하면 어떤 교과라도 나이에 관계없이 가르칠 수 있다. 교과를 제대로 가르치자면 지식의 표현형식을 고려해야 한다. 지식은 작동적 표현(作動的 表現, enactive representation: 지식을 외현적 동작으로 나타내는 표현방식), 영상적 표현(映像的 表現, iconic representation: 지식을 비교적 구체적인 정신적 이미지로 나타내는 표현방식), 상징적 표현(象徵的 表現, symbolic representation: 지식을 임의적인 상징, 언어, 개념으로 나타내는 표현방식)의 순서에 따라 발달한다. 따라서 학생들을 가르칠 때는 지식의 표현양식을 감안해야 한다. 같은 학습내용이라도 시범을 통해 가르칠 수도 있고(작동적 표현), 그림이나 도표를 통해 가르칠 수도 있으며(영상적 표현), 언어적으로 가르칠 수도 있다(상징적 표현).

셋째, 교육과정은 나선형으로 조직해야 한다. 나선형 교육과정(螺旋形 教育課程, spiral curriculum)이란 학생들의 흥미와 배경지식을 감안해서 동일 주제를 추상성과 일반성을 기준으로 다양한 수준에서 반복 제시하는 것을 말한다. 나선형 교육과정은 발견학습에 부합된다. 왜냐하면 나선형 교육과정은 원리를 중심으로 교과를 조직하되, 단순한 원리에서 복잡한 원리의 순서로 조직하고, 학생들이 지식을 구성하는 데 도움을 주기 위해 동일 주제를 반복적으로 조직하기 때문이다.

넷째, 직관적 사고를 강조해야 한다. 논리적 사고만 강조하고, 직관과 추측(educated guess)을 금지하면 발견의 과정이 위축된다.

다섯째, 발견을 촉진하기 위해 시청각 기자재, 모델, 멀티미디어 등 다양한 기자재를 활용하여 직접 경험 혹은 대리적 경험을 제공해야 한다.

(5) 발견학습의 장점과 단점

Bruner에 따르면 발견학습의 장점은 다음과 같다.

- 발견학습은 정보를 구성하고 조직하는 능력을 기르는 데 효과적이다.
- 발견학습은 그 자체가 보상기능이 있고 유능감을 높이므로 내재적 동기를 유발한다.
- 발견전략(heuristics) 혹은 일반전략과 같은 문제해결기능의 학습을 촉진한다.
- 발견학습을 통해 획득된 정보는 오래 파지되고, 다양한 장면으로 쉽게 전이된다.

한편, 발견학습의 단점은 다음과 같다.

- 발견학습은 문제해결과정이 중요할 경우에는 적합하지만, 교사가 쉽게 제시할 수 있는 구조화 정도가 높은 내용에는 적절하지 않다.
- 학교에서 가르치는 모든 것을 발견할 필요가 없다는 점에서 적용범위가 좁다.
- 시간과 노력이 많이 소요된다.
- 교사의 경험과 소양이 많이 요구된다.
- 능력이 낮은 학생에게는 어렵다.
- 교사 및 학생에게 불확실성을 조장하고 자신감을 떨어뜨린다.

2. 구성주의

구성주의(構成主義, constructivism)는 학생들이 스스로 지식을 형성 혹은 구성한다고 주장하는 심리학적 및 철학적 관점이다. 이에 따르면 지식은 외부에 존재하는 객관적인 실재가 아니라 능동적인 구성의 산물이다.

구성주의는 객관적인 진리나 지식이 존재하고, 그 지식을 발견하고 입증할 수 있다는 견해를 부정한다. 구성주의는 지식을 진리로 간주하고 않고 작업가설로 본다. 이와 같은 관점에 따르면 지식은 개인이 구성한 것이므로 그에게는 참이 될 수 있지만 다른 사람에게는 참이 아닐 수도 있다. 왜냐하면 사람들은 신념이나 경험을 기반으로 해서 지식을 구성하는데,

신념이나 경험이 사람마다 다르므로 구성되는 지식도 사람마다 다르기 때문이다. 그러므로 구성주의에 따르면 모든 지식이나 이론은 회의적인 시각에서 검토해야 한다. 구성주의의 이러한 견해는 구성주의 자체에도 적용된다. 그러므로 특정 구성주의의 견해가 다른 구성주의의 견해보다 더 타당하다고 할 수 없다.

구성주의는 최근 부각되었지만 완전히 새로운 견해가 아니라 오래전부터 Dewey, Piaget, Vygotsky, Bruner와 같은 학자들이 지속적으로 강조한 관점이다. 구성주의 출현에 영향을 미친 요인들은 다음과 같다.

① 시대상황: 현대인들은 정보화 시대에 살고 있다. 다양성, 창의성, 유연성, 복합성, 비예측성을 특징으로 하는 정보화 시대는 교사중심교육을 학생중심교육으로 전환할 것을 요구하고 있다.

② 정보처리이론에 대한 불만: 정보처리이론은 사고가 개인 내부에 존재한다고 가정하고 일상적인 능력이나 문제를 무시했다. 정보처리이론의 이러한 견해를 비판하는 구성주의에 따르면 사고는 개인과 상황의 상호작용 속에 존재한다.

③ 학교교육에 대한 반성: 기존의 학교에서 중점적으로 가르치고 있는 지식과 기능은 실제 상황에 적용하기 어렵다는 한계가 있다. 학교에서 학생들은 수동적으로 학습에 임하고 있으며, 교사는 지식의 전달자 역할만 하고 있다. 이와 같은 교육방식은 산업화 시대에는 적합하지만 정보화 시대에는 부적합하다.

④ Vygotsky의 사회문화적 이론: Vygotsky에 따르면 사회 및 문화는 학습 및 발달에 결정적인 영향을 미친다. 그의 이론은 구성주의의 이론적 토대를 제공했다.

⑤ 포스트모더니즘(postmodernism): 표준화와 효율성을 표방하는 모더니즘에 반발하여 태동한 포스트모더니즘은 개성화, 개별화, 탈표준화를 모토로 한다.

학생들이 지식을 구성하기 위해 능동적으로 노력할 때 유의미학습이 이루어진다고 전제하는 구성주의는 본질적으로 학생중심교육을 표방한다. 따라서 구성주의 관점은 교사가 교육을 주도하는 교사중심교육과 극명하게 대비된다.

교사중심교육은 인식론적으로 객관주의(客觀主義, objectivism)에 기반을 둔다. 객관주의는 실재가 인식 주체와 독립적으로 외부에 존재하므로 모든 사람들이 동일하게 인식할 수 있다고 가정한다. 객관주의에 따르면 세계에 관한 경험이 확대·심화됨에 따라 정신에 표상된 지식은 실재에 근접한다. 따라서 객관주의는 외부에 독립적으로 존재하는 지식을 내부로 전이시키는 것을 교육으로 간주한다. 당연히 객관주의는 외부 지식을 내부로 효과적으로 전이시킬 수 있는 교사중심교육을 지향한다. 교사중심교육은 학생들에게 지식을 전수하는 교사의 역할을 절대시한다. 교사중심교육에서 교사는 교육의 목표·내용·방법·평가 등 거의 모든 것을 일방적으로 결정한다. 반면 학생들은 교사가 전수해 주는 지식을 수동적으로 흡수하는 수용기(受容器) 역할을 한다.

앞에서 다룬 행동주의 및 정보처리이론은 모두 객관주의에 근거하고 있다. 보편적인 학습법칙을 강조하는 행동주의에 따르면 교사는 교육목표 설정, 교육방법 결정, 평가활동 등 교육의 전체 과정에서 전권(全權)을 행사해야 한다. 정보처리이론 역시 지식이 학생 외부에 객관적으로 존재한다고 가정하고 있다. 구성주의는 이러한 교사중심교육을 학생중심교육으로 전환하려는 운동으로 나타났다.

구성주의는 상대주의에 기반을 둔다. 상대주의(相對主義, relativism) 인식론에 따르면 지식은 고정된 것이 아니라 끊임없이 수정되고 변화된다. 지식의 개별성과 특수성을 강조하는 구성주의는 지식의 보편성과 일반성을 강조하는 객관주의에 기반을 둔 행동주의 학습이론이나 정보처리이론과 대비된다.

1) 구성주의의 유형

구성주의는 단일의 이론이 아니라 다양한 관점들을 포괄한다. 따라서 지식이 어떻게 구성되는가에 관한 견해는 구성주의의 관점에 따라 크게 다르다. 인지적 구성주의와 사회적 구성주의 관점을 요약하면 다음과 같다.

(1) 인지적 구성주의

인지적 구성주의(認知的 構成主義, cognitive constructivism)는 지식이 개체의 인지활동을 통해 전적으로 구성된다는 관점이다. 이에 따르면 지식은 선행지식을 변형·조직·재조직하는 과정을 통해 구성된다. 인식 주체를 생물학적 유기체라고 가정하는 인지적 구성주의에 따르면 지식은 외부 세계를 반영하는 것이 아니라, 추상적인 수준에서 존재하고 선행지식에 대한 추상화 과정을 통해 발달하며 보편적인 발달계열을 따른다. 그러므로 지식은 외부 정보와 직접적인 관련이 없을 뿐만 아니라 사회환경이나 물리적 특성을 반영하지도 않는다. 인지적 구성주의는 Piaget의 인지발달이론에 기반을 두고 있으며, 급진적 구성주의(radical constructivism) 혹은 내생적 구성주의(endogenous constructivism)라고도 한다.

인지적 구성주의는 (1) 학습이 정신 내부에서 일어나는 내적 과정이고, (2) 학습은 본질적으로 인지적 평형이 파괴될 때 경험하는 인지갈등과 성찰을 통해 일어난다고 주장하는

Piaget 이론의 핵심원리에 동의하고 있지만 다음과 같은 차이가 있다. 첫째, Piaget의 이론은 외적 실재의 존재를 인정하고 외적 실재에 조절하는 과정을 통해 인지발달이 이루어진다고 주장하지만, 인지적 구성주의는 외적 실재의 존재 자체를 인정하지 않는다. 둘째, Piaget의 이론은 논리적 사고의 발달에 주안점을 두지만, 인지적 구성주의는 교과에 관련된 지식의 학습에 주안점을 둔다.

(2) 사회적 구성주의

사회적 구성주의(社會的 構成主義, social constructivism)는 지식이 개체와 환경의 상호작용을 통해 구성된다는 관점이다. 이에 따르면 지식은 객관주의의 주장처럼 전적으로 외부 세계

| 표 8-1 | 학습에 관한 네 가지 관점

구분	객관주의		구성주의	
	행동주의 Skinner	정보처리이론 Anderson	인지적 구성주의 Piaget	사회적 구성주의 Vygotsky
지식의 성질	• 고정된 지식체계 • 외부에 객관적으로 존재함	• 고정된 지식체계 • 외부에 객관적으로 존재함 • 선행지식은 정보처리에 영향을 줌	• 가변적 지식체계 • 개인적으로 구성함 • 선행지식에 근거하여 지식 구성	• 가변적 지식체계 • 사회적으로 구성함 • 참여자들이 공동으로 지식 구성
학습	• 사실, 기능, 개념의 획득 • 반복 및 연습 중시	• 사실, 기능, 개념, 전략의 획득 • 인지전략 중시	• 능동적 구성, 선행지식의 재구조화 • 개체의 인지활동 중시	• 사회적으로 규정된 지식과 가치의 협력적 구성 • 사회적 상호작용 중시
교수	• 전수, 해설	• 전수, 학생이 더 정확하고 완전한 지식을 갖도록 지도	• 도전, 더 완전하게 이해하고 사고하도록 안내	• 학생과 공동으로 지식 구성
교사 역할	• 관리자, 감독자, 오류 교정	• 효과적인 인지전략의 교수 및 모델 • 오개념 교정	• 촉진자, 안내자 • 학생의 기존 인지구조, 개념, 사고 고려	• 촉진자, 안내자 • 공동참여자 • 사회적으로 구성된 개념 고려
또래 역할	• 보통 고려되지 않음	• 필요하지 않지만 정보처리에 영향을 줄 수는 있음	• 필요하지 않지만 사고를 자극하고 질문을 할 수 있음	• 지식 구성과정의 일부
학생 역할	• 정보의 수동적인 수용 • 적극적인 청취 • 지시추종	• 능동적인 정보처리, 인지전략 활용 • 정보의 조직 및 재조직, 기억	• 능동적 지식 구성 • 능동적 사고, 설명, 해석, 질문	• 타인과 공동으로 지식 구성 • 능동적 사고, 설명, 해석, 질문, 능동적 사회 참여

자료: Woolfalk(2007), p. 365.

에 존재하는 것도 아니고 그렇다고 해서 인지적 구성주의의 견해와 같이 전적으로 정신활동의 산물도 아니라, 개체가 다른 사람과 상호작용을 하는 과정에서 경험하는 모순을 구성적으로 통합한 것이다. 사회적 구성주의는 사고와 경험이 맥락과 불가분하게 관련되어 있다고 보는 맥락주의(脈絡主義, contextualism)에 기반을 둔다. Bruner와 Vygotsky의 발달이론은 사회환경의 영향을 강조한다는 점에서 사회적 구성주의에 해당된다. 지식의 사회문화적 맥락을 강조하는 사회적 구성주의는 변증법적 구성주의(dialectical constructivism)라고 부르기도 한다.

　인지적 구성주의와 사회적 구성주의는 각각 다른 측면을 강조하고 있지만 상호배타적인 관점은 아니다. 오케스트라의 역량을 강화하려면 단원 각자의 개별적인 연습은 물론 전체적인 조율이 필요한 것처럼, 지식을 구성하려면 개별적인 인지활동은 물론 사회적 상호작용을 수행해야 하기 때문이다.
　객관주의, 구성주의의 학습에 대한 견해는 〈표 8-1〉과 같이 요약할 수 있다.

2) 구성주의의 특징

　구성주의 관점들이 공통적으로 표방하고 있는 특성을 요약하면 다음과 같다.
　첫째, 개인은 지식을 능동적으로 구성한다. 개인은 (보고 들은 것을 기억에 그대로 복사해서 저장하는 기계가 아니라) 선행지식, 흥미, 태도, 개인적 목표를 기반으로 지식을 구성한다. 그 결과 사람에 따라 구성되는 지식은 다르다. 단, 지식이 구성되는 기제에 관한 견해는 구성주의 관점에 따라 차이가 있다. 인지적 구성주의에 따르면 지식은 내적 인지활동을 통해 구성되고, 사회적 구성주의에 따르면 지식은 개체와 사회환경의 상호작용을 통해 구성된다. 여기서 개체의 인지활동이란 자기성찰활동을, 사회적 상호작용이란 다른 구성원과의 직간접적인 의사소통과 교호작용을 말한다. 사회적 상호작용을 통해 개체는 사회나 문화의 배경, 의식, 사고방식에 문화적으로 동화(acculturation)된다. 사회적 상호작용을 강조하는 구성주의는 환경이 개체에 미치는 영향을 중시하는 행동주의나 맥락을 고려하지 않고 학습이 정신 내부에서 일어난다고 주장하는 정보처리이론과 대비되며, 개체ㆍ환경ㆍ행동이 상호작용을 한다고 가정하는 Bandura의 사회인지이론과 견해를 같이한다.
　둘째, 모든 지식은 잠정적이고 유동적이다. 구성주의에 따르면 지식은 보편적인 진리가 아니라, 특정 맥락에서 구성원들이 합의한 잠정적인 결론에 불과하다. 따라서 현재 개인이 갖고 있는 지식은 그의 인지적 한계를 반영한다.

셋째, 지식의 정수(精髓)는 결코 다른 사람에게 완전한 형태로 전수할 수 없다. 지식이란 주관적인 성질을 갖고 있으므로 다른 사람에게 전수할 경우 지식의 일부가 상실되는 것은 불가피하다. 음악연주를 예로 들면 교사가 곡을 해설하거나 연주기법은 가르칠 수 있을지 몰라도 '연주의 모든 것'은 결코 가르칠 수 없다. 왜냐하면 연주자에 따라 작곡가의 성격 및 작곡동기에 관한 지식, 악기의 종류 등 다양한 요인에 따라 곡의 해석과 연주가 다르기 때문이다.

넷째, 지식의 형성 및 변화는 사회적 협상과 협력을 통해 이루어진다. 사회적 협상(social negotiation)이란 다른 사람들과 협력하면서 서로 의견을 존중하는 학습과정을 일컫는다. 사회적 협상과 상호작용을 통해 지식이 형성된다고 주장하는 사회적 구성주의에 따르면 교육의 중요한 목표는 다른 사람들의 견해를 존중하고 서로 협력하는 과정을 통해 자신의 견해를 확립, 옹호할 수 있는 능력을 기르는 것이다. 이러한 목표를 달성하려면 간주관적 태도(intersubjective attitude)—공통적인 근거를 발견하고 해석을 교환하는 과정을 통해 공유된 의미를 형성하려는 태도—를 가져야 한다(간주관성이란 상이한 견해를 가진 두 사람이 점차 합의된 견해를 갖게 되는 과정을 일컫는다.).

다섯째, 복잡하고 실제적 과제를 강조한다. 복잡한 과제는 단순히 어려운 과제가 아니라 여러 측면으로 구성되어 있어 다양한 해결책이 가능하고 정답이 없는 과제를, 실제적 과제(authentic task)는 실생활에서 당면하는 과제를 말한다. 구성주의 교육이 복잡한 과제를 중시하는 것은 실생활에서는 단순한 과제가 거의 존재하지 않기 때문이고, 실제적 과제를 강조하는 것은 지식이 상황과 불가분의 관련이 있기 때문이다. 따라서 구성주의 교육은 복잡하고 실제적인 맥락에서 이루어져야 한다.

여섯째, 중다관점(衆多觀點, multiple perspectives)을 중시한다. 대부분의 일상적인 문제는 다면적인 성질을 갖고 있으므로 구성주의 교육에서는 문제를 다각적인 관점에서 조망하도록 해야 한다.

일곱째, 학생들의 주인의식(ownership) 혹은 주도권을 강조한다. 구성주의에 따르면 학생들은 학습의 주체로서 스스로 학습을 계획·관리·조절해야 한다. 당연히 학생들은 자기성찰을 해야 한다. 자기성찰(自己省察, self-reflection)이란 일상적인 경험이나 사건에 관해 스스로 질문을 제기하고, 분석하며, 대안을 강구하는 습관을 일컫는다. 자기성찰을 할 때는 성찰노트(reflective journal)나 토론을 활용할 수 있다. 학생들은 자기성찰을 통해 당연시하던 현상에 관해 새로운 견해를 갖게 되고, 나아가 자기 견해를 더욱 논리적이고 설득력 있게 제시할 수 있게 된다.

여덟째, 구성주의 교육은 학생들이 능동적으로 지식을 구성하도록 지원해야 한다. 구성주의 교육은 문제해결능력, 비판적 사고, 탐구능력, 자기결정능력, 중다관점 수용능력, 메타인지 등을 강조한다.

　아홉째, 교사는 단순한 정보원이 아니라, 코치·촉진자·조력자·조언자 역할을 해야 한다. 교사가 동료 학습자(co-learner)의 역할을 해야 한다는 주장도 있다.

　열째, 구성주의는 협동학습(collaborative learning)을 중시한다. 협동학습을 중시하는 것은 지식이 사회적 상호작용을 통해 구성된다고 전제하기 때문이다. 협동학습의 과정에서는 다양한 견해에 접하게 됨은 물론 생각을 논리적으로 전개하는 방법이나 토론 및 협상의 기술도 배우게 된다.

　열한째, 구성주의 교육은 수업자료(학습자가 조작할 수 있는 자료), 활동(관찰, 자료수집, 견학), 수업과정(협동학습, 토론) 등의 측면에서 다양한 방식으로 나타날 수 있다.

3) 구성주의의 교육적 적용

　구성주의는 교육현장에서 다양한 방식으로 구현되고 있다. 구성주의 교육을 촉진하기 위한 일반적인 조건은 다음과 같다.

① 주인의식(主人意識, ownership): 학생들은 학습의 주체로 주도권을 가져야 한다.
② 자기성찰(自己省察, self-reflection): 학생들은 모든 경험·사건·현상의 의미와 중요성에 관해 스스로 질문하고, 분석하며, 대안을 강구해야 한다.
③ 실제적 과제(實際的 課題, authentic task): 복잡한 상황에서 실제적인 학습과제를 제시해야 한다.
④ 중다관점(重多觀點, multiple perspective): 학습과제를 다양한 관점에서 다양한 방식으로 표현해야 한다.
⑤ 협동학습(協同學習, collaborative learning): 문제를 해결할 때 사회적 협동과 상호작용을 강조해야 한다.

　구성주의가 교육현장에 어떻게 적용되고 있는가를 인지적 도제, 상호적 교수, 문제중심 학습, 상황학습, 정착수업, 협동학습으로 나누어 간략하게 소개한다.

(1) 인지적 도제

　인지적 도제(認知的 徒弟, cognitive apprenticeship)는 초보자가 유능한 사람의 지도를 받아 지식과 기능을 습득하는 과정을 말한다. 전통적인 도제방법은 초보자(도제)가 전문가(장인)

의 지도를 받고 그를 관찰하고 모방하는 과정을 통해 전문 지식이나 기능을 연마하는 과정으로 이루어진다. 전통적으로 도제방법은 다양한 직종에서 장인이 도제에게 지식과 기능을 전수하는 보편적인 수단이었다. 오늘날에도 도예, 재단, 요리와 같은 직종에서는 도제방법을 이용해서 초보자에게 전문기술을 전수하고 있다. 학교에서 도제방법은 예체능분야에서 기능을 전수하는 과정이나 대학원에서 논문작성을 지도하는 과정으로 활용되고 있다.

상황학습의 견해를 반영하고 있는 인지적 도제는 도제방법을 이용하여 고등정신기능을 개발하기 위한 방법이다. 상황학습의 견해에 따르면 학습과 인지는 특정 맥락에 존재하며, 지식은 실제적 활동을 통해 발달한다. 인지적 도제는 Vygotsky의 근접발달영역의 개념에 근거하고 있으며, Bruner나 Ausubel과 같은 인지심리학자의 이론을 포함하고 있는 구성주의 학습모형이다(Collins, Brown, & Newman, 1989).

인지적 도제는 학교에서 가르치는 지식과 기술이 너무 추상적이어서 실생활에서 제대로 활용할 수 없다는 인식에 근거하여 개발되었다. 인지적 도제의 관점에 따르면 전통적인 학교에서 이루어지는 학습과 실생활에서 이루어지는 학습은 너무 큰 괴리가 있다. 예를 들어, 학교에서 학생이 수학문제를 푸는 방식과 전문가가 실제 상황에서 문제를 해결하는 방식은 너무 다르다.

인지적 도제에서는 학생을 새로운 기능과 기술을 배우기 위해 전문가의 지도를 받는 도제로 간주한다. 전문가 역할을 하는 사람은 부모, 형제, 교사다. 인지적 도제에서 교사는 학생의 머릿속에 정보나 사실을 채워 넣는 역할이 아니라, 시범을 보이고 탐구를 조장하고 지도하며 격려하는 역할을 한다. 인지적 도제에서 학생과 교사는 공동으로 복잡한 문제를 해결하거나 도전적인 과제를 해결하는 과정에서 문제의 다양한 측면에 관해 대화하고, 문제를 분석하고, 최적의 해결방안을 모색한다.

인지적 도제의 특징은 다음과 같다. 첫째, 복잡한 문제를 해결하는 과정을 가르치는 데 주력한다. 개념적 지식과 사실적 지식을 가르칠 경우 상황학습의 관점에서 다양한 맥락을 활용한다. 둘째, 신체적 기능습득에 주안점을 둔 전통적 도제와 달리, 인지적 도제는 인지 및 메타인지 기능을 가르치는 데 주안점을 둔다. 셋째, 전통적인 도제는 작업장면에서 수행되므로 문제와 과제가 교육적인 관점이 아니라 작업장면의 요구를 반영한다. 반면 인지적 도제의 문제와 과제는 교육적인 관심사를 반영한다. 넷째, 전통적인 도제는 기능을 특정 맥락에서 가르치는 데 주안점을 두지만, 인지적 도제는 다양한 맥락에서 활용될 수 있는 탈맥락적 지식을 강조한다.

인지적 도제모형에 따르면 이상적인 학습환경은 (1) 내용, (2) 방법, (3) 계열, (4) 사회적 측면 등 네 가지 요소로 구성된다(Collins, Brown, & Newman, 1989).

① 내용

인지적 도제가 목표로 하는 지식은 영역특정지식(domain knowledge), 발견전략(heuristic strategies), 통제전략(control strategies), 학습전략(learning strategies) 등이다.

② 방법

인지적 도제에서 사용되고 있는 주요한 교수방법은 다음과 같다.

① 모델링(modeling): 관찰을 통해 문제해결과정을 학습하도록 전문가가 시범을 보이는 방법이다. 모델링의 목적은 전문가 행동을 단순히 모방하는 데 있는 것이 아니라 학습과제에 관한 인지적 모형을 구성하도록 도움을 주려는 것이다.
② 코칭(coaching): 인지과제를 수행할 때 전문가가 구체적인 측면에 관한 제안, 힌트, 피드백을 제시하여 자세히 지도하는 방법이다.
③ 발판화(비계설정, scaffolding) 및 단서철회(용암법, fading): 발판화는 근접발달영역에 속하지만 혼자 해결하기 어려운 과제해결을 도와주는 방법이다. 단서철회는 다른 사람의 도움 없이 과제를 혼자 해결할 수 있는 능력을 갖추게 되면—Vygotsky의 표현을 빌리면 잠재적 발달수준에서 실제적 발달수준으로 이행함에 따라—도움을 점차 줄여 나가 스스로 문제를 해결하고 학습하도록 하는 방법이다.
④ 명료화(articulation): 지식, 추리, 문제해결과정을 설명하도록 하는 기법이다. 정교한 언어적 표현은 인지과정을 명료화시킨다.
⑤ 성찰(reflection): 문제해결과정을 전문가, 다른 학생, 추상적 모델의 문제해결과정과 비교하도록 하는 방법이다.
⑥ 탐색(exploration): 인지적 도제의 마지막 단계로, 지식이나 기능을 새롭게 활용할 수 있는 방식을 모색하도록 하는 방법이다. 탐색은 전이나 일반화와 비슷하다.

위의 방법 중 모델링, 코칭, 발판화는 인지전략과 메타인지전략을 획득하는 데 도움을 주기 위한 것이다. 명료화와 성찰은 문제해결전략을 의식적으로 통제하도록 하기 위한 방법이다. 마지막으로 탐색은 학생에게 자율성을 격려하기 위한 것이다.

③ 계열

인지적 도제는 상황에 따라 달라질 수 있지만 일반적인 계열은 다음과 같다.

① 복잡성 증가: 점점 더 복잡한 개념과 기능이 필요하도록 과제계열을 구성한다. 단순한 것을 먼저 제시하고 복잡한 것을 뒤에 제시한다.

② 다양성 증가: 점점 더 다양한 전략과 기능이 필요하도록 과제를 계열화한다. 전이와 유의미학습을 촉진하기 위한 것이다.

③ 일반성 우선: 일반성이 높은 개념이나 기능을 특수한 개념이나 기능보다 앞에 제시해야 한다. Ausubel의 선행조직자 개념과 비슷하다.

④ 사회적 측면

사회적 측면(sociology)은 인지적 도제의 요소 중에서 유일하게 상황인지이론에서 직접 도출한 것이다. 상황학습, 전문가의 문화, 내재적 동기, 협동, 경쟁으로 구성된다.

(2) 상호적 교수(상보적 교수)

상호적 교수(相互的 敎授, reciprocal teaching)(Palincsar & Brown, 1984) 혹은 상보적 교수는 소집단에서 상호작용을 통해 독해(읽기 이해)에 필요한 인지전략을 가르치려는 교수전략이다. 독해의 핵심적인 인지전략은 (1) 질문(questioning), (2) 요약(summarizing), (3) 명료화(clarifying), (4) 예측(predicting)으로 구성된다. Vygotsky의 이론에 근거하여 상호작용과 발판화를 강조하는 상호적 교수는 교사가 먼저 시범을 보인 다음, 교사와 학생이 교사 역할을 교대로 하는 상호작용적이고 구조화된 대화를 포함한다.

상호적 교수는 교재를 이해하는 데 필요한 인지전략과 집단토의기법을 가르치기 위해 소집단장면에서 이루어진다. 상호적 교수법을 적용하려면 교사와 몇몇 학생들로 소집단을 구성한 다음, 먼저 교사가 모델이 되어 학생들에게 인지전략에 관해 설명하고 시범을 보인다. 교사는 교재를 읽으면서 질문에 답을 하고, 내용을 요약하며, 어려운 부분을 명료화하고, 뒤에 어떤 내용이 나올 것인지 예측한다. 점차 교사는 학생에게 교사 역할을 하도록 유도한다. 학생은 교사의 시범을 보고 학습한 기능을 다른 학생들에게 시범을 보이고 설명한다. 그래서 이 방법을 상호적 교수법이라고 한다. 학생들은 서로 질문하고 명료화하도록 요구하며 논평하고 도움을 주면서 학습한다. 학생의 시범이나 설명이 미흡하면 교사가 단서와 교정적 피드백을 제공한다. 결국 모든 학생들은 교사가 도와주지 않더라도 스스로 교과내용에 관한 질문에 답을 하고, 내용을 요약하며, 어려운 부분을 명료화하고, 뒤에 어떤 내용이 나올 것인지 예측할 수 있게 된다.

(3) 문제중심학습(문제기반학습)

문제중심학습(問題中心學習, problem-based learning, PBL) 혹은 문제기반학습은 실생활 문제를 해결하도록 하는 교수방법이다. 의학교육과 경영교육 분야에 근원을 두고 있는 문제중심학습은 원래 구성주의와 관련이 없이 독자적으로 창안된 교육방법이지만, 구성주의에 접목되어 다양한 분야와 학교교육에 활발하게 도입되고 있다. 구성주의 견해를 가장 충실하게 반영하고 있는 것으로 평가받고 있는 문제중심학습의 특징은 다음과 같다.

첫째, 문제중심학습은 단순한 지식이나 기능 습득이 아니라, 비판적 사고력, 반성적 사고력, 문제해결력, 메타인지기능과 같은 고등정신능력을 함양하는 데 목적이 있다.

둘째, 문제중심학습은 학생중심의 자기주도학습을 지향한다. 문제중심학습에서 학생들은 주인의식(주도권)을 갖고 학습활동을 능동적으로 주도해야 한다. 즉, 학생들은 학습목표를 설정하고, 학습속도를 조절하며, 학습진전 여부를 수시로 점검해야 한다.

셋째, 문제중심학습에서 교사는 지식을 일방적으로 전달하는 역할이 아니라, 학생들을 지원하고 조력하는 안내자·지원자·촉진자의 역할을 한다.

넷째, 문제중심학습의 학습과제는 실제적이고 비구조화된 성격을 갖고 있다. 실제적 문제(authentic problem)란 실생활과 긴밀하게 관련된 문제를, 비구조화된 문제(ill-structured problem)란 문제의 요소가 제대로 정의되지 않고 문제해결에 필요한 정보가 부족해서 다양한 해결책이 가능한 문제를 말한다. 이러한 문제는 학습동기를 높이고 고차적 사고능력과 비판적 사고능력을 기르는 데 효과가 있는 것으로 알려져 있다.

다섯째, 문제중심학습은 협동학습을 중시한다. 문제중심학습에서는 동료와 함께 문제를 해결할 수 있는 방안을 수립하고 실행해야 한다. 실제적이고 비구조화된 문제를 해결하기 위해 협동학습을 하는 과정에서 학생들은 아이디어를 공유하고, 다양한 견해를 경험하며, 사고를 명료화하고, 사고를 수정할 수 있다.

여섯째, 문제중심학습은 학습의 결과에 대한 평가는 물론 학습과정에 대한 평가도 중시한다. 또 교사의 평가는 물론 학생 자신의 평가와 또래의 평가도 포함한다.

(4) 상황학습(상황인지)

전통적인 학습이론은 모든 장면과 모든 교과에 두루 적용될 수 있는 보편적인 학습법칙을 발견하기 위해 주력하였다. 그 영향을 받아 학교교육도 다양한 장면에 전이될 수 있는 일반지식을 가르치기 위해 노력해 왔다. 전통적인 이론과 달리 구성주의는 지식, 학습, 인지가 상황에 존재한다고 전제한다. 구성주의에 따르면 학생들은 실제 상황과 관련되지 않는 일반지식을 절대로 학습할 수 없다. 구성주의는 전형적인 학교에서 이루어지는 학습이 실제

상황을 전혀 반영하지 못하고 있다고 비판하고, 학교학습이 추상적이고 인위적인 활동이 아니라 실제 상황의 인지활동을 반영해야 한다고 주장한다.

　상황학습(狀況學習, situated learning) 혹은 상황인지(狀況認知, situated cognition)는 인지과정(사고나 학습을 포함하여)이 물리 및 사회 상황과 맥락에 존재한다는 것을 뜻한다(Anderson, Reder, & Simon, 1996). 이에 따르면 인지과정이란 전적으로 개인의 마음에 존재하는 것이 아니라, 개인과 상황의 관계 속에 존재한다. 상황학습은 학습 및 인지에서 상황과 맥락요인의 영향을 무시했던 인지심리학을 비판하고, 지식이 맥락이나 상황과 분리될 수 없다는 점을 강조한다.

　상황학습의 견해는 내부의 인지과정만 중시하고 실제 상황의 중요성을 경시한 정보처리 모형과 대비된다. 개인과 상황이 상호작용을 한다는 견해는 교육학이나 심리학에서 오래전부터 주장되어 왔으므로 상황학습의 견해가 새로운 것은 아니다. 대부분의 학습 및 발달 이론은 개체가 특정 상황에서 상호작용하면서 지식이나 신념을 형성한다고 가정한다. 이러한 점에서 상황학습의 견해는 오랜 전통을 갖고 있다고 할 수 있다.

　상황학습은 학습과제를 현실적인 맥락에서 제시하는 것을 강조한다. 현실적인 맥락이란 다양한 지식과 기능을 이용해서 실제적인 문제를 해결해야 할 상황을 가리킨다. 상황학습에 따르면 유의미학습이란 실제 상황에서 활용할 수 있는 지식이나 기능을 획득하는 것이므로 학습을 하는 상황과 불가분의 관련을 맺고 있다. 가령, 사칙연산을 교과서에 수록된 문제를 풀면서 학습하는 것과 가게에서 물건을 사고 셈을 하는 과정에서 학습하는 것은 질이 크게 다르다. 또 교과서에서 외국어를 배우는 것과 대화를 통해 외국어를 배우는 것은 완전히 다르다.

　상황학습의 사례로는 야구를 과학이나 수학, 사회학의 개념을 이해하는 수단으로 활용하는 것을 들 수 있다. 예를 들어, 물리학 원리를 이용해서 투수의 커브볼을 설명하거나, 수학 원리를 이용해서 홈런의 거리를 계산하거나, 사회학 원리를 이용해서 사회관계를 분석할 수도 있다. 이러한 점에서 전통적인 교육은 교과서의 내용을 이해하고 시험을 치르는 데는 필요하지만 실생활에 전혀 도움이 되지 않는 소위 '죽은 지식'을 가르치는 데 치중하고 있다는 비판을 받고 있다.

　상황학습은 대체로 수학, 과학, 문학 등 다양한 분야의 교과학습을 촉진하는 효과가 있는 것으로 밝혀지고 있다. 예를 들어, 독도법(讀圖法: 지도를 해독하는 방법)을 전통적인 강의법으로 가르치는 것보다 상황학습을 이용하여 실제 상황에서 가르쳤을 때 성취도가 더 높았다(Griffin, 1995). 상황학습은 학습동기를 효과적으로 유발하는 효과도 있다. 상황학습의 견해에 따르면 동기는 학생이 사회·문화적인 상황과 상호작용을 하는 과정에서 유발된다. 이러한 점에서 상황학습은 개인의 내적 상태나 환경요인에 의해 동기가 유발된다고 주장하는 전통적 동기이론과 견해를 달리한다.

(5) 정착수업

정착수업(定着授業, anchored instruction)은 테크놀로지를 이용하여 실제 상황과 유사한 흥미롭고 실제적인 문제해결장면을 학습을 위한 정착지(anchor)로 활용하여 문제해결능력을 길러 주기 위한 교수방법이다. 즉, 정착수업은 학습을 실제 문제해결상황에 정착시켜(anchoring) 학생들이 적극적으로 학습에 참여하도록 하는 교수방법이다. 이러한 점에서 정착수업은 상황학습의 기본견해를 충실하게 반영한다. 국내문헌에서 정착수업은 정황수업, 앵커드 수업, 앵커드 교수법 등 다양한 명칭으로 불리고 있다.

정착수업의 핵심은 학습을 유의미하고 복잡한 문제해결장면에 정착(위치)시켜 학생들의 지속적인 참여를 유도하는 것이다. 정착수업에서 정착지는 실제적인 문제해결상황인데, 효과적인 정착지는 학생들의 내재적인 흥미를 유발하고, 주인정신을 북돋우며, 문제의 특징을 파악하는 데 도움을 준다. 실제적인 문제상황에서 학생들은 문제를 해결하면서 다양한 관점, 해결책, 문제해결과정을 공유한다.

정착수업은 전통적인 교수법의 문제점을 해결하고 상황학습을 구현하기 위한 구체적인 방법으로 고안되었다. 정착수업은 비활성지식(inert knowledge: 시험을 치는 데는 필요하지만 실생활과 관련이 없는 지식)이 아니라 실생활에 유용하고 융통성 있는 지식 습득을 목표로 한다. 정착수업의 첫째 특징은 실제적인 맥락을 중시한다는 점이다. 정착수업에서는 실제 상황의 문제를 해결하는 과정을 통해 지식을 획득하도록 하기 위해 다양한 하위목표 혹은 쟁점을 갖고 있는 학습과제를 실제적이고 거시적인 맥락에서 제시한다. 실제적이고 거시적인 맥락에 정착된 과제는 문제를 다각적인 관점에서 유의미하게 이해하는 데 도움을 준다. 정착수업의 두 번째 특징은 실제적인 맥락이나 상황을 실감나게 제시하기 위해 비디오 테크놀로지를 활용한다는 점이다. 정착수업에서는 공학을 이용하여 실제와 유사한 상황을 제공한 다음 문제를 해결하도록 함으로써 유용한 지식을 학습하도록 한다.

정착수업의 대표적인 사례는 밴더빌트 대학교 인지공학 연구팀(Cognition and Technology Group at Vanderbilt, 1993)이 개발한 '재스퍼의 모험'이다. 이 시리즈는 주인공이 모험을 하는 과정에서 수학문제를 해결하기 위해 추리하고 소통하는 이야기를 담은 15~20분 분량의 이야기로 되어 있는데, 비디오테이프와 비디오디스크로 제작되어 있어 사실적인 상황과 맥락을 제공한다. 학생들은 비디오를 보기 전에 문제를 해결해야 한다. 문제를 해결하는 과정에서는 문제확인, 하위목표 설정, 관련정보 탐색, 상호협력, 가능한 해결책의 장단점 토론, 다양한 관점 비교 등과 같은 활동을 하게 된다.

정착수업과 인지적 도제는 특정 사회집단의 문화적 동화, 상황학습, 실제적 과제, 인지적 성찰과 같은 특징을 공유한다. 그렇지만 정착수업이 학생주도적인 문제형성과 해결에 주안점을 두는 데 비해, 인지적 도제는 특정 문화집단에 참여하여 그 집단의 문화나 지식을 익힘으로써 문화적으로 동화하는 데 초점을 둔다는 차이가 있다.

(6) 협동학습

협동학습(協同學習, cooperative learning)이란 소집단 구성원들이 공동으로 학습과제를 해결하거나 학습목표에 도달하도록 하는 방법이다. 초등학교에서는 협동학습을 모둠학습이라고 부른다. 협동학습의 일반적인 특징은 다음과 같다.

- 능력, 성별, 배경을 고려하여 이질적인 구성원들로 소집단(5명 이내)을 구성한다.
- 집단구성원들이 합심해서 달성해야 할 공동목표를 설정한다.
- 집단구성원들은 공동목표를 달성하기 위해 적극적으로 상호작용을 해야 한다.
- 집단구성원들은 공동목표를 달성하는 데 기여해야 할 개별책무가 있다.
- 협력하고 적극적인 상호작용을 하려면 대인관계기술을 학습해야 한다.
- 모든 구성원들에게 집단목표 달성에 기여할 수 있는 기회를 제공해야 한다.
- 소집단 사이의 경쟁을 유도할 수도 있다.

협동학습은 학업성취에 긍정적인 영향을 미친다. Slavin(1995)에 따르면 협동학습은 전통적 수업에 비해 학업성적을 1/4 표준편차 정도 향상시킨다. Johnson 등(1995)에 따르면 협동학습을 받은 집단은 경쟁학습이나 개별학습을 받은 집단에 비해 학업성적이 2/3 표준편차 정도 더 높다. 협동학습의 긍정적인 효과는 네 가지 관점에 비추어 설명될 수 있다(Slavin, 1995).

첫째 관점은 협동학습이 학습동기를 효과적으로 유발하여 학업성취를 촉진한다는 관점이다. 즉, 협동학습의 전형적인 특징인 집단구성원들의 긍정적인 상호의존성이 성취지향적인 행동(열심히 노력하고 학습에 주의를 집중하며 서로 격려하고 다른 구성원으로부터 도움을 구하는 등)을 유도하고, 학습에 더 많은 시간을 투입하도록 유도하여 학업성취를 향상시킨다는 것이다. 협동학습은 귀인에도 긍정적인 영향을 준다. 협동학습에 참여한 학생들은 성공을 운이 아니라 노력과 능력으로 귀인한다.

둘째 관점은 협동학습이 집단의 응집력과 결속력을 증대시켜 학업성취를 촉진한다는 관점이다.

셋째 관점은 협동학습이 구성원들의 상호작용을 촉진하여 학업성취를 높인다는 인지발달론적 관점이다. Piaget에 따르면 또래 간의 상호작용은 인지적 불평형을 유발하여 인지발달을 촉진한다. Vygotsky도 독자적으로 문제를 해결하는 것보다 다른 사람과 공동으로 문제를 해결하는 것이 발달을 촉진한다는 점을 강조한다.

넷째 관점은 협동학습이 학습내용에 관한 인지적 정교화를 촉진하여 학업성취를 향상시킨다는 관점이다. 이에 따르면 협동학습과정에서 학습내용을 동료에게 설명하는 과정을 통해 그 내용이 인지적으로 재구조화되고 선행지식에 관련되므로 더 유의미하게 학습된다는 것이다.

4) 구성주의의 문제점

최근 우리 교육에서 유행하고 있는 구성주의의 공과(功過)를 논하기는 이른 감이 없지 않다. 왜냐하면 구성주의가 교육에서 부각된 것은 비교적 최근의 일이고, 구성주의가 다양한 관점들을 포괄하기 때문이다. 구성주의의 몇 가지 문제점을 소개한다.

첫째, 지식이 상대적이라는 구성주의의 견해와 달리, 보편적인 지식이 엄연히 존재하고 있다. 보편적인 지식은 구성주의 방식으로 가르칠 필요가 없다. 구구단은 구성주의 방식으로 가르칠 수도 없고, 그렇게 가르쳐서도 안 된다. 구구단은 직접 교수법으로 가르치는 것이 효과적이다.

둘째, 구성주의는 사회적으로 합의가 되면 모든 지식이 타당하다고 주장하나, 이러한 주장을 그대로 수용하기는 어렵다. 왜냐하면 교육에서는 사회적 합의 여부와 관계없이 전수해야 할 지식이나 가치(예, 정직성, 공정성, 정의 등)가 많이 있기 때문이다.

셋째, 구성주의는 본질적으로 학습철학이므로 학습이 어떻게 일어나는가를 기술하고 있을 뿐, 수업을 어떻게 해야 하는가에 관한 구체적인 지침을 제공하지 못한다는 지적이 있다.

넷째, 구성주의는 관점에 따라 견해가 너무 달라 교육현장에 혼란을 줄 소지가 있다. 지식이 독자적인 인지활동을 통해 구성된다고 보는 인지적 구성주의는 학생 개인의 활동에 주안점을 두어야 한다고 주장하고 있고, 지식이 사회적 상호작용을 통해 구성된다고 보는 사회적 구성주의는 학생과 유능한 사람의 상호작용을 강조해야 한다고 주장한다. 그 결과 교육현장에서는 어느 관점에 따라야 할지 혼란스럽다.

다섯째, 발견학습, 인지적 도제, 협동학습과 같이 학생중심교육을 지향하는 구성주의 교수방법은 비효과적이고 비효율적이어서 널리 적용하는 데 어려움이 있다.

여섯째, 구성주의는 사고가 인지적 성숙의 영향을 받는다는 사실을 감안하지 못하고 있다. 예를 들어, 셈하기나 일대일 대응과 같은 수학기능은 구성되는 것이 아니라, 인지적 성숙에 의해 주도되는 것으로 알려져 있다.

일곱째, 구성주의 교육의 기본 아이디어는 Dewey가 주도한 진보주의 교육과 근본적으로 같으므로 전혀 새로운 것이 아니라는 지적이다.

요 약

① Ausubel의 유의미수용학습은 학습과제를 선행지식(인지구조)에 관련짓는 학습이다. 유의미수용학습을 하자면 (1) 학습과제에 관련되는 인지구조가 존재해야 하고, (2) 학습과제가 유의미해야 하며, (3) 유의미학습태세를 갖고 있어야 한다.

② 유의미수용학습의 과정은 학습과제와 인지구조의 관계에 따라 (1) 종속포섭(학습과제가 인지구조보다 하위수준일 때 일어나는 학습), (2) 상위포섭(학습과제가 인지구조보다 상위수준일 때 일어나는 학습), (3) 병렬포섭(학습과제와 인지구조의 수준이 같을 때 일어나는 학습)으로 구분된다.

③ 선행조직자는 학습과제를 선행지식에 관련짓는 데 도움을 주기 위해 학습을 하기 전에 제시되는 일반성이 높은 아이디어나 개념을 말한다. 학습과제에 관한 선행지식이 전혀 없으면 설명조직자를, 유사한 선행지식을 갖고 있을 때 학습을 촉진하려면 비교조직자를 사용하면 된다.

④ 발견학습은 학생들이 스스로 원리나 법칙을 찾아내도록 하는 교수방법이다. 발견학습의 목표는 독자적인 사고능력을 기르고 고차적 사고기능을 습득하도록 하는 데 있으므로 학생들은 능동적으로 참여해야 한다.

⑤ 지식을 객관적으로 존재하는 실재가 아니라 구성의 산물로 간주하는 구성주의는 기본적으로 학생중심교육을 표방한다.

⑥ 인지적 구성주의(내생적 구성주의 혹은 급진적 구성주의)는 지식을 개체의 인지적 활동의 산물로 간주한다. 사회적 구성주의 혹은 변증법적 구성주의는 지식이 개체와 환경의 상호작용을 통해 구성된다는 입장을 취한다.

⑦ 지식을 구성의 산물로 간주하는 구성주의에 따르면 모든 지식은 잠정적이고 유동적이므로 지식의 정수는 다른 사람에게 결코 완전한 형태로 전달할 수 없다. 학생들이 주체적으로 지식을 구성하도록 하려면 복잡하고 실제적인 과제를 다양한 관점에서 제시해야 한다. 학생들은 주인의식을 갖고 학습에 주도적으로 참여해야 하며, 교사는 단순한 정보원이 아니라 코치와 촉진자 역할을 해야 한다.

⑧ 구성주의 학습을 촉진하는 일반적인 조건은 (1) 주인의식, (2) 자기성찰, (3) 실제적 과제, (4) 중다관점, (5) 협동학습이다.

⑨ 인지적 도제는 전통적인 도제방법을 원용해서 고등정신기능을 개발하기 위한 구성주의 학습모형이

다. 인지적 도제의 방법으로는 (1) 모델링, (2) 코칭, (3) 발판화 및 단서철회, (4) 명료화, (5) 성찰, (6) 탐색 등이 사용된다.

⑩ 상호적 교수는 소집단에서 상호작용을 통해 학생들에게 독해(읽기 이해)에 필요한 인지전략을 가르치기 위한 교수전략이다.

⑪ 문제중심학습은 실생활과 긴밀하게 관련된 문제를 해결하도록 하는 학생중심의 자기주도적 교수방법을 지칭한다.

⑫ 상황학습은 실제 상황에서 실생활에 유용한 지식이나 기능을 습득하도록 하는 교수방법이다.

⑬ 정착수업은 상황학습의 견해에 따라 테크놀로지를 이용하여 실제 상황과 유사한 상황을 제시함으로써 현실에 적용할 수 있는 문제해결능력을 길러 주기 위한 교수방법이다.

⑭ 협동학습은 소집단의 구성원들이 공동으로 학습과제를 해결하거나 학습목표에 도달하도록 하는 방법이다.

⑮ 구성주의 교육의 적용범위는 상당히 제한되므로 모든 지식을 구성주의 방식으로 가르칠 필요는 없다.

전이와 문제해결

1. 전이를 정의하고, 전이의 교육적 의의를 논하시오.

2. 전이의 종류를 열거 · 설명하시오.

3. 형식도야설에 입각한 교육과 동일요소설에 입각한 교육이 왜 그리고 어떻게 다른가를 설명하시오.

4. 전이이론별로 전이에 영향을 주는 주요 요인을 각각 제시하시오.

5. 전이를 촉진하기 위한 방안을 전이이론별로 각각 제시하시오.

6. 구조화 문제와 비구조화 문제를 구분하시오.

7. 문제해결의 단계를 순서대로 기술하시오.

8. 알고리즘과 발견법을 비교하시오.

9. 문제해결에 영향을 미치는 요인들을 열거 · 설명하시오.

1. 전이

　교육에서는 학생들이 학교에서 학습한 것을 활용하여 상급학교에서 학습을 잘하고 졸업후 사회에서도 제대로 적응할 수 있도록 해야 한다. 학교학습을 잘하는 학생이 상급학교에서도 학습을 잘하고 졸업 후 사회에서도 성공적으로 적응한다면 학교교육이 성공했다는 지표가 된다. 반면 학교학습이 후속학습이나 사회생활에 아무 영향을 미치지 못하거나 심지어 부정적인 영향을 미친다면 학교교육이 제대로 이루어지지 못하고 있다는 강력한 증거가된다. 이 경우 학교는 존립할 근거가 없다. 왜냐하면 후속학습이나 졸업 후의 삶에 영향을미치지 않거나 부정적인 영향을 미치는 것을 학교에서 가르치는 것은 아무 의미가 없기 때문이다.

　그럼에도 학교교육이 후속학습이나 졸업 후의 삶에 거의 영향을 미치지 못한다는 지적이없지 않다. 언젠가 국내 굴지의 한 대기업 회장은 우리나라 대학교를 불량품 양성소라고 질타한 바 있다. 대학을 졸업한 신입사원들이 대학에서 배운 것을 현장에서 제대로 활용하지못해 전혀 쓸모가 없다는 것이다. 상당수 기업체들이 신입사원들을 재교육하는 데 막대한투자를 하고 있는 현실은 대학교육에 상당한 문제점이 있음을 시사한다.

　학교에서 학습한 것을 새로운 학습이나 실생활에서 활용하는 능력은 이 절에서 다루는전이와 관련된다. 이 절에서는 전이의 개념을 먼저 소개한 다음 전이의 종류, 전이의 이론,전이를 촉진하기 위한 방안을 다룬다.

1) 전이의 의미

　전이(轉移, transfer)는 선행학습(지식, 기능, 태도, 행동)이 새로운 학습에 영향을 미치는 현상을 말한다. 한문학습이 중국어학습에 도움이 되거나, 풍금 연습이 피아노 연습에 도움이되었다면 전이가 일어난 것이다. "하나를 가르치면 열을 안다."는 속담은 전이가 매우 잘 일어난다는 것을 뜻한다.

　전이의 개념은 선행학습과 새로운 학습이 상이하다는 것(예, 한 자릿수 덧셈을 학습한 아동이한 자릿수 뺄셈을 학습하는 경우)을 전제하고 있다. 선행학습과 새로운 학습이 동일해서 선행학습이 동일한 과제를 수행하는 데 영향을 미칠 경우(예, 한 자릿수 덧셈을 학습한 아동이 한 자릿수덧셈문제를 푸는 경우)에는 전이라고 하지 않고 단순학습(mere learning)이라고 한다(Salomon & Perkins, 1989). 전이가 일어났는가를 검증하기 위한 절차를 예시하면 〈표 9-1〉과 같다.

| 표 9-1 | **전이실험의 기본절차**

집단	과제 1	과제 2	수행 비교	결론도출
실험집단	수학수업	과학수업	실험집단과 통제집단의 과학 성적을 비교한다.	수학수업이 과학수업에 미친 효과에 대해 결론을 내린다.
통제집단	역사수업	과학수업		

전이가 일어났는지를 확인하기 위한 전형적인 방안은 다음과 같다.

① 실험집단은 학습과제 A를 학습한 후 학습과제 B를 학습한다(실험집단에는 수학수업을 한 후 과학수업을 한다.).
② 통제집단은 학습과제 A를 학습하지 않은 상태에서 학습과제 B를 학습한다(통제집단에는 수학수업을 하지 않은 상태에서 과학수업을 한다.).
③ 실험집단과 통제집단이 학습과제 B의 성취도에서 차이가 있는가를 비교한다(실험집단이 통제집단보다 과학성적이 더 높으면 정적 전이가 일어난 것이며, 실험집단이 통제집단보다 과학성적이 더 낮으면 부적 전이가 일어난 것이다. 실험집단과 통제집단의 과학 성적이 비슷하면 전이가 일어나지 않은 것이다.).

전이는 매우 중요한 교육목표라고 할 수 있다. 교육에서 어떤 것을 가르치는 것은 다른 학습이나 사회생활에서 활용된다는 것을 전제하기 때문이다. 전이가 잘 일어난다면 학생들에게 소수의 중요한 내용만 가르치면 된다. 왜냐하면 소수의 중요한 내용만 학습하면 나머지 내용들을 이해할 수 있기 때문이다. 당연히 학교에서는 전이가 잘 일어날 수 있도록 교육하는 데 주력해야 한다.

전이가 일어난다는 이러한 전제가 충족되지 않는다면 학교에서는 학생들에게 모든 것을 일일이 가르쳐야 한다. 그런데 학교는 시간, 재원, 인력, 시설 등이 한정되어 있어 학생들에게 모든 것을 가르칠 수 없다. 전이가 중요한 이유가 여기에 있다.

2) 전이의 종류

(1) 정적 전이와 부적 전이

정적 전이(正的 轉移, positive transfer)는 선행학습이 후속학습을 촉진하는 현상이다. 교육에서 전이는 사실상 정적 전이를 가리킨다. 앞에서 언급한 것처럼 정적 전이는 학교교육의 존립근거가 된다. 영어학습은 프랑스어학습을 촉진하고, 수학학습은 공학학습을 촉진하며,

풍금 연주는 피아노 연주에 긍정적인 영향을 미친다. 정적 전이는 선행학습과 후속학습의 특성이 유사하고, 또 유사한 반응을 요구할 때 잘 일어난다.

이에 반해 부적 전이(負的 轉移, negative transfer)는 선행학습이 후속학습을 방해하는 현상이다. 일반적으로 부적 전이는 선행학습과 후속학습이 매우 비슷한데도 완전히 다른 반응을 요구할 경우 나타난다. 기성세대가 개정된 맞춤법에 제대로 적응하지 못하는 것, 사투리 학습이 표준말 학습을 방해하는 것, 특정 이념의 영향을 받아 형성된 독단과 아집으로 인해 새로운 사상에 유연하게 대처하지 못하는 것은 부적 전이의 사례가 된다. 문제해결과정에서 나타나는 기능적 고착(機能的 固着, functional fixedness)도 부적 전이의 사례로 볼 수 있다.

한편, 선행학습이 후속학습에 아무런 영향을 미치지 못하는 현상을 영전이(零轉移, zero transfer)라고 한다. 영전이는 선행학습과 후속학습이 큰 차이가 있을 때 나타난다. 영어시제의 학습은 수학의 적분학습에 전혀 영향을 미치지 않으므로 영전이가 나타난다.

(2) 일반전이와 특수전이

일반전이(一般轉移, general transfer)는 선행학습에서 획득한 지식, 기능, 법칙을 완전히 새로운 장면에 적용하는 것을 뜻한다. 독일어 학습이 물리학 학습에 영향을 미치는 현상이나 물리학 학습이 심리학 학습에 영향을 주는 것은 일반전이의 사례가 된다. 특수전이(特殊轉移, specific transfer)는 선행장면에서 학습한 지식, 기능, 법칙을 매우 유사한 장면에 적용하는 것을 뜻한다. 영어 학습이 프랑스어 학습에 영향을 미치는 것은 특수전이다. 특수전이는 일반전이에 비해 나타나기가 쉽고, 가르치기도 쉽다. 다음에 다룰 근접전이와 원격전이는 특수전이의 사례가 된다. 일반전이는 선행학습과 후속학습이 동일한 인지전략을 사용하기 때문에 일어나고, 특수전이는 학습과제의 구체적 특성이 유사하기 때문에 일어난다.

(3) 수평적 전이와 수직적 전이

수평적 전이(水平的 轉移, horizontal transfer)는 선행학습과 후속학습의 수준이 비슷할 경우 나타나는 전이를 말한다. 역사시간에 학습한 3 · 1운동에 관한 지식이 국어시간의 독립선언문 학습에 영향을 미치는 것은 수평적 전이다. 수직적 전이(垂直的 轉移, vertical transfer)는 위계관계가 분명한 학습과제 사이에서 나타나는 전이를 말한다. 구구단 학습이 분수학습에 영향을 주는 현상은 수직적 전이에 해당된다. 수직적 전이는 선행학습이 후속학습의 기초가 될 경우 일어나므로 교육과정을 계열화할 때는 수직적 전이가 일어나도록 해야 한다.

(4) 근접전이와 원격전이

근접전이(近接轉移, near transfer)는 피상적인 특성 및 기저원리가 비슷한 장면 사이에 일어나는 전이를 말한다. 근접전이가 일어날 경우 선행학습과 새로운 학습이 상당히 유사하고 (중첩되고), 시간간격이 상당히 짧다.

> **문제 1** 자동차 회사에서는 5초 안에 시속 100킬로미터에 도달할 수 있는 자동차를 제작하고 있다. 이 자동차의 가속도는 얼마인가?
>
> **문제 2** 자동차 판매상은 고객에게 10초 안에 시속 80킬로미터에 도달할 수 있는 자동차를 보여 주고 있다. 이 자동차의 가속도는 얼마인가?

위 두 문제는 피상적 특성(자동차가 포함되어 있다.)은 물론 기저원리(속도, 가속도, 시간)가 유사하고, 시간간격이 상당히 짧으므로 근접전이가 일어난다. 다음 문제를 보자.

> **문제 3** 동물학자는 8초 안에 시속 50마일로 달릴 수 있는 호랑이를 연구하고 있다. 호랑이의 가속도는 얼마인가?

이 문제는 앞의 두 문제와 기저원리는 동일하지만 동물을 다루고 있고 측정단위도 다르므로 피상적 특성이 다르다. 이와 같이 기저원리는 동일하지만 피상적 특성이 다른 장면 사이에 일어나는 전이를 원격전이(遠隔轉移, far transfer)라고 한다. 따라서 원격전이는 선행학습장면과 새로운 학습장면이 상당히 다르다.

(5) 의식적 전이와 무의식적 전이

의식적 전이(high-road transfer)는 선행학습에서 학습한 추상적인 지식이나 전략을 새로운 학습에 의식적이고 의도적으로 적용할 때 나타나는 전이를 말한다. 의식적 전이는 선행학습에서 원리, 도식, 추상화 등을 도출하여 새로운 문제를 해결하는 데 의도적으로 적용할 때 일어난다. 피라미드 면적을 구하는 방법을 이용하여 원뿔 면적을 구할 때는 의식적 전이가 일어난다. 무의식적 전이(low-road transfer)는 고도로 연습한 기능이나 지식을 매우 유사한 문제를 해결하는 데 자동적으로 적용할 경우 일어난다. 무의식적 전이는 동일요소설이 부활한 것으로 볼 수 있다. 고도로 학습한 기능의 경우에는 무의식적 전이가 일어난다. 독서요령을 철저하게 학습한 독자가 책을 읽을 때 자동적으로 의미를 해석하는 경우, 자동차 공학에서 엔진 조정요령을 학습한 후 정비공장에서 자동차의 엔진을 조정하는 경우, 두 자릿수 덧셈을 배운 다음 그 원리를 세 자릿수 덧셈에 적용하는 경우에 무의식적 전이가 일어난다. 무의식적 전이가 일어나자면 다양한 맥락에서 다양한 자료를 사용하여 충분한 연습을 해야 한다.

(6) 전향적 전이와 역행적 전이

전향적 전이(前向的 轉移, proactive transfer)는 선행학습이 후속학습에 영향을 미치는 현상이다. 전향적 정적 전이는 선행학습이 후속학습을 촉진하는 현상이고, 전향적 부적 전이는 선행학습이 후속학습을 방해하는 현상이다. 세미나에 참가한 후 수업을 더 잘 이해하게 되었다면 전향적 전이가 일어난 것이다. 역행적 전이(逆行的 轉移, retroactive transfer)는 후속학습이 선행학습을 이해하는 데 소급적으로 영향을 주는 현상을 일컫는다. 오늘 수업시간에 공부한 내용이 어제 수업내용을 더 정확하게 이해하는 데 도움을 주었다면 역행적 전이가 일어난 것이다.

3) 전이의 이론

앞에서 전이의 개념과 종류를 살펴보았다. 이 절에서는 왜 전이가 일어나는가를 설명하는 이론으로 형식도야설을 비롯하여 동일요소설, 일반화설, 형태이조설, 메타인지이론, 인출이론, 상황학습이론을 소개한다.

(1) 형식도야설

형식도야설(形式陶冶說, theory of formal discipline) 혹은 정신도야설은 정신능력이 훈련으로 도야될 수 있으며, 도야된 정신능력이 광범한 영역으로 전이가 된다는 소위 일반기능의 일반전이론(general transfer of general skills)이다. 형식도야설은 20세기 초 성립된 능력심리학의 전이이론이다. 능력심리학(能力心理學, faculty psychology)에 따르면 (1) 인간의 정신은 기억력, 주의력, 추리력, 의지력, 상상력과 같은 기초능력(마음의 근육, 즉 심근[心筋]에 비유한다.)으로 구성되어 있고, (2) 신체훈련으로 근육을 단련시킬 수 있는 것처럼 정신능력도 훈련으로 연마할 수 있으며, (3) 일단 정신능력이 연마되면 다양한 장면으로 광범위하고 자동적으로 전이된다고 주장한다. 이에 근거하여 형식도야설은 연습과 훈련으로 주의력, 기억력, 판단력, 상상력을 향상시킬 수 있으며, 일단 정신능력이 향상되면 자동적으로 다양한 장면으로 전이가 된다고 주장한다.

형식도야설은 학교에서 인문교과를 가르치는 이론적 근거를 제공했다. 학교에서 라틴어와 수학과 같은 인문교과를 가르치는 것은 인문교과가 정신능력 훈련에 도움이 되며, 일단 정신능력이 함양되면 다른 교과의 학습은 물론 일상생활에 광범하게 전이가 된다고 보기 때문이다. 예를 들어, 라틴어 학습으로 기억력이 향상되면 교과학습은 물론 일상생활에서 기억력이 향상되고, 수학에서 논리적인 사고력을 습득하면 다른 교과를 공부할 때는 물론 일상생활에서도 논리적으로 사고한다는 것이다. 더구나 형식도야설은 교과를 통한 정신훈련의 효과가 교과의 내용을 완전히 망각한 후에도 지속된다고 주장한다. 따라서 형식도야설에 따르면 교육의 가장 중요한 목표는 엄격한 훈련으로 정신을 단련하여 지적 인간을 양성하는 것이다.

1900년대 초반까지 많은 사람들은 라틴어, 기하학, 그리스어 등의 학습이 기억력과 추리력을 향상시킨다고 믿었다. 이러한 형식도야설의 전이이론은 학교교육과정을 구성하는 데 지대한 영향을 미쳐 학생들로 하여금 실생활과 거의 관련이 없지만 정신훈련에 도움이 되는 어려운 교과목들을 이수하도록 하였다.

그러나 형식도야설의 주장은 곧 심각한 도전에 직면하게 되었다. William James(1890)는 Victor Hugo(위고)의 시 'Satyr'를 38일 동안 매일 20분씩 외우도록 한 기억훈련이 John Milton의 서사시 '실낙원'을 기억하는 데 전혀 영향을 미치지 못한다는 사실에 근거하여 형식도야설을 부정했다. 따라서 형식도야가 효과가 있다는 일부 주장도 있지만 전반적으로 많은 학자들은 일반전이가 일어난다는 형식도야설의 견해에 관해 회의적인 시각을 보내고 있다.

(2) 동일요소설

동일요소설(同一要素說, theory of identical elements)은 두 학습장면에 동일요소(목적, 내용, 방법, 기능, 절차 등)가 포함되어 있을 때 전이가 일어난다고 보는 입장이다. Thorndike와 Woodworth(1901)가 주장한 동일요소설은 결합설의 전이이론이다. Thorndike(1923, 1924)는 라틴어와 기하학을 학습한 학생들이 다른 교과를 학습한 학생들에 비해 추리력이 높지 않다는 실험결과에 근거하여 형식도야설을 부정하고, 어떤 교과의 구체적 내용이 다른 교과를 학습하는 데 필요할 경우(즉, 동일요소가 있을 경우)에만 전이가 일어난다고 주장했다.

동일요소설에 따르면 자전거 타는 행동이 오토바이 타는 행동에 영향을 주는 것이나 덧셈학습이 곱셈학습에 영향을 주는 것은 공통요소를 포함하고 있기 때문이다. 또 라틴어 학습이 영어 학습을 촉진하는 것은 형식도야설의 주장처럼 라틴어 학습으로 정신능력이 높아진 데서 기인하는 것이 아니라, 같은 어휘가 포함되어 있기 때문이다.

동일요소설은 특수한 능력이나 기능이 특수한 상황에서만 전이가 된다는 소위 특수기능의 특수전이론(specific transfer of specific skills)이다. 따라서 동일요소설에 따르면 학습과제

사이에 유사성이 높을수록 전이가 많이 일어난다.

　동일요소설은 직업교육의 이론적 근거를 제공했다. Thorndike는 동일요소설에 근거하여 학교에서는 사회가 중시하는 기능을 훈련시키는 데 역점을 두어야 한다고 주장했다. 그러기 위해서는 학생들이 졸업 후 직장에서 수행해야 할 기능과 유사한 과제로 교육과정을 구성해야 한다. 그다음에는 교육과정을 구체적인 행동으로 분석해서 하위기능들을 먼저 가르친 후 고차적인 기능을 가르쳐야 한다. 전이를 보장하려면 구체적 기능들을 반복 연습해야 한다.

(3) 일반화설

　Charles Hubbard Judd(1873~1946)가 제안한 일반화설(一般化說, theory of generalization)은 선행학습에서 획득된 원리나 법칙을 후속학습에 활용할 수 있을 때 전이가 일어난다고 주장하는 이론이다. 일반화설에 따르면 전이의 가장 중요한 조건은 선행학습과 후속학습 사이의 동일요소가 아니라 일반원리에 관한 지식이다. 그러므로 전이는 두 학습장면에 유사한 원리나 법칙이 포함되어 있을 때 일어난다. 두 학습의 구체적 특성이 다를수록 일반원리의 중요성은 더 높아진다.

　Judd는 전이에서 일반화가 중요하다는 사실을 입증하기 위한 고전적인 연구에서 초등학생들을 실험집단과 통제집단으로 나눈 다음 물속 12인치에 있는 표적을 맞추는 훈련을 시켰다. 실험집단은 빛의 굴절 원리를 가르쳐 주었지만 통제집단은 굴절 원리를 가르쳐 주지 않았다. 실험결과 실험집단과 통제집단은 물속 12인치에 있는 표적을 맞추는 데는 큰 차이가 없었지만, 표적을 물속 4인치로 옮겼을 때 실험집단이 통제집단보다 훨씬 정확하게 표적을 맞추었다. 이러한 결과는 실험집단이 빛의 굴절 원리를 새로운 표적을 맞추는 데 적용하였음을 의미한다.

　일반화설은 다음에 설명할 형태이조설과 상당히 비슷하지만 중요한 차이가 있다. 일반화설은 기계적 전이이론으로, 일반화를 이해하면 전이가 자동적으로 일어난다고 본다. 반면 형태이조설에 따르면 일반화를 이해하더라도 자동적으로 전이가 일어나지 않는다. 그에 따르면 전이가 일어나려면 관계를 통찰하고, 그 통찰을 활용하려는 욕구가 있어야 한다. 실제로 원리를 완전히 이해한다고 해서 항상 전이가 되는 것은 아니다. 전공분야에서는 합리적이고 과학적으로 사고하면서도 일상적인 문제에서 비합리적이거나 미신에 의존하는 학자는 원리가 저절로 전이되지 않는다는 것을 나타낸다. 전이가 되지 않는 이유는 그가 과학적 방법이 일상적 문제에 적용될 수 있다는 사실을 인식하지 못했거나 그러한 가능성을 인식했지만 그 분야에 과학적 방법을 적용하려는 욕구가 부족했기 때문이다.

(4) 형태이조설

형태심리학의 전이이론인 형태이조설에 따르면 전이의 결정요인은 통찰(洞察, insight)이다. 형태이조(形態移調, transposition) 혹은 전위(轉位)는 특정 문제해결장면에서 학습한 원리를 다른 장면의 문제를 해결하는 데 적용하는 과정을 일컫는다. 형태이조설은 선행학습에서 역학적 관계를 통찰하면 전이가 일어난다고 주장한다. 이에 따르면 두 학습장면이 동일요소나 동일원리를 포함한다고 해서 전이가 자동적으로 일어나지 않는다. 왜냐하면 선행학습장면에서 새로운 장면으로 전이되는 것은 통찰—두 학습장면이 관련된다는 인식—이기 때문이다.

형태이조설을 입증하기 위해 닭을 대상으로 한 실험에서 밝기가 다른 2개의 표적(A보다 B가 더 밝음) 중 A에 반응하면 모이를 주지 않고 B에 반응하면 모이를 주어 더 밝은 표적을 선택하도록 훈련시켰다. 그 후 닭에게 강화를 받은 표적 B와 더 밝은 표적 C를 제시했을 때 닭은 더 밝은 표적 C에 반응했다. 동일요소설이 옳다면 닭은 같은 표적 B를 선택해야 한다. 형태심리학은 이 실험결과에 근거하여 닭이 관계 원리를 통찰했다고 주장한다. 즉, 첫 번째 장면에서 더 밝은 표적에 반응해야 강화를 얻을 수 있다는 원리를 통찰한 다음 그 원리를 두 번째 장면에 적용했다는 것이다. Katona(1940)는 카드문제와 성냥개비문제를 해결하는 요령을 기계적으로 기억하도록 한 집단과 문제해결원리를 이해하도록 한 집단을 비교했다. 그 결과 원래 과제에서는 기계적으로 기억한 집단이 원리를 이해한 집단보다 점수가 더 높았지만, 전이과제에서는 원리를 이해한 집단이 기계적으로 기억한 집단보다 점수가 더 높았다. 이 실험 역시 원리나 관계를 이해(통찰)하면 다양한 문제에 적용할 수 있으나, 기계적으로 기억하면 그 상황에서만 활용할 수 있다는 것을 나타낸다.

요컨대, 형태이조설에 따르면 두 학습장면의 역학적 관계(원리)를 능동적으로 파악한 다음, 그것을 다양한 상황에 적용할 수 있을 때 전이가 일어난다. 따라서 전이를 촉진하려면 동일요소설의 주장처럼 단순한 반복연습이 아니라 유의미학습을 해야 한다.

(5) 메타인지이론

메타인지이론에 따르면 메타인지(meta-cognition)가 전이의 결정요인이다. 메타인지는 자신의 인지과정을 인식하고, 인지과정을 점검·조절·통제하는 과정이다(7장 참조). 메타인지는 문제를 이해하고, 해결방안을 수립하며, 적절한 해결전략을 선택하고, 문제해결을 향한 진전상황을 점검하며, 필요 시 해결방안을 수정하는 과정을 포함한다. 메타인지이론에 따르면 문제를 이해하고, 학습전략 중에서 문제를 해결할 수 있는 적절한 전략을 선택하며, 그 전략이 문제를 해결하는 데 제대로 적용되는지 점검할 수 있을 때 전이가 일어난다.

메타인지이론은 학생들이 자신의 인지과정을 인식하고, 인지과정을 점검·조절하며, 다양한 인지전략을 언제 어떻게 활용할 수 있는가를 인식하도록 가르쳐야 전이가 촉진된다는 것을 시사한다.

(6) 인출이론

인출이론에 따르면 선행학습에서 획득한 지식과 기능을 새로운 장면에 적용하자면 장기기억에 저장되어 있는 관련 지식 및 기능을 적절한 시점에 인출할 수 있어야 하고, 작업기억(단기기억)이 두 장면의 특징을 동시에 파지해야 한다. 만약 선행학습에서 학습한 관련 지식 및 기능이 제대로 인출되지 않거나 작업기억의 용량이 한정되어 있으면, 선행학습에서 획득한 지식이나 기능은 새로운 장면으로 전이되지 않는다.

7장에서 설명한 것처럼 장기기억에 저장된 지식이나 기능의 인출은 새로운 장면에 존재하는 인출단서에 따라 결정된다. 따라서 인출단서가 장기기억에 저장된 관련 지식 및 기능과 긴밀하게 관련될수록 선행학습의 정보가 잘 인출되어 새로운 장면으로 전이가 일어날 확률이 높아진다.

(7) 상황학습이론

상황학습이론에 따르면 대부분의 학습은 상황과 긴밀한 관련을 맺고 있으므로 전이가 일어나려면 새로운 장면이 원래 학습장면과 비슷해야 한다. 그러므로 새로운 장면이 원래 학습장면과 다를수록 전이가 잘 일어나지 않는다.

지식이나 기능이 상황과 긴밀한 관련을 맺고 있다는 사실은 여러 연구에서 보고되고 있다. 거리에서 껌이나 과자를 파는 아이들은 물건 값을 받고 거스름돈을 계산하는 데 별 문제가 없지만, 그러한 계산방법을 학교의 수학수업에 전이시키지 못한다고 한다(Carraher & Schliemann, 1993). 목수들도 목공일을 하면서 배운 수학개념이 다른 상황에 적용될 수 있다는 것을 잘 인식하지 못한다고 한다(Millroy, 1991). 이러한 연구결과는 상황이 달라지면 전이가 잘 일어나지 않는다는 것을 시사한다.

상황학습이론에 따르면 학교학습이 실제 상황과 유사할수록 전이가 촉진된다. 그러므로 전이를 촉진하려면 학습장면이 실제 상황과 최대한 비슷해야 한다. 상황학습이론이 실제적 과제(authentic task)를 중시하는 이유가 여기에 있다.

4) 전이에 영향을 주는 요인

전이이론에 근거하여 전이에 영향을 주는 요인들을 종합하면 다음과 같다.

첫째, 선행학습이 충실할수록 전이가 촉진된다. 본질적으로 전이는 선행학습을 새로운 장면에 적용하는 과정이므로 선행학습이 제대로 이루어지지 않으면 전이가 일어나지 않는다. 반면 선행학습이 충실할수록 더 유의미하게 저장되고 쉽게 인출할 수 있으므로 새로운 장면으로 더 쉽게 전이가 된다. 따라서 전이를 촉진하려면 학습내용을 기존 지식과 관련지어 충실하게 학습해야 한다.

둘째, 학습시간이 충분할수록 전이가 촉진된다. 학습시간이 많을수록 학습내용을 심층적으로 학습할 수 있으나, 학습시간이 충분하지 않으면 피상적으로 학습할 수밖에 없으므로 전이가 제대로 일어나지 않는다.

셋째, 선행학습과 새로운 학습이 유사할수록 전이가 촉진된다. 이것은 학교교육의 전이를 촉진하려면 학교교육을 실생활과 가능하면 비슷하게 해야 함을 시사한다.

넷째, 선행학습과 새로운 학습 사이에 경과한 시간이 짧을수록 전이가 촉진된다. 왜냐하면 시간이 짧을수록 선행학습내용을 인출할 확률이 높기 때문이다.

다섯째, 학습과제의 일반성이 높을수록 전이가 촉진된다. 전이란 본질적으로 특정 영역에서 학습한 것을 다른 영역에 적용하는 과정이다. 예를 들어, 전이는 수학에서 학습한 것을 물리학에 적용하거나, 문법에서 학습한 것을 작문에 적용하는 것이다. 따라서 특정 교과의 학습이 그 과목에만 적용될 수 있거나 실생활과 아무 관련이 없으면 전이가 일어나지 않는다. 반대로 특정 교과의 학습이 다른 교과의 학습이나 실상황과 관련되면 전이가 촉진된다(Alexander & Judy, 1988). 이것은 특정 교과의 내용을 다양한 교과의 학습이나 실생활과 관련지어 가르쳐야 함을 시사한다.

여섯째, 다양한 사례와 충분한 연습기회를 제공할수록 전이가 촉진된다. 다양한 사례를 제공하고, 다양한 장면에서 충분히 연습하면 장기기억에 유의미하게 저장된다. 장기기억에 유의미하게 저장되면 필요 시 저장된 지식과 기능을 쉽게 인출할 수 있으므로 전이가 일어날 확률이 높아진다.

일곱째, 개별 사실보다 원리나 법칙을 강조할수록 전이가 촉진된다. 일반원리나 법칙은 구체적인 사실이나 정보에 비해 전이가 더 쉽게 일어난다.

여덟째, 메타인지능력이 높을수록 전이가 촉진된다. 메타인지—문제를 이해하고, 문제해결전략을 선택하며, 문제해결과정을 점검하고, 문제해결과정을 개선하는 과정—는 전이를 촉진한다. 그러므로 전이를 촉진하려면 메타인지능력을 향상시켜야 한다.

아홉째, 장기기억에 저장된 정보를 인출할 수 있는 능력이 높을수록 전이가 촉진된다. 그러므로 전이를 촉진하려면 학습내용을 풍부한 인출단서에 관련지어야 한다.

2. 문제해결

이 세상은 문제로 가득 차 있다. 개인이 당면하는 문제로는 과제작성, 시험문제를 푸는 것, 물건을 찾는 것, 애인을 구하는 것, 취업하는 것, 휴대폰을 수리하는 것, 학생들을 가르치는 것 등을 들 수 있다. 사회양극화 해소, 환경오염 방지, 북핵문제 해결 등 사회나 국가가 해결해야 할 과제도 문제에 해당된다.

문제(問題, problem)는 현재 상태와 바람직한 상태(목표) 간의 격차를 말한다. 현재 상태가 목표와 다르면 문제가 존재한다. 모든 문제는 (1) 현재 상태(문제에 제시된 조건), (2) 목표(문제해결을 통해 달성하려고 하는 바람직한 상태), (3) 조작 혹은 경로(operation or path: 목표에 도달하기 위한 인지적 조작 혹은 활동)를 포함한다.

따라서 문제해결(問題解決, problem solving)이란 현재 상태를 바람직한 상태(즉, 목표)로 바꾸는 과정이다. 문제를 해결하려면 목표에 도달하기 위한 수단과 방법을 발견해야 한다. 문제해결은 과거에 학습한 지식이나 기능을 활용하여 새로운 문제를 해결하는 과정이므로 전이의 일종이다. 문제를 이렇게 정의할 경우 문제해결을 포함하지 않는 학습도 있다. 예를 들어, 기능을 충분히 연습하여 목표를 달성하는 데 자동적으로 적용하는 것은 문제해결이 아니다. 일반적으로 문제는 문제해결에 상당한 어려움이 있고 문제해결책이 명백하지 않아야 한다. 이 절에서는 (1) 문제의 종류, (2) 문제해결의 단계, (3) 문제해결의 전략, (4) 문제해결에 영향을 주는 요인을 간단히 살펴본다.

1) 문제의 종류

문제는 일반적으로 분명한 문제해결책(해법)의 존재 여부를 기준으로 구조화된 문제와 비구조화된 문제로 구분된다. 구조화된 문제(정의된 문제, well-structured or well-defined problem)는 (1) 정답이 분명히 존재하고, (2) 문제해결에 필요한 정보들이 모두 제시되어 있으며, (3) 문제해결책이 분명한 문제를 말한다. 곱셈 문제나 사지선다형 문제는 세 가지 요건들을 모두 충족시키므로 구조화된 문제에 해당된다.

반면 비구조화된 문제(정의되지 않은 문제, ill-structured or ill-defined problem)는 (1) 정답이

모호하고(혹은 하나 이상이고), (2) 문제해결에 필요한 정보들이 부족하며, (3) 문제해결책이 분명하지 않은 문제를 가리킨다. '비구조화'란 말은 문제가 잘못되었거나 문제에 누락된 부분이 있다는 것이 아니라, 분명한 문제해결책이 없다는 것을 뜻한다. 북핵문제, 직업선택, 전공선택과 같은 문제는 분명한 해결책이 없으므로 비구조화된 문제에 속한다. 또 어떤 주제에 관해 보고서를 작성하는 문제도 주제 선정, 주제에 관련된 문헌 탐색, 보고서 작성 등에 관해 분명한 해결책이 존재하지 않으므로 비구조화된 문제다. 구조화된 문제에 비해 비구조화된 문제는 해결하기가 더 어렵고 복잡한 문제해결전략이 필요하다.

2) 문제해결의 단계

현재 상태를 바람직한 상태로 바꾸기 위한 문제해결은 여러 단계로 구성된다. 초기 인지심리학자 Wallas(1921)는 문제해결단계를 다음과 같이 제시했다.

① 준비(preparation): 문제를 인식하고 문제해결에 필요한 정보를 수집하는 단계
② 부화(incubation): 문제해결을 잠시 제쳐 두고 다른 활동을 하면서 잠재의식수준에서 문제해결방안을 모색하는 단계
③ 조명(영감 혹은 계시, illumination): 잠재적인 문제해결책(참신한 아이디어)을 갑자기 인식하는 통찰의 단계
④ 입증(verification): 문제해결책의 정확성을 검증하고 완전한 아이디어로 정리하는 단계

한편, 문제해결에서 의식적이고 통제된 정신활동을 강조한 Polya(1957)에 따르면 문제해결단계는 (1) 문제이해, (2) 문제해결계획 수립, (3) 문제해결계획 실행, (4) 평가로 구성된다. 여기에서는 문제해결단계를 다음과 같이 여섯 단계로 나누어 약술한다.

(1) 문제의 인식

문제를 해결하자면 먼저 문제가 있다는 사실을 인식해야 한다. 보고서 작성이 문제일 경우 보고서의 주제를 정하는 것이 문제인식에 해당된다. 문제를 인식한다는 것은 기존의 이론, 산물, 방법이 적절하지 않으므로 새로운 이론, 산물, 방법이 필요하다는 것을 인지하는 것을 말한다. 전혀 문제가 없다고 생각하면 문제해결이 불필요하므로 문제인식은 문제해결의 첫째 관문이다. 이상하게 들릴지 모르지만 문제를 인식하는 것은 생각만큼 쉽지 않다.

(2) 문제의 정의

문제를 인식한 다음에는 문제를 구체적으로 정의(및 재정의)해야 한다. 문제정의란 문제의 본질을 확인하고 문제해결의 제약요건을 확인하는 것을 말한다. 문제를 인식하는 것과 문제를 정의하는 것은 별개의 일이다. 이것은 같은 문제라도 매우 다르게 정의할 수 있음을 의미한다. 문제를 어떻게 정의하느냐에 따라 문제해결책이 완전히 달라지므로 문제를 제대로 정의하는 것은 매우 중요하다. John Dewey가 갈파한 바와 같이 "잘 정의된 문제는 반쯤 해결된 것이다". 시험을 칠 때도 문제의 의미를 파악하는 것이 매우 중요하다는 것을 잘 알고 있을 것이다.

문제정의의 중요성을 나타내는 예를 보자. 어떤 백화점에서는 엘리베이터 속도가 너무 느리다고 불만을 토로한 고객들이 많다는 사실을 알고 엘리베이터를 점검했으나 엘리베이터는 기술적으로 전혀 하자가 없었다. 그럼에도 고객들은 여전히 엘리베이터 속도가 느리다고 불평하고 있었다. 그제야 백화점에서는 문제가 엘리베이터 속도가 아니라 고객들이 엘리베이터를 기다릴 때 느끼는 지루함이라는 것을 깨달았다. 지루함이 문제라는 사실을 확인하자 문제를 간단하게 해결할 수 있었다. 엘리베이터 앞에 커다란 거울을 걸어 놓았던 것이다. 백화점에서는 문제를 "엘리베이터 속도를 어떻게 높일 것인가?"로 정의하지 않고, "어떻게 하면 엘리베이터를 기다리는 고객들이 지루함을 느끼지 않도록 할 것인가?"로 정의하여 쉽게 문제를 해결했던 것이다.

(3) 문제의 표상

문제의 표상(問題表象, problem representation)은 문제를 (1) 다른 말로 유의미하게 다시 진술하거나, (2) 과거에 해결했던 문제에 관련짓거나, (3) 시각적 형태(그림, 도표 등)로 나타내는 것을 말한다. 문제를 다시 진술하거나 과거에 해결했던 문제에 관련짓기 어려울 경우 시각적 형태로 나타내면 문제해결에 도움이 된다. 문제를 그림으로 나타내는 것은 시각적으로 표상하는 것이다. 시각적 심상을 통한 문제표상은 창의적인 문제해결을 촉진한다. Einstein은 빛을 따라 여행하는 시각적 심상을 통해 상대성 원리를 도출했다고 한다.

문제표상은 문제해결에 큰 영향을 미친다. 문제를 제대로 표상하면 기억부담을 줄일 수 있고, 선행지식을 문제와 적절하게 관련지을 수 있으며, 규칙을 쉽게 적용할 수 있다. [그림 9-1]의 문제는 x를 반지름 r로 표상하면 쉽게 해결할 수 있다. 즉, 그림에서 두 대각선의 길이가 같다는 것을 인식하면 x가 반지름 r과 같다는 것을 쉽게 알 수 있다.

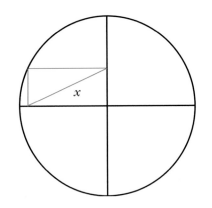

문제: 반지름이 r일 때 x의 길이는 얼마인가?

[그림 9-1] **원(圓) 문제**

(4) 문제해결전략의 선택 및 실행

문제를 표상한 다음에는 가장 적절한 문제해결전략을 선택, 실행해야 한다. 문제해결전략은 크게 알고리즘과 발견법으로 대별된다.

(5) 문제해결과정의 점검

문제를 제대로 해결하자면 문제를 해결하는 과정에서 문제가 제대로 해결되고 있는지 수시로 점검해야 한다. 역사상 유명한 작품은 대부분 수많은 검토와 수정과정을 거쳐 완성되었다고 한다.

(6) 문제해결의 평가

일단 문제를 해결한 다음에는 문제해결의 적절성을 평가해야 한다. 평가능력은 생성해 놓은 다양한 해결책이나 아이디어 중에서 적합한 것을 선별하는 능력이다. 평가능력은 새롭고 적절한 문제해결이 가능하도록 해 준다.

3) 문제해결의 전략

(1) 알고리즘

알고리즘(연산법, algorithms)은 문제를 확실하게 해결할 수 있는 단계 혹은 절차를 말한다. 즉, 알고리즘은 문제를 정확하게 해결하는 전략이다. 곱셈문제를 푸는 방법이나 공식으로 수학문제의 정답을 구하는 방법이 알고리즘이다. 장기에도 알고리즘이 있으므로 상대방을 이기려면 알고리즘을 잘 활용해야 한다. 수학이나 과학과 같은 교과에서는 알고리즘을 중시하고 있다. 단, 알고리즘을 이용하면 문제를 반드시 해결할 수 있지만, 효율성이 낮다는 점에 유의해야 한다.

(2) 발견법

발견법(어림법, heuristics)은 문제를 해결하기 위한 일반전략 혹은 경험법칙을 말한다. 발견법은 비형식적이고 직관적이며 사변적인 일반전략이므로 문제를 해결할 수 있는 잠재적인 방안들을 한정시켜 부적절한 방안을 배제하도록 해 준다. 발견법은 문제를 해결하기 위한 알고리즘이 존재하지 않을 경우에는 상당히 효과적이다. 전공선택, 직업선택, 대인관계와 같이 인생에서 당면하는 대부분의 비구조화된 문제는 문제를 확실하게 해결할 수 있는 알고리즘이 존재하지 않으므로 발견법으로 해결해야 한다. 단, 발견법은 효율성이 높지만 문제해결을 반드시 보장하지는 않는다. 일반적으로 사용되고 있는 발견법은 다음과 같다.

① 브레인스토밍(brain-storming)

일단 문제를 해결할 수 있는 여러 방안들을 생성한 다음, 유용하고 효과적인 해결책을 선정하는 방법이다(5장 참조).

② 수단-목표 분석(means-ends analysis)

문제를 하위문제(하위목표)들로 나눈 다음, 하위문제를 하나씩 해결해 나가는 전략이다. 연구보고서 작성작업을 (1) 주제 선정, (2) 자료 탐색, (3) 자료 읽기 및 조직, (4) 개요 작성, (5) 최종 보고서 작성과 같은 하위단계로 나눈 다음, 차례대로 하나씩 해결하는 전략이 이에 해당된다. 또 다음 문제를 풀기 위한 전략이 수단-목표 분석이다.

> **문제**　모레가 일요일이라면 그저께의 다음 날은 무슨 요일인가?
>
> (1) 모레가 일요일이면 오늘은 무슨 요일인가? (금요일)
>
> (2) 오늘이 금요일이면 그저께는 무슨 요일인가? (수요일)
>
> (3) 그저께의 다음 날은 무슨 요일인가? (목요일)

③ 전진법(working forward)

현재 상태를 분석한 다음 현재 상태에서 목표에 이르는 순서에 따라 문제를 해결하는 전략이다. 보고서를 작성하기 전에 보고서 작성에 필요한 모든 단계를 열거하는 학생은 이 전략을 사용하고 있다.

④ 역진법(working backward)

목표로부터 시작해서 최초 상태를 향해 거꾸로 한 번에 한 단계씩 문제를 해결하는 전략이다. 30만 원의 용돈을 사용할 때는 사고 싶은 물건의 가격을 차례로 더해 가는 것보다 용돈에서 구입한 물건의 가격을 빼 나가는 역진법이 효과적이다. 오전 9시에 수업에 출석해야 한다고 할 때도 역진법을 이용하면 도움이 된다. 즉, 버스에서 내려 강의실까지 걸어가는 데 걸리는 시간, 버스를 타고 학교에 도착하는 데 걸리는 시간, 버스를 기다리는 시간, 집에서 버스 정류장까지 가는 데 걸리는 시간을 계산하면 집에서 언제 출발해야 할 것인지를 쉽게 결정할 수 있다.

⑤ 시행착오(trial and error or generate and test)

문제를 해결할 수 있는 여러 방안들을 시도하여 문제를 해결하는 방법이다. 일반적으로 시행착오는 비효과적이지만 기초지식이 전혀 없는 경우나 단순한 문제에는 효용가치가 있을 수도 있다.

⑥ 유추(analogy)

과거에 해결했던 문제나 친숙한 문제와 비교하여 문제를 해결하는 전략이다. 유추는 두 사물이 비슷하다는 점에 근거하여 다른 속성도 비슷할 것이라고 추리하는 과정이다. 그러므로 새로운 문제를 이미 해결한 문제와 비교하여 해결하는 전략은 유추에 해당된다. 잠수함에 탑재된 음향탐지기(바닷속 물체의 존재와 위치를 식별하는 장치)는 잠수함과 음파를 이용해서 어둠 속에서 장애물을 피해 날아다니는 박쥐를 비교하는 유추를 이용하여 개발했다고 한다.

4) 문제해결에 영향을 미치는 요인

문제를 해결하는 과정에는 통찰과 부화가 큰 도움이 된다. 반대로 고착, 정신태세, 신념 고수, 확증편향은 문제해결을 방해한다.

(1) 문제해결을 촉진하는 요인

① 통찰

통찰(洞察, insight)은 문제나 문제해결책을 갑자기 이해하는 것을 말한다. 통찰은 문제나 문제해결책을 완전히 새로운 방식으로 재구조화하는 과정을 포함한다. 또 통찰은 문제해결에 필요한 정보를 인식하고, 정보 간의 관계를 파악하며, 정보를 결합하는 과정을 포함한다. 통찰은 구조화된 문제를 해결할 때 나타나기도 하지만, 전형적으로 비구조화된 문제를 해결할 때 나타난다.

형태심리학은 대부분의 문제가 통찰을 통해 해결된다고 주장한다. 통찰은 급격하게 일어나며 유레카 경험을 수반한다. 통찰은 갑자기 어느 순간 기적과도 같이 갑자기 찾아오는 것처럼 보이지만, 사실은 오랜 시간 동안 숙고하고 노력한 소산으로 나타난다. 따라서 상당 기간의 숙고와 노력이 없으면 통찰은 결코 일어나지 않는다.

② 부화

부화(孵化, incubation)는 문제를 해결하려는 노력을 계속하다가 문제해결을 일시적으로 중단하는 휴식의 시기를 말한다. 부화단계에서는 의식적인 문제해결노력이 중단되지만, 무의식적인 수준에서 문제를 해결하기 위한 노력은 계속된다. 그러므로 부화단계에서는 문제를 해결하려는 시도가 중단된 것처럼 보이지만 잠재의식수준에서 활발하게 문제해결책을 모색하고 있으므로 문제해결노력이 완전히 중단된 것은 아니다.

부화는 통찰이 일어날 수 있는 정신적 융통성을 부여하여 문제해결에 도움을 준다. 그러므로 문제를 해결하기 위해 쉬지 않고 끙끙대도 문제가 해결되지 않을 때는 잠시 제쳐 두고 좋아하는 취미활동이나 잘할 수 있는 일을 하는 것이 좋다.

부화단계에서 큰 도움을 얻으려면 처음에는 문제를 해결하기 위해 최대한 노력한 다음, 통찰이 떠오를 때까지 만사를 잊어버리는 것이 좋다. 지엄한 왕의 명령으로 금관의 순금 함량을 구하기 위해 고심을 거듭하던 아르키메데스(Archimedes, BC 287~212)가 만사를 제쳐 놓고 목욕을 한 것도 부화에 해당된다. 그는 목욕을 하다가 갑자기 부력의 원리를 깨닫고, 거리를 달리며 '유레카'라고 외쳤다. 통찰이 일어난 것이다. 그러므로 문제해결책이 떠오르지 않을 때는 문제에 계속 매달리는 것보다 산책을 하든가 잠을 자는 것이 오히려 더 도움이 된다.

(2) 문제해결을 방해하는 요인

① 기능적 고착

고착(固着, fixation)은 과거 성공했던 문제해결전략에 집착한 나머지 문제를 새로운 관점에서 파악하지 못하는 상태를 말한다. 사람들은 과거에 특정 방식으로 문제를 해결했을 경우 계속 그 방식을 고집하는 경향이 있다. 고사 수주대토(守株待兎)는 고착이 문제해결을 방해한다는 것을 잘 나타내고 있다.

고착의 한 형태인 기능적 고착(機能的 固着, functional fixedness)은 정신태세(mental set: 문제에 관해 특정 방식으로 사고하는 경향성)의 일종으로, 사물이나 도구의 특정 용도에 집착한 나머지 새로운 용도를 생각해 내지 못하는 현상을 뜻한다. 기능적으로 고착되면 사물을 새로운 용도로 파악하거나 활용할 수 없다. 망치를 못을 박는 도구로만 사용하는 아이는 기능적으로 고착되어 있다. 반면 휴대폰을 망치로 활용하는 사람이나 신용카드로 잠긴 문을 여는 사람은 기능적으로 고착되지 않은 사람이다. 문제해결은 새로운 방식으로 사고해야 가능하므로 기능적 고착은 문제해결을 방해한다.

② 정신태세

정신태세(精神態勢, mental set, Einstellung)는 고착의 일종으로 과거 방식으로 문제를 해결하려는 성향이다. 가령 과거에 특정 방식으로 문제를 해결했다면 비슷한 문제를 같은 방법으로 해결하려고 한다. 정신태세는 문제해결의 장애가 될 수도 있다. 다음 문제를 풀어 보자.

> **문제** 지구가 둥글다고 가정하고, 지표면 바로 위에서 지구의 둘레를 잰 값(X)과 지표면 1미터 위에서 지구의 둘레를 잰 값(Y)의 차이는 얼마일까?

축구공의 경우 둘레를 그대로 잰 값(X)과 표면 1미터 위에서 둘레를 잰 값(Y)은 엄청난 차이가 있다. 위의 문제도 그 방식으로 해결하면 오류를 범한다. 지구가 둥글다고 가정하면 지표면에서 잰 둘레(X)와 지표면 1미터 위에서 잰 둘레(Y)는 차이가 거의 없다. 원의 반지름이 r일 때 원주는 $2\pi r$이므로 위의 문제에서 정답은 2π다([$2\pi \times$(반지름+1)] $-$ [$2\pi \times$반지름]$=2\pi$). 그러므로 축구공이든 지구든 간에 반지름이 1미터 차이가 나면 둘레는 $2\pi = 2 \times 3.14 = 6.28$미터 차이가 난다. 위의 예시는 과거의 문제해결방식이 문제해결에 방해가 될 수도 있음을 나타낸다.

③ 신념고수

신념고수(信念固守, belief perseverance)는 모순된 증거에도 불구하고 신념을 고집(견지)하는 경향성을 말한다. 신념고수는 문제해결의 장애요인으로 작용한다. 가령, 고등학생 시절 주입식 밤샘공부로 좋은 성적을 받은 학생들이 대학에서도 그 전략을 고수하면 오히려 나쁜 성적을 받을 수 있다.

④ 확증편향

확증편향(確證偏向, confirmation bias)은 자신의 신념이나 아이디어에 불일치하는 정보를 배격하고 일치하는 정보만 찾는 경향성을 일컫는다. 즉, 확증편향은 보고 싶은 것만 보고, 듣고 싶은 것만 들으려는 경향성을 말한다. 사람들은 자신의 신념을 부정하는 정보보다 지지하는 증거를 즐겨 탐색하는 경향이 있다. 범죄영화에서 주인공이 범인이라고 생각하는 형사는 범인임을 정당화할 수 있는 증거만 수집하는 경향이 있다. 자신의 의견에 일치하는 견해를 가진 사람의 말에만 귀를 기울이는 것도 확증편향이다. '높고 귀하신 분'들은 확증편향의 덫에 갇혀 있는 경우가 많다.

① 전이는 선행학습이 후속학습에 영향을 주는 현상이다. 선행학습은 후속학습을 촉진할 수도 있고(정적 전이), 방해할 수도 있으며(부적 전이), 전혀 영향을 주지 않을 수도 있다(영전이). 선행학습은 완전히 새로운 장면에 적용할 수도 있고(일반전이), 매우 비슷한 장면에 적용할 수도 있다(특수전이). 선행학습과 후속학습의 수준이 비슷한 경우 수평적 전이가, 선행학습이 후속학습의 기초가 될 경우에는 수직적 전이가 일어난다. 또 전이는 의식적 수준에서 일어날 수도 있고, 무의식적 수준에서 일어날 수도 있다.

② 형식도야설은 정신능력이 훈련될 수 있으며 일단 정신능력이 향상되면 광범한 영역으로 전이가 된다고 설명한다. 형식도야설은 인문교과를 교육하는 근거를 제공했다.

③ 동일요소설은 선행학습과 후속학습이 공통요소가 있을 때 전이가 일어난다고 주장한다. 이 이론은 학생이 졸업 후 직장에서 수행해야 할 기능과 유사한 과제로 학교교육과정을 구성해야 함을 시사한다.

④ 일반화설에 따르면 선행학습과 후속학습에 유사한 법칙이나 원리가 있을 때 전이가 일어난다.

⑤ 형태이조설은 선행학습과 후속학습의 역학적 관계를 능동적으로 이해(즉, 통찰)할 때 전이가 일어난다고 보는 형태심리학의 전이이론이다.

⑥ 메타인지이론에 따르면 문제를 이해하고, 문제를 해결할 수 있는 적절한 전략을 선택하며, 그 전략이 문제를 해결하는 데 제대로 적용되고 있는가를 점검할 때 전이가 일어난다.

⑦ 인출이론은 선행학습에서 획득한 지식과 기술을 새로운 장면에서 인출할 수 있을 때 전이가 일어난다고 주장한다.

⑧ 상황학습이론에 따르면 학습과제가 실생활과 유사할수록 전이가 많이 일어난다.

⑨ 문제는 현재 상태와 바람직한 상태 간의 격차를 말한다. 그러므로 문제해결이란 현재 상태를 바람직한 상태로 바꾸는 과정을 의미한다.

⑩ 문제는 정답이 존재하고 문제해결책이 분명한 구조화된 문제와 정답이 모호하고 문제해결책이 분명하지 않은 비구조화된 문제로 나뉜다.

⑪ 문제해결단계는 일반적으로 (1) 문제의 인식, (2) 문제의 정의, (3) 문제의 표상, (4) 문제해결전략의 선택 및 실행, (5) 문제해결과정의 점검, (6) 문제해결의 평가로 구성된다.

⑫ 알고리즘은 문제를 확실하게 해결할 수 있는 절차 혹은 단계를, 발견법은 문제를 해결하기 위한 일반전략 혹은 경험법칙을 말한다. 발견법에는 브레인스토밍, 수단-목표분석, 전진법, 역진법, 시행착오, 유추 등이 있다.

⑬ 통찰(문제해결책을 갑자기 이해하는 현상)과 부화(문제를 해결하려는 노력을 일시 중단하는 휴식의 시기)는 문제해결에 도움을 준다. 반대로 고착(과거의 문제해결방식을 고수하는 경향), 정신태세(과거에 사용했던 방식으로 문제를 해결하려는 경향), 신념고수(모순된 증거에도 불구하고 신념을 고수하는 경향), 확증편향(자신의 신념에 일치하는 정보만 탐색하는 경향)은 문제해결의 장애요인으로 작용한다.

인본주의 심리학

┌ 탐구문제 ┐

1. 인본주의 심리학의 출현배경을 기술하시오.

2. 인본주의 심리학의 기본견해를 요약하시오.

3. Maslow의 요구위계를 요약하시오.

4. Maslow 요구위계의 교육적 시사점을 논하시오.

5. 자기이론의 기본견해를 요약하시오.

6. Rogers의 이론에서 실현경향성의 의미를 설명하시오.

7. Rogers의 이론에서 유기체적 평가과정과 가치의 조건을 비교하시오.

8. 인본주의 교육의 특징을 기술하시오.

9. 인본주의 교육의 구체적 적용사례를 열거·설명하시오.

이론은 흔히 세상을 이해하기 위한 안경에 비유된다. 어떤 색의 안경을 끼고 세상을 보는가에 따라 세상이 달리 보이는 것처럼 어떤 이론을 갖고 있는가에 따라 세상은 완전히 다르게 인식된다. 심리학 이론은 인간을 이해하기 위한 관점이므로 어떤 심리학 이론을 갖고 있는가에 따라 인간은 상당히 다른 모습으로 인식된다.

앞에서 살펴본 행동주의와 정신분석학은 각기 다른 색의 안경으로 인간을 조망하는 이론으로 인간을 '나름대로' 이해했으나, '인간의 전모'를 파악하지는 못했다. 특정 색의 안경을 쓰고 본 세상이 진짜 세상이 아닌 것처럼, 행동주의와 정신분석학이 본 인간이 인간의 전부는 아니다. 단적으로 말하면 인간은 행동주의나 정신분석학이라는 안경을 통해 보이는 것보다 더 대단한 존재다.

밝은 색의 안경을 쓰면 세상이 밝게 보이듯, 행동주의와 정신분석학의 대척점에서 보면 인간은 전혀 다른 모습으로 보인다. 이 장에서 소개하는 인본주의 심리학은 밝은 색의 안경(즉, 긍정적인 관점에서)을 쓰고 인간을 이해하려는 접근이다. 인본주의 심리학의 출현배경 및 기본견해를 약술한 다음, Maslow의 요구위계이론, Rogers의 자기이론과 인본주의 교육에 관해 소개한다.

1. 인본주의 심리학의 출현

인본주의 심리학(人本主義 心理學, humanistic psychology)은 심리학을 양분하고 있던 행동주의와 정신분석학에 대항하여 Maslow의 주도 아래 결속한 심리학자들이 주도한 운동이다. 인본주의 심리학은 다른 심리학과 달리 조직적인 이론이 아니라 일종의 지적 사조(思潮)며 운동(movement)으로, Maslow는 이를 행동주의와 정신분석학에 이어 제3세력의 심리학(the third force psychology)이라고 불렀다. 인본주의 심리학은 심리학의 새로운 오리엔테이션이고 새로운 접근이다.

1960년대 초반까지 심리학의 영토는 행동주의(제1세력)와 정신분석학(제2세력)이 양분하여 지배하고 있었다. 의식과 내성에 몰두해 있던 구조주의와 기능주의에 대한 반동으로 거의 같은 시기에 태동한 행동주의와 정신분석학은 인간을 이해하는 데 나름대로 기여했지만 내재적인 제한점도 갖고 있다.

환경결정론을 견지하는 행동주의는 동물을 대상으로 한 연구에 근거하여 강화나 처벌을 통해 인간 행동을 마음대로 변화·통제·조작할 수 있다는(즉, 원하는 대로 만들 수 있다는)

글상자
10-1

월든

『월든(Walden)』은 Henry David Thoreau(1817~1862)가 1845년부터 1847년 사이에 메사추세츠 콩코드 교외에 위치하고 있는 작고 아름다운 호수 '월든'에서 통나무집을 짓고 밭을 일구고 살아가면서 저술한 체험적인 삶에 대한 기록이다. 그는 하버드 대학을 졸업한 엘리트였지만 입신양명의 길을 버리고 노동으로 생계를 유지하면서 저술활동을 펼쳤다. 이 책에서 그는 자연을 예찬하고 자연친화적인 삶의 가치를 역설하고 있다. 1854년 출간된 이 책은 당시 별로 주목을 끌지 못했으나 오늘날에는 19세기의 가장 중요한 저서 중 하나로 꼽히고 있으며, '세계 문학사에서 유례를 찾기 어려운 특이한 책'으로 평가받고 있다.

견해를 피력했다. Skinner(1948)는 소설 『월든 투』에서 강화이론을 적용하면 행복한 사람들로 가득 찬 이상세계를 건설할 수 있다는 청사진을 제시했다. 심지어 Skinner는 인간이 자유롭고 존엄하다는 생각은 일종의 환상이고 미신에 불과하다고 선언했다. 행동주의의 가장 큰 오류는 인간의 자유의지와 정신과정을 부정하고, 인간을 환경에 기계적으로 반응하는 존재로 격하시켰다는 점이다. 행동주의가 인간을 동물과 동일시하여 인간을 비인간화시켰다고 비판하는 인본주의 심리학에 따르면 행동주의는 동물 행동을 주로 설명하는 쥐 심리학(rat psychology)에 불과하므로 인간을 제대로 설명할 수 없다.

한편, 생물학적 결정론을 견지하는 정신분석학은 인간의 합리적이고 이성적인 측면을 부정하고, 인간을 자신도 알지 못하는 무의식의 지배를 받는 비합리적인 존재로 왜곡시켰다. 인본주의 심리학에 따르면 정신분석학은 건강하고 정상적인 사람의 행동을 설명하지 못하고, 비정상적인 사람의 행동을 설명하는 소위 '절름발이 심리학'이고 '정신병자 심리학'이다.

인본주의 심리학은 행동주의와 정신분석학이 인간을 이해하는 데 나름대로 기여한 것은 사실이지만, 인간을 결코 완전하게 이해하지 못했다고 평가한다. 이에 따르면 행동주의와 정신분석학의 가장 큰 오류는 '인간이 인간이라는 사실'을 무시 내지 부정했다는 점이다. 인본주의 심리학은 인간 행동이 환경에 의해 결정된다는 행동주의 관점과 무의식에 의해 결정된다는 정신분석학적 관점을 철저히 배격한다.

요컨대, 인본주의 심리학은 행동주의와 정신분석학을 실패한 심리학으로 규정하고 그에 대한 반동으로 태동한 심리학의 새로운 오리엔테이션이고 조망이다. 인본주의 심리학은 인간을 환경이나 무의식의 지배를 받는 꼭두각시가 아니라, 자유의지에 따라 스스로 삶을 선택하고 만들어 가는 존재라고 가정한다.

2. 인본주의 심리학의 기본견해

심리학의 다른 분야—성격심리학, 생리심리학, 실험심리학 등—와 달리, 인본주의 심리학은 구체적인 탐구영역을 갖고 있는 이론이 아니라, 심리학에 관해 사고하고 심리학적 지식을 어떻게 적용할 것인가에 관한 태도와 오리엔테이션이다. 인본주의 심리학의 기본견해를 간단히 요약하면 다음과 같다.

첫째, 인본주의 심리학은 건강한 인간에 주안점을 둔다. 인본주의 심리학은 인간이 선천적으로 선하고 창조적인 존재라고 전제한다. 이러한 견해는 인간의 본성을 부정적으로 보는 정신분석학의 견해나 인간의 본성을 중립적으로 보는 행동주의의 견해와 극명하게 대비된다. 정신분석학은 인간을 원초적인 본능과 무의식의 지배를 받는 존재로 보고, 행동주의는 인간을 환경의 지배를 받는 존재로 간주한다.

둘째, 인본주의 심리학은 개인의 선택과 책임을 강조한다. 이는 실존주의의 영향을 반영한 것이다. 자유, 선택, 책임을 강조하는 실존주의(實存主義, existentialism)에 따르면 인간은 절대자유를 갖고 자신의 삶을 스스로 선택할 수 있는 존재다(Morris, 1954). 따라서 인간 행동의 동인(動因)은 내부에 존재하며, 삶이란 결국 스스로 선택한 소산이다. 인간이 자유의지를 갖고 스스로 삶을 선택한다는 실존주의의 견해는 환경결정론을 견지하는 행동주의나 무의식 결정론을 견지하는 정신분석학의 대척점에 있다. 실존주의는 인간이 삶을 스스로 선택하여 창조했다는 점을 역설한다. "나의 존재는 내 선택의 소산이다(I am my choices.)." 또는 "인생이란 B(birth)와 D(death) 사이에 존재하는 C다(choice)."라는 샤르트르의 유명한 말은 세인들에게 선택의 중요성을 새삼 일깨운다. 실존주의의 주장처럼 인간이 절대자유를 갖고 선택을 할 수 있다면 선택의 책임은 응당 자기 자신이 져야 한다. 인본주의 심리학은 이와 같은 실존주의의 견해를 수용하여 인간이란 목적지향적인 존재로 자신의 삶에서 수동적인 방관자도 아니고 다른 사람의 영향을 받는 객체도 아니며, 스스로의 삶을 선택하고 선택에 기꺼이 책임을 지는 존재라고 가정한다.

셋째, 인본주의 심리학은 성장과 잠재력 실현을 강조한다. 이것은 실존주의의 형성 개념에 영향을 받은 것이다. 형성(形成, becoming)이란 인간이 현재의 존재보다 더 나은 다른 존재가 되어 가는 과정, 즉 성장과 변화가능성을 뜻한다. 실존주의에 따르면 인간은 현재의 자기 자신을 초월하고 잠재력을 실현하기 위해 노력한다. 실존주의의 견해를 수용한 인본주의 심리학은 인간이 스스로 선택한 존재가 되기 위해 노력한다는 사실을 강조한다. 인본주의 심리학이 강조하는 성장과 잠재력 실현은 자기실현의 개념에 집약되어 있다.

넷째, 인본주의 심리학은 주관적 지각과 해석을 중시한다. 이것은 현상학의 견해를 수용한 것이다. 현상학(現象學, phenomenology)은 자신 및 세계를 어떻게 지각하고 해석하는가에 비추어 개인을 이해하려는 접근이다. 이에 따르면 사람들은 독특한 방식으로 세계를 지각하고 해석하므로 세계는 객관적인 것이 아니라 주관적이다. 현상학적 심리학을 창안한 Snygg와 Combs(1949)는 이러한 주관적 세계를 현상적 장(現象的 場, phenomenal field: 개인 내부에 존재하는 개인적이고 주관적인 해석체계)이라고 불렀다. 사적 세계 혹은 개인적 세계 (private or personal world)라고 부르기도 하는 현상적 장은 사건에 관한 주관적 지각과 해석을 결정하므로 현상적 장이 다르면 같은 사건이라도 완전히 다르게 해석한다. 현상학에 따르면 어떤 사람을 정확하게 이해하자면 반드시 그의 주관적 해석체계인 현상학적 장을 고려해야 한다. 인본주의 심리학은 이와 같은 현상학 관점의 영향을 받아 객관적인 환경이나 조건이 아니라, 그에 대한 주관적인 지각과 해석을 중시한다.

다섯째, 인본주의 심리학은 의식을 강조한다. 이것은 인간이 자신과 자신의 실존을 의식한다는 것을 뜻한다. 이러한 점에서 인본주의 심리학은 의식을 부정하는 행동주의나 무의식을 강조하는 정신분석학과 대비된다. 인본주의 심리학은 (1) 본능적 충동이 아니라 의식적 선택, (2) 환경자극에 대한 반응이 아니라 내적 요구에 따른 반응, (3) 과거 경험이 아니라 현재 상황을 중시한다.

여섯째, 인본주의 심리학은 전체주의 관점에서 인간을 통합된 전체(organized whole)로 탐구한다. 인본주의 심리학은 인간이 부분들의 합보다 더 크다고 보고 환원주의를 배격한다. 베토벤의 피아노 협주곡 5번 황제가 단순히 음표들의 집합이 아닌 것처럼, 인간은 무의식적 동기의 합도 아니고 행동의 단순한 합도 아니다. 인본주의 운동의 선구자인 Bühler (1971)는 인간을 전체로 탐구하고 이해하려는 접근을 인본주의 심리학의 보편적인 특징으로 규정했다. 인간을 통합된 전체로 이해하려는 인본주의 심리학에 따르면 인간 행동은 심층적인 감정 및 자기상과 긴밀하게 관련된다.

3. Maslow의 요구위계이론

Abraham Harold Maslow(1908~1970)는 원래 행동주의 심리학자였으나 행동주의의 한계를 절감하고 인본주의 심리학 운동을 주도한 인물이다. Maslow의 요구위계를 간단히 설명한다.

1) 요구위계(욕구단계)

Maslow는 요구들이 선천적이며 강도와 중요성에 따라 위계를 이룬다고 전제하고 요구위계(要求位階, needs hierarchy) 혹은 욕구단계를 제안했다([그림 10-1] 참조). 일반적으로 요구(要求, needs)는 개인 내부의 긴장상태를 뜻한다. 요구가 충족되면 긴장이 감소 혹은 해소된다. 요구는 결핍상태에서 야기된다. 요구위계는 요구들을 5개 범주로 분류한 다음 위계적인 순서에 따라 배열한 것이다. 요구위계에 포함된 모든 요구들은 생물학적 근원을 갖고 있다. 단, 생리적 요구를 충족시킬 수 있는 행동—먹는 행동, 숨쉬기 등—은 학습되지 않지만, 다른 요구들을 충족시키기 위한 행동은 학습된다.

요구위계는 본능론과 환경론을 양극단으로 할 때 중도적 입장을 취하는 관점이다. 행동이 본능에 의해 완전히 결정된다고 주장하는 본능론이나 행동이 환경조건에 의해 결정된다고 주장하는 환경론과 달리, Maslow는 기본적 요구가 보편적이고 선천적이지만 본능적 성격이 약하므로 환경조건에 의해 수정이 가능하다고 본다. 따라서 기본적 요구는 특정 방식으로 행동하도록 동인을 제공하는 것이 아니라 요구를 충족시킬 수 있는 행동을 선택하고 조정하는 기능을 한다. 요구가 충족되지 않으면 긴장을 경험하는데, 그로 인해 긴장을 감소 내지 제거할 수 있는 목표를 달성하기 위해 행동한다. 요구위계에 포함된 요구들을 간단하게 살펴본다.

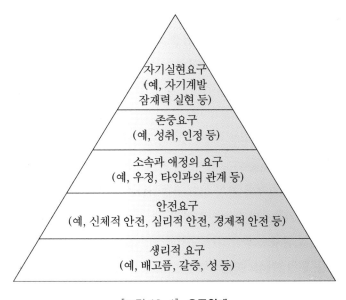

[그림 10-1] **요구위계**

(1) 생리적 요구

생존과 직접 관련된 생리적 요구(生理的 要求, physiological needs)는 음식, 물, 산소, 수면, 성, 감각자극 등에 관한 요구를 말한다. 생리적 요구는 본능과 유사한 개념으로, 그 요구를 충족시킬 수 있는 행동을 하도록 한다. 요구위계의 최하위에 위치한 생리적 요구는 가장 기본적이고 강력하다. 따라서 생리적 요구가 충족되어야 더 높은 수준의 요구가 출현한다. 생리적 요구가 충족되지 않으면 생리적 요구의 지배를 받으므로 더 높은 수준의 요구는 출현하지 않는다.

(2) 안전요구

생리적 요구가 충족되면 안전요구가 나타난다. 안전요구(安全要求, safety needs)는 확실성, 질서, 구조, 예측가능한 환경, 불안과 공포로부터 해방 등에 관한 요구를 말한다. 아이가 엄마가 없을 때 우는 것은 안전요구를 반영하고 있다. 취업, 저축, 보험도 안전요구를 반영하며, 철학이나 종교도 부분적으로 안전요구를 반영한다. 안전요구는 전쟁, 범죄, 홍수, 지진, 혁명과 같은 상황에서 나타난다. 주변을 정리정돈하려고 애쓰는 강박증 환자는 안전한 환경을 유지하려는 요구의 영향을 받고 있다.

(3) 소속과 애정의 요구

소속과 애정의 요구(所屬과 愛情의 要求, belongingness and love needs)는 타인—배우자, 가족, 친지, 친구 등—과 원만한 관계를 형성하고, 준거집단에 소속하려는 요구를 뜻한다. 이 요구는 생리적 요구와 안전요구가 충족되었을 때 나타난다. 이 요구를 충족시키려면 사랑을 받는 것은 물론 사랑을 주는 것도 필요하다. 이 요구가 충족되지 않으면 고독, 소외감, 우울증을 경험하게 된다.

(4) 존중요구

존중요구(尊重要求, esteem needs)는 자기존중의 요구와 다른 사람들의 존중을 받으려는 요구로 나뉜다. 자기 자신으로부터 가치 있고 유능하다는 인정을 받고 싶어하는 요구가 바로 자기존중의 요구다. 자기존중의 요구는 성취, 능력, 독립 등의 요구를 포함한다. 자기존중의 요구는 다른 사람들의 존중을 받으려는 요구에 의존한다. 다른 사람들의 존중을 받으려는 요구는 지위, 위신, 인정, 관심, 승인 등에 관한 요구를 포함한다. 이 요구가 충족되면 자신감을 갖게 되고, 자기존중감이 높아지며, 자신이 이 세상에서 유용하다는 인식을 하게 된다. 반면 이 요구가 충족되지 않으면 열등감, 무력감, 좌절감, 자기비하 등을 경험한다. 성인의 일상활동은 대부분 다른 사람들의 존중 및 인정을 받고, 자기존중을 높이기 위해 수행된다.

(5) 자기실현요구

자기실현요구(自己實現要求, self-actualization needs)는 자기 자신이 성취할 수 있는 모든 것을 실현하려는 요구를 말한다. 이 요구는 자기증진을 위한 갈망이며, 잠재력을 실현하려는 욕망이다. 자기실현요구를 가진 사람은 능력, 재능, 잠재력을 충분히 발휘하기 위해 노력한다. 단, 자기실현의 형태는 사람에 따라 크게 차이가 있으므로 요구 중에서 자기실현요구의 개인차가 가장 크다.

요구위계의 가장 중요한 특징은 요구들이 강도에 따라 위계를 이룬다는 점이다. 그러므로 요구위계의 최하위수준에 위치한 생리적 요구의 강도가 가장 높고, 최상위수준에 위치한 자기실현요구의 강도가 가장 낮다. 또 요구위계에서 요구들은 계열적으로 충족된다. 즉, [그림 10-1]에 제시되어 있는 것처럼 생리적 요구가 충족되어야 안전요구가 출현하고, 생리적 요구와 안전요구가 충족되어야 소속과 애정의 요구가 출현한다. 따라서 하위수준의 요구가 제대로 충족되지 않으면 상위수준의 요구가 출현하지 않는다. 물론 Maslow는 요구위계에서 예외를 인정하고 있다. 생명의 위협을 무릅쓰고 사회를 개혁하기 위한 투쟁을 하는 사람이 예외적인 사례가 될 수 있다. 발달적인 측면에서는 하위수준의 요구가 상위수준의 요구보다 더 일찍 나타난다. 그러므로 극히 예외적인 경우를 제외하면 심리적으로 건강한 사람이란 현재 당면하고 있는 요구의 위계적 수준이 높은 사람이다.

한편, Maslow는 요구위계를 구성하는 5개의 요구 이외에 인지적 요구(cognitive need: 인식과 지식에 관한 요구)와 심미적 요구(aesthetic need: 질서, 균형, 조화의 요구)를 추가했다.

2) 결손요구와 성장요구

요구위계에 덧붙여 Maslow는 인간의 요구를 결손요구와 성장요구로 구분했다. 결손요구(缺損要求, deficiency need, D 요구)는 요구위계의 하위요구, 특히 생리적 요구와 안전요구를 반영하며 결손상태에서 야기되는 긴장을 해소하기 위한 요구를 말한다.

이에 반해 성장요구(成長要求, becoming or meta need, B 요구)는 잠재력을 실현하려는 원대한 목표와 관련된 요구를 지칭한다. 진선미, 정의, 질서 등을 추구하는 행동은 성장요구가 발로된 것이다. 삶을 풍요롭게 함으로써 삶의 기쁨을 높이려는 성장요구는 결손요구가 충족되어야 나타난다. Maslow는 성장요구도 선천적으로 타고난다고 주장했다. 그에 따르면

인간이 심리적 건강을 유지하고 완전히 성장하려면 성장요구가 충족되어야 한다. Maslow
는 성장요구가 충족되지 못한 데서 오는 질병을 메타병리(meta pathologies)라고 불렀다. 무
관심, 소외, 우울, 냉소 등과 같은 심리상태는 메타병리의 증상이다. 결손요구와 달리 성장
요구는 위계를 이루지 않는다.

3) Maslow 이론의 시사점과 문제점

Maslow의 요구위계이론은 교육은 물론 경영이나 심리치료 분야 등에 광범하게 적용되었
다. 이 이론은 생리적 요구와 사회적 요구를 단일 체제에 통합하고, 요구들의 우선순위를 다
르게 부여하고 있다는 특징이 있다. 요구위계이론의 시사점은 다음과 같다.

첫째, 사람에 따라 당면하는 요구가 다르다. 즉, 사람에 따라 생리적 요구가 관심사가 될
수도 있고, 자기실현요구가 관심사가 될 수도 있다. 이것은 모든 학생들에게 같은 요구를 획
일적으로 강요할 것이 아니라, 개개 학생이 당면하는 요구를 파악한 다음 그에 적절하게 대
처하는 것이 중요하다는 것을 시사한다.

둘째, 하위수준의 요구를 먼저 충족시켜야 한다. 요구위계에 따르면 생리적 요구와 같은
하위수준의 요구가 먼저 충족되어야 상위수준의 요구가 나타난다. 그러므로 모든 학생들에
게 상위수준의 요구를 획일적으로 강조할 것이 아니라, 하위수준의 요구가 제대로 충족되
고 있는가를 면밀하게 검토해야 한다.

셋째, 심리적으로 건강한 사람은 당면하고 있는 요구의 수준이 더 높은 사람이다. 그러므
로 자기실현요구를 충족시키기 위해 노력하는 사람은 생리적 요구를 충족시키기 위해 노력
하는 사람보다 심리적으로 더 건강하다.

한편, 요구위계이론은 (1) 요구들의 우선순위가 타당한지 검증하기가 어렵고, (2) 자기실
현요구를 측정하기 어려우며, (3) 사람에 따라 요구의 우선순위가 다를 수 있다는 점을 고려
하지 못하고 있다는 문제점이 있다.

4. Rogers의 자기이론[1]

Carl Rogers(1902~1987)는 원래 정신분석학 훈련을 받은 임상심리학자였지만 무의식과

[1] 교육심리문헌에는 'self-concept'를 자아개념으로 번역하고, 'self-actualization'을 자아실현으로 번역하

본능적인 충동을 지나치게 강조하고 심리적인 성장 잠재력을 경시한 정신분석학에 실망하고 새로운 성격이론을 제창한 인물이다. Rogers의 이론은 자기 혹은 자기개념을 강조한다는 점에서 자기이론(自己理論, self-theory)이라고 불린다. 자기(自己, self)는 개인이 갖고 있는 총체적인 내적 세계를 말한다. 그러므로 자기는 다른 사람과 사물로 구성되는 외적 세계와 구분되는 개념이다. Rogers가 자기와 자기개념을 강조하는 것은 주관적 경험과 지각을 강조하는 현상학의 영향을 받았기 때문이다. 자기이론의 기본견해를 간략하게 소개한 다음 실현경향성과 긍정적 존중의 요구에 관해 약술한다.

1) 자기이론의 기본견해

자기이론의 기본견해는 다음과 같다.

첫째, 인간을 선하고 합리적이며 목적지향적인 존재로 간주하고, 의식을 중시한다. 이러한 인간관은 인간을 비합리적이고, 이기적인 존재로 간주하는 Freud의 인간관이나 인간을 중립적인 존재로 간주하는 행동주의의 인간관과 본질적으로 다르다.

둘째, 세계는 사적(私的)이고, 현상학적이다. 이것은 개인에게 가장 중요한 환경은 객관적인 환경이 아니라 주관적이고 사적 세계(현상적 장, phenomenal field: 개인이 특정 순간에 갖고 있는 감정, 지각, 의식)라는 것을 뜻한다. 사람들은 객관적인 환경이 아니라 주관적 세계에 반응하므로 어떤 사람을 이해하자면 그의 주관적 세계를 이해해야 한다. 그러므로 어떤 사람이 경험하는 주관적 세계를 이해하지 못하면 그 사람을 이해한다고 할 수 없다.

셋째, 인간 존재의 근본적인 목적은 자기실현이다. Rogers에 따르면 인간의 유일한 기본적 동기원은 실현경향성이다. 그러므로 인간 행동을 설명하기 위해 수많은 요구들을 열거할 필요가 없다.

넷째, 인간은 자기 자신을 구성한다. 인간은 다른 사람과의 상호작용을 통해 자기가 어떤 존재인가에 관한 자기개념을 형성한다. 자기개념(自己概念, self-concept)은 자기 자신에 관해 형성한 일관성 있는 신념체계로, 자기 자신을 어떤 존재로 인식하는가를 일컫는다. 자기는 서로 관련되고 일관성 있는 수많은 자기지각, 능력, 성격특성, 행동으로 구성된다. Rogers는 자기를 현실적 자기와 이상적 자기로 구분했다. 실제의 경험에 기반을 둔 현실적 자기(現

는 것이 일반적인 경향이다. 그렇지만 자아(自我)를 의미하는 'ego'와 자기(自己)를 의미하는 'self'는 엄연히 다른 개념이므로 구분하여 사용할 필요가 있다. 이 책에서는 self-concept는 자기개념으로 번역하고, self-actualization은 자기실현으로 번역하였다.

實的 自己, real self)는 자기 자신을 실제 어떤 존재로 인식하는가를 말한다. 희망과 소망에 기반을 둔 이상적 자기(理想的 自己, ideal self)는 장차 어떤 존재가 되고 싶은가를 나타낸다. 이상적 자기와 현실적 자기는 일치하지 않지만, 양자 사이의 지나친 괴리는 문제를 야기할 소지가 있다.

다섯째, 인간은 자기개념과 일치하는 방식으로 행동한다. Rogers에 따르면 자기개념은 사고, 감정, 행동에 영향을 준다. 긍정적 자기개념을 갖고 있으면 낙관적이고, 긍정적으로 사고하며, 적극적으로 행동한다. 반대로 부정적 자기개념을 갖고 있으면 비관적이고, 부정적으로 사고하며, 소극적으로 행동한다.

여섯째, 대인관계는 심리적 성장과 발달에 큰 영향을 미친다. Rogers에 따르면 대인관계는 심리적 성장과 발달을 촉진할 수도 있고, 좌절시키거나 방해할 수도 있다.

2) 실현경향성

실현경향성(實現傾向性, actualizing tendency)은 유기체를 보존하고 향상시키려는 내재적 경향성을 말한다. 즉, 실현경향성은 생명을 보존하고, 개인적 성장과 자율성을 지향하며 통제로부터 해방되고자 하는 선천적인 경향성이다. Rogers에 따르면 실현경향성은 인간의 유일하고도 근본적인 동기원이며, 다른 모든 동기들은 실현경향성으로부터 파생된다. 따라서 모든 유기체는 실현경향성에 의해 동기화된다. 그에 따르면 삶이란 자기성장과 완전성을 달성하려는 끊임없는 과정인데, 이 과정은 실현경향성에 의해 주도된다.

실현경향성은 크게 보존기능과 향상기능을 갖고 있다. 보존기능은 생존을 위해 기본적 요구를 충족하도록 하는 기능이고, 향상기능은 자기성장과 잠재력을 실현하도록 하는 기능이다. 보존기능과 향상기능의 기반이 되는 동기의 기제는 매우 다르다. 보존기능은 기본적 요구를 충족시켜 긴장을 감소시키지만, 향상기능은 자기성장을 추구하도록 하기 위해 오히려 긴장을 증가시킨다.

실현경향성과 관련된 모든 경험은 유기체적 평가과정에 비추어 평가된다. 유기체적 평가과정(有機體的 評價過程, organismic valuation process)이란 경험이 성장에 도움이 되는가 아니면 도움이 되지 않는가를 판단하는 선천적인 과정을 말한다. 다시 말하면 유기체적 평가과정은 새로운 경험이 성장에 도움을 주는가 아니면 방해하는가에 관한 정보를 제공하는 피드백 시스템이다. 성장에 도움을 주는 경험은 긍정적인 평가를 받고, 성장을 방해하는 경험은 부정적인 평가를 받는다.

3) 긍정적 존중의 요구

긍정적 존중의 요구(肯定的 尊重의 要求, need for positive regard)는 가족, 친구, 중요한 타인의 사랑, 온정, 동정, 인정, 존경을 받으려는 요구다. 이 요구는 다른 사람의 인정을 받으면 충족된다. 생일, 어버이날, 스승의 날, 어린이날과 같은 기념일은 긍정적 존중의 요구를 반영한다. 심지어 애완동물을 기르는 것도 긍정적 존중의 요구를 반영한다. 애완동물은 부모나 친구와 달리 무조건 주인을 긍정적으로 존중한다. 애완동물을 반려동물, 심지어 가족이라고 부르는 행태는 긍정적 존중을 받으려는 현대인들의 절박한 심리를 반영하고 있는 것처럼 보인다. 자기존중의 요구(自己尊重의 要求, need for self-regard)는 자기 자신의 인정을 받으려는 요구로, 긍정적 존중의 요구를 내면화한 것이다. Rogers는 실현경향성 이외에 긍정적 존중의 요구와 자기존중의 요구를 이차적인 동기원으로 가정하고 있다. 이 요구들은 실현경향성에서 파생되며 유아기에 학습된다.

긍정적 존중의 요구로 인해 개체는 다른 사람의 피드백(칭찬이나 비난)에 민감하게 반응하는데, 그 결과 가치의 조건을 내면화한다. 가치의 조건(價値의 條件, conditions of worth)이란 행동의 적절성을 판단하기 위해 다른 사람들(부모, 교사 등)이 갖고 있는 기준을 말한다. 자녀의 행동이 적절한지 아니면 부적절한지를 판단하기 위해 부모가 갖고 있는 기준이 가치의 조건이다.

가치의 조건이 내면화되면 그것이 유기체적 평가과정을 대신하게 되어 개체는 모든 행동이나 경험을 가치의 조건의 충족 여부를 기준으로 판단한다. 이것은 행동이나 경험이 성장에 도움이 되는가를 기준으로 판단하는 것이 아니라, 다른 사람들의 인정 여부를 기준으로 판단한다는 것을 의미한다. 가치의 조건을 지향하고 유기체적 평가과정에서 멀어지는 것은 실현경향성 발달에 부정적인 영향을 미친다. 왜냐하면 가치의 조건을 지향한다는 것은 진정으로 개체 자신이 원하는 삶이 아니라 다른 사람들이 원하는 대로 살아간다는 것을 뜻하기 때문이다.

Rogers는 다른 사람들이 개체의 성장과 발달에 중요한 역할을 한다는 점을 강조한다. 실현경향성을 촉진하려면 다른 사람들이 개체를 가치의 조건에 따라 존중하지 말고 무조건적 긍정적 존중을 해야 한다. 무조건적 긍정적 존중(無條件的 肯定的 尊重, unconditional positive regard)이란 아무 조건 없이 있는 그대로 수용하고 존중하는 것을 말한다. '중요한 타인'의 무조건적 긍정적 존중을 받으면 가치의 조건을 내면화하지 않고, 진정으로 자신이 원하는 존재가 되기 위해 노력한다. 무조건적 긍정적 존중은 '충분히 기능하는 인간(fully functioning person)'으로 성장할 수 있도록 북돋운다. 충분히 기능하는 인간이란 Rogers가 상정하는 이상적인 인간형으로, Maslow의 표현을 빌리면 자기를 실현한 사람이다.

이에 반해 조건적 존중(條件的 尊重, conditional regard)을 경험하면 심리적인 문제가 발생한다. 조건적 존중은 개체의 행동이 가치의 조건을 충족시킬 경우에만 수용하는 것을 의미한다. 조건적 존중을 경험하는 사람은 중요한 타인(부모, 교사 등)이 설정한 가치의 조건에 맞추기 위해 노력한다. 그 결과 자기가 진정으로 원하는 존재가 되기 위해 노력하는 것이 아니라, 다른 사람들이 원하는 존재가 되기 위해 노력하므로 늘 심리적 긴장을 경험한다.

4) Rogers 이론에 대한 평가

Rogers의 이론은 직관적으로 타당한 측면이 많다. 예컨대, 사람은 주관적으로 세계를 지각하므로 다른 사람을 이해하려면 그 사람의 주관적인 세계를 이해해야 한다는 견해는 매우 합당하다. 그러나 Rogers의 이론은 다음과 같은 점에서 비판의 소지가 있다.

첫째, 모호한 개념이 많다. 특히 이론의 핵심이라고 할 수 있는 자기실현의 의미가 분명하지 않다. 둘째, 연구방법이 주관적이어서 과학이 갖추어야 할 객관성과 엄밀성을 충족시키지 못하고 있다.

이와 같은 문제점이 있음에도 그의 이론은 상담이론이나 교수이론에 큰 영향을 주고 있다(Rogers의 인간중심상담은 12장에 소개되어 있다.).

5. 인본주의 심리학의 교육적 적용: 인본주의 교육

인본주의 교육은 인본주의 심리학에 기반을 둔 교육을 말한다. 인본주의 심리학은 체계적인 학습이론이 아니라 심리학에 관한 오리엔테이션으로 교수–학습에 관한 원자론적인 접근에서 탈피하여 전체적인 접근을 하므로 전통적인 교육과 상당히 다르다. 인본주의 교육이 공통적으로 강조하고 있는 사항은 다음과 같다.

- 학생중심교육을 지향한다. 인본주의 교육은 학생들이 학교에 맞추는 전통적인 교육이 아니라 '학교가 학생들에게 맞추는 교육'을 지향한다. 인본주의 교육에서는 학생들이 장차 어떤 존재가 되려고 하는가를 스스로 결정한다. 또 학생들은 저마다 다르므로 학생들을 학생들의 관점에서 이해하고, 학생들이 진정으로 원하는 존재가 될 수 있도록 조력한다.

- 지식획득보다는 학생들의 요구, 정서, 가치와 같은 정의적 특성을 더 중시한다. 인본주의 교육은 학생들이 학습을 개인적으로 중요하다고 생각하고, 자신이 행동하는 이유를 정확하게 이해할 때 동기가 극대화된다고 가정한다. 그래서 학생들이 자신의 요구, 정서, 가치를 정확하게 이해하도록 도움을 줌으로써 학습 및 발달 잠재력 실현요구를 활성화하려고 한다.
- 긍정적 자기개념과 정체성 발달을 강조한다. 모든 행동은 지각장에 의해 결정되므로 학생이 자기 자신을 어떻게 지각하는가는 매우 중요하다. 그래서 인본주의 교육은 학생들의 긍정적 자기개념과 정체성 형성을 중요한 교육목표로 간주한다.
- 학생들의 고유한 행동, 감정, 의견을 있는 그대로 수용하려고 한다. 교사는 학생들의 관점에서 학습장면을 이해한다.
- 원만한 대인관계와 의사소통을 중시한다. 원만한 인간관계는 학생들의 잠재력 실현요구를 활성화시켜 심리적으로 건강한 사람으로 성장하도록 북돋운다.

인본주의 교육의 (1) 교육목적, (2) 교사의 역할, (3) 교육형태에 관해 간단히 살펴본다.

1) 교육목적: 자기실현

인본주의 교육의 궁극적 목적은 자기실현이다. 자기실현(自己實現, self-actualization)은 자신의 능력과 잠재력을 완전히 이루는 것, 즉 '자신이 이룰 수 있는 모든 것을 실제로 이루는 것'을 말한다. 비유컨대, 도토리가 커다란 참나무가 되면 자기실현이 된 것이다. 자기실현은 심리적 성장과 건강한 발달의 초석이 된다.

자기실현은 고정된 상태가 아니라 성장의 과정으로 보는 것이 타당하다. 즉, 자기실현은 달성해야 할 유일하고 고정된 목표(혹은 종착점)가 아니라 진행형의 과정이다. 자기실현은 여러 측면에서 도교(道教)나 선(禪)이 추구하는 이상과 비슷한 과정으로 간주되고 있다(Chang & Page, 1991). 자기를 실현한 사람들의 특징은 다음과 같다.

- 현실을 정확하게 지각한다.
- 환경에 잘 적응한다.
- 자기, 타인, 자연을 있는 그대로 수용한다.
- 독립적이고 자율적이다.
- 자기 자신과 관련이 없는 문제에도 큰 관심을 갖는다.

- 창의성이 높다.
- 소수의 사람들과 깊고 친밀한 관계를 형성한다.
- 목표달성을 위해 최선을 다한다.
- 절정경험을 한다.

Rogers는 자기가 실현된 사람을 충분히 기능하는 인간이라고 불렀다. 충분히 기능하는 인간(fully functioning person)이란 잠재력을 인식하고 실현한 사람을 뜻한다. 충분히 기능하는 인간의 주된 특징은 다음과 같다.

- 개방성을 갖고 있다. 그들은 방어기제를 사용하지 않고 모든 감정이나 느낌을 있는 그대로 경험한다.
- 실존적인 삶을 살아간다. 그들은 삶의 모든 순간을 완전하게 영위한다.
- 자기 자신을 신뢰한다. 그들은 규범이나 다른 사람의 판단에 따라 결정을 내리는 것이 아니라, 자신의 경험에 근거하여 판단한다.
- 스스로 선택한 삶을 자유롭게 살아간다.
- 자신이 관련된 모든 영역에서 창의적 소산을 만들어 낸다.

인본주의 심리학은 자기실현이 건강한 성격의 핵심이라는 점을 강조한다. Maslow에 따르면 대부분의 사람들이 자기실현을 원하고 있고, 또 그것을 위해 노력하고 있는데도 실제 자기를 실현한 사람은 극소수에 불과하다고 한다(Maslow는 자기를 실현한 사람을 전체 인구의 1% 미만으로 추정한다.).

자기를 실현하지 못하는 것은 개인적으로 불행한 일이다. 이러한 불행한 사태는 잠재력을 모르거나, 잠재력을 의심하거나, 심지어 두려워하기 때문에 발생한다. 대부분의 사람들이 결국 자기를 실현하지 못하는 것은 요나 콤플렉스(Jonah complex: 자신의 성장 및 자기실현 능력을 회피하고 부인하는 현상)에 사로잡혀 자기를 실현하기 위해 노력하지 않고 낮은 수준의 요구를 충족시키는 데 몰두하기 때문이다. 환경의 제약이 개인의 자기실현을 억압할 수도 있다. 이러한 측면에서 보면 개개인의 자기실현을 촉진할 수 있는 사회야말로 이상적인 사회라고 할 수 있다.

Maslow에 따르면 자기실현의 중요한 차원은 절정경험(絶頂經驗, peak experience)이다. 절정경험이란 일생에 지대한 영향을 주는 매우 감동적이고 결코 잊을 수 없는 경험을 가리킨다. 필생의 역작을 완성했을 때 느끼는 감동, 종교적 계시를 받았을 때의 경험, 깨달음을 얻었을 때의 환희심을 절정경험으로 볼 수 있다. 장엄한 경관을 보거나, 죽음 직전 소생하거나, 매우 감동적인 꿈을 꾸었을 때의 경험도 절정경험이라고 할 수 있다.

Maslow에 따르면 자기실현을 이루려면 굳건한 의지와 피나는 노력, 그리고 커다란 희생이 필수적으로 요청된다. 자기실현을 추구하는 사람들은 결코 현재의 삶에 안주하지 않는다. 그들은 자기실현이란 원대한 목적을 달성하기 위해 현재의 만족스러운 삶을 기꺼이 포기하기도 하며, 끊임없이 노력한다.

2) 교사의 역할

인본주의 교육에서 요구하는 교사의 역할은 전통적인 교육에서 요구하는 교사의 역할과 매우 다르다. 인본주의자인 Combs(1981)는 인간의 모든 행동을 행동하는 시점에 갖고 있는 지각장의 산물로 가정한다. 그는 이 가정에 입각하여 학생들이 자신을 지각하는 방식이 극히 중요하며, 교육의 기본적인 목적은 긍정적인 자기개념을 형성하도록 돕는 것이라고 주장한다. 또 교사는 지식을 전달하는 역할이 아니라 촉진자 역할을 해야 한다고 강조한다. 그에 따르면 교사는 지시하고 처방하고 강요하고 처벌하고 억압하고 달래고 부추기는 존재가 아니라, 촉진자 · 조력자 · 보조자 · 동료 역할을 해야 한다. Combs에 따르면 훌륭한 교사의 특징은 다음과 같다.

- 가르치는 교과에 정통하다.
- 학생들과 동료교사의 감정에 민감하다.
- 학생들의 학습능력을 신뢰한다.
- 긍정적인 자기개념을 갖고 있다.
- 모든 학생들이 최선을 다하도록 도움을 준다.
- 다양한 교수방법을 사용한다.

인본주의 교육은 교수방법이나 기술보다 교사의 태도를 더 중시한다. 인본주의 교사는 학생들을 신뢰하고, 진정으로 배려하며, 효과적으로 소통해야 한다. 또 학생들을 조력하고, 그들의 감정에 공감하며, 온정을 갖고 개개 학생의 독특성을 인정해야 한다.

3) 교육형태

(1) 성장집단

인본주의 교육은 감수성집단(感受性集團, sensitivity group)과 만남집단(encounter group) 같은 집단과정을 교육방법으로 채택한다. 감수성집단과 만남집단을 합하여 성장집단(成長集團, growth group)이라고 부르기도 한다. 성장집단은 일반적으로 소집단상황에서 이루어지며, 의사소통, 개방성, 자기발견, 공유, 갈등해결을 촉진하기 위한 기법을 채택한다. 이 집단은 학생들이 감정을 솔직하게 표현하고, 감정을 확인·명료화하며, 대인관계를 탐색하고, 개인적 가치를 명료화하도록 권장한다.

(2) 합류교육(융합교육)

합류교육(合流敎育, confluence education) 혹은 융합교육은 정의적 학습과 인지적 학습을 통합하려는 접근이다. 전통적 교육이 인지적인 성과(즉, 지식)를 강조하는 데 비해, 합류교육은 정의적 측면을 중시한다. 합류교육은 (1) 학습의 성과보다 과정을 중시하고, (2) 교사 주도적인 교수와 평가보다 학생의 자기결정, 자율성, 자기평가를 강조하며, (3) 추상적이고 객관적인 지식보다 감정이나 개인적 경험과 같은 정의적 특성을 중시하고, (4) 교과지식의 획득보다 개인적 성장에 주력하며, (5) 개인의 독특성을 강조하고, (6) 탈권위적이고 변화지향적이다.

합류교육의 이러한 특징은 잠재력의 완전한 실현에 주안점을 두는 인본주의의 핵심견해를 반영한 것이다. 합류교육은 인간잠재력 운동(human potential movement)의 한 부분으로 간주되고 있다.

(3) 가치명료화

일각에서는 학교는 교과지식을 가르치는 곳이므로 가치교육은 가정이나 사회가 담당해야 한다고 주장한다. 그러나 인본주의는 학교가 가치교육을 담당해야 한다고 믿는다. 가치명료화(價値明瞭化, value clarification)는 학생들에게 가치를 일방적으로 전수하는 것이 아니라, 도덕과 윤리 문제에 관한 개인적 신념과 가치를 능동적으로 숙고, 성찰하도록 하는 프로그램을 가리킨다. 이 프로그램은 학생들로 하여금 자기 자신의 가치를 검토하고, 그 가치에 근거해서 행위하도록 하는 데 목표를 둔다. 가치명료화는 학생들이 특정 가치를 갖도록 설득하는 것이 아니라, 자신의 가치체계를 성찰하도록 도움을 주려는 것이다. 따라서 교사는 자신의 가치를 학생들에게 강요하지 말아야 한다.

(4) 열린교육

열린교육(open education)은 개인적 성장, 독립성, 협동을 주요 특징으로 하는 학생중심교육을 일컫는다. 열린교육은 전통적 교육과 몇 가지 점에서 차이가 있다. 첫째, 가장 중요한 교육목적을 개인적 성장, 비판적 사고, 자기신뢰, 협동, 개성 신장, 평생교육에 둔다. 둘째, 교사가 아닌 학생들을 가장 중요한 사람으로 간주한다. 따라서 학생들에게 교육활동을 선택할 수 있는 자유를 준다. 셋째, 획일적인 교육과정이나 학년제를 채택하지 않고, 비형식적이고 신축적인 교육과정을 운영한다.

열린교육은 학생중심교육과 심층적인 교사-학생 관계(교사당 학생 수가 적음)를 지향하고, 획일적인 시간표를 지양한다. 또 열린교육은 학생 개개인의 삶에 주안점을 두고, 학교의 전통적인 관행을 폐지하며, 학교의 통제와 감독을 철폐하고자 한다. 그러나 열린교육이 과연 정확하게 무엇을 의미하는지 규정하기란 쉽지 않다.

열린교육을 받은 학생들은 전통적 교육을 받은 학생들에 비해 독립성이나 창의성은 높으나, 학업성적은 현저하게 낮은 것으로 보고되고 있다. 미국의 경우 학업성적을 중시하는 시대정신의 영향으로 현재 열린교육은 퇴조하고 있다고 한다(Rothenberg, 1989). 열린교육에 대한 자세한 내용은 전문서적을 참조하기 바란다.

(5) 학습양식

아침에 공부가 잘되는 학생이 있는가 하면, 밤에 공부가 잘되는 학생도 있다. 음악을 들으면서 공부를 잘하는 학생도 있고, 조용한 장소에서 공부를 잘하는 학생도 있다. 구조화된 수업을 좋아하는 학생이 있는가 하면, 비구조화된 수업을 좋아하는 학생도 있다. 학생들이 갖고 있는 학습에 관한 접근방식이나 수업방법에 관한 개인 특유의 선호도(preferences)를 학습양식(學習樣式, learning style)이라고 한다. 학습양식은 생리적 리듬(아침 선호 대 저녁 선호), 감각방식(시각 선호 대 청각 선호), 집단규모(대집단 선호 대 소집단 선호), 주의집중범위(장기 대 단기), 인지양식(장의존성 대 장독립성) 등에 관한 선호도를 말한다. 전통적 교육은 학습양식의 차이를 제대로 고려하지 않았으나, 인본주의 교육은 수업방법, 교육과정, 시간계획 등을 학습양식에 맞추는 교육을 지향한다.

(6) 협동학습

인본주의 교육은 경쟁학습이나 개별학습보다 협동학습을 선호한다. 협동학습(協同學習, cooperative learning)이란 대체로 5~6명의 학생들로 소집단을 구성한 다음 구성원들이 집단목표를 달성하기 위해 공동으로 학습활동을 수행하는 학습형태를 가리킨다.

협동학습의 특징은 (1) 집단구성원들의 상호작용을 통해 학습하고, (2) 구성원 간의 긍정적인 상호 의존관계를 형성하며, (3) 구성원 각자의 책임을 강조하고, (4) 대인관계기술과 소집단 기술을 활용한다는 것이다.

협동학습을 지지하는 사람들에 따르면 협동학습은 (1) 교사에 대한 의존성을 감소시키고, (2) 인지적 목표를 달성하는 데 도움을 주며, (3) 학교에 대한 긍정적 태도와 자기존중감을 높이고, (4) 학생 사이의 반목과 편견을 감소시키며, (5) 학생 상호 간의 관계를 개선하는 효과가 있다.

6. 인본주의 교육에 대한 비판

학생 개개인의 삶, 자기개념, 자기실현 등을 강조하는 인본주의의 교육적 견해는 일견 비판의 여지가 없을 정도로 합당하게 생각된다. 그렇지만 인본주의 교육은 몇 가지 점에서 비판을 받을 여지가 있다.

- 인본주의 교육의 중심개념이 모호하고, 결론이 매우 사변적이다. 자기실현, 충분히 기능하는 인간, 열린교육과 같은 개념은 매력적이지만, 너무 모호해서 쉽게 정의하거나 측정할 수 없다는 문제점이 있다.
- 인본주의 심리학은 상식에 가깝고 과학이 아니라는 비판이다.
- 인본주의 교육은 정의적 특성을 지나치게 강조한 나머지 표준교육과정과 지식획득이나 인지발달을 경시하고 있다.
- 인본주의 교육은 교사의 개인적 자질과 기능에 따라 크게 영향을 받는다는 문제점이 있다.
- 인본주의 교육은 이상론으로 입시위주의 교육현실에 부합되기 어렵다.

요 약

① 인본주의 심리학은 행동주의와 정신분석학에 대항하여 심리학의 제3세력으로 출현했다.

② 인본주의 심리학은 (1) 건강한 개인에 주안점을 두고 인간을 선천적으로 선하고 창조적인 존재로 가

정하고, (2) 실존주의의 영향을 받아 자유, 선택, 책임을 강조하며, (3) 성장과 잠재력 실현을 중시하고, (4) 주관적 지각과 해석을 강조하며, (5) 의식을 중시하고, (6) 전체주의 관점에서 인간을 통합된 전체로 이해하려고 한다.

③ Maslow의 요구위계는 요구들이 강도에 따라 위계를 이룬다고 가정한다. 요구위계의 최하위수준에는 생리적 요구가, 최상위수준에는 자기실현요구가 위치한다. 요구위계에서는 하위수준 요구의 강도가 가장 높으므로 그것이 충족되지 않으면 상위수준의 요구가 출현하지 않는다.

④ 결핍상태에서 야기되는 긴장을 해소하기 위한 결손요구는 요구위계의 하위요구를 반영한다. 성장요구는 결손요구가 충족될 때 나타나며, 잠재력을 실현하려는 원대한 목표와 관련된다.

⑤ Rogers의 자기이론은 현상학적 관점에 입각하여 주관적 지각과 해석을 중시하고, 인간이 자기 자신을 구성한다는 점을 강조한다. 그에 따르면 자기 자신에 관해 갖고 있는 일관성 있는 신념체계인 자기개념은 모든 행동에 영향을 준다.

⑥ Rogers에 따르면 인간의 유일한 동기는 실현경향성이며 다른 모든 동기는 실현경향성에서 파생된다.

⑦ Rogers는 긍정적 존중의 요구와 자기존중의 요구를 이차적인 동기로 상정하고 있다. 다른 사람의 무조건적인 긍정적 존중은 충분히 기능하는 인간으로 성장할 수 있는 밑거름을 제공한다. 반면 다른 사람들의 조건적 존중은 심리적 문제를 일으킨다.

⑧ 인본주의 교육의 목적은 자기실현이다. 자기실현은 자신의 능력과 잠재력을 완전히 성취하는 것을 말한다. 그러나 자기실현은 고정된 목표가 아니라 진행형으로 보는 것이 타당하다.

⑨ 인본주의 교육은 (1) 학생중심교육, (2) 정의적 특성, (3) 긍정적 자기개념과 정체성 발달, (4) 개인적 가치, (5) 원만한 대인관계와 소통을 중시한다. 인본주의 교육을 하는 교사는 지식을 전달하는 역할이 아니라 촉진자 역할을 해야 한다.

⑩ 인본주의 교육원리는 (1) 성장집단(감정을 확인하고 명료화하도록 함으로써 성장을 조력하는 집단), (2) 합류교육(인지적 학습과 정의적 학습을 통합하려는 접근), (3) 가치명료화(개인적 신념과 가치를 능동적으로 성찰하도록 하는 프로그램), (4) 열린교육(개인적 성장을 목적으로 하는 비형식적 교육형태), (5) 교육과정, 수업방법, 시간계획 등을 학습양식에 일치시키는 교육, (6) 협동학습(구성원이 집단의 목표를 달성하기 위해 공동으로 학습활동을 수행하는 학습형태) 등에 반영되어 있다.

⑪ 인본주의 교육은 핵심개념이 지나치게 모호하고 사변적이며, 지식과 인지발달을 경시했다는 지적을 받고 있다.

제11장

학습동기

탐구문제

1. 동기의 개념을 정의하고, 기능을 설명하시오.

2. 내재적 동기와 외재적 동기를 비교하시오.

3. 내재적 동기가 외재적 동기보다 더 바람직한 이유를 설명하시오.

4. 외적 보상과 내재적 동기의 관계를 설명하시오.

5. 내재적 동기를 유발하기 위한 방안을 제시하시오.

6. 주요 동기이론(인지부조화 이론, 성취동기이론, 귀인이론, 자기결정이론 등)의 기본견해를 약술하시오.

7. 주요 동기이론별로 동기를 유발할 수 있는 구체적 방안을 제시하시오.

8. 목표지향성을 정의하고, 목표지향성과 동기의 관계를 설명하시오.

9. 동기에 영향을 주는 교사특성을 열거, 설명하시오.

10. 동기에 영향을 주는 학급특성을 열거, 설명하시오.

교육에서 동기는 극히 중요하다. "말을 물가에 끌고 갈 수는 있어도, 억지로 물을 먹도록 할 수는 없다."는 말이나 "공부는 머리가 아니라 엉덩이로 하는 것'이라는 말은 동기의 중요성을 잘 나타낸다.

학습동기가 낮은 학생들을 얼핏 보기만 해도 동기가 중요하다는 사실을 실감할 수 있다. 학습동기가 낮은 학생들은 우선 공부에 전혀 관심이 없다. 그래서 그들은 공부를 하지 않는다. 어쩌다 공부를 하더라도 쉽게 포기한다. 그들은 당연히 학교생활에 재미를 느끼지 못하고(학교는 공부를 하는 곳이다.), 가능하면 공부를 회피한다. 그들에게 학교는 즐거운 장소가 아니라, 끝까지 견뎌야 할 인고(忍苦)의 대상이고, 탈출해야 할 감옥이다. 그 결과 당연히 성적이 낮다. 성적이 낮으므로 학습동기는 더 낮아져 공부를 더 기피한다. 이러한 악순환 속에서 이들은 스스로 소진되어 간다. 학습동기가 낮은 학생들은 부모에게 절망감을 안겨 주고, 열정적으로 가르치려고 노력하는 교사들에게 무력감을 갖게 한다.

학습동기가 높은 학생들은 완전히 다르다. 그들은 공부가 인생에서 가장 중요하다고 생각한다. 그래서 가능하면 공부를 하려고 하고, 실제로 틈만 나면 공부한다. 그들은 일단 공부를 시작하면 열정적으로 몰입한다. 그들은 공부에 기쁨을 느끼고, 노력하면 틀림없이 좋은 결과가 있을 것이라고 낙관하며, 공부를 통해 자신이 성장하고 있다는 사실에 긍지와 자부심을 경험한다. 그들은 웬만한 어려움이 있어도 포기하지 않고 끈질기게 매달린다. 결국 그들은 높은 성적을 얻는다. 성적이 높아지면 학습동기도 높아지므로 더 열심히 공부한다. 이와 같은 선순환 속에서 그들은 성장을 거듭하며, 부모와 교사의 의욕과 열정을 자극한다.

학업성취에 영향을 미치는 학생특성은 능력과 동기로 대별할 수 있다. 지능을 비롯한 능력은 학업성취에 당연히 큰 영향을 미치지만, 동기는 능력 못지않게 중요하다. 왜냐하면 능력이 매우 높더라도 동기가 없으면 능력을 제대로 발휘할 수 없지만, 능력이 다소 낮더라도 동기가 높으면 능력이 낮은 것을 상당 부분 보완할 수 있기 때문이다. 어쩌면 동기가 능력보다 더 중요할 수도 있다. 능력은 안정성이 높아 쉽게 변화시키기가 어렵지만, 동기는 가변성이 높고 또 특정 집단에서 학생들의 능력수준이 비슷하기 때문이다. 능력수준이 비슷한 집단에서 학업성취는 동기에 의해 좌우된다. "아는 자는 노력하는 자를 이기지 못하고, 좋아하는 자는 즐기는 자를 이기지 못한다(知之者 不如好之者 好之者 不如樂之者, 논어 옹야편)."라는 공자의 말이나 "날고 기는 놈도 열심히 하는 놈한테는 못 당한다."는 말은 실제 상황에서 동기가 능력보다 중요함을 강조하고 있다.

교육현장에는 학습동기가 낮은 학생들이 의외로 많다. 각급 학교 교실에는 공부에는 전혀 관심이 없이 책상에 엎드려 시간을 보내고 있는 학생들이 한둘이 아니다. 학습동기가 낮은 학생들은 개인적으로 학업성취가 낮은 것은 물론 학교풍토를 오염시켜 교사의 동기와 다른 학생들의 동기를 악화시킨다.

학습동기가 낮으면 전혀 학습이 되지 않으므로 학습동기를 유발하는 것은 교육에서 가장 중요한 일에 속한다. 학습동기를 유발하려면 동기가 유발되는 과정과 영향을 주는 요인들을 체계적으로 이해해야 한다.

이 장에서는 학습동기를 이해하고 나아가 학습동기를 유발하는 데 도움을 주기 위해 먼저 동기의 개념을 살펴본 다음, 동기에 영향을 미치는 요인들을 (1) 요구, (2) 사건에 관한 신념, (3) 자기에 관한 지각, (4) 목표지향성, (5) 불안, (6) 교사특성, (7) 학급특성으로 나누어 소개한다.

1. 동기의 성격

1) 동기의 개념

동기(動機, motivation)는 목표를 달성하기 위한 행동의 각성(개시), 강도, 지속성에 영향을 주는 과정이다. 동기는 행동의 원동력으로 에너지를 제공한다. 구체적으로 동기는 (1) 목표를 달성하기 위한 행동을 시작하도록 각성시키고(개시), (2) 행동을 열정적으로 수행하도록 하며(강도), (3) 어려움이 있어도 쉽게 포기하지 않고 행동을 계속하도록 한다(지속). 그러므로 동기가 없으면 특정 행동을 시작(선택)하지도 않고, 열심히 행동하지도 않으며, 어려움이 있으면 쉽게 포기한다. 그런데 동기는 직접 관찰할 수 없는 내적 과정이므로 외현적인 행동에 근거하여 추론해야 한다. 동기를 추론할 수 있는 지표는 다음과 같다.

첫째, 동기에 따라 행동 선택이 다르다. 행동을 자유롭게 선택할 수 있는 상황에서 어떤 학생은 공부를 선택하고, 어떤 학생은 놀이를 선택한다. 당연히 공부를 선택한 학생의 학습동기가 더 높다. 또 학습동기가 높은 학생은 도전적인 과제를 선택하지만, 학습동기가 낮은 학생은 어려운 과제를 회피하는 경향이 있다. 둘째, 동기는 행동의 강도(強度, intensity)를 결정한다. 동기가 높을수록 열정적으로 더 많은 노력을 한다. 셋째, 동기는 행동의 지속성(持續性, persistence)과 긴밀하게 관련된다. 동기가 높을수록 행동을 오래 지속한다. 달리기에서 거북이가 토끼를 이긴 기적의 원동력은 바로 끈기에 있었다. 넷째, 동기는 개인의 인지 및 정의적 반응(cognition and emotional reactions)에 영향을 준다. 일반적으로 동기가 높으면 효과적인 인지전략을 구사하고, 긍정적인 정의를 갖고 있다. 다섯째, 동기수준에 따라 성취수준이 다르다. 동기가 높을수록 학업성적이 높다.

2) 내재적 동기와 외재적 동기

(1) 내재적 동기와 외재적 동기의 개념

행동의 동인(動因)이 행동 내부에 존재하는가 아니면 행동 외부에 존재하는가에 따라 동기는 내재적 동기와 외재적 동기로 구분된다. 내재적 동기(內在的 動機, intrinsic motivation)는 행동의 동인이 행동 내부에 존재하고, 외재적 동기(外在的 動機, extrinsic motivation)는 행동의 동인이 행동 외부에 존재한다. 그러므로 내재적 동기는 행동 자체를 목적으로 하는 동기를, 외재적 동기는 어떤 목적을 달성하기 위한 수단으로 행동하려는 동기를 뜻한다.

내재적 동기는 내적 보상(성취감, 유능감, 도전감, 호기심, 흥미, 즐거움 등)과 관련되고, 외재적 동기는 외적 보상(돈, 칭찬, 인정, 경쟁, 성적, 취업, 인센티브 등)과 관련된다. 그러므로 행동 자체가 주는 성취감, 유능감, 만족감, 즐거움, 희열감에서 행동하면 내재적으로 동기화된 것이고, 외적 보상을 얻기 위해 행동하면 외재적으로 동기화된 것이다. 화가가 그림 그리는 활동 자체를 즐기고 작품을 완성할 때 경험하는 성취감을 얻기 위해 그림을 그린다면 내재적 동기가 작용한 것이고, 작품을 팔아 돈을 벌거나 명성을 얻기 위해 그림을 그린다면 외재적 동기가 작용한 것이다.

내재적으로 동기화된 행동은 그 자체가 희열감, 만족감, 성취감, 유능감을 충족시킨다. "학이시습지 불역열호(學而時習之 不亦說乎)"라고 하여 공부의 즐거움을 인생삼락(人生三樂)의 으뜸으로 꼽은 공자도 내재적 동기의 중요성을 통찰하고 있었다.

내재적 동기는 열정적으로 몰입하는 사람들의 행동을 잘 설명한다. 내재적 동기가 극히 높은 한 사람을 소개한다. 50대 중반의 아마추어 마라토너 강철훈씨는 1995년 마라톤에 입문한 후 마라톤 풀코스(42.195km)를 무려 1,000번 이상 완주한 대기록을 수립했다. 해마다 그는 마라톤을 100회 정도 완주하고 있으므로 기록은 매주 갱신되고 있다. 그가 마라톤 풀코스를 달리는 것은 바로 내재적 동기—즉, 마라톤 자체가 주는 성취감, 유능감, 희열감—에서 기인한다. 마라톤에 관한 그의 내재적 동기는 타의 추종을 불허하므로 앞으로도 그는 계속 마라톤 코스를 달릴 것이다.

내재적 동기가 높은 학생들의 특징은 다음과 같다.

• 자발적으로 학습한다.
• 인지적 관여도와 주의집중력이 높다.

- 도전적인 과제를 선호한다.
- 교과내용을 마스터하기 위해 유의미학습을 한다.
- 창의력이 높다.
- 실패할 경우에도 지속성이 높다.
- 학습에 즐거움과 환희를 느낀다.
- 학습 도중 스스로 설정한 표준에 비추어 이해 여부를 점검한다.
- 성취도가 높다.

학생들의 내재적 동기를 유발하기 위한 방안은 다음과 같다.

- 학습에 자율성을 부여하여 과제 및 해결방식을 선택하도록 한다.
- 유능감과 자신감을 높인다. 내재적 동기는 유능감과 자신감이 높을 때 유발된다.
- 흥미로운 과제를 제시하고, 학습을 학생들의 욕구, 경험, 삶에 관련지어 호기심을 높인다.
- 내재적 동기가 높은 인물을 모델로 제시한다.
- 인지불균형을 유발한다.
- 내재적 동기의 중요성을 강조한다. 즉, 좋은 성적도 중요하지만 공부하는 과정에서 즐거움을 얻는 것도 중요하다는 것을 강조한다.

(2) 내재적 동기와 외재적 동기의 관계

내재적 동기와 외재적 동기는 상호독립적이므로 내재적 동기가 높다고 해서 외재적 동기가 반드시 낮은 것도 아니며, 그 역(逆)도 아니다. 그러므로 활동에 따라 (1) 내재적 동기와 외재적 동기가 모두 높을 수도 있고, (2) 모두 낮을 수도 있으며, (3) 어느 하나만 높을 수도 있다.

물론 내재적 동기와 외재적 동기가 모두 높은 상태가 가장 바람직하다. 그러므로 공부를 즐기면서 좋은 성적을 받기 위해 열심히 노력하는 경우가 가장 낫다. "뽕도 따고 임도 보는" 경우가 되겠다. 그러나 내재적 동기가 없을 경우에는 외재적 동기를 갖고 있는 것이 동기가 전혀 없는 것보다 훨씬 낫다. 즉, 공부에 즐거움을 느끼지 못하더라도 좋은 성적을 받거나 교사의 인정을 받기 위해 공부하는 것이 공부를 아예 하지 않는 것보다는 훨씬 바람직하다.

(3) 내재적 동기와 외재적 동기의 효과

결론적으로 말하면 내재적 동기가 외재적 동기보다 더 효과적이다. 왜냐하면 외재적으로 동기화된 행동은 외적 보상이 없으면 곧 중단되지만, 내재적으로 동기화된 행동은 지속성이 높기 때문이다. 그럼에도 부모나 교사는 내재적 동기보다 외재적 동기를 더 강조하고 있다는 문제점이 있다.

학습단계에 비추어 보면 외재적 동기는 학습 초기에 효과적이고, 내재적 동기는 학습 후기에 효과적이다. 대체로 학습 초기는 어렵고 지루하므로 외적 보상이 효과가 있다. 학습 후기로 갈수록 점차 유능감, 자신감, 지식수준이 향상되므로 내재적 동기에 의해 학습을 하게 된다. 또 일반적으로 외재적 동기는 어린 학생들에게 효과적이고, 내재적 동기는 나이가 많은 학생들에게 효과적이다.

(4) 내재적 동기와 외재적 동기의 발달

내재적 동기는 학년이 올라갈수록 감소하는 것으로 알려져 있다. 내재적 동기가 외재적 동기보다 더 효과적인데도 불구하고 내재적 동기가 학년이 올라갈수록 감소하는 이러한 현상은 결코 바람직하지 않다.

학년이 올라갈수록 내재적 동기가 감소하는 것은 성공의 정의가 바뀌기 때문이다. 학년이 높을수록 성공을 절대적인 성취수준에 비추어 정의하지 않고, 동급생들과 비교한 상대적 성취수준에 비추어 정의한다(성공을 상대적으로 정의하는 것은 불행의 단초라는 사실을 잊지 말자.). 소위 '엄친아'나 '엄친딸'과 같은 유행어는 학생들이 성공을 상대적으로 정의하고 있음을 잘 나타낸다. 성공을 상대적으로 정의하면 내재적 동기는 감소하고 외재적 동기가 높아진다.

또 외재적 동기에 습관화된 경우 내재적 동기가 하루아침에 형성되지 않고 점진적으로 형성된다는 점에 유의해야 한다. 그 경우 외적 보상을 점차 줄여 가면서 내재적 동기를 갖도록 해야 한다.

(5) 외적 보상의 내재적 동기 감소효과

외적 보상은 내재적 동기를 손상시킬 수도 있다. "하던 굿도 멍석 깔아 놓으면 하지 않는다."라는 속담은 외적 보상이 내재적 동기를 손상시킨다는 것을 잘 나타낸다. 외적 보상이 내재적 동기를 감소시킨다는 결과는 여러 연구에서 보고되고 있다. 예컨대, 자발적으로 헌혈을 하는 사람에게 돈이나 상품권과 같은 외적 보상을 주면 헌혈이 감소한다고 한다 (Cameron & Pierce, 1994). 〈글상자 11-1〉에 제시된 이야기는 외적 보상의 내적 동기 감소효과를 잘 묘사해 준다. 아이들은 공놀이 자체가 즐거워 누가 시키지 않아도 시간 가는 줄 모르고 놀았지만, 놀이 후 외적 보상을 받았을 때 내재적 동기가 감소했다. 자기결정이론의 하위이론인 인지적 평가이론(認知的 評價理論, cognitive evaluation theory)(Deci & Ryan, 1985)에 따르면 내재적 동기는 자기결정과 유능성을 경험할 수 있는 상황에서 나타난다. 여기서 자기결정(self-determination)은 자율적인 선택을, 그리고 유능성(competence)은 능력이 높다고 지각하는 것을 의미한다. 인지적 평가이론에 따르면 외적 보상이 자기결정 및 유능성을 높여주면 내재적 동기를 증가시키나, 그 반대의 경우에는 내재적 동기를 손상시킨다. 따라서 외적 보상이 항상 내재적 동기를 손상시키는 것은 아니다. 외적 보상은 크게 통제적 기능과 정보적 기능을 갖고 있다. 통제적 기능은 특정 방식으로 행동하도록 압력을 가하는 기능이고, 정보적 기능은 행동의 적절성에 관해 피드백을 제공하는 기능이다. 외적 보상이 통제적 기능을 하면 내재적 동기가 약화되지만, 정보적 기능을 하면 내재적 동기가 높아진다. 이것은 외적 보상을 어떻게 사용하는가에 따라 내재적 동기를 감소시킬 수도 있고, 내재적 동기를 증가시킬 수도 있음을 의미한다. 그러므로 외적 보상을 줄 경우에는 내재적 동기를 손상시키지 않도록 유의해야 한다.

글상자 11-1

외적 보상은 내재적 동기를 감소시킬 수 있다.

노인이 살고 있는 집 뒤에는 넓은 공터가 있어 매일 동네 아이들이 공놀이를 하였다. 조용한 것을 좋아하는 노인은 시끄러운 소리 때문에 화가 치밀었다. 참다 못해 몇 차례 주의를 주었지만 전혀 효과가 없었다. 아이들은 공놀이에 정신이 팔려 노인의 잔소리를 아예 귀담아듣지도 않았다. 노인은 고민하다가 마침내 좋은 아이디어를 생각해 냈다. 다음 날 노인은 공터로 나가 아이들에게 "오늘부터 이곳에서 공놀이를 하면 1,000원씩 주겠다."라고 말하며 아이들에게 돈을 주었다. 뜻밖의 횡재를 한 아이들은 더 신이 나서 다음 날에도 열심히 공놀이를 하였다. 놀이가 끝났을 때 노인은 미소를 머금고 아이들에게 500원씩 주면서 "1,000원은 너무 많아. 오늘은 500원밖에 없단다."라고 말했다. 아이들은 여전히 만족해하며 돌아갔다. 다음 날 아이들은 공놀이를 하면서 노인을 기다렸다. 얼마 후 노인이 나타나 아이들에게 100원씩 주었다. 한 아이가 "오늘은 왜 100원만 주세요?"라고 물었다. 노인은 "오늘은 돈이 없구나, 100원이라도 가지든지 아니면 그만두거라."라고 말했다. 아이들은 "누가 단돈 100원 받으려고 힘들게 공차기를 하겠어요?"라고 외치며 떠나갔다. 그 아이들은 그날 이후로 공터에 나타나지 않았다.

2. 요구

요구(要求, needs)는 내부의 심리적 긴장상태를 말한다. 요구가 충족되면 긴장이 감소 혹은 해소된다. 인간은 매우 다양한 요구를 갖고 있다. 이 절에서는 (1) 동인감소, (2) 인지적 일관성, (3) 성취동기, (4) 자기가치, (5) 자기결정과 같은 요구에 비추어 동기를 설명하는 관점을 소개한다(Maslow의 요구위계는 10장 참조).

1) 동인감소

신행동주의자인 Clark L. Hull(1884~1952)의 동인감소이론(動因減少理論, drive reduction theory)에 따르면 행동을 하는 것은 동인을 감소시켜 생리적인 평형을 회복하기 위함이다. 동인(動因, drive) 혹은 추동(趨動)은 항상적 신체균형(동질정체, homeostasis: 같은 상태에 머무른다는 것을 의미함)을 유지하도록 하는 내적 긴장상태를 의미한다. 동인은 요구(要求, needs: 생존에 필수적인 음식, 공기, 물 등을 박탈할 때 유발되는 생리적 결핍상태)에 의해 유발된다. 그러므로 요구가 없으면 동인도 존재하지 않는다.

요구에서 야기되는 동인은 생리적 평형이 무너진 내적 긴장상태로 불쾌하므로 평형을 회복하기 위한 행동을 하도록 하는 추동(에너지)을 제공한다. 적절한 행동을 통해 동인이 감소되면 생리적 평형이 회복되는데, 생리적 평형은 만족스럽다. 따라서 동인을 감소시킬 수 있는 행동은 반복된다. 예를 들어, 굶으면 음식에 관한 요구가 생기고, 음식에 관한 요구는 배고픔(동인)을 생성시켜 음식을 먹도록 한다. 음식을 먹으면 배고픔이 해소되어 생리적 평형이 회복된다. 동인감소이론의 기본견해는 다음과 같이 나타낼 수 있다.

요구 → 동인 → 동인감소 행동

요컨대, 동인감소이론에 따르면 동인을 감소시켜 생리적 평형을 회복하기 위해 행동한다. 따라서 동인감소이론은 평형이론이요, 긴장감소이론이다.

동인감소이론은 인간이 쾌락원리에 따라 행동한다고 가정한다. 쾌락원리(快樂原理, hedonistic principle)에 따르면 생리적 평형은 만족스럽지만, 생리적 평형이 파괴된 상태는 불쾌하다. 그러나 인간이 항상 쾌락원리에 따라 행동하는 것은 아니기 때문에 동인감소이론은 동물의 행동은 잘 설명할 수 있으나, 인간의 행동을 설명하는 데는 한계가 있다. 또 동인감소이론은 동인이 존재하지 않는 상태에서 나타나는 행동, 이를테면 지식을 획득하기 위한 행동을 설명할 수 없다. 인간은 때로 동인을 의도적으로 증가시키기 위해 행동하기도 한다.

글상자 11-2

유인(誘因, incentive)

유인은 행동에 선행하는 대상, 자극, 사상(事象)으로 행동을 하면 긍정적 결과 혹은 부정적 결과가 나타날 것이라는 신호를 제공한다. 성적, 돈, 칭찬, 학위와 같은 정적 유인은 행동을 하면 긍정적인 결과를 얻을 것이라는 신호를 제공하고 실격, 벌금, 비난, 자격박탈과 같은 부적 유인은 행동을 하면 부정적인 결과를 얻을 것이라는 신호를 제공한다. 유인은 항상 행동에 선행한다는 점에서 강화와 구분된다. 강화는 행동에 수반되고 행동의 지속성에 영향을 준다. 또 유인은 개인 외부에 존재하는 동기원이므로 개인 내부에 존재하는 동인과 다르다.

2) 인지적 일관성(인지부조화 해소)

인지부조화(認知不調和, cognitive dissonance)는 신념과 신념, 또는 신념과 행동이 불일치할 때 야기되는 일종의 인지갈등 혹은 인지적 불균형 상태를 말한다. 인지부조화는 심리적 긴장을 유발한다. Festinger(1957)의 인지부조화 이론(認知不調和 理論, cognitive dissonance theory)에 따르면 사람들은 인지적 일관성(균형, 조화)을 유지하려는 욕구를 갖고 있다. 그런데 2개의 신념 혹은 신념과 행동이 불일치하면 인지부조화가 유발된다. 인지부조화는 불쾌한 심리적 긴장상태이므로 조화로운 상태(인지적 균형)를 회복하기 위한 행동을 하도록 동기를 유발한다. 2장에서 살펴본 평형화도 인지적 불평형을 해소하여 인지적 균형상태를 회복하기 위한 과정이다.

이를 구체적으로 예시해 보자. 신념, 태도, 행동은 조화로운(consonant) 관계를 이룰 수도 있고, 아무런 관련이 없을 수도 있으며, 부조화(dissonant) 관계를 이룰 수도 있다. "나는 테니스를 좋아한다."는 태도와 "나는 테니스를 친다."는 행동은 조화로운 관계에 있으므로 인지부조화를 유발하지 않는다. 또 "나는 테니스를 좋아한다."는 태도와 "나는 극장에 간다."는 행동은 아무 관련이 없으므로 인지부조화를 유발하지 않는다. 이에 반해 "나는 테니스를 싫어한다."는 태도와 "나는 테니스를 친다."는 행동은 부조화 관계에 있으므로 인지적 긴장을 일으킨다. 이 상황에서 인지부조화를 해소하려면 인지를 바꾸거나(테니스를 좋아한다.) 행동을 바꾸면 된다(테니스를 치지 않는다.).

인지부조화 이론에 따르면 신념, 태도, 가치는 쉽게 바뀌지 않는다. 그 이유는 사람들이 인지적 일관성을 유지하기 위해 새로운 정보를 자신의 신념, 태도, 가치와 일치하는 방식으로 처리하기 때문이다. 바꾸어 말하면 사람들은 자신의 신념, 태도, 가치와 일치하지 않는 정보는 인지부조화를 유발하므로 무시하는 경향이 있다. 흡연이 폐암을 일으킨다고 믿는 비흡연자나 흡연이 폐암과 관련이 없다고 믿는 흡연자는 모두 인지적 일관성을 유지하려는 욕구에 따라 행동하고 있다. 인지부조화 이론의 교육적 시사점은 명쾌하다. 동기를 유발하려면 인지부조화 상태를 만들면 된다.

글상자
11-3

제이가르니크(Zeigarnik) 효과

Lewin의 제자 Bluma Zeigarnik(1927)가 명명한 제이가르니크 효과는 완성된 과제보다 미완성과제를 더 잘 기억하는 현상을 말한다. 이 효과는 Lewin의 긴장 개념에 근거하여 다음과 같이 설명될 수 있다.

① 어떤 목표에 도달하려는 의도는 긴장을 유발한다.
② 긴장은 목표를 달성하기 위한 행동과 목표에 관한 사고를 유도한다.
③ 목표가 달성되면 긴장이 해소된다.

이 효과는 사람들이 완결의 욕구를 갖고 있음을 잘 나타낸다. 이에 따르면 어떤 문제가 완결되면 긴장이 해소되어 더 이상 생각하지 않게 되지만, 완결되지 않으면 긴장이 남아 있어 계속 생각하게 되는 것이다. 그래서 미완성 과제를 잘 기억하게 된다. TV 연속극은 이 효과를 활용하여 시청자들의 흥미를 자극한다.

3) 성취동기

Atkinson(1957)의 성취동기이론은 기대와 가치를 동기의 결정요인으로 간주하고 있어 기대-가치이론(期待-價値 理論, expectancy-value theory)으로 불리기도 한다. 이에 따르면 행동은 목표달성확률(기대)과 목표에 부여하는 가치에 따라 좌우된다. 그러므로 목표를 달성할 수 있다고 기대하고 목표가 매력적이라고 생각하면 목표를 달성하기 위한 행동을 한다. 반대로 목표를 달성할 수 없다고 생각하거나, 목표달성확률이 높더라도 목표가 전혀 가치 없다고 생각하면 노력을 하지 않는다.

Atkinson에 따르면 성취행동은 성공추구경향성(성공희망)과 실패회피경향성(실패의 두려움)의 절충에 의해 결정된다. 성취장면에서 성공추구경향성(tendency to achieve success, T_s)은 성취동기, 성공확률, 성공의 유인가에 의해 결정된다.

$$T_s = M_s \times P_s \times I_s$$

성취동기(흔히 성취요구라고 함, motive for success, M_s)는 도전적이고 어려운 과제를 성취함으로써 만족을 얻으려는 요구를 말한다. 성취동기는 다양한 성취장면에서 개인이 갖고 있는 비교적 일관성 있고 지속적인 성격특성이다. 성취동기는 생의 초기 양육과정을 통해 형성된다. 성공확률(probability of success, P_s)은 목표를 달성할 수 있을 것이라는 인지적 기대를 말한다. 보통 성공확률은 과제의 난이도를 의미하므로 0에서 1사이의 값을 취한다. 성공의 유인가(incentive value of success, I_s)는 '성취의 자부심'을 의미한다. 성공의 유인가 I_s는 성공확률 P_s에 반비례한다(즉, $I_s = 1-P_s$). 따라서 쉬운 과제보다 어려운 과제를 성취했을 경우 자부심이 더 높다.

앞의 공식에서 핵심은 성취동기, 성공확률, 성공의 유인가가 곱셈관계에 있어 한 요인의 값이 낮으면 전반적인 성공추구경향성이 낮아진다는 것이다. 예를 들어, 성공확률이 '0'이면 성취동기나 성공의 유인가가 아무리 높더라도 성공추구경향성이 '0'이 된다. 현재 수강하는 과목에서 A학점을 받을 수 있는 확률이 매우 높다고 믿고, A학점이 매우 중요하다고 생각하면 동기가 높아진다. 이에 반해 A학점이 매우 중요하지만 A학점을 받을 수 있는 확률이 매우 낮다고 생각하거나, A학점을 받기는 쉽지만 학점이 중요하지 않다고 생각하면 성공추구경향성이 낮아진다.

글상자
11-4

성취요구

성취요구(成就要求, need for achievement)는 도전적이고 어려운 과제를 성취함으로써 만족을 얻으려는 의욕을 말한다. 학교에서는 학업성취에 대한 의욕이라고 할 수 있다. 이 요구는 H. A. Murray가 소개한 인간의 요구 중 하나로, 주제통각검사(主題統覺檢査, Thematic Apperception Test, TAT)로 측정된다(13장 참조). Murray는 인간의 행동이 요구(need)와 환경압력(press)의 상호작용에 의해 결정된다고 보았다. 성취요구는 McClelland(1965) 등에 의해 집중적으로 연구되었다. 성취요구는 체계적인 프로그램을 통해 개발될 수 있다. 성취요구가 높은 사람의 특징은 다음과 같다.

- 과업지향적이다.
- 자신감이 높다.
- 자기책임감이 높다.
- 미래지향적이다.
- 적절한 모험성이 있다.
- 정열적이고 혁신적인 활동성이 있다.
- 결과에 대한 지식을 추구한다.

반면에 실패에 주안점을 두는 사람은 성취장면에서 실패불안이나 공포를 경험하므로 성취장면을 회피하려는 경향성을 나타낸다. 이러한 실패회피경향성(tendency to avoid failure, T_{af})은 실패회피동기(실패회피요구라고도 함, motive to avoid failure, M_{af}), 실패확률(probability of failure, P_f), 실패의 유인가(incentive value of failure, I_f)에 의해 결정된다.

$$T_{af} = M_{af} \times P_f \times I_f$$

실패는 바람직하지 않은 것이므로 실패의 유인가는 항상 음수(−)의 값을 가지며, 그 결과 실패회피경향성 T_{af}도 항상 음수의 값을 갖는다. 실패회피경향성 T_{af}는 성공추구경향성 T_s를 제약한다. 실패회피동기가 높은 사람의 특징은 다음과 같다.

- 아주 쉽거나 반대로 지나치게 어려운 일 또는 목표를 시도한다.
- 최선을 다하지 않는다.
- 꾸물거리고 늑장을 부린다.
- 과욕을 부린다.
- 성공하기 위해 거짓말이나 속임수를 사용하기도 한다.

결과적으로 성취장면의 최종성취동기(resultant achievement motivation, T_r)는 성공추구경향성(T_s)과 실패회피경향성(T_{af})의 상대적 강도에 따라 결정된다.

$$T_r = T_s - T_{af}$$

요컨대, 성공추구경향성이 높고 실패회피경향성이 낮을수록 최종성취동기가 높아진다. 그러므로 성공추구경향성을 높이고 실패회피경향성을 낮추는 것이 최종성취동기를 높이는 관건이다.

성취동기이론에 따르면 동기는 성공확률(즉, 기대)과 밀접한 관계가 있다. 구체적으로 동기는 성공확률이 50%일 때 가장 높고, 성공확률이 그보다 높거나 낮으면 낮아진다. 과제가 너무 어려우면 실패의 두려움이 크고 성공확률이 낮아지므로 동기가 낮아진다. 또 과제가 너무 쉬우면 성공의 유인가가 0이 되므로 동기를 유발하지 못한다. 그러므로 동기를 높이려면 난이도가 중간 정도인 과제를 제시해야 한다. 성취동기의 측면에서 보면 성취동기가 높을수록 난이도가 중간 정도인 과제를 선호하지만 너무 쉬운 과제나 어려운 과제는 선호하지 않는다. 반면 성취동기가 낮을수록 매우 쉬운 과제나 반대로 매우 어려운 과제를 선택하는 경향이 있다. 쉬운 과제는 노력을 하지 않고도 성공할 수 있고, 어려운 과제는 실패했을 때 변명할 수 있기 때문이다.

4) 자기가치

자기가치(自己價値, self-worth)는 자기 자신에 관한 긍지와 긍정적 평가를 말한다. 따라서 자기가치는 자기존중과 유사한 개념이다. 자기가치이론(自己價値理論, self-worth theory) (Covington, 1992)은 사람들이 자신을 가치 있는 존재로 인식하려는 욕구를 갖고 있으며 자기가치를 보존하기 위해 최선을 다한다고 가정한다.

자기가치이론의 핵심동기원은 자기가치를 보존하는 것이다. 이 이론에 따르면 가치 있는 존재는 결국 유능한 존재이므로 사람들은 자신이 유능하다는 사실을 자기 자신과 다른 사람들에게 증명 내지 과시함으로써 자기가치를 보호하기 위해 전력을 다한다.

자기가치를 보존하기 위해 사용하는 대표적인 전략은 자기열등화 전략과 방어적 비관주의다. 자기열등화 전략(self-handicapping strategy)은 성취를 방해하는 장애물을 의도적으로 만들어 학업실패의 원인을 능력이 아닌 장애물로 귀인하려는 전략이다. 실패원인을 능력으로 귀인하면 자기가치가 손상되기 때문이다. 시험 전날 의도적으로 공부하지 않거나, 술을 마시는 학생은 자기열등화 전략을 구사하고 있다. 그렇게 하면 만약 실패하더라도 실패의 원인을 노력부족으로 귀인할 수 있으므로 자기가치가 손상되지 않는다. 다행히 성공하면 능력으로 귀인할 수 있으므로 자기가치가 보호된다. 방어적 비관주의(defensive pessimism)는 비현실적으로 낮은 표준을 설정하여 자기가치를 보호하려는 전략이다. 이 전략은 실패 위험이 낮은 안전한 표준을 설정하여 실패의 의미를 바꾸려는 전략이다. 교육심리 과목에서 기대하는 학점을 C학점으로 설정한 학생은 방어적 비관주의 전략을 택하고 있다. 표준이 낮으면 실패확률이 낮으므로 실패했을 때 경험할 수 있는 자기가치의 손상을 방지한다.

자기가치이론은 시험실패의 원인을 노력부족으로 귀인하는 이유를 잘 설명한다. 이에 따르면 시험실패의 원인을 노력부족으로 귀인해도 자기가치는 전혀 손상되지 않는다. 반대로 많이 노력했는데도 실패하면(이 경우 능력이 낮다는 것을 시사한다.) 자기가치가 심각하게 손상된다. 이처럼 노력에는 위험이 수반된다. 노력해서 다행히 성공하면 자기가치를 유지할 수 있지만, 노력을 많이 하고도 실패하면 능력이 낮다는 것을 시사하므로 자기가치가 훼손된다. 그래서 노력은 '양날의 칼'이다(Covington & Omelich, 1979). 학생들이 '열심히 공부했다면 성적이 훨씬 더 높을 것이다.', (실제로는 열심히 하고도) '공부를 열심히 못했다.', '운이 나빴다.', '전혀 예상하지 못한 부분에서 시험이 출제되었다.'고 변명을 하는 것은 자기가치를 보호하기 위한 전략이다.

5) 자기결정

자기결정(自己決定, self-determination)이란 행동을 스스로 선택하려는 자율성 요구를 말한다. 자기결정이론(self-determination theory)(Deci, 1980; Deci & Ryan, 1991; Ryan & Deci, 2000)은 내재적 동기를 새롭고 도전적인 것을 추구하고, 자신의 능력을 확장시키며, 탐색하고 학습하려고 하는 선천적인 경향성이라고 정의하고(Ryan & Deci, 2000), 자율성 대 통제 차원에 비추어 외재적 동기와 내재적 동기를 설명한다. 이러한 견해에 따르면 스스로 선택을 하고 결정하는 자율적 결정, 즉 자기결정은 내재적 동기를 증가시킨다. 반면 간섭, 경쟁, 평가와 같은 외적 통제는 외재적 동기를 높인다. 이 이론은 내재적 동기에 영향을 미치는 유능성 요구, 자율성 요구, 관계 요구를 타고난다고 가정한다.

① 유능성 요구(有能性 要求, competence need)는 과제, 활동, 대인관계 등에서 자신의 능력이 높다는 것(즉, 유능하다는 것)을 경험하려는 요구를 말한다. 유능성 요구는 White(1959)의 숙달요구(need for mastery)와 본질적으로 같은 개념이다. 유능성 요구는 도전감이 동기를 유발하는 이유를 잘 설명한다. 도전적인 과제를 성취하면 유능성이 높아진다.

② 자율성 혹은 통제 요구(自律性/統制 要求, autonomy or control need)는 자신의 관심과 바

람에 따라 행동을 선택하고 환경을 통제하려는 요구로, 내적 통제소재와 비슷한 개념이다. 내재적 동기는 자율성 요구가 충족되면 높아지나, 그 반대의 경우 낮아진다. 자율성 요구를 충족시키려면 학생들에게 학습활동의 선택권을 부여하면 된다. 사람들은 스스로 선택한 것을 중요하다고 생각하는 경향이 있다.

③ 관계 요구(關係 要求, relatedness need)는 다른 사람들과 긴밀한 정서적 유대와 애착을 형성하고, 사랑과 존중을 받으려는 요구를 말한다. 그러므로 부모와 교사가 학생들에게 관심을 갖고 그들을 존중하고 배려하면 내재적 동기가 높아진다.

자기결정이론에 따르면 유능성 요구, 자율성 요구, 관계 요구가 충족되면 내재적 동기가 높아진다. 즉, 긍정적 피드백을 제공하여 유능성 요구를 충족시키고, 학습활동을 스스로 선택하도록 하여 자율성 요구를 충족시키며, 학생들을 배려하고 존중하여 관계 요구를 충족시키면 내재적 동기가 높아진다. 반면 유능성을 경험하지 못하고, 과제의 종류와 해결방식을 강요당하며, 다른 사람들과 유대감을 형성하지 못하면 외재적 동기가 높아지거나 아예 학습동기가 존재하지 않게 된다. 자기결정을 높이기 위한 방안은 다음과 같다.

- 규칙이나 지시를 통제적인 방식이 아니라 정보적인 방식으로 제시한다.
- 학습과제와 활동을 선택할 수 있는 기회를 준다.
- 비통제적인 방식으로 평가한다.
- 과외활동에 상당한 자율성을 부여한다.
- 외적 보상은 필요할 경우에만 최소한으로 사용한다.
- 학습의 내재적 가치에 집중하도록 지도한다.

3. 사건에 관한 신념

사건에 관해 개인이 갖고 있는 신념은 동기에 영향을 미친다. 사건에 관한 신념으로 통제소재와 귀인을 살펴본다.

1) 통제소재

통제소재(統制所在, locus of control)는 행동이나 강화를 자신이 통제할 수 있는가에 관한 일반적인 신념이나 기대를 말한다. Rotter(1966)는 통제소재를 내적 통제소재와 외적 통제소재로 구분했다.

내적 통제소재(internal locus of control)는 행동이나 강화를 자신이 통제할 수 있다는 신념이다. 일반적으로 노력을 한 후 긍정적인 결과를 얻었던 사람은 내적 통제소재를 갖고 있다. 내적 통제자는 삶을 통제할 수 있고, 행동이 강화를 받을 것이라고 기대한다. 그래서 끈기 있게 몰두하고, 결과적으로 학교나 직장에서 성공한다. 이에 반해 외적 통제소재(external locus of control)는 다른 사람이나 운 또는 상황이 행동이나 강화를 결정한다는 신념이다. 일반적으로 노력 후 강화를 받지 못한 사람은 외적 통제자가 된다. 외적 통제자는 자신이 통제할 수 없는 운이나 다른 사람이 삶에 결정적인 영향을 미친다고 생각한다. 그래서 학습에 몰두하지 않으며, 설사 결과가 좋더라도 그 원인을 외부 요인으로 돌린다. 동기의 측면에서 볼 때 능력이 동일하더라도 내적 통제자가 외적 통제자에 비해 더 많이 노력하고, 지속성도 높으며, 결과적으로 성적도 높다.

통제소재는 중요한 성격특성으로 간주되고 있다. DeCharms(1968)는 통제소재의 양극단을 각각 '주인(origins)'과 '꼭두각시(pawns)'로 명명했다. '주인'은 운명을 스스로 결정할 수 있다는 신념을 갖고, 환경을 변화 내지 통제할 수 있다고 믿는 사람이다. 주인은 동기가 높고 낙관적이며 자신감이 높다. 요컨대, '주인'은 내재적으로 동기화된 사람이다. 반면 '꼭두각시'는 자기의 운명이 통제할 수 없는 외적 힘의 지배를 받으므로 환경을 변화 내지

| 표 11-1 | **내적 통제자와 외적 통제자의 특징**

내적 통제자	외적 통제자
• 실패하더라도 쉽게 포기하지 않는다.	• 실패했을 때 쉽게 포기한다.
• 과제해결에 몰두한다.	• 과제해결에 시간을 거의 사용하지 않는다.
• 스트레스에 잘 대처한다.	• 스트레스에 적절하게 대처하지 못한다.
• 고민거리에 민감하게 반응하지 않는다.	• 고민거리에 민감하게 반응한다.
• 새로운 도전을 좋아한다.	• 새로운 도전을 싫어한다.
• 중요한 사건에 대한 정보를 수집한다.	• 사건이 일어나는 대로 내버려 둔다.
• 단점을 적극적으로 보완한다.	• 단점을 적극적으로 보완하지 않는다.
• 성취동기가 높다.	• 성취동기가 낮다.
• 우울한 기분에 둔감하다.	• 우울한 기분에 민감하다.
• 가능하면 인생을 통제하려고 한다.	• 인생을 통제하려고 노력하지 않는다.
• 성공확률이 높고 부자가 될 수 있다.	• 성공확률이 낮고 부자가 되기 어렵다.
• 정치에 관심이 많고 투표를 좋아한다.	• 정치에 관심이 적고 투표를 기피한다.

통제할 수 없다고 믿는다. 그래서 책임을 회피하고, 대인관계에서 의존적인 성향을 보인다. DeCharms는 교사가 주인이 되어야 함을 강조한다. 그래야만 학생들을 긍정적인 방향으로 바꾸도록 영향력을 발휘할 수 있기 때문이다.

2) 귀인

귀인(歸因, attribution)은 행동과 그 결과를 유발한 원인을 추리하는 과정이다. 성적이 낮을 때 공부를 열심히 하지 않아 성적이 낮다고 생각하는 학생이나 운이 나빠 성적이 낮다고 생각하는 학생은 모두 귀인을 하고 있다. 운이 나빠 성적이 낮다고 생각하는 학생은 성적이 낮은 원인을 운으로 귀인하고 있고, 능력이 높아서 성적이 높다고 하는 학생은 성적이 높은 원인을 능력으로 귀인하고 있다. Weiner(1985, 1986)의 귀인이론(歸因理論, attribution theory)은 귀인이 동기에 큰 영향을 준다고 가정한다.

성취장면에서 귀인은 주로 학업성공 또는 학업실패의 원인을 추리하는 것이다. 성취장면에서의 성공 또는 실패에 영향을 주는 주요 원인은 능력, 노력, 운, 과제곤란도, 기분, 다른 사람(도움 또는 방해) 등이다. 〈표 11-2〉는 수학시험의 결과에 관한 귀인을 예시하고 있다.

| 표 11-2 | **수학성적에 대한 귀인**

성적 높음(예시)	귀인	성적 낮음(예시)
나는 수학에 소질이 있어.	능력	나는 수학에 소질이 없어.
나는 시험공부를 열심히 했어.	노력	나는 시험공부를 제대로 하지 못했어.
나는 수학에 소질이 있고 공부도 열심히 했어.	능력＋노력	나는 수학에 소질도 없고 공부도 제대로 하지 못했어.
수학시험이 쉬웠어.	과제곤란도	수학시험이 너무 어려웠어.
운이 좋았어. 공부한 내용에서 시험이 출제되었지.	운	운이 나빴어. 하필 공부하지 않은 내용에서 출제되었어.

그런데 귀인이 동기에 미치는 영향은 구체적인 원인이 아니라 귀인 차원에 따라 결정된다. 귀인 차원은 소재 차원, 안정성 차원, 통제가능성 차원으로 나뉜다. 소재 차원은 원인의 장소(개인 내부 대 개인 외부), 안정성 차원은 시간경과에 따른 원인의 변화가능성(안정 대 불안정), 통제가능성은 원인을 자신이 통제할 수 있다고 생각하는가의 여부(통제가능 대 통제불가능)를 말한다. 행동의 구체적인 원인은 이 3개 차원에서 차이가 있다. 〈표 11-3〉에 제시된

| 표 11-3 | **귀인과 귀인 차원의 관계**

귀인	원인의 소재	원인의 안정성	원인의 통제가능성
능력	내부	안정	통제불가
노력	내부	불안정	통제가능
과제곤란도	외부	안정	통제불가
운	외부	불안정	통제불가

것처럼 '능력'은 내적이고, 시간경과에 관계없이 매우 안정적이며, 통제하기 어려운 원인이다. 반면에 '운'은 외적이고, 불안정하며, 통제하기 어려운 원인이다. 귀인 차원의 영향은 다음과 같이 요약할 수 있다([그림 11-1] 참조).

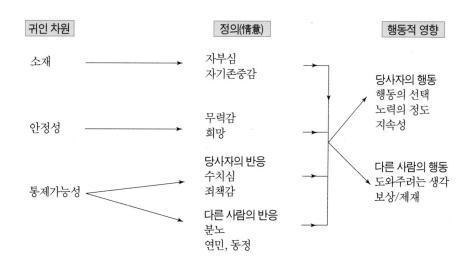

[그림 11-1] **귀인 차원, 정의, 행동의 관계(Weiner, 1994)**

(1) 소재 차원

소재 차원(所在 次元, locus dimension)은 원인의 장소, 즉 원인이 행위자 내부에 있는가 아니면 외부에 있는가를 말한다. 그러므로 소재 차원의 귀인은 행동과 그 결과의 원인을 개인 내부요인(능력, 노력 등)으로 귀인하는가 아니면 외부요인(운, 다른 사람 등)으로 귀인하는가를 일컫는다. 능력이 높아서 좋은 성적을 받았다고 생각하는 것이나 노력을 하지 않아 나쁜 성적을 받았다고 생각하는 것은 내적 귀인이다. 반면 시험이 쉽거나 운이 좋아서 좋은 성적을 받았다고 생각하는 것은 외적 귀인이다. "잘되면 내 탓, 못되면 조상 탓"이라는 속담은 소재 차원의 귀인을 나타낸다. 소재 차원의 귀인은 성공 또는 실패에 수반되는 자부심과 자기존중감에 영향을 준다. 내적 귀인은 성공했을 경우 자기존중감을 높이나, 실패했을 경우 자기존중감을 손상시킨다. 이에 반해 외적 귀인은 자기존중감에 별 영향을 주지 않는다. 자부심과 자기존중감이 성취행동을 촉진한다는 점에서 보면 내적 귀인은 긍정적 동기원으로 작용한다.

(2) 안정성 차원

안정성 차원(安定性 次元, stability dimension)은 원인이 시간경과에 따라 변화될 수 있는가 아니면 변화될 수 없는가를 뜻한다. 그러므로 안정성 차원의 귀인은 행동과 그 결과의 원인을 쉽게 변화되기 어려운 안정성 있는 요인으로 귀인하는가 아니면 쉽게 변화될 수 있는 불안정한 요인으로 귀인하는가를 가리킨다. 안정성 차원의 귀인은 성공기대에 영향을 준다. 좋은 성적과 같은 긍정적 결과를 능력과 같은 안정적인 원인으로 귀인하면 성공기대가 높아진다. 반면에 학업실패와 같은 부정적인 결과를 안정성 있는 원인으로 귀인하면 실패가 예상되므로 성공기대가 낮아진다. 한편, 실패의 원인을 노력부족과 같은 불안정한 원인으로 귀인하면 동기가 높아진다. 이러한 측면에서 귀인변경 프로그램(attribution change program)은 학업실패의 원인을 능력부족이 아니라 노력부족으로 귀인하도록 하는 데 주안점을 두고 있다(〈글상자 11-5〉 참조).

글상자
11-5

귀인변경 프로그램

귀인변경 프로그램(attribution change program)은 귀인을 변화시켜 동기를 높이려는 프로그램이다. 학습에 실패하는 학생들은 실패의 원인을 능력부족으로 귀인하는 경향이 있다. 실패의 원인을 능력부족으로 귀인하면 동기가 손상되고, 결국 성취가 낮아진다. 능력이 부족해서 실패를 했다고 생각하는 학생은 열심히 노력하더라도 능력이 낮기 때문에 실패가 불가피하다고 생각하고 노력을 하지 않는다.

귀인변경 프로그램의 핵심은 실패의 원인을 능력부족과 같은 안정적인 원인이 아니라 노력부족이나 부적절한 학습방법과 같은 불안정한 원인으로 귀인하도록 하는 데 있다. 특히 귀인변경 프로그램은 실패의 원인을 노력부족으로 귀인하는 것을 강조한다. 왜냐하면 노력은 학생들이 통제할 수 있는 요인이기 때문이다. 노력이 부족해서 실패를 했다고 생각하는 학생들은 열심히 노력하면 성공할 수 있다는 긍정적인 기대를 가질 수 있고, 결과적으로 동기가 높아진다.

(3) 통제가능성 차원

통제가능성 차원(統制可能性 次元, controllability dimension)은 행동이나 결과의 원인을 자신이 의도적으로 변화시킬 수 있는가 아니면 변화시킬 수 없는가를 가리킨다. 그러므로 통제가능성 차원의 귀인은 행동이나 그 결과의 원인을 자신이 통제할 수 있는 요인으로 귀인하는가 아니면 통제할 수 없는 요인으로 귀인하는가를 뜻한다. 노력은 통제할 수 있는 요인이지만, 능력이나 과제곤란도, 운은 통제하기 어려운 요인이다. 통제가능성 차원의 귀인은 분노, 죄책감, 수치심과 같은 정서에 영향을 준다. 구체적으로 다른 사람이 통제하는 요인(소음, 편견 등)에 의해 성공이 방해받을 경우 분노를 경험하고, 자신이 통제가능한 요인(노력부족, 불성실 등)에 의해 실패했을 경우 죄책감을 경험한다. 또 다른 사람이 통제불가능한 원인(능력부족, 신체장애 등) 때문에 실패하는 것을 볼 때 연민과 동정심을, 노력부족과 같은 통제가능한 원인에 의해 실패했을 경우 분노를 경험한다. 이러한 정서는 귀인단서로 작용한다. 교사가 학생이 실패할 때 연민과 동정심을 나타낼 경우 그 학생은 실패를 능력부족으로 귀인하게 되므로 능력에 관한 신념을 손상시킨다. 이에 반해 분노는 열심히 노력하지 않았다는 신념을 유발한다.

동기의 측면에서 가장 바람직한 귀인은 (1) 내적이고, (2) 불안정하며, (3) 통제할 수 있는 원인으로 귀인하는 것이다. 그러므로 노력귀인이 가장 바람직하다. 노력은 내적이고 불안정하며 통제할 수 있는 원인이다. 노력귀인은 성공했을 때는 물론 실패했을 때도 동기에 긍정적인 영향을 준다. 즉, '열심히 노력했기 때문에 좋은 학점을 받았다.'고 생각하면 앞으로도 열심히 공부를 할 것이다. 또 '공부를 제대로 하지 않아 학점이 낮다.'고 생각할 경우 학점을 잘 받기 위해 열심히 공부할 것이라고 예상된다. 따라서 교사나 부모는 성공 및 실패의 원인으로 노력을 강조하는 것이 바람직하다. 특히, 성적이 낮아 실망하는 학생에게는 노력귀인을 강조하는 것이 좋다.

능력귀인의 효과는 애매하다. 능력귀인은 성공했을 경우 자기존중감을 높인다. 그러나 능력귀인이 동기를 낮출 수도 있다. 능력이 높다고 생각하는 학생은 노력을 게을리할 수도 있다. 노력은 능력이 낮다는 증거로 간주될 수 있기 때문이다.

4. 자기에 관한 지각

동기는 자신은 물론 자신의 능력을 어떻게 지각하고 능력에 관해 어떤 신념을 갖고 있는

가에 따라 달라진다. 이에 관련된 개념으로 (1) 자기효능, (2) 학습된 무력감, (3) 능력에 관한 신념, (4) 자기개념을 소개한다.

1) 자기효능

자기효능(自己效能, self-efficacy)이란 어떤 행위를 일정 수준에서 행할 수 있는 자신의 능력에 관한 개인적 신념을 뜻한다. 그러므로 자기효능은 어떤 행위를 수행할 수 있는 자신의 능력에 관한 자기평가라고 할 수 있다.

일반적으로 사람들은 할 수 있다고 믿는 일을 열심히 하고, 할 수 없다고 믿는 일을 열심히 하지 않는 경향이 있는데, Bandura의 사회인지이론에서 핵심개념인 자기효능은 이러한 신념을 가리킨다. 사람들은 다양한 영역에 관해 자기효능을 갖고 있다. '4차방정식 문제를 정확하게 풀 수 있다.'는 신념, '컴퓨터 프로그램을 잘 작성할 수 있다.'는 신념, '풀코스 마라톤을 완주할 수 있다.'는 신념이 자기효능이다.

자기효능은 결과기대(結果期待, outcome expectation: 어떤 행위를 하면 어떤 결과가 나타날 것이라는 신념)와 구분된다. 그래서 어떤 행위를 하면 긍정적인 결과가 있을 것이라는 결과기대를 갖고 있으면서도, 그 행위를 수행할 수 있는 능력에 관한 자기효능은 낮을 수 있다. 선생님의 질문에 정확하게 답을 하면 칭찬을 받을 수 있다는 것을 잘 알고 있으면서도 질문에 정확한 답을 할 수 있는 능력이 부족하다고 믿는 학생은 결과기대는 높지만 자기효능은 낮다.

자기효능은 어떤 행위를 수행할 수 있는 자신의 능력에 관한 판단과 신념이므로 실제 능력과 다르다. 또 자기효능은 자기 자신에 관한 총체적인 판단을 뜻하는 자기개념(self-concept)이나 자신의 가치에 관한 정서적 평가를 뜻하는 자기존중(self-esteem)과도 다르다.

자기효능은 성취행동에 큰 영향을 미치는 동기원이다. 일반적으로 자기효능이 높을수록 학습활동에 적극적으로 참여하고, 더 많이 노력하며, 지속성이 높고, 효과적인 학습전략을 사용하며, 스트레스와 불안을 잘 통제한다. 결국 자기효능이 높을수록 성취도가 높다.

자기효능이 높으면 스스로 할 수 있다고 믿고 열심히 노력한다. 그 결과 '할 수 있다고 믿

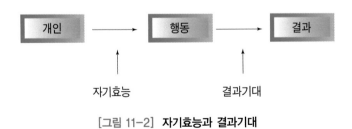

[그림 11-2] **자기효능과 결과기대**

는 것'을 실제로 할 수 있게 된다. 반대로 자기효능이 낮다는 것은 스스로 정신적 한계를 만 드는 것과 같다. '나는 무엇을 잘할 수 없다.'는 신념은 스스로 만든 족쇄가 된다. '할 수 없 다고 믿는 것'을 하려고 시도하거나 노력하는 바보는 없다. 그 결과 할 수 없다고 믿는 신념 대로 실제로 할 수 없게 된다. 할 수 있다고 믿는 것은 실제로 할 수 있게 되고, 할 수 없다고 믿는 것은 실제로 할 수 없게 된다. 이것이 자기충족적 예언(self-fulfilling prophecy: 기대한 결 과가 실제로 이루어지는 현상)이다. 이러한 관점에서 보면 실제 능력보다 능력에 관한 신념인 자기효능이 훨씬 중요하다. 그러므로 동기를 유발하려면 자기효능을 높여야 한다. 자기효 능을 높이기 위한 몇 가지 방안은 다음과 같다.

- 성공 경험을 많이 하도록 하고, 실패 경험을 하지 않도록 해야 한다. 성공 경험은 자기 효능을 높이고, 실패 경험은 자기효능을 낮춘다.
- 목표를 스스로 설정하도록 한다. 목표를 스스로 설정하면 자기효능이 높아진다. 일반 적으로 근접목표(달성하는 데 시간이 적게 걸리는 단기적 목표)가 원격목표(달성하는 데 시 간이 많이 걸리는 장기적 목표)보다, 구체적 목표가 일반적 목표보다 자기효능을 높인다. 학습 초기에는 쉬운 목표가, 학습 후기에는 어려운 목표가 자기효능을 높이는 데 효과 적이다.
- 적절한 모델을 제시한다. 일반적으로 관찰자는 모델이 하는 행동을 자기도 할 수 있다 고 생각한다(즉, 자기효능이 높아진다.). 반면 모델이 실패하는 것을 관찰하면 자기효능 이 낮아진다.
- 피드백을 제공한다. 성공 후 제시되는 능력피드백은 자기효능을 높인다(특히 학습 초기 에). 그러나 학습 후기에 제시되는 노력피드백은 능력이 낮다는 정보를 제공하므로 자 기효능을 손상시킬 수 있다.
- 무엇을 얼마나 잘하고 있는가에 관한 정보를 제공하는 보상은 자기효능을 높인다.

2) 학습된 무력감

학습된 무력감(학습된 무기력, learned helplessness)은 삶을 전혀 통제할 수 없고, 무엇을 하 더라도 실패를 피할 수 없다는 신념을 가리킨다. 자기효능이 '나는 무엇을 잘할 수 있다.'는 신념이라면, 무력감은 '나는 아무것도 할 수 없다.'는 신념이다. 학습된 무력감은 아무리 노력해도 반드시 실패할 것이라는 확고한 기대로 나타난다.

학습된 무력감은 과거 경험을 통해 형성된 행동과 결과(강화)가 아무 관계가 없다는 인식

(비수반관계[非隨伴關係, non-contingency] 인식이라고 한다.)을 자신이 능히 통제할 수 있는 장면으로 일반화함으로써 형성된다. 열심히 노력해도 실패를 거듭하면 노력이 소용없다는 인식을 하게 되고, 그 결과 다른 상황에서도 무조건 실패할 것이라는 기대를 형성한다.

Seligman(1975)이 학습된 무력감을 확인하기 위해 개를 대상으로 실시한 실험은 가히 충격적이다. 이 실험에서는 아무리 애써도 피할 수 없는 전기충격을 개에게 계속 가한 다음, 옆 칸으로 뛰어 넘기만 하면 전기충격을 피할 수 있는 장면으로 개를 옮겼다. 그런데 놀랍게도 개는 전기충격을 피하려는 시도를 전혀 하지 않은 채 고통스러운 전기충격을 묵묵히 견디고 있었다. 전기충격을 경험하지 않은 개는 쉽게 전기충격을 피했다. 금붕어를 대상으로 한 실험에서도 도저히 피할 수 없는 전기충격을 경험한 금붕어가 학습된 무력감에 빠지는 것으로 나타났다.

학생들에게 학습된 무력감이 형성되는 과정도 다르지 않다. 학업실패를 거듭하면 쉬운 문제도 해결하려고 시도하지 않는다. 거듭된 실패로 인해 아무리 노력해도 결과를 절대로 통제할 수 없다는 신념, 즉 학습된 무력감을 형성했기 때문이다. 교사도 학습된 무력감에 빠질 수 있다. 아무리 열심히 가르쳐도 학생들이 전혀 바뀌지 않으면 잘 가르치려는 노력을 일절 하지 않게 된다. 교수무력감이 형성된 탓이다.

요컨대, 행동과 결과가 아무 관련이 없다는 신념을 형성하면 학습된 무력감에 빠져 아무런 시도를 하지 않는다. 학습된 무력감은 거듭된 노력이 바람직한 결과를 얻는 데(혹은 바람직하지 않은 결과를 피하는 데) 전혀 소용이 없다는 것을 '비극적으로' 학습한 결과로 형성된다. 학습된 무력감에 빠진 사람들은 '모든 노력이 소용없다. 시도하지 않는 것이 최선이다.'와 같은 신념으로 철저하게 무장되어 있다.

학습된 무력감은 동기, 인지, 정서에 심각한 영향을 미친다. 학습된 무력감에 빠지면 동기가 전혀 유발되지 않으므로 아무것도 시도하지 않는다. 또 학습된 무력감은 인지적인 결손을 초래한다. 또 실패의 원인을 내적이고 안정적이며 광범한 상황에 일반화할 수 있는 원인(global cause)으로 귀인하므로 모든 상황에서 실패할 것이라고 생각한다. 정서적인 측면에서 학습된 무력감에 빠진 학생은 자기개념이 부정적이고, 자기존중감이 낮으며, 우울 및 불안수준이 높다.

3) 능력에 관한 신념: 실체론과 증진론

동기는 능력에 관해 어떤 신념과 내재적 이론을 갖고 있는가에 따라 영향을 받는다. 내재적 이론(內在的 理論, implicit theory)은 명시적으로 설명할 수 없지만, 사고에 영향을 미치는 광범하고 일반적인 신념을 뜻한다. 사람들은 다양한 사건이나 현상에 관해 나름대로 신념을 갖고 있는데, 그것이 바로 내재적 이론이다. 내재적 이론은 학자들이 제안한 체계적인 명시적 이론과 다르다.

Dweck과 Leggett(1988)은 학생들이 갖고 있는 능력에 관한 신념을 실체론과 증진론으로 구분했다. 실체론(實體論, entity theory)은 능력이 고정되어 있다는 신념이다. 이 신념을 갖고 있는 학생들은 지능(능력)이 양적으로 존재하고 일생 동안 매우 안정되어 있으므로 아무리 노력해도 능력을 높일 수 없다고 생각한다. 반면 증진론(增進論, incremental theory)은 능력이 고정된 것이 아니라 경험과 노력을 통해 바꿀 수 있다는 신념이다. 최근 실체론은 고정 마인드셋(fixed mindset), 증진론은 성장 마인드셋(growth mindset)으로 불리고 있다.

실체론-증진론은 목표지향성과 긴밀하게 관련된다(목표지향성은 4절 참조). 능력이 변화될 수 있다는 증진론을 갖고 있는 학생들은 성취장면에서 숙달목표를 추구한다. 이들은 다양한 영역에서 유능성을 높이기 위해 노력하며, 실패할 경우에도 포기하지 않고 노력을 지속하고, 스스로 설정한 표준에 따라 성공 여부를 평가한다. 결과적으로 이들은 높은 수준의 성취를 한다. 이에 반해 실체론을 갖고 있는 학생들은 성취장면에서 수행목표를 추구한다. 왜냐하면 이들은 자신의 수행을 다른 사람과 비교, 평가하는 데 관심을 갖기 때문이다.

실체론-증진론은 앞에서 다룬 귀인과도 밀접한 관련이 있다. 실패했을 경우 실체론을 갖고 있는 학생들은 능력이 낮아 실패했다고 귀인하지만, 증진론을 갖고 있는 학생들은 노력이 부족해서 실패했다고 귀인한다.

발달적인 측면에서 보면 초등학생 시기에는 증진론을 갖고 있다가 청소년기가 되면 실체론으로 바뀐다(Lockhart et al., 2002). 그 결과 초등학생 시기에는 성공을 노력에 귀인하고, 성공에 관해 낙관적인 견해를 갖고 있으며, 실패했을 경우 더 많이 노력하지만, 청소년기가 되면 성공 및 실패를 고정된 능력으로 귀인하므로 약간의 차질만 있어도 쉽게 좌절하고 포기한다.

결론적으로 실체론을 갖고 있는 학생들보다 증진론을 갖고 있는 학생들의 동기가 높으므로 더 많이 노력하고, 지속성이 높다. 따라서 학생들의 동기를 높이려면 실체론을 증진론으로 바꾸어야 한다.

4) 자기개념

사람들은 다른 사람(아버지는 엄한 사람이다.), 사건(축제는 재미있었다.), 장소(서울은 복잡한 곳이다.), 동물(개는 충직한 동물이다.) 등에 관한 정신적 표상을 갖고 있는 것처럼, 자기 자신에 관해서도 정신적 표상을 갖고 있다. 자기 자신에 관해 갖고 있는 정신적 표상이 바로 자기개념이다. 자기개념에 관해 간략하게 살펴본다.

(1) 자기개념의 의미

자기개념(自己概念, self-concept)은 자기 자신에 관해 갖고 있는 총체적인 지식구조, 즉 정신적 표상을 말한다. 자기개념은 자기 자신에 관해 알고 있고 믿고 있는 지식의 총합이다.

자기개념은 자기존중과 자신감을 포함하는 개념이다. 자기존중(自己尊重, self-esteem)은 자신을 어느 정도 수용하고 존중하는지의 여부, 즉 자기가치감을 의미한다. 자기존중감이 높은 사람은 긍정적인 자기개념을 갖고 있지만, 자기존중감이 낮은 사람은 부정적 자기개념을 갖고 있다. 자신감(自信感, self-confidence)은 어떤 것을 잘할 수 있다는 신념을 뜻한다. 자기존중과 자신감은 긴밀하게 관련된다. 자신감은 자기존중감을 높인다. 자기존중감이 높을수록 어려운 과제를 시도하고 그 과제에서 성공하면 자신감이 높아진다. 반대로 자기존중감이 낮을수록 쉬운 과제를 선택하며, 설령 그 과제에서 성공한다고 하더라도 자신감은 오히려 낮아진다.

자기개념은 과거의 자기, 현재의 자기, 미래의 자기에 관한 인지적 표상을 포함한다. 미래의 자기에 관한 표상을 가능한 자기(possible self)라고 한다. 가능한 자기는 자신이 추구하는 목적과 같은 것으로, 목적을 달성하기 위한 전략을 수립하고 목적을 달성하기 위해 노력하도록 하는 동력을 제공한다.

자기개념은 [그림 11-3]에 제시된 것처럼 일반적 자기개념을 정점으로 하위 자기개념들이 위계적으로 조직된 구조를 이룬다. 자기개념은 위계에서 어느 위치에 있는가에 따라 일반성(반대로 구체성)의 수준이 다르다. 위계의 최상위에 위치한 일반자기개념(general self-concept)은 자기와 관련된 모든 영역에 관한 신념과 지각을 망라하므로 일반성이 높고 안정

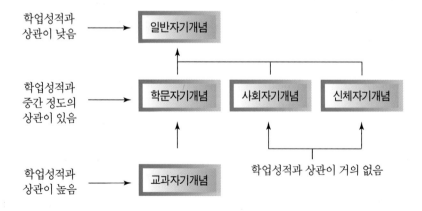

[그림 11-3] **자기개념의 구조**

성이 높아 쉽게 변화되지 않는다. 반면, 위계의 최하위에 위치한 교과자기개념의 하나인 수학자기개념은 수학과 관련된 영역에 대한 신념과 지각만 포함하므로 구체성이 높지만 안정성이 낮아 상대적으로 쉽게 변화된다.

(2) 자기개념의 발달

자기개념은 특정 영역에서 비슷한 경험을 반복함에 따라 결정화(crystalized) 혹은 구조화된다. 축구경기에서 비슷한 경험을 반복하면 축구자기개념이 형성된다. 청소년은 지능, 사회성, 스포츠 등의 영역에서 상당히 구조화된 자기개념을 갖고 있다.

자기개념은 구체적 차원에서 추상적인 차원으로 발달한다. 어린 아동은 외모, 이름, 소유물, 운동과 같은 구체적인 측면에 비추어 자기 자신을 단편적으로 지각하지만, 연령이 높을수록 자기개념은 복잡해지고 조직화된다.

발달이 진행됨에 따라 자기개념은 점차 분화된다. 어린 아동은 자기를 총체적인 관점에서 지각하므로 자기개념이 미분화되어 있지만, 연령이 증가함에 따라 자기를 구성하는 다양한 측면에 관한 개별적인 자기개념이 형성되어 다면화된다. 그 결과 청소년은 구체적인 영역별로 다양한 자기개념을 갖고 있다. 가령 수학자기개념은 긍정적이지만 영어자기개념은 부정적인 학생도 있고, 그 반대의 학생도 있다. 또 학업자기개념은 높지만 신체자기개념은 낮은 학생도 있고, 그 반대의 학생도 있다.

성공 혹은 실패 경험은 자기개념 형성에 영향을 준다. 성공을 경험하면 긍정적 자기개념이 형성되지만, 실패를 경험하면 부정적인 자기개념이 형성된다. 학업성적이 높은 학생들이 긍정적인 자기개념을 갖고 있는 것은 학교생활에서 성공을 많이 경험했기 때문이다(학교에서 성공의 가장 직접적인 지표는 성적이다.).

(3) 자기개념의 영향

일반적으로 사람들은 자기개념과 일치하는 방식으로 행동한다. 가령 사회자기개념이 긍정적인 사람은 사회활동에 적극적으로 참여하나, 사회자기개념이 부정적인 사람은 대인관계를 기피하는 성향이 높다. 또 학업자기개념이 긍정적인 학생은 학습에 적극적으로 참여하고 효과적인 인지전략을 사용하므로 성취도가 높다. 반면 학업자기개념이 부정적인 학생은 학습에 무관심하고 효과적인 학습전략을 사용하지 않기 때문에 학업성적이 낮다. 단, 자기개념이 긍정적일수록 학업성적이 높지만, 자기개념과 학업성적의 관계는 자기개념의 위계적 수준에 따라 다르다. 즉, 일반적 자기개념에 비해 학업자기개념이 수학성적과 상관이 더 높고, 학업자기개념에 비해 수학자기개념이 수학성적과 상관이 더 높다.

5. 목표지향성(성취목표)

목표지향성(目標指向性, goal orientation) 혹은 성취목표(achievement goal)는 성취행동을 수행하는 의도 또는 이유를 말한다. 여기서 목표지향성은 학습목표(learning objective: 예컨대, 이 과목에서 A학점을 받는다.)와 다르다는 점에 유의해야 한다. 목표지향성이론(goal orientation theory)(Ames, 1984; Maehr, 1984) 혹은 성취목표이론은 성취장면에서 학생들이 갖고 있는 목표지향성에 비추어 학습동기를 설명한다. 목표지향성의 유형과 그 영향을 간략히 살펴본다.

1) 목표지향성의 유형

목표지향성의 유형은 여러 가지가 있으나, 가장 큰 관심을 끌고 있는 목표지향성은 숙달목표와 수행목표다. 숙달목표(熟達目標, mastery goal)는 학습과제 자체를 마스터함으로써 새로운 지식이나 기술을 습득하고, 자신의 유능성을 높이며, 도전적인 과제를 성취하는 데 주안점을 두는 목표지향성이다. 반면 수행목표(遂行目標, performance goal)는 자기가 다른 사람보다 상대적으로 유능하다는 것을 입증하거나 반대로 자신이 무능하다는 다른 사람들의 평가를 피하는 데 주안점을 두는 목표지향성이다.

숙달목표와 수행목표는 유능성을 정의하는 방식에서 차이가 있다. 유능성(competence)은 세 가지 방식으로 정의될 수 있다(Elliot et al., 2002). 절대적 유능성(absolute competence)은 과제성취수준에 비추어 유능성을 정의하고, 개인내 유능성(intrapersonal competence)은 과거보다 더 나아졌는가를 기준으로 유능성을 정의하며, 대인간 유능성(interpersonal competence)은 다른 사람들과 상대적으로 비교하여 유능성을 정의한다. 숙달목표는 유능성을 절대적인 과제 성취수준 혹은 과거 성취수준보다 향상된 정도에 비추어 정의한다. 그러므로 과제를 완전히 이해하거나 과거보다 더 높은 성취를 하면 유능하다고 생각한다. 반면 수행목표는 유능성을 다른 사람들과 상대적으로 비교하여 정의하므로 다른 사람들보다 우수하면 유능하다고 생각한다. 수행목표는 과제 자체의 절대적인 성취수준이나 과거에 비해 성취수준이 높아졌는지에 대해서는 큰 관심이 없다.

최근 숙달목표와 수행목표는 접근-회피 경향을 고려하여 각각 두 가지 하위유형으로 분리되었다. 여기서 접근경향(approach tendency)은 긍정적이고 바람직한 것을 지향하는 경향을, 회피경향(avoidance tendency)은 부정적이고 바람직하지 않은 것을 회피하는 경향을 말한다. 네 가지 유형의 목표지향성에 대해 살펴보자.

| 표 11-4 | **숙달목표와 수행목표의 비교**

정의/영향		숙달목표	수행목표
정의	능력의 개념	• 변화가능	• 변화불가능
	성공의 정의	• 개선, 진보, 숙달, 창의성, 혁신, 학습	• 남보다 상대적으로 높은 성취
	가치 부여	• 노력, 도전적 과제 시도	• 실패 회피
	노력하는 이유	• 개인적 성장	• 자기의 상대적 우수성 과시
	평가기준	• 절대적 기준, 진보 여부	• 상대적 기준, 타인과 상대적 비교
	실수에 대한 견해	• 정보제공 • 정상적 학습의 일부	• 실패 • 능력이 낮다는 증거
영향	귀인	• 적응적 귀인 　– 실패를 노력부족으로 귀인 　– 결과가 노력에 의해 좌우된다고 생각	• 부적응적 귀인 　– 실패를 능력부족으로 귀인 　– 결과가 능력에 의해 좌우된다고 생각
	정의(情意)	• 노력으로 성공 시 자부심/만족감 경험 • 노력 부족 시 죄책감 경험 • 학습에 대한 긍정적 태도 • 내재적 동기가 높음	• 실패 시 부정적 정의 경험
	인지	• 심층적인 정보처리전략 활용 • 자기조절전략(계획수립, 성찰, 자기점검 등) 활용	• 피상적이고 기계적인 학습전략 활용
	행동	• 개인적으로 도전적인 과제 선택 • 위험부담경향이 높고 새로운 과제 선호 • 타인의 도움을 적극적으로 요청	• 쉬운 과제 선택 • 위험부담경향이 낮고 새로운 과제 기피 • 타인의 도움을 요청하지 않음

① 숙달–접근목표(mastery-approach goal): 절대적인 성취수준이나 과거 성취수준에 비추어 유능성을 높이고 과제를 마스터하는 데 주안점을 두는 목표지향성(문항 예시: 나는 이 과목에서 가급적 많이 학습하고 싶다.)

② 숙달–회피목표(mastery-avoidance goal): 절대적인 과제성취수준이나 과거 성취수준에 비추어 자신이 무능하다는 부정적 판단을 회피하려는 목표지향성(문항 예시: 나는 이 과목에서 가르치는 것을 제대로 이해하지 못할까 봐 걱정이 된다.)

③ 수행–접근목표(performance-approach goal): 다른 사람들보다 상대적으로 유능하다는 것을 입증하는 데 주안점을 두는 목표지향성(문항 예시: 이 과목에서 친구들보다 더 높은 성적을 받는 것은 매우 중요하다.)

④ 수행–회피목표(performance-avoidance goal): 다른 사람들보다 상대적으로 무능하다는

부정적 평가를 피하는 데 주안점을 두는 목표지향성(문항 예시: 나는 이 과목에서 친구들보다 더 낮은 성적을 받을까 봐 걱정이 된다.)

숙달-접근목표는 과제를 마스터하거나 과거보다 더 높은 성취를 하기 위해 노력하지만, 숙달-회피목표는 과제를 제대로 마스터하지 못하거나 과거보다 성취수준이 낮은 결과로 인해 자신이 무능하다는 평가를 받지 않기 위해 노력한다. 상식적으로 이상하게 보일 수도 있는 숙달-회피목표는 실수를 하지 않기 위해 애쓴다. 실수를 무능하다는 증거로 간주하기 때문이다. 높은 표준을 설정해 놓고 실수를 용납하지 않는 완벽주의자는 숙달-회피목표를 갖고 있다. 한편, 수행-접근목표는 다른 사람들보다 더 높은 성취를 하는 데 주력하고, 수행-회피목표는 다른 사람들보다 더 낮은 성취를 하지 않도록 하는 데 주안점을 둔다.

한편, 열심히 공부를 하지 않고 될 수 있으면 적은 노력으로 부여된 과제를 그럭저럭 수행하는 데 관심을 둔 공부회피지향성(work-avoidance orientation)(Meece et al., 1988)이나 사회적 목표(social goals)(Urdan & Maehr, 1995)도 목표지향성의 중요 유형으로 고려되고 있다.

2) 목표지향성의 영향

숙달목표와 수행목표가 인지, 정의, 행동에 미치는 영향을 요약하면 다음과 같다.

- 숙달목표는 긍정적이고 적응적인 귀인을 하고, 수행목표는 부정적이고 비적응적인 귀인을 한다. 숙달목표를 가진 학생들은 성공 및 실패 장면에서 노력귀인을 하고 능력이 노력에 비례한다고 생각한다. 반면 수행목표를 가진 학생들은 성공 및 실패 장면에서 능력귀인을 하고, 능력과 노력이 반비례한다고 생각하고 능력과 자기가치를 보호하기 위해 노력을 회피하는 경향이 있다.
- 숙달목표를 가진 학생들은 정교화나 조직화와 같은 심층적인 인지전략은 물론 메타인지전략과 자기조절전략을 적절하게 활용한다. 이에 비해 수행목표를 가진 학생들은 피상적이고 기계적인 학습전략을 활용하는 경향이 있다.
- 목표지향성은 정의적 특성과 관련된다. 숙달목표를 가진 학생들은 노력을 통해 성공하면 자부심을, 실패하면 죄책감을 경험한다. 이들은 내재적 동기가 높고, 학습태도가 긍정적이며, 학습에 가치를 부여한다. 이에 비해 수행목표를 가진 학생들은 학습과제에 가치를 부여하지 않고 외재적 동기가 높다.
- 행동적인 측면에서 숙달목표를 가진 학생들은 시간 및 노력을 효율적으로 관리하고,

도전적이고 새로운 과제를 선호하며, 위험부담경향(risk-taking tendency)이 높다. 이들은 다른 사람이 학습에 도움이 된다고 보고 적극적으로 도움을 요청한다. 이에 반해 수행목표를 가진 학생들은 위험부담경향이 낮기 때문에 쉬운 과제를 선호하고, 새로운 과제나 도전적인 과제를 기피한다. 또 다른 사람의 도움을 받는 것은 능력이 부족하다는 것을 의미한다고 보고 다른 사람의 도움을 적극적으로 요청하지 않는다.

6. 불안

정서(정의)는 학습의 성패를 결정하는 중요한 요인이다. Bloom(1976)에 따르면 정의적 특성은 학업성취도를 대략 25% 정도 설명한다. 정서를 긍정적인 정서와 부정적인 정서로 구분할 때 긍정적인 정서는 학습을 촉진한다. 학습흥미가 높고 학습태도가 긍정적인 학생들은 학습활동에 적극적으로 참여하고, 당연히 학업성취도가 높다. 이에 반해 부정적인 정서는 학습을 방해한다. 학습흥미가 낮거나 학습태도가 부정적인 학생들은 학습활동에 소극적으로 참여하거나 학습활동 자체를 회피하고, 결국 학업성취도도 낮다. 동기에 영향을 미치는 정서적 특성으로 불안을 간단히 살펴본다.

불안은 사람들이 보편적으로 경험하는 정서다. 유아들은 분리불안, 학생들은 시험불안과 진학불안에 시달리고 있다. 대학생들은 취업불안, 직장인들은 고용불안, 성인들은 노후불안을 경험하고 있다. 게다가 우리 국민들은 북한의 협박에서 기인하는 안보불안을 경험하고 있다. 공부하고, 저축하고, 보험에 가입하며, 종교를 갖는 것도 어떤 측면에서는 불안을 해소하기 위한 전략이다. 키르케고르의 말처럼 불안은 인간의 본질인지도 모른다. 불안의 개념과 영향을 간략하게 요약한다.

1) 불안의 개념

일반적으로 불안(不安, anxiety)이란 개체가 위협에 처하거나 자존심 손상을 경험할 때 주관적으로 지각하는 불편한 정서상태를 뜻한다. 불안은 안정성을 기준으로 특성불안과 상태불안으로 구분된다(Spielberger, 1966). 특성불안(特性不安, trait anxiety)은 광범위한 상황에서 불안을 경험하는 비교적 지속적인 경향성을, 상태불안(狀態不安, state anxiety)은 특정 상황에서만 경험하는 일시적인 정서적 긴장을 말한다. 교육 분야에서 가장 많은 연구가 이루어지고 있는 시험불안(검사불안, test anxiety)은 평가장면에서 야기되고 그 장면을 벗어나면 없어지는 상태불안으로, 각종 평가장면에서 경험하는 인지적·정서적 반응이다. 시험불안은 시험을 치는 도중에는 물론 시험을 예상하는 장면이나 시험공부를 하는 장면에서도 경험할 수 있고, 시험을 치고 난 후에도 경험할 수 있다.

불안은 인지적 측면, 정서-생리적 측면, 행동적 측면으로 구성된다(Deffenbacher et al., 1985). 불안의 인지적 측면은 감각이나 지각의 왜곡, 주의장애, 인지장애, 사고의 경직화, 인지적 회피 등으로 나타난다. 불안의 정서-생리적 측면은 주관적 감정(무서움, 두려움, 긴장, 초조 등), 자율신경계의 흥분(혈압, 호흡, 어지러움, 변의[便意] 등), 심리·신체적 장애(두통, 소화장애, 불면증) 등을 포함한다. 불안의 행동적 측면은 행동경직, 과제와 무관한 행동, 회피 또는 도피 등으로 나타난다.

2) 불안의 영향

불안은 적응적인 행동으로 나타나기도 하고, 부적응 행동을 유발하기도 한다. Alpert와 Haber(1960)는 적응적인 기능을 하는 불안을 촉진불안(促進不安, facilitating anxiety), 부적응적 기능을 하는 불안을 방해불안(妨害不安, debilitating anxiety)이라고 명명했다. 촉진불안은 학습동기를 높이고 과제해결노력을 증가시켜 결국 성취도를 높이는 기능을 한다. 이는 불안이 반드시 해로운 것은 아니라는 것을 뜻한다. 반대로 방해불안은 지나친 긴장감과 부정적인 사고를 유발하고 자신감을 감소시키며 그 장면을 회피하게 하는 등 부정적인 영향을 미친다.

불안(각성)과 성취는 [그림 11-4]와 같이 ∩형 관계가 있다. 그러므로 불안수준이 너무 낮거나 너무 높으면 성취수준이 낮고, 불안수준이 중간 정도일 때 성취수준이 가장 높다. 이 그림은 불안을 증가시키면 동기(및 성취)도 증가하지만, 적정수준을 넘으면 불안이 증가함

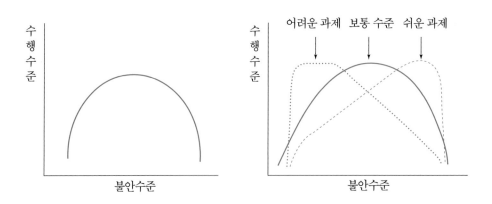

[그림 11-4] **불안수준, 성취수준, 과제곤란도의 관계**

에 따라 동기 및 성취가 감소한다는 것을 나타낸다. 그러므로 동기를 높이려면 불안을 적정 수준에서 유지해야 한다. 적정 수준의 불안을 유지하려면 다소 새로우면서도 이해할 수 있는 과제나 활동을 제시해야 한다.

또 불안이 과제수행에 미치는 효과는 과제의 곤란도 수준에 따라 다르다. 여크스-도드슨 법칙(Yerkes-Dodson law: 과제수행이 불안수준과 과제곤란도의 상호작용에 의해 결정된다는 법칙)에 따르면 과제의 수행수준은 어려운 과제에서는 불안이 낮을 때 높고, 쉬운 과제에서는 불안이 높을 때 높다(물론 대부분의 과제에서는 불안이 중간 정도일 때 과제수행이 높다.). 그러므로 어려운 시험의 경우 불안이 높은 학생들이 불안이 낮은 학생들보다 성적이 낮다.

7. 동기에 영향을 주는 교사특성

동기는 개인을 둘러싸고 있는 환경의 영향도 받는다. 교사는 학생들의 동기에 영향을 미치는 가장 중요한 환경요인이다. 동기에 영향을 미치는 교사특성을 (1) 교사의 자기효능, (2) 모델링, (3) 배려, (4) 교사기대, (5) 인정(칭찬)으로 나누어 설명한다.

1) 교사의 자기효능

앞에서 살펴본 것처럼 자기효능은 구체적인 행위를 일정 수준에서 수행할 수 있다는 신념이다. 따라서 교사의 자기효능(teacher self-efficacy)은 학생들을 잘 가르칠 수 있다는 개인적 신념을 말한다. 교사의 자기효능은 교수효능과 개인적 효능으로 구분할 수 있다(Ashton & Webb, 1986). 교수효능(敎授效能, teaching efficacy)이란 특정 교수행위가 어떤 결과를 나타낼 것이라는 결과기대를, 개인적 효능(personal efficacy)은 특정 결과를 산출하는 데 필요한 교수행동을 할 수 있다는 신념을 의미한다.

교사의 자기효능은 교사 행동의 선택, 노력, 지속성, 성취에 영향을 준다. 자기효능이 높은 교사는 도전적인 과제를 개발하고, 학생들이 성공하도록 적절한 도움을 주며, 학생들이 어려움에 처했을 때 적극 도움을 준다. 그들은 학생들의 실패를 능력이나 가정환경 탓으로 돌리지 않고, 교사 자신이 학습을 촉진할 수 있다는 신념에 따라 열정적으로 가르친다. 반면 자기효능이 낮은 교사는 수준이 높은 학습과제를 개발하거나 학생들을 잘 가르칠 수 있는 방법을 찾기 위해 노력하지 않는다. 그들은 학생들에 대한 기대수준이 낮고, 학업성적이 낮은 학생들을 포기하며, 학생들이 실패했을 경우 학생들을 비난한다. 결국 교사의 자기효능이 높을수록 학생들의 동기와 성취가 높아진다.

2) 모델링

사회인지이론(6장)에서 살펴본 것처럼 모델은 관찰자의 동기에 큰 영향을 준다. 모델의 중요성을 나타내는 사례들은 무수히 많다. 1998년 US 여자 오픈 골프대회에서 우승한 박세리 선수는 수많은 세리 키즈(Seri kids)를 탄생시켰고, 그 결과 현재 박인비를 비롯한 많은 한국 골프선수들이 골프계를 주름잡고 있다.

교사는 학생들의 동기에 강력한 영향을 주는 모델이다. 학생들은 모델 역할을 하는 교사를 관찰하여 지식과 기능을 모델링(관찰학습)한다. 그러나 학생들이 교사를 단순히 관찰한다고 해서 모델링이 자동적으로 일어나지는 않는다. 모델 역할을 하는 교사가 모델링에 긍정적인 영향을 미치려면 몇 가지 특성을 갖추어야 한다.

첫째, 교사는 학생들에게 유능하다고 지각되어야 한다. 사람들은 유능한 사람을 모델로 삼는다. 교사가 무능하면 어느 학생이 닮고 싶어할까? 둘째, 학생들이 교사를 자신들과 유사하다고 지각해야 한다. 학생들이 교사가 자신들과 유사하다고 생각할수록 결과기대와 자기효능이 높아지므로 모델링이 촉진된다. 유사성이 높으면 학생들은 모델 역할을 하는 교사의 행동을 자신들도 할 수 있다고 생각한다. 셋째, 교사의 언행이 일치해야 한다. 교사가 학생 앞에서 한 말을 스스로 실천하면 학생들은 교사 행동이 적절하다고 생각하므로 결국 동기가 높아진다. 반대로 교사의 말과 행동이 전혀 다르거나 이랬다 저랬다 하면 학생들은 교사의 행동이 부적절하다고 생각하게 되므로 동기가 낮아진다. 넷째, 교사는 열정이 높아야 한다. 열정이 높은 교사는 학생들을 매료시켜 동기에 긍정적인 영향을 미친다. 교사 스스로 가르치는 내용을 중요하게 생각하고, 그 사실을 학생들 앞에서 몸소 열정적으로 실천하면 학생들의 동기는 저절로 높아진다. 반대로 교사가 열정이라곤 전혀 없이 마지못해 가르치면 어느 학생이 교사를 따라 할까?

요컨대, 학생들의 동기를 유발하려면 교사는 좋은 모델이 되어야 한다. 반대로 교사가 소위 반면교사(反面教師: 바람직하지 않은 모델) 역할을 하면 학생들의 동기에 부정적인 영향을 미친다.

3) 배려

배려(配慮, caring)는 학생들에게 관심을 갖고 공감하며 보호하고 성장하도록 자극하는 것을 뜻한다. 그러므로 배려는 단순히 학생들과 온정적인 관계를 유지하는 차원을 넘어 성장을 독려하는 것을 말한다. 교사는 마땅히 학생들을 인격체로 대우하고, 그들의 학습 및 발달을 촉진해야 한다. 배려는 기본적인 요구인 존중 요구를 충족시킨다. 교사의 존중을 받으면 학생들의 자기존중 요구도 충족된다.

중요한 것은 상대를 배려하고 있다는 것을 상대방이 알 수 있도록 구체적으로 표현하는 것이다. 마음속으로 배려하는 것은 아무 소용이 없다. 학생들의 말을 경청하고, 그들이 높은 표준을 설정, 달성하도록 자극하는 것이 학생들을 배려하고 있음을 표현하는 방법이 될 수 있다.

4) 교사기대

교사기대(教師期待, teacher expectation)는 학생에게 큰 영향을 준다. Rosenthal과 Jacobson (1968)은 고전적인 연구에서 초등학생들에게 학년초 지능검사를 실시한 후, 무작위로 선정한 20%의 학생명단을 교사에게 주면서 그 학생들이 1년 후 놀랄 만큼 지적으로 성장할 수 있는 잠재력이 있다는 거짓 정보를 주었다. 사실 지능검사는 지적 잠재력을 측정하지도 않았을뿐더러 선발된 학생들은 지능검사의 점수와 아무런 관계가 없었다. 그럼에도 연구결과에 따르면 학년말이 되었을 때 그 학생들의 지능은 다른 학생들에 비해 유의하게 향상되었다. 기적이 일어난 것이다.

교사기대가 학생성취에 미치는 이러한 현상을 피그말리온 효과(Pygmalion effect: 피그말리온은 그리스 신화에 등장하는 조각가 이름) 또는 자기충족적 예언(自己充足的 豫言, self-fulfilling prophecies) 혹은 자성예언(自成豫言)이라고 불리고 있다('자기충족적' 이란 기대하는 결과가 스스로 이루어진다는 것을 뜻한다.). 이 연구는 교사기대—심지어 그 기대가 그릇된 정보에 근거하더라도—가 학생들에게 큰 영향을 준다는 것을 나타낸다.

학생들에 관한 교사기대가 어떻게 형성되고, 어떻게 전달되며, 어떻게 영향을 주는가를 대략 설명하면 다음과 같다.

① 교사는 각종 정보(성적, 배경, 성별 등)에 근거하여 학생에 관한 기대를 형성한다.
② 교사는 기대를 다양한 방식으로 학생에게 전달한다.
③ 교사는 기대와 일치하는 방식으로 학생을 가르친다.
④ 학생도 교사의 기대에 일치하는 방식으로 행동한다.

교사기대는 다음과 같이 네 가지의 교사행동으로 전환된다(Rosenthal, 1974).

- 상대방에게 긍정적인 기대를 갖고 있으면 긍정적인 사회·정서적 행동(미소, 머리 끄덕거림, 시선 맞추기, 우호적 행동 등)을 한다.
- 긍정적 기대를 갖고 있으면 학습기회를 충분히 부여한다.
- 긍정적 기대를 갖고 있으면 상호작용을 더 많이 하고, 시간을 더 많이 주며, 실수를 했을 때 다시 질문하거나 힌트를 준다.
- 기대수준이 높은 학생에게는 칭찬을, 기대수준이 낮은 학생에게는 비난을 한다.

긍정적인 교사기대와 마찬가지로 부정적인 교사기대도 자기충족적 기능을 한다는 점에 유의해야 한다. 부정적인 기대가 실제로 이루어지는 현상을 골렘(Golem) 효과(or stigma effect)라고 한다(Babad, Inbar, & Rosenthal, 1982). 이에 따르면 교사가 학생에 관해 부정적인 기대를 갖고 있으면 그 기대가 실제 이루어진다. 부정적인 기대가 실현되는 과정도 다르지 않다. 특정 학생에 관한 교사의 기대수준이 낮으면 교사는 그 기대를 실현시킬 수 있는 행동을 하고, 학생도 교사의 기대에 부응하기 위해 노력을 하지 않는다. 그 결과 교사의 부정적인 기대가 실현되어 학생의 성취도가 낮아진다.

교사는 학생에 관해 긍정적인 기대를 하고, 부정적인 기대를 갖지 않도록 유의해야 한다. 기대가 자기충족적인 기능을 갖고 있다는 사실은 모든 사람들이 자기 자신에 관해 긍정적인 기대를 하고, 부정적인 기대를 갖지 않아야 함을 시사한다. 요컨대, 자신의 마음속에 피그말리온을 갖고 있어야 한다. 피그말리온은 원하는 바를 이루는 기적을 만들어 낸다.

5) 인정(칭찬)

모든 사람들은 다른 사람들의 인정을 받으려고 애쓴다. 학생들도 교사의 인정을 받고 싶어한다. 교사의 인정은 학생들에게 강력한 영향을 미치는 강화물이다. 칭찬은 교사가 학생을 인정할 때 사용하는 가장 보편적인 형태의 강화물이다.

칭찬(稱讚, praise)은 학생들의 행동이 적절했다는 것을 교사가 언어적으로 인정하는 긍정적 피드백이다. 칭찬은 나아가 교사의 애정과 학생이 가치 있고 유능하다는 정보를 전달한다. 그러므로 칭찬은 단순히 동기를 유발하는 차원을 넘어 긍정적 자기개념을 형성하는 데도 기여한다.

칭찬이 부작용을 유발할 수 있다는 점에도 유의해야 한다. 앞에서 살펴본 것처럼 내재적으로 동기화된 행동을 칭찬(외적 보상)하면 내재적 동기가 감소한다. 또 여러 학생들이 비슷한 성취를 했을 때 특정 학생만 칭찬하면 그 학생은 자신의 능력이 낮다고 생각하므로(즉, 능력귀인을 하므로) 역효과를 나타낼 수 있다. 칭찬을 할 때는 다음과 같은 몇 가지 사항들을 유념해야 한다.

- 바람직한 행동만 칭찬해야 한다.
- 일관성 있게 칭찬해야 한다.
- 막연한 행동을 칭찬하거나, 무원칙하게 칭찬해선 안 된다.
- 칭찬은 학생의 유능성과 가치에 관한 정보를 제공해야 한다.
- 자연스러운 목소리로 간단하고 직접적으로 칭찬하되, 과장하지 말아야 한다.
- 지시와 통제에 따랐기에 칭찬하는 것이 아니라, 잘했기에 칭찬한다는 것을 분명히 해야 한다.
- 많은 사람들 앞에서 칭찬받는 것을 쑥스러워 하는 학생은 개인적으로 칭찬하는 것이 좋다.
- 능력이 아니라 노력을 칭찬해야 한다. 그래야 학생이 능력귀인이 아니라 노력귀인을 하게 된다.
- 결과가 아니라 과정을 칭찬해야 한다.

8. 동기에 영향을 주는 학급특성

학급에 관련된 특성도 학생들의 동기에 영향을 미친다. 학생들의 동기에 영향을 미치는 학급특성으로 (1) 학급풍토, (2) 과제, (3) 집단구조에 관해 살펴본다.

1) 학급풍토

학급풍토(學級風土, classroom climate)란 학급의 분위기, 즉 학급의 사회적 · 심리적 · 정서적 특성을 말한다. 학급풍토는 주로 교사–학생의 상호작용과 학생들의 상호작용을 통해 형성된다. 학생들은 학급에서 엄청난 시간을 보내며 수많은 것을 경험한다. 당연히 학생들은 학급에서 경험한 수많은 경험을 토대로 학급에 관한 감정이나 느낌을 갖게 된다. 이러한 감정과 느낌이 학급풍토를 구성한다.

학급풍토에는 교사의 지도성(leadership)이 큰 영향을 주는 것으로 알려져 있다. 교사의 지도성에 관한 연구로는 Lewin, Lippit와 White(1939)의 고전적인 연구가 가장 유명하다. 그들은 학생들의 동기와 행동에 영향을 주는 교사의 지도성을 세 유형으로 구분했다. 전제형(專制型)은 교사가 모든 것을 일방적으로 결정하고 학생들을 통제, 지시하는 유형이다. 민주형(民主型)은 모든 것을 학생들과 의논해서 결정하고 격려하는 유형이다. 방임형(放任型)은 일절 지시나 통제를 하지 않고 수수방관하는 유형이다.

연구결과 교사의 지도성은 집단의 생산성과 분위기에 큰 영향을 미치는 것으로 나타났다. 전제형은 생산성이 높았으나 불안, 긴장, 복종, 반발, 공격성, 좌절감과 같은 부정적인 집단분위기를 유발했다. 방임형은 생산성도 낮았고 혼란과 불확실성을 야기했다. 민주형은 생산성도 높았고, 긍정적인 집단분위기를 형성했다. 요컨대, 전제형과 방임형은 부정적인 학급풍토를, 민주형은 긍정적인 학급풍토를 조성한다.

결론적으로 긍정적인 학급풍토는 동기를 높이지만, 부정적인 학급풍토는 동기를 약화시킨다. 긍정적인 학급풍토는 다음과 같은 특징을 갖고 있다(Eggen & Kauchak, 1992, 2004).

- 질서가 있고, 안전하다. 질서 있고 안전한 학급은 사기, 신뢰, 정숙, 질서, 유대, 배려, 협력과 같은 특성이 우세하다.
- 학업에 가치를 부여하고, 성공기대(expectancy for success)가 높다. 즉, 학생들이 학업을 중시하고, 노력하면 성공할 수 있다는 신념을 갖고 있다.
- 학생들이 왜 공부를 하는지 정확하게 알고 있고, 학습내용을 정확하게 이해한다.
- 학생들이 학습과제의 종류와 수행방식을 자율적으로 선택한다.
- 학생들이 상대적으로 우수한 성적을 받기 위해서 노력하는 것이 아니라, 공부의 즐거움 때문에 공부한다.
- 교사와 학생들이 서로 지지하고 격려하며 인간적으로 존중한다.

2) 과제

학습동기를 유발하려면 과제가 몇 가지 요건을 갖추어야 한다. 첫째, 학생들이 과제가 가치 있다고 지각해야 한다. 가치 있는 과제란 개인적 욕구를 충족시키는 데 도움이 되고, 내재적인 흥미가 있는 과제를 말한다. 학생들이 과제에 높은 가치를 부여하면 학습동기는 저절로 높아진다. 둘째, 과제가 실생활과 유기적으로 관련되어야 한다. 이러한 과제를 실제적 과제(authentic task)라고 한다. 과제가 실생활과 전혀 관련되지 않으면 학생들이 과제에 가치를 부여하지 않게 되므로 학습동기가 낮아진다. 셋째, 과제가 도전감(challenge)이 있어야한다. 과제가 도전감을 유발하려면 난이도가 적절해야 한다. 도전감 있는 과제는 내재적 동기를 유발한다. 그러나 도전감이 적정 수준보다 낮거나 반대로 도전감이 너무 높으면 동기가 낮아진다. 쉬운 과제는 도전감이 너무 낮고, 어려운 과제는 도전감이 너무 높기 때문에동기를 약화시킨다.

3) 집단구조

집단구조는 학생들의 동기에 큰 영향을 준다(Ames, 1984). 집단구조는 경쟁구조, 협동구조, 개별구조로 구분된다.

① 경쟁구조(競爭構造, competitive structure): 특정 학생이 목표를 달성하면 다른 학생들의목표달성확률이 감소하는 구조를 말한다. 이 구조에서는 집단구성원들의 목표가 부적(−)으로 관련되어 있다.

② 협동구조(協同構造, cooperative structure): 구성원들이 공동목표를 달성하기 위해 함께노력하는 구조를 말한다. 이 구조에서는 집단구성원들의 목표달성과 개인의 목표달성이 정적(+)으로 관련되어 있다.

③ 개별구조(個別構造, individualistic structure): 구성원 각자가 개별적으로 학습하고 개별적인 성취나 노력을 기준으로 보상을 받는 구조를 말한다. 이 구조에서는 특정 학생의 목표달성 여부가 다른 학생의 목표달성에 전혀 영향을 주지 않는다.

상대적 비교를 중시하는 경쟁구조는 학생 상호 간의 부정적인 상호의존성이 부각되므로다른 학생들이 실패해야 목표를 달성할 수 있다. 그래서 다른 학생들보다 능력이 우수하다고 생각하면 동기가 높아지나, 다른 학생보다 열등하다고 생각하면 동기가 낮아진다. 경쟁구조에서는 일부 학생만 보상을 받을 수 있을 뿐 대부분의 학생들은 보상을 받을 수 있는 기회가 원천적으로 차단되어 있다. 결과적으로 경쟁구조에서는 학생들의 동기수준이 전반적으로 낮다. 이 구조에서 대부분의 학생들은 도전적인 과제를 회피하고, 어려움에 직면하면쉽게 포기하며, 성공을 능력으로 귀인하고, 다른 사람들의 성공을 운으로 귀인한다.

협동구조에서는 개인의 목표달성 여부가 집단의 목표달성 여부에 좌우된다. 이 구조에서는 모든 구성원들이 목표를 달성해야 개인도 목표를 달성할 수 있으므로 동기에 긍정적인영향을 준다.

개별구조는 개별적으로 학습하며 개인별 진보 여부를 기준으로 보상을 받는다. 이 구조에서 학생은 성취를 다른 학생들과 비교하는 것이 아니라 스스로 설정한 표준에 비추어 비교한다. 그래서 과거에 비해 향상되었다고 생각하는 학생은 자기효능을 경험하고 동기가 높아진다.

① 동기는 목표를 달성하기 위한 행동의 각성(개시), 강도, 지속에 영향을 주는 과정이다. 따라서 동기가 없으면 행동을 시작(선택)하지도 않고, 열심히 노력하지도 않으며, 어려움이 있으면 쉽게 포기한다.

② 내재적 동기는 행동의 동인이 행동 내부에 존재하고, 외재적 동기는 행동의 동인이 행동 외부에 존재한다. 내재적 동기와 외재적 동기는 독립적이다. 외재적 동기도 동기가 전혀 없는 상태보다는 낫지만, 내재적 동기가 외재적 동기보다 더 바람직하다. 그럼에도 부모나 교사는 외재적 동기를 강조하는 우를 범하고 있다. 내재적 동기는 학년이 높아질수록 감소한다. 외적 보상을 잘못 사용하면 내재적 동기를 감소시키는 부작용을 초래할 수 있으므로 외적 보상을 사용할 경우에는 내재적 동기를 약화시키지 않도록 유의해야 한다.

③ 요구는 내적 긴장상태로 동기를 유발한다. 동인감소이론에 따르면 동인을 감소시켜 생리적 평형을 회복하기 위해 행동한다. 동인은 생리적 결핍상태(요구)에서 유발되는 내적 긴장상태를 의미한다. 이 이론에 따르면 동인수준이 높을수록 행동확률이 높아진다.

④ 인지부조화는 인지부조화를 해소하여 인지적 일관성을 회복하려는 동기를 유발한다. 미완성과제를 오래 기억한다는 제이가르니크(Zeigarnik) 효과도 인지적 긴장을 해소하여 인지적 일관성을 유지하려는 요구를 반영한다.

⑤ 기대-가치이론은 목표달성확률(기대)과 목표의 가치(유인)에 따라 동기가 결정된다고 주장한다. Atkinson의 성취동기이론에 따르면 성취행동은 성공추구경향성과 실패회피경향성의 절충으로 결정된다. 성공추구경향성은 성취동기(도전적인 과제를 성취하려는 비교적 지속적인 경향성), 목표달성확률, 성공의 유인가에 의해 결정된다. 실패회피경향성은 실패회피동기, 실패확률, 실패의 유인가에 의해 결정된다. 결국 이 이론에 따르면 성공추구경향성이 실패회피경향성보다 높을 때 동기가 유발된다. 한편 과제가 너무 어려우면 실패확률이 높아지므로 동기가 낮아진다. 따라서 동기를 높이려면 적정 곤란도의 과제를 제시해야 한다.

⑥ 자기결정이론에 따르면 자기결정과 자율성은 내재적 동기를 높인다. 이에 따르면 유능성 요구, 자율성 요구, 관계 요구를 충족시키면 내재적 동기가 높아진다.

⑦ 자기가치이론에 따르면 사람들은 자신을 가치 있는 존재로 지각하려는 요구를 갖고 있으므로 유능한 존재가 되어 자기가치를 보호하기 위해 다양한 전략을 구사한다.

⑧ 동기는 사건에 관한 신념에 영향을 받는다. 통제소재는 행동과 강화를 통제할 수 있는가에 관한 개인적 신념을 말한다. 내적 통제는 행동과 강화를 통제할 수 있다는 신념을, 외적 통제는 운이나 다른 사람이 행동과 강화를 통제한다는 신념을 말한다. 일반적으로 내적 통제가 외적 통제보다 동기 및 성취가 높다.

⑨ 귀인은 행동이나 행동의 결과의 원인을 추리하는 과정으로 동기에 큰 영향을 미친다. 귀인의 영향은 귀인 차원에 따라 결정된다. 소재 차원은 자존심에, 안정성 차원은 성공기대에, 통제가능성 차원은 분노나 죄책감과 같은 정의적 특성에 각각 영향을 준다. 귀인변경 프로그램은 학업실패의 원인을 능력부족이 아니라 노력부족으로 귀인하도록 하는 데 중점을 둔다.

⑩ 동기는 자신은 물론 자신의 능력을 어떻게 지각하고 능력에 관해 어떤 신념을 갖고 있는가에 따라 영향을 받는다. 자기효능은 일정한 수준에서 특정 행위를 할 수 있다는 신념을 의미한다. 일반적으로 자기효능이 높을수록 동기가 높다.

⑪ 학습된 무력감은 삶을 전혀 통제할 수 없고 무엇을 하더라도 실패를 피할 수 없다는 부정적인 신념을 뜻한다. 무력감에 빠진 사람은 아무것도 시도하지 않고, 우울증이나 행동장애를 나타내며, 실패를 통제할 수 없는 원인으로 귀인한다.

⑫ 실체론(고정 마인드셋)은 능력이 고정되어 있다는 신념이고, 증진론(성장 마인드셋)은 능력이 변화될 수 있다는 신념이다. 당연히 전자보다 후자가 동기에 긍정적인 영향을 미친다.

⑬ 자기개념은 자기 자신에 관해 갖고 있는 지식구조, 즉 자기도식을 뜻한다. 자기개념은 자기존중감과 자신감을 포함하며, 다원적이고 위계를 이룬다. 자기개념과 학업성적의 관계는 자기개념의 위계적 수준에 따라 다르다. 자기개념은 긍정적일수록 동기가 높다.

⑭ 목표지향성은 성취행동을 하는 이유를 말한다. 동기는 성취장면에서 추구하는 목표지향성의 영향을 받는다. 목표지향성은 새로운 지식이나 기술 자체를 습득하는 데 주안점을 둔 숙달목표와 다른 사람들보다 상대적으로 우수하다는 것을 과시하려는 수행목표로 대별된다. 일반적으로 숙달목표가 수행목표보다 동기가 높다.

⑮ 불안은 개체가 위협에 당면했을 때 주관적으로 지각하는 부정적인 정서를 말한다. 불안은 광범한 상황에서 불안을 경험하는 특성불안과 특정 상황에서만 불안을 경험하는 상태불안으로 구분된다. 불안은 학업행동을 방해하기도 하지만 촉진하기도 한다. 불안과 성취는 ∩형 관계가 있다. 또 불안이 과제수행에 미치는 효과는 과제의 곤란도 수준에 따라 다르다.

⑯ 교사의 특성은 학생들의 동기에 큰 영향을 미친다. 학생들의 동기를 유발하자면 교사는 (1) 자기효능이 높아야 하고, (2) 바람직한 모델 역할을 해야 하며, (3) 학생들을 배려하고, (4) 학생에 관해 긍정

적인 기대를 갖고 있어야 한다. 또 학생들을 칭찬하되, 부작용을 유발하지 않도록 유의해야 한다.

⑰ 학급풍토, 과제, 집단구조와 같은 학급특성은 학습동기에 영향을 준다. 학급풍토는 학급의 사회적 · 심리적 · 정서적 특성을 말한다. 긍정적인 학급풍토는 학습동기를 높인다. 과제도 동기에 영향을 미친다. 과제가 동기를 유발하려면 (1) 가치가 있고, (2) 실생활과 관련되어야 하며, (3) 적정 수준의 도전감을 줄 수 있어야 한다. 집단구조는 경쟁구조, 협동구조, 개별구조로 구분할 수 있다. 협동구조는 다른 구조에 비해 동기에 더 긍정적인 영향을 준다.

생활지도와 상담

1. 적응의 개념을 정의하고, 적응의 의의를 설명하시오.

2. 정상과 비정상을 구분하는 기준을 기술하시오.

3. 대처전략을 정의하고, 주요 대처전략들을 설명하시오.

4. 방어기제의 특징을 기술하시오.

5. 주요 방어기제(억압, 부인, 동일시, 치환, 승화, 투사 등)를 정의하고, 예를 드시오.

6. 생활지도의 개념, 원리, 영역에 관해 기술하시오.

7. 상담의 목표를 기술하시오.

8. 상담목표와 상담방법을 기준으로 교재에 제시된 9개의 상담이론들을 비교하시오.

청소년은 아동도 아니고 성인도 아닌 과도기적 인간이다. 그래서 청소년을 주변인(周邊人, marginal man)이라고 부르기도 한다. 청소년기에는 신체적 · 생리적 변화가 급격하게 일어나고, 인지적인 측면에서도 괄목할 만한 변화가 일어난다. 게다가 청소년들은 입시라는 치열한 전장(戰場)의 질곡에서 허우적거리고 있다.

청소년기의 급격한 발달적 변화와 청소년이 당면하고 있는 상황은 청소년들의 적응을 방해하는 요인으로 작용할 수 있다. 또 사회는 날이 갈수록 복잡해지고 있고 기술은 하루가 다르게 발전하고 있다. 이러한 사회적 변화도 청소년의 적응문제를 야기할 개연성이 다분히 있다.

인생에서 청소년기는 기회의 시기이지만, 위기의 시기이기도 하다. 대부분의 청소년들이 경험하는 정서적 불안정 상태는 과도기 현상으로 나이가 들면 자연스럽게 해소될 수 있지만, 일부의 경우 심각한 부적응으로 발전할 소지가 없지 않다. 청소년들이 위기의 시기를 현명하게 넘겨 제대로 적응하고 행복한 생활을 영위할 수 있도록 도움을 주는 것은 바로 교육의 중요한 책무라고 생각된다.

이 장에서는 먼저 적응의 개념과 적응방법을 살펴본 다음 학생들의 적응에 도움을 주기 위한 생활지도와 상담에 관해 논의한다.

1. 적응

1) 적응의 개념

적응은 원래 생물학의 개념으로 Darwin(1959)이 제창한 진화론의 핵심개념이다. 생물학에서 적응은 종(種)의 생존에 도움을 주는 생물학적 구조와 과정의 변화를 의미한다. 적자생존 원리에 따르면 진화과정에서 환경의 요구에 적응하지 못한 동식물은 멸종하였고 잘 적응한 동식물은 생존했다. 그런데 생물학의 적응 개념은 종(種)의 생존을 중시하고 개체의 생존은 중시하지 않는다.

생물학의 적응 개념은 심리학에 도입되면서 상당히 수정되었다. 생물학과 달리 심리학에서는 적응을 사회적 · 물리적 환경에 대처하기 위한 개인의 노력을 뜻하는 개념으로 사용하고 있으며, 적응을 의미하는 영어 단어도 'adaptation'이 아니라 'adjustment'를 사용하고 있다.

적응(適應, adjustment)은 개인이 심리적·사회적 장애를 극복하고 자신의 요구를 충족시키기 위해 개인적으로나 사회적으로 수용할 수 있는 행동을 하는 것을 의미한다(이성진, 1996). Lazarus(1976)에 따르면 적응은 크게 자신을 환경에 맞추어 가는 과정과 자신의 요구를 충족시키기 위해 환경을 수정하는 과정으로 구성된다. 따라서 적응이란 생물학에서 사용하고 있는 것처럼 단순히 환경에 맞추어 자신을 변화시키는 과정이 아니라, 환경과 조화로운 관계를 형성함으로써 자신의 요구를 충족시키는 과정을 뜻한다. 적극적인 의미에서 보면 적응이란 단순히 외부 환경의 요구에 맞추어 자신의 요구를 충족시키는 데 그치는 것이 아니라 잠재력을 최대한 발휘한 상태, 소위 Maslow가 말하는 자기실현이 이루어진 상태라고 할 수 있다.

글상자 12-1

정상과 이상의 구분 준거

1. 통계적 준거: 통계적 준거는 평균에서 벗어난 정도를 기준으로 정상 여부를 판정한다. 그러므로 행동이나 특성이 평균에서 크게 이탈되면 비정상이라고 한다.
2. 사회문화적 준거: 사회의 규범이나 문화를 근거로 정상 여부를 판단한다. 동성끼리 키스하는 것은 우리 사회의 일반적인 규범에 비추어 볼 때 비정상적이다.
3. 행동의 적응성 준거: 본인, 집단, 사회에 나쁜 영향을 주는가를 기준으로 정상 여부를 판단한다. 사람이 무서워 외출하지 못하거나 아무 관계가 없는 사람에게 폭력을 가하는 행위는 자신이나 타인에게 해를 끼치므로 비정상 행동으로 간주된다.
4. 개인적 고통의 준거: 자신이 경험하는 신체적·심리적 고통의 정도를 기준으로 정상 여부를 판정한다. 불안, 우울, 신체적 고통 등은 남이 보기에는 아무렇지 않은 것처럼 보여도 본인에게는 매우 고통스러울 수 있다.
5. 전문적 준거: 심리학적, 임상학적으로 설정된 기준에 따라 정상과 이상을 판별한다. 환각이나 환청과 같은 증상을 기준으로 정상 여부를 판정하는 것이 이에 해당된다.

적응이 잘된 사람은 정신적으로 건강한 사람이다. 적극적인 의미에서 정신적으로 건강한 사람이란 단순히 정신적 질병에 걸려 있지 않은 상태를 가리키는 것이 아니라, 잠재력을 최대한 발휘하고 환경의 요구에 적절하게 대처하며, 원만한 인간관계를 형성·유지하는 사람이다.

적응을 한 극단으로 할 때 다른 극단에는 부적응이 존재한다. 부적응(mal-adjustment)은 외부 환경요건에 적절하게 대처하지 못하고 요구를 제대로 충족하지 못하는 상태를 지칭한다.

우리 학교에는 주위 환경이나 사회의 요구를 적절하게 수용하지 못하고 자신의 요구를 제대로 충족하지 못해 부적응 행동을 나타내는 학생들이 상당수 있는 것으로 알려지고 있다.

2) 적응의 방법

적응문제가 있을 때 사람들은 대처전략이나 방어기제를 사용한다. 대처전략은 스트레스나 좌절을 일으키는 상황을 변화시키려는 구체적인 전략이고, 방어기제는 무의식적 갈등을 해소하기 위한 자기기만적인 방어반응이다.

(1) 대처전략

대처전략(對處戰略, coping strategies)이란 일상생활에서 당면하는 좌절, 스트레스, 갈등을 다루기 위한 구체적인 전략을 말한다. 대처전략은 크게 문제중심 대처전략과 정서중심 대처전략으로 구분할 수 있다.

① 문제중심 대처전략

문제중심 대처전략(問題中心 對處戰略, problem-focused coping strategies)은 문제를 정의하고 대안들을 탐색하여 평가한 다음, 가장 적절한 대안을 선택하여 실천하는 전략이다. 문제중심 대처전략은 환경지향적 전략과 내부지향적인 전략으로 구분할 수 있다. 환경지향적 전략은 환경, 장애물, 자원, 절차를 바꾸기 위한 전략을 말한다. 컴퓨터가 고장이 났을 때 고장 원인을 분석한 다음 고치는 것이 환경지향적 전략이다. 내부지향적 전략은 동기적 · 인지적 변화를 지향하는 전략이다. 포부수준을 조정하거나 자기관여를 낮추어 대안적 만족을 모색하거나 새로운 행동기준을 개발하고 새로운 기술을 익히는 것은 내부지향적 전략이다. 문제중심 대처전략은 특수한 상황에만 적용될 수 있으므로 여러 상황에서 적용되기는 어렵다.

② 정서중심 대처전략

정서중심 대처전략(情緒中心 對處戰略, emotion-focused coping strategies)은 상황 자체를 변화시키는 것이 아니라 그 상황에서 경험하는 정서적 고통을 줄이려는 전략이다. 이 전략은 회피, 최소화, 거리 두기, 선택적 주의, 긍정적 비교, 사건의 긍정적 의미 탐색, 사건의 의미 재평가와 같은 전략을 포함한다. 정서중심 대처전략은 운동, 명상, 음주, 분노 발산, 정서적 지지 확보와 같은 행동으로 나타나기도 한다.

(2) 방어기제

불안은 정서적으로 고통스러운 상태이므로 오래 지속되면 견디기 어렵다. 방어기제(防禦機制, defense mechanism)는 자아가 불안을 방어하기 위해 사용하는 무의식적인 자기기만 전략이다.

자아는 원욕의 충동, 초자아의 도덕적 요구, 현실 세계 사이의 균형을 유지해야 하는 막중한 책무를 갖고 있다. 원욕은 충동을 즉각 충족시키도록 요구하고, 초자아는 원욕의 무분별한 충동을 금지하는 한편 도덕적 표준을 따르도록 강요한다. 이러한 상황에서 불안의 압력이 과도해져 현실적인 방법으로 해결할 수 없을 때 자아는 방어기제를 사용한다. 방어기제는 불안을 유발하는 문제를 직접 해결하는 전략이 아니라, 원욕의 충동과 이에 대립되는 초자아의 압력에서 기인하는 불안을 최소화(방어)함으로써 자아를 보호하려는 전략이다. Freud에 따르면 불안의 종류는 다음과 같다.

① 객관적 불안(objective anxiety): 현실적이고 외적인 요인에 의해 유발되는 불안을 말한다. 사나운 개는 객관적 불안을 유발한다.

② 신경증적 불안(neurotic anxiety): 원욕과 자아의 갈등에서 비롯되는 불안이다. 신경증적 불안은 자아가 원욕의 수용할 수 없는 충동을 충족시키지 못한 데서 기인한다. 사람들이 보는 앞에서 원초적인 충동을 노출할지도 모른다고 걱정하는 남자나 낯선 남자에게 성욕을 경험하는 여자는 신경증적 불안을 경험한다.

③ 도덕적 불안(moral anxiety): 자아와 초자아의 갈등에서 비롯되는 불안이다. 도덕적 표준을 충족시키지 못하는 데서 비롯되는 죄책감이나 수치심을 경험하는 사람은 도덕적 불안을 경험한다.

방어기제는 두 가지 특징을 갖고 있다. 첫째, 방어기제는 현실을 부인하거나 왜곡한다. 둘째, 방어기제는 무의식적으로 작동하므로 당사자도 전혀 의식하지 못하는 자기기만적인 특징이 있다. 그래서 다른 사람들이 방어기제를 사용하고 있다고 지적하면 그 사실을 단호하게 부인하는 경향이 있다.

단, 방어기제가 반드시 해로운 것은 아니다. 방어기제를 가끔 사용하는 것은 정상이며 불안을 감소시켜 생활에 도움을 준다. 그러나 방어기제를 과도하게 사용하면 불안을 유발한 진정한 원인을 정확하게 인식하기 어렵다. 대표적인 방어기제는 다음과 같다.

① 억압

억압(抑壓, repression)은 불안을 유발하는 충동, 사고, 기억이 의식화되지 않도록 무의식적으로 차단하는 과정이다. 그래서 억압을 선택적 망각이라고 부르기도 한다. 다른 사람에 대한 공격적 충동이나 성욕은 의식에 떠오르면 불안을 유발하므로 억압된다. 충격적인 사건을 겪은 후 그 사건 자체를 전혀 기억하지 못하는 것도 억압되었기 때문이다.

억압은 무의식적 과정이므로 당사자는 충동이나 기억 자체는 물론 충동이나 기억을 억압하고 있다는 사실도 전혀 의식하지 못한다. 이러한 점에서 억압은 억제와 구분된다. 억제(抑制, suppression)는 충동을 의식적으로 금지하는 과정이다. 억제를 하는 당사자는 충동을 억누르고 있다는 사실을 안다. 다른 사람들이 눈치채지 못하도록 분노를 겉으로 드러내지 않거나 고통스러운 주제인 죽음에 관한 대화를 의도적으로 회피하는 것은 억제에 해당된다.

② 동일시

동일시(同一視, identification)는 다른 사람의 특성(가치, 태도, 행동 등)을 무의식적으로 내면화하여 자신의 일부로 통합하는 과정을 뜻한다. 쉽게 말하면 동일시는 다른 사람을 자기도 모르게 닮아 가는 과정이다. Freud는 다른 사람을 피상적이고 일시적으로 흉내 내는 모방과 지속적이고 무의식적인 수준에서 닮아가는 동일시를 구분한다. 동일시는 건강한 성격의 발달에 중요한 역할을 한다. 아이는 동일시를 통해 부모의 특성을 내면화한다. 이러한 점에서 동일시는 방어기제 이상의 기능을 한다.

Freud에 따르면 남근기의 남아는 어머니를 향한 성적 충동을 충족시키려고 하지만 경쟁자인 아버지에 대한 적대감과 공포심에서 비롯되는 거세불안(去勢不安, castration anxiety)으로 인해서 소위 '오이디푸스 콤플렉스(Oedipus complex)'를 겪는다. 결국 남아는 거세불안으로부터 자아를 방어하기 위해 어머니를 향한 성적 충동을 억압하는 동시에 아버지를 동일시함으로써 아버지에 대한 적대감과 공포심을 해소하고 애정을 획득한다. 동일시를 통해 아들은 아버지를 닮는다. 한편 아버지를 향한 성적 충동과 애정의 경쟁자인 어머니 사이에서 '엘렉트라 콤플렉스(Electra complex)'를 경험하는 여아는 그로부터 야기되는 불안에서 자아를 방어하기 위해 아버지를 향한 성적 충동을 억압하고 어머니를 동일시한다. 그 결과 여아는 어머니를 닮는다.

동일시는 분리의 외상과 사랑의 상실을 방어하기 위한 목적으로 사용되기도 한다. 아버지가 다른 지역에 근무하고 있을 경우 어머니와 동생을 돌보고 집안일을 하면서 아버지 역할을 하는 아이는 아버지를 동일시하고 있다.

③ 부인

부인(否認, denial)은 불안을 유발하는 사람, 사물, 사건의 존재를 무의식적으로 부정함으로써 불안을 해소하려는 과정이다. 그러므로 부인은 사실을 있는 그대로 인식하기를 거부하는 방어기제다. "화가 나지 않았다."고 말하는 사람이나 남편의 죽음을 인정하지 않는 아내는 부인을 하고 있다(실제 남편의 죽음을 인정하지 않고 시신을 무려 몇 년 동안 안방에 둔 사례가 있었음). 폐암 걱정을 하지 않고 담배를 즐겨 피우는 골초도 부인을 하고 있다. 그는 폐암에 걸릴 확률이 없다고 부인하거나, 담배가 폐암과 관련이 있다는 증거를 부인하거나, 오래살고 싶다는 욕구를 부인한다. 백일몽이나 환상도 부인의 일종이다. 백일몽은 현재 상황을 부인함으로써 현재의 불안을 줄이려는 전략이다.

④ 반동형성

반동형성(反動形成, reaction formation)이란 위협적인 충동을 의식 속에서 정반대의 말이나 행동으로 대치하는 전략이다. "미운 아이 떡 하나 더 준다."는 속담은 반동형성을 잘 나타낸다. 무의식에서 공격적 충동이 강한 사람이 폭력을 반대하거나 음주욕구가 강한 사람이 금주운동에 참여하는 것은 반동형성의 사례가 된다. 다른 사람에 대한 적대감을 애정으로 표출하는 것도 반동형성이다. 일반적으로 적대감이 클수록 애정표현이 강해진다. 극단적인 행동은 반동형성을 하고 있다는 방증이다. 고로 반동형성에서 기인한 사랑은 심하게 과장되어 있다.

⑤ 투사

투사(投射, projection)는 수용하기 어려운 자신의 충동, 사고, 감정을 다른 사람의 것으로 귀인하는(즉, 투사하는) 과정이다. "못난 목수 연장 나무란다."는 속담은 투사를 잘 나타낸다. 자기 내부에 증오심이 있는데도 다른 사람이 자기를 증오하고 있다고 생각하는 사람, 시험 실패의 원인을 시험문제나 담당교사에게 전가하는 학생, 다른 사람이 자기를 해치려 한다고 믿는 편집증 환자는 투사를 하고 있다. 다른 사람을 멍청하다고 끊임없이 질책하는 사람은 자신의 능력에 불안을 느껴 투사를 하고 있다. 사람이란 도대체 믿을 수 없다고 말하는 도둑도 투사를 하고 있다.

투사를 하는 것은 수용하기 어려운 충동, 사고, 감정을 자기 자신에게 귀인하면 불안이 유발되기 때문이다. 그런데 투사를 통해 자기가 싫어하는 자신의 특성을 다른 사람의 것으로 귀인하면 다른 사람을 대신 미워할 수 있으므로 불안을 해소할 수 있다. 그래서 사람들은 투사를 통해 수용할 수 없는 특성을 갖고 있는 자기 대신 다른 사람을 미워한다. 동시에 자기가 그 특성을 갖고 있다는 사실을 인정하지 않고서도 그 특성을 비난할 수 있다.

허위합의효과(false consensus effect)도 투사와 비슷하다. 허위합의효과는 대부분의 사람들이 자기와 비슷할 것이라고 생각하는 경향성을 말한다. 외향적인 사람이 다른 사람들도 외향적일 것이라고 생각하고, 양심적이고 성실한 사람이 다른 사람들도 양심적이고 성실할 것이라고 생각하는 것이 허위합의효과에 해당된다.

6 주지화

주지화(主知化, intellectualization)는 불안이나 위협을 주는 대상의 정서적인 영향을 받지 않으려고 그 대상을 무심하고 초연하게 대하는 과정이다. 즉, 주지화는 위협적인 대상에 정서적으로 관여하지 않고 담담하고 초연한 입장에서 대처하는 과정이다. 주지화 과정은 고립(isolation: 위협을 주는 두 생각을 기억 속에서 분리시키는 과정)과 유사하다.

주지화는 정서적으로 불쾌한 경험을 해야 하는 직종에 근무하는 사람들이 많이 사용한다. 사체를 시신으로 보지 않고 탐구대상으로 간주하여 담담하게 사인을 규명하는 검시관, 환자의 고통에 태연하게 반응하는 간호사, 돈을 돈으로 보지 않는 은행원은 주지화를 하고 있다. 돈을 돈으로 보는 은행원은 반드시 사고를 친다. 주지화를 통해 사람들은 정서적 고통을 경험하지 않고 초연하고 객관적인 입장을 견지할 수 있게 된다.

주지화는 과학이 추구하는 이상이기도 하다. 왜냐하면 어떤 대상에 정서적으로 깊이 관여되면 그 대상에 제대로 대처할 수 없기 때문이다. 수많은 제자들을 가르친 공자가 아들 백어(伯魚)를 직접 가르치지 않은 것도 주지화가 되지 않는다는 것을 알았기 때문이리라(역자 이교지, 易子而教之: 자식을 서로 바꾸어 가르친다는 의미이며 『맹자』의 '이루(離婁)' 상편에 수록된 맹자와 제자 공손추의 대화 내용 중 일부). 단, 주지화가 지나치면 긍정적인 정서를 경험하거나 타인과 애착할 수 있는 기회가 박탈되므로 대인관계가 단절된다. 이러한 부류의 사람들은 주위의 사람들로부터 지나치게 냉철하고 비정하다는 평을 듣는다.

7 치환(전위)

치환(置換, displacement)은 욕구를 충족시킬 수 있는 대상이 존재하지 않을 때 다른 대상으로 욕구를 충족시키는 과정이다. 다시 말하면 치환은 현실적인 제약으로 욕구를 충족시킬 수 없을 때 대안적인 대상으로 욕구를 충족시키는 과정이다. "종로에서 뺨 맞고 한강에서 화풀이한다."는 속담이나 "꿩 대신 닭"이라는 속담은 치환을 잘 나타낸다. 아버지의 꾸중을 들은 후 동생에게 화풀이하는 형이나 문을 쾅 소리가 나도록 세게 닫는 학생은 치환을 하고 있다. 어머니가 없을 때 어머니를 닮은 여성으로부터 욕구를 충족시키려는 남성도 치환을 하고 있다.

Freud에 따르면 욕구 자체는 변화되지 않지만 욕구를 충족시킬 수 있는 대상은 바뀔 수 있다. 부모를 향한 성적 충동을 다른 사람을 통해 충족시키는 경우 욕구충족의 원래 대상인 부모는 다른 사람으로 치환(대치)된다. 경우에 따라 치환은 도미노 효과를 나타낸다. 남편의 잔소리를 들은 아내는 아이에게 고함을 지르고, 아이는 강아지를 발로 차고, 강아지는 고양이를 괴롭힌다.

치환은 다른 사람이나 대상에 대해 부적절하거나 수용할 수 없는 감정(분노 혹은 성적 충동)을 갖고 있다는 사실을 인식하지 않도록 해 주는 무의식적인 수단이다. 그러므로 충동을 의식적으로 전환하는 것은 치환이 아니다. 부정적인 감정은 치환을 통해 만만한 사람이나 대상에게 전위된다.

치환은 문명의 발전 및 존속에 필수 역할을 한다. 치환은 위험하고 원시적인 충동을 안전한 채널로 전환시켜 조화로운 인간관계를 형성하는 데 도움을 준다. 사람들이 치환을 전혀 하지 않는다면 어떤 일이 벌어질까? 상상해 보기 바란다.

8 승화

승화(昇華, sublimation)는 성적 충동이나 공격적 충동을 사회적으로 용인되는 바람직한 형태나 방식으로 전환하는 치환의 일종이다. 성적 충동은 그림, 음악, 문학작품, 무용으로 승화되어 간접적으로 충족된다. 공격적 충동은 스포츠로 승화된다. 외과의사, 정육점 주인, 복싱선수도 부분적으로 공격적 충동이 승화된 것이라고 한다. 원시적인 성적 충동이나 공격적 충동을 바람직한 방식으로 표출하도록 하는 승화는 다른 사람들과 조화를 이루면서 공동생활을 할 수 있도록 해 주는 수단이다.

9 합리화

합리화(合理化, rationalization)는 수용할 수 없는 행동이나 결과를 자기기만적으로 정당화하는 전략이다. 즉, 합리화는 어떤 행동이나 결과를 수용할 수 없을 때 그럴 듯한 이유를 둘러대거나 변명을 통해 정당화하는 전략이다. 사람들은 자신의 표준과 일치하지 않는 동기에서 어떤 행동을 했다는 사실을 숨기거나 받아들이기 어려운 결과를 정당화하기 위해 합리화를 한다. 실격을 당한 후 최선을 다하지 않았다고 말하는 학생은 합리화를 하고 있다.

『이솝우화』의 '신포도(sour grape)'와 '달콤한 레몬(sweet lemon)'은 합리화를 잘 나타내 준다. 신포도형 합리화는 간절하게 원하는 것을 얻지 못했을 경우 처음부터 그것을 진정으로 원하지 않았다고 변명하는 소위 평가절하전략을 말한다. 끈질긴 구애에도 상대방이 미동도 하지 않자 마침내 포기하고 돌아서서 "나는 처음부터 그 여자(남자)가 마음에 들지 않았어."라고 말하는 사람은 신포도형 합리화를 하고 있다. 달콤한 레몬형 합리화는 원하지 않는 결과를 어쩔 수 없이 받아들여야 하는 것을 합리화하는 것이다. F학점을 받은 후 "다음 학기에 공부를 제대로 할 기회를 갖게 되었다."고 말하는 학생, "실패는 성공의 어머니"라고 말하는 사람, 교통사고로 다리가 부러진 후 "그만하면 천만다행이야."라고 말하는 사람은 달콤한 레몬형 합리화를 하고 있다(다행은 무슨 다행, 엄청난 불행이지.).

⑩ 고착

정상적인 발달은 발달단계들을 순서대로 통과하는 것이다. 그런데 상위단계로 이행할 때는 항상 어느 정도의 불안이나 좌절이 수반된다. 고착(固着, fixation)이란 상위단계로 이행할 때 경험하는 불안이나 좌절로 인해 정상적인 발달이 일시적 혹은 영구적으로 중단되는 현상을 말한다. 의존성이 높은 아이는 독립하는 것이 너무 불안한 나머지 고착이라는 방어기제를 사용한다. 고착은 퇴행과 긴밀하게 관련된다.

⑪ 퇴행

퇴행(退行, regression)이란 발달과정에서 경험하는 불안을 해소하기 위해 초기 발달단계로 후퇴하는 현상이다. 즉, 퇴행은 안정되고 즐거웠던 인생의 초기 단계로 되돌아감으로써 불안을 줄이려는 방법이다. 초등학교 입학 첫 날 극심한 학교공포를 경험한 아이가 오줌을 싸거나 손가락을 빠는 것은 퇴행이다. 성인에게 흔히 나타나는 퇴행의 형태는 화를 내는 것, 입을 삐죽이는 것, 토라지는 것, 말을 하지 않는 것 등이다. 부부싸움 후 안전한 친정으로 달려가는 신부는 퇴행을 하고 있다. 퇴행의 경로는 고착에 따라 결정된다. 즉, 고착을 했던 단계로 퇴행하는 경향이 있다.

⑫ 보상

보상(補償, compensation)은 약점이나 결함을 극복하거나 감추어 자아를 방어하려는 기제를 말한다. 사람들은 열등감이나 결함을 극복하기 위해 흔히 보상 기제를 사용한다. 외모에 대한 열등감을 극복하기 위해 공부를 열심히 하는 학생이나 지능이 낮다고 생각하고 운동에 전념하는 학생은 보상을 하고 있다. 보상을 유발하는 요인으로는 신체적 특성, 정신적 특성, 사회경제적 지위, 도덕적 관념(죄의식) 등 매우 다양하다.

2. 생활지도

1) 생활지도의 의의

생활지도(生活指導)는 학생들의 성장과 발달을 촉진하고 잠재력을 개발함으로써 독자적으로 문제를 해결할 수 있는 능력을 길러 주기 위한 교육활동이다. 생활지도를 뜻하는 영어단어 guidance는 '안내하다', '지도하다', '이끌어 주다' 라는 의미를 갖고 있다. 생활지도의 구체적인 목표는 다음과 같다(Humphreys & Traxler, 1954: 황응연, 윤희준, 1995에서 재인용).

- 자기 자신을 정확하게 이해하도록 한다.
- 자기 자신의 자질을 발견해서 최대한 발전시키도록 한다.
- 당면문제를 스스로 해결할 수 있도록 한다.
- 현명한 선택을 하고 적응하도록 한다.
- 성숙한 적응을 할 수 있는 토대를 마련하도록 한다.
- 신체적, 지적, 정서적, 사회적 측면에서 조화로운 삶을 영위하도록 한다.
- 사회에 나름대로 공헌하도록 한다.

한편 박성수(1986)는 생활지도의 구체적 목표를 다음과 같이 들고 있다.

- 통합적 존재로서 전인적 발달을 촉진한다.
- 개인의 다양한 경험을 의미 있게 통합시킨다.
- 환경에 적절하게 대응할 수 있는 인간적 특성을 개발한다.
- 자기 자신을 바르게 이해하고 자신의 여러 가지 인간적 특성을 현명하게 활용할 수 있도록 한다.

2) 생활지도의 원리

생활지도가 소기의 목적을 달성하자면 다음과 같은 원리에 근거하여 이루어져야 한다(이성진, 1996).

첫째, 생활지도는 문제학생을 대상으로 하는 것이 아니라, 모든 학생들을 대상으로 한다.

흔히 생활지도를 일부 문제학생을 대상으로 하는 활동으로 생각하는 경향이 있는데, 이것은 생활지도의 의미를 오해한 것이다. 생활지도는 학생들의 성장과 발달을 조력하기 위한 활동이므로 문제학생은 물론 신체적 혹은 정신적으로 건강한 학생도 대상이 된다.

둘째, 생활지도는 처벌보다 지도를 강조한다. 처벌은 바람직하지 않은 행동을 일시적으로 억압하는 효과가 있지만 부작용이 수반되므로 바람직한 방법이 아니다. 따라서 생활지도는 처벌보다 지도에 주안점을 두어야 한다.

셋째, 생활지도는 치료보다 예방에 중점을 둔다. 즉, 생활지도는 문제가 발생한 후 그에 대처하는 활동이 아니라, 문제가 발생하지 않도록 사전에 예방하는 활동이다.

넷째, 생활지도는 상식적 판단이 아니라 과학적이고 객관적인 기초 위에서 이루어져야 한다. 상식에 근거한 생활지도는 오류를 범할 소지가 있다. 따라서 생활지도는 과학적이고 객관적인 자료를 기초로 하여 계획적이고 조직적으로 이루어져야 한다.

다섯째, 생활지도는 학생들의 자율성과 책임을 강조한다. 그러므로 생활지도는 학생들이 당면하고 있는 문제를 해결해 주는 데 그치는 것이 아니라, 스스로 문제를 해결할 수 있는 능력을 기르는 데 주안점을 두어야 한다.

3) 생활지도 · 상담 · 심리치료

생활지도와 유사한 활동으로는 상담과 심리치료가 있다. 생활지도는 학생들의 성장과 발달을 촉진하기 위한 활동이고, 심리치료(心理治療, psychotherapy)는 정신장애를 치료하는 활동이다. 생활지도는 정상적인 학생들의 성장과 발달을 촉진하기 위하여 각종 정보와 조언을 제공하고 합리적인 의사결정을 내리는 데 도움을 준다. 반면 심리치료는 비교적 심각한 정신장애를 갖고 있는 사람을 대상으로 하며 진단과 치료를 강조한다. 상담(counseling)은 생활지도와 심리치료의 중간에 위치하는 활동이다. 상담은 심각한 적응문제를 나타내는 사람보다는 어느 정도 정상적인 사람을 대상으로 한다.

생활지도와 상담, 그리고 심리치료를 구분하는 데는 몇 가지 기준이 사용되는데, 가장 대표적인 기준은 문제의 성질이다. 정원식과 박성수(1978)는 문제를 (1) 단순 정보가 필요한 문제, (2) 기술적 정보가 필요한 문제, (3) 태도의 문제, (4) 심리적 갈등의 문제, (5) 정신질환으로 이루어지는 연속선 위에 배치한 다음 (1)과 (2)에 도움을 주는 것을 조언, (5)에 도움을 주는 것을 심리치료, (3)과 (4)에 도움을 주는 것을 상담이라고 했다. 이장호(1986)도 비슷한 방식으로 생활지도, 상담, 심리치료의 관계를 [그림 12-1]과 같이 구분했다.

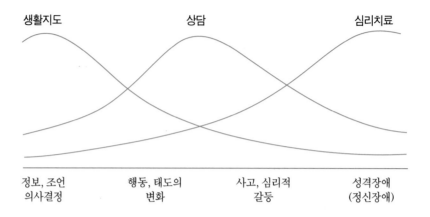

생활지도   상담   심리치료

정보, 조언   행동, 태도의   사고, 심리적   성격장애
의사결정   변화   갈등   (정신장애)

[그림 12-1] **생활지도, 상담, 심리치료의 비교(이장호, 1986: 8)**

4) 생활지도의 영역

직업지도에서 출발한 생활지도의 영역은 오늘날 상당히 확대되었다. 생활지도 영역은 문제의 성질에 따라 교육지도, 성격지도, 직업지도, 사회성지도, 건강지도, 여가지도로 구분된다. 여기서는 생활지도의 영역을 (1) 학생조사활동, (2) 정보제공활동, (3) 상담활동, (4) 정치활동, (5) 추수활동으로 나누어 살펴본다.

(1) 학생조사활동

학생조사활동은 학생들을 객관적으로 이해하는 데 필요한 각종 정보를 수집하는 활동이다. 학생조사활동에서는 가정환경을 비롯하여 학업성적, 지적 능력, 신체적 특성, 성격, 흥미, 적성, 교우관계, 장래 계획 등 학생에 관한 다양한 정보를 수집한다. 정보를 수집하기 위한 방법으로는 각종 표준화검사와 비표준화검사가 사용된다.

(2) 정보제공활동

정보제공활동은 학생, 교사, 학부모 등에게 필요한 정보를 제공하는 활동이다. 정보의 종류는 교육정보, 직업정보, 개인-사회적 정보로 구분된다. 교육정보는 진학정보, 교과과정, 교칙, 과외활동, 장학관련 규정 등에 관한 정보를 말한다. 직업정보는 직업의 종류, 직무, 취업요건, 근무조건, 보수, 진급 등에 관한 정보를 포함한다. 개인-사회적 정보는 자기 자신과 다른 사람을 이해하는 데 도움을 주는 정보로 이성교제, 여가활동, 금전관리, 건전한 생활에 관한 정보를 포함한다.

(3) 상담활동

상담활동은 생활지도의 핵심적인 활동으로 도움이 필요한 내담자와 전문적인 지식을 가진 상담자 사이의 인간관계를 통해 문제해결능력을 신장시키고 정신건강을 증진시키며 적응을 도와주기 위한 활동이다.

(4) 정치활동

정치활동(定置活動, placement service)은 학생들을 능력이나 흥미에 맞게 적재적소에 배치하는 활동이다. 정치활동은 학생들을 능력수준에 따라 배치하는 일, 진급 · 전학 · 진학 · 월반 조력, 수준에 맞는 교육과정이나 교과목 선택 조력, 과외활동 선택 조력, 아르바이트 선택 조력, 상급학교 선택 조력, 직업 선택 조력, 해외유학 안내 등으로 구분할 수 있다.

(5) 추수활동

추수활동(追隨活動, follow-up service)은 생활지도를 받은 학생들의 적응상태를 지속적으로 관찰하여 효과적으로 적응하도록 도와주는 활동이다. 추수활동은 생활지도가 끝난 후 내담자의 적응을 증진하기 위해 계속 지도하는 좁은 의미의 추수활동과 생활지도의 전체적인 성과를 체계적으로 계속 확인하는 넓은 의미의 추수활동으로 구분할 수 있다(김충기, 1990).

3. 상담

1) 상담의 의미와 목표

상담(相談, counseling)이란 내담자와 상담자 간의 수용적이고 구조화된 관계를 통해서 내담자의 성장과 발달을 촉진하는 심리적 조력의 과정이다. 내담자의 성장과 발달을 촉진하기 위한 상담의 구체적인 목표는 다음과 같다(박성수, 1986).

① 행동변화: 상담은 개인이 생산적이고 만족스러운 생활을 하는 데 방해가 되는 행동을 감소 내지 제거하고, 도움이 되는 행동을 형성 내지 증가시킨다.
② 인간관계 개선: 상담은 원만한 인간관계를 형성하도록 돕는다. 즉, 상담은 가정, 학교, 직장, 사회 등 다양한 장면에서 촉진적 인간관계를 형성하도록 조력한다.

③ 정신건강 증진: 상담은 단순히 부적응 행동을 치료하는 데 그치는 것이 아니라, 정신건강을 적극적으로 촉진하는 데 역점을 둔다. 정신적으로 건강한 사람은 성격이 통합되어 있고 잘 적응하며 인간관계가 원만하다. 정신건강을 증진한다는 것은 적극적이고 현실적이며 합리적인 성격을 형성한다는 것을 의미한다.

④ 문제의 해결: 상담은 내담자의 문제를 해결하는 데 목표를 둔다. 내담자가 상담을 필요로 하는 것은 도움이 필요한 문제를 갖고 있기 때문이다. 그런데 문제해결의 의미를 규정하는 것은 그리 간단한 일이 아니다. 보통 내담자가 문제라고 하는 것은 현실적으로 느끼는 심리적인 고통을 가리킨다. 그러므로 상담의 목표를 문제해결이라고 할 때 그것이 과연 무엇을 의미하는가를 명백히 해야 한다.

⑤ 개인적 효율성 향상: 상담의 또 다른 목표는 내담자의 사고, 행동, 의사결정의 효율성을 향상시키는 것이다. 효율적인 인간은 생산적으로 사고하고, 적응적인 인간관계를 형성하며, 다양한 문제상황에 효과적으로 대처할 수 있는 능력을 갖고, 문제를 정확하게 인지하고, 주어진 역할을 일관성 있게 수행하며, 자기 자신을 적절하게 통제할 수 있는 사람이다.

⑥ 의사결정 조력: 상담의 목표는 내담자가 합리적으로 중요한 의사결정을 내리도록 돕는 데 있다. 상담에서는 상담자가 의사결정을 내리는 것이 아니라 내담자가 의사결정을 내려야 한다는 것을 전제로 한다. 내담자는 왜 의사결정을 내려야 하며 어떻게 의사결정을 할 것인지를 분명히 알고 있어야 한다. 그러므로 상담에서는 의사결정을 내리는 데 필요한 정보를 수집 · 평가 · 선택하는 능력을 증진하고, 그에 관련된 태도를 함양하는 것을 강조한다. 상담은 또한 내담자가 현재 당면하고 있는 문제는 물론 미래에 직면하게 될 문제에 대해 합리적인 의사결정을 할 수 있도록 조력한다.

2) 상담이론

상담이론은 상담의 목표와 방법을 결정하는 기반이 된다. 여기에서는 상담이론을 (1) 정신분석상담, (2) 특성요인상담, (3) 인간중심상담, (4) 행동적 상담, (5) 합리적-정서적-행동적 치료(REBT), (6) 인지적 치료, (7) 현실상담(현실치료), (8) 교류분석, (9) 게슈탈트상담(형태상담)으로 나누어 기본견해, 상담목표, 상담방법을 간략하게 소개한다.

(1) 정신분석상담

Freud의 정신분석이론은 인간 행동이 어릴 때의 경험에 의해 좌우되며(결정론), 마음의 대부분은 무의식으로 이루어져 있다고 가정한다. 무의식은 자아에 위협이 되므로 철저하게 억압되어 있다. 사람들은 무의식의 위협으로부터 자아를 보호하기 위해 자동적으로 정신장벽을 구축하는데 이러한 장벽은 마음대로 제거할 수 없다. 위협적인 사고와 충동에서 기인하는 무의식적 갈등은 심리적인 문제나 신체적인 장애의 원인으로 작용한다. 심리적인 문제나 신체적인 장애를 치료하자면 무의식적 갈등을 인식, 통찰해야 한다.

따라서 정신분석상담의 목표는 무의식적 갈등을 통찰하여 성격을 재구조화하는 데 있다. 통찰(insight)이란 문제를 일으키는 무의식적 갈등을 의식하는 것을, 성격을 재구조화한다는 것은 원욕의 억압을 약화시켜 자아의 힘을 강화시킨다는 의미를 갖고 있다. 무의식적 갈등을 의식화시키면 심리적 에너지가 자아기능에 활용된다. 요컨대, 정신분석상담의 목표는 무의식적 갈등을 통찰(의식화)함으로써 적응적이고 문제해결적인 자아의 기능을 강화하는 데 있다.

정신분석상담에는 자유연상, 전이, 해석, 꿈의 분석 등의 기법이 사용된다. 자유연상(自由聯想, free association)은 내담자로 하여금 마음에 떠오르는 생각, 감정, 기억을 있는 그대로 이야기하도록 함으로써, 과거 경험을 회상하고 과거의 외상적(外傷的) 사건에 결합된 정서를 배출하도록 하는 방법이다. 전이(轉移, transference)는 내담자가 과거 중요 인물에 대해 느꼈던 감정을 상담자에 대해 표출하는 것을 말한다. 치료 시점에서 내담자는 상담자를 중요 인물의 대리인으로 간주하여 그에 대해 갖고 있던 감정을 표출한다. 해석(解釋, interpretation)은 상담자가 꿈, 자유연상, 전이 등의 의미를 내담자에게 설명하는 것을 말한다. 해석을 통해 내담자는 자신이 미처 몰랐던 무의식적 내용을 의식화하고 수용할 수 있게 된다. 훈습(燻習, working through)은 내담자가 통찰 후 새로운 행동패턴과 태도를 점진적으로 획득하는 과정을 가리킨다. 통찰이 깊어짐에 따라 내담자는 문제가 되는 행동이나 태도를 점진적으로 성숙한 행동방식으로 대치하게 되는데, 이것이 훈습이다. 꿈의 분석은 상담자가 내담자 꿈의 상징적이고 잠재적인 내용을 분석하여 내담자가 무의식을 통찰하도록 도움을 주는 방법이다. Freud는 꿈을 '무의식에 이르는 왕도'라고 했다.

(2) 특성요인상담

Williamson(1955)이 주창한 특성요인상담(特性要因相談, trait-factor counseling)은 원래 직업상담에서 출발한 것으로, 지시적 상담(指示的 相談, directive counseling), 상담자중심상담이라고 불리기도 한다. 특성요인상담의 핵심은 개인의 특성(능력, 흥미 등)과 직업 및 직무 요인을 짝짓는(matching) 것이다. 상식적으로 들리지만 특정 직업이 개인의 어떤 특성을 요구하는가를 정확하게 판단하기란 쉬운 일이 아니다. 개인의 특성과 직업적 특성을 적절하게 관련지으려면 적어도 두 가지 조건이 충족되어야 한다.

첫째, 직무분석(job analysis)을 통해 어떤 직업에서 어떤 일을 하는지 구체적으로 분석하고, 그것이 다른 직업과 어떤 점에서 다른지를 구분해야 한다. 중학교 수학교사의 직무를 분석한다면 그가 어떤 일을 하는지 그리고 그 직무가 다른 과목의 교사나 초등학교 수학교사의 직무와 어떻게 다른지 구체적으로 기술해야 한다.

둘째, 개인의 특성을 정확하게 측정해야 한다. 직업과 관련되는 개인 특성으로는 지능, 적성, 흥미, 동기, 가치, 태도, 성격 등을 들 수 있다. 그리고 개인의 특성과 직무 요인을 관련지을 수 있는 지식이 필요하다. 즉, 특정 직업에서 직무를 수행하는 데 개인의 어떤 특성이 필요한가에 관한 정보나 지식이 있어야 개인과 직업을 관련지을 수 있다.

특성요인상담의 관점에서 상담이란 내담자에게 정확하고 객관적인 정보를 제공하고, 합리적으로 문제를 해결할 수 있도록 가르치는 활동이다. 따라서 상담자는 내담자의 각종 특성을 정확하게 측정·평가한 다음, 그 자료에 근거해서 적절한 상담을 해야 한다. 이러한 목적을 달성하자면 각종 심리검사(지능검사, 적성검사, 성격검사, 흥미검사 등)를 실시·해석하고, 이 자료를 기초로 내담자가 적합한 진로나 직업을 선택하도록 해야 한다. 상담자는 상담 장면에서 개인의 특성을 진단하고 정보를 제공하며 문제를 분명히 하는 일을 적극적으로 수행해야 한다.

(3) 인간중심상담

인간중심상담(人間中心相談, human-centered counseling)은 Carl Rogers(1902~1987)의 상담 접근이다. Rogers는 당시 상담을 주도하던 정신분석상담과 지시적 상담의 대안으로 내담자가 상담과정을 주도하고 상담자는 비지시적 접근을 하는 비지시적 상담(非指示的 相談, nondirective counseling)을 제창했다. 이것은 후에 내담자의 성장가능성을 중시한다는 점에서 내담자중심상담으로 바뀌었다가 현재 인간중심상담이라고 불리고 있다.

인간중심상담은 내담자의 의식적 경험에 주안점을 두고, 내담자가 자신의 삶을 이해하고 자유의지에 따라 중요한 선택을 하며, 따라서 자신의 삶을 완전히 책임질 수 있는 존재로 간주한다. 인간중심상담에 따르면 자기실현의 통로가 차단되면 심리적 문제가 발생한다.

인간중심상담의 목표는 충분히 기능하는 인간(fully functioning person)이 되도록 조력하는 데 있다. 충분히 기능하는 인간은 잠재력을 인식하고 실현한 사람이다. 충분히 기능하는 인간의 주된 특징으로는 (1) 경험에 대한 개방성, (2) 실존적인 삶, (3) 자기 자신의 유기체에 대한 신뢰, (4) 자유감, (5) 창조성 등을 들 수 있다.

인간중심상담은 상담을 독특한 인간관계로 정의하고 상담자와 내담자 간의 따뜻하고, 서로 신뢰하며, 수용적인 인간관계를 상담의 핵심요소로 중시한다. 이러한 인간관계는 내담자가 부인 내지 왜곡하고 있는 경험을 의식하도록 하여 성장에 도움을 준다. 특히, 상담자가 내담자를 대할 때 무조건적 긍정적 존중, 진실성, 공감적 이해 등과 같은 태도를 보이면 내담자의 긍정적인 변화가 일어난다. 무조건적 긍정적 존중(無條件的 肯定的 尊重, unconditional positive regard)이란 내담자를 특정 행동과 관계없이 한 사람의 인간으로서 진심으로 인정하고 수용(受容, acceptance)하는 것을 말한다. 무조건적 긍정적 존중은 내담자의 모든 행동을 인정하는 것이 아니라, 아무 조건이 없이 내담자를 있는 그대로 수용한다는 것을 뜻한다. 진실성(眞實性, genuineness)은 상담자가 솔직한 감정을 표현하고, 마음속으로 느끼는 감정과 언행이 합치되는 것을 의미한다. 따라서 진실성이란 상담자가 내담자를 대할 때 일체의 가식, 왜곡, 겉치레가 없는 것을 말한다. 공감적 이해(共感的 理解, empathetic understanding)는 내담자의 내면세계를 내담자의 관점에서 감정이입적으로 이해하는 것, 즉 내담자가 갖고 있는 준거체계에 비추어 그의 감정을 이해하는 것을 말한다.

(4) 행동적 상담

행동적 상담(behavioral counseling)은 행동주의 심리학에 근거한 상담이론으로 학습의 원리와 법칙을 상담에 적용하여 행동을 수정하려는 접근이다. 행동적 상담은 행동의 원인보다는 행동 자체를 강조하고, 부적응행동도 정상적인 행동과 동일한 원리에 따라 학습되었으므로 학습원리를 이용하면 수정 내지 교정될 수 있다고 가정한다. 관찰할 수 있는 행동에 주안점을 두는 행동적 상담은 무의식이나 자기개념 혹은 인지과정과 같이 관찰이 불가능한 가설적인 개념에는 관심을 기울이지 않는다. 행동적 상담은 고전적 조건형성, 조작적 조건형성, 사회인지이론에 근원을 두고 발전하였다.

행동적 상담의 목표는 적응문제를 해결하기 위해 바람직한 행동을 증가시키거나 바람직하지 못한 행동을 바람직한 행동으로 변화시키는 데 있다. 이러한 목표를 달성하기 위해 행동적 상담은 학습원리를 응용한 다양한 방법을 활용한다.

고전적 조건형성 원리를 응용한 체계적 둔감법은 이완된 상태에서 불안을 유발하는 장면을 상상하도록 하여 불안을 감소시키기 위한 일종의 역조건형성이다. 강화방법은 조작적 조건형성의 원리를 응용하여 행동을 변화시키려는 방법이다. 모델링은 실제 모델이나 가상적인 모델의 행동을 관찰하여 행동을 변화시키려는 방법이다. 구체적인 내용은 제6장에서 설명한 바 있다.

(5) 합리적-정서적-행동적 치료

Albert Ellis(1973)가 제창한 합리적-정서적-행동적 치료(合理的-情緒的-行動的 治療, Rational Emotive Behavior Therapy, REBT)는 대부분의 정서적인 문제가 비합리적인 신념에서 기인한다고 전제한다. 이에 따르면 비합리적인 신념은 불안, 우울, 무가치감, 자기연민과 같은 부정적인 정서를 야기하고, 자기파괴적인 행동을 유도하며, 인간관계를 악화시킨다.

REBT의 목표는 비합리적인 신념을 합리적인 신념으로 바꾸는 데 있다. 합리적인 신념은 도움이 되는 신념이고, 비합리적 신념이란 도움이 되지 않는 신념이다. '항상 중요한 사람들의 사랑과 인정을 받아야 한다.' 는 신념은 매우 비합리적인 신념이다. 그 어떤 사람도 항상 중요한 사람들의 사랑과 인정을 받을 수는 없다. 이러한 신념을 갖고 있는 사람은 중요한 사람의 인정을 받지 못할 경우 극도의 불안을 경험한다. 또 항상 중요한 사람의 인정을 받을 수는 없으므로 자주 불안을 경험한다. REBT의 핵심은 이와 같은 비합리적인 사고와 신념을 합리적인 사고와 신념으로 바꾸면 정서적 문제가 해결되고, 인간관계가 회복된다는 것이다.

REBT의 절차는 [그림 12-2]와 같이 ABCDE로 나타낼 수 있다. 여기서 A는 선행사건(antecedents), B는 그 사건에 관한 신념(belief), C는 그 사건에 의해 유발된 정서적·행동적 결과(consequences), D는 비합리적인 신념에 대한 논박(dispute), E는 비합리적인 신념을 논박한 효과(effect)를 가리킨다.

REBT의 핵심은 두 가지로 요약할 수 있다. 첫째, 심리적 문제(C)는 선행사건(A)이 아니라 그 사건에 관한 신념(B)에서 기인한다. 둘째, 비합리적 신념(irB)을 적극 논박하여 합리적 신념(rB)으로 바꾸면 심리적 문제를 해결하는 효과(E)를 얻을 수 있다. 요컨대, REBT는 비합리적인 신념을 확인하고 그것을 논박함으로써 합리적인 신념을 형성하게 하고 그 결과 적절한 정서를 경험하고 행동하도록 하는 것이다.

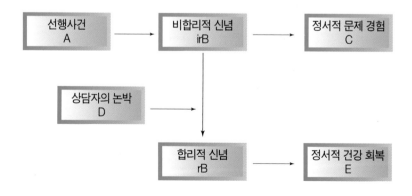

[그림 12-2] **REBT의 과정**

REBT에서 비합리적 신념을 합리적인 신념으로 변화시키기 위한 방법으로는 상담자가 내담자와 정반대의 입장에서 내담자의 신념을 부정, 비판하는 방법과 내담자로 하여금 비합리적인 신념과 반대되는 행동을 하도록 설득하는 방법이 사용된다.

(6) 인지적 치료

Beck이 개발한 인지적 치료(認知的 治療, cognitive therapy)는 자동적으로 일어나는 부정적인 사고를 중단 혹은 변화시켜 우울증을 비롯한 정서문제를 치료하기 위한 접근이다. 그는 우울증 환자들이 자기 자신(나는 형편 없는 사람이야. 나는 틀렸어.), 세상 전반(이 세상은 끔찍한 곳이야. 아무도 나를 좋아하지 않아.), 미래(잘될 리가 없어.)에 관해 부정적 사고의 삼위일체(인지적 왜곡)에 빠져 있다는 사실을 발견했다. 이러한 부정적 사고는 잘못된 정보처리나 그릇된 논리(긍정적 정보 무시, 부정적 사례에 근거한 과잉일반화)에 근거한다. Beck이 확인한 부정적 사고패턴은 다음과 같다.

① 과잉일반화(overgeneralization): 특수 사례에 근거해서 자기 자신에 관해 총체적인 판단을 내리는 사고를 말한다(예, 시험성적이 나쁠 때 '나는 실패했다.'고 생각한다.).
② 극단적 사고(polarized thinking): 정보를 2개의 유목(옳고 그름) 중 하나로 분류하는 사고를 말한다(예, 대부분의 사람들은 나를 싫어한다.).
③ 선택적 주의(selective attention): 사건의 부정적인 측면에 집착함으로써 긍정적인 측면을 간과하는 사고를 말한다.

부정적 사고는 자신 및 세계에 관한 견해를 왜곡시키고 자기존중을 약화시키는 한편 자기비하감이나 자기비판의식을 강화하여 각종 정서문제를 야기한다. 따라서 인지적 치료의 목표는 부정적인 사고를 중단 혹은 변화시키는 데 있다. 부정적 사고가 중단되거나 변화되면 우울증을 비롯한 정서적 문제가 해결된다.

부정적인 사고를 바꾸기 위한 치료방법으로는 (1) 부정적인 사고와 비합리적인 신념이 정서적 문제(불안, 우울증 등)에 어떤 영향을 주는지를 설명하고, (2) 사고와 신념을 모니터하며, (3) 부정적인 사고를 인식하고, (4) 부정적인 사고를 합리적인 사고로 대치하는 방법이 사용된다.

(7) 현실상담(현실치료)

William Glasser의 현실상담(現實相談, reality counseling) 혹은 현실치료는 통제이론에 근거

한 상담이론이다. 인간이 내부의 동기에 따라 행동한다고 주장하는 통제이론(統制理論, control theory)은 인간이 자신과 환경을 통제할 수 있고, 따라서 행동은 물론 자신에게 책임을 질 수 있는 존재라는 사실을 강조한다. 통제이론에 따르면 행복한 사람이란 자신의 삶에서 중요한 것을 스스로 선택하고, 그 선택에 책임을 지는 사람이다. 현실상담은 통제이론을 이해하면 누구나 운명의 주인이 되고 삶을 바꿀 수 있다고 주장한다.

현실상담은 인간의 모든 행동—그것이 합리적이든 비합리적이든 간에—은 결국 스스로 선택한 것이므로 선택의 책임도 전적으로 자신에게 있다는 사실을 강조한다. 그래서 이 이론을 선택이론(選擇理論, selection theory)이라고 한다. 인간은 매순간 선택한다. 선택하지 않는 것도 선택이고, 결정하지 않는 것도 선택이다. 공부하지 않고 인터넷을 하는 청소년은 공부 대신 인터넷을 선택한 것이고, 다른 사람을 미워하는 사람은 미움을 선택한 것이다. 심지어 불안이나 우울과 같은 부정적인 감정이나 정신병적 행동도 스스로 선택한 것이다. 선택이론에 따르면 행복이나 불행도 결국 자기 자신이 선택한다. 불행을 선택한다는 것을 납득하기 어렵지만 불행하게 만드는 행동을 선택한다는 것이다.

현실상담은 (1) 행동, (2) 책임, (3) 현재를 강조한다. 우선 현실상담은 내담자의 감정보다는 행동에 초점을 두고, 현재 행동이 요구 충족에 도움이 되는지 아니면 방해가 되는지 평가하도록 한다. 현실상담은 인간이 5개의 기본적인 요구(소속, 힘, 즐거움, 자유, 생존의 요구)를 충족시키기 위해 노력한다고 가정한다. 그런데 기본적 요구가 무엇인지 정확하게 알지 못하거나 요구가 제대로 충족되지 않으면 문제가 발생한다. 그러므로 현실상담은 내담자가 진정으로 원하는 요구를 파악하고, 그 요구를 효과적으로 충족시키도록 조력한다. 한편, 행동은 개인이 자신의 요구를 충족시키기 위해 스스로 선택한 것이므로 당연히 선택에 책임을 져야 한다. 또 현실상담은 모든 문제가 현재에 존재한다고 보고 과거를 거의 다루지 않는다. 과거는 바꿀 수 없으므로 과거를 안다고 해서 문제를 해결할 수 없기 때문이다.

현실상담의 목표는 내담자가 좋은 인간관계를 형성하고 기본적인 요구를 제대로 충족시킬 수 있는 방법을 찾도록 도와줌으로써 궁극적으로 자신의 삶을 효과적으로 선택하고 통제할 수 있도록 하는 데 있다. 현실상담의 구체적인 목표는 자율성 향상, 자기결정 촉진, 책임감 향상, 긍정적인 정체성 확립, 외부 환경 통제 등이다.

현실상담에서는 바람직한 방법으로 요구를 충족시키도록 하기 위해 3R, 즉 책임(responsibility), 현실(reality), 옳고 그름(right or wrong)을 강조한다. 이것은 요구를 책임감이 있고, 현실적이며, 옳은 방법으로 충족시켜야 함을 뜻한다. 현실상담의 방법은 WDEP(W: Want-요구 탐색, D: Doing-현재 행동, E: Evaluating-내담자의 자기 행동과 수행능력 평가, P: Planning-요구충족 계획수립)로 요약된다.

(8) 교류분석

교류분석(交流分析, transactional analysis, TA) 혹은 의사교류분석은 미국의 정신과 의사 Eric Berne(1910~1970)이 창안한 심리치료기법이다. 'transaction'이란 거래 혹은 흥정을 뜻하는 말인데 상담에서는 교류, 의사거래, 의사교류 등으로 번역하고 있다. 상담에서 교류는 사람 사이에 일어나는 사회적 상호교섭(의사소통)의 한 단위를 말한다. 그러므로 교류분석이란 의사소통을 이해하고 분석하는 방법을 일컫는다.

교류는 자극과 반응으로 구성된다. 예컨대, 아이가 "엄마, 내 휴대폰 어디 있지?"라고 할 때 엄마가 "자기 물건은 자기가 챙겨야지."라고 대답하는 것이 교류다.

두 사람 사이에서 일어나는 교류의 구체적인 형태는 두 사람의 자아상태에 따라 달라진다. 교류분석은 개인에게 세 가지 자아상태가 있다고 가정한다. 부모 자아(parent ego, P)는 부모나 성인의 말이나 행동을 무비판적으로 내면화한 상태로, 비판적 부모 자아와 양육적 부모 자아로 구성된다. 비판적 부모 자아는 금지·비판·처벌·통제하는 측면이고, 양육적 부모 자아는 보살피고 배려하고 보호하는 측면이다. 성인 자아(adult ego, A)는 합리적, 논리적, 객관적, 분석적 측면이다. 아동 자아(child ego, C)는 감정적이고 충동적인 측면으로 자유 아동 자아(자유롭게 감정이나 충동을 표현하는 측면), 아동 교수 자아(창의적이고 탐구적인 측면), 적응적 아동 자아(순응적이고 의존적이거나 반항적인 측면)로 구성된다. 부모 자아, 성인 자아, 아동 자아는 Freud의 이론에서 초자아, 자아, 원욕에 각각 대응되는 개념이다. 단, 정신분석은 무의식에 초점을 두고, 교류분석은 의식에 주안점을 둔다는 점에서 다르다. 교류분석은 두 사람 사이의 교류는 각자가 어느 자아상태에서 기능하느냐에 따라 달라진다고 보고 두 사람이 어떤 자아상태를 이용하여 대화를 하는가를 규명한다.

교류분석에 따르면 어릴 적 부모로부터 '하지 마라.', '애처럼 굴지 마라.', '태어나지 않았으면 좋았을 것'과 같은 부정적인 말을 들으며 자란 아이는 부정적인 메시지를 토대로 부모의 관심과 인정(stroke라고 함)을 받기 위해 잘못된 초기결정을 내리게 된다. 그러한 결정은 타인과 진실하지 못한 상호작용방식(game이라고 함)을 형성시켜 결국 인생각본(무의식적인 인생계획)으로 자리 잡게 된다. 부정적인 메시지가 누적되어 형성된 부적응적인 인생각본은 어느 한쪽 혹은 양쪽에 부정적인 영향을 미친다.

교류분석의 목표는 자율성을 성취하고 성인 자아를 확립하여 내담자가 현재 행동과 앞으로의 삶에 관해 새로운 결정을 내리도록 돕는 데 있다. 즉, 교류분석은 자신의 삶에서 자율성을 갖도록 하고, 성인 자아가 다른 기능과 혼합되지 않도록 하는 데 목표가 있다. 교류분석의 또 다른 목표는 부적절한 인생각본을 수정함으로써 내담자가 자율적인 인생각본에 따라 행동하고 게임에서 벗어나도록 하는 데 있다. 인생각본(life script)은 어릴 때의 결단에 의해 형성된 삶의 계획을 의미한다. 교류분석은 대인관계 패턴이 형성되고 반복되는 과정을 인생각본에 비추어 설명한다. 인생각본은 일단 형성되면 쉽게 바뀌지 않으며 오히려 그 각본을 정당화하는 방향으로 행동한다. 교류분석에 따르면 연극이 각본에 따라 진행되는 것처럼, 사람들은 무의식적으로 인생각본대로 살아간다. 그러므로 부적절한 인생각본을 발견해서 수정하는 것이 교류분석의 주요 목표가 된다. 이때 내담자가 각본을 수정하기 위한 노력을 재결단이라 한다. 재결단을 통해 인생각본을 수정하면 게임에서 벗어날 수 있다. 결국 교류분석은 내담자의 자각을 증대시켜 새로운 결정을 하고 인생각본을 바꾸도록 돕는다.

교류분석에서는 (1) 성인 자아의 기능을 강화하기 위한 계약, (2) 자아상태를 분석하는 자아구조분석, (3) 타인과 교류에서 내담자의 어떤 자아상태가 관여하고 어떤 형태의 교류를 하고 있는가를 분석하기 위한 교류분석, (4) 인생각본분석 등의 방법을 활용한다. 이러한 방법을 통해 부정적인 삶의 자세, 게임, 자아상태의 혼합과 배타 등을 확인할 수 있다.

(9) 게슈탈트상담(형태상담)

Fritz Perls(1893~1970)가 창안한 게슈탈트상담(Gestalt counseling) 혹은 형태상담은 (1) 개체를 전체적인 관점에서 통합적으로 이해하려고 하고, (2) 지금-여기(here and now)에 주안점을 두며, (3) 게슈탈트의 형성과 해소를 강조하고, (4) 내담자의 자각을 중시하는 상담이다. 형태심리학의 견해를 반영한 게슈탈트상담은 전체적인 관점에서 인간이란 구성요소들의 합보다 더 크다고 전제한다. 지금-여기에 주안점을 둔다는 것은 현재를 중시한다는 것을 의미한다. 게슈탈트상담에 따르면 과거는 지나가 버렸고, 미래는 아직 오지 않았으므로, 현재만 유일하게 존재한다. 게슈탈트상담에서는 과거의 문제상황을 현재로 가져와 마치 그것이 지금 일어나고 있는 것처럼 상황을 재연한다.

게슈탈트상담은 게슈탈트의 형성과 해소를 강조한다. 게슈탈트(Gestalt)는 '개체가 지각한 자신의 행동동기', 즉 자신의 요구나 감정을 의미 있는 행동동기로 조직화하여 지각한 것을 의미한다. 예를 들어, 노래를 부르고 싶은 것, 교사가 되려는 것, 물을 마시고 싶은 것이 게슈탈트다. 단, 모든 요구가 게슈탈트는 아니다. 게슈탈트는 자신이 처한 상황에서 요구나 감정을 실현가능한 동기로 지각한 것이다. 개체가 게슈탈트를 형성하는 것은 요구나 감정을 해소하기 위함이다. 게슈탈트상담에 따르면 인간이란 현상학적이고 실존적인 존재로 끊임없이 게슈탈트를 형성하면서 살아간다. 여기서 현상학적이란 개체의 지각에 주안점을 둔다는 것을, 실존적이란 개체가 자신의 요구를 선택하고 자신의 삶에 책임을 지는 존재라는 것을 뜻한다.

게슈탈트상담은 개체가 게슈탈트를 형성하여 지각하는 과정을 도형-배경 원리에 비추어 설명한다. 도형-배경 원리(figure-ground principle)는 지각장에서 사물을 지각할 때 자동적으로 도형(혹은 전경)과 배경을 구분하는 원리를 뜻한다(7장 참조). 갈등을 느끼는 것은 갈등이 도형으로 떠오르고 다른 모든 것은 배경으로 사라졌다는 것을 의미한다. 그러므로 게슈탈트를 형성한다는 것은 개체가 그 순간에 가장 중요한 요구나 감정을 도형으로 떠올린다는 말과 같다.

　게슈탈트상담에 따르면 분명하고 강력한 게슈탈트를 형성하는 것은 건강한 삶의 요건이다. 건강한 개체는 게슈탈트를 선명하게 형성하여 도형으로 떠올리지만, 건강하지 못한 개체는 도형과 배경을 명확하게 구분하지 못한다. 게슈탈트의 형성과 해소(혹은 도형과 배경의 교체)는 끊임없이 반복된다. 즉, 일단 도형으로 떠오른 게슈탈트를 해소하면 배경으로 사라진다. 건강한 개체에서 도형과 배경의 교체는 자연스럽게 일어난다. 공부를 하다가 배가 고프면 배고픔이 도형으로 떠오르고, 음식을 먹은 후 배고픔이 해소되면 공부가 도형으로 떠올라 공부에 집중한다. 그런데 완결되지 않았거나 해소되지 않은 게슈탈트는 배경으로 사라지지 않고 계속 도형으로 떠오른다. 애인과 다툰 학생은 그것이 미해결과제로 남아 있어 공부에 전념하기가 어렵다. 미해결과제는 도형과 배경의 자연스러운 교체를 방해하여 부적응을 유발하므로 게슈탈트상담은 미해결과제의 해결을 주요한 목표로 한다.

　미해결과제를 해결하려면 그것을 자각해야 한다. 자각(각성, 인식, 알아차림 등으로 부르기도 함)이란 자신이 생각하고 느끼고 감지하고 행동하는 것을 정확하게 인식하는 것을 말한다. 게슈탈트상담은 특정 상황에서 자신에게 일어난 것을 정확하게 자각하면 문제를 해결할 수 있다고 가정한다. 자각을 통해 개체는 자신이 거부했던 것을 직면·수용하고, 미해결과제를 해결함으로써 과거에 집착하지 않고 현재에 집중할 수 있다. 개체가 자기 내부 혹은 주위 환경에서 일어나는 일을 완전하게 자각하면 '자기조절'이 가능하다. 요컨대, 자각을 통해 변화가 일어난다.

　게슈탈트상담의 목표는 내담자가 자각을 통해 자신의 삶을 책임지는 존재가 되도록 하고, 감정·지각·사고·신체가 전체로서 통합된 기능을 발휘하도록 도와주는 데 있다. 또 게슈탈트상담은 개체가 게슈탈트를 완성하고, 불안을 삶의 일부분으로 수용하고 처리하도록 조력한다. 게슈탈트상담은 이러한 목표를 달성하기 위해 (1) 지금-여기, (2) 직접 경험, (3) 자각, (4) 선택과 책임을 강조한다.

　따뜻하고 수용적인 분위기를 중시하는 인간중심상담과 달리, 게슈탈트상담은 내담자가 내면의 감정을 인식하도록 도움을 주기 위해 지시적이고, 심지어 대립적인 접근을 한다. 따라서 매순간 지금-여기에서 내담자에게 감정을 표현하도록 요구하고, 과거 시점에서 이야기하거나 추상적이고 장황하게 표현하는 것을 허용하지 않는다. 게슈탈트상담의 몇 가지 방법은 다음과 같다.

① 대화(dialogue): 내담자가 내면의 갈등을 인식하도록 도움을 주기 위해 상반된 2개의 소
   망과 생각을 언어적으로 대립시키는 방법. 예를 들어, 한편에서는 모험을 하려는 입장
   에서 이야기하고 다른 한편에서는 모험을 하지 않으려는 입장에서 이야기하도록 하는
   방법
② 빈 의자 기법(the empty chair): 관계가 좋지 않았던 사람(부모, 상사, 배우자 등)이 빈 의
   자에 앉아 있다고 상상하고 그 사람에 대한 내면의 감정을 표현하도록 하는 방법
③ 내 탓이오(I take responsibility): 내담자가 자신에 관한 진술을 "내 탓이오."라는 말로 끝
   맺도록 하는 방법

① 적응은 환경과 조화로운 관계를 형성함으로써 요구를 충족시키는 것을 말한다. 따라서 부적응은 환
   경의 요구에 적절하게 대처하지 못하고 요구를 제대로 충족시키지 못하는 상태를 가리킨다.

② 대처전략은 스트레스나 좌절을 일으키는 상황을 변화시키기 위한 구체적인 전략을 말한다. 대처전략
   은 문제를 정의하고 가장 적절한 대안을 선택하여 실천하는 문제중심대처와 그 상황에서 야기되는
   정서적 고통을 줄이려는 정서중심대처로 구분된다.

③ 방어기제는 무의식적인 갈등과 불안을 해소하여 자아를 보호하기 위한 자기기만적인 전략이다. 방어
   기제는 (1) 억압(불안, 충동이 의식화되지 않도록 무의식으로 차단하는 과정), (2) 동일시(다른 사람의
   특성을 무의식적으로 내면화하는 과정), (3) 부인(위협이 존재한다는 사실을 무의식적으로 부정하는
   과정), (4) 반동형성(충동을 의식에서 정반대의 행동으로 표출하는 과정), (5) 투사(충동을 다른 사람
   의 것으로 귀인하는 과정), (6) 주지화(정서적 대상의 영향을 받지 않으려고 그 대상을 초연하게 대
   하는 과정), (7) 치환(다른 대상을 통해 욕구를 충족하는 과정), (8) 승화(충동을 사회적으로 바람직한
   방식으로 표현하는 과정), (9) 합리화(수용하기 어려운 행동이나 결과를 자기기만적으로 정당화하는
   전략), (10) 고착(좌절이나 불안이 심할 때 특정 단계에서 발달이 중단되는 현상), (11) 퇴행(불안을 해
   소하기 위해 인생의 초기 단계로 후퇴하는 현상), (12) 보상(결함이나 약점을 극복하거나 감추어 자아
   를 방어하려는 기제) 등이 있다.

④ 생활지도는 학생들의 성장과 발달을 촉진하고 잠재력을 개발함으로써 독자적으로 문제를 해결할 수
   있는 능력을 길러 주기 위한 교육활동이다. 이러한 생활지도는 (1) 모든 학생들을 대상으로 하고, (2)

처벌보다 지도를 강조하며, (3) 치료보다 예방에 중점을 두고, (4) 과학적이고 객관적인 기초 위에서 이루어지며, (5) 자율성과 책임성을 강조한다.

⑤ 생활지도의 영역은 (1) 학생조사활동(학생에 관한 각종 정보를 수집하는 활동), (2) 정보제공활동(학생, 교사, 부모에게 필요한 정보를 제공하는 활동), (3) 상담활동, (4) 정치활동(학생들을 능력이나 흥미에 맞게 배치하는 활동), (5) 추수활동(생활지도를 받은 학생들의 추후 적응상태를 관찰하여 더 효과적으로 적응하도록 도와주는 활동)으로 구분된다.

⑥ 상담이란 내담자의 성장과 발달을 촉진하기 위한 활동이다. 상담의 목표는 (1) 행동을 변화시키고, (2) 인간관계를 개선하며, (3) 정신건강을 증진하고, (4) 문제를 해결하며, (5) 개인적 효율성을 향상시키고, (6) 의사결정을 조력하는 데 있다.

⑦ 정신분석상담의 목표는 무의식적 갈등을 통찰하여 성격을 재구조화함으로써 적응적인 자아의 기능을 강화하는 데 있다. 주요한 상담기법으로는 자유연상, 해석, 전이, 훈습, 꿈의 분석 등이 사용된다.

⑧ 특성요인상담은 개인의 특성과 직업 및 직무 요인을 관련짓는 데 주안점을 둔다.

⑨ 인간중심상담의 목표는 충분히 기능하는 인간이 되도록 조력하는 데 있다. 인간중심상담은 무조건적 긍정적 존중, 진실성, 공감적 이해를 중시한다.

⑩ 행동적 상담은 행동주의 학습이론을 적용하여 바람직한 행동을 증가시키거나 바람직하지 못한 행동을 감소시키는 데 주안점을 둔다.

⑪ 합리적-정서적-행동적 치료(REBT)는 비합리적인 신념을 합리적인 신념으로 변화시키는 것을 목표로 한다. 인지적 치료도 자동적으로 일어나는 부정적인 사고를 중단 혹은 변화시키는 데 목표가 있다.

⑫ 현실상담은 통제이론에 근거하여 내담자들이 좋은 인간관계를 형성하고 기본적인 요구를 충족시키도록 도와줌으로써 궁극적으로 자신의 삶을 효과적으로 선택, 통제하도록 하는 데 목표가 있다.

⑬ 교류분석의 목표는 자율성을 성취하고 성인 자아를 확립하여 새로운 결정을 내리도록 도움을 주고, 부정적인 인생각본을 발견해서 수정하는 데 있다.

⑭ 게슈탈트상담(형태상담)은 내담자가 자각을 통해 자신의 삶에 대해 책임을 지고, 감정·지각·사고·신체가 통합된 전체로서 기능을 발휘하도록 도와주는 데 목표가 있다.

교육평가

1. 교육평가를 정의하고, 측정과 비교하시오.
2. 규준지향평가와 준거지향평가를 비교하시오.
3. 정치평가, 진단평가, 형성평가, 총괄평가를 비교하시오.
4. 평가의 양호도를 판단하기 위한 네 가지 질적 요건을 설명하시오.
5. 교육평가의 방법을 열거 · 설명하시오.
6. 성적을 표시하는 방법을 열거하시오.

교육이 이루어지는 곳에는 반드시 평가활동이 이루어지고 있으므로 '평가 없는 학교'는 존재할 수 없다. 학교현장에서는 다양한 형태의 평가활동이 수행되고 있다. 학생들을 대상으로 한 평가의 결과는 학업성취도를 판단하고, 학습동기를 유발하며, 수업효과를 판단하기 위한 정보를 제공하는 등 다양한 기능을 수행한다.

이 장에서는 (1) 교육평가의 성격, (2) 교육평가의 유형, (3) 평가의 질적 요건, (4) 평가방법, (5) 성적표시방법을 소개한다.

1. 교육평가의 성격

1) 교육평가의 의미

평가(評價, evaluation)라는 말의 사전적인 의미는 어떤 사물이나 사물의 속성에 관해 가치판단을 내리는 과정을 뜻한다. 교육에서 교육평가는 크게 두 가지의 의미, 즉 (1) 학생들의 성취도에 관해 질적인 판단을 내리는 과정과 (2) 프로그램, 성과, 과정, 프로젝트, 교육과정과 같은 교육현상의 가치, 질, 효과를 결정하는 과정이라는 의미로 사용되고 있다.

본질적으로 평가는 평가대상의 장점과 가치를 판단하는 과정이다. 가치판단은 평가의 핵심적인 특성으로, 평가를 측정이나 연구와 같은 활동과 구분해 준다. 측정(測定, measurement)이란 일정한 법칙에 따라 사람 혹은 대상의 특정 속성에 수치를 부여하는 과정을 말한다. 저울을 이용해서 몸무게를 재거나 자로 키를 재는 행위 또는 시험에서 몇 점을 받았는지를 계산하는 과정이 측정이다. 측정에는 가치판단이 배제되어 있거나 최소화되어 있다. 일반적으로 측정은 평가과정의 일부로 포함된다. 한편 연구(硏究, research)는 변수를 기술하거나 변수 간의 관계를 검증하여 일반화할 수 있는 지식을 산출하기 위한 활동이다. 연구는 가치중립적인 활동이므로 평가와 구분된다.

교육평가의 의미를 부연해서 설명하면 다음과 같다.

첫째, 교육평가의 대상은 학생(특히 성적)을 비롯하여 교사, 교육과정, 수업, 교육환경, 교육정책 등 교육에 관련된 모든 것을 망라한다. 그러므로 교육평가의 대상은 학생에 한정되지 않는다. 많은 사람들은 교육평가라고 하면 학생들을 대상으로 시험을 출제해서 채점한 후 성적을 판정하는 작업을 연상하며 학생들도 교육평가를 시험이나 성적과 동일시하는 경향이 높다. 시험을 출제하고 성적을 매기는 활동이 교육평가의 중요 부분을 차지하고 있음

| 표 13-1 | **교육평가의 영역**

학생평가	학생을 대상으로 하는 평가. 일반적으로 인지적 평가(지능, 적성, 성취도 등), 정의적 평가(성격, 태도, 흥미, 가치, 학습습관 등), 운동기능 평가(동작, 기능 등)로 구분된다.
교사평가	교사를 대상으로 하는 평가. 구체적으로 교사의 전문적인 능력, 수업방식, 교육성과, 태도와 가치관, 성격특성, 직무만족도, 신체 및 정신 건강 등 다양한 요인들을 구체적인 평가항목으로 고려할 수 있다.
교육과정평가	교육과정의 일부 혹은 전체의 가치를 판단하는 과정. 교육과정평가는 교육과정을 정의하는 방식에 따라 다르지만 좁은 의미로 볼 때 교수요목, 수업계획서, 교과서 등의 질을 판단하는 과정이다.
수업평가	수업을 평가대상으로 하는 평가활동. 수업을 개선하고 수업효과를 판단하기 위해 수행되는 수업평가는 수업계획, 수업방식 및 기술, 수업열정, 전문지식, 인간관계 기술, 평가방법, 수업의 효과 등을 평가항목으로 고려할 수 있다.
프로그램평가	프로그램을 대상으로 하는 평가. 일반적으로 프로그램 목표, 프로그램 내용, 프로그램의 실행과정, 프로그램의 성과 등이 평가항목으로 고려된다.
교육환경평가	가정환경, 학급환경, 학교환경, 사회환경을 대상으로 하는 평가활동을 뜻한다.

은 분명하나, 그것은 어디까지나 교육평가의 일부에 불과하다. 평가대상을 기준으로 교육평가의 몇 가지 영역을 소개하면 〈표 13-1〉과 같다.

둘째, 평가대상의 가치를 판단하기 위해 사용될 수 있는 자료의 종류와 자료를 수집하기 위한 방법은 매우 다양하다. 학업성취도를 평가할 경우 시험점수, 과제점수, 발표점수, 출석점수 등 다양한 자료를 활용할 수 있다. 또 학업성취도에 관한 자료를 수집하는 방법도 지필검사, 수행평가, 설문지 등 다양하다. 그러므로 평가를 할 때는 어떤 자료를 어떤 방법으로 수집할 것인가에 관한 체계적인 계획을 수립해야 한다.

셋째, 평가대상의 가치를 판단하자면 수집된 자료를 합리적으로 해석할 수 있는 기준을 설정한 다음 수집된 자료를 그 기준에 따라 해석해야 한다. 똑같은 자료라도 어떤 기준을 사용하는가에 따라 평가결과가 완전히 달라진다는 점에 유의해야 한다.

넷째, 평가의 진정한 목적은 평가대상에 관한 자료를 수집·분석·보고하는 데 있는 것이 아니라, 평가결과를 활용하여 교육활동을 개선하는 데 있다. 이는 평가 자체보다 평가결과를 활용하는 것이 더 중요하다는 것을 뜻한다. 그러므로 학생평가의 결과는 학생들의 성취도를 높이기 위한 용도로 활용하고, 수업평가의 결과는 수업의 내용과 방법을 개선하고 보완하기 위한 용도로 활용해야 한다.

2) 교육평가의 역할

　　교육평가의 역할은 형성적 역할과 총괄적 역할로 대별할 수 있다. 형성적 역할(形成的 役割, formative role)은 진행 중에 있는 교육활동이나 프로그램을 개선하거나 보완하기 위한 정보를 수집하여 제공하는 역할을 일컫는다. 이러한 역할을 하는 평가를 형성평가라고 한다. 총괄적 역할(總括的 役割, summative role)은 교육활동이나 프로그램이 종료된 후 그 효과, 질, 가치를 최종적으로 판단하는 역할을 말한다. 총괄적 역할을 하는 평가를 총괄평가라고 한다. 비유컨대, 식당의 요리사가 요리 중에 음식의 간이나 맛을 보는 행위는 형성적 역할에, 식당을 찾은 손님이 음식의 맛을 보는 행위는 총괄적 역할에 해당된다. 일반적으로 학생을 대상으로 하는 평가의 기능을 몇 가지 열거해 보면 다음과 같다.

　　첫째, 교육평가는 수업을 시작하기 전에 학생들의 출발점행동을 확인하여 적절한 수업목표를 설정하는 데 도움을 주고(정치적 기능), 수업이 진행 중일 때는 수업의 내용이나 방법을 개선할 수 있는 정보를 제공하며(형성적 기능), 수업이 끝났을 때는 수업목표가 달성된 정도를 확인하도록 해 준다(총괄적 기능).

　　둘째, 교육평가는 학생들에게 수업목표를 분명하게 전달함으로써 학습동기를 높이는 역할을 한다. 또 학생들의 학습방법이나 학습습관을 개선하는 데 도움을 주며, 강점과 약점에 관한 피드백을 제공한다.

　　셋째, 교육평가는 학생들에게 진로선택이나 직업결정에 필요한 정보를 제공한다.

　　넷째, 교육평가는 학생들을 선발 · 분류 · 배치하는 행정적 결정에 필요한 기초자료와 정보를 제공한다.

2. 교육평가의 유형

　　이 절에서는 학생들을 대상으로 일반적으로 실시되고 있는 평가유형으로 먼저 규준지향평가와 준거지향평가를 살펴본 다음 정치평가, 진단평가, 형성평가, 총괄평가를 소개한다.

1) 규준지향평가(상대평가)와 준거지향평가(절대평가)

　　원점수(原點數, raw score)는 해석되지 않은 점수이므로 특별한 의미가 없다. 원점수가 의미를 가지려면 적절한 기준에 비추어 해석해야 한다. 평가의 유형은 원점수를 해석하기 위한 기준의 성질에 따라 규준지향평가와 준거지향평가로 구분된다. 규준지향평가는 원점수를 상대적인 성질을 가진 기준에 비추어 해석하는 상대평가를, 준거지향평가는 원점수를 절대적인 기준에 비추어 해석하는 절대평가를 지칭한다. 규준지향평가와 준거지향평가를 간략하게 소개한다.

(1) 규준지향평가(상대평가)

규준지향평가(規準指向評價, norm-referenced evaluation)는 개인의 원점수를 규준집단(비교집단)에서의 상대적 위치(즉, 서열)에 비추어 해석하는 소위 상대평가를 뜻한다. 규준지향평가에서는 개인의 원점수를 다른 사람들의 점수에 비추어 상대적으로 해석하는데, 점수를 상대적으로 해석하기 위한 기준이 되는 잣대를 규준(規準, norm)이라 한다. 규준은 규준집단(비교집단)의 성질에 따라 달라지는 상대적인 성질을 지니고 있다. 그래서 규준에 비추어 원점수의 상대적 위치를 결정하는 평가를 상대평가라고 한다.

대학입학을 위한 수학능력시험은 규준지향평가(즉, 상대평가)로 실시되고 있다. 규준지향평가의 결과는 상대적 위치에 관한 정보를 제공한다. 가령, 수능시험의 1등급은 전체 응시자 중 상위 4% 이내에 속한다는 정보를 제공한다. 규준지향평가의 전형적인 특징인 동시에 문제점은 원점수가 같은 경우에도 어떤 집단에 속하는가에 따라 평가결과가 달라진다는 점이다.

(2) 준거지향평가(절대평가)

흔히 절대평가라고 부르는 준거지향평가(準據指向評價, criterion-referenced evaluation)는 구체적인 지식, 기능, 행동의 성취수준을 사정하기 위한 평가를 말한다. 여기서 준거(準據, criterion)는 검사가 측정하고자 하는 구체적인 행동, 기능, 지식을 가리킨다. 수업목표가 준거일 경우 준거지향평가는 수업목표를 달성한 정도를 평가하기 위한 목표지향평가(目標指向評價, objective-referenced evaluation)를 뜻한다. 학교의 성취도평가는 주로 수업목표의 달성도를 평가하기 위한 목적으로 실시되고 있으므로 목표지향평가에 해당된다.

준거지향평가의 결과는 수업목표를 달성한 정도, 즉 수업내용을 이해한 정도에 관한 직접적인 정보를 제공한다. 예를 들어, 절대평가에서 성적이 A라는 것은 수업목표를 90% 이상 달성했다는 정보를 제공한다.

(3) 규준지향평가와 준거지향평가의 비교

규준지향평가와 준거지향평가를 비교하면 다음과 같다.

| 표 13-2 | **규준지향평가와 준거지향평가의 비교**

규준지향평가	구분	준거지향평가
선발적 교육관(개인차 극복불가능관)	기본가정	발달적 교육관(개인차 극복가능관)
상대적 위치 변별	평가목적	수업목표 달성도 확인
서열이나 순위 결정	평가방법	수업목표 달성도 판단
선발, 분류, 배치: 입학시험, 심리검사	용도	확인, 교정, 개선: 자격고사
일반적이고 포괄적인 수준의 행동	측정내용	매우 구체화시킨 행동
신뢰도, 문항곤란도 중시	측정도구	타당도 중시

① 기본가정: 개인차가 클수록 평가에 도움이 되며 개인차를 극복할 수 없다고 전제하는 규준지향평가는 선발적 교육체제의 근간을 이루어 왔다. 반면 준거지향평가는 적절한 교육적 노력을 하면 누구라도 일정 수준 이상의 성취를 할 수 있으므로 개인차를 극복할 수 있다는 발달적 교육관을 전제한다.

② 평가목적: 규준지향평가는 상대적 위치를 변별하기 위한 목적으로 사용되고, 준거지향평가는 지식이나 기능의 성취수준을 확인하고 수업목표를 달성한 정도를 확인하기 위해 실시된다.

③ 평가방법: 규준지향평가는 학생들을 상대적으로 비교하여 서열이나 순위를 결정한다. 반면 준거지향평가는 수업목표를 달성한 정도를 판정한다. 규준지향평가와 준거지향평가는 각기 상이한 정보를 제공한다는 사실에 유의해야 한다. 예컨대, 규준지향평가에서 성적 A는 전체 학생 중 상위 10% 이내에 해당된다는 정보를 갖고 있고, 준거지향평가에서 성적 A는 수업목표 달성도(즉, 성취도)가 90% 이상이라는 정보를 갖고 있다. 학교에서 가장 전형적으로 사용하고 있는 규준지향평가와 준거지향평가의 성적판정 방식을 비교하면 〈표 13-3〉과 같다.

| 표 13-3 | **규준지향평가와 준거지향평가**

성적	규준지향평가	준거지향평가
A	상위 10% 이내	성취도(점수) 90% 이상
B	상위 10~30% 이내	성취도(점수) 80~90% 미만
C	중위 40%	성취도(점수) 70~80% 미만
D	하위 10~30%	성취도(점수) 60~70% 미만
E		성취도(점수) 40~60% 미만
F	하위 10% 이내	성취도(점수) 40% 미만

④ 측정대상의 성질: 규준지향평가는 주로 포괄적이고 일반적인 기능을 측정하는 데 주안점을 두고, 준거지향평가는 매우 구체적인 행동을 측정하는 데 초점을 둔다.

⑤ 용도: 규준지향평가는 주로 선발, 분류, 배치 등의 용도로 사용되고, 준거지향평가는 구체적인 영역에서의 성취도를 확인하고 목표를 제대로 달성해 가지 못할 경우 교정하고 개선하기 위한 용도로 사용된다.

⑥ 측정도구의 특성: 규준지향평가는 평가하려는 특성이 비교적 안정된 성질을 지니고 있다고 보고 신뢰도를 강조하고, 개인차 변별이라는 목적을 달성하기 위해 곤란도가 중간 정도인 문항을 선호한다. 반면 준거지향평가는 목표도달도를 평가하려고 하므로 타당도를 중시하고, 문항의 곤란도 수준에는 개의치 않는다.

규준지향평가와 준거지향평가는 평가목적과 용도가 다르므로 적용상황도 다르다. 이는 두 유형의 평가가 상호배타적인 것이 아니라 상호보완적인 관계에 있다는 뜻한다. 규준지향평가는 학생들을 분류·선발해야 할 상황에서 적절하다. 다수의 지원자 중에서 한정된 인원을 선발해야 할 대학입시나 능력별 집단을 편성하고자 할 경우에는 규준지향평가를 해야 한다. 반면 준거지향평가는 수업목표 달성도를 확인하거나 수업효과를 판단하고자 할 경우 적절하다. 의사자격시험이나 운전면허시험과 같이 일정한 성취기준을 달성해야 할 경우에도 준거지향평가가 적절하다.

2) 정치평가 · 진단평가 · 형성평가 · 총괄평가

평가의 시점 혹은 평가의 기능을 기준으로 할 때 평가형태는 정치평가, 진단평가, 형성평가, 총괄평가로 구분될 수 있다.

(1) 정치평가

정치평가(定置評價, placement evaluation)는 학생들의 출발점행동(선행지식, 지능, 적성 등)을 확인한 다음 그에 적절한 수업을 하기 위해 수업 전에 실시되는 평가를 말한다. 학교에서 수준별 학급을 편성하기 위해 실시되는 평가가 정치평가에 해당된다. 정치평가는 흔히 배치고사라는 명칭으로 불리고 있다.

수업을 하기 전 학생들의 개인차는 상상 이상으로 크다. 가령, 수업 전 학생들의 선행지식 수준은 상당한 차이가 있다. 이러한 학생들의 개인차를 고려하지 않고 모든 학생들에게 똑같은 방법으로 수업을 하면 수업이 제대로 효과를 나타내기 어렵다. 학생들의 개인차를 고려하지 않은 획일적인 수업은 환자의 증상을 고려하지 않고 모든 환자들에게 똑같은 약을 처방하는 것과 다를 바 없다.

수업의 효과를 극대화하려면 학생들의 개인차에 적합한 수업을 해야 한다. 정치평가의 기능은 (1) 수업목표를 달성하는 데 필요한 선수기능의 습득 여부를 확인하고, (2) 수업을 받기 전에 수업목표를 이미 달성했는가를 확인하며, (3) 여러 가지 특성(선행지식, 지능, 적성, 흥미, 동기 등)에 비추어 학생들을 분류하는 데 있다.

(2) 진단평가

진단평가(診斷評價, diagnostic evaluation)는 학생들이 특별한 이유가 없는데도 계속적인 학습실패를 할 때 실패의 원인을 규명하기 위해 수업 중에 실시되는 평가를 말한다. 단, 국내 문헌에서는 대부분 넓은 의미에서 진단평가를 앞에서 소개한 정치평가를 포함하는 의미로 사용하고 있다.

수업 중에 실시되는 진단평가는 수업내용이나 수업방법을 개선하기 위해 수업 중에 실시 되는 형성평가와 유사한 것처럼 보인다. 그런데 진단평가는 수업방법이나 자료의 개선으로 는 교정되지 않는 심각한 학습결함, 환경문제, 신체적 문제, 정서적 문제 등을 확인하기 위 한 평가라는 점에서 형성평가와 구분된다.

(3) 형성평가

형성평가(形成評價, formative evaluation)는 학생들이 수업내용을 제대로 이해하고 있는가 에 관한 피드백을 제공하여 학습을 극대화하기 위해 수업 중에 실시되는 평가를 말한다. 수 업방법이나 자료의 문제점을 확인하여 수업을 개선하는 것도 형성평가의 주요 목적이다.

형성평가의 기능은 구체적으로 (1) 학습속도를 개별화하고, (2) 학습동기를 높이며, (3) 학습곤란을 진단해서 교정하고, (4) 수업방법을 개선하여 궁극적으로 학습효과를 극대화하 는 데 있다. 학교에서 형성평가는 5분 고사, 퀴즈, 쪽지시험과 같은 이름으로 불리고 있다.

형성평가는 수업목표를 제대로 달성해 가고 있는가를 수시로 점검하는 활동이므로 반드 시 준거지향평가로 실시되어야 한다. 형성평가가 의도한 기능을 제대로 하려면 가급적이면 자주 실시되는 것이 바람직하고, 평가결과를 즉시 피드백해 주어야 하며, 평가결과를 최종 성적에 반영하지 않는 것이 좋다.

(4) 총괄평가

총괄평가(總括評價, summative evaluation)는 일정 기간의 교육활동이 종료된 후 학생들의 성취도를 판정하고, 교육효과를 판단하기 위한 평가를 말한다. 일정 기간의 수업이 끝난 후 학업성취도를 판정하기 위해 실시되는 학기말시험이나 학년말시험이 총괄평가의 대표적인 사례라고 할 수 있다.

총괄평가는 매우 중요한 기능을 한다. 구체적으로 총괄평가는 (1) 성적을 판정하고, (2) 자격이나 면허를 부여하며, (3) 장래 성취도를 예측할 수 있는 근거를 제공하고, (4) 집단 간의 성취도를 상호비교할 수 있는 토대를 제공하며, (5) 교육효과를 판정할 수 있는 정보를 제공한다.

총괄평가는 장기간에 걸친 학업성취도와 교육효과를 총체적으로 판단한다는 점에서 매우 중요하다. 나아가 총괄평가의 결과는 입학시험이나 자격시험과 같이 개인에게 큰 영향을 미치는 의사결정에 중요한 정보를 제공한다. 그러므로 총괄평가의 용도로 사용되는 시험은 출제와 관리에 각별히 유의해야 한다. 총괄평가는 규준지향평가로 실시될 수도 있고, 준거지향평가로 실시될 수도 있다.

정치평가, 진단평가, 형성평가, 총괄평가의 특징을 비교하면 〈표 13-4〉와 같다.

| 표 13-4 | 정치평가 · 진단평가 · 형성평가 · 총괄평가의 비교

구분	정치평가	진단평가	형성평가	총괄평가
평가기능	수업의 출발점 결정, 집단배치, 수업계획	지속적인 학습장애의 원인 확인 및 교정	교수-학습을 촉진하고 개선하기 위한 피드백 제공	성적 판정, 자격부여, 수업효과 판정, 집단 비교
평가시점	수업 전	수업 중 필요시	수업 중	수업 후
측정내용	선수기능, 수업목표 도달도	학습장애와 관련된 행동표본	목표를 달성하고 있는지의 여부	수업목표의 표본
문항수준	쉬움	쉬움	목표에 따라 다름	다양한 수준

3. 평가의 질적 요건

좋은 자동차가 안전성, 경제성, 편의성, 내구성, 스타일과 같은 요건을 충족시켜야 하는 것처럼, 평가도 여러 가지 질적 요건을 충족시켜야 유용한 정보를 제공할 수 있다. 평가의 양호도(良好度)를 판단하기 위한 질적 요건으로는 (1) 타당도, (2) 신뢰도, (3) 객관도, (4) 실용도를 들 수 있다.

1) 타당도

타당도(妥當度, validity)는 평가하려고 의도한 특성을 충실하게 재는 정도를 뜻한다. 정확하게 말하면 타당도는 검사점수에 근거하여 내린 해석 및 추론의 정확성을 뜻한다. 지능검사가 '지능'을 충실하게 재고 있다면 타당도가 높다고 할 수 있다. 이 경우에는 지능검사의 점수가 높을 때 지능이 높다고 해석해도 무리가 없다. 반면에 지능검사가 '지능'이 아니라 '어휘력'을 잰다면 타당도가 낮다. 왜냐하면 이 경우 지능검사의 점수는 어휘력을 재고 있으므로 지능검사 점수가 낮다고 해서 지능이 낮다고 할 수 없기 때문이다.

타당도가 낮으면 평가는 아무 쓸모가 없다. 타당도가 낮으면 잘못된 해석이나 추론을 할 소지가 높기 때문이다. 지능검사가 '지능'이 아니라 '어휘력'을 잴 경우 점수가 높으면 실제로는 어휘력이 높은 데도 지능이 높다고 해석하는 오류를 범하게 된다. 결국 평가의 타당도가 낮으면 그에 근거한 의사결정(선발, 분류, 합격-불합격 판정 등)은 부정확할 뿐만 아니라 당사자에게 심각한 영향을 미치게 된다. 이러한 오류를 범하지 않으려면 평가는 타당도가 높아야 한다.

타당도는 증거에 비추어 판단되는데, 타당도를 판단하기 위해 사용되는 증거의 종류는 다음과 같다.

① 내용타당도(content validity): 검사문항들이 측정하려는 전체 영역을 대표하는 정도를 뜻한다. 대표성이 낮으면 검사점수를 해석하고 추론할 때 오류를 범할 확률이 높다.

② 준거타당도(criterion validity): 검사점수(X)가 외적 변수(Y)와 관련된 정도를 뜻한다(준거는 검사점수와 관련된 변수 혹은 검사점수로 예언하고자 하는 외적 변수를 가리킨다.). 준거타당도는 준거를 측정하는 시점에 따라 공인타당도와 예언타당도로 구분된다. 공인타당도(concurrent validity)는 검사점수가 동시에 측정된 준거와 관련된 정도를, 예언타당도(predictive validity)는 검사점수가 미래에 존재하는 준거를 예언하는 정도를 가리킨다.

③ 구인타당도(construct validity): 검사가 측정하고자 하는 심리적 특성(즉, 구인)을 제대로 측정하고 있는 정도를 뜻한다.

④ 영향타당도(결과타당도, consequential validity): 검사의 의도적 영향과 의도하지 않은 영향, 긍정적 영향과 부정적 영향에 대한 증거를 가리킨다.

⑤ 안면타당도(face validity): 검사가 측정하려고 의도한 특성을 측정하는 것처럼 보이는 정도를 말한다.

2) 신뢰도

신뢰도(信賴度, reliability)는 검사점수(측정결과)들이 일관성과 안정성이 있는 정도를 뜻한다. 바꾸어 말하면 신뢰도는 검사점수에 어느 정도 변동성이 있는가를 뜻한다. 그러므로 검사점수들의 일관성이 높고 변동성이 낮으면 신뢰도가 높다고 할 수 있다. 저울로 몸무게를 쟀을 때 처음에는 60kg이었으나 두 번째 쟀을 때 40kg이었다면 일관성이 낮으므로 신뢰도가 낮다고 할 수 있다. 반면에 두 번 모두 60kg으로 나타났거나 40kg으로 나타났다면 일관성이 높으므로 신뢰도가 높다고 할 수 있다.

검사점수가 시간이나 장소에 따라서 크게 달라진다면 그 점수는 아무 쓸모가 없다. 바꾸어 말하자면 검사점수가 시간이나 장소에 관계없이 상당한 정도의 일관성이 있어야 쓸모가 있다는 말이다. 신뢰도를 구하는 몇 가지 방법을 간단히 소개한다.

① 검사-재검사 신뢰도(test-retest reliability): 검사를 같은 집단에 2회 실시하여 얻은 점수들이 일관성이 있는 정도를 가리킨다. 안정성 계수라고도 한다.

② 동형검사 신뢰도(equivalent-form reliability): 두 가지 동형검사를 같은 집단에 거의 동시에 실시하여 얻은 점수들이 일관성이 있는 정도를 말하며, 동형성 계수라고도 한다.

③ 반분신뢰도(split-half reliability): 검사를 한 집단에 1회 실시한 다음 검사문항들을 두 부분으로 나누었을 때 두 부분의 점수들이 일관성이 있는 정도를 뜻한다.

④ 문항내적 합치도(문항내적 일관성, inter-item consistency): 검사에 포함된 문항들에 대한 반응(정답 혹은 오답)이 일관성이 있는 정도를 뜻한다. 흔히 Cronbach의 α 계수로 표시된다.

⑤ 채점자 신뢰도(scorer reliability): 여러 채점자들이 부여한 점수들이 일치하는 정도를 말한다.

3) 객관도

객관도(客觀度, objectivity)란 채점의 일관성을 가리키는 개념이다. 즉, 객관도는 여러 채점자들이 서로 일치된 판단을 내리는 정도라고 할 수 있다. 그러므로 두 사람의 채점자들이 같은 점수를 준다면 객관도가 높지만, 한 사람은 80점을 주고 다른 한 사람은 30점을 준다면 객관도가 낮다고 할 수 있다. 객관도는 검사자 신뢰도(tester's reliability)라고 부르기도 한다.

4) 실용도

타당도, 신뢰도, 객관도가 모두 높더라도 실시하고 채점하며 해석하는 데 시간, 노력, 비용이 많이 소요된다면 좋은 평가라고 할 수 없다. 좋은 평가는 앞에서 살펴본 타당도, 신뢰도, 객관도와 같은 이론적인 요건은 물론 현실적인 요건을 충족시켜야 한다. 평가가 갖추어야 할 현실적인 요건으로는 (1) 검사를 쉽게 실시할 수 있어야 하고, (2) 채점이 용이해야 하며, (3) 검사결과를 쉽게 해석할 수 있어야 하고, (4) 검사를 실시 · 채점 · 해석하는 데 비용, 시간, 노력이 적게 소요되어야 한다. 평가가 갖추어야 할 이러한 요건들을 총칭해서 실용도 (實用度, usability)라고 한다.

4. 평가방법

교육장면에서 활용되고 있는 평가방법은 실로 다양하다. 평가방법은 용도가 다를 뿐만 아니라 각기 장단점을 갖고 있으므로 평가하려는 특성이나 평가목적에 비추어 가장 적합한 방법을 선택 · 활용해야 한다. 이 절에서는 평가방법을 (1) 지필검사, (2) 수행평가, (3) 설문지, (4) 검사, (5) 투사법, (6) 사회성측정으로 나누어 간단하게 소개한다.

1) 지필검사

지필검사(紙筆檢査, paper & pencil test)는 학교에서 성취도를 평가하기 위해 가장 일반적으로 사용되고 있는 방법이다. 지필검사는 흔히 필답고사 또는 필기시험이라 한다. 지필검사의 문항형식은 반응형식을 기준으로 선택형과 서답형으로 분류된다.

선택형 문항(選擇型, selection-type item)은 여러 개의 선택지 중에서 조건에 맞는 선택지를 고르도록 하는 형식이다. 진위형, 선다형, 결합형이 선택형 문항에 속한다.

① 진위형(true-false item): 진술문의 진위, 정오 또는 긍정–부정에 대한 이분적인 판단(정오 혹은 진위)을 요구하는 형식이다.

② 선다형(multiple-choice item): 여러 개의 선택지 중 조건에 맞는 선택지를 고르도록 하는 형식이다. 사지선다형과 오지선다형이 가장 널리 사용되고 있다.

③ 결합형(matching item): 자극군과 반응군에서 조건에 맞는 항목끼리 서로 연결하도록

하는 형식이다.

선택형 문항은 객관적이고 신속한 채점이 가능하고, 출제범위에서 문항들을 골고루 출제할 수 있다는 장점이 있다. 그러나 단편적인 사실에 관한 기계적인 기억을 측정하는 문항이 출제될 소지가 높고, 정답을 모르면서도 추측으로 답을 할 수 있다는 단점이 있다.

서답형 문항(書答型, supply-type item)은 답을 스스로 생각해서 쓰도록 하는 형식이다. 완성형, 단답형, 논문형이 서답형 문항에 속한다.

① 단답형(short answer item): 문제를 의문문이나 명령문으로 제시한 다음 단어, 숫자, 기호 등으로 답하게 하는 형식이다.
② 완성형(completion item): 문장의 일부를 비워 놓고 빈자리에 단어, 구, 숫자, 기호 등을 써 넣어 불완전문장을 완성하도록 하는 형식이다.
③ 논문형(essay item): 문제에 관해 짧게는 몇 문장에서 길게는 여러 페이지에 걸쳐 논술식으로 답을 쓰도록 하는 형식이다.

서답형 문항은 고차적인 학습성과를 측정할 수 있고 추측으로 정답을 찾을 확률을 최소화할 수 있다는 장점이 있으나, 채점이 어렵고 객관도가 낮다는 단점이 있다.

2) 수행평가

수행평가(遂行評價, performance assessment)는 실제로 행동을 하는 과정이나 행동의 결과를 관찰해서 판단하는 평가를 말한다. 그러므로 수행평가는 작품을 만들거나 어떤 활동을 통해서 능력과 기능을 직접 입증하도록 하는 평가방식이다. 수행평가의 주요한 특징은 다음과 같다.

• 수업과 평가를 유기적으로 통합하여 유의미학습을 촉진한다. 전통적인 평가에서는 수업과 평가가 단절되어 있다.
• 자유반응형 과제(open-ended task)를 사용하여 반응을 구성하거나 활동을 수행하도록 요구한다.
• 종합력, 추리력, 문제해결능력, 메타인지능력과 같은 고차적인 정신능력을 측정하는 데 주안점을 둔다.

- 학습의 성과는 물론 학습의 과정도 평가한다. 또 개인에 관한 평가는 물론 집단에 관한 평가도 중시한다.
- 평가과제를 수행하는 데 상당한 정도의 시간(몇 시간에서 몇 개월)을 허용한다.
- 교육목표의 달성도를 실제 상황에서 확인한다.
- 학생들에게 평가기준을 개발하고 평가과제를 선택할 수 있는 자율성을 부여한다.
- 채점은 평가자의 관찰과 판단을 통해 이루어진다. 따라서 채점에 평가자의 주관이 작용할 소지가 높다.

수행평가의 구체적인 방법으로 관찰과 면접에 관해 간단히 살펴본다.

(1) 관찰

관찰(觀察, observation)은 평가자가 행동이나 작품 등을 직접 보고 평가하는 방법이다. 관찰법은 지필검사로 측정할 수 없는 특성을 평가할 수 있다는 장점이 있다. 관찰은 심동적(心動的) 특성을 평가하는 방법으로 유용하다. 동작이나 기능은 지필검사로 평가할 수 없으므로 관찰로 평가해야 한다.

반면 관찰은 시간과 노력이 많이 소요되고, 평가자의 주관이 개입되어 관찰결과가 왜곡될 수 있으며, 피관찰자가 평가받고 있다는 사실을 의식할 때 반응을 숨기거나 왜곡할 소지가 있다는 단점이 있다.

관찰의 형태는 다양하므로 관찰을 하려면 적절한 관찰형태를 선택해야 한다. 관찰결과를 기록하는 도구로는 체크리스트와 평정척도가 흔히 사용된다. 체크리스트(check-list)는 관찰하려는 행동 또는 작품의 특성들을 열거한 목록을 보고 특정 행동이나 특성의 출현 여부 혹은 유무(有無)를 표시하는 방법이다. 평정척도(rating scale)는 관찰하려고 하는 동작 또는 특성의 정도와 수준을 평가할 수 있는 방법이다.

(2) 면접

면접(面接, interview)은 면접자와 피면접자의 대화를 통해서 자료를 수집하는 방법이다. 면접은 심층적이고 다양한 정보를 수집할 수 있고, 연령이 낮거나 언어능력이 낮은 사람에게 사용하기 적합하며, 개인적으로 민감한 문제에 관한 정보를 수집할 수 있다는 장점이 있다. 그러나 면접에 시간과 노력이 많이 소요되고, 면접자가 피면접자에게 영향을 미칠 수 있으며, 면접결과의 신뢰도가 전반적으로 낮다는 단점이 있다. 면접의 형태는 다양하므로 목적과 용도에 맞는 형태의 면접을 사용해야 한다.

3) 설문지

설문지(設問紙, questionnaire)는 응답자로 하여금 일련의 질문에 대한 응답을 표시 또는 기술하도록 하는 방법이다. 설문지는 비교적 짧은 시간에 많은 사람들에게 실시할 수 있고, 응답결과를 신속하게 처리할 수 있으므로 널리 사용되고 있다. 설문지를 사용하려면 응답자가 질문을 이해할 수 있는 언어능력을 갖추고 있고, 질문에 답하는 데 필요한 정보를 갖고 있으며, 솔직하고 성실하게 응답할 것이라고 가정할 수 있어야 한다. 설문지는 응답자가 문항을 다르게 해석할 수 있고, 일정 수준의 언어능력을 구비하고 있어야 하며, 질문의 내용과 순서를 융통성 있게 조정할 수 없고, 허위반응을 통제하기 어렵다는 단점이 있다.

설문지의 형식은 일반적으로 여러 개의 선택지 중에서 조건에 맞는 것을 선택하도록 요구하는 구조적 설문지(structured questionnaire, 혹은 선택형 설문지)와 질문만 제시해 놓고 상당한 정도의 자유로운 반응을 허용하는 비구조적 설문지(unstructured questionnaire, 혹은 자유반응형 설문지)로 구분된다.

4) 검사

검사(檢査, test)는 심리적 특성을 측정하기 위한 도구 혹은 조직적 절차를 의미한다. 일반적으로 사용되고 있는 검사유형은 〈표 13-5〉와 같다.

| 표 13-5 | **검사의 유형**

구분	검사형태	설명
표준화	표준화검사	제작절차, 검사내용, 실시조건, 채점 및 해석과정이 엄격하게 규정된 검사
	비표준화검사	학업성취도를 재기 위해 교사가 출제한 시험이나 비공식적으로 제작한 설문지
측정행동	인지적 검사	지식이나 인지과정을 재기 위한 검사(지능검사, 적성검사, 학력검사 등)
	정의적 검사	전형적인 느낌이나 감정을 재기 위한 검사(태도검사, 가치관검사, 흥미검사 등)
	심동적 검사	신체적인 동작이나 기능을 재기 위한 검사
표현양식	언어성 검사	문항의 진술과 표현을 문자로 구성한 검사
	비언어성 검사	문항을 기호, 도형, 그림 등으로 구성한 검사
	동작성 검사	기계나 공구를 직접 조작하도록 요구하는 검사
측정단위	속도검사	매우 쉽고 곤란도 수준이 비슷한 과제를 제시한 다음 과제를 해결하는 데 걸린 시간을 재는 검사
	역량검사	곤란도 수준이 매우 다양한 과제를 제시한 다음 시간을 제한하지 않은 상태에서 어떤 수준까지 과제를 해결할 수 있는가를 측정하는 검사

	구술검사	평가자의 질문에 대해 말로 대답하는 일종의 면접고사
응답형식	지필검사	말이나 글로 물으면 피검사자가 글로 써서 대답하는 검사
	실기고사	동작이나 기능을 어느 정도 실행할 수 있는가를 재는 검사

5) 투사법(투영법)

투사법(投射法, projective method) 혹은 투영법은 비구조화되고 모호한 자극을 제시한 다음 그에 대한 반응을 분석하여 심층에 내재되어 있는 특성이나 욕구를 측정하기 위한 방법이다. '투사' 란 심층의 욕구나 특성이 자극이나 경험을 지각하고 해석할 때 투영된다는 것을 뜻한다. 투사법은 자극이 모호하고 비구조화될수록 잠재된 특성이나 욕구를 잘 측정할 수 있다고 가정한다. 모호한 그림이나 자극을 지각하고 해석하려면 내재된 욕구, 불안, 감정, 태도 등을 투사해야 하기 때문이다. 투사법은 모호한 자극을 사용하므로 일반적으로 피검사자는 검사의 목적을 정확하게 알지 못한다. 또 투사법은 비구조화되어 있어 상당히 자유로운 반응을 허용한다. 대표적인 투사법 검사로는 로르샤흐 잉크반점검사와 주제통각검사를 들 수 있다.

로르샤흐 잉크반점검사(Rorschach Ink Blot Test)는 스위스 출신의 정신과 의사 Rorschach가 개발한 것이다. 미술시간에 배운 것처럼 물감이나 잉크를 흰종이에 떨어뜨린 다음 종이를 절반으로 접어서 문지르면 좌우 대칭의 그림을 얻을 수 있다. 이 검사는 [그림 13-1]에 제시된 것처럼 이러한 방법으로 만든 좌우 대칭의 모호한 도형을 담은 10개의 카드로 구성되어

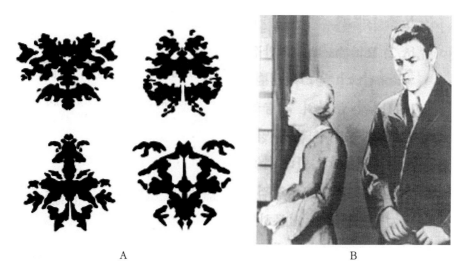

A　　　　　　　　　　　　　B

[그림 13-1] 로르샤흐 잉크반점검사(A)와 주제통각검사(B)

있다. 검사를 실시할 때는 피검사자에게 카드를 하나씩 순서대로 보여 준 다음 그에 대한 반응을 분석하여 잠재된 욕구를 분석한다. 잉크반점검사에서 사용하고 있는 카드는 매우 비구조화된 자극으로 구성되어 있으므로 상당히 자유로운 반응을 허용한다.

주제통각검사(主題統覺檢查, Thematic Apperception Test, TAT)는 H. A. Murray와 C. Morgan이 개발한 검사인데, 피검사자에게 모호한 그림을 보여 주고 그 그림에 관해 상상적인 이야기를 작성하도록 한 다음 어떤 욕구가 어느 정도 존재하는가를 측정하려는 방법이다. 주제통각검사는 잉크반점검사에 비해 상당히 구조화되고 분명한 자극으로 구성되어 있다. 주제통각검사는 20개의 카드로 구성되어 있는데, 이 중 19개는 사람의 모습을 담은 것이고 나머지 하나는 빈 카드다. 이 카드를 하나씩 보여 주면서 현재 어떤 일이 벌어지고 있고, 어떤 사람이 관여하고 있으며, 바로 앞에 무슨 일이 있었고, 장차 어떤 일이 일어날 것이며, 주인공이 무엇을 생각하고 느끼는가를 포함한 이야기를 작성하도록 한 다음 이야기 내용을 분석하여 요구와 압력을 측정한다. 요구(要求, needs)는 내부의 부족하거나 결핍된 상태를, 압력(壓力, press)은 요구를 충족하도록 도움을 주거나 요구를 충족하지 못하도록 방해하는 환경의 힘을 말한다. 압력은 알파 압력(αpress)과 베타 압력(βpress)으로 구분된다. 전자는 환경의 객관적인 실재를, 후자는 개인이 지각하고 구성한 환경의 힘을 말한다.

투사법은 다른 방법으로는 측정하기 어려운 심층적 욕구를 측정할 수 있다는 장점이 있다. 그러나 투사법은 평가기준이 모호하고, 타당도가 낮으며, 실시 및 채점이 어렵고, 시간과 비용이 많이 소요된다는 단점이 있다.

6) 사회성측정

사회성측정(社會性測定, sociometry)은 집단 내 구성원 간의 상호관계, 즉 서로 수용하거나 배척하는 정도와 집단의 사회구조를 측정하기 위한 방법이다. 학교에서는 사회성측정을 흔히 교우관계조사라고 부른다.

일반적으로 사회성측정자료는 설문지나 평정척도를 이용하여 수집한다. 사회성측정방법으로는 동료평정방법, 추인법, 지명법 등이 사용된다.

① 동료평정방법(同僚評定方法, peer-appraisal method): 동료학생들로 하여금 학생을 평가하도록 하는 방법이다. 학생들의 준법성이나 사려성과 같은 특성은 교사보다는 동료학생들이 더 정확하게 평가할 수 있다.

② 추인법(推人法, guess-who technique): 어떤 특성을 표현한 진술문을 주고 그 진술문의

설명에 가장 잘 일치된다고 생각하는 사람의 이름을 적도록 하는 방법이다.

③ 지명법(指名法, nominating method): 예를 들어, 옆자리에 앉고 싶은 사람, 함께 공부하고 싶은 사람을 지명하도록 하는 방법이다. 지명법은 근본적으로 추인법과 유사하며 질문형식에서 다소 차이가 있을 뿐이다.

5. 성적표시방법

학교에서 성적을 표시하는 몇 가지 방식을 소개한다.

① 원점수(原點數, raw score): 시험점수 혹은 정답을 한 문항수를 말한다. 대학수능시험에서 어떤 학생이 320점을 받았다고 할 때 320점이 원점수다. 원점수는 해석되지 않은 점수이므로 그 자체로는 특별한 의미가 없다.

② 석차(席次, 등위점수, rank): 전체 집단에서 점수의 크기에 따라 부여한 서열 혹은 순위(1등, 2등, 3등…)를 말한다. 일반적으로 석차는 전체 학생을 분모로 하고 순위를 분자로 하여 표기한다. 그러므로 158명 중에서 6등을 했을 경우 6/158으로 표기한다.

③ 백분위(百分位, percentile rank, PR): 전체 집단에서 특정 점수 이하의 점수를 얻은 학생들이 차지하는 백분율(%)을 의미한다. 백분위는 상대적 위치에 관한 정보를 제공한다. 예컨대, 수능시험에서 320점의 백분위가 75라고 하면 수능시험 응시자의 75%가 320점 이하의 점수를 받았음을 뜻한다.

④ 표준점수(標準點數, standard score): 원점수가 평균과 다른 정도를 표준편차 단위로 표시한 것으로, Z점수, T점수, 스테나인(구분척도) 등이 있다. 수능점수는 스테나인으로 표시되고 있다.

① Z점수는 원점수가 평균으로부터 떨어져 있는 정도를 표준편차 단위로 나타낸 것이다. 원점수 X를 Z점수로 변환하는 공식은 다음과 같다.

$$Z = \frac{X - M}{S}$$

Z점수는 원점수(X)가 평균(M)보다 크거나 작은 정도를 표준편차(S) 단위로 표시한 값이므로, 정규분포에서 점수의 상대적인 위치에 대한 정보를 제공한다. Z점수가 0이라는 것은

원점수가 평균과 같다는 것을, Z점수가 0보다 크면 원점수가 평균보다 더 크다는 것을, Z점수가 0보다 작으면 원점수가 평균보다 더 낮다는 것을 의미한다.

② T점수는 Z점수를 선형이동시킨 것이다. T점수는 다음과 같이 정의된다.

$$T = 10Z + 50$$

T점수는 Z점수에서 소수점을 없애기 위해 10을 곱하고, 음수의 값을 없애기 위해 50을 더한 값이다. 따라서 원점수가 평균과 같을 때 T점수는 50이고, 원점수가 평균보다 1 표준편차 클 경우 T점수는 60이다.

③ 스테나인(stanine, standard nine−point score: 9개 범주를 가진 표준점수)은 정규분포를 .5 표준편차 너비로 9개 부분으로 나눈 다음 순서대로 1부터 9까지 부여한 점수를 말한다. 국내문헌에서는 스테나인을 구간척도(九間尺度) 혹은 구분척도(九分尺度)라고 부르기도 한다. 현재 수능점수는 스테나인으로 표시되고 있다.

⑤ 평어(評語): 성적을 문자로 표시하는 방식이다. 일반적으로 평어는 A, B, C, D, E, F로 표시한다. 최근 교육부는 중고등학교에서 성적을 수, 우, 미, 양, 가로 표시하던 전통적인 평어를 국제기준에 맞추기 위해 전면 폐지한 바 있다. 평어에는 평점이 부여되어 있다. 대학에서는 성적의 변별력을 높이기 위해 평어를 플러스와 마이너스로 세분하여 표시하기도 한다.

⑥ 백분율(百分率, percentage): 학습내용을 이해한 정도 혹은 수업목표를 도달한 정도에 따라 0에서 100 사이의 숫자로 성적을 표시한 것이다. 단, 백분율은 백분위와 다른 개념이므로 혼동하지 말아야 한다.

⑦ 합격−불합격(pass-fail): 성적을 2개 범주로 표시하는 방식이다. 일반적으로 D학점 이상의 성적은 합격으로 표시하고, F는 불합격으로 표시한다. 운전면허시험의 성적은 이 방식으로 표시하고 있다.

① 교육평가는 평가대상의 가치를 판단하여 교육활동을 개선하기 위한 활동이다. 교육평가의 영역은 학생평가를 비롯하여 교사평가, 수업평가, 교육과정평가, 교육환경평가 등 실로 다양하다.

② 측정이란 일정한 법칙에 따라 특정 사람이나 사물의 속성에 수치를 매기는 과정이고, 연구는 변수를 기술하거나 변수 간의 관계를 검증하여 일반화할 수 있는 지식을 산출하기 위한 활동이다.

③ 평가의 역할은 크게 진행 중인 교육활동이나 프로그램을 개선하는 데 필요한 정보를 수집, 제공하는 형성적 역할과 교육활동이나 프로그램이 종료된 후 그것의 효과를 최종적으로 판단하기 위한 총괄적 역할로 구분된다.

④ 규준지향평가는 원점수를 규준집단에서의 상대적 위치에 비추어 해석하는 상대평가를 뜻한다. 절대평가라고 부르는 준거지향평가는 구체적인 행동, 기능, 지식의 성취수준을 사정하기 위한 평가 혹은 수업목표를 도달한 정도를 판단하기 위한 목표지향평가를 의미한다. 규준지향평가와 준거지향평가는 용도가 다르므로 상호배타적인 관계가 아니라 상호보완적인 관계가 있다.

⑤ 정치평가는 학생들의 개인차를 확인하여 적절한 수업을 제공하기 위해 수업 전에 실시되는 평가를 지칭한다. 수업 중에 실시되는 진단평가는 계속적인 학습실패의 원인을 규명하기 위한 평가를 뜻한다. 형성평가는 수업 중 학생들이 수업내용을 이해하고 있는가에 관한 피드백을 제공하여 학습을 극대화하고, 수업을 개선하기 위한 평가를 의미한다. 총괄평가는 교육활동이 종료되었을 때 성취도를 판정하고 교육효과를 판단하기 위한 평가를 말한다.

⑥ 타당도는 평가하려고 의도한 특성을 충실하게 재고 있는 정도를 뜻한다. 신뢰도는 점수들이 일관성과 안정성이 있는 정도를 가리킨다. 객관도는 채점의 일관성, 즉 여러 채점자들이 일치된 판단을 내리는 정도라고 할 수 있다. 실용도는 검사 실시·채점·해석의 용이성과 시간 및 비용의 경제성을 뜻한다.

⑦ 교육평가의 방법으로는 지필검사, 수행평가, 설문지, 검사, 투사법, 사회성측정 등이 활용된다. (1) 학업성취도를 평가하기 위해 널리 활용되는 지필검사의 형식은 선택형(진위형, 선다형, 결합형)과 서답형(완성형, 단답형, 논문형)으로 나뉜다. (2) 수행평가는 평가자의 직접 관찰과 판단에 근거해서 이루어지는 평가형태로, 작품을 만들거나 어떤 활동을 통해서 능력과 기능을 직접 평가하는 방식이다. (3) 설문지는 일련의 질문에 대해 응답을 표시하거나 기술하도록 하는 방법이다. (4) 검사는 심리적 특성을 측정하기 위한 도구 혹은 절차를 말한다. (5) 투사법은 비구조화되고 모호한 자극을 제시하여 심층에 내재되어 있는 특성이나 욕구를 측정하기 위한 방법이다. (6) 사회성측정은 집단 내 구성원들이 서로 수용하거나 배척하는가를 측정하여 집단의 사회구조를 확인하기 위한 방법이다.

⑧ 성적은 (1) 원점수, (2) 석차, (3) 백분위, (4) 표준점수(Z점수, T점수, 스테나인), (5) 평어, (6) 백분율, (7) 합격-불합격 등으로 표시된다.

● ● ●
참고문헌

권대훈(2008). 교육평가(2판). 서울: 학지사.

김계현(1997). 상담심리학: 적용영역별 접근. 서울: 학지사.

김순택, 김영채, 변창진, 이경섭, 이희도, 전윤식, 진위교(1986). 현대수업원론. 서울: 교육과학사.

김재춘, 박소영, 김재현, 변효종, 최손환(2005). 교실수업 개선을 위한 교수 · 학습 활동의 이론과 실제. 서울: 교육과학사.

김충기(1990). 생활지도와 상담. 서울: 교육과학사.

나동진(1999). 교육심리학: 인지적 접근. 서울: 학지사.

노안영(2005). 상담심리학의 이론과 실제. 서울: 학지사.

문선모(2007). 학습이론: 교육적 적용. 파주: 양서원.

박성수(1986). 생활지도. 서울: 정민사.

백순근(1999). Vygotsky의 ZPD 이론이 향상도 평가에 주는 시사점. 교육평가연구, 12(1), 191-215.

변창진, 송명자 편(1995). 교육심리: 인지발달론적 접근. 서울: 교육과학사.

손병환, 박경자(2000). 교육심리학. 대구: 대구효성가톨릭대학교 출판부.

이성진(1996). 교육심리학 서설. 서울: 교육과학사.

이성진, 김계현 편(1999). 교육심리학의 새로운 쟁점과 이론. 서울: 교육과학사.

이장호(1986). 상담심리학 입문(제2판). 서울: 박영사.

이형득 편(1992). 상담이론. 서울: 교육과학사.

정원식, 박성수(1978). 카운슬링의 원리. 서울: 교육과학사.

한국교육심리학회 편(1999). 교육심리학 용어사전. 서울: 학지사.

황응연, 윤희준(1995). 현대생활지도론. 서울: 교육출판사.

황정규 편(2000). 현대 교육심리학의 쟁점과 전망. 서울: 교육과학사.

Abramson, L., Seligman, M., & Teasdale, T. (1978). Learned helplessness in humans: Critique and reformulation. *Journal of Abnormal Psychology, 87,* 49-74.

Alexander, P. A., & Judy, J. E. (1988). The interaction of domain-specific and strategic knowledge. *Review of Educational Research, 58,* 375-404.

Alpert, R., & Haber, R. N. (1960). Anxiety in academic achievement situations, *Journal of Abnormal and Social Psychology, 61,* 207-215.

Amabile, T. M. (1982). Social psychology of creativity: A consensual assessment technique. *Journal of Personality and Social Psychology, 43,* 997-1013.

Ames, C. (1984). Achievement attributions and self-instructions under competitive and individualistic goal structures. *Journal of Educational Psychology, 76,* 478-487.

Ames, C. (1992). Classrooms: Goals, structures, and student motivation. *Journal of Educational Psychology, 84,* 261-271.

Ames, R., & Ames, C. (Eds.). (1984). *Research on motivation in education, vol. 1. Student motivation.* New York: Academic Press.

Ames, R., & Ames, C. (Eds.). (1985). *Research on motivation in education, vol. 2. The classroom milieu.* New York: Academic Press.

Ames, R., & Ames, C. (Eds.). (1989). *Research on motivation in education, vol. 3. Goals and cognitions.* New York: Academic Press.

Anderson, D. R., Levin, S. R., & Lorch, E. P. (1977). The effects of television program pacing on the behavior of preschool children. *AV Communication Review, 25,* 159-166.

Anderson, J. R. (1981). A theory of language acquisition based on general learning principles. *In Proceedings of IJCAI-81,* 165-170.

Anderson, J. R., Reder, L. M., & Simon, H. A. (1996). Situated learning and education. *Educational Researcher, 25*(4), 5-11.

Anderson, R. J. (1990). *Cognitive psychology and its implications* (3rd ed.). New York: Freeman.

Arkes, H. R., & Garske, J. P. (1982). *Psychological theories of motivation* (2nd ed.). Pacific, CA: Brooks/Cole Publishing Co.

Arlin, P. K. (1975). Cognitive development in adulthood: A fifth stage? *Developmental Psychology, 11,* 602-606.

Ashman, A. F., & Conway, R. N. F. (1997). *An introduction to cognitive education: Theory and applications.* London: Routledge.

Ashton, P. T., & Webb, R. B. (1986). *Making a difference: Teachers' sense of efficacy and student achievement.* New York: Longman Group Ltd.

Atkinson, R. C. (1957). A stochastic model for rote serial learning. *Psychometrika, 22,* 87-96.

Atkinson, R. C., & Shiffrin, R. M. (1968). Human memory: A proposed system and its' control process. In K. W. Spence & J. T. Spence (Eds.), *The Psychology of learning and* motivation: Advances in research and theory, 2 (pp. 89–195). New York: Academic Press.

Ausubel, D. P. (1963). *The psychology of meaningful verbal learning.* New York: Grune & stratton.

Ausubel, D. P. (1968). *Educational psychology: A cognitive view.* New York: Holt, Rinehart & Winston.

Babad, E. Y., Inbar, J., & Rosenthal, R. (1982). Teachers' judgment of students' potential as a function of teachers' susceptibility to biasing information. *Journal of Personality and Social Psychology, 42,* 541–547.

Baker, L. (1989). Children's effective use of multiple standards for evaluating their comprehension. *Journal of Educational Psychology, 76,* 588–597.

Bandura, A. (1977). *Social learning theory.* Morristown, NJ: General Learning Press.

Bandura, A. (1986). *Social foundations of thought and action: A social cognitive theory.* Englewood Cliffs, NJ: Prentice–Hall.

Bandura, A., Ross, D., & Ross, S. A. (1961). Transmission of aggression through imitation of aggressive models. *Journal of Abnormal and Social Psychology, 63,* 575–582.

Bartlett, F. C. (1932). *Remembering: An experimental and social study.* Cambridge, UK: Cambridge University Press.

Basseches, M. (1984). *Dialectical thinking and adult development.* Norwood, NJ: Ablex Publishing Co.

Beck, A. T. (2005). The current state of cognitive therapy: A 40–year retrospective. *Archives of General Psychiatry, 62,* 953–959.

Belkin, G. S. (Ed.). (1979). *Perspectives in educational psychology.* Dubuque, IA: WCB McGraw–Hill.

Bell–Gredler, M. E. (1986). *Learning and instruction: Theory and practice.* New York: Macmillan Publishing Co.

Binet, A., & Simon, T. (1905). Sur le nécessité d'établir un diagnostique scientifique des états inférieurs de l'intelligence. *L'Année Psychologique, 11,* 163–190.

Binet, A., & Simon, T. (1916). *The development of intelligence in children* (E. S. Kit, trans.). Baltimore: Williams & Wilkins.

Bjorklund, D. F. (2000). *Children's thinking: Developmental function and individual differences* (3rd ed.). Belmont, CA: Wadsworth Publishing Co.

Bloom, B. S. (1964/1976). *Human characteristics and school learning.* New York: McGraw–Hill.

Boring, E. G. (1923). Intelligence as the tests test it. *New Republic, 35,* 35–37.

Bower, G. H. (1981). Mood and memory. *American Psychologist, 36,* 129–148.

Brewer, W. F., & Treyens, J. C. (1981). Role of schemata in memory for places. *Cognitive*

Psychology, 13, 207-230.

Brody, N. (1992). *Intelligence* (2nd ed.). San Diego, California: Academic Press.

Bronfenbrenner, U. (1995). 인간발달 생태학(이영 역). 서울: 교육과학사.

Bronfenbrenner, U. (2000). Ecological systems theory. In A. Kazdin (Ed.), *Encyclopedia of psychology* (Vol. 3, pp. 129-133). Washington, DC: American Psychological Association.

Brophy, J. E. (1998). Classroom management as socializing students into clearly articulated roles. *Journal of Classroom Interaction, 33*, 1-4.

Brown, F. G. (1983). *Principles of educational and psychological measurement* (3rd ed.). New York: Holt, Rinehart & Winston.

Bruner, J. (1960). *The process of education*. Cambridge, MA: Harvard University Press.

Bruner, J. (1961). The act of discovery. *Harvard Educational Review, 31*, 21-32.

Bühler, C. (1971). Basic theoretical concepts of humanistic psychology. *American Psychologist, 26*, 378-386.

Burton, J. K., Moore, D. M., & Magliaro, S. G. (1996). Behaviorism and instructional technology. In D. H. Jonassen (Ed.), *Handbook of research for educational communications and technology* (pp. 46-73). New York: Simon & Schuster Macmillan.

Byrnes, J. P. (2008). *Cognitive development and learning: In instructional context* (3rd ed.). Boston: Allyn & Bacon.

Cameron, J., & Pierce, W. D. (1994). Reinforcement, reward and intrinsic motivation: A meta-analysis. *Review of Educational Research, 64*, 363-423.

Carraher, D., & Schliemann, A. (1993). Learning about relations between number and quantity in and out of school. *Dokkyo International Review, 6*, 63-96.

Carroll, J. B. (1993). *Human cognitive abilities: A survey of factor-analytic studies*. Cambridge, UK: Cambridge University Press.

Cattell, R. B. (1943). Fluctuation of sentiments and attitudes as a measure of character integration and temperament. *American Journal of Psychology, 56*, 559-594.

Cattell, R. B. (1963). Theory of fluid and crystallized intelligence: A critical experiment. *Journal of Educational Psychology, 54*, 1-22.

Chance, P. (1999). *Learning and behavior* (4th ed.). Pacific Crove, CA: Brooks/Cole Publishing Co.

Chang, R., & Page, R. C. (1991). Characteristics of the self-actualized person: Visions from the East and West. *Counseling and Values, 36*, 2-10.

Chase, W. G., & Simon, H. A. (1973). Perception in chess. *Cognitive Psychology, 4*, 55-81.

Cherry E. C. (1953). Some experiments on the recognition of speech, with one and with two ears. *Journal of the Acoustical Society of America, 25*, 975-979.

Chi, M. T. H., & Keoske, R. D. (1983). Network representation of a child's dinosaur knowledge. *Developmental Psychology, 19*, 19-39.

Chomsky, N. (1959). A review of B. F. Skinner's verbal behavior. *Language, 35*(1), 26–58.

Clarizio, H. F., Craig, R. C., & Mehrens, W. A. (1981). *Contemporary Issues in educational psychology* (4th ed.). Boston: Allyn & Bacon.

Clark, J. M., & Paivio, A. (1991). Dual coding theory and education. *Educational Psychology Review, 3*(3), 149–170.

Clifford, M. M. (1981). *Practicing educational psychology.* Boston: Houghton Mifflin.

Cobb, P. (1996). Constructionism and learning. In E. D. Corte & F. E. Weinert (Eds.), *International encyclopedia of developmental and instructional psychology* (pp. 338–341). New York: Elsevier Science Ltd.

Cognition and Technology Group at Vanderbilt (1993). Anchored instruction and situated cogniton revisited. *Educational Technology, 33*(3), 52–70.

Collins, A., Brown, J. S., & Newman, S. E. (1989). Cognitive apprenticeship: Teaching the crafts of reading, writing, and mathematics. In L. B. Resnick(Ed.), *Knowing, learning, and instruction: Essays in honor of Robert Glaser* (pp. 453–494). Hillsdale, NJ: Lawrence Erlbaum Assiciation Publishers.

Combs, A. W. (1981). Humanistic education: To tender for a tough world? *Phi Delta Kappan,* 446–449.

Corno, L., & Snow, R. E. (1986). Adapting teaching to individual differences among learners. In M. C. Wittrock (Ed.), *Handbook of research on teaching* (3rd ed., pp. 605–629). New York: Macmillan & Co.

Covington, M. (1984). The motive for self-worth. In R. Ames & C. Ames (Eds.), *Research on motivation in education, 1* (pp. 77–113). New York: Academic Press.

Covington, M. (1992). *Making the grade: A self-worth perspective on motivation and school reform.* Cambridge, UK: Cambridge University Press.

Covington, M., & Omelich, C. (1979). It's best to be able and virtuous too: Student and teachers evaluative responses to successful effort. *Journal of Educational Psychology, 71,* 688–700.

Craig, R. C., Mehrens, W. A., & Clarizio, H. (1975). *Contemporary educational psychology: Concepts, issues, applications.* New York: John Wiley & Sons.

Craik, F. I. M. (1979). Levels of processing: Overview and closing comments. In L. S. Cermak & F. I. M. Craik (Eds.), *Levels of processing in human memory* (pp. 447–461). Hillsdale, NJ: Lawrence Erlbaum Associations Publishers.

Craik, F. I. M., & Tulving, E. (1975). Depth of processing and the retention of words in episodic memory. *Journal of Experimental Psychology: General, 104,* 268–294.

Craik, F. M., & Lockhart, R. S. (1972). Levels of processing: A framework for memory research. *Journal of Verbal Learning and Verbal Behavior, 11,* 671–684.

Crain, W. C. (1983). 발달의 이론(서봉연 역). 서울: 중앙적성출판부.

Dansereau, D. F., Collins, K. W., McDonald, B. A., Holley, C. D., Garland, J., Diekhoff, G., &

Evans, S. H. (1979). Development and evaluation of a learning strategy training program. *Journal of Educational Psychology, 71*, 64-73.

Darwin, C. R. (1959). *Life and Letters and Autobiography* (G. Ivanova et al., Trans.). Sophia: NovemberProsveta.

Das, J. P., Kar, B. C., & Parrila, R. K. (1996). *Cognitive planning: The psychological basis of intelligent behavior.* Thousand Oaks, CA: Sage.

Das, J. P., Naglieri, J. A., & Kirby, J. R. (1994). *Assessment of cognitive processes.* Boston: Allyn & Bacon.

De Bono, E. (1985). The CoRT thinking program. In R. W. Segal, S. F. Chipman, & R. Gkase (Eds.) *Thinking and learning skills, 2. Research and open questions.* Hillsdale, NJ: Lawrence Erlbaum Assiciation Publishers.

De Bono, E. (1990). *The use of lateral thinking.* London: Penguin.

DeCharms, R. (1968). *Personal caution: The internal affective determinants of behavior.* New York: Academic Press.

DeCharms, R. (1972). Personal causation training in the schools. *Journal of Applied Social Psychology, 3*, 95-113.

DeCharms, R. (1984). Motivating enhancement in educational settings. In R. Ames & C. Ames (Eds.), *Research on motivation in education, 1* (pp. 275-310). New York: Acdemic Press.

Deci, E. L. (1972). Intrinsic motivation, extrinsic reinforcement, and inequity. Journal of *Personality and Social Psychology, 18*, 105-115.

Deci, E. L. (1975). *Intrinsic motivation.* New York: Plenum Press.

Deci, E. L. (1980). *The psychology of self-determination.* Lexington, MA: DC Health.

Deci, E. L., & Ryan, R. M. (1991). A motivational approach to self: Integration in personality. In R. Dienstbier (Ed.), *Nebraska symposium on motivation: Perspectives on motivation* (vol. 38, pp. 237-288). Lincoln, NE: University Of Nebraska Press.

Deffenbacher, J. L., & Hazaleus, S. L. (1985). Cognitive, emotional, and physiological components of test anxiety. *Cognitive Therapy and Research, 9*, 169-180.

Dembo, M. H. (1977). *Teaching for learning: Applying educational psychology in the classroom.* Santa Monica, CA: Goodyear Publishing Co.

Derry, S. J. (1996). Cognitive schema theory in the constructivist debate. *Educational Psychologist, 31*, 163-174.

Diener, C., & Dweck, S. (1978). An analysis of learned helplessness: Continuous changes in performance, strategy, and achievement cognitions after failure. *Journal of Personality and Social Psychology, 36*, 451-462.

Dochy, F. J. R. V. (1996). Prior knowledge and learning. In E. D. Corte & F. E. Weinert (Eds.), *International encyclopedia of developmental and instructional psychology* (pp. 459-464). New York: Elsevier Science Ltd.

Driscoll, M. P. (2000). *Psychology of learning for instruction* (2nd ed.). Boston: Allyn & Bacon.

Driscoll, M. P. (2007). 수업설계를 위한 학습심리학(3판)(양용칠 역). 서울: 교육과학사.

Duffy, T. M., & Cunnigham, D. J. (1996). Constructivism: Implications for the design and delivery of instruction. In D. H. Jonassen (Ed.), *Handbook of educational communications and technology* (pp. 170-198). New York: Simon & Schuster Macmillan.

Dweck, C. S. (1986). Motivational processes affecting learning. *American Psychologist, 41,* 1040-1048.

Dweck, C. S., & Leggett, E. L. (1988). A social-cognitive approach to motivation and personality. *Psychological Review, 95,* 256-273.

Eggen, P. D., & Kauchak, D. (1992). *Educational psychology: Classroom connections.* New York: Maxwell Macmillan International.

Eggen, P. D., & Kauchak, D. (2004). *Educational Psychology: Windows on classroom* (6th ed.). Upper Saddle River, NJ: Pearson Education.

Eich, J. E. (1980). Cue-dependent nature of state-dependent retrieval. *Memory & Cognition, 8,* 157-158.

Ellis, A. (1973). *Humanistic psychotherapy: The rational emotive approach.* New York: Crown Publishers and McGraw-Hill.

Erikson, E. H. (1963). *Childhood and society* (2nd ed.). New York: W. W. Norton & Co.

Erikson, E. H. (1968). *Identity: Youth and crisis.* New York: W. W. Norton & Co.

Eysenck, M, W. (2000). *Psychology: A student? handbook.* East Sussex, UK: Psychology Press.

Festinger, L. (1957). *A theory of cognitive dissonance.* Evanston, IL: Row Paterson & Co.

Flavell, J. (1970). Developmental studies of mediated memory. In H. W. Reese & L. P. Lipsitt (Eds.), *Advances in child development and behavior* (Vol. 5, pp. 182-211). New York: Academic Press.

Flavell, J. (1976). Metacognitive aspects of problem-solving. In L. Resnick (Ed.), *The nature of intelligence.* Hillsdale, NJ: Erlbaum Associations Publishers.

Flavell, J. (1979). Metacognition and cognitive monitoring: A new area of cognitive developmental inquiry. *American Psychologist, 34,* 906-911.

Flavell, J. (1985). *Cognitive development* (2nd ed.). New York: Prentce-Hall.

Frensch, P. A., & Sternberg, R. J. (1989). Expertise and intelligent thinking: When is it worse to know better? In R. J. Sternberg (Ed.), *Advances in the psychology of human intelligence* (Vol. 5). Hillsdale, NJ: Lawrence Erlbaum Association Publishers.

Gagné, R. M. (1976). The learning basis of teaching methods. In N. L. Gage (Ed.), *The psychology of teaching methods. 75th yearbook of the N.S.S.E., Part 1.* Chicago: University of Chicago Press

Gagné, R. M. (1985). *The conditions of learning and theory of instruction.* New York: Holt, Rinehart & Winston.

Gallagher, J. (1985). *Teaching the gifted child* (3rd ed.). Boston: Allyn & Bacon.

Galotti, K. M. (2004). *Cognitive psychology: In and out of the laboratory* (3rd ed.). Belmont, CA: Wadsworth Publishing Co.

Galton, F. (1869). *Hereditary genius: An inquiry into its laws and consequences.* London: Macmillan.

Gardner, H. (1993). *Multiple intelligences: The theory into practice.* New York: Basic Books.

Gardner, H. (1995). Reflections on multiple intelligences: Myths and messages. *Phi Delta Kappan 76*, 200-209.

Gardner, H. (1997). Six after thoughts: Comments on 'Varieties of intellectual talent'. *Journal of Creative Behavior, 31*, 120-124.

Gay, L. R., & Airasian, P. (2000). *Educational research: Competencies for analysis and application.* Englewood Cliffs, NJ: Prentice-Hall.

Gesell, A. L. (1934). *An atlas of infant behavior.* New Haven, CT: Yale University Press.

Getzels, J. M., & Jackson, P. W. (1962). *Creativity and intelligence.* New York: John Wiley & Sons.

Gilligan, C. (1977). In a different voice: Women's conceptions of the self and morality. *Harvard Educational Review, 47*, 481-517.

Gilligan, C. (1982). *In a different voice: Psychological theory and women's development.* Cambridge, MA: Harvard University Press.

Glove, J. A., & Ronning, R. R. (1987). *Historical foundations of educational psychology.* New York: Plenum Press.

Godden, D. P., & Baddeley, A. D. (1975). Context-dependent memory in two natural environment: On land and underwater. *British Journal of Psychology, 66*, 325-331.

Goldstein, E. B. (2005). *Cognitive psychology: Connecting mind, research, and everyday experience.* Belmont, CA: Wadsworth Publishing Co.

Goleman, D. (1995). *Emotional intelligence.* New York: Bantam Books.

Gordon, W. J. J. (1961). *Synectics: The development of creative capacity.* New York: Harper & Row.

Graham, S. (1996). Theories and principles of motivation. In D. C. Berliner & R. C. Calfee (Eds.), *Handbook of educational psychology* (pp. 63-84). New York: Simon & Schuster Macmillan.

Gredler, M. E. (2001). *Learning and instruction: Theory into practice* (4th ed.). Upper Saddle River, NJ: Merrill Prentice-Hall.

Griffin, M. M. (1995). You Can't Get There from Here: Situated Learning Transfer, and Map Skills. *Contemporary Educational Psychology, 20*, 65-87.

Gruber, H. E., & Voneche, J. J. (Eds.). (1977). *The essential Piaget.* New York: Basic Books.

Guilford, J. P. (1959). Three facets of intellect. *American Psychologist, 14*, 469-479.

Guilford, J. P. (1988). Some changes in the structure-of-intellect model. *Educational and Psychological Measurement, 48*, 1-4.

Guthrie, E. R. (1942). Conditioning: A theory of learning in terms of stimulus, response, and association. In N. B. Henry (Ed.), *National Society for the Study of Education Yearbook*, Part II (pp. 17-60). Chicago, IL: University of Chicago Press.

Gutkin, T. B., & Reynolds, C. R. (Ed.). (1990). *The handbook of school psychology* (2nd ed.). New York: John Wiley & Sons.

Haensly, P. A., & Reynolds, C. R. (1989). Creativity and intelligence. In J. A. Glover, R. R. Ronning, & C. R. Reynolds (Eds.), *Handbook of creativity* (pp. 111-134). New York: Plenum Press.

Havighurst, R. J. (1952). *Developmental tasks and education.* New York: David McKay.

Hayes, J. R. (1989). Cognitive processes in creativity. In J. A. Glover, R. R. Ronning, & C. R. Reynolds (Eds.), *Handbook of creativity* (pp. 135-145). New York: Plenum Press.

Hebb, D. O. (1949). *The organization of behavior: A neuropsychological theory.* New York: John Wiley & Sons.

Hebb, D. O. (1964). *The organization of behavior: A neuropsychological theory* (7th ed.). New York: John Wiley & Sons.

Helmke, A. (1996). Development of the self-concept. In E. D. Corte & F. E. Weinert (Eds.), *International encyclopedia of developmental and instructional psychology* (pp. 228-232). New York: Elsevier Science Ltd.

Henson, K. T., & Eller, B. F. (1999). *Educational Psychology for effective teaching* Belmont, CA: Wadsworth Publishing Co.

Hergenhahn, B. R., & Olson, M. H. (1997). *An introduction to theories of learning* (5th ed.). Englewood Cliffs, NJ: Prentice-Hall.

Hersh, R. H., Paolitto, D. P., & Reimer, J. (1979). *Promoting moral growth: From Piaget to Kohlberg.* New York: Longman Group Ltd.

Higard, E. R., & Bower, G. H. (1975). *Theories of learning* (4th ed.). Englewood Cliffs, NJ: Prentice-Hall.

Hocevar, D. (1981). Measurement of creativity: Review and critique. *Journal of Personality Assessment, 45*, 450-464.

Hohn, R. L. (1995). *Classroom learning and teaching.* New York: Longman Group Ltd.

Hudson, L. (1966). *Contrary imaginations.* London: Penguin.

Hull, C. L. (1952) *A behavior system: An introduction to behavior theory concerning the individual organism.* New Haven, CT: Yale University Press.

Humphreys, J. A., & Traxler, A. E. (1954). *Guidance service.* Chicago: Science Research Associates.

Hunt, J. M. (1961). *Intelligence and experience.* New York: Ronald Press.

Hymes, J. J. (1958). *Before the child reads.* Evasron, III: Row, Peterson and Col.

Isaksen, S. G., & Puccio, G. J. (1988). Adaption-innovation and the Torrance Tests of Creative Thinking: The level style-issue revisited. *Psychological Reports, 63,* 659–670.

Jacobs, J. E., & Paris, S. G. (1987). Children's metacognition about reading: Issues in definition, measurement, and instruction. *Educational Psychologist, 22,* 255–278.

James, C. R. (1973). Criterion Models and Construct Validity for Criteria. *Psychological Bulletin, 80*(1), 75–83.

James, W. (1884). What is an Emotion? *Mind, 9*(34), 188–205.

James, W. (1890). *The Principles of Psychology.* New York: Holt, Rinehart & Winston.

Jenkins, J. G., & Dallenbach, K. M. (1924). Oblivescence during sleeping and waking. *American Journal of Psychology, 35,* 605–612.

Jensen, R. (1969). History and the political scientist. In S. M. Lipset (Ed.), *Politics and the social sciences.* New York: Oxford University Press.

Jonassen, D. H., & Grabowski, B. L. (Eds.). (1996). *Handbook of individual differences: Learning and instruction.* Hillsdale, NJ: Lawrence Erlbaum Association Publishers.

Kagan, J. (1964). Impulsive and reflective children. In J. D. Krumbolz (Ed.), *Learning and the educational process.* Chicago: Rand McNally.

Katona, G. (1940). *Organizing and memorizing.* New York: Columbia University Press.

Keller, F. S. (1977). *Summers and sabbaticals: Selected papers on psychology and education.* Champaign, IL: Research Press.

Kemp, J. E., Morrison, G. R., & & Ross, S. M. (1998). *Designing effective instruction* (2nd ed.). Upper Saddle River, NJ: Merrill Prentice-Hall.

Kirton, M. J. (1976). Adaptors and innovators: A description and measure. *Journal of Applied Psychology, 61,* 622–629.

Klausmeier, H. J., & Goodwin, W. L. (1975). *Facilitating Student Learning: An Introduction to educational psychology.* New York : Harper & Row.

Kohlberg, L. (1984). *The psychology of moral development: The nature and validity of moral stages.* San Francisco, CA: Harper & Row.

Krathwohl, D. R., Bloom, B. S., & Mussia, B. (1964). *Taxonomy of Educational. Objectives. Hand Book? II.* New York: David Mckay.

Labouvie-Vief, G. (1980). Beyond formal operations: Uses and limits of pure logic in life-span development. *Human Development, 23,* 141–161.

Lazarus, R. S. (1976). *Patterns of adjustment.* New York: Mcgraw-Hill.

Lefcourt, H. M. (1982). *Locus of control: Current trends in theory and research* (2nd ed.). Hillsdale, NJ: Lawrence Erlbaum Association Publishers.

Lefrancois, G. R. (1999). *Psychology for teaching* (10th ed.). Belmont, CA: Wadsworth Publishing Co.

Lewin, K., Lippitt, R., & White, R. (1939). Patterns of aggressive behaviour in experimentally created "social climates". *Journal of Social Psychology 10*, 271-299.

Liberman, D. A. (2000). *Learning: Behaviors and cognition* (3rd ed.). Belmont, CA: Wadsworth Publishing Co.

Liberman, D. A. (2004). *Learning and memory: An integrated approach.* Belmont, CA: Wadsworth Publishing Co.

Lockhart, K. L., Chang, B., & Story, T. (2002). Young children's beliefs about the stability of traits: Protective optimism? *Child Development, 73*, 1408-1430.

Lubart, T. I. (1994). Creativity. In R. J. Sternberg (Ed.), *Thinking and problem solving* (pp. 289-332). San Diego, CA: Academic Press.

Macfarlane, D. A. (1930). The role of kinesthesis in maze learning. *University of California Publications in Psychology, 4*, 277-305.

Maehr, M. L. (1984). Meaning and motivation: toward a theory of personal investment. In R. E. Ames & C. Ames (Eds.), *Research on Motivation in education* (Vol. 1, pp. 115-144). New York: Academic Press.

Marcia, J. E. (1980). Identity in adolescence. In J. Adelson (Ed.). *Handbook of adolescent psychology.* New York: John Wiley & Sons.

Marcia, J. E. (1988). Common processes underlying ego identity, cognitive/moral development, and individuation. In D. K. Lapsley & F. C. Power (Eds.), *Self, ego, and identity: Integrative approaches.* New York: Springer-Verlag.

Martindale, C. (1991). *Cognitive psychology: A neural-network approach.* Belmont, CA: Brooks/Cole.

Maslow, A. H. (1970). *Motivation and personality* (2nd ed.). New York: Harper & Row.

Matlin, M. W. (1998). *Cognition* (4th ed.). Fort Worth, TX: Harcourt Brace.

Mayer, R. E., & Wittrock, M. C. (1996). Problem-solving transfer. In D. C. Berliner & R. C. Calfee (Eds.), *Handbook of educational psychology* (pp. 47-62). New York: Simon & Schuster Macmillan.

McClelland, D. C. (1987). *Human motivation.* New York: Cambridge University Press.

McClelland, D. C. (1998). Identifying competencies with behavioral-event interviews. *Psychological Science, 9*(5), 331-339.

McNamara, H. J., Long, J. B., & Wike, E. L. (1956). Learning without response under two conditions of external cues. *Journal of Comparative and Physiological Psychology, 49*, 477-480.

Meece, J. L., Blumenfeld, P. C., & Hoyle, R. H. (1988). Student's Goal Orientations and Cognitive Engagement in Classroom Activities. *Journal of Educational Psychology, 80*(4), 514-523.

Meichenbaum, D. (1977). *Cognitive behavior modification: An integrative approach.* New York: Plenum Press.

Miller, G. A. (2956). The magical number seven, plus or minus two: Some limits on our capacity for processing information. *Psychological Review, 63*, 81-97.

Millroy, W. L. (1991). An ehnographic study of the mathematical ideas of a group of carpenters. *Learning and individual differences, 3*, 1-25.

Morris, V. C. (1954). Existentialism and education. *Educational Theory, 4*, 252-253.

Moshman, D. (1982). Exogenous, endogenous, and dialectical constructivism. *Developmental Review, 2*, 371-384.

Neath, I. (1998). *Human memory: An introduction to research, data, and theory*. Pacific Grove, CA: Brooks/Cole.

Ohlsson, S. (1996). Declarative and procedural knowledge. In E. D. Corte & F. E. Weinert (Eds.), *International encyclopedia of developmental and instructional psychology* (pp. 394-395). New York: Elsevier Science Ltd.

Ormrod, J. E. (2003). *Educational psychology: Developing learners* (4rd ed). Upper Saddle River, NJ: Merill Prentice-Hall.

Ormrod, J. E. (2004). *Human learning* (4th ed.). Upper Saddle River, NJ: Pearson Education.

Osborn, A. F. (1963) *Applied imagination: Principles and procedures of creative problem solving* (3rd ed.). New York: Charles Scribner's Sons.

Paivio, A. (1971). *Imagery and verbal processes*. New York: Holt, Rinehart & Winston.

Palinsar, A. S., & Brown A. (1984). Reciprocal teaching of comprehension-fostering and comprehension-monitoring activities. *Cognition and Instruction, 1*, 117-175.

Paris, S. G., Lipson. M. Y., & Wixson, K. K. (1983). Becoming A strategic reader. *Contemporary Educational Psychology, 8*, 293-316.

Pask, G. (1976). Styles and strategies of learning. *British Journal of Educational Psychology, 46*, 128-148.

Pervin, L. A. (2003). *The science of personality* (2nd ed.). New York: Oxford University Press.

Phyne, C. D. (Ed.). (1997). *Handbook of academic learning: Construction of knowledge*. New York: Academic Press.

Piaget, J. (1932). *The moral judgment of the child*. New York: Free Press.

Piaget, J. (1960). *Psychology of intelligence*. Paterson, NJ: Littlefield, Adams & Co.

Piaget, J. (1977). Problems of equilbration. In M. H. Appel & L. S Goldberg (Eds.), *Topics in cognitive development, 1. Equilibration: theory, research, and application*. New York: Plenum Press.

Piaget, J. (1983). Piaget's theory. In P. H. Mussen (Ed.), *Handbook of child psychology, 1*. New York: John Wiley & Sons.

Pintrich, P. R., & Schunk, D. H. (2002). *Motivation in education: Theory, research, and applications* (2nd ed.). Upper Saddle River, NJ: Pearson Education.

Plotnik, R. (1999). *Introduction to Psychology* (5th ed.). Belmont, CA: Wadsworth Publishing Co.

Plucke, J. A., & Callahan, C. M. (Eds.). (2008.). *Critical issues and practices in gifted education: What research says.* Waco, Texas: Prufrock Press.

Polya, G. (1957). *How to solve it.* Garden City, NY: Doubleday and Co., Inc.

Popham, W. J. (1995). *Classroom assessment: What the teachers need to know.* Boston: Allyn & Bacon.

Pressley, M., & McCormick, C. B. (1995). *Advanced educational psychology for educators, researchers, and policymakers.* New York: Harper Collins College Publishers.

Radvansky, G. (2006). *Human memory.* Boston: Allyn & Bacon.

Ramirez, M., Castaneda, A., & Herold, P. L. (1974). The relationship of acculuration to cognitive style among American Mexicans. *Journal of Cross-cultural Psychology, 5,* 424-433.

Reeve, J. (2001). *Understanding motivation and emotion* (3rd ed.). New York: John Wiley & Sons.

Renzulli, J. S. (1986). Three-ring conception of giftedness. In R. J. Sternberg & J. E. Davidson (Eds.), *Conceptions of giftedness* (pp. 53-92). New York: Cambridge University Press.

Rieber, R. W., & Robinson, D. K. (2004). *The essential Vygotsky.* New York: Kluwe Academic/ Plenum Publishers.

Robinson, F. P. (1946). *Effective study.* New York: Harper & Brothers.

Robinson-Riegler, G., & Robinson-Riegler, B. (2004). *Cognitive psychology: Applying the science of the mind.* New York: Pearson Education.

Rogers, C. R. (1959). A theory of therapy, personality and interpersonal relationships as developed in the client-centered framework. In S. Koch (Ed.), *Psychology: A study of a science, Vol. III. Formulations fo the person and the social Context* (pp. 184-256). New York: McGraw-Hill.

Rogers, C. R. (1963). *The concept of fully functioning person. Psychotherapy: theory, research, and practice, 1,* 17-26.

Rogers, C. R., & Freiberg, H. J. (1994). *Freedom to learn* (3rd ed.). Columbus, OH: Charles E. Merrill Publishing Co.

Rosenthal, R. (1974). *On the social psychology of the self-fulfilling prophecy: Further evidence for pygmalion effects and their mediating mechanisms.* New York: MSS Modular.

Rosenthal, R., & Jacobson, L. (1968). *Pygmalion in the classroom: Teacher expectations and pupils' intellectual development.* New York: Holt, Rinehart & Winston.

Rothenberg, J. (1989). The open classroom reconsidered. *The Elementary School Journal, 90*(1), 69-86.

Rotter, J. (1966). Generalized expectancies for internal versus external control of reinforcement. *Psychological Monographs, 80,* 1-28.

Ryan, R. M., & Deci, E. L. (2000). Self-determination theory and the facilitation of intrinsic motivation, social development and well-being. *American Psychologist, 55,* 68-78.

Sahakian, W. S. (1976). *Introduction to the psychology of learning*. Chicago: Rand McNally College Publishing Co.

Salomon, G., & Perkins, D. (1989). Rocky roads to transfer: Rethinking mechanisms of a neglected phenomenon. *Educational Psychologist, 24*, 113-142.

Salovey, P., & Mayer, J. D. (1990). Emotional intelligence. *Imagination, Cognition, and Personality, 9*, 185-211.

Santrock, J. W. (2004). *Educational psychology* (2nd ed.). Boston: McGraw-Hill.

Santrock, J. W. (2007). *A topical approach to human life-span development* (3rd ed.). St. Louis, MO: McGraw-Hill.

Schab, F. R. (1990). Odors and remembrance of things past. *Journal of Experimental. Psychology: Learning, Memory and Cognition, 16*, 648-655.

Schunck, D. H. (2000). *Learning theories: An educational perspective* (3rd ed.). Englewood Cliffs, NJ: Prentice-Hall.

Schunk, D. H. (1991). Self-efficacy and academic motivation. *Educational Psychologist, 26*, 207-232.

Schunk, D. H., & Meece, J. (Eds.). (1992). *Student perceptions in the classroom*. Hillsdale, NJ: Lawrence Erlbaum Assiciation Publishers.

Scriven, M. (1967). The methodology of evaluation. In R. W. Tyler, R. M. Gagné, & M. Scriven (Eds.), *Perspectives of curriculum evaluation* (pp. 39-83). Chicago, IL: Rand McNally.

Seligman, M. E. P. (1975). *Helplessness: On depression, development, and death*. San Francisco: W. H. Freeman.

Shaffer, D. R. (1993). *Developmental psychology: Childhood and adolescence* (3rd ed.). Pacific Grove, CA: Brooks/Cole.

Shavelson, R. J., & Bolus, R. (1982). Self-concept: The interplay of theory and methods. *Journal of Educational Psychology, 74*, 3-17.

Shute, V. J. (1996). Learning processes and learning outcomes. In E. D. Corte & F. E. Weinert (Eds.), *International encyclopedia of developmental and instructional psychology* (pp. 409-418). New York: Elsevier Science Ltd.

Siegler, R. S. (1986). *Children's thinking*. Englewood-Cliffs, NJ: Prentice-Hall.

Simons, P. R-J. (1996). Metacognition. In E. D. Corte & F. E. Weinert (Eds.), *International encyclopedia of developmental and instructional psychology* (pp. 436-441). New York: Elsevier Science Ltd.

Skaalvik, E. M. (1997). Self-enhancing and self-defeating ego orientation: Relation with task and avoidance orientation, achievement, self-perceptions, and anxiety. *Journal of Education Psychology, 89*, 71-81.

Skinner, B. F. (1948). *Walden Two*. New York: Macmillan Publishing Co.

Skinner, B. F. (1954). The science of learning and the art of teaching. *Harvard Educational*

Review, 24, 86–97.

Skinner, B. F. (1968). *The technology of teaching.* New York: Appleton–Century–Crofts.

Skinner, B. F. (1972). *Beyond freedom and dignity.* New York: Vintage Books.

Skinner, B. F. (1990). Can Psychology be a science of mind? *American Psychologist, 45,* 1206–1210.

Slavin, R. E. (1995). *Cooperative Learning: Theory, Research and Practice* (2nd ed.) Boston: Allyn & Bacon.

Smith, E. E., & Kosslyn, S. M. (2007). *Cognitive psychology: Mind and brain.* Englewood Cliffs, NJ: Prentice Hall.

Smith, S. M. (1979). Remembering in and out of context. *Journal of Experimental Psychology: Human Learning and Memory, 5,* 460–471.

Snow, R. E., & Corno, L. (1996). Individual differences in affective and conative functions. In D. C. Berliner & R. C. Calfee (Eds.), *Handbook of educational psychology* (pp. 243–310). New York: Simon & Schuster Macmillan.

Snow, R. E., & Yalow, E. (1982). Intelligence and education. In R. J. Sternberg (Ed.), *Handbook of human intelligence* (pp. 493–585). New York: Cambridge University Press.

Snowman, J. (1986). Learning tactics and strategies. In G. D. Phye & T. Andre (Eds.), *Cognitive instructional psychology: Components of classroom learning* (pp. 243–275). New York: Academic Press.

Snowman, J., & Biehler, R. (2000). *Psychology applied to teaching* (9th ed.). New York: Houghton Mifflin.

Snygg, D., & Combs, A. W. (1949). *Individual behavior: A new frame of reference for psychology.* New York: Harper & Row.

Solso, R. L., Maclin, O. H., & Maclin, M. K, (2008). *Cognitive psychology* (8th ed.). Boston: Allyn & Bacon.

Spearman, C. (1927). *The abilities of man: The nature and measurement.* New York: Mcmillan.

Spielberger, C. D. (1966). The effects of anxiety on complex learning and academic achievement. In C. D. Spielberger (Ed.), *Anxiety and behavior* (pp. 361–398). New York: Academic Press.

Sprinthall, R. C. (1987). *Basic statistical analysis* (2nd ed.). Englewood Cliffs, NJ: Prentice-Hall.

Sprinthall, R. C., & Sprinthall, N. A. (1981). *Educational psychology: A developmental approach* (3rd ed.). Redwood City, CA: Addison-Wesley Publishing Co.

Stern, C. (1956). Hereditary factors affecting adoption: A study of adoption practices. *Child Welfare League of America, 2,* 53.

Stern, W. (1912). *The Psychological Methods of Intelligence Testing* (G. Whipple, Trans.). Baltimore: Warwick & York.

Sternberg, R. J. (1984). Loci of mental retardation. In P. H. Brooks, R. Sperber, & C. McCauley

(Eds.), *Learning and cognition in the mentally retarded.* Hillsdale, NJ: Lawrence Erlbaum Association Publishers.

Sternberg, R. J. (1985). *Beyond IQ: A triarchic theory of human intelligences.* New York: Cambridge University Press.

Sternberg, R. J. (1996a). *Successful intelligence: How practical and creative intelligence determine success in life.* New York: Simon & Schuster Macmillan.

Sternberg, R. J. (1996b). *Cognitive psychology.* New York: Harcourt Brace College Publishers.

Sternberg, R. J. (1997). The concept of intelligence and its role in lifelong learning and success. *American Psychologist, 52,* 1030-1037.

Sternberg, R. J. (1998). Abilities are forms of developing expertise. *Educational Researcher, 27,* 11-20.

Sternberg, R. J. (Ed.). (1994). *Thinking and problem-solving.* New York: Academic Press.

Sternberg, R. J. (Ed.). (2000). *Handbook of intelligence.* Cambridge, MA: Cambridge University. Press.

Sternberg, R. J., & Detterman, D. K. (Eds.). (1986). *What is intelligence? Contemporary viewpoints on its nature and definition.* Norwood, NJ: Ablex Publishing Corporation.

Sternberg, R. J., & Lubart, T. I. (1991). An investment theory of creativity and its development. *Human Development, 34,* 1-31.

Sternberg, R. J., & Lubart, T. I. (1995). *Defying the crowd: Cultivating creativity in a culture of conformity.* New York: Free Press.

Sternberg, R. J., & Lubart, T. I. (1996). Investing in creativity. *American Psychologist, 51,* 677-688.

Sternberg, R. J., & Slater, E. (1982). Conceptions of intelligence. In R. J. Sternberg (Ed.), *Handbook of human intelligence.* Cambridge: Cambridge University Press.

Sternberg, R. J., & Wagner, R. K. (1993). The g-ocentric view of intelligence and job performance is wrong. *Current Directions in Psychological Science, 2*(1), 1-5.

Sternberg, R. J., & Williams, W. M. (2002). *Educational psychology.* Boston: Allyn & Bacon.

Stipek, D. J. (1996). Motivation and instruction. In D. C. Berliner & R. C. Calfee (Eds.), *Handbook of educational psychology* (pp. 85-116). New York: Simon & Schuster Macmillan.

Terman, L. M. (1916). *The Measurement of Intelligence.* Boston: Houghton Mifflin.

Thomas, E. L., & Robinson, H. A. (1972). *Improving reading in every class: A source book for teachers.* Boston: Allyn & Bacon.

Thomas, R. M. (2005). *Comparing theories of child development* (6th ed.). Belmont, CA: Wadsworth Publishing Co.

Thomson, D. M., & Tulving, E. (1970). Associative encoding and retrieval: Weak and strong cues. *Journal of Experimental Psychology, 86,* 255-262.

Thorndike, E. L. (1923). The influence of first-year Latin upon the ability to read English. *School*

Sociology, 17, 165-168.

Thorndike, E. L. (1924). Mental discipline in high school studies. *Journal of Educational Psychology, 15*, 1-22.

Thorndike, E. L., & Woodworth, R. S. (1901). The influence of improvement in one mental function upon the efficiency of other functions: II. The estimation of magnitudes. *Psychological Review, 8*, 384-395.

Thorndike, R. L., & Hagen, E. P. (1977). *Measurement and evaluation in psychology and education*. New York: John Wiley & Sons.

Thurstone, L. L. (1938). *Primary mental abilities*. Chicago: University of Chicago Press.

Torrance, E. P. (1975). Sociodrama as a creative problem solving approach to studying the future. *Journal of Creative Behavior, 9*, 182-195.

Trotter, J. W. (1990). *Coal, class and color*. New York: University of Illinois Press.

Tulving, E. (1974). Cue-dependent forgetting. *American Scientist, 62*, 74-82.

Tulving, E., & Madigan, S. A. (1970). Memory and verbal learning. *Annual Review of Psychology, 21*, 437-484.

Tulving, E., & Thomson, D. M. (1973). Encoding specificity and retrieval processes in episodic memory. *Psychological Review, 80*, 352-373.

Turiel, E. (1973). Antecedents of shift in moral judgment. *Journal of Personality and Social Psychology, 26*, 238-244.

Turiel, E. (1983). *The development of social knowledge: Morality and convention*. Cambridge, UK: Cambridge University Press.

Turiel, E., Killen, M., & Helwig, C. C. (1987). Morality: Its structure, functions and vagaries. In J. Kagan & S. Lamb (Eds.), *The emergence of morality in young children* (pp. 155-243). Chicago: University of Chicago Press.

Tyler, R. W. (1973). Assessing educational achervement in the affective domain. *Measurement in Edycation, 4*(3), 1-8.

Urdan, T. C., & Maehr, M. L. (1995). Beyond a two-goal theory of motivation and achievement: A case for social goals. *Review of Educational Research, 65*, 213-243.

Vernon, R. (1971). *Sovereignty at bay: the multinational spread of US enterprises*. New York: Basic Books.

Vygotsky, L. S. (1962). *Though and Language*. Cambridge, MA: MIT Press.

Vygotsky, L. S. (1978). *Mind in society*. Cambridge, MA: Harvard University Press.

Wagner, R. K., & Sternberg, R. J. (1984). Alternative conceptions of intelligence and their implications for education. *Review of Educational Research, 54*, 179-223.

Walberg, H. J., & Haertel, G. D. (Eds.). (1990). *The international encyclopedia of educational evaluation*. New York: Pergamon Press.

Walker, H. M., Colvin, G., & Ramsey, E. (1995). *Antisocial behavior in schools: Strategies and best practices*. Pacific Grove, CA: Brooks/Cole.

Wallach, M. A., & Kogan, N. (1965). *Modes of thinking in young children: a study of the creativity-intelligence distinction*. New York: Holt, Rinehart & Winston.

Wallas, G. (1921) *Our Social Heritage*. New Haven, CT: Yale University Press.

Wechsler, D. A. (1958). *The measurement and appraisal of adult intelligence* (4th ed.). Baltimore: Williams and Wilkins.

Weiner, B. (1985). Spontaneous' causal thinking. *Psychological Bulletin, 97*, 74-84.

Weiner, B. (1986). *An attributional theory of motivation and emotion*. New York: Springer-Verlaga.

Weiner, B. (1992). *Human motivation: Metaphors, theories and research*. Newbury Park, CA: Sage.

Weiner, B. (1994). *Motivationspsychologie*. Beltz: Psychologie Verlags Union.

Weinstein, C. F., & Mayer, R. F. (1986). The teaching of learning strategies. In M. C. Wittrock (Ed.), *Handbook of research on teaching*. New York: Macmillan & Co.

Weisberg, R. W. (1993). *Creativity: Beyond the Myth of Genius*. New York: Freeman.

Wertheimer, M. (1945). *Productive thinking*. New York: Harper & Row.

White, R. W. (1959). Strategies of adaptation: An attempt at systematic description. In G. V. Coelho, D. A. Hamburg, & J. E. Adamas (Eds.), *Coping and adaptation*. New York: Basic Books.

Williamson, E. G. (1955). *How tp counsel student*. New York: McGraw-Hill.

Winn, W., & Snyder, D. (1996). Cognitive perspective in psychology. In D. H. Jonassen (Ed.), *Handbook of educational communications and technology*. New York: Simon & Schuster Macmillan.

Witkin, H. A., Moore, C. A., Goodenough, D., & Cox, P. W. (1977). Field-dependent and field-independent cognitive styles and their educational implications. *Review of Educational Research, 47*, 1-64.

Wittrock, M. C. (1992). An empowering conception of educational psychology. *Educational Psychologist, 27*, 129-142.

Wolpe, J. (1958). *Psychotherapy by reciprocal inhibition*. Stanford, CA: Stanford University Press.

Woolfolk, A. E. (2007). *Educational psychology* (10th ed.). Boston: Allyn & Bacon.

Zeigarnik, B. (1927). Das Behalten erledigter und unerledigter Handlungen. *Psychologische Forschung, 9*, 1-85.

Zimmerman, B. J., & Kitsantas, A. (1996). Self-regulated learning of a motoric skill: The role of goal setting and self-monitoring. *Journal of Applied Sport Psychology, 8*, 69-84.

Zuckerman, H. (1977). *Scientific elite: A study of Nobel laureates in the United States*. New York: The Free Press.

● ● ●
찾아보기

《인명》

《내용》

저자 소개

권대훈(Kwon, Dae Hoon)
경북대학교 사범대학 교육학과 졸업
경북대학교 대학원 교육학과 교육심리 전공(석사)
경북대학교 대학원 교육학과 교육심리 전공(박사)
현재 안동대학교 사범대학 교육공학과 교수

〈저서 및 역서〉
교직실무의 이해(도서출판 신정, 2012)
사회과학 연구를 위한 통계학(학지사, 2011)
교육평가(2판, 학지사, 2008)
교육과정, 수업, 평가를 위한 새로운 분류학: Bloom 교육목표분류학의 개정(공역, 아카데미
　　프레스, 2005)
신교육목표분류학의 설계(공역, 아카데미프레스, 2005)
교육심리학(개정판, 원미사, 2004)
교육학의 종합적 이해(교육과학사, 1999)
교육평가(공저, 학지사, 1996)

교육심리학의 이론과 실제(3판)

Educational Psychology: Theory and Practice (3rd ed.)

2006년 5월 30일 1판 1쇄 발행
2009년 3월 20일 1판 6쇄 발행
2009년 8월 25일 2판 1쇄 발행
2015년 2월 10일 2판 10쇄 발행
2015년 6월 30일 3판 1쇄 발행
2023년 1월 20일 3판 8쇄 발행

지은이 • 권 대 훈
펴낸이 • 김 진 환
펴낸곳 • (주) **학지사**

04031 서울특별시 마포구 양화로 15길 20 마인드월드빌딩 5층

대표전화 • 02) 330-5114   팩스 • 02) 324-2345

등록번호 • 제313-2006-000265호

홈페이지 • http://www.hakjisa.co.kr
페이스북 • https://www.facebook.com/hakjisabook

ISBN 978-89-997-0706-3 93370

정가 21,000원

출판미디어기업 **학지사**

간호보건의학출판 **학지사메디컬** www.hakjisamd.co.kr
심리검사연구소 **인싸이트** www.inpsyt.co.kr
학술논문서비스 **뉴논문** www.newnonmun.com
원격교육연수원 **카운피아** www.counpia.com